Margit Reiter

Die Generation danach

Margit Reiter

Die Generation danach

Der Nationalsozialismus im Familiengedächtnis

StudienVerlag
Innsbruck
Wien
Bozen

e-mail: order@studienverlag.at
Internet: www.studienverlag.at

Die Drucklegung wurde durch die finanzielle Unterstützung des Bundesministeriums für Bildung, Wissenschaft und Kultur in Wien, der Kulturabteilung der Stadt Wien – Wissenschafts- und Forschungsförderung – und der Kulturabteilung des Landes Tirol ermöglicht.

Buchgestaltung nach Entwürfen von Kurt Höretzeder
Innenteil: Studienverlag/Thomas Auer
Umschlag: Studienverlag/Chris Petschauer

Umschlagbild: „Vatis Bild", Agentur Weltbild, 20.11.1939 (Österreichische Gesellschaft für Zeitgeschichte, Wien – Bildarchiv).

Gedruckt auf umweltfreundlichem, chlor- und säurefrei gebleichtem Papier.

Bibliografische Information Der Deutschen Bibliothek
Die Deutsche Bibliothek verzeichnet diese Publikation in der Deutschen Nationalbibliografie; detaillierte bibliografische Daten sind im Internet über <http://dnb.ddb.de> abrufbar.

ISBN-10: 3-7065-1940-2
ISBN-13: 978-3-7065-1940-3

Inhaltsverzeichnis

Einleitung

Das am Buchumschlag abgebildete Foto begleitet mich bereits seit Beginn meiner Arbeit.[1] Auch wenn es sich dabei um ein NS-Foto handelt und ursprünglich zu Propagandazwecken bestimmt war[2], eignet es sich sehr gut als Illustration und als assoziativer Einstieg in mein Thema. Denn es zeigt in verdichteter Form eine typische Familienkonstellation – mit Vater, Mutter, Kind – und evoziert geradezu idealtypisch die kommunikative Ausgangssituation über den Nationalsozialismus im Familiengedächtnis:

Die zeitliche Verortung (NS-Zeit) erfolgt durch das Foto vom *Vater* und die Uniform, die er trägt. Um diesen NS-Vater kreist meist jede Auseinandersetzung mit der Familiengeschichte. Er ist nur über das Foto anwesend, also eigentlich abwesend, womit bereits ein zentrales Element von NS- bzw. Nachkriegsfamilien berührt ist: Die Abwesenheit der Väter zuerst im Krieg, dann in Kriegsgefangenschaft oder oft sogar tot, schließlich abwesend auch im emotionalen Sinne, als Familienoberhaupt und Bezugsperson. Das ‚Bild im Bild' verweist auf das Moment der Projektion und Idealisierung des Vaters als ‚Helden', der – so viel kann unschwer prophezeit werden – letztendlich auf die eine oder andere Weise als ‚Verlierer' dastehen wird.

Des Weiteren sehen wir die *Mutter*, die sich uns als die Vermittelnde zwischen den Generationen präsentiert. Damit ist ein wichtiger Aspekt angesprochen, die zentrale Rolle der Frauen und Mütter im Familiengedächtnis. Selten werden Frauen als politische Akteurinnen oder gar als mögliche ‚Täterinnen' wahrgenommen, häufig wird ihre Rolle als Trägerin und Vermittlerin der familiären Erinnerung unterschätzt. Dabei waren Frauen durchaus für den Nationalsozialismus anfällig. Und sie waren/sind als Mütter an der familiären Kommunikation über den Nationalsozialismus – am Verharmlosen, an den Tabus und an der Weitergabe von Familienlegenden – maßgeblich beteiligt.

Im Zentrum des Fotos ist schließlich das kleine ‚unschuldige' *Kind* als Adressat der Erzählungen der Mutter über den Vater, so wird suggeriert. Dieses Kind, ob Sohn oder Tochter, war/ist in vielerlei Hinsicht den familiären Erzählungen ausgesetzt und sein/ihr (späteres) Bild vom Nationalsozialismus und der familiären NS-Verstrickung ist wesentlich davon geprägt. Diese Kinder sind aber mittlerweile längst erwachsen und somit auch selbstverantwortlich Denkende und Handelnde. Als solche liegt es in ihrer Hand, was sie aus dieser familiären Grundkonstellation machen, welche Konsequenzen sie daraus ziehen, ob und wie sie sich mit dem familiären NS-Erbe auseinander setzen oder auch nicht.

Diese der zweiten Generation angehörenden ‚Kinder der Täter' stehen im Zentrum meiner Arbeit. Es handelt sich dabei um die unmittelbaren Nachkommen (Söhne und Töchter) von Eltern, die im unterschiedlichen Ausmaß und auf unterschiedliche Weise in den Nationalsozialismus involviert waren und die – in welcher Weise auch immer – mit dieser familiären NS-Verstrickung umzugehen haben. Mein Interesse begründet sich auf ihre überaus ambivalente erinnerungspolitische Ausgangsposition: Einerseits sind sie aufgrund ihres Alters über den Verdacht einer unmittelbaren Schuldverstrickung erhaben und können auch in keiner Weise für die Taten ihrer Eltern verantwortlich gemacht werden. Andererseits sind sie aber aufgrund der familiären und emotionalen Nähe im hohen Maße vom Weiterwirken des Nationalsozialismus geprägt, sodass schon allein aus diesem Grund der oft vorschnell erhobene Anspruch auf die ‚Gnade der späten Geburt' kritisch zu hinterfragen ist.

Seit etwa einem Jahrzehnt ist in der Forschung, aber auch in der breiten Öffentlichkeit ein verstärktes Interesse für familiäre Tradierungen des Nationalsozialismus sowie für die Verarbeitungen in den nachfolgenden Generationen zu beobachten. Christian Schneider spricht in diesem Zusammenhang von einer neuen Phase des Umgangs mit der NS-Vergangenheit, die vor allem durch eine „Familiarisierung des Schuldproblems" gekennzeichnet sei. Mittlerweile, so meint er, sei die Schuldfrage kein ausschließlich wissenschaftliches oder metaphysisches Abstraktum mehr, sondern eine Realität jeder deutschen (und österreichischen) Familie und somit ein Problem des persönlichen Umgangs mit den ehemaligen Tätern und ihrem Einfluss auf die Nachkommen.[3] Das heißt: Der Nationalsozialismus wird zunehmend als *Familiengeschichte* begriffen und nicht zuletzt deshalb hat das Thema ‚Kinder der Täter' derzeit Hochkonjunktur.

Tatsächlich haben sich in letzter Zeit viele Söhne und Töchter auf die ‚Spurensuche' nach ihrer NS-Familiengeschichte gemacht, darunter auch Kinder von prominenten NS-Tätern wie Martin Bormann, Albert Speer oder Amon Göth.[4] Niklas Frank hat 2005 ein Buch über seine NS-Mutter veröffentlicht, und auch seine längst vergriffene, einst heftig umstrittene ‚Abrechnung' mit seinem Vater Hans Frank wurde wieder neu aufgelegt.[5] Auch aus der Enkelgeneration liegen mittlerweile mehr oder weniger kritische Auseinandersetzungen mit ihrem familiären NS-Erbe vor.[6] Die ‚Kinder der Täter' treten in zeithistorischen Dokumentationen auf und werden darin zunehmend als scheinbar authentische ‚ZeitzeugInnen' herangezogen.[7] Prominente SchauspielerInnen wie Götz George und Christiane Hörbiger geben öffentlich Auskunft über ihre berühmten, in den Nationalsozialismus verstrickten Eltern[8], und die Tochter des KZ-Kommandanten Amon Göth beantwortet in Talkshows die Frage, wie sie ihren Vater, den Massenmörder, „trotzdem lieben" könne.[9]

Aber nicht nur die Nachkommen der Bormanns, Speers und Himmlers, auch Kinder aus weniger bekannten NS-Familien setzen sich mittlerweile auf unterschiedliche Weise mit den elterlichen NS-Verstrickungen auseinander. Ein wichtiger Auslöser dafür war die Ausstellung „Vernichtungskrieg. Verbrechen der Wehrmacht", die seit 1995 in vielen deutschen und österreichischen Städten gezeigt wurde und die Gemüter erregt hat. Durch die ihr innewohnende Brisanz – die Angst, den eigenen Vater/Großvater auf einem der Fotos zu entdecken – drang sie tief ins Epizentrum der Gesellschaft und somit in die Familien ein.[10] Die Privatisierung und Familiarisierung des Nationalsozialismus findet auch in der deutschen Literatur in einer wahren Flut von Familien- und Generationenromanen ihren Niederschlag.[11] In Österreich wiederum fand das ‚Vaterbuch' von Martin Pollack *Der Tote im Bunker* (2004) große mediale Aufmerksamkeit, und ein Jahr zuvor hat der Schriftsteller Peter Henisch seinen autobiographischen Roman *Die kleine Figur meines Vaters* in einer dritten, überarbeiteten Fassung vorgelegt.[12] Ob in journalistischen Beiträgen oder in Interviews, in Wortmeldungen bei zeitgeschichtlichen Diskussionsveranstaltungen oder im privaten Gespräch – immer wieder wird Bezug auf die eigene Familiengeschichte genommen.

Die ‚Privatisierung' des Nationalsozialismus ist Ausdruck einer zunehmenden Sensibilisierung für die familiären Verstrickungen und das Weiterwirken des Nationalsozialismus über die Generationen hinweg und somit positiv zu bewerten. Die damit einhergehende Themenkonjunktur und vor allem bestimmte dabei auftretende Tendenzen sehe ich aber auch als problematisch an:

Da ist zum einen die Fokussierung auf die *prominenten* ‚Kinder der Täter', denen in der Öffentlichkeit große Aufmerksamkeit entgegengebracht wird und die nicht frei von einer negativen Faszination für die ‚Täter' ist. Meiner Meinung nach handelt es sich dabei um eine sehr zweifelhafte Prominenz, da sie vom Ausmaß der väterlichen Täterschaft abgeleitet wird und die Kinder dadurch oft überhaupt erst an ‚Bedeutung' gewinnen. Mir geht es nicht vorrangig um diese exponierten ‚prominenten' NS-Nachkommen, sondern ich beschäftige mich mit den ‚Kindern der Täter' im weiteren Sinne, deren Prägungen und Verarbeitungen ich auch für gesellschaftspolitisch relevanter halte.

Zum anderen richtet sich meine Skepsis gegen die zu beobachtende (Selbst-)Stilisierung und Wahrnehmung der ‚Kinder der Täter' als *Opfer*. Tatsächlich präsentieren sich viele Nachkommen als ‚Leidende', die eine schwere Last zu tragen haben und daher in der Regel mit Mitleid, Anteilnahme und Anerkennung rechnen können.[13] Darin birgt sich die Gefahr einer sukzessiven Perspektivenverschiebung: Die NS-Opfer und deren Nachkommen rücken immer mehr an den Rand der Aufmerksamkeit und die ‚Kinder der Täter' werden zunehmend zu den ‚eigentlichen' Opfern. Im Kontext der aktuellen Debatten um die ‚deutschen Opfer' (Stichwort: Dresden, Vertreibungen) und der derzeit zu beobachtenden Verschiebung im öffentlichen Opfer-Täter-Diskurs ist diese Gefahr nicht gänzlich von sich zu weisen.[14]

Mir geht es daher in meiner Arbeit nicht darum, die ‚Leidensgeschichten' der NS-Nachkommen unkritisch fortzuschreiben und mich ihnen ausschließlich als ‚Opfer' zu nähern. Dies bedeutet aber nicht, dass ich ihre oft schwierigen familiären Ausgangsbedingungen und Kindheiten nicht ernst nehmen und den ‚Leidensdruck', der sich aus dem Wissen oder der Vermutung ergibt, dass die eigenen Eltern ‚Täter' waren, nicht verstehen würde. Mein Interesse für die ‚Kinder der Täter' geht über ihre individuellen (Leidens-)Erfahrungen hinaus. Mich interessiert vor allem, warum es in den NS-Nachfolgegesellschaften und damit auch in der nachfolgenden, nicht unmittelbar in den Nationalsozialismus verstrickten Generation so lange so wenig Bewusstsein und Sensibilität für die familiären NS-Verstrickungen gegeben hat und immer noch gibt. Ich gehe davon aus, dass einer der Gründe dafür im Familiengedächtnis über den Nationalsozialismus liegt, das ich daher näher auf seine nachhaltige Wirksamkeit in der nachfolgenden Generation hin untersuchen will.

Ich kann mich bei meiner Arbeit auf Forschungsarbeiten aus verschiedenen Disziplinen stützen, die sich – mit unterschiedlichen Perspektiven und Zugängen – mit der NS-Nachfolgegeneration, den ‚Kindern der Täter', auseinander gesetzt haben. Da gibt es zum einen Arbeiten aus dem psychoanalytischen Bereich, in denen anhand von Fallstudien Traumatisierungen durch Kriegs- und Nachkriegsereignisse und unbewusste Identifizierungsprozesse in der zweiten Generation untersucht werden.[15] Auch in den stärker familientherapeutisch orientierten Arbeiten geht es um die psychischen Auswirkungen des Nationalsozialismus in den Familien und um die psychischen Schwierigkeiten von NS-Nachkommen.[16] In diesem Bereich sind in letzter Zeit auch zahlreiche populärwissenschaftliche Publikationen erschienen.[17] Auch in der Interviewsammlung *Die Last des Schweigens* (1996) von Dan Bar-On stehen der therapeutische Ansatz und der Dialog zwischen den Nachkommen der Opfer und der Täter im Vordergrund.[18] Darüber hinaus gibt es noch weitere Interviewsammlungen mit viel sagenden Titeln, wie etwa Gerald Posner, *Belastet* (1994), Dörte von Westernhagen, *Die Kinder der Täter* (1987), Peter Sichrovsky, *Schuldig geboren* (1987) und Norbert und Stephan Lebert, *Denn Du trägst meinen Namen. Das schwere Erbe der prominenten Nazi-Kinder* (2000), die die Erfahrungen von (prominenten) ‚Kindern der Täter' dokumentieren, aber kaum analysieren.

Im letzten Jahrzehnt hat sich eine Hinwendung zum ‚Familiengedächtnis' und zu Generationenfragen vollzogen. In der von Gabriele Rosenthal herausgegebenen Mehrgenerationenstudie *Der Holocaust im Leben von drei Generationen* (1997) wird die familiäre Tradierung der Erfahrung Nationalsozialismus in der BRD, der ehemaligen DDR und in Israel vergleichend untersucht, mit dem Ergebnis, dass es im familialen Dialog über den Holocaust bei den Nachkommen von Tätern und von Überlebenden entscheidende Differenzen, aber auch einige frappierende Ähnlichkeiten gibt. Die Dreigenerationenstudie von Christian Schneider, Cordelia Stillke und Bernd Leineweber *Das Erbe der Napola* (1996) untersucht aus psychoanalytischer Sicht die spezifischen Prägungen ehemaliger Napola-Schüler und die Tradierungen dieser elitären Sozialisation auf die nachfolgende Generation. Das Forschungsteam um den Sozialpsychologen Harald Welzer wiederum wendet sich verstärkt dem Familiengedächtnis der ‚kleinen Nazis' und ‚Mitläufer' zu und hat dazu unter anderem die Studie mit dem programmatischen Titel *Mein Opa war kein Nazi* (2002) vorgelegt.[19]

Meine Arbeit knüpft an diese Ergebnisse an, versucht aber auch, bestehende Forschungsdefizite aufzufüllen und neue Akzentuierungen vorzunehmen. So gibt es meines Wissens noch keine Arbeit aus dem Bereich der *Zeitgeschichte* und auch noch keine Arbeit über das Familiengedächtnis und die zweite Generation in *Österreich.* Zwar liegen einige Untersuchungen über das Fortwirken des Nationalsozialismus in Österreich vor[20], generationsspezifische Ansätze sind dabei aber selten.[21] Die Problematik der ‚Kinder der Täter' wurde in Österreich bisher noch nicht erforscht, sondern hauptsächlich in journalistischen Beiträgen oder in Form von literarisch-autobiographischen Auseinandersetzungen thematisiert.[22]

Ich werde mich der Thematik aus einer zeithistorischen Perspektive nähern. Das heißt, als Zeithistorikerin geht es mir nicht nur um psychologische Dynamiken und Mechanismen, um individuelle Erinnerungen und Verarbeitungen der ‚Erfahrung Nationalsozialismus', sondern auch um die Einbindung der Problematik in ein diskursives Umfeld, in den historischen und vergangenheitspolitischen Kontext Österreichs. Dabei werden – so nehme ich an – einige österreichische Besonderheiten, aber auch verallgemeinerbare Tendenzen sichtbar werden, die auch für die ‚Kinder der Täter' in Deutschland ihre Gültigkeit haben.

Meine Arbeit ist somit die erste umfassende Studie über die Tradierung und Verarbeitung des Nationalsozialismus im Familiengedächtnis und in der zweiten Generation in Österreich. Die Basis dafür bilden lebensgeschichtliche Interviews, die ich mit ‚Kindern von Tätern' durchgeführt habe.[23] Diese Interviews werden durch weitere (journalistische, autobiographische, literarische) Quellen und durch Ergebnisse aus meinen Vorarbeiten empirisch ergänzt und untermauert. Die Arbeit gliedert sich in folgende Abschnitte:

In einem kurzen Eingangskapitel werde ich einige *Begriffsklärungen* vornehmen und das diskursive Umfeld der meiner Arbeit zugrunde liegenden Begriffe Generation und Gedächtnis kurz skizzieren. In diesem Zusammenhang möchte ich auch mein Verständnis und meinen Zugang zum Begriff der ‚Kinder der Täter' darlegen, der in einer Beschreibung des Interviewsamples noch konkretisiert werden wird.

Da meine Arbeit großteils auf Interviews mit ‚Kindern von Tätern' basiert, sollen in einem eigenen Kapitel auch das Zustandekommen der Interviews (meine Recherche und die Auswahl meiner InterviewpartnerInnen) sowie die Interviewsituation selbst (meine Methode, das spezifische Interviewsetting und der Kontext der Interviews) nachgezeichnet und kritisch reflektiert werden. Ich verstehe ein *Interview als Erinnerungsort*, als Ort der gemeinsamen Erinnerungsproduktion und als soziale Interaktion zwischen meinen InterviewpartnerInnen als Erinnernde und mir als Interviewerin. Nicht zuletzt geht es in diesem Kapitel auch um Fragen der Interpretation und der Darstellbarkeit oder anders formuliert: um meine Rolle als Interpretin und Arrangeurin der im Interview vergegenwärtigten Erinnerungen.

In einem kurzen Abriss über den *vergangenheitspolitischen Kontext* in Österreich soll zum einen die vergangenheitspolitische Ausgangsposition von 1945 sowie die Politik mit der Vergangenheit in Österreich (Stichwort: Opferthese) skizziert werden. Zum anderen werde ich einige historische Fakten und Entwicklungen (Entnazifizierung) nachzeichnen, von denen meine Untersuchungsobjekte als ‚Kinder der Täter' aufgrund der familiären NS-Involvierung möglicherweise (indirekt) betroffen waren.

Im Kapitel über das *Familiengedächtnis* möchte ich Grundzüge der familiären Kommunikation über den Nationalsozialismus aufzeigen. Es wird darin untersucht, wie der Nationalsozialismus in den (NS-)Familien erinnert und an die nachfolgende Generation weitergegeben wurde. Ich gehe davon aus, dass, entgegen der allgemeinen Auffassung, in den Familien keinesfalls nur geschwiegen wurde. Deshalb ist also zu fragen: Was und wie wurde erzählt, andererseits aber auch: Was wurde verschwiegen, ausgeblendet oder tabuisiert? Gibt es im Milieu der ‚Ehemaligen' ein Gegengedächtnis zur offiziellen ‚Opferthese'? Welchen Platz nehmen die NS-Verbrechen und der Antisemitismus im Familiengedächtnis ein? Nicht zuletzt geht es auch um den interaktiven Charakter des Familiengedächtnisses, d.h. um die (aktive) Rolle der ‚Kinder der Täter' und die Frage, warum diese oft nicht näher nachgefragt haben und somit den familiären ‚Pakt des Schweigens' so lange mitgetragen haben?

Neben den familiären Narrativen war die NS-Nachfolgegeneration auch sekundären Gedächtnisträgern ausgesetzt. Im Kapitel *Irritationen* wird daher nach Faktoren und Einflüssen ‚von außen' gefragt, die das Familiengedächtnis entweder bestätigt oder aber in Frage gestellt haben und möglicherweise zu einer Loslösung der ‚Kinder der Täter' aus ihrem Herkunftsmilieu geführt haben. Welche Funktion erfüllten diesbezüglich die deutsch-nationalen Organisationen und Jugendlager, die Schule und die LehrerInnen, die Medien oder ein Orts- und Milieuwechsel? In diesem Kontext soll auch kritisch hinterfragt werden, ob ‚1968' tatsächlich als Aufstand der Söhne/Töchter gegen die Väter als Täter gedeutet werden kann, wie es gemeinhin getan wird.

Die zwei folgenden großen Kapitel ‚Vaterbilder' und ‚Mutterbilder' bilden das zentrale Kernstück meiner Arbeit. Im Kapitel *Vaterbilder* werden verschiedene Vaterpräsentationen meiner InterviewpartnerInnen in Form von Fallbeispielen vorgestellt und auf folgende Fragen hin untersucht: Wie wird der jeweilige Vater erinnert und welchen Stellenwert nimmt dabei der Nationalsozialismus im Allgemeinen und die potenzielle oder tatsächliche Täterschaft des Vaters im Besonderen ein? Werden die eigenen Väter überhaupt als ‚Täter' wahrgenommen und wenn ja, welche der allgemein kursierenden ‚Täterbilder' werden mit dem eigenen Vater in Zusammenhang gebracht? Aufgezeigt wird unter anderem auch, welche Strategien es bei den NS-Nachkommen gibt, die eigenen Väter – oft entgegen der historischen Faktenlage – aus dem Täterkreis auszuschließen und sie somit zu entlasten.

Im Kapitel *Mutterbilder* soll gefragt werden, welchen Stellenwert die Mütter in den Auseinandersetzungen der Söhne und Töchter mit ihrer NS-Familiengeschichte einnehmen. Auch hier wird anhand von Fallbeispielen aufgezeigt, wie die Nachkommen ihre Mütter (als Erzieherin und Vermittlerin, als politische Akteurin) wahrnehmen und nachträglich bewerten. Wirken die allgemeinen Vorstellungen der Frauen als passive ‚Opfer' in der NS-Nachfolgegeneration fort und bleiben die Mütter somit (politisch) weitgehend verschont oder werden auch sie fallweise belastet und mit einer möglichen ‚Schuld' in Zusammenhang gebracht? Nicht zuletzt soll in diesem Kapitel auch die tragende Rolle der Mütter im Familiengedächtnis herausgearbeitet und kritisch hinterfragt werden.

Die NS-Nachkommen bewegen sich im Spannungsfeld von *Nichtwissen – Ahnen – Wissen*. Dieser zentrale Aspekt soll in einem eigenen Kapitel vertieft werden. Das (Un-)Wissen dieser Generation spiegelt bis zu einem gewissen Grad den allgemeinen Bewusstseins- und Wissensstand und die gesellschaftlich vorherrschenden Vorstellungen über den Nationalsozialismus in Österreich wider. Subjektive, emotionale Faktoren (Abwehr, Schonung) spielen dabei eine ebenso große Rolle wie objektive Möglichkeiten, sich Zugang zum Wissen zu verschaffen und die Schwierigkeiten, mit dem Wissen konkret umzugehen. Mit einem besonders interessanten und berührenden Fallbeispiel, in dem eine Tochter erst in jüngster Zeit erkennen musste, dass ihr Vater entgegen ihrer bisherigen Annahme tief in NS-Verbrechen verstrickt gewesen war, möchte ich aufzeigen, wie schwierig und schmerzhaft die Infragestellung oder gar die Revision eines vermeintlich unumstößlichen Konstruktes ‚Wissen' sein kann.

Im abschließenden Kapitel *Negatives Erbe?* geht es um die Selbstverortungen und Selbstpräsentationen der NS-Nachkommen, d.h. um ihren eigenen Blick auf sich selbst. Es wird darin aufgezeigt, wie sie mit den Fremd- und Selbstzuschreibungen als ‚Kinder der Täter' umgehen und ob sie sich von dieser Kategorie abgrenzen oder ihr auch zuordnen. Gefragt wird auch, inwieweit die NS-Nachkommen ihre belastete Familiengeschichte als ‚negatives Erbe' erleben (als Last, Schuld oder moralische Verpflichtung) und welche Konsequenzen sie daraus ziehen.

Diese grundlegende Frage wird im abschließenden *Resümee* noch einmal in allgemeinerer Form aufgegriffen. Dabei wird sich zeigen, dass es nicht nur eine, sondern viele verschiedene Formen der Verarbeitung und des Umgangs mit dem familiären NS-Erbe in der zweiten Generation gibt, die ich noch einmal kurz zusammenfassen werde. Den Abschluss der Arbeit bildet ein kursorischer Ausblick auf die dritte

Generation, auf die ‚Enkel der Täter', die aufgrund der zunehmenden zeitlichen und emotionalen Distanz vermutlich wiederum andere Zugänge zur NS-Familiengeschichte suchen und finden.

Jeder Text – und somit auch dieser – ist adressiert an ein (imaginiertes) Publikum, an die LeserInnen. Das vorliegende Buch ist das Produkt einer mehrjährigen wissenschaftlichen Untersuchung (Habilitation)[24] und dementsprechend umfangreich und komplex ist auch das schriftliche Endergebnis. Ich gehe aber davon aus, dass die Problematik der ‚Kinder der Täter' und des Familiengedächtnisses weit über den engen wissenschaftlichen Kreis, die *science community*, hinaus von Interesse sein könnte. Mein Buch soll daher auch für ein breiteres interessiertes Publikum ohne spezifische Fachkenntnisse zugänglich sein. Aus diesem Grund habe ich für die hier vorliegende Fassung einige methodische und theoretische Ausführungen gekürzt und/oder vereinfacht, Literaturverweise sparsamer eingesetzt und auch einige inhaltliche Aspekte weggelassen.[25] Ich habe versucht, der Doppeladressierung – Fachwissenschaft *und* interessiertes Lesepublikum – gerecht zu werden und einen Mittelweg zwischen den Erfordernissen von thematischer Komplexität, Differenziertheit und nüchterner Analyse einerseits und der notwendigen Vereinfachung, Veranschaulichung und Verständlichkeit andererseits zu finden. Ob ich meinem Selbstanspruch annähernd gerecht werden konnte, werden letztendlich die LeserInnen dieses Buches entscheiden.

Im Laufe der letzten Jahre konnte ich eine gewisse Diskrepanz zwischen dem großen öffentlichen Interesse (bei Vorträgen, in den Medien usw.) und dem wesentlich geringeren Interesse von Seiten der Wissenschafts- und Förderungspolitik an meiner Arbeit beobachten. Wissenschaftspolitisches Interesse drückt sich immer auch in der Ermöglichung und Unterstützung von größeren Forschungsvorhaben durch eine angemessene Finanzierung aus, auf die ich als ‚freie Wissenschafterin' angewiesen bin. Die Anfänge des Projektes reichen weit zurück. Im Studienjahr 1998/99 konnte ich im Rahmen eines Junior Fellowship am Internationalen Forschungszentrum Kulturwissenschaften (IFK), Wien, eine erste Annäherung an die Thematik gewinnen. Ich möchte mich an dieser Stelle für diese schöne und produktive Zeit beim Team des IFK und dem damaligen Direktor Gotthard Wunberg bedanken. Nach einer Pause mit anderweitigen Forschungsarbeiten erhielt ich im Jahr 2002 nach einigen Schwierigkeiten vom Fonds zur Förderung der wissenschaftlichen Forschung (FWF) ein zweijähriges Charlotte-Bühler-Habilitationsstipendium für Frauen für mein Habilitationsprojekt: „Generation und Gedächtnis. Tradierung und Verarbeitung des Nationalsozialismus bei den ‚Kindern der Täter'". Diese zwei Jahre boten mir die Gelegenheit für eine überaus intensive Forschungstätigkeit, die die Grundlage für die vorliegende Arbeit bildet. Bedanken möchte ich mich auch beim Institut für Zeitgeschichte an der Universität Wien (namentlich bei Fritz Stadler und Oliver Rathkolb), das mir in dieser Zeit einen Arbeitsplatz zur Verfügung gestellt hat.

Leider war das dritte Forschungsjahr (2005), in dem ich das vorliegende Buch fertig stellen wollte, kaum bzw. nur unzureichend finanziert, da mehrere Anträge auf eine Abschlussförderung abgelehnt wurden. Dass dieses Buch trotzdem wie geplant erscheinen kann, verdanke ich der Unterstützung von verschiedenen Institutionen, denen ich sehr zu Dank verpflichtet bin. Da ist zum einen das Institut für jüdische Kulturgeschichte an der Universität Salzburg, namentlich Gerhard Langer und Helga Embacher, die mir durch ihr Entgegenkommen in einer sehr wichtigen Phase die Weiterarbeit am Buch ermöglicht haben. Auch eine kleine Teilförderung von der Kulturabteilung der Stadt Wien hat zur Fertigstellung hilfreich beigetragen, ebenso wie der Theodor-Körner-Förderungspreis, den ich 2005 für die vorliegende Arbeit erhalten habe. Die Zuerkennung dieses Preises hat mich – ebenso wie das anhaltende Interesse an meiner Arbeit bei Vorträgen, Tagungen und in Lehrveranstaltungen – bei der Fertigstellung des Buches zusätzlich motiviert. Der Studienverlag hat mir von Beginn an einen großen Vorschuss an Vertrauen entgegengebracht und mir darüber hinaus gute Arbeitsbedingungen ermöglicht. Namentlich möchte ich mich dafür bei Martin Kofler, Markus Hatzer sowie bei meiner Lektorin Heike Schober herzlich bedanken.

Mein ganz besonderer Dank gilt meinen InterviewpartnerInnen, die durch ihre Gesprächs- und Erinnerungsbereitschaft die Grundlage für meine Arbeit geschaffen haben. Ich bin ihnen allen dankbar, dass sie ihre Zeit und Energie geopfert und mir das Vertrauen entgegengebracht haben, ihre Erfahrungen und Erinnerungen mit mir zu teilen. Auch bei jenen vielen GesprächspartnerInnen, mit denen ich im Laufe der letzten Jahre Kontakt hatte, die ich aber aus verschiedenen Gründen nicht für ein Interview herangezogen habe, möchte ich mich bedanken, denn auch die Gespräche mit ihnen sind indirekt in meine Arbeit mit eingeflossen.

Martin Pollack, Wolfgang Neugebauer, Klaus Hoffer, Horst Christoph, Bertrand Perz, Wolfgang Karlhuber und Martin Kofler waren mir dankenswerterweise mit Hinweisen bei der Recherche nach möglichen InterviewpartnerInnen behilflich. Daniela Gahleitner und Ruth Gutermann haben die mühsame Transkription der Interviews mit großem Engagement und professioneller Umsicht durchgeführt, wofür ich mich an dieser Stelle herzlich bei ihnen bedanken möchte. Mein besonderer Dank gilt auch Doris Gödl für ihre Supervision, die durch ihr kritisch-offenes Interesse und ihre umfassende Sachkompetenz eine wichtige Begleitung meiner Arbeit war. Besonders herzlich bedanken möchte ich mich auch bei meinen Freundinnen und Kolleginnen Ela Hornung, Maria Mesner und Monika Bernold aus der gemeinsamen Habilitationsgruppe, die mich durch ihr anhaltendes Interesse, ihre Diskussionsbereitschaft und ihre kritischen Anregungen während des gesamten Projektes unterstützt und motiviert haben. Bedanken möchte mich auch bei meinen FreundInnen und ‚ProbeleserInnen' Monika Bernold, Ela Hornung, Günther Sandner, Uli Rebhandl und Helga Embacher, die mir durch ihr anregendes Feedback und ihren freundschaftlichen Zuspruch beim Schreiben sehr geholfen haben. Mein ganz besonderer Dank gilt Günther Sandner, der meine Arbeit von Beginn an interessiert begleitet hat und mich durch seine große Diskussionsbereitschaft, seine vielfältigen Hilfestellungen und scharfsinnigen Anregungen immer unterstützt und motiviert hat. Vor allem sein liebevolles Interesse und die vielen gemeinsamen Unternehmungen außerhalb der Arbeit haben dazu beigetragen, dass die letzten Jahre zu einer für mich überaus produktiven und schönen Zeit geworden sind.

Begriffsklärungen

Erinnerung – Gedächtnis – Familiengedächtnis

Seit Anfang der 1990er Jahre ist ein verstärktes Interesse am Phänomen Erinnerung und Gedächtnis im Allgemeinen und am Nach- und Weiterwirken der ‚Erfahrung Nationalsozialismus' im Besonderen festzustellen. Fragen nach der Existenz eines *kollektiven Gedächtnisses* und seinen spezifischen Ausprägungen[1], nach den Abweichungen davon *(Gegenerinnerungen)* und den daraus resultierenden Widersprüchlichkeiten (*gespaltene Erinnerung*)[2] werden dabei ebenso gestellt wie Fragen nach der Instrumentalisierung von Erinnerung – der *Politik mit der Vergangenheit* – im engeren Sinne.[3] Der mittlerweile unübersichtlich gewordene Gedächtnisdiskurs soll an dieser Stelle nicht noch einmal reproduziert werden, sondern ich möchte im Folgenden nur kurz einige zentrale Begriffe erläutern, die dieser Arbeit zugrunde liegen.

Maurice Halbwachs hat in den 1920er Jahren den Begriff des *kollektiven Gedächtnisses* geprägt, auf den bis heute Bezug genommen wird. Das kollektive Gedächtnis ist nicht als ein universales Gedächtnis zu verstehen, sondern es ist ein Teil der Identität einer sozialen Gruppe und somit immer pluralistisch. Es beruht zwar auf einer „Gesamtheit von Menschen", aber es sind immer die Individuen, die sich erinnern. Das individuelle Gedächtnis ist ein „Ausblickspunkt" auf das kollektive Gedächtnis und verändert sich, je nach Standort und Perspektive, von wo aus man es betrachtet.[4] Halbwachs spricht von *Erinnerungsmilieus* und von *Gruppengedächtnissen*, die durch geteilte Erfahrungen, durch Nähe und regelmäßige Interaktion entstehen und sich immer wieder aufs Neue reproduzieren.[5] Das Milieu von ehemaligen NationalsozialistInnen, die ihren Überzeugungen mehr oder weniger treu geblieben sind und in denen viele meiner InterviewpartnerInnen sozialisiert worden sind, kann als ein solches spezifisches Erinnerungsmilieu verstanden werden. Und auch die Familie hat, wie jede andere soziale Gruppe, ein Gedächtnis, das ebenfalls durch Nähe, Kommunikation und Interaktion der einzelnen Familienmitglieder entsteht.

Jan und Aleida Assmann haben das Gedächtnismodell von Halbwachs weiterentwickelt und das kollektive Gedächtnis in ein kommunikatives Gedächtnis und ein kulturelles Gedächtnis differenziert.[6] Das *kommunikative Gedächtnis* ist demnach die gelebte und in Zeitzeugen verkörperte Erinnerung, die etwa drei bis vier Generationen, also ungefähr achtzig Jahre umfasst. Das *kulturelle Gedächtnis* hingegen ist ein von Trägern losgelöstes Gedächtnis, das heißt die institutionell geformte und gestützte Erinnerung, wie sie etwa in Gedenkritualen, Denkmälern, der Geschichtsschreibung usw. zum Ausdruck kommt. Die Grenzen zwischen dem kommunikativen und kulturellen Gedächtnis sind in beide Richtungen hin fließend. Denn einerseits war gerade in der unmittelbaren Nachkriegszeit das institutionalisierte Gedenken noch stark von den Erfahrungen und Erinnerungen der Akteure und somit vom kommunikativen Gedächtnis bestimmt. Andererseits speist sich das kommunikative Gedächtnis mittlerweile immer mehr aus außerfamiliären, institutionalisierten Quellen (z.B. Medien, Filmen, öffentliche Diskurse) und ist somit bereits teilweise vom kulturellen Gedächtnis überlagert.[7]

Über sechzig Jahre nach dem Ende des Nationalsozialismus stehen wir – erinnerungspolitisch gesprochen – an der Schwelle vom kommunikativen zum kulturellen Gedächtnis. Die ‚Erlebnisgeneration', d.h. die unmittelbar in den Nationalsozialismus involvierte Generation verschwindet sukzessive als Erinnerungsträger, wohingegen die nachfolgenden Generationen zunehmend an Einfluss gewinnen. Die hier untersuchten ‚Kinder der Täter' bewegen sich genau an dieser Schwelle, in einer definitorisch nicht präzisierbaren „fließenden Lücke" (*floating gap)* zwischen den Erinnerungen der ‚Erlebnisgeneration' und den kulturellen Symbolisierungen der Nachwelt.[8] Sie waren in ihren Familien – mehr als jede andere Generation zuvor und danach – der kommunikativen Vergegenwärtigung des Nationalsozialismus durch ihre (Groß-)Eltern als *primäre Gedächtnisträger* ausgesetzt. Sie waren aber auch schon mit kulturellen Formen des Gedächtnisses an den Nationalsozialismus durch *sekundäre Gedächtnisträger* im außerfamiliären Bereich (Schule, Medien, Öffentlichkeit) konfrontiert, die als Bestätigungen oder Korrektive des Familiengedächtnisses fungieren konnten.

Die entscheidende Basis für die unmittelbaren Nachkommen, die ‚Kinder der Täter', ist das *Familiengedächtnis*, das durch Kommunikation und Interaktion der einzelnen Familienmitglieder entsteht und somit eine Erinnerungsgemeinschaft verschiedener Generationen ist. Maurice Halbwachs spricht in diesem Zusammenhang vom „lebendigen Band der Generationen"[9], ohne aber näher auszuführen, wie diese intergenerationelle und innerfamiliäre Tradierung von Erinnerung in der Praxis funktioniert. Mit der sozialen Erinnerungspraxis hat sich Peter Burke stärker auseinander gesetzt und den Begriff des *sozialen Gedächtnisses* geprägt.[10] Dabei zeigt sich unter anderem, dass es verschiedene Medien der sozialen Erinnerungspraxis gibt und es sich bei der Weitergabe von Erinnerung um Praktiken des Alltags handelt, die absichtslos, nicht-intentional und en passant erfolgen.[11]

Wie ich im Kapitel zur familiären Kommunikation über den Nationalsozialismus noch näher aufzeigen werde, funktioniert auch das Familiengedächtnis nach diesen Prinzipien. Das Familiengedächtnis ist kein statisches Konstrukt und keine große Narration, sondern es ist fragmentiert, veränderlich, entsteht beiläufig und ist als ein Rahmen zu verstehen, innerhalb dessen die familiäre Erinnerung gemeinsam ausverhandelt wird. Oder anders formuliert: Das Familiengedächtnis ist eine gemeinsame Verfertigung von Vergangenheit im Gespräch.[12] Von Bedeutung ist auch, dass es nicht die *eine* Familiengeschichte gibt, sondern viele unterschiedliche Blicke darauf, sodass die einzelnen Familienmitglieder letztendlich durchaus verschiedene Vorstellungen von der Familiengeschichte haben können.[13]

Daran anknüpfend möchte ich abschließend noch in aller Kürze auf zwei Begriffe verweisen, die für das Familiengedächtnis und auch für die Erinnerungen meiner InterviewpartnerInnen von zentraler Bedeutung sind: die Rekonstruktion und die Nachträglichkeit. Erinnerung ist immer eine *Rekonstruktion* der Vergangenheit mit Versatzstücken aus der Gegenwart, was nichts anderes heißt, als dass persönliche Erinnerung und historisches Wissen miteinander verschmelzen und sich überlagern können.[14] Die Rekonstruktion vollzieht sich aber nicht beliebig, sondern orientiert sich in vorgezeichneten Bahnen der übrigen Erinnerungen und im Rahmen vom Familiengedächtnis. Der Begriff der *Nachträglichkeit* aus der Psychoanalyse beschreibt die Fähigkeit, zeitlich zurückliegende Erfahrungen, Eindrücke, Erinnerungsspuren aufgrund neuer Erfahrungen und mit dem Erreichen einer anderen psychischen Entwicklungsstufe nachträglich umzuarbeiten.[15] Auf die historische Erinnerung angewandt ist damit die nachträgliche lebensgeschichtliche Umschrift der eigenen Erfahrungen und Erinnerungen in sich ständig verändernden Konstellationen (Wissen, Alter, Wertesystem usw.) gemeint. Deshalb erscheint es mir wichtig, erstens offen zu legen, in welchem Kontext und von welcher Position aus meine InterviewpartnerInnen sich erinnern, und zweitens diese Erinnerungen als nachträgliche Re-Konstruktionen im Spannungsfeld von Erfahrung, Wahrnehmung und nachträglicher Deutung zu begreifen.

Generation/en – Die zweite Generation

Im Zusammenhang mit dem derzeit zu konstatierenden Interesse an familiären Tradierungsprozessen gewinnt die Kategorie *Generation* zunehmend an Bedeutung. Aufgrund der Geläufigkeit dieser Kategorie scheint sich eine präzise Definition oft zu erübrigen. Meist bezieht man sich unausgesprochen auf das klassische genealogische Generationenmodell mit einer linearen Eltern-Kind-Enkel-Konstellation. Demgegenüber steht das historisch-soziologische Generationenmodell, das auf den bereits 1928 von Karl Mannheim begründeten Generationsbegriff zurückgreift.[16]

Karl Mannheim definiert eine historische Generation als eine bestimmte Position im historischen Fluss, aus der sich ein Erfahrungszusammenhang von gleich gelagerten Jahrgängen ergibt, wobei er zwischen einer Generationslagerung, einem Generationszusammenhang und Generationseinheiten differenziert. Mit dem Begriff der *Generationslagerung* bezeichnet er das Phänomen der verwandten Lagerung ähnlicher Geburtsjahrgänge im sozialen Raum. Ein *Generationszusammenhang* hingegen ist mehr als die bloße Präsenz in einer bestimmten historisch-sozialen Einheit und Mannheim zufolge nur dann gegeben, wenn es zwischen den Individuen in einer Generationslagerung eine reale Verbindung von sozialen und geistigen Gehalten (Werte, Erfahrungen) gibt. Diejenigen Gruppen, die innerhalb des Generationszusammenhanges in jeweils verschiedener Weise bestimmte Erlebnisse verarbeiten, bilden verschiedene *Generationseinheiten*. Generationseinheiten bedeuten demnach nicht nur eine lose Teilhabe verschiedener Individuen am gemeinsam, aber unterschiedlich erlebten Ereigniszusammenhang, sondern sie entstehen durch ein einheitliches Reagieren, ein im verwandten Sinne geformtes Gestalten und Handeln. Anders ausgedrückt: Ähnlich gelagerte Jahrgänge können verschiedene, ja selbst gegensätzliche Konsequenzen aus ihrer Generationslage ziehen und doch als differente Generationseinheiten Bestandteile eines gemeinsamen Generationenzusammenhanges bleiben.

Die NS-Forschung stützt sich auf das familiale Generationenmodell (Eltern-Kind-Kindeskind) mit dem ‚Zivilisationsbruch Auschwitz' als zeitgeschichtlichen Bezugspunkt. Dieser genealogischen Zeitrechnung zufolge sind der *ersten* Generation jene zuzuordnen, die den Nationalsozialismus als Erwachsene miterlebt und oft auch aktiv mitgetragen haben und im weitesten Sinne mit dem Begriff der ‚Kriegsgeneration' oder ‚Erlebnisgeneration' bezeichnet werden können. Die unmittelbaren Nachkommen, die Söhne und Töchter, dieser Generation gehören demnach zur *zweiten* Generation, die in der Beschreibung meines Interviewsamples noch genauer definiert werden. Eine klare Grenzziehung zwischen den Generationen erweist sich als schwierig, weil nur wenige Jahre Altersdifferenz eine gänzlich andere genealogische Einordnung mit anders gelagerten Erfahrungen bedeuten können.[17] Trotzdem möchte ich versuchen, meine Forschungsobjekte einerseits von der etwas älteren Zwischengeneration, der ‚Flakhelfer-Generation' oder ‚skeptischen Generation'[18], und andererseits von der dritten Generation, der Enkel-Generation[19], mit einer wiederum anders gelagerten erinnerungspolitischen Ausgangsposition, abzugrenzen.

Die ‚Kinder der Täter'

Die Angehörigen der zweiten Generation werden oft mit dem Begriff ‚Kinder der Täter' bezeichnet. Gegen diese Benennung werden häufig Einwände vorgebracht, die sich vor allem auf das Begriffsfeld ‚Täterschaft' beziehen. So wird darauf verwiesen, dass der Begriff des ‚Täters' der Kriminologie entstammt und im Zusammenhang mit dem Nationalsozialismus streng genommen nur auf nachweisbare NS-Straftäter anzuwenden wäre. Darüber hinaus bestünde bei einem pauschalen Täterbegriff die Gefahr, dass die unterschiedlichen Nuancen von Täterschaft nivelliert werden und ein Pauschalverdacht gegen eine ganze Generation ausgesprochen würde. Ich halte diese Einwände für durchaus überlegenswert.

Warum ich aber trotzdem am Begriff ‚Kinder der Täter' festhalte, wenn auch mit der gebotenen Distanz, die unter anderem durch die Anführungszeichen zum Ausdruck gebracht werden soll, möchte ich im Folgenden kurz begründen: Bei dem Täter-Begriff, der dieser Arbeit zugrunde liegt, geht es nicht um einen moralisch oder strafrechtlich legitimierten Begriff, sondern vielmehr um eine bewusst ‚pauschalisierend' gebrauchte gesellschaftstheoretische Kategorie, die die Angehörigen der ‚NS-(Mit-)Tätergesellschaft' in all ihren Facetten umfasst. Die Palette reicht dabei von prominenten NS-(Straf-)TäterInnen, NS-FunktionärInnen und NSDAP-Mitgliedern über die große Zahl der Wehrmachtssoldaten und Frauen an der ‚Heimatfront' bis hin zu den opportunistischen ‚MitläuferInnen', die sich an das NS-System auf unterschiedliche Weise angepasst haben. Das erfordert auch ein erweitertes Verständnis von Täterschaft, das nicht ‚nur' auf die konkrete Beteiligung bei NS-Verbrechen abzielt, sondern auch viele andere Nuancen von (Mit-)Täterschaft und politischer Verantwortung gedanklich mit einschließt.

Die zunehmend differenzierte NS-Forschung zeigt, dass es im NS-Regime in der Tat viele Möglichkeiten gab, in das NS-Unrechtssystem ‚involviert' gewesen und dabei ‚schuldig' geworden zu sein – unabhängig von der NS-Funktion, vom Geschlecht und dem Einsatzort: Sei es als ‚kleiner' Blockwart, Ortsgruppenleiter oder Ortsbauernführer an der ‚Heimatfront'; sei es durch Denunziation oder das Verbreiten von NS-Propaganda; sei es durch das Schmieren von antisemitischen Parolen und das Befolgen des ‚Judenboykotts' oder beim Verhöhnen und Demütigen der Juden und Jüdinnen nach dem ‚Anschluss' 1938; sei es bei der Administrierung der ‚Arisierungen' (der Wohnungen, Geschäfte, Möbel, Vermögen usw.), von denen so viele in Österreich (bis heute) profitier(t)en; sei es als BefürworterInnen, BürokratInnen und NutznießerInnen der ‚Euthanasie' und des Zwangsarbeitereinsatzes; sei es als passive Zu- und WegseherInnen bei den so genannten ‚Todesmärschen', wo junge Burschen und alte Männer als deren Bewacher sogar zu Mördern werden konnten – die Liste möglicher Täterschaften ließe sich beliebig fortsetzen.

Dieser breit gefächerte Täter-Begriff wird im bewussten Gegensatz zum Begriff der ‚Opfer' verwendet, der ebenfalls in sich different war (Juden, Widerstandskämpfer, ‚Zigeuner', ‚Asoziale' usw.) und alle umfasst, die aus rassischen oder politischen Gründen aus der so genannten ‚Volksgemeinschaft' ausgeschlossen wurden bzw. aktiv dagegen angekämpft haben. Die begriffliche Dichotomie Täter – Opfer bezieht sich in erster Linie auf die unterschiedliche erinnerungspolitische Grundkonstellation von Nachkommen von Opfern und Tätern, die der zentrale Ausgangspunkt meiner Fragestellungen ist. Damit soll aber nicht das Faktum ignoriert werden, dass es viele Grauzonen zwischen diesen Polen gibt und Personen in unterschiedlichen Situationen sowohl als Täter als auch als Opfer agieren bzw. wahrgenommen werden können. So konnte beispielsweise jemand, der beim ‚Anschluss' 1938 an den unmenschlichen Schikanen gegenüber Juden beteiligt war oder die Expansionspolitik des NS-Regimes befürwortet hat, wenige Jahre später durch traumatische Kriegserfahrungen, schwere Verletzungen oder Kriegsgefangenschaft im gewissen Sinn auch zu einem ‚Opfer' dieses Krieges werden.

Für Österreich ergibt sich eine besondere Situation, da hier aufgrund des lange Zeit wirksamen Selbstverständnisses als ‚Opfer' im Vergleich zu Deutschland das allgemeine Bewusstsein, Bestandteil bzw. Nachkommen einer ‚(Mit-)Tätergesellschaft' zu sein, wesentlich geringer ist und sich somit die Opfer-Täter-Konturen stark verwischen.[20] Österreich war zwar durch den ‚Anschluss' und den damit erfolgten Verlust der staatlichen Souveränität als Staat ‚das erste Opfer Hitlers', gleichzeitig muss die österreichische Gesellschaft aufgrund der hohen gesellschaftlichen Akzeptanz des Nationalsozialismus und der starken Beteiligung am NS-Unrechtssystem *strukturell* als ‚(Mit-)Tätergesellschaft' verstanden werden. Diese Feststellung bedeutet selbstverständlich nicht, dass alle ÖsterreicherInnen als konkrete TäterInnen anzusehen sind und es nicht auch partielle Gegnerschaft, Resistenzverhalten und Widerstand einzelner Personen und Gruppen gegen den Nationalsozialismus gegeben hat. Vor diesem Hintergrund muss Österreich, ebenso wie die BRD und die DDR, als NS-Nachfolgestaat und die österreichische Nachkriegsgesellschaft demzufolge als NS-Nachfolgegesellschaft begriffen werden.[21]

Es geht mir aber nicht nur um die Täterschaft als erwiesenes historisches Faktum, als durchgeführte *Tat*, sondern immer auch um die (potenzielle) Täterschaft als Denkmöglichkeit, als *Imagination*. Damit eröffnet sich eine zusätzliche Dimension, jene der Wahrnehmung bei den Nachkommen, deren Auseinandersetzungen mit der NS-Familiengeschichte häufig um diese potenzielle Täterschaft der Eltern kreisen. Wie ich noch aufzeigen werde, berührt die Vorstellung/Befürchtung, dass die eigenen Eltern möglicherweise ‚schuldig' geworden sein könnten, tatsächlich einen zentralen Punkt der ganzen Problematik. Viele beziehen sich selbst auf diese Kategorie, indem sie sich ihr entweder zuordnen oder sich aber auch von ihr abgrenzen. Da vor allem die Wahrnehmungen, Zuschreibungen und Vorstellungen der

NS-Nachkommen im Zentrum meiner Arbeit stehen, soll sich diese Dimension auch auf der begrifflichen Ebene widerspiegeln.

Die Problematik des Begriffes ‚Kinder der Täter' ist mir bewusst und ich kann die Ablehnung und Abwehr durchaus nachvollziehen.[22] Die Gründe der Ablehnung können unterschiedlich motiviert sein: Manche sehen sich durch diese Zuschreibung auf einen bestimmten Aspekt ihrer Biographie (der familiären Herkunft) reduziert, wohingegen andere, für sie möglicherweise wichtigere Identitäten dadurch ausgeklammert bleiben. Andere wiederum – und das ist vermutlich der tiefer liegende Impuls der Ablehnung – sehen darin eine Vorverurteilung des Vaters/der Mutter, denn allein mit dem Begriff steht eine potenzielle Täterschaft im Raum, was Schrecken hervorruft und Abwehr produziert.

Dieser Abwehr-Mechanismus ist mir durch eine scheinbar banale Beobachtung noch klarer und verständlicher geworden: Im Laufe meiner Arbeit habe ich den Begriff ‚Kinder der Täter' wohl hunderte Male getippt. Da ich aufgrund meines hohen Schreibtempos sehr zu Tippfehlern neige, passierte es mir öfters, dass ich mich um eine Taste vertippte und am PC-Bildschirm anstelle dessen ‚Kinder der Töter' zu lesen war. Es war diese winzige und doch so verstörende Veränderung, die Verschiebung von der Abstraktion (Täter) zur Konkretion (Töter = Mörder), die mich erschrecken ließ und mir die Brisanz dieses Begriffes drastisch vor Augen geführt hat. Mein Erschrecken darüber – so könnte ich mir vorstellen – spiegelt das Erschrecken und die instinktive Abwehr der Nachkommen wider, weil sie ihre eigenen Väter/Mütter durch die Benennung als ‚Täter' assoziativ mit Mord in Zusammenhang gebracht sehen.

Das Interview als Erinnerungsort

Pierre Nora hat den Begriff der ‚Gedächtnisorte' geprägt.[1] Diese zwischen dem Gedächtnis und der Geschichte angesiedelten Orte der Produktion, Überlieferung und Konservierung von Erinnerung sind nicht nur im topographischen Sinn (Archive, Museen, Denkmäler), sondern auch im symbolischen (Jubiläen, Jahrestage) und funktionalen Sinn (Autobiographien, Historiographie) zu verstehen. In dieser Hinsicht sind auch meine Interviews mit ‚Kindern von Tätern' Gedächtnis- oder Erinnerungsorte, wo Erinnerung aktiviert, vergegenwärtigt und (neu) arrangiert wird. Es geht dabei vor allem um die unmittelbare Interviewsituation als Ort der Erinnerungsproduktion und als soziale Interaktion zwischen meinen InterviewpartnerInnen als Erinnernde und mir als Interviewerin. Von Bedeutung sind aber auch die Vorbedingungen und das Zustandekommen der Interviews sowie meine spätere Rolle als Interpretin und Arrangeurin der im Interview vergegenwärtigten Erinnerungen.

Die Recherche

Die Frage, wie ich zu meinen InterviewpartnerInnen gekommen sei, wurde und wird mir immer wieder gestellt. Es ist in der Tat eine zentrale Frage, denn die erfolgreiche Suche nach möglichen GesprächspartnerInnen war die Grundvoraussetzung für das Gelingen meines Projektes und sie gibt darüber hinaus Auskunft über Interesse und Resonanz auf mein Forschungsvorhaben. Ich verstehe die Recherche und Kontaktaufnahme somit als integralen Bestandteil des Forschungsprozesses.

Meine Erwartungshaltung vor Beginn des Projektes war eine ‚optimistische', mussten doch in einem Land wie Österreich, das strukturell und personell tief in den Nationalsozialismus verstrickt war, viele NS-Nachkommen leben, denen ich mich auf verschiedenen Wegen annähern wollte: Einige ‚Kinder der Täter' waren mir bereits vor Projektbeginn durch meine Vorarbeiten und aus den Medien bekannt.[2] Zum anderen kannte ich aus meinem persönlichen Umfeld einige ‚Kinder der Täter', sowohl im beruflichen Kontext, da viele HistorikerkollegInnen dieser Generation aus einem NS-Elternhaus stammen, als auch in meinem Freundes- und Bekanntenkreis. Im Laufe des Projektes sollte sich herausstellen, dass sich dieser Pool noch erheblich erweitern sollte und die Suche nach den NS-Nachkommen tatsächlich nicht schwierig war. Nicht nur einmal passierte es mir, dass ich beispielsweise bei einem Fest mit mir nicht bekannten ‚Freunden von Freunden' ins Gespräch kam, wir uns über unsere beruflichen Tätigkeiten austauschten und eine kurze Erwähnung meines Forschungsthemas in ein langes lebhaftes Gespräch mündete, wo sich der/die interessierte GesprächspartnerIn schließlich als ‚Betroffene/r' herausstellte.[3] Das offensichtliche Interesse an meinem Thema hat mich nicht nur stark motiviert, sondern brachte mir auch viele interessante Einblicke in individuelle Kindheitserinnerungen und den unterschiedlichen Umgang damit.

Meine ersten konkreten Recherchen nach Interviewpersonen begannen mit Hinweisen von KollegInnen, die zum Nationalsozialismus arbeiten, sowie mit einer systematischen Lektüre von (biographischer) Literatur über den Nationalsozialismus in Österreich. Gleichzeitig wurde mein Forschungsprojekt in einem Artikel in der Tageszeitung *Der Standard* (erschienen am 23.11.2002) vorgestellt, wobei ich eine kleine Hoffnung hegte, dass sich als positiver Nebeneffekt eventuell der/die eine oder andere GesprächspartnerIn melden könnte. Ausgehend davon, dass im Rahmen des christlich-jüdischen Dialoges in Österreich (ähnlich wie in Deutschland) möglicherweise AnsprechpartnerInnen zu finden seien, habe ich einen kurzen Aufruf im E-Mail-Verteiler eines christlich-jüdischen Dialogforums platziert (der ohne mein Zutun auch in der jüdischen Zeitschrift *Die Gemeinde* erschien).

Während sich auf den Aufruf im christlich-jüdischen Bereich nur vereinzelt Interessierte meldeten, übertrafen die Reaktionen auf den *Standard*-Artikel alle meine Erwartungen. Die enorme Resonanz ist sicher auch darauf zurückzuführen, dass dieser von der Redaktion mit dem auffordernden Titel „Suche nach den Kindern der Täter" versehen wurde und – für alle Fälle gewissermaßen – eine Kontaktadresse angegeben war. Die vielen Reaktionen verdeutlichten aber auch ein auffallend großes Interesse am Thema und eine große Gesprächsbereitschaft bei den ‚Betroffenen' selbst. Der erste Anruf erreichte mich bereits am frühen Samstagvormittag (der Artikel erschien in einer Wochenendausgabe) unter meiner Privatnummer, die der Anrufer offenbar selbst recherchiert hatte. Dieser Anrufer blieb übrigens der Einzige, der mein Forschungsvorhaben aufs Heftigste kritisierte (nach dem Motto: einmal müsse endlich Schluss sein) und bei dem eine von latenter Aggression getragene Abwehr zum Ausdruck gekommen ist.

Zu Beginn der Arbeitswoche setzte schließlich eine Flut von Reaktionen ein, mit deren Beantwortung ich in den darauf folgenden zwei Wochen beschäftigt war. Unter den AnruferInnen waren beispielsweise einige TherapeutInnen, die sich beruflich für das Thema interessierten, teilweise aber auch persönlich davon betroffen waren; es meldete sich ein Regisseur/Produzent, der eine filmische Verarbeitung des Themas überlegte, wobei auch bei ihm die persönliche Familiengeschichte eine Rolle spielte; und schließlich meldeten sich einige, die mich in meinem Projektvorhaben einfach nur bestärken wollten, wie etwa der Wagner-Urenkel, Gottfried Wagner, der sich selbst seit Jahren mit seiner Familiengeschichte auseinander setzt.[4] Die meisten der AnruferInnen waren aber ‚betroffene' Kinder mit (mehr oder weniger) nationalsozialistischem Familienhintergrund, die sich von dem Artikel persönlich angesprochen fühlten. Das heißt: Sie waren mögliche InterviewpartnerInnen, mit denen ich Vorgespräche führte, biographische Daten abklärte und sie in ein breit angelegtes Interviewsample aufnahm (eine Entscheidung über die endgültige Auswahl wollte ich erst nach dem Sammeln aller Informationen treffen). Unter den AnruferInnen waren aber auch viele, die aus unterschiedlichen Gründen nicht in mein Interviewsample passten. Sie gehörten der etwas älteren Zwischengeneration (HJ, BDM, Flakhelfer) oder der dritten Generation (Enkel) an, oder es stellte sich heraus, dass es doch keine direkte familiäre Verstrickung gab, weil der Vater ihrer Darstellung nach ‚nur' bei der Wehrmacht und ‚kein Nazi' war. Ich habe mich oft gefragt, warum sich diese AnruferInnen trotz ihrer Verneinungen und Versicherungen von der „Suche nach den Kindern der Täter" angesprochen gefühlt hatten.

Spricht daraus nicht auch eine gewisse Unsicherheit, ein Unwissen, eine Ahnung, ja vielleicht ein insgeheimer Verdacht, dass es doch anders gewesen sein könnte?

Interessant waren auch die unterschiedlichen Formen der (telefonischen) Gespräche, viele AnruferInnen waren sehr emotional, einigen war anzumerken, welche Überwindung es sie gekostet hatte, sich bei mir zu melden, und manche konnten/wollten nur sehr zögerlich-vorsichtig über ihre Familiengeschichte sprechen. Andere wiederum hatten keine Scheu, mir bereits im Vorgespräch detailliert ihre persönliche Geschichte anzuvertrauen. Bemerkenswert ist auch, dass selbst noch lange Zeit nach dem ersten Ansturm Kontaktaufnahmen erfolgt sind, mit der Begründung, dass sie erst später durch Bekannte auf den Artikel aufmerksam gemacht worden wären, oder dass sie den Artikel „verlegt" oder sich schlicht nicht früher „getraut" hätten. Insgesamt werte ich diese vielen, fast ausschließlich positiv-zustimmenden Gespräche als Ausdruck eines offensichtlich existierenden Bedürfnisses, sich mit der eigenen ‚belasteten' Familiengeschichte zu beschäftigen, und sie sind für mich vor allem eine unschätzbar wichtige Erfahrung, die – so hoffe ich – indirekt in meine Arbeit eingeflossen ist.

Nur mit einigen dieser GesprächspartnerInnen habe ich später Interviews durchgeführt, da ich bewusst nicht nur Personen, die sich von sich aus gemeldet hatten, sondern auch schwerer zugängliche NS-Nachkommen für ein Interview gewinnen wollte. Dazu gehören jene Söhne und Töchter, die sich nicht kritisch mit der Familiengeschichte auseinander setzen, sondern ihren NS-Eltern (oft auch dem Nationalsozialismus) sehr affirmativ gegenüberstehen und sich manchmal auch politisch ‚rechts' engagieren. Als bekanntestes Beispiel dafür kann der langjährige FPÖ-Obmann Jörg Haider angeführt werden, der mich allerdings weniger als persönlicher Einzelfall interessiert, sondern vielmehr als Vertreter seiner Generation, der als politisches Sprachrohr einer affirmativen Haltung zur ‚Kriegsgeneration' fungierte.[5] Auch von vielen anderen mehr oder weniger bekannten FPÖ-PolitikerInnen wusste ich, dass sie aus ehemaligen nationalsozialistischen Familien kommen, aufgrund der Vagheit der Informationen und den Zugangsschwierigkeiten habe ich letztendlich niemanden davon interviewt. Denn oft erweist sich die ‚Prominenz' bzw. Exponiertheit von GesprächspartnerInnen als Nachteil, z.B. durch Schwierigkeiten bei der Anonymisierung oder durch ein routiniertes Sprechverhalten, das oft kaum über bereits in der Öffentlichkeit Gesagtes hinausgeht. Schwierigkeiten bei der Recherche ergaben sich auch im rechtsextremen Milieu, wo ich ebenfalls von einigen NS-Nachkommen wusste, zu denen ich allerdings keinen Zugang fand, wobei ich nicht verhehlen möchte, dass ich von einer gewissen Scheu und Unlust, mich diesem Milieu auszusetzen, nicht frei war. In dieser Hinsicht kam mir der Zufall zur Hilfe, denn unter jenen AnruferInnen, die sich auf den *Standard*-Artikel gemeldet hatten, war auch ein Mann, der nach eigenen Angaben diesem rechten Umfeld (schlagende Burschenschaft, deutschnationaler Flügel der FPÖ) zugeordnet werden kann und der mir später als Interviewpartner (Pseudonym: Hans Cerny) zur Verfügung gestanden ist.

Parallel zu meinen Recherchen hat sich – wie so oft bei Oral History Projekten – das so genannte ‚Schneeballsystem' bewährt. Dabei handelte es sich meist um Hinweise meiner Gesprächs- oder InterviewpartnerInnen, die mir Bekannte aus ihrer Kindheit oder ihrem derzeitigen Umfeld nannten, die ebenfalls aus nationalsozialistischen Familien stammten und möglicherweise für ein Interview in Frage kommen könnten. Diese persönliche Vermittlung bei der Kontaktaufnahme hatte den Vorteil, dass sie oft als ‚Eintrittsbillett' zu diesen Personen fungierte und ich auf diese Weise zu InterviewpartnerInnen gekommen bin, zu denen ich sonst keinen Zugang gehabt hätte.

Die Kinder der prominenten NS-Täter

Eine sehr spezielle Gruppe möglicher InterviewpartnerInnen bilden die Nachkommen von ‚prominenten' Nationalsozialisten (d.h. bekannten NS-Kriegsverbrechern, hochrangigen NS-Funktionären wie Gauleiter usw.), denen zwar nicht mein Hauptinteresse gilt (darin unterscheide ich mich bewusst von Interviewsammlungen wie von Dan Bar-On oder Gerald Posner[6]), die ich aber zu Beginn des Projektes nicht von vornherein ausschließen wollte. Die Recherche nach diesen ‚Kindern der Täter' im engeren Sinne kam einer Detektivarbeit gleich, die sich sehr langwierig, aber auch spannend gestaltete. Bei meiner Recherche konnte ich zwar auf mein Vorwissen als Zeithistorikerin zurückgreifen, das aber durch eine zielgerichtete Lektüre (auto-)biographischer Literatur zum Nationalsozialismus bzw. NS-Fachliteratur mit biographischen Hinweisen ergänzt werden musste. Während ich bisher bei meiner Suche von den ‚Kindern' ausgegangen war, wählte ich nun den umgekehrten Weg, d.h. ich ging von bekannten ‚Tätern' aus (beispielsweise von den Gauleitern Rainer, Hofer, Eigruber, Uiberreither, den NS-Verbrechern Kaltenbrunner, Globocnik, Murer usw.) und versuchte herauszufinden, ob sie Nachkommen gehabt haben, welche Jahrgänge diese waren, wie sie mit Vornamen hießen und wo sie heute leben. Diese Nachforschungen auf oft recht verschlungenen Wegen erwiesen sich als nicht ganz einfach: Erstens kommt man auf diese Weise eher zu den Söhnen (die Töchter haben meist durch Heirat einen anderen Namen angenommen und sind somit schwer auffindbar), zweitens handelt es sich meist um in Österreich sehr geläufige Familiennamen. Wie sucht man beispielsweise nach den Nachkommen eines Alois Brunner oder eines Gauleiters Hofer, wo es zu diesen Allerweltsnamen doch Hunderte Eintragungen im österreichischen Telefonbuch gibt. Selbst wenn ich die Vornamen der Nachkommen und den ungefähren Wohnort wusste, so wollte ich doch immer hundertprozentig sicher gehen, bevor ich mit meiner heiklen Anfrage an sie herantrat. Zu alledem war diese Recherche auch insofern eine sensible Angelegenheit, da ihr (mehr noch als in weniger spektakulären Fällen) der Nimbus der ‚Sippenhaftung' anhaftete und somit bei den Betroffenen vermutlich per se Abwehr provozierte.

Entsprechend vorsichtig nahm ich schließlich mit einigen von ihnen (es handelte sich ausschließlich um Söhne, die altersmäßig in mein Sample passten und über deren Identität ich mir sicher sein konnte) Kontakt auf.[7] Die Reaktionen auf mein Ansinnen fielen in der Konsequenz sehr einheitlich aus, denn niemand von ihnen hat sich letztendlich zu einem Interview bereit erklärt, in der Form und Begründung aber waren sie sehr unterschiedlich: So hatte sich ein Sohn eines bekannten und berüchtigten SS-Führers, der an der Judenvernichtung und vielen NS-Verbrechen beteiligt war und 1945 Selbstmord begangen hatte, ein Telefongespräch verweigert und mir durch seine Frau kategorisch ausrichten lassen, dass er zu keinem Interview bereit wäre.[8]

Auch in einem anderen Fall, dem Sohn eines verurteilten und hingerichteten NS-Kriegsverbrechers, erhielt ich eine kategorische Ablehnung („für so was steh ich nicht zur Verfügung").[9] Obwohl dieser Angefragte sehr kurz angebunden war und das Gespräch sofort beenden wollte, ergab sich schließlich doch ein längeres Gespräch, in dem er seine Absage damit begründete, dass er „sich nicht ärgern" wolle und deshalb auch alle Anfragen von Medien abschlagen würde. Mein Einwand, dass es sich hierbei um ein wissenschaftliches Projekt handle, veranlasste ihn schließlich – auf eine sehr herablassende Art, wie mir schien – meine Person und Wissenschaftlichkeit in Frage zu stellen. Dies begründete er mit meinem Alter und meinem mangelnden Renommee[10] sowie mit dem im Schreiben zur Orientierung angegebenen Zeitrahmen[11], der ihn – angesichts der Wichtigkeit seiner Person, wie er andeutete – als viel zu gering („ein Witz!") erschien und er sich prinzipiell „keine Vorgaben" machen lasse. Erst später fiel mir auf, dass mein Gesprächspartner ausschließlich auf der formalen Ebene argumentierte und sich zu seinem Vater, dem Nationalsozialismus oder seiner eigenen Person nicht geäußert hat. Alles in allem verlief das Gespräch (das von ihm schließlich ziemlich abrupt abgebrochen wurde) für mich äußerst unangenehm, wofür vor allem die unhöfliche Art meines Gegenübers ausschlaggebend war, in der sich – so meine Projektion – die dem berüchtigten SS-Vater allgemein zugeschriebene Kälte und Arroganz widerspiegelte. Darüber hinaus erhielt ich den Eindruck, dass er aus der zweifelhaften Prominenz seines Vaters eine gewisse ‚Sonderstellung' für sich ableitete, die ich seiner Ansicht nach wohl zu wenig gewürdigt hatte. Derartige Überhöhungen von Nachkommen sind kein Einzelfall, so berichtet beispielsweise auch der Psychotherapeut Dan Bar-On von Hierarchiebildungen in seiner ‚Kinder der Täter'-Selbsthilfegruppe, die von der Exponiertheit und dem Grad der Täterschaft der Väter im NS-System hergeleitet wurden und zu Konkurrenzverhalten (‚Wer ist wichtiger?', oder ‚Wer hat mehr gelitten?') zwischen den Betroffenen geführt hat.[12]

Anders reagierten zwei weitere Söhne von bekannten NS-Tätern, beide waren überaus freundlich, und es entwickelten sich längere und aufschlussreiche Gespräche, die ich hier kurz wiedergeben will. Der eine war der Sohn eines ehemaligen Ghettokommandanten, der in der Sowjetunion wegen seiner Beteiligung an NS-Verbrechen zu einer langjährigen Haftstrafe verurteilt worden war, 1955 nach der Unterzeichnung des Staatsvertrages aber als so genannter ‚Spätheimkehrer' freikam. Anfang der 1960er Jahre kam es in Österreich erneut zu einem Prozess gegen ihn, bei dem er, wie viele andere NS-Täter auch, freigesprochen wurde. Aus der zeitgenössischen Berichterstattung war mir bekannt, dass sich seine Söhne während des Prozesses voll hinter den Vater gestellt und im Gerichtssaal die Opfer des Vaters, die als Zeugen auftraten, verhöhnt hatten. Einen von diesen Söhnen habe ich um ein Interview gebeten. Da ich von ihm darüber hinaus wusste, dass er vor Jahren eine höhere politische Funktion in der FPÖ ausgeübt hat, befürchtete ich Ablehnung und Abwehr. Umso erstaunter war ich, als der Angefragte sehr freundlich und verständnisvoll auf mein Anliegen reagierte, gleichzeitig aber bedauerte, mir „leider nicht helfen" zu können.[13] Da seine Ablehnung nicht sehr bestimmt klang, versuchte ich ein Gespräch in Gang zu bringen, was nicht schwierig war, da mein Gesprächspartner sogleich auf seinen Vater und seine Familie zu sprechen kam: Sein Vater sei ein „unschuldiges Opfer", das Opfer einer Verwechslung gewesen. Die Familie habe unter den seiner Ansicht nach falschen Anschuldigungen sehr gelitten und einen „ganz bitteren Weg“ hinter sich und sei somit zum „Opfer der Nachkriegsverfolgung“ geworden. Er selbst habe seinen Vater erst 1955 (nach seiner Rückkehr aus der Sowjetunion) kennen gelernt und ihn dann „gleich wieder im Gefängnis besuchen“ müssen. Gleichzeitig ließ er mehrmals einfließen, dass er, wie er sich ausdrückte, ein „glühender Fanatiker für die Demokratie“ sei. Obwohl mein Gesprächspartner ein großes Erzählbedürfnis hatte, war er letztendlich zu seinem mehrfach bekundeten Bedauern nicht für ein Interview bereit: Angesichts seiner negativen Erfahrungen mit den Medien, die er nicht von der Unschuld seines Vaters überzeugen konnte, wolle er sich nun „auf nichts mehr einlassen“. Der Gesprächspartner bot mir ein „privates Gespräch“ an (was er dann aber wieder rückgängig machte) und meinte zum Schluss, dass er sich bei mir eventuell melden würde (was er erwartungsgemäß nicht getan hat) und wünschte mir „viel Erfolg bei der Arbeit“. Dieses Gespräch wirkte aus mehreren Gründen sehr irritierend auf mich: Zum einen lief es meinen Erwartungen, ja Befürchtungen, die mit diesem Namen verknüpft waren, zuwider. Zum anderen frappierte mich die Diskrepanz zwischen Inhalt und Form des Gespräches, d.h. zwischen dem, was er sagte (Entlastung und Verteidigung des Vaters entgegen allen historischen Fakten, Selbststilisierung der Familie als Opfer) und dem, wie er es sagte, seine Offenheit, Freundlichkeit und das Fehlen von Aggression, die sonst meist mit derartigen Argumentationen einhergeht.

Ähnliche Erfahrungen machte ich bei einem Telefonat mit dem Sohn eines Gauleiters. Auf meine Frage, ob er zu einem Gespräch bereit sei, reagierte er vorsichtig ablehnend („eher nicht“) und fügte hinzu, dass „diese Zeit ein heißes Thema (sei) und da es noch Gesetze gibt“, sei es ihm zu „gefährlich“.[14] Auf meine Nachfrage, was er damit meine, kam er etwas umständlich auf das NS-Verbotsgesetz zu sprechen, gegen das er verstoßen würde, wenn er seine Sicht der Dinge kundtun würde. Erstaunlich für mich war, dass mein Gesprächspartner diesen Einwand noch mehrmals mit großer Selbstverständlichkeit vorbrachte, so als ginge er automatisch davon aus, dass alles, was er zum Thema zu sagen habe, unter den Strafbestand der ‚NS-Wiederbetätigung‘ fallen würde. Außerdem hatte ich den Eindruck, als wollte er mir auf diese Art seine Haltung gegenüber seinem Vater vermitteln, ohne direkt auf ihn zu sprechen zu kommen. Bei dieser Gelegenheit verwies er auch auf zwei seiner Geschwister (ein Bruder und eine Schwester), die „sich sehr für diese Zeit interessiert“ hätten und deshalb sogar „vor Gericht“ gewesen seien. Damit umschrieb er deren politische Aktivitäten im rechtsextremen Milieu, die mir zumindest von einem Bruder bekannt gewesen sind. Auf seinen Vater kam der Angefragte nur einmal zu sprechen, indem er sarkastisch anmerkte, dass dieser im Allgemeinen „als Verbrecher“ angesehen werde, ohne dies näher auszuführen. Meinen Einwand, dass es mir nicht um die Bewertung und Verurteilung seines Vaters, sondern um seine persönliche Geschichte und Sichtweise ginge, meinte er nur – und wohl nicht ganz zu Unrecht –, dass dies nicht zu trennen sei. Auch er versicherte mir mehrmals im sehr freundlichen Ton, dass er mein Anliegen verstünde und seine Ablehnung nicht gegen mich gerichtet sei, aber „leider“ gäbe es eben „diesen Paragraphen“. Da er mir vorschlug, seine Geschwister zu fragen, ob diese zu einem Interview bereit wären, meldete ich mich wie vereinbart nach einiger Zeit noch einmal. Diesmal war seine Frau am Telefon, die sich als sehr erzählfreudig erwies und mir viel über ihre eigene Kindheit (sie war die Tochter eines jugoslawischen Partisanen, der angeblich von Partisanen umgebracht wurde, und einer überzeugten Nationalsozialistin) erzählte.[15] Aber auch mit der Familie ihres Ehemannes, mit dem sie sich voll identifizierte, war sie offenbar vertraut. So betonte sie mehrmals die „Anständigkeit" des Gauleiters und wies darauf hin, wie schwer es seine Kinder in der Nachkriegszeit gehabt hätten. Zum Nationalsozialismus selbst meinte sie relativierend, dass es „im Krieg überall Schweine" und „Leid auf allen Seiten" gegeben habe. Dieses Gespräch zeigte mir, dass zwischen dem Ehepaar offenbar ein sich gegenseitig bestätigender Austausch und Konsens in ihrer Geschichts- und Familienbetrachtung herrscht, wobei der Ehemann aus Vorsicht vor der von ihm imaginierten Gesetzesmacht wesentlich zurückhaltender agierte.

Auch wenn diese Recherchen bei den Kindern von ‚prominenten' NS-Tätern nicht erfolgreich waren, d.h. letztendlich zu keinem Interview geführt haben, so waren die Kontaktaufnahmen und Gespräche mit ihnen für mich sehr interessant und aufschlussreich. Sie haben mir gezeigt, dass es aufgrund der Exponiertheit der NS-Väter offenbar noch schwieriger ist, mit der daraus abgeleiteten Zuschreibung als ‚Täterkind' umzugehen. Anders als Nachkommen von weniger prominenten NationalsozialistInnen müssen sie sich fast zwangsläufig in irgendeiner Weise zur Täterschaft des Vaters verhalten. Aufgrund der unbestreitbaren historischen Faktenlage können sie sich kaum Illusionen über die NS-Aktivitäten ihrer Väter machen, nichtsdestotrotz hat sich bestätigt, dass selbst bei Nachkommen von ‚eindeutigen' NS-Tätern und höchsten NS-Funktionsträgern massive Opferstilisierungen, Entlastungsbedürfnisse und Entlastungsstrategien existieren.[16] Dass diese exponierte Konstellation leicht zu einem grundsätzlichen Abwehrverhalten führen kann, war zu erwarten, besonders gegenüber einer nicht näher vertrauten Person, die ich mit meinem Interview-Ansinnen für sie dargestellt habe. Nicht zuletzt aus diesen Gründen sind diese ‚prominenten' NS-Nachkommen in meinem Interviewsample nicht vertreten.

Das Interviewsample

Nach Abschluss meiner Recherchen stand mir ein überaus breiter Pool von gesprächsbereiten InterviewpartnerInnen zur Verfügung, aus dem ich nur einen kleinen Teil für ein Interview ausgewählt habe. Ich wollte allein schon aus arbeitstechnischen Gründen nicht zu viele Interviews (ungefähr zwanzig) durchführen. Mir ging es weniger um eine ohnehin nicht erreichbare quantitative Repräsentativität als um eine exemplarische Veranschaulichung und Analyse bestimmter Grundtendenzen anhand der persönlichen Erfahrungen meiner InterviewpartnerInnen. Insgesamt habe ich achtzehn Interviews mit ‚Kindern von Tätern' durchgeführt, wobei die Auswahl meiner InterviewpartnerInnen nach folgenden Kriterien erfolgte:

- *Generation*

Das primäre Auswahlkriterium war jenes der Generationszugehörigkeit, das heißt: das Alter. Mein Forschungsinteresse liegt, wie bereits eingangs erwähnt, bei den unmittelbaren NS-Nachkommen, den ‚Kindern der Täter'. Es handelt sich dabei zum einen um die bereits während des Nationalsozialismus geborenen Söhne/Töchter, die diese Zeit bestenfalls als (Klein)Kinder erlebt haben, aber noch nicht außerfamiliär durch den Nationalsozialismus geprägt worden sind (z.B. durch Schule, HJ usw.) und auch noch nicht selbstverantwortlich politisch agiert haben. Zum anderen geht es mir um jene Söhne/Töchter, die nach Kriegsende geboren und in der unmittelbaren und späteren Nachkriegszeit sozialisiert und politisiert wurden und somit unter dem klassischen Begriff der ‚Nachgeborenen' subsumiert werden können. In der Praxis hat sich mein Forschungsfeld auf die Jahrgänge 1936 bis 1954 konzentriert, wobei der eindeutige Schwerpunkt auf den Jahrgängen 1938 bis 1950 (markiert von vereinzelten früher bzw. später geborenen ‚Eckpfeilern') liegt. Die Interviewpersonen waren zum Zeitpunkt der Interviews (2002/2003) somit zwischen 48 und 67 Jahre alt; der Großteil davon zwischen Anfang 50 und Anfang 60 (vgl. Anhang).

- *Geschlecht*

Die Kategorie Geschlecht bildete ein weiteres wichtiges Auswahl- und Untersuchungskriterium. Ausgehend davon, dass es entscheidende geschlechtsspezifische Differenzen bei den Prägungen und Verarbeitungen gibt, wurden als InterviewpartnerInnen im gleichen Ausmaß weibliche und männliche Nachkommen (Söhne und Töchter) ausgewählt (vgl. Anhang).

- *Grad der elterlichen NS-Involvierung*

Alles, was ich über die Eltern und deren NS-Involvierung weiß, weiß ich in erster Linie von meinen InterviewpartnerInnen. Diese nennen oft konkrete Zugehörigkeiten und Mitgliedschaften zu NS-Organisationen (NSDAP, SS, SA), bestimmte Funktionen und Aktivitäten, die sie von ihren Eltern wissen oder manchmal selbst recherchiert haben, die oft aber auch bloße Vermutungen sind und sich nicht immer historisch überprüfen lassen. Andererseits bedeutet das Nicht-Wissen (bzw. Nicht-Nennen von NS-Funktionen und NS-Aktivitäten) der Nachkommen nicht automatisch, dass die Eltern nicht in den Nationalsozialismus involviert waren. Abgesehen von einigen Fällen, bei denen ich auf historische Zusatzinformationen zurückgreifen konnte, habe ich im Normalfall keine Zusatzrecherchen angestellt. In manchen Fällen haben sich oft erst im Laufe des Interviews Hinweise auf konkrete Tatkonstellationen ergeben.

Im Folgenden möchte ich versuchen, mein Interviewsample nach den mir bekannten elterlichen NS-Funktionen und NS-Zugehörigkeiten aufzuschlüsseln.[17] Eine einigermaßen ‚eindeutige', d.h. organisatorisch begründete NS-Involvierung lässt sich bei vierzehn Eltern (das heißt meist: Vätern) feststellen. Die Bandbreite der NS-Verstrickungen der Väter ist weit gestreut. Sie reicht von hochrangigen und überaus aktiven Nationalsozialisten, von denen bei zwei mit Sicherheit von einer (Mit-)Täterschaft an NS-Verbrechen ausgegangen werden kann[18], bis hin zu NSDAP-Mitgliedern, bei denen es aber keine Hinweise auf besondere politische Aktivitäten gibt. Zur ersten Gruppe zählten ein Gestapochef und SS-Einsatzgruppenleiter sowie ein Leiter eines SS-Sonderkommandos einer Einsatzgruppe. Darüber hinaus gibt es unter meinen Interviewpersonen ungefähr sechs Söhne und Töchter von höheren NS-Funktionären auf der Gauebene und lokalen Ebene (Gauschulungs- bzw. -propagandaleiter, Gauinspekteur, Kreisleiter, Stabsleiter im NS-Reichsnährstand, HJ-Führer, Ortsgruppenleiter); bei insgesamt zehn Vätern handelt es sich (vermutlich) um illegale Nationalsozialisten und fünf Väter waren bei der SS, wobei es hier häufig zu personellen Überschneidungen kommt. In dieser ‚Kerngruppe' kann von einer ideologischen Überzeugtheit, nicht aber zwangsläufig von einer konkreten Täterschaft ausgegangen werden. Nach 1945 wurden acht Väter als ‚belastet' eingestuft und Entnazifizierungsmaßnahmen unterworfen (Internierungen, Berufsverbote, Prozesse). Bei vier Vätern besteht kein direkter NS-Bezug durch eine Parteimitgliedschaft oder Funktion in einer der NS-Organisationen. Es handelt sich dabei um Wehrmachtssoldaten, von denen zumindest zwei von ihren Söhnen und Töchtern als ‚Nazi' bezeichnet werden. Dass die genannten NS-Funktionen und NS-Zugehörigkeiten sowie die Zuschreibungen durch die Nachkommen wenig über das Vorhandensein von tatsächlichen NS-Überzeugungen und vor allem eine konkrete Täterschaft aussagen, werde ich noch ausführlich im Kapitel ‚Vaterbilder' aufzeigen.

Ist eine politische Ein- und Zuordnung der Väter noch einigermaßen möglich, so stellt sich dies für die Mütter aufgrund des mangelnden Wissens der Söhne und Töchter noch schwieriger dar. Bei den Müttern ergibt sich nur bei rund sechs eine konkrete NS-Involvierung durch eine NSDAP-Mitgliedschaft oder besondere NS-Aktivitäten (vier von ihnen waren NSDAP-Mitglieder, eine davon hatte im BDM eine Führungsposition inne, drei weitere waren im BDM oder in der NS-Frauenschaft auf lokaler Ebene aktiv). Zwei Mütter wurden nach Kriegsende in Glasenbach interniert und eine andere Mutter war nach 1945 im rechtsextremen Milieu politisch aktiv. Sieben Mütter werden von ihren Söhnen und Töchtern als ‚überzeugte Nationalsozialistinnen' präsentiert (unabhängig von ihren NS-Funktionen), drei weitere Mütter werden als ‚typische Mitläuferinnen' und der Rest davon als ‚apolitisch' und eine Mutter als nicht näher definierte ‚NS-Gegnerin' bezeichnet.

- *Regionale Herkunft*

Bei der Auswahl habe ich auch auf eine möglichst breite Streuung hinsichtlich der regionalen Herkunft geachtet, das heißt nach Möglichkeit sollten NS-Nachkommen aus allen Bundesländern berücksichtigt werden. Letztendlich hat sich aber eine leichte regionale Ungleichgewichtigkeit ergeben, die eher zufällig entstand. So hatte ich beispielsweise überaus viele positive Rückmeldungen aus Oberösterreich, der Steiermark und Kärnten, wohingegen ich wenig oder gar keine Interviewpersonen aus Tirol, Vorarlberg und dem Burgenland gewinnen konnte. Eine vollkommene Ausgeglichenheit bei der regionalen Herkunft mit Repräsentativitätsanspruch erscheint mir aber schon allein aufgrund der geringen Anzahl der Interviews nicht möglich. Wichtiger war mir eine Ausgewogenheit von Interviewpersonen, die am Land, und jenen, die in einer größeren Stadt aufgewachsen sind. Denn die Faktoren Zentrum – Peripherie, Stadt – Provinz verweisen auf unterschiedliche soziale und (vergangenheits)politische Ausgangsbedingungen, die meiner Annahme nach für die Sozialisation der ‚Kinder der Täter' nicht unerheblich waren (vgl. Anhang).

- *Interviewpersonen: Haltung gegenüber Eltern – politische Einstellung – Bildung/Beruf*

Mein ursprüngliches Vorhaben, im etwa gleichen Maße Interviewpersonen mit einer kritisch-distanzierten Haltung und mit affirmativ-verteidigenden Zugängen zu finden, habe ich aus bereits beschriebenen Gründen nicht umsetzen können. Nur bei zwei Interviewpersonen besteht eine eindeutig positive, unkritische und verteidigende Haltung den NS-Eltern gegenüber. Bei der überwiegenden Mehrheit der InterviewpartnerInnen hingegen überwiegt (heute) die kritische Distanz, obwohl – wie noch eingehend aufgezeigt werden wird – sich diese Haltung keineswegs immer eindeutig, sondern oft sehr ambivalent darstellt und ebenfalls nicht frei von Entlastungstendenzen ist.

Ähnlich unausgeglichen zeigt sich das Sample auch in Bezug auf die politische Einordnung/Orientierung meiner Interviewpersonen. Zwei von ihnen (ein Mann und eine Frau) können als eindeutig politisch ‚rechts' (FPÖ) bzw. als rechtsextrem bezeichnet werden bzw. ordnen sich selbst politisch so ein, wobei es sich bei diesen Personen um jene handelt, deren Haltung den NS-Eltern gegenüber auffallend affirmativ-verteidigend ist. Zwei meiner Interviewpartner ordnen sich dem konservativen Lager zu bzw. bezeichnen sich selbst als (frühere) ÖVP-Wähler. Der Großteil meiner InterviewpartnerInnen ist als politisch ‚links-liberal' zu bezeichnen bzw. ordnet sich selbst politisch einer linken Partei (2 SPÖ, 4 Grüne) oder einem spezifischen ‚linken' (d.h. sozial und antifaschistisch engagierten) Milieu zu, wobei ungefähr sieben von ihnen im weitesten Sinn als ‚68er' einzustufen sind.

In beruflicher Hinsicht ist das Sample weit gefächert. Zwar gibt es einen leichten Überhang von AkademikerInnen, beruflich sind bzw. waren meine InterviewpartnerInnen aber in vielen verschiedenen Bereichen tätig: in der Publizistik, Wissenschaft, Landwirtschaft und bei der Polizei, in sozialen, therapeutischen, künstlerischen und kaufmännischen Bereichen sowie in Lehrerberufen und in Gelegenheitsjobs. Auffallend viele InterviewpartnerInnen haben im Laufe ihres Lebens verschiedene berufliche Tätigkeiten ausgeübt, sechs von ihnen waren zum Zeitpunkt des Interviews bereits in (Früh-)Pension.

Das Interview

Die Interviewmethode in der Praxis

Die Oral History, das heißt die zeitgeschichtliche Forschung, die mit lebensgeschichtlichen Interviews, mit mündlich überlieferter Geschichte arbeitet, kann mittlerweile auf ein breites methodisches Instrumentarium der qualitativen Sozialforschung zurückgreifen.[19] Seit den 1980er Jahren werden in der Geschichtswissenschaft und in anderen Disziplinen (Soziologie, Sozialpsychologie, Psychoanalyse) die unterschiedlichen methodischen und theoretischen Ansätze der Biographieforschung weiterentwickelt und durchaus kontroversiell diskutiert.[20] Aufbauend auf diesen verschiedenen Ansätzen und Debatten, die an dieser Stelle nicht näher nachgezeichnet werden sollen, habe ich mich für eine Interviewmethodik und Interviewpraxis entschieden, die mir für mein Forschungsanliegen am praktikabelsten erschien.

Die vorliegende Arbeit beruht auf teilstrukturierten narrativen Interviews.[21] Dabei handelt es sich um eine in der Zeitgeschichtsforschung gebräuchliche Interviewmethode mit einer biographisch angelegten (lebensgeschichtlich orientierten) Zugangsweise, die das narrative Element stark betont, die gleichzeitig aber durch die Themenfokussierung und durch die Verwendung eines Interviewleitfadens nicht vollkommen ‚offen', sondern (vor)strukturiert ist.[22] Konkret sah die Interviewpraxis so aus: Zu Beginn des Interviews stellte ich eine relativ allgemein gehaltene Eingangsfrage (nach der familiären Situation/Konstellation in der Kindheit), die nach Möglichkeit zu einer ausgedehnten freien Erzählung auffordern sollte. In dieser ‚Eingangspräsentation' sollte die Interviewperson ihre Geschichte nach Möglichkeit selbst entwickeln und frei gestalten können und von mir nur bei Bedarf durch thematisch anknüpfende Fragen unterbrochen werden. Ist die Erzählung ins Stocken geraten bzw. wurden bestimmte Bereiche nicht von selbst angesprochen, so habe ich konkrete Nachfragen gestellt und somit auch thematische Akzentuierungen meinerseits vorgenommen. Ich orientierte mich dabei an dem vorher erarbeiteten Interviewleitfaden, der thematisch in fünf, nicht klar trennbare, Bereiche gegliedert war: das familiäre Umfeld in der Kindheit, die Rolle des Vaters/der Mutter im Nationalsozialismus, die familiäre Kommunikation über den Nationalsozialismus, die Bedeutung der sekundären Gedächtnisträger sowie die gegenwärtigen Einstellungen und Sichtweisen der Interviewperson. Um eine „Leitfadenbürokratie"[23] zu vermeiden, wurde der Leitfaden nur als grober Orientierungsrahmen verwendet, der der individuellen Lebensgeschichte und dem jeweiligen Gesprächsverlauf stark angepasst wurde. Die Art und Dauer der Themenbereiche sowie die zeitliche Abfolge der jeweiligen Thematisierungen – das heißt: die ‚Regie' des Interviews – waren aber weitgehend der Interviewperson überlassen.[24]

Ein Interview dauerte in der Regel zwischen zwei und drei Stunden, das auf Tonband aufgenommen und später für die Analyse transkribiert wurde. Ausgehend davon, dass das Zustandekommen des Interviews, die Kontaktaufnahme sowie die Interviewsituation selbst integraler Bestandteil des Forschungsprozesses sind, habe ich diese genau dokumentiert, unter anderem durch Telefonprotokolle sowie ein ‚Erwartungsprotokoll' vor dem Interview (über mein Vorwissen, meine Gefühle, Erwartungen) und ein nachträgliches ‚Interviewprotokoll' (über das Ambiente und den tatsächlichen Verlauf des Interviews, meine Eindrücke und Gefühle dabei). Das Interview beschränkte sich in der Regel auf ein ausführliches Gespräch, nur in vereinzelten Fällen kam es auf Wunsch der InterviewpartnerInnen zu weiteren Kontakten (z.B. wenn sie mich über den Fortgang ihrer Recherchen über ihre NS-Eltern informierten), aber ich habe keine weiterführenden (Tiefen-)Interviews durchgeführt Diese Beschränkung auf ein Interview erfolgte einerseits aus zeitökonomischen Gründen, hatte andererseits aber auch den Vorteil, dass ich von allen Personen eine ‚Erstpräsentation' – ähnlich einem therapeutischen Erstgespräch bzw. einem Erstinterview in der Psychoanalyse[25] – hatte, das die Grundlage für meine Analyse sein sollte.

Der Kontext

Jedes Interview findet in einem spezifischen (vergangenheits)politischen und lebensgeschichtlichen Kontext statt. Der Großteil meiner Interviews wurde im Zeitraum von Anfang Dezember 2002 bis Ende Februar 2003 durchgeführt.[26] In diesem Zeitraum gab es in der österreichischen Öffentlichkeit keine herausragenden Debatten über den Nationalsozialismus. Die öffentlichkeitswirksame Ausstellung „Verbrechen der Wehrmacht" war bereits im Frühjahr 2002 in ihrer zweiten neu bearbeiteten

Fassung in Wien gezeigt worden und Anfang 2003 legte die von der österreichischen Regierung eingesetzte Historikerkommission die Ergebnisse ihrer mehrjährigen Forschungsarbeiten der Öffentlichkeit vor. Auf diese zeithistorischen Thematisierungen wurde in den Interviews nur selten Bezug genommen. Die Interviewphase am Jahresbeginn 2003 war politisch geprägt von den Diskussionen über einen möglichen Krieg der USA (und Großbritanniens) gegen den Irak, die teilweise in die Interviews (meist im Kontext der Wahrnehmung der USA als Besatzungsmacht) eingeflossen sind. Die Interviews fanden während des derzeit zu konstatierenden Trends zur Familiarisierung der NS-Zeit in der Populärwissenschaft und Populärkultur (Fernsehen, Kino, Belletristik) statt, wodurch auch die Problematik der ,Kinder der Täter' in einer größeren Öffentlichkeit präsent war. In den Interviews fand diese aktuelle Konjunktur keinen expliziten Niederschlag, wenn überhaupt, dann bezogen sich einige InterviewpartnerInnen auf wesentlich ältere Arbeiten zum Thema ,Kinder der Täter'.[27]

Mehr noch als der vergangenheitspolitische Kontext beeinflussen die lebensgeschichtlichen Rahmenbedingungen ein Interview. Lebensgeschichtlich orientierte Interviews sind biographische Selbstpräsentationen, die je nach Lebensalter und Lebensphase unterschiedlich motiviert und strukturiert sein können. Das heißt: Es ist entscheidend, in welchem Alter die Interviewpersonen befragt werden. Meine InterviewpartnerInnen waren zum Zeitpunkt des Interviews im Durchschnitt zwischen 50 und 60 Jahre alt. Diese Lebensphase kennzeichnet den Übergang der Lebensmitte zum Älterwerden und ist durch ein zunehmendes Bewusstwerden über die Endlichkeit des Lebens und der teilweisen Irreversibilität eingeschlagener Lebenswege geprägt.[28] In diesem Alter gibt es einen gewissen Bedarf an biographischer Thematisierung, wobei es im Gegensatz zu alten Menschen jedoch noch nicht um ein rückblickendes abschließendes Erinnern und eine endgültige Bilanzierung geht. Vielmehr handelt es sich um eine Zwischenbilanz des bisherigen Lebens, wo sich der biographische Horizont zwar einerseits verengt, andererseits eröffnen sich aber durch das (bevorstehende) Ende des Erwerbslebens, das Erwachsensein der Kinder und mögliche Existenz von Enkelkindern auch neue Lebensperspektiven.

Ein wesentlicher lebensgeschichtlicher Faktor bei meiner Thematik ist die Frage, ob die Eltern der jeweiligen Interviewperson noch leben oder bereits tot sind. Bei mehr als der Hälfte der InterviewpartnerInnen waren die Eltern bzw. zumindest ein Elternteil bereits verstorben (ein Großteil davon in den 1990er Jahren); in drei Fällen lag der Tod eines Elternteils kurz vor dem Zeitpunkt des Interviews (eine Mutter verstarb sogar nur einen Monat davor), was oft ein erhöhtes Maß an Emotion sowie ein größeres Bedürfnis nach Reflexion und Erinnerungsarbeit zur Folge haben kann. Bei fast der Hälfte meiner InterviewpartnerInnen lebte zumindest noch ein Elternteil (bei sieben noch die Mutter, bei vier noch der Vater, bzw. bei zwei davon noch beide Elternteile), was sich ebenfalls oft in unterschiedlicher Weise (verstärkte Rücksicht, aktuelle Konflikte) auf die Erzählhaltung ausgewirkt hat.

Es steht außer Frage, dass die Interviews in anderen Lebensphasen und unter anderen vergangenheitspolitischen Rahmenbedingungen anders verlaufen wären und sich vermutlich etwas andere Selbstpräsentationen, Narrative und Sichtweisen ergeben hätten. So nehme ich an, dass einige meiner InterviewpartnerInnen in jüngeren Jahren, als sie sich eigenen Angaben zufolge in der ,Rebellionsphase' befunden haben, andere Schwerpunkte gesetzt und andere Bewertungen vorgenommen hätten. In diesem Fall könnte die ehemals kritische und vielleicht auch selbstgerechte Haltung den NS-Eltern gegenüber einer ‚milderen', verständnisvolleren Wahrnehmung gewichen sein. Umgekehrt ist es aber auch möglich, dass ein ursprünglich affirmativer Zugang durch zunehmendes historisches Wissen oder neue Fakten über die NS-Eltern zu einer mittlerweile kritischeren Haltung geführt hat. Zweifellos haben sich die im Laufe der Jahrzehnte herauskristallisierten biographischen Selbstpräsentationen meiner InterviewpartnerInnen im derzeitigen Lebensalter bereits stark verfestigt, trotzdem sind es keine in sich (ab)geschlossenen Narrative, sondern ich verstehe sie vielmehr als Momentaufnahmen eines Erinnerungs- und Verarbeitungsprozesses.

Das Interview als soziale Interaktion

Wie eingangs erwähnt, ist ein Interview eine gemeinsame und interaktive Vergegenwärtigung von Erinnerung, ein Erinnerungsort. Allerdings unterscheidet sich ein Forschungsinterview von einem Alltagsgespräch insofern, als es aufgrund der gebotenen Zurückhaltung der Interviewerin asymmetrisch verläuft (eine/r fragt, der/die andere antwortet) und nicht auf einen dialogischen Austausch ausgerichtet ist. Nichtsdestotrotz ist ein Interview immer eine soziale Interaktion zwischen zwei Personen, die in einem spezifischen Setting agieren und dabei bestimmte Rollen einnehmen, die von verschiedenen äußeren und inneren Faktoren abhängen.[29] Die Interviewerin ist trotz aller Zurückhaltung nicht ‚neutral', sondern sie agiert als professionelle und als soziale Person, mit bestimmten Voraussetzungen (Alter, Geschlecht, Generationszugehörigkeit), Zielen (Wissenserweiterung, Quellenproduktion) und Erwartungen (Ängste, Neugier), die das Interview erheblich mitbestimmen.[30] Erst auf dieser Basis kommt es zum Verfertigen eines gemeinsamen Textes – dem Interview.

Bei Oral-History-Projekten zum Nationalsozialismus ist vor allem das Generationenverhältnis zwischen den AkteurInnen von Bedeutung. In vielen dieser Projekte befragen ForscherInnen der zweiten und dritten Generation die NS-Generation (‚Kriegsgeneration'). Diese entspricht im Regelfall der eigenen (Groß-)Elterngeneration, wodurch sich emotionale Verstrickungen ergeben, die in unterschiedlicher Weise das Interview bestimmen können. So besteht einerseits die Gefahr eines verlagerten, nachträglich ausgetragenen Eltern-Kind-Konfliktes, andererseits kann es zu stellvertretenden Schutz- und Identifikationsmechanismen kommen, die ohne entsprechende (selbst)kritische Reflexion in den Forschungsprozess einfließen können. Aber auch Forschungskonstellationen, die auf der gleichen generationellen Ebene angelegt sind, können zu Übertragungen führen, wie Schneider/Stillke/Leineweber in ihrer Napola-Studie aufgezeigt haben.[31] Dort standen sich Angehörige der zweiten Generation als Forschende und Beforschte (Kinder von ehemaligen Napola-Schülern) gegenüber, was im Laufe des Projektes zu erheblichen emotionalen Verwicklungen geführt hatte: Die ForscherInnen reihten sich unbewusst in eine „imaginäre Geschwisterreihe" ein und es kam zu Rivalitäten und Abwehrhaltungen auf Seiten der ForscherInnen, wenn sie bei ihren InterviewpartnerInnen auf

Verhaltensmuster stießen, die ihrem eigenen Verständnis und ihren Erfahrungen widersprachen.[32]

In meinem Fall ergab sich die Konstellation, dass ich als Angehörige der dritten Generation (Jg. 1963) ohne direkten familiären NS-Bezug InterviewpartnerInnen aus der zweiten Generation mit familiären NS-Involvierungen befragt habe.[33] Somit war zwar weder eine nachträgliche Eltern-Kind-Konstellation noch eine ‚Konkurrenz'-Konstellation gegeben, doch waren auch in meinen Interviews psychodynamische Mechanismen (Erwartungen, Projektionen, Übertragungen) wirksam. So hat sich gezeigt, dass ich – als weitgehend ‚unbelastete Nachgeborene' gewissermaßen – manchmal eine selbstgerechte Vorstellung darüber entwickelt habe, wie man mit einem solchen ‚familiären Erbe' umzugehen habe, nämlich kritisch-distanziert. Andererseits waren mir (als Tochter meiner Eltern) allgemeine Schwierigkeiten einer Eltern-Kind-Beziehung im Spannungsfeld von Liebe und Respekt einerseits und politischen Differenzen andererseits durchaus vertraut, die durch einen NS-Hintergrund zweifellos zusätzlich aufgeladen sein können. Angesichts der mir anvertrauten, oftmals sehr bedrückenden Lebensgeschichten habe ich meinen anders gelagerten Sozialisationshintergrund jedenfalls als Erleichterung erlebt. Meine abweichende Generationslage hat sich meiner Ansicht nach insofern als Vorteil erwiesen, weil ich aus der emotionalen Distanz heraus möglicherweise mehr zulassen konnte, als es bei einer anderen Konstellation der Fall gewesen wäre. Umgekehrt hat die Generationsdifferenz auch das Sprechverhalten meiner InterviewpartnerInnen beeinflusst. Möglicherweise erzählten sie mir ‚Unbeteiligten' offener und ausführlicher, weil sie mein ‚Unwissen' voraussetzten und mehr Erklärungsbedarf verspürten, oder aber weil von mir keine ‚Konkurrenzerinnerung' zu befürchten war. Andererseits führte die Altersdifferenz dazu, dass ich von manchen meiner InterviewpartnerInnen als (zu) ‚jung' wahrgenommen wurde und einige von ihnen, vor allem Männer, meine fachliche Kompetenz in Frage gestellt und aus einer paternalistisch-belehrenden Position heraus agiert haben. In einem konkreten Fall war das Interview von meinem Interviewpartner gewissermaßen als ‚Lehrstunde' für die ‚junge Historikerin' angelegt.

Als Interviewerin befindet man sich in einer sozialen Doppelrolle, die sich in der Interviewpraxis oft als schwierig erweist, da sowohl Empathie (Nachvollziehen und Verstehen, worüber gesprochen wird) für die interviewte Person und deren Geschichte(n) als auch eine gewisse professionelle Distanz gefordert wird.[34] Nähe stellt sich vor allem dann ein, wenn die Interviewpersonen sich in einem ähnlichen sozialen und politischen Milieu bewegen, ähnliche Einstellungen haben und persönliche Sympathien entstehen, wie es bei mir sehr oft der Fall war. Ein Mangel an professioneller Distanz führt oft dazu, dass man als Interviewerin aufgrund einer intuitiven Ahnung, was problematisch sein könnte, aus Angst vor Peinlichkeiten oder Intimitätsverletzungen ein gewisses Schonverhalten an den Tag legt und ein offenes oder heimliches ‚Bündnis' mit der Interviewperson eingeht.[35] Andererseits können aber auch (bei beiden beteiligten Seiten) aus verschiedenen Gründen Gefühle der Ablehnung und Antipathie entstehen, die sich auf das Interview auswirken. Für mich war es beispielsweise nicht leicht, in einigen wenigen Fällen politisch fragwürdige (wie z.B. antisemitische) Ausführungen oder männlich-chauvinistische Äußerungen kommentarlos anzuhören und sie als solche einfach ‚stehen zu lassen'.

Eine weitere Schwierigkeit für mich war das Erfordernis, sich der eigenen Berufsrolle unterzuordnen und die Position der absichtlichen Naivität (nachfragen, was ‚eigentlich' bekannt ist) einzuhalten.[36]

Andererseits haben auch die vielen Erwartungshaltungen meiner InterviewpartnerInnen das Interviewsetting erheblich geprägt. Grundsätzlich handelt es sich bei einem Forschungsinterview um eine kurzfristige Kooperation mit absehbarem Ende, wo die Interviewerin klare Interessen hat und auf das Entgegenkommen der Angesprochenen angewiesen ist, aber den Befragten zumindest vordergründig ‚wenig bieten' kann.[37] Nichtsdestotrotz gab es vielfältige (Vor-)Erwartungen an mich als Interviewerin und an das Interview selbst. Die Erwartungen richteten sich dabei sowohl an mich als Historikerin als auch als soziale Person. Ich habe eingangs die auffallend große Gesprächsbereitschaft vieler ‚Kinder der Täter' beschrieben, für die das Interview offenbar aus unterschiedlichen Gründen ein Bedürfnis und willkommener Anlass war, über die eigene Familiengeschichte zu sprechen. Die damit verbundenen Erwartungshaltungen wurden manchmal direkt formuliert, meist aber blieben sie unausgesprochen. Für einige meiner InterviewpartnerInnen war das Interview eine lang herbei gesehnte Möglichkeit, erstmals mit jemanden über die belastete Familiengeschichte und die damit einhergehenden Gefühle (Beunruhigungen, Befürchtungen, Ängste usw.) zu sprechen, wobei diese Haltung nicht selten mit dem unbestimmten Wunsch nach einer Entlastung einhergingen. Andere wiederum hatten zwar schon viel und oft darüber sprechen können, sahen aber im Interview eine weitere Möglichkeit zur Selbstreflexion, die möglicherweise neue Facetten ihrer Auseinandersetzung mit den NS-Eltern zu Tage bringen könnte. In diesen Fällen war stärker meine ‚Therapeutenfunktion' angesprochen, wobei ich diese mir zugeschriebene Rolle – abgesehen von meinem Interesse und meiner Bereitschaft zum Zuhören – allerdings nur ansatzweise erfüllen konnte und wollte.

Aber auch an mich als Historikerin waren Erwartungen gerichtet, etwa wenn durch die mir zugeschriebene fachliche Kompetenz die Klärung bestimmter Fakten und Ungereimtheiten sowie das Füllen von Wissenslücken über die NS-Eltern erwartet wurde. Es liegt auf der Hand, dass diese Erwartungshaltung meist überaus ambivalent war und sowohl von einer Aufklärungsbereitschaft (Wunsch nach Wissen) aber auch von Befürchtungen und Abwehr (Angst vor dem Wissen) getragen war. Gerade deswegen kann das Interview letztendlich auch als Bedrohung, als unliebsame Konfrontation mit den negativen Facetten der Familiengeschichte wahrgenommen werden, besonders dann, wenn sich die gewünschte Entlastung nicht einstellt. Wie sich zeigen sollte, war die Gesprächshaltung einiger InterviewpartnerInnen schon allein durch die von mir vorgenommene Zuordnung zu den ‚Kindern der Täter' von Abwehr und Rechtfertigungsdruck geprägt. Letztendlich waren diese abwehrenden Haltungen aber die Ausnahme, da ich bei meinen Anfragen zwar durchaus hartnäckig war, gleichzeitig aber niemanden zum Interview ‚überreden' wollte und die meisten gerne zum Interview bereit waren. Dies schließt allerdings nicht aus, dass sich bei einigen meiner InterviewpartnerInnen im Laufe des Interviews oder danach eine gewisse Enttäuschung eingestellt hat, weil ich die mir zugewiesene Rolle nicht erfüllen konnte und/oder wollte.

Die Auswertung: Interpretation als Deutungsangebot

Auch für die Auswertung von Interviews gibt es mittlerweile ein umfassendes und ausdifferenziertes methodisches Instrumentarium, das nach den jeweiligen Fachdisziplinen, Fragestellungen und Erkenntniszielen unterschiedlich akzentuiert ist.[38] Diese hier nicht näher ausgeführten methodischen Ansätze wurden entsprechend dem eigenen Forschungsdesign von mir modifiziert und adaptiert. Mein Ansatz war bestimmt von der grundsätzlichen Entscheidung, nicht nur individuelle Fallgeschichten zu untersuchen und zu präsentieren, sondern ich wollte darüber hinaus auch eine themenspezifische vergleichende Auswertung der Interviews vornehmen. Diese Kombination von einem stärker individuelllebensgeschichtlichen Zugang, wo die Rückbindung an die individuelle Biographie sehr wichtig ist (z.B. bei den Kapiteln ‚Vaterbilder' und ‚Mutterbilder') und einer themenzentrierten Herangehensweise, wo allgemeine Tendenzen und Vergleiche im Vordergrund stehen (z.B. im Kapitel ‚Irritationen'), erforderte auch eine Kombination in der Auswertungsmethode. Ich orientierte mich bei meiner Auswertung an den Grundzügen des in der Oral History gängigen hermeneutischen Analyseverfahrens[39] und der qualitativen Inhaltsanalyse, die weniger auf die individuelle Biographie und latente Sinnstrukturen ausgerichtet ist, sondern stärker am Text als solchen und an thematischen Teilaspekten orientiert ist.[40] Die konkreten Auswertungsschritte habe ich an anderer Stelle für ein interessiertes Fachpublikum näher dargelegt.[41]

Als mittlerweile allgemein gültiges Prinzip der Oral History gilt, dass lebensgeschichtliche Interviews weniger darüber aussagen, wie es gewesen ist, sondern wie etwas von heute aus als vergangenes Ereignis wahrgenommen, präsentiert und gedeutet wird. Nicht die Rekonstruktion des damaligen Erlebens, die ‚historische Wahrheit', sondern der nachträglich hergestellte Sinnzusammenhang, die Rekonstruktion der Erinnerung steht somit im Vordergrund. Interviews sind aber nicht nur als reine Konstruktionen zu betrachten, die das Produkt der jeweiligen Gesprächssituation sind und keine Aussagekraft über reale vergangene Ereignisse und Erfahrungen haben[42], sondern bis zu einem bestimmten Grade können durchaus Rückschlüsse auf konkrete Erfahrungen und Erlebnisse gezogen werden. In erster Linie aber geht es in der Analyse um die Erinnerung an diese (Kindheits-)Erfahrungen, um die heutigen, das heißt: nachträglichen, Wahrnehmungen, Zuschreibungen und Deutungen meiner InterviewpartnerInnen. Obwohl ich keine umfassenden Einzelfallanalysen machen konnte und wollte, sind meine Deutungen nach Möglichkeit an das individuelle Gesamtnarrativ rückgebunden bzw. resultieren sie letztendlich daraus, wobei ich nach Bedarf auch das jeweilige Interviewsetting in die Analyse und Interpretation mit einbezogen habe. Erst auf dieser Basis habe ich Thesen über mögliche Motivationen und Erklärungsmodelle für bestimmte Wahrnehmungs- und Verarbeitungsweisen formuliert, wobei ich tiefenpsychologische und psychoanalytische Deutungen bewusst sparsam eingesetzt habe.[43] Prinzipiell möchte ich die von mir vorgenommenen Analysen und Interpretationen als Deutungsangebote ohne Allgemeingültigkeitsanspruch verstanden wissen, als eine von mehreren Interpretationsmöglichkeiten, die mir aufgrund meiner Eindrücke und Kenntnisse am plausibelsten erscheint.

Eine wichtige Unterstützung bei der Durchführung und Auswertung der Interviews war eine begleitende professionelle Supervision. Als Supervisorin stand mir Doris Gödl, Psychoanalytikerin und Sozialwissenschaftlerin aus Salzburg, zur Verfügung, die vor allem ihre psychoanalytische Kompetenz, aber auch ihre Erfahrung als Sozialwissenschaftlerin mit der Thematik einbringen konnte.[44] Ich habe bereits ausgeführt, dass es im Rahmen von (lebensgeschichtlich orientierten) Interviews beinahe zwangsläufig zu psychischen Mechanismen wie Identifikationen, Projektionen, Einfühlung und Abwehr, Übertragung und Gegenübertragung kommt, die – sofern sie nicht kritisch reflektiert werden – den Forschungsverlauf wesentlich bestimmen können. Gerade weil das Projekt alleine durchgeführt wurde, hat sich die Supervision als distanziertes ‚Korrektiv' von außen als sehr wichtig erwiesen. Außerdem habe ich im Rahmen einer Habilitationsgruppe mit meinen Kolleginnen Ela Hornung und Monika Bernold (und fallweise mit Maria Mesner) anregende und intensive Diskussionen über den Forschungsverlauf geführt. Dieser produktive Austausch bot mir die Möglichkeit, die Durchführung der Interviews sowie meine Thesen, Analysen und Interpretationen im gemeinsamen Gespräch kritisch zu reflektieren und auf diese Weise vielleicht die eine oder andere moralisierende Wertung, voreilige Schlussfolgerung und daraus resultierende Fehlinterpretation zu vermeiden.

Der Text: Fragen der Darstellbarkeit

Die Arbeit mit Interviews und deren Präsentation stellt besondere Ansprüche sowohl an den/die AutorIn als auch an die LeserInnen.[45] Interviews sind in erster Linie Quellen, sie sind aber auch mehr als das. Durch die auszugsweise und möglichst wortgetreue Wiedergabe von Interviewpassagen soll den LeserInnen die jeweilige Interviewperson, ihre Art des Denkens, Sprechens und Argumentierens, ihr spezifischer Sprachduktus und ihre Erzählweise veranschaulicht werden. Deshalb versuche ich, meine InterviewpartnerInnen nach Möglichkeit ‚zu Wort kommen' zu lassen, indem ich kürzere oder längere Interviewpassagen in meinem Text einbaue. Darüber hinaus sollen damit aber auch die Unterschiedlichkeit und die Vielfalt der Zugangs- und Verarbeitungsweisen sinnlich erfahrbar und meine Argumentationen und Deutungen nachvollziehbar gemacht werden. Durch die direkt zitierten Interviewpassagen können und sollen sich die LeserInnen selbst ein Bild machen und Raum für eigene Rückschlüsse und Interpretationen haben.

Bei der Verwendung von Interviews ergeben sich einige grundsätzliche Darstellungsprobleme. Da es sich dabei um keine geschriebene, sondern um eine gesprochene Sprache handelt, sind die Interviewpassagen nicht immer leicht lesbar. Die möglichst wortgetreue Wiedergabe der Interviews stellt große Anforderungen an die Geduld der LeserInnen, selbst wenn die Textstellen sprachlich etwas geglättet sind.[46] Abgesehen von der Lesbarkeit gibt es auch Probleme der Anordnung und Kontextualisierung. Durch die Fülle des Materials ist es unumgänglich, eine Auswahl der Interviewpassagen zu treffen, was ebenso wie die von mir vorgenommene Art und Weise der Anordnung bereits eine Deutung, eine Konstruktion von Wirklichkeit darstellt. Darüber hinaus muss ich die Zitate fast zwangsläufig aus dem

Gesamtzusammenhang reißen (den die LeserInnen zum Unterschied zu mir nicht oder nur ansatzweise kennen), besonders dann, wenn man – wie ich – nicht (nur) längsschnittartig Einzelfallstudien präsentiert, sondern auch querschnittartig, thematisch vergleichend arbeitet. Während eine biographische Verortung bei manchen themenzentrierten Aspekten nicht so wichtig ist, ist sie bei besonders persönlichen Themenkomplexen, wie beispielsweise den ‚Vaterbildern' und ‚Mutterbildern', geradezu unumgänglich. Deshalb arbeite ich in diesen Kapiteln stärker mit einzelnen Fallbeispielen, die als biographische Porträts bzw. Selbstpräsentationen angelegt sind, bei denen der jeweilige lebensgeschichtliche Kontext so weit wie möglich mit einbezogen wird.[47] Eine weitere Schwierigkeit liegt darin, dass in einer Erzählpassage oft verschiedene Themen angesprochen werden und Abschweifungen und Verweise auftauchen, die bei Unkenntnis des Gesamtnarrativs nicht immer verständlich sind. Bei einer tiefer gehenden Analyse, bei der vor allem der individuelle Einzelfall und das Wie des Erinnerns/Erzählens von Interesse ist, sind gerade derartige vermeintlich nebensächliche Details zentral. In meiner (vergleichenden) Arbeit sollen diese ‚Details' und ‚Umwege' im Erzählen den LeserInnen zwar nicht vorenthalten werden, aus arbeitsökonomischen Gründen sind aber manchmal Kürzungen nötig und ich kann bei der Interpretation nicht immer darauf eingehen.

Der Text ist auch von den Anforderungen der Anonymisierung geprägt. Ich hatte meinen InterviewpartnerInnen eine gegenseitig wirksame Vereinbarung vorgelegt, wonach ich ihnen Anonymität zusicherte und sie im Gegenzug das Interview zur wissenschaftlichen Bearbeitung freigaben. Ein Teil von ihnen legte keinen oder nur wenig Wert auf Anonymität, manchen war aber der Schutz der Identität ihrer Familienangehörigen oder bestimmter familiärer Konstellationen sehr wichtig. Letztere bestanden nicht nur auf eine Namensänderung, sondern wollten auch sonst möglichst wenig autobiographische Angaben über sich und ihre Familien genannt wissen, vor allem dann, wenn die Eltern noch lebten. Ich habe mich dafür entschieden, für alle InterviewpartnerInnen ein Pseudonym zu verwenden, bei der Anonymisierung aber nuanciert vorzugehen. Das heißt, bei jenen, die keinen/wenig Wert auf Anonymisierung legen, nenne ich mehr konkrete autobiographische Details, wohingegen ich bei jenen, denen die Anonymisierung wichtig ist, konkrete Angaben, die Rückschlüsse auf ihre Identität zulassen könnten, entweder vollkommen weglasse, sie anonymisiere oder Umschreibungen verwende (z.B. statt einem konkreten Ort nur die Region). Dies erklärt auch die oft vagen biographischen Angaben zu den Interviewpersonen (oder deren Angehörigen), besonders was ihre derzeitigen Lebensumstände betrifft. Mit dieser Vorgangsweise gehen zwar für die LeserInnen leider einige wichtige Zusatzinformationen verloren, ich hoffe aber, damit den Bedürfnissen und Wünschen meiner InterviewpartnerInnen gerecht zu werden.

Wie bereits eingangs erwähnt, ist die vorliegende Arbeit das Produkt einer mehrjährigen wissenschaftlichen Untersuchung (Habilitation) mit einem entsprechenden methodischen und theoretischen Instrumentarium, einem spezifischen Fachjargon sowie ausdifferenzierten Fragestellungen und Analysekriterien. Ausgehend davon, dass die Problematik weit über den engen wissenschaftlichen Kreis, der *science community*, hinaus von Interesse sein könnte, war es mir ein großes Anliegen, den Text so zu verfassen, dass auch ein breiteres interessiertes Publikum ohne spezifische Fachkenntnisse sich den Inhalt meiner Arbeit lesend aneignen und Gewinn daraus ziehen kann. Die Doppeladressierung – Fachwissenschaft *und* interessiertes Lesepublikum – stellt für mich als Autorin eine große Herausforderung dar, begebe ich mich dabei doch auf eine Gratwanderung zwischen thematischer Komplexität, Differenziertheit und nüchterner Analyse einerseits sowie einer notwendigen Vereinfachung und Nachvollziehbarkeit, kurz: Verständlichkeit andererseits.

Vergangenheitspolitischer Kontext – Ein Abriss

Die Bilanz von sieben Jahren nationalsozialistischer Herrschaft und fünf Jahren Krieg stellte sich 1945 in Österreich folgendermaßen dar: Ungefähr 65.000 österreichische Juden und Jüdinnen, etwa 11.000 österreichische ‚ZigeunerInnen' und 25.000 Euthanasieopfer sind dem rassistischen, nationalsozialistischen Vernichtungsprogramm zum Opfer gefallen. Mindestens 30.000 ÖsterreicherInnen wurden als politische RegimegegnerInnen zum Tode verurteilt oder in der Gestapo-Haft bzw. in den Konzentrationslagern ermordet. Ungefähr 250.000 österreichische Wehrmachtssoldaten sind gefallen oder gelten als dauernd vermisst und rund 24.000 ZivilistInnen kamen bei Luftangriffen und anderen Kriegshandlungen ums Leben.[1]

Auch wenn es fallweise Widerstand und partielle Resistenz gegen das NS-Regime gegeben hat und ein Teil der ÖsterreicherInnen aus der ‚Volksgemeinschaft' ausgeschlossen blieb, war der Nationalsozialismus in Österreich gut verankert und wurde von der österreichischen Bevölkerung größtenteils mitgetragen.[2] Am Höhepunkt des politischen und organisatorischen Einflusses der NSDAP (März 1943) gab es in der ‚Ostmark' 693.007 NSDAP-Mitglieder, ungefähr hunderttausend von ihnen hatten der Partei bereits vor dem ‚Anschluss' 1938 angehört und gehörten somit zur Kategorie der ‚Illegalen'.[3] Der Andrang zur NSDAP war in der ‚Ostmark' so groß, dass im November 1938 eine Aufnahmesperre erlassen wurde und somit die Kategorie der ‚Parteianwärter' entstand, die von der NSDAP das vorläufige Recht erhielten, das Parteiabzeichen zu tragen. 1,2 Millionen Österreicher haben in der Wehrmacht gedient und somit (mehr oder weniger freiwillig) die nationalsozialistische Expansions- und Vernichtungspolitik mitgetragen. Darüber hinaus waren einige hunderttausend ÖsterreicherInnen in verschiedenen NS-Organisationen und Wehrverbänden organisiert, ungefähr 20.000 davon in der SS.[4] Etliche Österreicher haben im nationalsozialistischen Vernichtungsprogramm zentrale Positionen eingenommen (Adolf Eichmann, Ernst Kaltenbrunner, Odilo Globocnik, Franz Murer, Franz Stangl, Alois Brunner u.v.a.).

Die antijüdischen Ausschreitungen im März 1938 mit den Denunzierungen, Plünderungen und ‚Arisierungen' hatten in ihrer Radikalität und Intensität alles Bisherige übertroffen und demonstriert, dass zentrale ideologische Versatzstücke der NS-Ideologie, vor allem der Antisemitismus, in Österreich auf breite Zustimmung gestoßen sind. Das Verhalten der österreichischen Bevölkerung im NS-System war geprägt von Anpassung, Opportunismus, bereitwilliger Teilnahme bis hin zur aktiven Mittäterschaft, sei es aus ‚Pflichtbewusstsein' oder einem Fanatismus heraus, der oft bis in die letzten Stunden des NS-Regimes angehalten hat. Was für den gesamten nationalsozialistischen Herrschaftsbereich galt, hat auch für Österreich – als Bestandteil des Dritten Reiches – zu gelten: Die österreichische Gesellschaft in den Jahren 1938 bis 1945 setzte sich zusammen aus einem in sich sehr differenten Konglomerat aus: TäterInnen, Opfern, und ZuschauerInnen (Raul Hilberg).[5]

Am 27. April 1945, noch vor dem offiziellen Kriegsende am 8. Mai 1945, gab die provisorische Regierung unter Staatskanzler Karl Renner die Unabhängigkeit Österreichs und die Gründung der Zweiten Republik bekannt. Das Selbstverständnis der Zweiten Republik basierte auf jenem Passus der Moskauer Deklaration von 1943, demzufolge Österreich im völkerrechtlichen Sinn als ‚okkupierter' Staat galt und somit als ‚erstes Opfer Hitlers' betrachtet wurde.[6] Ungeachtet der historischen Fakten wurden der originäre österreichische Beitrag zum Nationalsozialismus und die politischen und gesellschaftlichen Facetten der Mittäterschaft wohlweislich ausgeblendet. Der ‚Anschluss' von 1938 wurde als gewaltsame und erzwungene Eingliederung Österreichs in das Deutsche Reich gesehen und der Nationalsozialismus ‚nach außen', auf ‚die Deutschen' verlagert und somit externalisiert.[7]

Da diese (Selbst-)Darstellung auch von den Alliierten unterstützt wurde, griff die österreichische politische Elite, aber auch die breite Bevölkerung, nur allzu gerne zu dieser politisch günstigen und moralisch entlastenden Formel. Somit konnte sich die ‚Opferthese' hegemonial durchsetzen und wurde zum staatstragenden Gründungsmythos der Zweiten Republik, der tief im kollektiven Gedächtnis verankert war. Es soll aber nicht unerwähnt bleiben, dass es dazu auch konkurrenzierende Gegengedächtnisse gab: Zum einen das Gegengedächtnis der NS-Opfer, die gesellschaftlich und politisch marginalisiert waren und mit ihren schmerzhaften Erinnerungen lange Zeit wenig Gehör fanden; zum anderen das Gegengedächtnis der Täter, die – wie ich noch näher aufzeigen werde – nach wie vor zu ihrer Gesinnung und ihren Taten standen und sich keineswegs nur als Opfer fühlten.

Das Jahr 1945 stand unter dem Zeichen des demokratischen Neuanfangs. Die Zweite Republik war als bewusste Antithese zur Ersten Republik und zum Nationalsozialismus gedacht. Die Abgrenzung vom Nationalsozialismus und das Bekenntnis zu einer demokratischen Staatsordnung gehörten zu den Grundpfeilern der Zweiten Republik. Die ehemaligen politischen Gegner, Sozialdemokraten und Christlich-Soziale, von denen einige in den nationalsozialistischen Konzentrationslagern gewesen waren, beschlossen über alle politischen Gräben hinweg den demokratischen Wiederaufbau in Angriff zu nehmen. Nach den ersten freien Wahlen im November 1945 (ÖVP 85 Mandate, SPÖ 75 Mandate, KPÖ 4 Mandate) kam es zur Bildung einer Koalition zwischen den beiden großen Parteien, womit der Grundstein für eine jahrzehntelang gültige, auf Konsens und Zusammenarbeit ausgerichtete Politik der Zweiten Republik gelegt war.

Wie nach jedem Ende einer politischen Diktatur stellte sich auch in Österreich die grundlegende Frage, wie mit den ehemaligen Machthabern und (Mit-)TäterInnen zu verfahren sei. Schon in den ersten Wochen der provisorischen Regierungstätigkeit wurden die zwei gesetzlichen Grundlagen zur ‚Entnazifizierung' geschaffen: das Verbotsgesetz, das die sofortige Auflösung der NSDAP, das Verbot künftiger NS-Propaganda und NS-Aktivitäten sowie die Entfernung der politischen NS-Eliten und die Aufhebung aller NS-Gesetze vorsah[8], und das bis 1957 gültige Kriegsverbrechergesetz[9] als Basis zur strafrechtlichen Ahndung von NS-Verbrechen.

Die Entnazifizierung in Österreich war kein einheitlicher Prozess, sondern es wurden in verschiedenen zeitlichen Phasen und verschiedenen Regionen bzw. Besatzungszonen unterschiedliche Prioritäten gesetzt.[10] Unmittelbar nach Kriegsende lag die Entnazifizierung noch hauptsächlich im Verantwortungsbereich der alliierten Siegermächte, die trotz unterschiedlicher Praxis ein einheitliches Ziel verfolgten: Ehemalige NationalsozialistInnen sollten aus wichtigen Positionen in Staat und Wirtschaft entfernt und nach Möglichkeit verhaftet werden. Während manche hochrangige NationalsozialistInnen und mutmaßliche Kriegsverbrecher sich durch Flucht der strafrechtlichen Verfolgung entziehen konnten, wurden viele schließlich doch gefasst und fürs Erste interniert. Es gab zwei große Internierungslager der Alliierten in Österreich, das amerikanische Internierungslager Glasenbach bei Salzburg und das britische Internierungslager in Wolfsberg in Kärnten sowie einige kleinere Lager. Die Internierung von bekannten NationalsozialistInnen und NS-Funktionsträgern war als Vorsichtsmaßnahme gedacht, wonach als gefährlich erachtete Personen (NS-Funktionsträger, Mitglieder der SS, des SD und der Gestapo) politisch ausgeschaltet und isoliert werden sollten.[11] Die Internierung erfolgte vorerst also aufgrund der NS-Funktionen und nicht aufgrund nachgewiesener individueller Schuld. Im Mai 1947 befanden sich über 10.000 Personen in alliierten Lagern, davon 6.472 in Glasenbach (darunter 135 Frauen), 2.958 in Wolfsberg.[12]

Entgegen späteren Selbstdarstellungen waren die Haftbedingungen in diesen Lagern relativ gut und eine Inhaftierung dauerte in den meisten Fällen nicht lange (maximal 2 Jahre).[13] Bereits Anfang 1947 begannen die Alliierten mit Massenentlassungen und im August 1947 wurde das größte Lager Glasenbach aufgelöst. Ungefähr die Hälfte der Internierten wurde nach entsprechenden Untersuchungen auf freien Fuß gesetzt und/oder den einzelnen Sühnemaßnahmen des NS-Gesetzes von 1947 unterworfen, der Rest musste sich vor einem Volksgericht verantworten. Im Gewahrsam der Alliierten blieben nur jene (rund 800) Personen, gegen die eine Aburteilung wegen Kriegsverbrechen anhängig war.[14]

Bereits Anfang 1946 hatten die Alliierten die Entnazifizierung der österreichischen Regierung übertragen und sich in auf eine Kontrollfunktion zurückgezogen. Das Verbotsgesetz sah die Registrierung aller eingeschriebenen NSDAP-Mitglieder inklusive der erwähnten Parteianwärter und Ansuchenden um die Aufnahme in die SS vor, für die verschiedene gestaffelte Straf- und Sühnemaßnahmen, wie z.B. finanzielle Sühneabgaben, Entziehung des Wahlrechts, Entlassungen und Berufsverbote vorgesehen waren. Insgesamt fielen über eine halbe Million Menschen unter die Registrierungspflicht und waren somit von der Entnazifizierung betroffen. Als harten Kern des Nationalsozialismus in Österreich betrachtete man vorerst die ‚Illegalen', d.h. all jene, die der NSDAP oder einem ihrer Wehrverbände (SS, SA, NSKK, NSFK) bereits vor 1938 angehört hatten. Diese rund 100.000 Personen hatten sich somit des ‚Hochverrats' schuldig gemacht und galten als ‚schwer belastet'.

Die zentrale Frage der Entnazifizierung war, wie man mit der großen Masse der ‚kleinen Nazis' umgehen sollte. Trotz gewisser Nuancen im Detail versuchten sich alle drei Parteien als Verfechter einer rechtlichen und gesellschaftlichen Rehabilitierung der ‚kleinen Nazis' zu profilieren, die vor allem von der SPÖ und der ÖVP als zukünftiges Wählerpotenzial erkannt wurden. Deshalb wurde der Begriff der ‚MitläuferInnen' zunehmend ausgeweitet und meist entlastend mit dem Topos von Zwang und Verführung in Verbindung gebracht. Vor diesem politischen Hintergrund wurde 1947 ein neues Entnazifizierungsgesetz erlassen, das zwischen so genannten ‚Belasteten' und ‚Minderbelasteten' unterschied, wodurch von den über 500.000 registrierten NationalsozialistInnen schließlich nur noch rund 42.000 als ‚belastet' galten.[15] Durch weitere Amnestien, mit denen der Kreis der Betroffenen immer mehr eingeschränkt wurde, war ab 1948 mit der ‚Minderbelastetenamnestie' die Entnazifizierung als Massenphänomen beendet. Bei dem übrig gebliebenen harten Kern der ‚Belasteten' liefen die Strafen zu Beginn der 1950er Jahre entweder aus oder sie profitierten von weiteren Amnestien.[16] 1957 wurde mit der ‚NS-Amnestie' der endgültige Schlussstrich unter die Entnazifizierung in Österreich gesetzt: Mit den damit einhergehenden Wiedereinstellungen, Gehalts- und Pensionsnachzahlungen, Vermögensrückstellungen, der Aufhebung aller Verbots- und Sühnemaßnahmen wurde die Entnazifizierung de facto wieder rückgängig gemacht.

Als strafrechtliche Ergänzung des Verbotsgesetzes galt das Kriegsverbrechergesetz, das die individuelle Bestrafung von Kriegsverbrechen, aber auch Vergehen an der so genannten ‚Heimatfront' vorsah.[17] Mit eigens dafür geschaffenen ‚Volksgerichten' wollte man „im eigenen Haus Ordnung schaffen".[18] Besonders in der ‚antifaschistischen Anfangsphase' wurden viele Voruntersuchungen eingeleitet, Anklagen erhoben und Urteile verhängt. Bei über 13.600 Fällen (das sind 48,3 Prozent) kam es zu Schuldsprüchen, darunter 43 Todesurteile (30 Todesurteile davon wurden vollstreckt) sowie viele langjährige Haftstrafen, die allerdings später oft wieder aufgehoben oder stark reduziert wurden.[19] Nach der Auflösung der Volkgerichte Ende 1955 waren Geschworenengerichte für die Rechtssprechung zuständig, was zu vielen Rechtsirrtümern und Fehlurteilen geführt hat. Die damit einhergehenden Einstellungen von laufenden Verfahren und skandalösen Freisprüche von NS-Tätern wie dem Ghettochef von Wilna, Franz Murer, den Mitarbeiter von Odilo Globocnik bei der ‚Aktion Reinhard', Ernst Lerch, oder dem Wachorgan im KZ Mauthausen, Vinzenz Gogl u.v.a. gelten im Allgemeinen als das ‚beschämendste Kapitel' der österreichischen Nachkriegs- und Justizgeschichte.[20] Mitte der 1970er Jahre wurden die ohnehin nur zögerlich verfolgten NS-Prozesse endgültig eingestellt und erst im Jahr 2000 durch einen Prozess gegen den NS-Euthanasiearzt Heinrich Gross wieder aufgenommen.

Der anfängliche antifaschistische Geist von 1945 flaute bald wieder ab und bereits in den ersten Nachkriegsjahren setzte ein Wettlauf aller Parteien um das immense Wählerpotenzial der ehemaligen NationalsozialistInnen ein. Viele von ihnen fanden in den Großparteien ÖVP und SPÖ ihre politische Heimat, wo selbst tief in das NS-System verstrickten NationalsozialistInnen bald auch wieder höhere Funktionen offen standen.[21] Auch die ‚Ehemaligen' selbst begannen sich seit Ende 1948 politisch zu organisieren. So schlossen sich die ehemaligen ‚Ariseure' im *Verband der Rückstellungsbetroffenen* zusammen und Anfang 1949 wurde der *Verband der Unabhängigen* (VdU), ein Sammelbecken des ‚unbelehrbaren' nationalen Lagers, als Partei gegründet, deren Nachfolgepartei 1956 die FPÖ wurde.

Die nachsichtige Politik gegenüber den ehemaligen NationalsozialistInnen ist auch Ausdruck der realen Machtverhältnisse. Die so genannte ‚Kriegsgeneration' (wozu vor allem die ehemaligen Wehrmachtsangehörigen zählten) war zahlenmäßig weitaus stärker als die verhältnismäßig geringe Zahl der WiderstandskämpferInnen und überlebenden NS-Opfer und dominierte daher zunehmend die österreichische Politik und Gesellschaft. Der sich gegen Ende der 1940er Jahre abzeichnende politische Paradigmenwechsel führte zu einer sukzessiven Aufwertung der ehemaligen Wehrmachtssoldaten und der entlasteten ‚MitläuferInnen' und einer gleichzeitigen Abwertung und Diffamierung der NS-Opfer. Dieser Paradigmenwechsel zeigte sich auf der symbolischen Ebene, indem die ehemaligen ‚Kriegshelden' in der Gedenkrhetorik und durch unzählige Kriegerdenkmäler heroisiert und der antifaschistische Widerstand marginalisiert wurde.[22] Gleichzeitig hatte diese eindeutige Akzentuierung auch sehr konkrete, politische und materielle Konsequenzen. Während die ‚Wiedergutmachung' für die NS-Opfer widerwillig und unzureichend vonstatten ging, erhielt die so genannte ‚Kriegsgeneration' umfassende Unterstützungs- und Entschädigungsmaßnahmen im Rahmen der Kriegsopferfürsorge, von denen sukzessive auch ehemalige, teilweise schwer belastete NationalsozialistInnen profitierten.[23] Vor dem Hintergrund dieser politischen Entwicklung und der milden Entnazifizierungspraxis mit umfassenden Amnestien, geringen Strafen, vorzeitigen Entlassungen und sogar nachträglichen Entschädigungsmaßnahmen ist festzuhalten, dass die ehemaligen NationalsozialistInnen in Österreich nach 1945 relativ ‚gut davongekommen' sind.

Bemerkenswert ist auch die Nachhaltigkeit der österreich-patriotischen ‚Opferthese', die trotz vereinzelter Kritik über Jahrzehnte hin wirksam war. Erst Mitte der 1980er Jahre, im Zusammenhang mit den vergangenheitspolitischen Debatten der ‚Waldheim-Affäre', wurde diese Entlastungskonstruktion in einer breiteren Öffentlichkeit kritisch hinterfragt und es rückte die österreichische (Mit-) Täterschaft stärker ins Blickfeld. Das offizielle Österreich trug dieser Entwicklung insofern Rechnung, als sich Bundeskanzler Franz Vranitzky 1991 öffentlich zur Mitverantwortung Österreichs bekannte und Maßnahmen für eine verspätete ‚Wiedergutmachung' für die NS-Opfer einleitete, die derzeit – auf der Basis der umfangreichen Forschungsergebnisse einer im Jahr 1998 von der Regierung eingesetzten Historikerkommission – abgeschlossen werden soll. Ungeachtet einiger positiv zu bewertender Verschiebungen in der österreichischen Vergangenheitspolitik lebt die ‚Opferthese' jedoch bis heute in leicht modifizierter Form fort (vor allem, aber nicht nur, im Umfeld der ÖVP), und dies, obwohl mittlerweile längst schon die zweite und dritte Generation nach dem Nationalsozialismus den österreichischen Vergangenheitsdiskurs prägt und mitbestimmt.

Vom Schweigen und Erzählen. Der Nationalsozialismus im Familiengedächtnis

Die Klage über das jahrzehntelange Schweigen über die NS-Vergangenheit ist weit verbreitet und sowohl auf der gesellschaftlichen als auch familiären Ebene wirksam. Sie ist ein fixer Topos eines jeden kritischen Vergangenheitsdiskurses, der als Gegenpol zum Schweigen der Nachkriegsgesellschaft verstanden werden will. Auf der familiären Ebene kristallisiert sich diese Klage im Vorwurf an die Eltern, dass diese über den Nationalsozialismus und ihren eigenen Anteil daran geschwiegen hätten und somit für das Unwissen und das Desinteresse der Nachkommen verantwortlich wären. Tatsächlich beklagt beinahe jede/r ‚Nachgeborene' – so auch der Großteil meiner InterviewpartnerInnen – in geradezu stereotypen Worten, dass in der eigenen Familie ‚immer nur geschwiegen', ‚nie darüber geredet' oder ‚nichts erzählt' worden sei. Trotz solcher Beteuerungen werden im Anschluss oft sehr wohl Fakten, Details und Geschichten weitererzählt, die – auf meine Nachfrage hin – auf Erzählungen in der Familie zurückgeführt werden.

Nicht zuletzt aufgrund dieser Erfahrung ist festzuhalten, dass sich die familiäre Kommunikation über den Nationalsozialismus nicht ausschließlich auf das Schweigen reduzieren lässt, sondern sich wesentlich komplexer darstellt und sämtliche Nuancen zwischen den Polen von Schweigen und Sprechen berührt. Oder anders formuliert: Es wurde und wird in den Familien keineswegs nur geschwiegen, sondern sehr wohl auch erinnert und erzählt! Die innerfamiliäre Kommunikation über den Nationalsozialismus ist darüber hinaus als interaktiver und intergenerationeller Prozess zu verstehen, an dem – wie ich aufzeigen möchte – auch die nachfolgenden Generationen maßgeblich und aktiv beteiligt waren/sind. Und schließlich handelt es sich dabei um keinen isolierten und unveränderlichen Prozess, sondern die innerfamiliäre Kommunikation ist in einen gesellschaftlichen und lebensgeschichtlichen Kontext eingebunden und somit von bestimmten äußeren und persönlichen Faktoren beeinflussbar. Es ist davon auszugehen, dass unmittelbar nach Kriegsende anders gesprochen wurde als heute, über 60 Jahre danach. In vielen Fällen zeigt sich beispielsweise, dass sich Menschen gegen Ende ihres Lebens stärker an die Vergangenheit erinnern und auch ihr Bedürfnis, darüber zu sprechen, oft mit zunehmendem Alter steigt. Manchmal dringen verschüttete Geschichten erst kurz vor dem Tod an die Oberfläche – so berichten Krankenschwestern, dass viele alte männliche Patienten auf ihren Sterbebetten von ihren Erinnerungen an den Krieg heimgesucht werden. Und nicht zuletzt ist zu bedenken, dass der Begriff der Kommunikation sämtliche Facetten des Vermittelns und Weitergebens umfasst und auch nonverbale Tradierungen (NS-Werte, materialisierte NS-Überreste, soziales Milieu usw.) mit einschließt.

Familiäre Tradierungsmuster

Ausgehend davon, dass in den Familien keineswegs nur geschwiegen wurde, ist zu fragen: *Was* wurde erinnert/erzählt, andererseits aber auch, was wurde verschwiegen, ausgeblendet und tabuisiert? Welche Narrative und Geschichten kursierten in den Familien und wurden an die Kinder und Enkelkinder tradiert? *Wie* wurde erzählt? Welche Diskurse (Entlastung, Rechtfertigung usw.), Vorstellungen und Interpretationen über den Nationalsozialismus gab es in den Familien und wie wurden diese an die nächsten Generationen weiter vermittelt? *Wer* hat erzählt? Wer waren die Erinnerungsträger in den Familien und vor allem: welche Rolle spiel(t)en die nachfolgenden Generationen in der familiären Kommunikation?

Die Frage nach den Erinnerungsträgern kann nicht verallgemeinernd beantwortet werden, denn *wer* in den Familien erzählt hat und wer nicht, hängt von den jeweiligen individuellen Familienkonstellationen ab. Wie an den Fallbeispielen deutlich werden wird, können sowohl der Vater und/oder die Mutter, aber auch die Großeltern oder sonstige engere Verwandte die familiäre Kommunikation bestritten oder aber auch verhindert haben. Festzuhalten ist auf jeden Fall, dass Müttern (und auch Großmüttern) im Familiengedächtnis als Vermittlungsinstanz eine größere Rolle zukommt, als ihnen in der Regel zugewiesen wird. Die Fragen nach dem *Was* und *Wie* des Erinnerns und Erzählens ist wesentlich komplexer und lässt sich nicht strikt voneinander trennen.

Sozialpsychologische Studien über die innerfamiliäre und intergenerationelle Kommunikation über den Nationalsozialismus haben im Wesentlichen fünf verschiedene Muster des gemeinsamen Sprechens und der Tradierung herausgearbeitet: den Tradierungstyp der Opferschaft, der Faszination, der Distanzierung, der Rechtfertigung und der Überwältigung.[1] Der Tradierungstyp der *Opferschaft* ist wohl der am weitesten verbreitete. Dabei konzentrieren sich die ErzählerInnen auf ihr eigenes Leid, sie präsentieren sich als unschuldige Opfer einer ‚harten Zeit', die um ihre Jugend betrogen und nach Kriegsende bitter bestraft worden seien. Bei dieser Form der Tradierung kommt es auch oft zu Täter-Opfer-Umkehrungen. Der Tradierungstyp der *Rechtfertigung* ist ebenfalls häufig anzutreffen und entwickelt sich oft zwangsläufig aus der Gesprächs- bzw. Familienkonstellation heraus. Denn der Zeitzeuge/die Zeitzeugin sehen sich als Angeklagte, die unter einem Rechtfertigungsdruck stehen und den Vorwürfen der jüngeren Generation oft schon entgegentreten, bevor diese überhaupt erhoben werden. In diesem von Abwehr geprägten Rechtfertigungsdiskurs reklamiert man für sich die Unwissenheit und Ahnungslosigkeit über die Verbrechen und betont die Momente des vermeintlichen Zwangs (‚Befehlsnotstand') und der Gewalt (Terror der Gestapo), denen man sich nicht widersetzen hätte können. Der Tradierungstyp der *Distanzierung* soll jeden Verdacht von sich weisen, dass man einmal vom Nationalsozialismus fasziniert gewesen sein könnte und somit Solidarisierungen zwischen den Generationen herstellen. Diese nachträglichen Distanzierungen erfolgen etwa durch das Lächerlichmachen von operettenhaften und stümperhaften NS-Größen, durch abwertende Vergleiche zwischen damaligen und heutigen politischen Führern oder durch das Erzählen von Resistenz- und Widerstandsgeschichten. Demgegenüber steht der Tradierungstyp der *Faszination*. Dabei werden die ‚guten' Anteile des Nationalsozialismus (Sauberkeit und Ordnung, Arbeitsplätze) von den ‚schlechten' (Judenverfolgung, Krieg) getrennt, wobei die anhaltende Begeisterung für einzelne Errungenschaften des NS-Systems noch spürbar ist. Die begeisterten Erzählungen über den damaligen Aufschwung, die technischen Innovationen und die Gemeinschaftserlebnisse sollen die ZuhörerInnen zur Übernahme ihrer affirmativen Perspektive anregen. Ähnlich funktioniert auch der Tradierungstyp der *Überwältigung*, wo es zu einer stolzen und wirkungsmächtigen Reinszenierung der biographischen Vergangenheit kommt. Auch diese Tradierung zielt auf Identifikation der ZuhörerInnen ab, was sich auch in der Erzählform (Szenisches Erinnern, Wiedergabe von Dialogen und inneren Monologen, wörtliche Rede) widerspiegelt.

Alle diese Tradierungstypen – oft auch in kombinierter Form – kennt man von vielen Zeitzeugenberichten aus der ‚Kriegsgeneration' und viele NS-Nachkommen kennen sie aus ihrer eigenen Familie. Auch in meinen Interviews sind sie – wenn auch nur indirekt über die Erzählungen meiner InterviewpartnerInnen – präsent. Einige dieser Tradierungsmuster und deren Auswirkungen auf die Vorstellungen der nachfolgenden Generation/en sollen im Folgenden näher beleuchtet werden.

Opfer- und Heldengeschichten

Das Reden über den Nationalsozialismus ist meist ein Reden über den Krieg. So ist fast immer von „damals im Krieg" die Rede, obwohl die NS-Zeit sich nicht nur auf die Kriegsjahre beschränken lässt. In Deutschland haben die Nationalsozialisten bereits 1933 die Macht übernommen, d.h. es gab sechs ‚Friedensjahre' vor dem Krieg, und auch in Österreich lagen zwischen dem ‚Anschluss' im März 1938 und dem Kriegsausbruch im September 1939 immerhin eineinhalb Jahre. Die Konzentration auf das Narrativ ‚Krieg' bedeutet jedenfalls eines: Der Nationalsozialismus wird vom Ende her erzählt.[2] Diese eingeengte Erzählperspektive hat eine enorme Entlastungsfunktion. Damit können die Anfänge des Nationalsozialismus, die mögliche eigene Zustimmung und Begeisterung, die an den Nationalsozialismus geknüpften Hoffnungen und Erwartungen, das Zuschauen oder gar die eigene (Mit-)Täterschaft ausgeklammert bleiben. Manchmal jedoch brechen sich ‚Gegenerinnerungen' dazu Bahn, etwa in Form von versteckten Hinweisen und affirmativen Aussagen über die angeblich positiven Seiten des Nationalsozialismus oder in der nur leicht verbrämten, nach wie vor anhaltenden Faszination für Hitler, die kongenial in der Figur des ‚Herrn Karl' von Helmut Qualtinger verkörpert wurde.

Die familiären Narrative über den Krieg variieren je nach Erfahrung und weisen deshalb auch geschlechtsspezifische Differenzen auf.[3] Während sich die Erinnerungen der Männer um den Krieg ‚als solchen' fokussieren (Kampf, Gefahr, Überleben, Russlandfeldzug, Stalingrad, Kriegsgefangenschaft usw.), erinnern sich die Frauen in erster Linie an die Auswirkungen des Krieges an der ‚Heimatfront' (Bombardierungen, Zerstörung, Not, Angst vor ‚den Russen' usw.). Wie sich noch zeigen wird, haben die (Groß-)Mütter mit diesen fokussierten Erzählungen, die manchmal sogar zu Aufrechnungen nach dem Motto ‚Dresden versus Auschwitz' geraten, viel zur Untermauerung der auf das eigene Leid konzentrierten familiären Opferlegenden beigetragen.

Durch die zeitliche Verlagerung der Erinnerung in die Endphase des Nationalsozialismus mit dem meist nahtlosen Übergang zur Besatzungszeit kann man sich in vielerlei Hinsicht als passives ‚Opfer' präsentieren – als Opfer Hitlers und ‚der Nazis', als Opfer des Krieges und der Bombardierungen, als Opfer der Nachkriegsnot, der Alliierten und schließlich sogar als Opfer der Entnazifizierung. Auf diese Weise können die eigenen möglichen Täteranteile ebenso ausgeblendet bleiben wie das Leid der ‚wirklichen' NS-Opfer, das in den familiären Narrativen der Tätergesellschaft wenn überhaupt dann bestenfalls zur Aufrechnung mit einbezogen wird. Die Konzentration auf das eigene Leid ist in der erinnernden Rückschau ein weit verbreitetes Phänomen und somit auch in allen NS-Nachfolgegesellschaften wirksam. Selbst in Deutschland, das am eindeutigsten als ‚Täterland' definiert wurde, waren und sind nachträgliche Selbstviktimisierungen, die sich vor allem auf den Bombenkrieg (Stichwort: Dresden) und die Flucht und Vertreibung (Stichwort: Sudetendeutsche) konzentrieren, im kollektiven Gedächtnis immer präsent und in jüngster Zeit wieder besonders virulent.[4]

In Österreich fanden derartige Opferstilisierungen auf der individuellen Ebene in der offiziellen Selbstdarstellung Österreichs als ‚erstes Opfer Hitlers' ihre Entsprechung. Tatsächlich fand die ‚Opferthese' bei den einzelnen ÖsterreicherInnen aufgrund ihres Entlastungscharakters großen Anklang und hat sich in den familiären Narrativen über den Nationalsozialismus fortgesetzt. Sie war somit nicht nur auf der staatlichen und völkerrechtlichen Ebene wirksam, sondern es gab viele ‚private' Opferversionen, sodass sich letztendlich nahezu alle ÖsterreicherInnen als ‚Opfer' fühlen konnten.[5] Die große Übereinstimmung zwischen den individuellen, familiären und den allgemeinen, politischen Narrativen kann als eine österreichische Besonderheit angesehen werden und ist vermutlich einer der Gründe, warum die familiären ‚Opferthese/n' von den NS-Nachkommen nur selten und oft erst spät hinterfragt wurde/n. Vielmehr übernehmen die Kinder und Enkelkinder meist die (groß)elterlichen Darstellungen vom Nationalsozialismus als Kriegs- und Notzeit, als deren Opfer oder allenfalls als ‚Mitläufer' die eigenen Familienangehörigen imaginiert werden.

Die Erzählungen über den Nationalsozialismus/Krieg waren aber nicht nur Opfergeschichten, denn manchmal verdichteten sich die Erinnerungen an die NS-Zeit zu wahren Heldengeschichten. Besonders ehemalige NationalsozialistInnen fühlten und präsentierten sich keineswegs als Opfer, sondern standen nach wie vor begeistert und stolz zu ihren ‚Heldentaten' in der Illegalität und zu ihren späteren Aktivitäten im NS-System. Heldengeschichten finden sich auch in Kriegserzählungen ehemaliger Wehrmachtssoldaten, wobei vor allem die viel zitierten ‚Stammtische' sowie die unzähligen Kameradschaftsbünde den organisatorischen und sozialen Raum dafür boten.[6] Tatsächlich erinnern sich viele ‚Nachgeborene', dass ihre Väter – meist unter Alkoholeinfluss, der die Zungen der Männer zu lösen schien – durchaus von ihren ‚Heldentaten' an der Front erzählten, wo sie sich als aktiv Handelnde, als ‚Helden' präsentierten und somit die offizielle Sprachregelung durchbrachen. So erinnert sich ein Salzburger Gastwirtsohn, in der Nachkriegszeit viele Kriegserzählungen gehört zu haben: „Ich wuchs in einem Gasthaus auf und horchte zu, was sie erzählten: Wenige schwiegen, viele ließen sich vollaufen und grölten, manche prahlten, sie hätten gekämpft und Feinde beseitigt; sie wollten als Helden gesehen werden."[7] Auch der Schriftsteller Josef Haslinger (Jg. 1955) beschreibt eine Stammtischszene aus seiner Kindheit in der niederösterreichischen Provinz: „An Sonntagen, nach der katholischen Messe, versammelten sich die Männer in den beiden Gasthäusern des Dorfes. Während die Frauen zu Hause kochten, erzählten die Männer Kriegsgeschichten: die alten Feinde waren immer noch die Feinde, und die alten Freunde, die Nazideutschen, waren immer noch die Freunde."[8] Der Vater von Haslinger war altersbedingt noch nicht in die Wehrmacht eingezogen worden, was ihn allerdings nicht daran hinderte, sämtliche Kriegsfilme und Landserhefte zu konsumieren und schließlich mehr Heldengeschichten zu erzählen als alle anderen am Tisch.

Episoden aus dem Krieg gehören zum fixen Standardrepertoire jeder familiären Kommunikation über den Nationalsozialismus. In den meisten Fällen waren die Kriegserzählungen der (Groß-)Väter eine Mischung von Helden- und Opfergeschichten in einem, wo einerseits über das im Krieg erfahrene eigene Leid (Hunger, Kälte, Tod von Kameraden usw.) geklagt wurde, andererseits aber auch stolz detaillierte Abenteuer- und Überlebensgeschichten zum Besten gegeben wurden.[9] Die Kriegsgeschichten sind immer auch als ‚Überlebensgeschichten' im Sinne Elias Canettis zu verstehen, worin sich die Genugtuung, der Triumph, überlebt zu haben, und das daraus abgeleitete, meist jedoch unterdrückte Überlegenheitsgefühl mit der Trauer um die ehemaligen Kameraden vermischte.[10]

Eine weitere typische Erzählhaltung ehemaliger Wehrmachtssoldaten ist jene, in der man sich als eine Art ‚Soldat Schwejk' präsentiert, d.h. als ein im Grunde apolitischer Mensch, der in absurdeste Situationen gerät und diese immer wieder als Art ‚unfreiwilliger Held' meistert.[11] Diese Tradierungsformen sind meist von einer noch anhaltenden Faszination und Überwältigung bestimmt. In Österreich ergibt sich insofern eine paradoxe Situation, als die Kriegsgeschichten ehemaliger Wehrmachtssoldaten pikanterweise der offiziellen Selbstdarstellung als Opfer widersprechen: Denn offiziell wurden die Unfreiwilligkeit und der Zwang betont (‚fremde Uniform'), was mit dem individuellen Erleben (Freiwilligkeit, Begeisterung) und den nachträglichen Deutungsmustern (‚Pflichterfüllung') nur schwer in Einklang zu bringen war.

Distanzierung und Dämonisierung

Wie bereits erwähnt, handelt es sich beim Reden über den Nationalsozialismus in den meisten Fällen um Rechtfertigungs- und Entlastungsdiskurse verschiedenster Art: Man habe nichts geahnt und gewusst, sei nur ein kleines Rädchen im Getriebe gewesen, es habe Diktatur, Zwang und eine allumfassende Propaganda geherrscht, denen man sich nicht entziehen und widersetzen konnte usw. Selbst nachträgliche Distanzierungen vom Nationalsozialismus, so begrüßenswert sie sind, zielen häufig auf Entlastung ab. Dies geschieht etwa durch eine Dämonisierung des Nationalsozialismus und seiner Täter, die etwa als ‚sadistische Mörder', ‚verbrecherische Clique', ‚Bestien in Menschengestalt' etikettiert werden. Derartige dämonisierende Begrifflichkeiten, die in der Nachkriegszeit unter dem Eindruck des ersten Schocks über das schier unglaubliche Ausmaß der Verbrechen geprägt wurden, drücken eine gewisse kognitive und emotionale Unbeholfenheit aus, die oft auch heute noch in abgeschwächter Form in der offiziellen Gedenkrhetorik ihre Fortsetzung findet. Gleichzeitig werden Hitler und einzelne NS-Verbrecher, die SS oder – in Österreich besonders wirksam – ‚die Deutschen' als Alleinschuldige ausgemacht und somit die Verantwortung auch auf der individuellen Ebene externalisiert.

Bemerkenswert ist, dass sich selbst ehemalige NS-Anhänger gern dieser Argumentationsmuster bedienen, wie z.B. der väterliche Protagonist in Brigitte Schwaigers Erzählung *Lange Abwesenheit*, der Hitler wiederholt voll Abscheu als ‚Verbrecher' tituliert. Die Tochter kommentiert diesen väterlichen Abgrenzungsversuch voller Skepsis: „Wie er das Wort aussprach, so voller Anklage und Wut, wie er es wiederholte: dieser Verbrecher! Dieser Verbrecher! So oft sagte er es, dass ich den Verdacht hatte, es müsse etwas ganz Besonderes geben, was mein Vater diesem Hitler vorzuwerfen hatte, etwas Entsetzliches, das auch Vater betraf, nämlich, dass Hitler es fertig gebracht hatte, ihn, den gutgläubigen Studenten, in etwas verstrickt zu haben, wovon er erst zu spät erfuhr."[12]

Schwaiger thematisiert hier einen zentralen Aspekt des Umgangs der ‚Kriegsgeneration' mit ihrer ehemaligen Begeisterung für Hitler und den Nationalsozialismus, der von Alexander und Margarethe Mitscherlich in *Die Unfähigkeit zu trauern* herausgearbeitet wurde: Da sich die ehemaligen (Mit-)TäterInnen ihre Anfälligkeit oft selbst nicht erklären (vielleicht auch nicht verzeihen) können, schieben sie die Verantwortung dafür auf die Verkörperung ihres „kollektiven Ich-Ideals" Hitler ab, den es nun vehement zu verurteilen, abzutöten gilt.[13] Der Idealisierung folgt die Dämonisierung. Das bedeutet nicht nur eine Entlastung für das eigene Versagen, sondern man wird damit auch den Anforderungen des offiziellen Diskurses über die NS-Vergangenheit gerecht, als dessen kleinster gemeinsamer Nenner die Verurteilung Hitlers gilt. Diese Sprech- und Argumentationsmuster wirken oft über die Generationen fort. So erinnert sich der Schriftsteller Egyd Gstättner, dass seine 1939 geborene Mutter „das Wort Hitler (nie) ohne das Wort Verbrecher" ausgesprochen hatte. Allerdings bezog sich ihre Verurteilung in erster Linie auf die Bombenangriffe der Alliierten auf Klagenfurt, die sie als Kind miterlebt hatte und für die sie Hitler verantwortlich machte.[14] Nur zu oft erkennen die ‚Nachgeborenen' die Nachträglichkeit der wortreichen Dämonisierungen durch ihre Eltern nicht, sondern sie deuten diese nur zu gerne als Ausdruck von immer schon da gewesener antifaschistischer Einstellung und Immunität ihrer Eltern gegenüber der NS-Ideologie.

Solche Dämonisierungen sind auch deshalb problematisch, weil damit ein falsches oder zumindest einseitiges Bild vom Nationalsozialismus in den Köpfen der Nachkommen entsteht. Der Nationalsozialismus wird solcherart als etwas außer jeder Normalität stehendes, geradezu unbegreifliches Phänomen, als ‚das Böse' schlechthin, präsentiert und stark auf den Antisemitismus und dessen mörderischen Endpunkt, die Judenvernichtung, reduziert, wohingegen die unspektakuläre ‚Alltäglichkeit' des Nationalsozialismus und abgemilderte Formen der Mittäterschaft vernachlässigt werden. Die Konzentration auf einzelne NS-Verbrecher und (nach Möglichkeit räumlich weit entfernt liegende) Orte der Verbrechen – symbolisiert im ‚Schreckensort' Auschwitz – wirkt entlastend, denn: Angesichts der Größe und Ungeheuerlichkeit der Verbrechen verblasst die eigene Rolle und Mitbeteiligung am Nationalsozialismus und man kann sich als kleines unbedeutendes ‚Rädchen in der

NS-Maschinerie' und als Opfer der Verführungskraft der NS-Propaganda präsentieren. Für die Nachkommen ist es bei dieser Form der Tradierung jedenfalls schwierig, die dämonisierten und monströsen Vorstellungen von den NS-Verbrechen und den NS-Tätern mit ihren eigenen, (zumindest teilweise) positiv wahrgenommenen Eltern in Verbindung zu bringen.

Das Gegengedächtnis der ‚Ehemaligen'

Vieles des bisher Gesagten trifft auch auf das Gedächtnis von ideologisch überzeugten NationalsozialistInnen, dem unbelehrbaren Kern der ‚Ehemaligen', zu. Es gibt aber auch einige Besonderheiten im Gedächtnis der ‚Ehemaligen', die auf ihre spezifischen Erfahrungen im Nationalsozialismus und in der Nachkriegszeit zurückzuführen sind. Signifikant ist, dass sich die nach wie vor überzeugten NationalsozialistInnen oft in einem abgeschotteten Erinnerungsmilieu von Gleichgesinnten bewegten, das in gewisser Hinsicht ein Gegengedächtnis zum offiziellen österreichpatriotischen Geschichtsbild darstellte.

Die ‚Opferthese' als entlastendes Angebot des offiziellen Österreich wurde im Erinnerungsmilieu der ‚Ehemaligen' nicht angenommen, da sie mit ihren Erfahrungen und Überzeugungen nicht übereinstimmte. Sie hatten den ‚Anschluss' von 1938 und das NS-System nicht als Zwang erlebt und fühlten sich alles andere als dessen ‚Opfer', hatten sie doch bereits als ‚Illegale' darauf hingearbeitet, die NS-Ideologie geteilt, das NS-Regime aktiv unterstützt und teilweise auch davon profitiert. Nicht selten waren sie selbst in NS-Verbrechen, von deren Notwendigkeit sie ideologisch überzeugt waren, verstrickt. Für diese überzeugten NationalsozialistInnen war das Kriegsende tatsächlich ein ‚Zusammenbruch', bedeutete es doch den Verlust politischer und persönlicher Ideale und des bisherigen sozialen Status, manchmal auch kurzfristige Berufsverbote und soziale Deklassierung, Internierung in den Lagern der Alliierten und fallweise Anklagen bei Prozessen. Wie ich eingangs aufgezeigt habe, war die Phase der ‚Entnazifizierung' meist von kurzer Dauer und die ehemaligen NationalsozialistInnen wurden bald wieder rehabilitiert.

Nichtsdestotrotz haben diese Erfahrungen nach 1945 das Gedächtnis der ‚Ehemaligen' stark bestimmt. Viele NationalsozialistInnen haben ihren verlorenen Machtpositionen nachgetrauert und unter der nach 1945 erlittenen sozialen Deklassierung gelitten. An die Nachkommen wurde diese Erfahrung in Form von Opfergeschichten und Klagen über die vermeintlichen Ungerechtigkeiten (z.B. Wohnungsentzug nach 1945) weitergegeben, die von diesen oft unkritisch übernommen wurden. Diese familiären Tradierungen waren meist frei von jedem Unrechtsbewusstsein und wurden – nicht zuletzt aufgrund der Abwesenheit der Männer – häufig über die Mütter an die Kinder vermittelt.

Der frühere *Profil*-Journalist Horst Christoph, Sohn des illegalen Gauleiters von Tirol, der in einem Artikel die Nachkriegsrolle seiner NS-Mutter beschrieben hat, bringt die Familienüberlieferung stellvertretend auf den Punkt: ‚Wir' hatten den Krieg verloren und wurden von ‚den anderen' – den Besatzern, den politisch Angepassten und Andersdenkenden, der Kirche usw. – benachteiligt und verfolgt.[15] Der selbstmitleidige Blick auf die eigenen Verluste ging meistens mit einer aggressiven

Abgrenzung und Abwertung der (angeblich) dafür Verantwortlichen einher. Als Feindbilder galten zum einen die siegreichen Besatzungsmächte, denen in Nazikreisen Geringschätzung und Abneigung entgegen gebracht wurde, die sich beispielsweise in ironisch-abwertenden Redewendungen, wie z.B. „die Herren Besatzer" oder die „Befreier, die mich von meiner goldenen Uhr befreit haben", ausdrückte.[16] Diese familiär vermittelte Ablehnung der ‚Siegermächte' war oft über die Generationen hinweg wirksam, so etwa wenn meine Interviewpartnerin Gertrude Lugger klagt, dass die Besatzer „die schönsten Wohnungen und die schönsten Villen" bewohnt hätten und Österreich zwischen 1945 und 1955 alles andere als ‚frei' gewesen wäre. (GL 47) Die Alliierten wurden nicht nur deshalb abgelehnt, weil sie den Krieg gewonnen hatten, sondern der Hass wurzelte meist tiefer. So erzählen viele ‚Kinder der Täter', dass in ihren Familien auch nach Kriegsende rassistisch motivierte Ressentiments gegen ‚die Amerikaner', und/oder gegen ‚die Russen' sowie gegen ‚die Juden', oder ‚die Linken' tradiert wurden und somit zentrale Bestandteile der NS-Ideologie (Antiamerikanismus, Antisemitismus, Antikommunismus) reproduziert wurden.

Die ‚Ehemaligen' grenzten sich auch von all jenen ab, die im Gegensatz zu ihnen nach 1945 nicht mehr offen zu ihrer ‚Gesinnung' standen. In diesem Zusammenhang gewinnt der Begriff der ‚Anständigkeit' eine besondere Bedeutung, der Horst Christoph zufolge zu einem „fast magische(n) Zufluchtsbegriff" der ‚Ehemaligen' wurde.[17] Wie in vielen NS-Familien galt auch in seiner Familie unbedingte Prinzipientreue als oberster Wert und es gab für seine Eltern nur ‚Anständige' und ‚Nicht-Anständige'. Die ‚Anständigen' waren demnach jene NationalsozialistInnen, die ihre eigene Vergangenheit nicht verleugneten und sich nicht an das demokratische System anpassten, wohingegen die anderen als ‚Opportunisten' und ‚Verräter' angesehen und mit Verachtung gestraft wurden. Die Allgegenwärtigkeit dieses Begriffes im Familiengedächtnis hat sich bei den Nachkommen nachhaltig eingeschrieben. So hat der ehemalige FPÖ-Obmann Jörg Haider diese moralische Kategorie später oft im politischen Kontext verwendet. Dabei spannte er den Bogen vom österreichischen Volk (z.B. ‚anständige Österreicher') bis hin zu den Veteranen der Waffen-SS, die er 1995 als „anständige Menschen", die ihrer „Überzeugung treu geblieben" wären, gelobt hat.[18] Es ist anzunehmen, dass der NS-Sohn Haider diesen Begriff in seiner Kindheit oft gehört hatte und er ihn sehr bewusst zur ‚Ehrenrettung' der Waffen-SS eingesetzt hat.

Das Gedächtnis der ‚Ehemaligen' war auch stark geprägt von den Maßnahmen der Entnazifizierung (Internierung, Berufsverbot, Anklagen und Prozesse), denen sie nach 1945 unterzogen wurden. Tatsächlich erinnern sich viele ‚Kinder der Täter', dass der Begriff der ‚Entnazifizierung' ein fixer Bestandteil ihrer Familienkommunikation gewesen ist und eindeutig negativ konnotiert war. Für die NS-Tochter und spätere Filmregisseurin Heide Pils war dieser Begriff als Kind ein präsentes und „ein schreckliches Wort", wie sie nachträglich schreibt.[19] Die NS-Eltern ließen ihre Kinder über die konkreten Entnazifizierungsmaßnahmen gegen sie (wie z.B. Dauer der Internierung, Anklagen, Strafausmaß) meist im Unklaren, vermittelten ihnen aber, dass es sich dabei um ungerechte und demütigende Maßnahmen gehandelt habe. Wie wirksam derartige Selbstpräsentationen als unschuldige Opfer der ‚Siegerjustiz' sein können, zeigte sich einmal mehr 2005, als der FPÖ-Bundesrat Siegfried Kampl,

Sohn eines Kärntner Nationalsozialisten, von einer „brutalen Naziverfolgung" nach 1945 sprach, dem sein Vater nach Kriegsende ausgesetzt gewesen wäre.[20]

Wie unangebracht eine derartige Darstellung angesichts der relativ milden Entnazifizierungspolitik ist, lässt sich am Beispiel der alliierten Internierungslager (wie z.B. in Glasenbach bei Salzburg) aufzeigen.[21] Die dort (meist nur für kurze Zeit) internierten ehemaligen NationalsozialistInnen klagten über ‚unmenschliche' Haftbedingungen und stellten manchmal sogar an den Haaren herbeigezogene Vergleiche mit den NS-Konzentrationslagern an. Tatsächlich war die Situation im Internierungslager Glasenbach keineswegs besonders hart: Die Internierten konnten untereinander Kontakt halten, es bestanden auch Möglichkeiten zum Austausch von Informationen und Waren mit der Außenwelt, es gab keine Arbeitsverpflichtung und die Ernährungssituation war gut, es gab sogar kulturelle Angebote und Möglichkeiten zur Weiterbildung.[22]

Abgesehen davon führten viele ehemaligen ‚Glasenbacher' diese Opferversionen selbst ad absurdum, denn sie bedienten sich vor allem in ihrem engeren Umfeld ganz anderer, gegensätzlicher Tradierungsmuster. So präsentierten sie sich als unverbrüchliche Schicksalsgemeinschaft, die sich durch gegenseitige Kameradschaft und Hilfsbereitschaft ausgezeichnet hat. Den meisten von ihnen fehlte jedes Unrechtsbewusstsein, vielmehr galt eine Internierung im Erinnerungsmilieu der ‚Ehemaligen' als eine Art Auszeichnung, auf die man stolz war. So erinnert sich meine Interviewpartnerin Gerda Ferstl, dass nach Ansicht ihrer NS-Mutter „alle anständigen Menschen (irgend)wo gesessen" wären. (GF 12) Ein anderer Interviewpartner, Karl Brunngraber, wiederum erinnert sich, dass sein Vater über Glasenbach immer erzählt habe, dass es dort „ziemlich langweilig" gewesen sei, weil sie „unterbeschäftigt" gewesen waren und er außerdem „wohlgenährt aus Glasenbach zurück gekommen" sei. (KB 25) Darüber hinaus hatte der Vater, so wie viele andere internierte NationalsozialistInnen auch, immer wieder mit Genugtuung festgehalten, dass er gegenüber den Bemühungen zur ‚Umerziehung', wie es meist abfällig-ironisch hieß, resistent geblieben war.[23] Der amerikanischen oder britischen Re-education erfolgreich getrotzt zu haben, gehörte jedenfalls zur ‚Ehre' eines jeden ‚Ehemaligen'.

Bei vielen ‚Kindern der Täter' setzte sich das soziale Umfeld der Eltern fast ausschließlich aus ehemaligen NationalsozialistInnen zusammen und daher war das Thema Internierung im Familiengedächtnis stark präsent. So meint dazu meine Interviewpartnerin Brigitte Podinsky, deren Vater und Mutter in Glasenbach interniert waren, lapidar: „Also, ich weiß dass ich, also mit dem Wort Glasenbach bin ich aufgewachsen, das ist immer das hat es immer gegeben, so wie Haus und Baum und Auto, ich hab lang nicht gewusst was das überhaupt ist, ich hab mir gedacht das ist so wie ein, Wellnesshotel oder irgendsowas ja, so wurde das im Sprachcode, irgendwie mitgenommen." (BP 5) Dieses positiv besetzte Bild, das Frau Podinsky mit dem aus dem aktuellen Sprachfundus entliehenen Begriff „Wellnesshotel" zu beschreiben versucht, wurde oft in Form von harmlosen ‚Souvenirs', wie in diesem Fall durch eine vom Vater in Glasenbach geschnitzte Holzschmuckdose, zusätzlich untermauert.

Auch bei meiner Interviewpartnerin Erika Jelaschitz nahm die väterliche Internierung in Wolfsberg in Kärnten in der familiären Kommunikation breiten Raum ein. In den Erzählungen des ehemaligen Mitglieds der SS Adolf Hitler Leibstandarte vermischten sich die Erfahrungen der Illegalität vor 1938 mit seiner Internierung nach 1945. Die „verschworenen Freunde" kannten sich bereits aus der gemeinsamen Haft als Illegale im Ständestaat und wurden vom Vater verharmlosend als „Gentlemen-Verbrecher" präsentiert. (EJ 5) Durch die verharmlosende und entpolitisierte Familientradierung existierten bei den ‚Kindern der Täter' oft nur vage und naive Vorstellungen, so etwa hat Frau Jelaschitz sehr lange angenommen, dass ihr Vater nach 1945 in englischer Kriegsgefangenschaft gewesen war. Diese Vorstellung war für sie als Kind „eine Beruhigung", da auch viele Väter ihrer Freundinnen in Kriegsgefangenschaft waren und sie somit diese Version nicht einmal ansatzweise in Zweifel gezogen hat. (EJ 23)

Die Internierung in Lagern war von der Intention her keine Kriegsgefangenschaft, sondern eine politische Haft bzw. eine präventive Maßnahme vor einer strafrechtlichen Anklage. Ob die (Selbst-)Darstellung der Internierung als ‚Kriegsgefangenschaft' nun bewusst erfolgt ist oder aber von den Kindern aufgrund ihres Unwissens selbst ‚zusammengereimt' wurde, mag individuell unterschiedlich gewesen sein. Jedenfalls bot diese Präsentation für alle beteiligten Seiten Vorteile: Für die betroffenen Väter war eine Kriegsgefangenschaft nach einem verlorenen Krieg vermutlich weniger demütigend als eine Internierung (noch dazu unter relativ guten Bedingungen) und man konnte sich in das (vermeintlich unschuldigere) österreichische Soldatenkollektiv einreihen und musste den eigenen Kindern nicht als Ex-Häftling gegenübertreten. Aus einer kindlichen Perspektive war der Sachverhalt einer Kriegsgefangenschaft ebenfalls beruhigender und wurde schon allein aufgrund ihres Alters und des abgeschlossenen familiären und sozialen Milieus nicht kritisch hinterfragt.

Abschließend kann festgehalten werden, dass das Erinnerungsmilieu der ‚Ehemaligen' offenbar von einem ‚Double-speak' gekennzeichnet war, das je nach Umfeld und je nach Adressat funktionierte. In der Öffentlichkeit wurde nicht zuletzt zur Erreichung von politischen Zielen (Amnestie, Entschädigungen usw.) stärker die Opferversion strapaziert, nach innen hin propagierte man aber selbstbewusst Stärke und Prinzipientreue und schwelgte im vergangenen Heldentum. Zwar haben sich manche ehemalige NationalsozialistInnen durchaus partiell als Opfer (der Nachkriegsmaßnahmen) gefühlt, das Opferbewusstsein scheint aber nicht sehr tief gegangen zu sein. Das Gegengedächtnis der ‚Ehemaligen' konzentrierte sich lieber auf die aus ihrer Sicht positiven und heldenhaften Aspekte und wirkte somit stabilisierend und identitätsstiftend für die ‚Gesinnungsgemeinschaft'.

Diese Narrative setzten sich auch in den Familien fort und haben somit die Vorstellungs- und Gefühlswelt der ‚Kinder der Täter' erheblich geprägt. Auch wenn die Eltern bemüht waren, zumindest in ihren Familien und in ihrem unmittelbaren sozialen Umfeld ihre Autorität und die früheren Werte aufrecht zu erhalten, bot sich den Kindern trotz aller Hermetik ein gespaltenes Bild. Einerseits erlebten sie die Eltern als ‚HeldInnen', die sie bewunderten und mit denen sie sich identifizierten, und andererseits erschienen sie ihnen als ‚VerliererInnen' und als ‚Opfer' der Nachkriegssituation, die sie bedauerten und mit denen sie sich solidarisierten. Viele Söhne und Töchter, die in einem derartigen Erinnerungsmilieu sozialisiert wurden, haben sich nicht nur als Kinder mit ihren NS-Eltern solidarisiert und identifiziert, sondern verharren auch noch als Erwachsene in einer Verteidigungs- und Rechtfertigungshaltung. Das schließt aber nicht aus, dass es manchen Nachkommen sehr wohl gelingen kann, sich im Laufe ihres Lebens von ihren NS-Eltern zu lösen und dem hermetischen Familiengedächtnis ein anderes Wertesystem und neue Sichtweisen entgegenzusetzen.

Familiäre Tradierung von Antisemitismus

‚Auschwitz' als Synonym für die nationalsozialistische Massenvernichtung bedeutet eine, ja wohl *die* entscheidende Zäsur in der Geschichte des Antisemitismus.[24] Das Problem des Antisemitismus stellt sich ‚nach Auschwitz', d.h. durch das Wissen um die Judenvernichtung, verändert dar. Besonders in den ehemaligen ‚Tätergesellschaften' hatten sich unter dem Eindruck des ungeheuren Ausmaßes der Judenvernichtung, der Nationalsozialismus und der Antisemitismus als politische Ideologie weitgehend desavouiert. In Deutschland – und in abgeschwächter und zeitlich verzögerter Form auch in Österreich – erfolgte ein normatives ‚Antisemitismus-Verbot', das weniger im rechtlichen als im moralisch-politischen Sinn zu verstehen ist.[25] Das heißt: Nach 1945 gab es im Gegensatz zur (vor)nationalsozialistischen Zeit keine ‚bekennenden' AntisemitInnen mehr, weshalb meist von einem „Antisemitismus ohne Antisemiten" (Bernd Marin) gesprochen wird. Darüber hinaus handelt es sich in gewisser Weise auch um einen „Antisemitismus ohne Juden" (Paul Lendvai), da der Großteil der österreichischen Juden und Jüdinnen ermordet und vertrieben wurde und der jüdische Bevölkerungsanteil in Österreich nach 1945 verschwindend gering war.[26]

So sehr ‚Auschwitz' eine Zäsur darstellte, so wenig war das Jahr 1945 aber auch eine ‚Stunde Null', wo bisher Bestehendes und Gültiges ein für allemal ausgelöscht worden wäre. Diese Feststellung trifft selbstverständlich auch auf das Phänomen des Antisemitismus zu. Tatsächlich war Antisemitismus nach 1945 nicht vollkommen verschwunden, sondern lebte in unterschiedlichen Formen und Ausprägungen fort. Neben dem rassistisch motivierten Antisemitismus nationalsozialistischer Prägung kommt im katholisch geprägten Österreich auch den Traditionen des christlichen Antisemitismus große Bedeutung zu. Die Nachkriegsgeschichte Österreichs liefert viele Beispiele für das Weiterbestehen eines alten und neuen Antisemitismus in der österreichischen Politik, Kultur und Gesellschaft.[27] Dabei hat sich gezeigt, dass das normative ‚Antisemitismus-Verbot' in Österreich nicht in jenem Maße ‚internalisiert' wurde wie vergleichsweise in Deutschland, und dass es in dieser Frage kaum Diskrepanzen zwischen den politischen und kommunikativen Eliten und der breiten Bevölkerung gegeben hat. Antisemitisch eingefärbte stereotype Vorstellungen von ‚den Juden' sind offenbar tief in das ‚kollektive Unbewusste' der österreichischen Gesellschaft eingesickert.[28] In Anlehnung an Erving Goffman könnte man sagen, dass sich der Antisemitismus von der ‚Vorderbühne' auf die ‚Hinterbühne' zurückgezogen hat, wo er vorerst latent und unartikuliert überdauerte, zu gegebenen Anlässen jedoch wieder (re)aktiviert und politisch instrumentalisiert werden konnte.[29]

Ein Blick hinter die Kulissen, auf die Goffman'sche ‚Hinterbühne' gewissermaßen, zeigt: Antisemitismus gehörte – neben Antikommunismus und/oder Antiamerikanismus – offenbar zum fixen ideologischen Repertoire der familiären Kommunikation in österreichischen Nachkriegsfamilien. Dies bestätigen auch meine Interviews. Ungefähr ein Drittel meiner InterviewpartnerInnen erzählt von der Existenz von ganz offenem und unverhohlenem Antisemitismus in ihren Familien, beinahe ebenso oft geht aus den Interviews hervor, dass Antisemitismus zumindest latent präsent war, etwa in Form von Anspielungen, negativen Stereotypisierungen und Äußerungen, die auf das Vorhandensein antisemitischer Ressentiments hindeuten.[30]

An einen offenen und unverhohlenen Antisemitismus in ihren Familien erinnern sich vor allem Nachkommen aus dem eindeutigen ‚Ehemaligen'-Milieu. Dort herrschte nach wie vor ein ideologisch gefestigter Antisemitismus, der fallweise sogar die Vernichtung der Juden nachträglich guthieß. So erinnert sich mein Interviewpartner Robert Dussek, bei dem vor allem das großelterliche Milieu extrem antisemitisch gewesen war, an „unsägliche Sachen", die dort geäußert wurden, wie z.B. dass „alle Juden vergast gehör(t)en". (RD 16) Bei meiner Interviewpartnerin Gerda Ferstl war es ein SS-Onkel, der bei seinen häufigen Besuchen am Familientisch im Beisein der Kinder seinem rabiaten Antisemitismus freien Lauf ließ. Frau Ferstl erinnert sich: „Der hat gesagt, der Mengele war ein wirklich ein toller Arzt und keiner hat gesagt das ist nicht in Ordnung" und er habe zudem immer bedauert, dass sie „nicht alle erwischt" hätten. (GF 9) Ein derart offenes Bekenntnis zum Vernichtungsantisemitismus mag die Ausnahme gewesen sein, hatte aber offensichtlich im ‚Ehemaligen'-Milieu, wo es keine ‚Korrektive' von außen gab, durchaus seinen Platz. Derselbe Onkel bewunderte gleichzeitig die „kämpferischen Israelis" und machte abfällige Bemerkungen über ‚die Araber' („Bloßfüßige"). Damit reproduzierte er klassische Denk- und Argumentationsmuster zum Nahostkonflikt, wie sie besonders im Rahmen des Sechstagekrieges von 1967 verbreitet waren. Damals kam es zum scheinbar paradoxen Phänomen, dass sich ehemalige Nationalsozialisten und Wehrmachtssoldaten positiv mit den ‚tapferen Israelis' identifizierten (Stichwort: ‚Wüstenfuchs Rommel') und ihre rassistischen Denkmuster pauschal auf die als ‚Untermenschen' verachteten Araber projizierten.[31]

Derartige antisemitische Aussagen waren offenbar ein Bestandteil der familiären Alltagskommunikation – ‚beim Kaffeetisch' gewissermaßen – und stießen meist auf Zustimmung und Einverständnis. Oft bedurfte es nur eines Zeitungsartikels, einer Nachrichtenmeldung oder der Erwähnung bestimmter Namen, die als Auslöser für antisemitische Bemerkungen im Familienalltag genügten. Meine Interviewpartnerin Brigitte Podinsky erinnert sich, dass in ihrer Familie antisemitische Bemerkungen über die Juden als ‚gerissene Geschäftsleute' und als ‚Gauner' sehr präsent waren, wobei der Vater als konkretes ‚Belegbeispiel' immer seine angebliche Benachteiligung durch einen beruflichen Konkurrenten angeführt hat. (BP 18-19) Wie allgegenwärtig und nachhaltig wirksam solche antisemitischen Ressentiments waren, verdeutlicht folgende Interviewpassage:

> I: Also Sie haben gesagt es wurde immer wieder über Juden, geredet und geschimpft
> BP: Geschimpft, ja, geredet und geschimpft, sehr abwertend gesprochen in einer sehr abwertenden Art
> I: Und was wurde, was wurde ihnen zugeschrieben, wie sie sind-

BP: ..... Also ich-, jetzt wie Sie mich gefragt haben ja, ist mir auf der Zunge gelegen die, die, „das Gesindel gehört vergast." Entschuldigung dass ich das jetzt s-so sag, ja aber das ist mir richtig jetzt so, fast selbstständig herausgehüpft ja. Das wurde in dieser Art natürlich nicht ausgesprochen, oder vielleicht doch, ich weiß es nicht.
I: Aber Sie haben es irgendwo im Ohr oder auf der Zunge?
BP: Ich habs in mir. Ich habs es ist mir jetzt, wie Sie mich jetzt gefragt haben ich hab mich jetzt richtig geschreckt vor mir selber weil, das ist das ist mir jetzt richtig, ah selbständig raus gehüpft, ja. Ich habs ähm .. ich kann mich nicht erinnern dass das in dieser Art, gesagt wurde. Ich weiß es nicht wies mir vermittelt wurde ich w- ich hab keine Ahnung. (BP 19)

Auf meine Nachfrage hin fällt Frau Podinsky spontan eine antisemitische Phrase („das Gesindel gehört vergast") ein, die sie jedoch durch ihre Selbstkontrolle im letzten Moment noch zurückhält. Sie zeigt sich von diesem ihr sich förmlich aufdrängendem antisemitischen Ausspruch sichtlich erschrocken und rätselt darüber, ob sie diese Äußerung tatsächlich wortwörtlich in ihrer Familie mit angehört hat. Die Unmittelbarkeit und Spontaneität ihres verbalen ‚Fauxpas' spricht jedenfalls für diese Möglichkeit. Auch anderen NS-Nachkommen sind der NS-Terminologie entnommene Begriffe wie ‚Halbjude', ‚Judenproblem', ‚Judenstämmling', ‚verjudet' oder antijüdische Phrasen wie z.B. „hier geht es zu, wie in einer Judenschule" aus ihrer Kindheit geläufig. Nicht selten haben sie manche dieser problematischen Begriffe und Phrasen unreflektiert übernommen und manchmal kommt es vor, dass sie ihnen – meist ungewollt und oft auch unbemerkt – ‚rausrutschen'.

Meine Interviewpartnerin Erika Jelaschitz erinnert sich beispielsweise, dass in ihrem Elternhaus sehr häufig von der „jüdischen Weltpresse", der „Verjudung Amerikas" oder von den mächtigen und einflussreichen „Juden in Amerika" und vom „jüdischen Showbusiness" die Rede war. (EJ 28-29) Diese in vielen NS-Familien auch noch nach 1945 tradierten Zuschreibungen gehören zum Kern des klassischen antisemitischen Repertoires. Auch wenn derartige Negativzuschreibungen von vielen Nachgeborenen mittlerweile kritisch hinterfragt und abgelehnt werden, so leben sie doch noch in stereotypen Vorstellungen weiter, z.B. im tief verankerten Klischee, dass alle Juden ‚reich' oder ‚intellektuell' wären, wobei damit nicht zwangsläufig diffamierende Absichten verknüpft sein müssen.

Der in den Nachkriegsfamilien vermittelte Antisemitismus konnte sich sowohl pauschal gegen ‚das Judentum' als auch gegen konkrete Einzelpersonen richten. Auch wenn die Zahl der Juden und Jüdinnen im Nachkriegsösterreich aufgrund der unmittelbar vorausgegangenen Vertreibung und Vernichtung überaus gering war, mangelte es den AntisemitInnen offenbar nicht an potenziellen Objekten ihrer Abneigung. Insofern ist die These eines ‚Antisemitismus ohne Juden' nur bedingt richtig. Vielmehr ist zu beobachten, dass gerade AntisemitInnen mit fast zwanghafter Akribie überall, sei es in Politik und Kultur oder im beruflichen und persönlichen Umfeld, Juden ausfindig machen bzw. bestimmte Personen als ‚jüdisch' imaginieren, selbst wenn sie nicht jüdischer Herkunft sind.[32]

Da es meist aber an konkreten ‚Feindobjekten' im näheren Umfeld fehlte, mussten oft prominente Juden und Jüdinnen als Zielscheibe antisemitischer Ressentiments herhalten. In ehemaligen NS-Familien, in denen ohnehin große Aversionen gegen die ‚Siegermächte' bestanden, wurde beispielsweise gegen den amerikanischen Präsidenten Franklin Roosevelt oder den amerikanischen Politiker Henry Morgenthau[33] polemisiert und oft auch antisemitisch argumentiert. Unter den österreichischen Politikern scheint vor allem Bruno Kreisky, der jüdische sozialdemokratische Parteiführer und Bundeskanzler, konkretes Ziel antisemitischer Äußerungen gewesen zu sein. So erzählen viele NS-Nachkommen, dass in ihren Familien Kreisky wörtlich als „Saujude" diffamiert worden sei (HG 24) oder man den Namen Kreisky (wie auch andere jüdische Namen) bewusst falsch ausgesprochen habe, um sich auf diese Weise über ihn lustig zu machen. (KB 26, RD 15) Dieses ‚Spiel' mit den Namen ist bis heute ein perfides Mittel, auf indirekte Weise die jüdische Herkunft einer Person anzudeuten und diese solcherart zu verunglimpfen.[34]

Eine andere in den Familien häufig kommunizierte Geschichte ist die über eine angebliche oder tatsächliche sexuelle Belästigung von Frauen durch jüdische Männer, womit letztendlich das antisemitische Stereotyp des ‚geilen Juden' reproduziert und an die nächste Generation weitergegeben wurde.[35] Derartige Geschichten wurden vor allem von Frauen (Müttern, Großmüttern) erzählt, was vermutlich auf spezifisch weibliche Erfahrungen bzw. auf spezifisch weibliche Ängste und daraus abgeleitete Projektionen zurückzuführen ist. Aufgrund der Häufigkeit solcher beinahe identer Geschichten ist von einer sich verselbständigten kollektiven ‚Familienlegende' auszugehen, die auf traditionellen antisemitischen Vorurteilen beruht, die im Bewusstsein der NS-Generation tief verankert sind. Die angeblich negativen Erfahrungen mit konkreten Juden dienen nicht nur als Belegbeispiel für die prinzipielle ‚Schlechtigkeit' der Juden insgesamt, sondern wohl auch als (nachträgliche) Legitimation für den ohnehin vorhandenen eigenen Antisemitismus. (vgl. ‚Mutterbild' HG)

In manchen Nachkriegsfamilien vermengten sich verschiedene Formen des Antisemitismus zu einem wahren Vorurteilsgemisch. Im Fall meiner Interviewpartnerin Hilde Schubert, die von sich sagt, in einem zutiefst antisemitischen Milieu sozialisiert worden zu sein, vermischte sich der rassistisch motivierte mütterliche Hass auf ‚die Juden' mit dem katholischen Antijudaismus ihrer Großmutter, die ihr immer wieder erzählt hat, dass „die Juden zu Ostern kleine deutsche Kinder schlachten" würden. (HS 15) Diese von der geliebten Großmutter vermittelte Vorstellung, so Frau Schubert, habe sie als Kind „unheimlich entsetzt" und es habe sehr „lang gebraucht bis (sie) draufgekommen (sei), dass das alles nicht stimmt". (HS 26)

Aber nicht immer wurde Antisemitismus offen artikuliert, sondern es gab und gibt auch vielfältige Formen eines ‚verbrämten' Antisemitismus, der von den Nachgeborenen nicht immer als solcher decodiert werden konnte. Viele ‚Kinder der Täter' erinnern sich beispielsweise an kryptische Bemerkungen und Anspielungen in Halb- und Nebensätzen, die oft en passant fallen gelassen und meist nicht näher ausgeführt wurden. Nicht nur in der Familie von Herrn Dussek hat man sich „über Namen lustig gemacht" oder bei der Erwähnung von bestimmten Namen abschätzige Bemerkungen über angeblich ‚typisch jüdische' Eigenschaften und den vermeintlichen Einfluss von Juden fallen gelassen. (RD 18) Auch Judenwitze konnten ein Ventil für den mittlerweile ‚verbotenen' Antisemitismus sein. Tatsächlich bestätigen viele meiner InterviewpartnerInnen die Präsenz von Judenwitzen in der Familie (meist mit einem nachahmenden ‚Jiddeln' vorgebracht), die aber meist als ‚harmlos' eingeschätzt und nicht als antisemitisch wahrgenommen werden. Das Erzählen von Judenwitzen muss nicht per se antisemitisch motiviert (gewesen) sein, in einem bestimmten Milieu wie dem der ‚Ehemaligen' ist aber davon auszugehen, dass die dort vorgebrachten Judenwitze meist einen aggressiven Unterton und eine diffamierende Intention hatten.

Neben altbekannten Formen des traditionellen Antisemitismus gibt es auch neue Facetten, die mit der unbewältigten NS-Vergangenheit zusammenhängen und eine Form der Schuldabwehr darstellen. Dieser so genannte ‚sekundäre Antisemitismus' zeigt sich auf unterschiedliche Weise, etwa indem die Judenvernichtung relativiert, in Frage gestellt oder gar geleugnet wird, indem es durch Vergleiche (z.B. zwischen dem NS-System und Israel) zu Aufrechnungen und einer Opfer-Täter-Umkehr kommt oder indem der Anspruch der NS-Opfer auf ‚Wiedergutmachung' abgelehnt und ein ‚Schlussstrich' unter die Vergangenheit gefordert wird.[36] Diese vielfältigen Formen des ‚sekundären Antisemitismus', die in vielen Nachkriegsfamilien allgegenwärtig waren, firmieren im kollektiven Bewusstsein meist nicht unter dem Etikett des Antisemitismus. Auch viele meine InterviewpartnerInnen nehmen die von ihnen in der Familie erlebten und beschriebenen Strategien der Abwehr, Relativierung, Leugnung der Judenvernichtung meist nicht als antisemitisch wahr.

Abschließend kann festgehalten werden, dass der Antisemitismus in den Nachkriegsfamilien sehr präsent war und niemand grundsätzlich von Antisemitismus auszuschließen war, weder die Väter, Großväter oder Onkel, noch die Mütter oder Großmütter – Antisemitismus wirkte unabhängig vom Alter, Milieu und vom Geschlecht. Das heißt zum einen, dass Antisemitismus keinesfalls nur eine „Männerkrankheit" war/ist, wie Margarethe Mitscherlich es behauptet und psychoanalytisch zu begründen versucht hatte.[37] Und das heißt zum anderen, dass im Erinnerungsmilieu der ‚Ehemaligen' der Antisemitismus zwar wesentlich offener und direkter kommuniziert wurde, dass aber auch in vielen ‚durchschnittlichen' österreichischen Nachkriegsfamilien antisemitische Ressentiments und Äußerungen zum fixen Bestandteil des Familiengedächtnisses gehörten.

Da der Antisemitismus tief in die österreichische Nachkriegsgesellschaft eingesickert ist, waren die Nachkommen nicht nur in ihren Familien, sondern oft auch in außerfamiliären Zusammenhängen – in Politik, Medien, Schule, Kirche, Turnerbund usw. – mit Antisemitismus konfrontiert, der ihre familiären Prägungen noch zusätzlich untermauert und bestätigt hat. Aufgrund der Absenz von Juden hatten sie oft erst spät die Möglichkeit, die familiär und gesellschaftlich vermittelten Vorstellungen von ‚den Juden' an der Realität zu überprüfen und möglicherweise auch zu revidieren.[38]

Ausblendungen, Leerstellen und Tabus

Ungeachtet dessen, dass in den Familien sehr wohl erinnert und erzählt wurde, gibt es aber auch das viel zitierte Schweigen und die Lücken im Familiengedächtnis. Verschwiegen und ausgeblendet wurde vor allem zweierlei: das Leid der anderen, der NS-Opfer, einerseits und die eigene Verantwortung und mögliche (Mit-)Täterschaft andererseits.

Vor allem jene, die auch nach Kriegsende darauf beharren, dass der Nationalsozialismus auch seine ‚guten Seiten' gehabt hätte (Sauberkeit und Ordnung, Beseitigung der Arbeitslosigkeit usw.) klammern die Schattenseiten (Gewalt und Repression gegen jene, die nicht in die ‚Volksgemeinschaft' passten usw.) meist einfach aus. Das Leiden der NS-Opfer – Juden, politische GegnerInnen, so genannte ‚Asoziale, ‚Zigeuner', Euthanasieopfer, Homosexuelle – wird erst gar nicht erwähnt und es wird ihnen keinerlei Empathie entgegengebracht. Die NS-Verbrechen, besonders die Judenverfolgung und Judenvernichtung, kommen meist nur in ihrer Verneinung vor, entweder indem kategorisch behauptet wird, davon ‚nichts gewusst' zu haben oder indem die historischen Fakten relativiert oder gar geleugnet werden. Es ist der Feststellung von Dan Bar-On zuzustimmen, dass „unerzählte Geschichten oft mit größerer Macht von Generation zu Generation weitergegeben (werden) als Geschichten, die erzählbar sind".[39] Die Folge des Schweigens, der Auslassungen und Leerstellen in den Erzählungen ist meist ein Unwissen oder Halbwissen sowie die Herausbildung von Tabus. Das Thema ‚Juden' zählte zweifellos zu einem der zentralen Tabuthemen in der Nachkriegszeit, an denen die Nachkriegskinder nicht rühren durften und oft auch nicht wollten.[40] Dass sich diese Tabuisierungen in vielfältiger Weise und nachhaltig auf die nachkommende/n Generation/en und deren Vorstellungen über ‚die Juden' ausgewirkt haben, habe ich an anderer Stelle ausführlich dargestellt.[41]

Die Soziologin Gabriele Rosenthal hat Kriegserzählungen der Wehrmachtsgeneration untersucht und ihre Ergebnisse kurz und treffend zusammengefasst: „Vom Krieg erzählen, von den Verbrechen schweigen".[42] Damit weist sie darauf hin, dass die herkömmlichen Kriegserzählungen gerade *nicht* zur Thematisierung des Nationalsozialismus, seiner Verbrechen und der eigenen Verstrickung dienen, sondern im Gegenteil eher dazu, diese mit ihren Erzählungen zu verdecken. Die ‚Kriegsgeneration' bedient sich dabei gewisser Vermeidungs- und Reparaturstrategien, von denen ‚Deckerzählungen' die signifikanteste ist. Es handelt sich dabei um Anekdoten über die Kameradschaft, über lebensbedrohende Situationen, Rettung in letzter Minute und nicht zuletzt – zeitlich verlagert – um Leidensgeschichten aus der eigenen Kriegsgefangenschaft, die die NS-Verbrechen und die mögliche Mittäterschaft überlagern, verdecken sollen. Eine weitere Reparaturstrategie ist jene der ‚Ausblendung'. Wie ein derartiger Ausblendungsmechanismus funktioniert, wird am Beispiel der Vaterfigur im autobiographisch gefärbten Roman von Peter Henisch *Die kleine Figur meines Vaters* exemplarisch sichtbar. Der Vater, ein Photograph und ehemaliger Kriegsberichterstatter, erzählt bereitwillig über sich, den Krieg und seine Rolle dabei. Der Nationalsozialismus wird bei Henisch ausschließlich durch den ihm eigenen, berufsbedingten ‚fotografischen Blick' eingefangen: So gerät der Einmarsch 1938 zur großartigen „Show", der Krieg erscheint als unendliche Abfolge von Bildern, vom Russlandfeldzug bis hin zu Massenerschießungen und dem Warschauer Ghetto. Der Vater dazu: „Ich hab halt fotografiert, was man mir angeschafft hat, für mich war das Fotografieren immer die Hauptsache, und alles andere war sekundär."[43] Zwar erzählt der Vater konkret von Verbrechen, deren Augenzeuge er war, doch diese Verbrechen begehen immer die anderen (SS, Feldgendarmerie, Wehrmacht ...), *er* fotografiert ‚nur'. Aber *was* er fotografiert (Verbrechen) und zu *welchem Zweck* (Propaganda) – diese Fragen ‚blendet' er im wahrsten Sinne des Wortes aus.[44]

An dieser Stelle soll nicht unerwähnt bleiben, dass das Ausblenden der Verbrechen nicht immer mutwillig und zum Zweck des Verdeckens eigener Mitschuld erfolgte, sondern oft auch andere Gründe dafür ausschlaggebend gewesen sein mochten. Zum einen fanden Geschichten, die sich auf das eigene Leid konzentrierten, am ehesten in der Familie Platz und sie dienten zweifellos auch zur Verarbeitung der eigenen Kriegserfahrungen. Zum anderen ist die Sprachlosigkeit im engeren Sinn zu nennen. Die Teilnahme an einem Krieg bedeutet zweifellos eine Extremsituation, für die viele der in die Normalität des Alltags zurückgekehrten Männer oft keine Sprache finden konnten; dies umso mehr, als sie als Verlierer zurückkamen, wo das frühere Wertesystem keine Gültigkeit mehr hatte und sie sich an einen neuen, ihrer Erfahrung und ihrem Empfinden nicht immer angemessenen Sprachgebrauch anpassen sollten. Schließlich kann das Schweigen aber auch zum Schutz der Kinder erfolgt sein, denn: „Wer hat schon den Mut, seinen kleinen Kindern realistisch vom Krieg zu erzählen?“[45], oder allgemeiner gefragt: Wie kann man (kann man überhaupt?) kleinen Kindern Krieg und Massenmord oder gar die eigene Rolle dabei erklären?

Manchmal aber wurde das Schweigen über die NS-Verbrechen sehr wohl durchbrochen. Das geschah etwa durch vage Andeutungen oder Erzählungen der (Groß-)Eltern über einzelne lokale Fälle von NS-Verfolgung und NS-Unrecht in der unmittelbaren Nachbarschaft, ‚vor Ort‘ gewissermaßen.[46] Eine beliebte Erzählform ist jene der nacherzählten Zeugenschaft, d.h. man erzählt aus der Perspektive eines (unbeteiligten) Zeugen über Verbrechen, die aber von anderen begangen wurden. Es kommt aber auch vor, dass die NS-Verbrechen und die eigene Beteiligung daran sehr direkt und ungeschminkt in den Familienerzählungen präsent waren. So berichtet eine Tochter eines Wehrmachtssoldaten, dass ihr Vater damit geprahlt habe, „dass er an der russischen Front, während einer Feuerpause, einen unbewaffneten, jungen russischen Soldaten mit einem einzigen gezielten Schuss umgebracht hatte, als dieser zur Latrine ging.“[47] Häufiger als in der Familie selbst waren derartige Thematisierungen, die einem Tabubruch gleich kamen, wohl an den Wirtshaustischen im Kreise von Gleichgesinnten in Form von mehr oder weniger verbrämten Heldengeschichten möglich. Aber nicht immer waren die Erzähler ‚unbelehrbare‘ Nationalsozialisten, die sich damit brüsteten, sondern manchmal brach die quälende Erinnerung an erlebte und selbst begangene Taten, unkontrolliert und unvermutet hervor. So setzt beispielsweise Josef Haslinger seine Schilderung über die von ihm als Kind beobachteten Wirtshausgespräche mit einer eindrücklichen Szene fort, in der ein Mann in der Runde, ein Bauer, der sonst nie über den Krieg sprach – von seinen Kameraden zum Erzählen aufgefordert und angeregt durch zu viel Alkohol – von seinem schlechten Gewissen überwältigt wurde: „Er wehrte sich, dann begann er plötzlich zu weinen. Seine Unterlippe zitterte [...] Und er sagte, er sei in einer Einheit gewesen, die habe nicht gegen Soldaten gekämpft. Die haben Zivilisten erschossen. ‚Der Reihe nach‘, sagte er, und zeigte dabei auf einen nach dem anderen von uns, ‚haben wir sie erschossen. [...] Das waren Bauern wie wir. Die Häuser haben wir angezündet. Die Frauen sind mit kleinen Kindern heraus gerannt und wir haben sie alle niedergestreckt.‘ [...]“[48] Derart direkte Bekenntnisse über die Beteiligung an NS-Verbrechen und derartige Schuldgefühle mögen die Ausnahme gewesen sein, aber wie dieses Beispiel zeigt: es hat sie fallweise gegeben. Man kann sich vorstellen, dass solche Geschichten auf die kindlichen ZuhörerInnen einen nachhaltigen Eindruck hinterlassen mussten, so auch bei Haslinger, dem diese Szene „bis heute nicht aus den Kopf gegangen" ist.[49]

Bei meiner Interviewpartnerin Gerda Ferstl war es ein Onkel, ein Bruder der Mutter, der das Thema Nationalsozialismus in seiner extremsten Form in die Familie eingebracht hatte. Der Onkel war bei der SS gewesen und hatte Frau Ferstl zufolge den ‚Zusammenbruch' 1945 nicht verkraftet. Auch nach Kriegsende entpuppte er sich als rabiater Antisemit und offener Bewunderer Mengeles und distanzierte sich nicht einmal von den Gräueln in den Konzentrationslagern. (GF 7-9) Dieser Onkel sprach im Familienkreis, das heißt in Anwesenheit der beipflichtenden Mutter sowie der heranwachsenden Kinder, offen von NS-Verbrechen (an denen er vermutlich beteiligt war), wie Frau Ferstl sich in folgender Interviewpassage erinnert:

> I: Wissen Sie, was der Onkel konkret getan hat, wo er war die ganze Zeit, als SSler?
> GF: Naja er war, in Russland. Also, in Stalingrad war er net, da ist er vorher, zurückgekommen, aber er war dort schon unterwegs, und dort ist viel passiert. Dort ist viel passiert. Und viel ich denke, und in Polen ... dass er sehr genau gewusst hat und getan hat.
> I: Hat er da oft irgendwas erzählt? Über die Zeit?
> GF: ... Er hat schon erzählt von Erschießungen.
> I: Das hat er erzählt?
> GF: Ja. Wie man das tun muss und so, das war schon sehr grauslich.
> I: Wie hat er das erzählt?
> GF: So. Einfach so wie wir da sitzen.
> I: Wie man jemand erschießen muss oder-
> GF: Ja. Das war, das halt so und so ist nicht so **günstig** oder wenn man will dass der gleich tot ist muss man es so machen und **so**, beim Kaffee. Und das war /schon auch sehr verwirrend/ [auflachend] für mich. Das ist ja, so wies halt dann später, wenn die Ärzte beieinander gesessen sind über Blinddarmoperationen geredet haben beim Kaffee oder sonstige Sachen, net. War schon sehr ... grauslich.
> I: Hat er da dann so von Massenerschießungen auch erzählt? Wie man heute die Bilder dazu kennt.
> GF: **Na** er hat nur gesagt, das ist schon, du hättest hören sollen wie die gejammert haben oder gebettelt haben oder solche Sachen. Ich glaub net dass ich sehr aufmerksam geblieben bin, ich glaub ich bin dann weggegangen. Erstens hab ich ihn net mögen und zweitens haben mir die Geschichten nicht wirklich gefallen. (GF 16)

An diesem Beispiel zeigt sich, dass NS-Verbrechen nicht immer völlig aus der familiären Kommunikation ausgeblendet waren und es zeigt sich auch die Alltäglichkeit und Beiläufigkeit derartiger Thematisierungen im Familienkreis. Offenbar frei von jedem Unrechtsbewusstsein und unbeeinflusst von jeder Vorsicht, aber auch ohne Rücksicht gegenüber den anwesenden Kindern, hat dieser unbelehrbare Nationalsozialist am Familientisch Erschießungen an wehrlosen Menschen nach-erzählt. Mein mehrmaliges Nachfragen verdeutlicht mein Erstaunen über diese mir bislang unbekannte Facette familiärer Kommunikation. Es zeigt sich auch die Nachhaltigkeit von ansonst meist tabuisierten Geschichten, denn obwohl sich Gerda Ferstl als Kind aus einem Impuls des Erschreckens heraus abgewendet hat und nicht genau hinhören wollte, ist der mittlerweile sechzigjährigen Frau diese „grausliche" Geschichte bis heute erinnerlich. Wie tabuisiert die NS-Verbrechen nach wie vor sind, wird auch darin deutlich, wie schwer es Frau Ferstl fällt, den von ihrem Onkel begangenen Tabubruch zu wiederholen und eigene Worte für das scheinbar ‚Unaussprechliche' zu finden.

Das Familiengedächtnis als Puzzle: Familienlegenden

Es ist nicht nur wichtig, *was* (und was nicht) erzählt wurde, sondern auch *wie* in den Nachkriegsfamilien über den Nationalsozialismus gesprochen wurde. Studien über das Familiengedächtnis zeigen auf, dass die Vergegenwärtigung von Vergangenheit in den Familien in der Regel beiläufig (en passant), absichtslos und in alltäglichen Situationen (beim Essen, Fernsehen, Fotoschauen) oder bei Geburtstagen, Verwandtenbesuchen und Familienfeiern erfolgt.[50] Oft genügt ein kleiner Anstoß, etwa eine beiläufige Bemerkung, die einen Erinnerungsprozess auslöst und zu einer Erzählung führt. Ein wesentliches Charakteristikum dieser ‚Tischgespräche' ist deren fragmentarischer Charakter, d.h. die erzählten Geschichten sind meist nicht ausführliche und in sich abgeschlossene Narrative, sondern es sind Bruchstücke, beiläufig hingeworfene Bemerkungen, kleine, aus dem Zusammenhang gerissene Anekdoten usw., aus denen sich im gemeinsamen Austausch das Familiengedächtnis konstituiert. Im Grunde handelt sich um ein Puzzle, das zusammengefügt werden muss, wobei sich die Frage stellt, was von den Bruchstücken aufgegriffen wird und was nicht und in welche Gesamterzählung, d.h. in welches Familiengedächtnis, diese schließlich eingefügt werden.

Was allgemein für die familiäre Alltagskommunikation gilt, kann auch auf die familiäre Kommunikation über den Nationalsozialismus übertragen werden.[51] Auch hier zeigt sich, dass die elterlichen Geschichten über die NS-Zeit sehr oft unvollständig und vage sind, es fehlen meist konkrete Orts- und Zeitangaben und jeder kausale Zusammenhang und sie entsprechen nicht immer einer äußeren Logik. Aber genau durch diese nebulöse Vagheit werden die Erzählungen im hohen Maße deutungsoffen, das heißt: die Leerstellen können von den ZuhörerInnen (den Nachkommen) nach eigenem Belieben aufgefüllt werden, wobei in der Regel genau jene Bestandteile der Geschichte aufgegriffen werden, die für sie am plausibelsten sind und zugunsten der Großeltern/Eltern gedeutet werden können, wohingegen andere, unliebsame Bestandteile schlicht ‚überhört' werden.[52]

Aufgrund des fragmentarischen und vagen Charakters der familiären Erzählungen sind die Nachkommen oft auf Mutmaßungen über die konkreten Taten ihrer (Groß-)Eltern angewiesen, die sich aufgrund mangelnder konkreter Fakten häufig zu diversen Phantasien, die sowohl Belastungs- als auch Entlastungsphantasien sein können, entwickeln.[53] Nur in wenigen Fällen werden konkrete Versuche unternommen, dem Leben der (Groß-)Eltern nachzuspüren, dieses zu rekonstruieren und sich somit Gewissheit über deren tatsächliche Verantwortung zu verschaffen. Anstatt dessen quälen sich manche ‚Kinder der Täter' mit den Fragen nach einer möglichen Schuld ihrer Familienangehörigen und es kommt in der Folge davon zu ‚stellvertretenden Schuldübernahmen'. Weitaus häufiger als selbstquälerische Belastungsphantasien sind jedoch die auf Entlastung abzielenden Vergangenheitskonstruktionen. Beinahe in jeder Familie kursieren ‚Familienlegenden', die die eigene NS-Involvierung oder Schuld verringern bzw. überhaupt in Frage stellen und letztendlich für alle Beteiligten entlastend wirken. Es handelt sich dabei meist um Anekdoten über angeblich nonkonformes Verhalten bzw. Widerstandshandlungen, durch die man sich größter Gefahr ausgesetzt hätte und woraus in der nachträglichen Deutung eine Ablehnung oder zumindest partielle Resistenz gegenüber dem NS-System abgeleitet wird.

Die Palette dieser privaten ‚Widerstands'-Legenden reicht vom Schwarzschlachten, Fremdsender hören, Hitlergruß verweigern, Hitlerwitze erzählen bis hin zur guten Behandlung von Fremdarbeitern, Juden nicht denunzieren oder gar Juden verstecken. Diese von den (Groß-)Eltern tradierten Familienlegenden, die meist mit bewussten oder unbewussten ‚Halbwahrheiten' und ‚Verlagerungen' operieren, werden von den Nachkommen häufig übernommen und ungern hinterfragt. Nicht berücksichtigt wird dabei, dass diese Aktivitäten, wie beispielsweise das Schwarzschlachten, meist nicht politisch motiviert war, sondern schlicht aus Eigennutz und Notwendigkeit geschehen sind; dass die Unterlassung von offensichtlichem Unrecht, wie z.B. Denunziation, noch kein genereller politischer Persilschein ist; dass es konkrete Hilfe für verfolgte Juden oder andere NS-Opfer zwar gab, diese aber seltene Ausnahmefälle blieben.

Diese entlastenden Familienlegenden werden von den Nachkommen entweder direkt übernommen oder aber sie werden von ihnen überhaupt erst konstruiert, indem kleine – entlastende – Details der Familiengeschichten aufgegriffen, anders gewichtet und schließlich zu einer neuen Haupterzählung umgeschrieben werden. Die Mehrgenerationenstudie *Opa war kein Nazi* hat gezeigt, dass manchmal Geschichten auf ihrem Weg durch die Generationen so weit refiguriert werden, dass sie am Ende oft einen vollständigen Deutungswandel erfahren haben.[54] Das heißt, die Nachkommen schreiben die oft vagen und deutungsoffenen Familiengeschichten zugunsten der eigenen (Groß-)Eltern um, wobei dieser Prozess der ‚kumulativen Heroisierung' von der ersten über die zweite bis hin zur dritten/vierten Generation immer eindeutiger und positiver verläuft: Auf diese Weise werden aus der Perspektive der Enkel aus ‚Mitläufern' und Tätern Widerstandskämpfer und aus Antisemiten und Gestapo-Beamten sogar Judenbeschützer. Eine Erklärung dafür, warum vor allem die dritte/vierte Generation zu derartigen Heroisierungen neigt, ist den AutorInnen der Studie zufolge als paradoxe Folge einer gelungenen Aufklärung über die NS-Vergangenheit zu interpretieren. Denn, so ihre Argumentation, je umfassender das Wissen über Kriegsverbrechen, Verfolgung und Vernichtung ist, desto stärker fordern die familialen Loyalitätsverpflichtungen, Geschichten zu entwickeln, die beides zu vereinbaren erlauben – die Verbrechen ‚der Nazis' oder ‚der Deutschen' ebenso wie die moralische Integrität der Eltern und Großeltern.[55]

Aufgrund eigener Erfahrung und vieler Gespräche mit Angehörigen der nachfolgenden Generationen glaube ich sagen zu können, dass es in beinahe jeder österreichischen Familie ähnliche Familienlegenden mit Entlastungs- und Heroisierungstendenzen gibt. Auch bei einigen meiner InterviewpartnerInnen finden sich Hinweise auf möglicherweise von ihnen umgeschriebene Familiengeschichten. Da ich mit den Interviews aus der zweiten Generation aber nur einen Ausschnitt aus der mehrgenerationellen Familientradierung vorliegen habe, kann ich dazu nur Vermutungen anstellen, aber keine weiterführende Analyse durchführen.

Die wohl wirksamste Legende ist jene von der ‚sauberen Wehrmacht', die nicht nur gesamtgesellschaftlich, sondern auch in den Familien nachhaltig wirksam war.[56] Wie kaum sonst vermengen sich hierbei familiäre mit öffentlichen Narrativen. So gehören die alljährlichen Soldatenehrungen bei den Kriegsdenkmälern zum fixen Bestandteil offizieller Gedenkkultur und der Topos vom ‚Zwang' und der ‚fremden Uniform' fehlt bis heute in kaum einer offiziellen Gedenkrede.[57] In den Familien setzen sich die Narrative über die Unfreiwilligkeit des Kriegsdienstes, über die Schrecken des Krieges und die Gefallenen aus der Verwandtschaft fort. Die dabei transportierte Botschaft an die nächste Generation ist klar: Der Vater, Großvater, Onkel usw. war kein Täter, sondern Opfer des Krieges. Die Wirksamkeit dieser Familienlegende zeigt sich in der oftmaligen Erleichterung, dass der Vater ‚nur' bei der Wehrmacht gewesen war, wobei die Nachkommen häufig die kolportierte Version übernehmen, dass der (Groß-)Vater ‚keinen Schuss abgegeben' oder ‚immer daneben geschossen' hätte. Selbst die mögliche oder tatsächliche Beteiligung an der so genannten ‚Partisanenbekämpfung' der Väter vermag erstaunlich wenig Beunruhigung auszulösen bzw. wird nicht in ihrer ganzen Dimension erfasst. So erzählt mir eine ansonst durchaus kritische Gesprächspartnerin, dass die jugoslawischen Partisanen ihren Vater, einen Wehrmachtssoldaten, nach Kriegsende (‚aus Dankbarkeit' dafür, dass er ‚keinen Schuss abgegeben' habe) bei seiner Flucht über die Grenze zurück nach Österreich geholfen hätten.[58] Und selbst die Tochter eines schwer belasteten SS-Einsatzgruppenleiters, der nachweisbar am NS-Massenmord ‚im Osten' beteiligt war, bringt in diesem Zusammenhang eine abstrus anmutende Entlastungsgeschichte vor:

> HS: [...] Mein Vater war am Anfang, Kommandeur, in Jugoslawien, und zwar in Ljubljana, und dort unten, muss es, da meine Oma ist auf Besuch runter gefahren meine Mutter ist auf Besuch runter gefahren und, er muss unten, also das ist jetzt, vielleicht von mir verbrämt, er muss unheimlich gut gewesen sein zu den Leuten weil die haben ihm also zugesagt wenn sie mich, mit hinunter nehmen, da muss ich zwei Jahr gewesen sein oder so, sie garantieren dass sie keinen **die Partisanen**, dass sie **keinen** Zug überfallen dass er [lacht kurz], dass ich runter komm und wieder rauf komm und dass nichts passiert, ned, [...] (HS 2)

Diese Episode kann Hilde Schubert (Jg. 1939), deren Geschichte ich noch an anderer Stelle ausführlich darstellen werde, altersbedingt nur aus den Familienerzählungen kennen und sie wird von ihr unkritisch reproduziert. Der Vater von Frau Schubert war in seiner hier nicht näher ausgeführten Funktion und Tätigkeit als „Kommandeur in Jugoslawien" mit der so genannten ‚Partisanenbekämpfung' befasst. Der Familienlegende nach haben ‚die Partisanen' angeblich für den Zeitpunkt seines Familienbesuches mit dem Vater eine Art ‚Waffenruhe' vereinbart, was die Tochter positiv interpretiert und auf die väterliche Menschlichkeit und Beliebtheit vor Ort zurückführt. Diese Version hält einer historischen Überprüfung wohl nicht stand, sie widerspricht aller historischen Wahrscheinlichkeit und beschönigt die NS-Praxis der ‚Partisanenbekämpfung', indem suggeriert wird, dass es sich dabei um eine ‚normale' Kriegsführung mit ‚Gentleman'-Absprachen gehandelt habe. Auch angesichts seiner späteren aktiven Beteiligung an Massenmorden auf der Krim als Leiter eines SS-Sonderkommandos, wovon Hilde Schubert erst vor kurzem erfahren hat, erscheint diese Geschichte nicht plausibel. Es ist vermutlich das heutige Wissen von Frau Schubert um seine Täterschaft, die in ihr selbst Zweifel („vielleicht verbrämt?") an ihrer entlastenden und verharmlosenden Deutung („er muss unheimlich gut gewesen sein zu den Leuten") aufkommen lassen. Die Funktion dieser Geschichte liegt auf der Hand: Sie soll den schwer belasteten Vater entlasten.[59]

Der ‚Pakt des Schweigens' und (selbst auferlegte) Frageverbote

Ich habe eingangs auf den interaktiven Charakter der Kommunikation über den Nationalsozialismus hingewiesen. Dieser bereits in seinen Grundzügen aufgezeigte, überaus komplexe Kommunikationsprozess firmiert in der Fachliteratur als ‚Pakt des Schweigens'[60], an dessen Funktionieren und Aufrechterhaltung auch die NS-Nachfolgegeneration(en) einen entscheidenden Anteil haben.

Vordergründig handelt es sich bei der familiären Kommunikation über den Nationalsozialismus um einen eher eindimensionalen Vorgang, d.h. es gibt keinen Dialog im Sinne eines kommunikativen Austausches, sondern es ist davon auszugehen, dass die Eltern erzählen und die Kinder zuhören und in ihrer kindlichen Bewunderung und ihrem Bedürfnis nach Identifikation dem Verführungszwang der elterlichen Geschichten häufig erliegen. Viele Nachkommen erzählen, dass sie als Kinder die Opfer- und Heldengeschichten gerne gehört und ihre (Groß-)Eltern entweder bemitleidet oder aber auch bewundert haben. Diese kindliche Identifikation führt oft zu einem affirmativen, auf Verständnis und Verteidigung abzielenden Umgang mit der NS-Involvierung der Eltern, der oft gar nicht oder erst viel später kritisch hinterfragt wird.

Zuweilen hör(t)en die ‚Nachgeborenen' aber auch nicht zu, was auf mehrere Ursachen zurückzuführen ist. Zum einen haben Erzählungen über die Zeit des Nationalsozialismus oft einen belehrenden Charakter mit einem pädagogischen Ziel (Einforderung von Zucht und Ordnung, Anstand, Genügsamkeit usw.), weshalb es schon allein deshalb zu einer Verweigerungshaltung bei vielen Kindern kommt. Zum anderen berichten viele InterviewpartnerInnen, vor allem Töchter, dass sie als Heranwachsende die väterlichen Heldengeschichten, aber auch deren selbstmitleidige Opfer- und Leidensgeschichten irgendwann einfach nicht mehr aushalten und hören konnten. Und nicht zuletzt erklärt sich die Abwehr der Nachkommen auch aus dem Umstand, dass die Erzählungen der (Groß-)Eltern oft von anhaltender Faszination und mangelnder Distanz geprägt sind und tabuisierte Bereiche berühren, wie etwa die vermeintlich positiven Seiten des NS-Regimes und den ‚Erlebnischarakter‘ des Nationalsozialismus (HJ, BDM, Krieg), wovon die Nachkommen ebenfalls nichts (mehr) hören wollen.

Ob nun zugehört wird oder nicht, wie und was nun erzählt wird oder nicht, eines scheint ein wesentlicher Grundzug der innerfamiliären Kommunikation über die NS-Vergangenheit zu sein: die Scheu zu fragen. Dan Bar-On spricht von einer Art ‚doppelten Mauer‘, da die Kinder dem elterlichen Bedürfnis zu schweigen oft von sich aus entgegengekommen sind.[61] In diesem Zusammenhang wäre der vielfach vorgebrachte Vorwurf an die Eltern ‚Warum habt ihr nicht geredet?‘ (fragend) weiterzugeben an die nachfolgende/n Generation/en: ‚Warum habt ihr nicht gefragt?‘. Gründe und Erklärungen für dieses auffallende Phänomen des Nicht-Fragens gibt es viele. So wird das Nicht-Fragen der Soziologin Gabriele Rosenthal zufolge insofern erleichtert, als dass heikle Bestandteile in den Geschichten meist so geschickt übergangen werden, dass sie nur bei entsprechend emotionaler Bereitschaft und historischer Kenntnis der ZuhörerInnen bemerkbar sind. Aber selbst dann, wenn die Hinweise auf eine NS-Gesinnung oder gar eine Involvierung in NS-Verbrechen deutlich sind, besteht kaum die Gefahr einer Aufdeckung, da diese Hinweise von den Kindern häufig überhört und abgewehrt werden.[62] Manchmal unterbinden die (Groß-)Eltern dezidiert jede kindliche Nachfrage, wobei dies auf unterschiedliche Art und Weise geschehen kann. Meine Interviewpartnerin Reinhild Teschner berichtet beispielsweise, dass von ihrem NS-Vater ein explizites Frageverbot ausgesprochen worden sei, andernfalls sei sie „entweder verprügelt worden“ oder sie habe „Hausarrest“ bekommen. (RT 1) Zu derartig restriktiven Maßnahmen haben wohl nur die wenigsten Eltern gegriffen, vielmehr handelte es sich eher um ein unausgesprochenes und eher indirekt vermitteltes elterliches Frageverbot, das die Nachkommen so weit internalisiert haben, dass sie von sich aus nicht dagegen verstoßen haben. Mein Interviewpartner Herwig Goll beschreibt diesen wechselseitig wirksamen Mechanismus folgendermaßen:

> HG: [...] Und, es war auch so, in unserer Familienkultur, dass es [lacht], mhm irgendwo auch, die Kinder, dass ihnen, **mitgeteilt** wurde durch, **Verhalten**. Also die die das Mitteilen durch **Verhalten** das war bei uns sehr stark. Und, dass den Kindern, vermittelt wurde, es **sind keine Fragen zu stellen**. Und, so hab ich, wahrscheinlich aus dem Grund auch **nie** nachgefragt, warum eigentlich, der Vater vor Gericht steht. Möglicherweise hat man mir irgendwas erklärt aber meistens, war das, ein bissel **Verschleierung**, immer wieder. ... (HG 15)

Dieses selbst auferlegte Frageverbot hält bei vielen ‚Kindern der Täter‘ aus unterschiedlichen Gründen oft bis heute an. So beunruhigt beispielsweise Brigitte Podinsky schon seit ihrer Kindheit die in ihrer Familie nur angedeutete tiefe NS-Verstrickung ihres Großvaters, dessen Firma angeblich Gas für das KZ Mauthausen geliefert haben soll. Auch wenn diese ungeklärte Geschichte für sie immer ein „großes Fragezeichen“ gewesen ist, so wäre sie in ihrer Kindheit und Jugend nie auf die Idee gekommen, den Großvater oder die Großmutter direkt zu befragen und auch heute noch überwiegt die Scheu, bei ihrer noch lebenden Mutter genauer nachzufragen, was sie durch ein sehr sinnliches Bild veranschaulicht:

BP: [...] Ich hab keine Ahnung. Ich hab überhaupt das weiß ich nicht das, konnte ich auch nie aufklären also es wurde in der Familie da nie drüber gesprochen, ich hab das ah viele Jahre später, aus dem Widerstandsarchiv, versucht zu äh recherchieren alles, äh mit meiner Mutter ist da nicht drüber zu reden mit meinem Vater, konnte ich da überhaupt nicht drüber reden. Es war ein Tabuthema und es ist eigentlich bis heute ein Tabuthema, ich **wage** es auch gar nicht es würd mich unglaublich interessieren aber ich merk, eine innere Barriere. Ich würde meine Mutter da nicht **ansprechen** drauf können, ich, ich weiß es nicht wie, ich würds nicht über die **Lippen** bringen.
I: Warum glauben Sie dass, dass Sie das ned, fragen?
BP: Also, vom Gefühl her, hab ich sowas wie so eine unsichtbare Hand. Ja, so. Irgend sowas was mir sozusagen den Mund zuhält, also, ah so wie äh eine Prägung du darfst darüber nicht sprechen, ja. Das ist jetzt eine Phantasie von mir, ja, das ist nicht a- nie ausgesprochen worden aber, ich hab das Gefühl ich, ich brings gar nicht, ich kanns denken und ich kanns bis daher spüren, aber ich würds nicht über die Lippen bringen. ... (BP 3)

Frau Podinsky begründet ihre Scheu, genauer nachzufragen, einerseits mit ihrer Angst vor der befürchteten ablehnenden Reaktion ihrer Mutter, andererseits spielt dabei möglicherweise aber auch das – weit verbreitete – Bedürfnis nach Selbstschutz eine Rolle, um sich die totale Demontage der (groß)elterlichen Identifikationsobjekte (in diesem Fall: des geliebten Großvaters) zu ersparen. Viele Kinder unterlassen weitere, möglicherweise unbequeme Nachfragen auch deshalb, weil sie ihre Eltern schätzen und lieben und sie damit verschonen wollen. So begründete der bekannte deutsche Schauspieler Götz George, dessen Mutter als Schauspielerin in NS-Filmen aufgetreten war, sein Nicht-Nachfragen (obwohl er als antifaschistisch engagiert gilt) in einer Talkshow damit, dass er immer größten Respekt vor seiner Mutter gehabt habe und er sie niemals hätte „bloßstellen" wollen.[63] Ähnlich sah es auch seine ebenfalls anwesende Schauspielerkollegin Christiane Hörbiger, deren Eltern bekanntermaßen ebenfalls in das NS-System verstrickt waren. Über Christiane Hörbiger wurde oft kolportiert, dass sie sich mit der NS-Verstrickung ihrer Eltern nicht auseinander gesetzt hätte, im Unterschied zu ihrer Schwester, der politisch engagierten Schauspielerin Elisabeth Orth. Hörbiger weist in letzter Zeit aber immer wieder darauf hin, dass sie mit ihrer Mutter sehr wohl im privaten Rahmen („einmal in einer Nacht") darüber gesprochen habe und diese „sich (ihr) gestellt" habe – eine Auseinandersetzung in der Öffentlichkeit wäre für sie aber aus Rücksicht auf ihre Mutter zu deren Lebzeiten niemals infrage gekommen.[64]

Oft ist es schlicht Resignation, die die mittlerweile erwachsenen ‚Kinder' mit dem Fragen und Diskutieren aufhören lässt. Besonders weil die Eltern in Streitgesprächen gebetsmühlenartig immer wieder sämtliche bekannte Rechtfertigungs- und Relativierungsmuster vorbringen und die Gespräche somit enervierend und stereotyp geraten, verlieren die Söhne und Töchter nach eigenem Bekunden oft die Lust und das Interesse an weiteren Auseinandersetzungen mit ihnen.[65] Meine Interviewpartnerin Erika Jelaschitz wiederum scheint mit dem Fragen erst gar nicht angefangen zu haben bzw. hat sich durch die abwehrenden Reaktionen der Eltern schnell entmutigen lassen:

EJ: Na, es war nur so, ähm, dass ich immer wieder, angefangen hab zu reden, und, egal, **was** ich gefragt hab, es war und je älter sie werden desto schlimmer ist das worden, es war immer ein Angriff für sie. Und drum, hab ichs, als ich jung war, bald aufgeben weil ich, weil ich mir dann gedacht hab na ja ich, will ihnen nix Böses, und dann wie sie alt waren hab ich mir gedacht es hat eh keinen Sinn, also ich wird sie jetzt nicht mehr ändern, ned. (EJ 33)

Diese Mechanismen haben zweifellos dazu geführt, dass der intergenerationelle ‚Pakt des Schweigens' oft lange aufrechterhalten werden konnte. Wie ich noch genauer aufzeigen werde, bedarf es meist eines Anstoßes ‚von außen', damit es zu einer kritischen Überprüfung und Hinterfragung der familiär vermittelten Narrative kommt. Tatsächlich geht es, wenn die ‚Kinder der Täter nachzufragen und sich mit der NS-Involvierung ihrer Eltern in verschiedener Weise auseinander zu setzen beginnen, meist nicht ohne familiäre Diskussionen ab, die nach einem typischen Grundmuster abzulaufen scheinen. Dem langen Nicht-Fragen und Nicht-Wissen folgt die Aufkündigung des ‚Paktes des Schweigens' von Seiten der Kinder und es kommt zu Konfrontationen, die oft in den typischen Mechanismen von selbstgerechter Anklage und stereotypen (oft auch unausgesprochenen) Vorwürfen einerseits und massiver Abwehr andererseits erfolgen – ein weiterführender Dialog wird somit von vornherein verunmöglicht.[66]

NS-Präsenz ohne Worte

Der Begriff der Kommunikation umfasst sämtliche Facetten des Vermittelns und Weitergebens und schließt auch nonverbale Tradierungen mit ein. Allein dadurch, wie die ‚Kriegsgeneration' war, wie sie sich verhielt, wurden indirekt bestimmte Wertvorstellungen an die nachfolgende Generation vermittelt. Michael Schneider hat eine Charakterisierung der Nachkriegsväter in der BRD vorgelegt[67], die weitgehend dem Typus des von Theodor W. Adorno porträtierten ‚autoritären Charakters' entsprach und auch auf Österreich übertragbar ist. Demnach zeichneten sich viele Väter (meiner Erfahrung nach gilt das auch für viele Mütter) durch autoritäre Züge wie Härte, Strenge und Gefühlskälte aus, denen Disziplin und absolute Prinzipientreue als höchste Werte galten und die gleichzeitig keineswegs frei waren von Wehleidigkeit und Selbstmitleid. Den Nachgeborenen ist es oft erst spät gelungen, diese Charakterzüge und das oft unverständliche Verhalten der Eltern kognitiv zu erfassen und als Ausdruck und Konsequenz der elterlichen NS-Prägungen zu erklären.

Diesen Zusammenhang spricht etwa die Protagonistin in der Erzählung *Lange Abwesenheit* von Brigitte Schwaiger an, wenn sie angesichts der herrischen, lieblosen und auf Ordnung versessenen Art der Vaterfigur sarkastisch feststellt: „Wenn du deine Hauptmannsuniform aus dem Krieg daheim getragen hättest von Anfang an, dann wäre vielleicht vieles deutlicher gewesen."[68] Die NS-Prägungen der Eltern konnten in den Nachkriegsfamilien oft in vermeintlich nebensächlichen Details ihre Spuren hinterlassen. So beschreibt ein Sohn eines Wehrmachtssoldaten seinen Vater folgendermaßen: „Er war fürchterlich akribisch genau: Die Schuhe haben so stehen müssen, das Handtuch so hängen müssen. Das war eben diese Art der Prägung, die er erlitten hat. Und das hat sich in der Familie fürchterlich ausgewirkt. Er war immer der Herrscher in der Familie – wollt' er sein. Und das war die Hölle dann [...]. Also ich hab sehr wohl sehr großes Leid erlitten in meiner ganzen Jugend durch diesen mörderischen Krieg."[69] Dieser Sohn sieht sich – wie viele seiner AltersgenossInnen – nicht nur als Opfer seines autoritären Vaters, sondern – im verlängerten Sinne durch die transgenerationelle Weitergabe der elterlichen NS-Prägungen auf seine Person – auch als spätes Opfer des Krieges.

Viele NS-Nachkommen erinnern sich, dass in ihren Familien bestimmte Werte (Disziplin, Gehorsam, Härte, Pünktlichkeit usw.) vehement eingefordert wurden bzw. „höchste Priorität" hatten, wie es meine Interviewpartnerin Monika Hartl einmal ausdrückt. (MH 11) Diese Werte entsprechen im weitesten Sinne den ‚deutschen Sekundärtugenden', die in diesem familiären und sozialen Kontext oft ideologisch aufgeladen waren und sich – wie sich an den Fallbeispielen noch zeigen wird – oft fatal auf die Erziehung ausgewirkt haben. In vielen ehemaligen NS-Familien spielten Sport, Gesundheit, das Aussehen und Naturverbundenheit eine sehr wichtige Rolle, wobei auch diese vordergründig ‚harmlosen' Vorlieben häufig ideologische Züge trugen bzw. von den Kindern aus heutiger Sicht als solche eingeschätzt werden. So ist meine Interviewpartnerin Erika Jelaschitz überzeugt, dass ihre Eltern sich immer „blonde und blauäugige" Kinder gewünscht hätten, denn „gesund, und schön und sportlich, das war total wichtig", wohingegen ein eher dunkles Äußeres vom Vater mit dem Stehsatz abgelehnt wurde, dass man „in dunklen Augen nix erkennen" könne. (EJ 24-25) Die von den Eltern eingeforderte ‚körperliche Ertüchtigung' und ‚Naturliebe' sollte oft durch gemeinsames, nicht immer freiwilliges Wandern oder durch sportliche Aktivitäten in den nationalen Jugendorganisationen umgesetzt werden. Nicht selten widerspiegelte sich die politische Orientierung auch in einem schlichten, traditionellen Äußeren, das Naturverbundenheit und Heimattreue demonstrieren sollte. In vielen Fällen wird den Kindern diese indirekte ideologische Beeinflussung, wenn überhaupt, erst viel später bewusst und manche grenzen sich – wie meine Interviewpartnerin Brigitte Podinsky – heute ironisch von den „Dirndln, Trachten, dunkelblauen Faltenröcken und weißen Bluserln" ab. (BP 8) Meist entwickeln diese an sich harmlosen Erscheinungsformen erst durch ihre Häufigkeit und im Kontext des ‚Ehemaligen'-Milieus, in dem sie propagiert werden, ihre ideologische Wirkungskraft.

Das Fortwirken des Nationalsozialismus auf die Nachkriegsgesellschaft und die nachfolgenden Generationen ist unbestritten. Trotzdem besteht bei den ‚Kindern der Täter' oft die Tendenz, sämtliche autoritären Züge der Elterngeneration ausschließlich mit dem Nationalsozialismus zu erklären bzw. diese von deren NS-Involvierung abzuleiten. Dem ist entgegengehalten, dass autoritäre Prägungen und Strukturen im 20. Jahrhundert gesellschaftlich weit verbreitet waren und keineswegs ein nationalsozialistisches Monopol darstellten. Keine Frage, eine autoritäre Charakterstruktur und die Befürwortung bestimmter Werte bei den Eltern gingen oft mit einer nationalsozialistischen Gesinnung einher, aber das sollte keinesfalls zu einem automatischen Umkehrschluss führen. Anders formuliert: Viele NationalsozialistInnen sind/waren zwar autoritäre Charaktere, aber nicht alle autoritären Nachkriegseltern *müssen* zwangsläufig NationalsozialistInnen gewesen sein.

Der Nationalsozialismus war in den Familien oft auch in materialisierter Form präsent, vor allem durch Fotos, die mehr oder weniger direkt auf eine mögliche NS-Involvierung der Eltern hinweisen. Etwa wenn die Väter oder Großväter auf den Fotos eine Uniform tragen (deren Zuordnung für die Nachkommen nicht immer leicht ist) oder inmitten eines NS-Aufmarsches sichtbar sind, wie im Falle meiner Interviewpartnerin Ingrid Wonisch, für die diese Bilder bis heute „Schreckensfotos" sind, die sie zutiefst beunruhigen. (IW 10-12) Oft stießen die NS-Nachkommen in ihrem Zuhause auch auf NS-Überreste in Form von NS-Orden, NS-Dokumenten oder einschlägiger NS-Literatur im elterlichen Bücherschrank, darunter nicht selten auch *Mein Kampf* von Adolf Hitler. Nicht zuletzt aufgrund dieser ‚verräterischen' Überbleibsel erschien so manchen ‚Kindern der Täter', wie etwa meiner Interviewpartnerin Monika Hartl, zuhause letztendlich „alles vergiftet". (MH 7)

In besonders ‚eingefleischten' NS-Familien überlebten offenbar auch NS-Relikte, die am ungebrochenen Weiterwirken der nationalsozialistischen Gesinnung keinen Zweifel ließen. Als Beispiel dafür kann meine Interviewpartnerin Reinhild Teschner, die Tochter eines hochrangigen NS-Propagandisten, angeführt werden. In ihrem Kärntner Elternhaus kursierten nicht nur viele Fotos, auf denen der Vater in SS-Uniform mit hochrangigen NS-Führern zu sehen war, sondern auch verschiedene NS-Devotionalien, die zu besonderen Anlässen und meist im Beisein von Gleichgesinnten hervorgeholt wurden. So z.B. ein Kerzenständer mit einer Lebensrune, die die Familie angeblich zur Geburt eines ihrer Kinder vom Reichsführer SS Heinrich Himmler bekommen hatte, oder eine immer zu Weihnachten angezündete Kerze, die dem NS-Kriegsverbrecher Walter Reder gewidmet war, der in Italien – als „Kriegsheld in welscher Schmach", so die Aufschrift der Kerze – inhaftiert war. (RT 7-8, 26) Während Frau Teschner als Kind diese Hinweise nicht decodieren und den NS-Zusammenhang nicht erkennen konnte, gelten ihr diese familiären „NS-Reliquien", wie sie abschätzig-ironisch formuliert, mittlerweile aber als Inbegriff ihrer „braunen Kindheit". (RT 2)

Irritationen. Außerfamiliäre Gedächtnisträger als Bestätigung oder Korrektiv

Neben den familiären Narrativen war die NS-Nachfolgegeneration auch sekundären Gedächtnisträgern wie Schule, Universität, Literatur und Medien ausgesetzt, die eine bestätigende, aber auch eine irritierende und letztendlich vielleicht korrektive Funktion ausüben konnten. Gerade in einer Erinnerungskultur, wo der Konsens zwischen den familiären Narrativen und der offiziellen Selbstdarstellung Österreichs als ‚Opfer' so groß war wie in Österreich, bedurfte es oft vereinzelter ‚Irritationen von außen', die an den familiären Tradierungen des Nationalsozialismus ernsthaft zu rütteln vermochten. Diese Irritationen von außen ermöglichten andere, neue Perspektiven auf die Vergangenheit und haben somit die österreichischen Familiengedächtnisse – in welcher Weise auch immer – infrage gestellt. Was als Irritation empfunden wurde, war von der jeweiligen Familienkonstellation und den dort vermittelten familiären Narrativen abhängig. Für Kinder aus NS-Familien, in denen der Nationalsozialismus positiv tradiert wurde, mochten Informationen über NS-Verbrechen und das Wissen um die NS-Opfer, Konzentrationslager und die Judenvernichtung eine derartige unbequeme ‚Irritation' darstellen. Kinder, die aus eher ‚durchschnittlichen' österreichischen Nachkriegsfamilien kamen, in denen der Nationalsozialismus kein Thema oder nur in Form von verschiedenen Opferversionen präsent war, konnte allein die Tatsache, dass auch ÖsterreicherInnen für den Nationalsozialismus mitverantwortlich waren und nicht ausschließlich als Opfer gelten können, irritierend wirken.

‚Braune Kindheiten': Turnerbund, Jugendlager, Burschenschaften

Wie bereits dargestellt wurde, war das familiäre Milieu der ‚Ehemaligen' meist gesellschaftlich und ideologisch in sich abgeschlossen, wie mein Interviewpartner Robert Dussek, der aus einem derartigen Milieu stammt, stellvertretend und anschaulich beschreibt:

> RD: [...] es waren auch sozusagen in diesem ganzen Umfeld, ja, waren ja alles Nazi, und die waren alle stolz drauf, also die haben meines Wissens bis heute das nicht nicht ah, irgendwo revidiert, also gabs ja auch keinen Grund dass man dann irgendwie das ah, umwirft, dass man plötzlich sagt „ja das ist irgendwie eine bedenkliche Figur" oder oder „das was er gemacht hat war vielleicht nicht so toll". [...] Also, aber ich kann mich nicht erinnern dass **je** irgendwo eine Kritik geäußert worden wäre, das das gabs nicht. Also ich bin nicht mit ir- irgendeiner Kritik konfrontiert worden. Es es waren auch in der **ganzen** Um-, in meiner Umgebung war niemand, sozusagen von einer anderen Gesinnung, ned. (RD 10)

Nicht immer war das familiäre Umfeld so hermetisch in sich abgeschlossen und es gab manchmal sogar in der näheren Verwandtschaft Personen (Großeltern, Tanten, Onkel), die NS-GegnerInnen waren und den Kindern zeigten, dass es auch andere Werte, Verhaltens- und Sichtweisen als die elterlich vermittelten geben konnte. Diese waren in manchen Fällen wichtige emotionale und politische Bezugspersonen für die Heranwachsenden und ihnen kommt oft auch eine wichtige Rolle als EntlastungszeugInnen in den jeweiligen ‚Familienlegenden' zu.[1] Im Allgemeinen blieben das Familiengedächtnis und die Deutungsmacht der Eltern über die Familiengeschichte aber lange unangetastet. Meist wurden die familiären Prägungen von Kindern aus NS-Familien noch durch außerfamiliäre Einflüsse in verschiedenen nationalen Organisationen bestätigt oder sogar noch verstärkt.

In dieser Hinsicht kam dem Österreichischen Turnerbund (ÖTB) und den von ihm organisierten Veranstaltungen eine wichtige Rolle zu. Der ÖTB wurde 1952 gegründet und gilt dank seiner Mitgliederzahlen (ca. 70.000) und seiner österreichweiten organisatorischen Verankerung als „wichtigste Organisation des Deutschnationalismus und Rechtsextremismus" in Österreich.[2] Zu den Aktivitäten des Turnerbundes zählen unter anderem so genannte Bundes- und Gauturnfeste, Sonnwendfeiern, einschlägige Tagungen und Schulungen sowie die Organisation und Durchführung von Jugendlagern und Werkturnerwochen am Turnersee in Kärnten. Entgegen oft verharmlosender Darstellungen ist der ÖTB keine reine Sportorganisation, sondern er reklamiert für sich einen umfassenden „Erziehungs- und Bildungsanspruch eines nationalbewussten völkischen Vereines"[3], der vor allem auf die heranwachsende Jugend abzielte und in den verschiedenen Jugendlagern umgesetzt werden sollte. Tatsächlich wurden viele Angehörige der zweiten Generation, besonders (aber nicht nur) aus ehemaligen nationalsozialistischen Familien, in diesen Jugendlagern sozialisiert.

Auch für einige meiner InterviewpartnerInnen gehörten Aufenthalte in einem Jugendlager des ÖTB zu einer zentralen Erfahrung ihrer Jugend. Für sie, die aus eindeutig nationalsozialistisch gesinnten Familien stammten, war die Zeit im Jugendlager eine Fortführung und Untermauerung der in ihrer Herkunftsfamilie tradierten Wertvorstellungen und Ideologie. Werner Zinner (Jg. 1942) beispielsweise verbrachte ebenso wie seine Geschwister über Jahre hinweg jeden Sommer (oftmals die gesamte Ferienzeit) in einem Jugendlager in Arriach in Kärnten. Angesichts des einschlägigen familiären Hintergrundes – seine Mutter war im rechtsextremen Milieu aktiv, der NS-Vater gefallen (vgl. ‚Mutterbild' WZ) – waren diese Aufenthalte sicher ideologisch motiviert. Sie hatten aber möglicherweise auch den praktischen Nebeneffekt, dass sie durch die wochenlange Versorgung der Kinder eine Entlastung für eine allein erziehende Mutter von vier Kindern waren. Herr Zinner ist heute ein engagierter Antifaschist, der sich mit seiner Familiengeschichte intensiv auseinander gesetzt hat, und dementsprechend kritisch ist auch sein Rückblick auf die Zeit im Jugendlager. Zwar kann er sich nur mehr fragmentarisch an den Alltag mit sportlichen Unternehmungen (Wandern, Schwimmen) erinnern, dennoch ist sein nachträgliches Urteil eindeutig: Herr Zinner bezeichnet das Lager als „krypto-faschistisch", wobei ihm die morgendlichen Fahnenappelle, die hierarchischen Kommandostrukturen nach dem Führerprinzip sowie der dort herrschende Ordnungszwang besonders erinnerlich sind:

WZ: [...] und da wars zum Beispiel so, da war jeden Tag in der Früh **Stuben**-appell, ned also es war wirklich wie, so paramilitärisch, es ist, jeder bei sein Spind gestanden und, äh der die Spindtür ist aufgemacht worden und dann ist kontrolliert worden vom Gruppen**führer**, später also dann von mir, **oder** vom, Lagerleiter i- sind die Spind kontrolliert und da mussten die Unterhosen und das ganze, Zeug die Hemden das musste alles in einer Linie-, Bundesheer, wie auch immer nen. Und, diese Sachen haben mich dabei **nicht** irritiert, die haben mich nicht gestört ... (WZ 6)

Werner Zinner verhehlt nicht, dass es ihm als Kind und Jugendlicher sehr gut in diesem Lager gefallen hat und er dort auch so genannter ‚Gruppenführer' war. Sein Einbekenntnis, dass er den Lageralltag mit seinen strikten Ordnungsprinzipien positiv empfunden hat, hat mich aufs Erste erstaunt, da er sich im bisherigen Verlauf des Gesprächs als überaus unordentliches und renitentes Kind präsentiert hatte, das sich weder in der Familie noch in der Schule integrieren konnte/wollte. Herr Zinner erklärt sich diese scheinbare Paradoxie seiner Anpassungsbereitschaft als vertrackte Form des Widerstands gegen seine Mutter und als möglicherweise notwendigen äußeren Ordnungsrahmen für sein ‚inneres' psychisches Chaos. (WZ 5-6) Trotz seiner prinzipiellen Distanz kann er dieser Zeit im Rückblick auch einige positive Aspekte abgewinnen: Zum einen boten die Lager ihm als „Außenseiter" eine Integrationsmöglichkeit in eine größere Gemeinschaft und stellten somit einen wichtigen Lernprozess in seiner persönlichen Entwicklung dar. Zum anderen dient ihm diese Erfahrung heute als „Anschauungsmaterial" für autoritäre Führungsstrukturen, von denen auch er selbst als ‚Gruppenführer' nicht frei gewesen sei. (WZ 4-5)

Herr Zinner betont aber, dass die ideologische Indoktrinierung bei ihm nur partiell wirksam gewesen sei. So habe er beispielsweise beim Absingen von NS-Liedern „nie mitgemacht" (WZ 6) und er grenzt sich auch von einem stärker nationalsozialistisch geprägten Jugendlager, dem so genannten ‚Europalager', wo seiner Erinnerung nach auch Kinder von hochrangigen „europäischen Nazis" waren und ganz offen NS-Gedankengut propagiert wurde, ab. (WZ 7) Auch wenn diese Distanzierung eine zeitlich verschobene, nachträgliche Konstruktion sein mag (was bei den Tücken des Gedächtnisses nie auszuschließen ist), so bietet sie Herrn Zinner dennoch keine ‚Entlastung', denn er muss erkennen, dass sich die Jugendlager letztendlich nur in Nuancen unterschieden haben. Was im ‚Europalager' an NS-Ideologie und NS-Werten offen und explizit vermittelt wurde, hatte er in seinen regelmäßigen Aufenthalten in den ‚harmloseren' Lagern über Jahre hinweg indirekt und implizit in sich aufgesogen.

Reinhild Teschner (Jg. 1946) teilt die Erfahrung von Herrn Zinner, denn auch sie war über Jahre hinweg im ÖTB-Jugendlager am Turnersee, wenn auch nur jeweils zwei Wochen im Sommer. Die Familie von Frau Teschner ist ebenfalls eindeutig dem ‚Ehemaligen'-Milieu zuzuordnen. (vgl. ‚Vaterbild' RT) Sie selbst spricht von einer „braunen Kindheit" und führt dabei neben ihrer extrem autoritären Erziehung ihre regelmäßigen Aufenthalte in den Jugendlagern an:

RT: (Da war ich) im **Turnverein**, also ich war, das war die einzige, der einzige **Ort** wo ich also hin durfte außerhalb der Familie und der Schule. Und da bin ich also, brav also ich hab das **alles** drauf gehabt ja, ah also da waren zum Beispiel diese Bundesjugendlager am Turnersee in Unterkärnten, da war ich dort ja [..........] das gehört ja, [...] dem Verein, Turn- Turnerseefreunde, und das sind alles Nazis. Also das ist so, also, ja, die die treffen sich da immer noch, gibt's also die Bundesjugendlager und dann gibt's auch noch die Familienlager und da wird mein Vater hat immer- war der **Chorleiter**, weil er war sehr musikalisch, hat dort äh, äh, eben das Singen immer geleitet, und da war er der Turnbruder [Hugo] und ich bin halt dort von meinem elften bis zu meinem achtzehnten Lebensjahr bin ich volksliedsingend, turnend und volkstanzend durchs Leben marschiert. (RT 2)

Wie man aus dieser von ironischer Distanz geprägten Interviewpassage unschwer erkennen kann, lehnt Frau Teschner heute diese Organisation politisch ab. Ihre nachträgliche Be- und Abwertung der Zeit im Jugendlager steht im Widerspruch zu ihrer kindlichen/jugendlichen Begeisterung. Denn für sie waren die Sommerlager die einzige Möglichkeit „den Fängen (ihrer) Eltern" zu entkommen, (BC 17) und vor allem Freundschaften mit Gleichaltrigen zu knüpfen:

RT: Zwei Wochen war das und das war wunderbar weil da sind sie aus ganz Österreich gekommen und dann hat man sich halt **Jahr** für **Jahr** getroffen und das war **wunderbar**, ja. [...] Mir hats gefallen dass ich unter andere Menschen kommen bin und dass wir halt da so unsere Scherze getrieben haben und dass man halt **Freundschaften** pflegt ja, **über** die **Jahre hinweg** ja." (RT 2)

Trotz ihrer heutigen politisch motivierten Ablehnung derartiger Einrichtungen konzentrieren sich ihre Erinnerungen ausschließlich auf die unpolitischen Seiten dieser Zeit, die Freundschaften, Scherze und Jugendstreiche. (RT 16-17) Ihre Erzählungen unterscheiden sich im Ton nicht von üblichen Anekdoten über Jugenderfahrungen in Schulen, Internaten oder Ferienlagern. Sie widerspiegeln die damalige kindliche Perspektive, in der ideologische Aspekte entweder gar nicht wahrgenommen wurden oder ihnen kein besonderes Gewicht beigemessen wurde, da diese Kinder aufgrund ihrer familiären Prägung nichts anderes gekannt haben. Erst später, im Laufe ihres Geschichtestudiums, so Frau Teschner, habe sie die politische Indoktrinierung erkannt und „geschockt" Ähnlichkeiten zwischen dem Jugendlager und der HJ feststellen müssen. (RT 16)

Meine Interviewpartnerin Brigitte Podinsky (Jg. 1951) war jahrelang in einer Leistungssportgruppe im Turnerbund aktiv. Auch sie stammt aus einem nationalsozialistisch gesinnten Elternhaus (vgl. ‚Vaterbild' und ‚Mutterbild' BP), in dem Disziplin und absoluter Gehorsam als oberste Werte galten. Ähnlich wie im Fall von Frau Teschner boten ihr die außerfamiliären Aktivitäten im Umfeld des Turnerbundes die Möglichkeit, der familiären Strenge und Härte zu entfliehen. Meine Frage, ob der Turnerbund aufgrund seiner Strukturen nicht ebenfalls äußerst disziplinierend auf sie gewirkt habe, verneint Frau Podinsky, wobei auch sie auf ihre privilegierte Situation (Leistungssport) und ihre früh entwickelten Strategien, sich dem vorgegebenen Ordnungssystem zu entziehen, verweist. Auch Brigitte Podinsky grenzt sich von der dort vermittelten NS-Ideologie ab, an der sie schon damals kein Interesse gehabt und früh dagegen rebelliert habe:

BP: Also ich war da auf einem, ich war ich war nicht so in dieser allgemeinen Klasse sondern wir waren so eine kleine Gruppe so eine Leistungsgruppe, mit einem speziellen Trainer, und wir haben ein bissel Narrenfreiheit gehabt. Und ähm, bei diesen Wettkämpfen war manchmal auch Volkstanzen dabei, es war irgendwie sonderbar /organisiert/ [lachend], und, ich konnte mich da immer ein bissel so herausschummeln, also das hat mich nicht interessiert da konnte mir immer, also ich hab mir echt einen Freiraum geschaffen, und ich weiß das letzte war dann, also ich musste dann auch, ich musste ich wollte auch, das hat geheißen Ausleselager, ähm da waren, tolle Namen gell (I: Ja) [BP und I lachen kurz], äh da waren halt, keine Ahnung nach welchen Kriterien das ausgewählt wurde junge Leute, der [Jörg] Haider war zum Beispiel dort auch äh und .. das war sehr, sehr militärisch dort also es war schrecklich also um sechs Uhr, Tagwache, und da müssen alle rausrennen, und ja wie beim Militär also schrecklich ja, und ich hab mir dann, und ich hab dann gemerkt na also das, ist für mich nix, und hab-
I: Was hätte man dort tun müssen, also auch, Sport?
BP: Na äh Sport, und, Sport aber auch, und da ging viel um diese, Ideologie auch, um ähm, da hats dann so, so Abende gegeben das hat mich alles nicht interessiert da war ich auch nie dort, wo man dann, also diese ganzen Südtirolgeschichten und, ähm, äh, so so Heimatabende-
I: Mhm so Vorträge und so was-
BP: So Vorträge, ja also **schrecklich** ja, **urlangweilig** für mich auch damals. Na und ich hab dann ich hab dann was gemacht wa- wo ich gewusst hab ich treffe sie ins Mark. Ich hab die Fahne gestohlen. Und die Fahne war so ein Heiligtum. Und ich hab mir gedacht na also, diesen, dieses Theater spiel ich nicht mit und ich hab die Fahne gestohlen und das war also, **sowas Schreckliches**, ja [...] (BP 8-9)

Der Leistungssport im Turnerbund stellte für Frau Podinsky gewissermaßen einen ‚Freiraum im Freiraum' dar, den sie auch genossen hat und wodurch sie sich der politischen Indoktrinierung weitgehend entziehen konnte. Sich ganz „heraus(zu)schummeln" war aber auch ihr nicht möglich, denn sie hat sehr wohl an ideologisch geprägten Veranstaltungen teilgenommen. Frau Podinsky betont sehr stark ihre frühe Resistenz, ja Ablehnung und Rebellion gegenüber der politischen Indoktrinierung, die schließlich in dem als Widerstandsakt präsentierten Fahnendiebstahl kulminiert. Der auf diese ‚Blasphemie' erfolgte Rauswurf aus dem ÖTB wird von Frau Podinsky als Akt einer schmerzhaften Befreiung erlebt und letztendlich als Sieg über die Eltern interpretiert:

BP: Da bin ich natürlich rausgeflogen und (es war) ein **großes** ein großes Theater auch zuhaus, [...] es war **furcht**bar ja, [...] also für mich war es wie so, wie nach einer Presswehe, ich war dann irgendwie draußen und befreit so ein Gefühl hab ich gehabt ja, und ich glaub meine Eltern haben da auch was kapiert, sie haben kapiert, äh, mich kriegen sie nicht dorthin. (BP 8-9)

Für Frau Podinsky ist der Turnerbund offenbar beides gewesen: Freiraum und Beengung, attraktiv und abstoßend gleichermaßen. Im Laufe der Jahre hat ihre ursprünglich positive Wahrnehmung, vielleicht auch Begeisterung, offenbar Risse bekommen und zu einer partiellen und sukzessiven Ablösung geführt. Dieser vermutlich langsame und widersprüchliche Prozess, der von Frau Podinsky zeitlich verlagert (frühe Abscheu) und erzählerisch verdichtet (Fahnendiebstahl = Befreiung) wird, führt schließlich zu einem sehr abrupten Bruch mit diesem Milieu zu Beginn ihres Studiums in Wien, den sie nachträglich als „bewussten" Akt ihrerseits präsentiert:

> I: Und was war der, können Sie sich an den Grund erinnern?
> BP: Na ja da war das mit der Fahne die Geschichte, und äh, und ich hab einfach gemerkt, also das stimmt **hint und vorn** nimmermehr für mich. Ich hab, begonnen, die Strukturen zu durchschauen. Ich hab gemerkt wie, wie die, mit welchen Mitteln die arbeiten, ja es ist ja fast wie eine Gehirnwäsche auch gewesen ...... Ja, und dann wie gesagt also in, ab Wien hat dann für mich ein völlig neues Leben begonnen. (BP 21-22)

Während sich meine bisher angeführten InterviewpartnerInnen mittlerweile von ihrem nationalen Kindheits- und Jugendmilieu gelöst haben, hat sich Hans Cerny (Jg. 1942) politisch nicht davon distanziert. Er ist als Sohn eines gefallenen SS-Mannes im deutsch-nationalen Milieu in Kärnten aufgewachsen und steht auch heute noch politisch in dieser Tradition. (vgl. ‚Vaterbild' HC) Herr Cerny ist während seiner Schulzeit einer rechten Mittelschulverbindung beigetreten und war später als Student in einer schlagenden Burschenschaft aktiv, der er noch heute angehört. Seinen Beitritt zur Mittelschulverbindung begründet er vorrangig mit sportlichen Motiven:

> I: Ja, und wann sind Sie dann in diese Mittelschulverbindung gegangen?
> HC: Da bin ich ziemlich früh hingekommen, das hat mich wegen des Fechtens interessiert. Das war eine ganz eine **tolle Geschichte**, dass man dort einen echten Säbel in die Hand kriegt und da, da sind da die Leut die zeigen wie das geht, und also das war beeindruckend, man kann sich das nicht vorstellen.
> I: Waren Sie da lang dabei dann?
> HC: Da bin ich heut noch dabei ja, ja ja
> I: Sind Sie heut noch dabei, auch dann im Studium und so-
> HC: Ääh man ist, bei einer solchen Verbindung ist man **üblicherweise** ein (Leben lang), außer man wird rausgeschmissen aus irgendwelchen Gründen oder man tritt selbst aus äh [...] wenn man diesen Idealen nicht mehr, äh nichts mehr **abgewinnen** kann. Aber bei mir hats eben gar nicht mit Idealen oder irgendwas, sondern das war die Sensation, war das Fechten, das war eine tolle Geschichte, net mit mit mit vierzehneinhalb fünfzehn Jahr ist das was Sensationelles net, dass man was lernt und dass es da **Regeln** gibt, und dass einem was beigebracht wird, [...] und dass man das üben kann, aber dass man auch Talent braucht, alle diese Dinge lernt man, und das **Ausleben** von von von ääh ja körperlichen Bewegungsdrängen, dass das alles in geregelten Bahnen abläuft, das hat mir gefallen ja. (HC 33)

Meine eher rhetorische Frage, ob er diese sportlichen Aktivitäten nicht ebenso gut in einem Sportverein verwirklichen hätte können, weist Herr Cerny als „eine theoretische" zurück, die sich ihm in der Praxis nie gestellt habe. Für ihn, der im deutschnationalen Kärntner Milieu der 1950er und 1960er Jahre sozialisiert worden ist, war der Beitritt in eine rechte Schülerorganisation ein logischer und nicht näher zu begründender Schritt in seinem Leben. Da er sich nicht von seinem Herkunftsmilieu distanziert hat, fällt seine heutige Bewertung dementsprechend positiv aus. Er bezeichnet eine Mitgliedschaft in einer Mittelschulverbindung als eine „ganz tolle Geschichte", die er nach wie vor als „absolut empfehlenswert" betrachte, besonders als eine Art Resozialisierungsprogramm für Jugendliche, die „sinnlos ihre Jugendzeit verplempern", Drogen nehmen und kriminelle Delikte begehen würden, wie er aus seiner beruflichen Tätigkeit (er ist Rechtsanwalt) miterleben müsse. (HC 33) Meine Annahme, dass es Herrn Cerny weder damals noch heute ausschließlich um die sportliche Betätigung ging/geht, sondern auch der ideologische Aspekt eine Rolle spielt(e), bestätigt er bald darauf:

> I: Und so vom Politischen her hat hat Sie die Burschenschaft offensichtlich schon auch angesprochen?
> HC: Selbstverständlich. Ja das war also nix was mir, nix was mir widersprochen hätte.
> I: Und ist da viel politisch diskutiert worden oder wird da jetzt noch-
> HC: Na das meiste, äh das meiste ergibt sich einfach, ja man darf natürlich heute bestimmte Begriffe nicht mehr verwenden, ohne dass man nicht sofort gebrandmarkt wird, und deswegen vermeid ich das. Aber das meiste ich sags volkstümlich, ergibt sich einfach aus dem Gespür. Net, dass man äh eine Familie hat, dass man zu der hält so lang es geht, dass man ein Volk hat in das man geboren ist, ob man will oder net, das kann man sich net aussuchen. Äh dass es äh Anständigkeit im Leben gibt und dass die notwendig ist und dass man die braucht und dass man sich äh darum bemühen muss, dass das nicht immer äh gleich leicht ist, [..........] aber man kann, gewisse Richtlinien haben und, man kann dazu, **Hilfestellung** erhalten, diesen Richtlinien eher zu entsprechen, und diese Hilfestellung ist, gerade in einer solchen Verbindung, wirklich das ist eine ganz optimale **Lösung**. [...] (HC 33-34)

Auch wenn Herr Cerny eingangs auf das angeblich existierende ‚Redeverbot' und die damit drohende Sanktionierung hinweist (womit er sich auf einer klassischen rechten Argumentationsschiene befindet), werden einige der angeblich verbotenen Begriffe dann doch genannt bzw. angedeutet: Familie, Volk, Anständigkeit. Nicht nur in dieser kurzen Passage, sondern im gesamten Interview wird die ideologische Zustimmung von Herrn Cerny zu den in den Burschenschaften und im rechten Milieu vertretenen Werten deutlich.

Auch die übrigen von ihm als positiv angeführten Charakteristika und Funktionen einer Burschenschaft, das Kanalisieren von Aggressionen, die (Selbst-)Disziplinierung und das Austragen von Rivalitätskämpfen in Form von männlichen Gewaltritualen entsprechen dem ideologischen Selbstverständnis von schlagenden Verbindungen voll und ganz. Eine Mensur zu schlagen gilt in diesen schlagenden

Verbindungen als Initiationsritus für den Eintritt in das Männerleben, wobei sich an den Universitäten die Gegner beim Fechten, anders als in den Mittelschulverbindungen, ohne Gesichtsschutz gegenüberstehen und somit viele Mitglieder von schlagenden Verbindungen an ihren Narben im Gesicht, den so genannten ‚Schmissen' erkennbar sind. Derartige Burschenschaften fungieren als politische Gesinnungsgemeinschaft, wo sich unterschiedliche Generationen (Väter und Söhne gewissermaßen) treffen und eine im Idealfall lebenslange persönliche und politische Verbindung eingehen.

Die Burschenschaften waren in den 1950er und 1960er Jahren (und sind es teilweise noch bis heute) ein starker Faktor an den österreichischen Universitäten und fungier(t)en als wichtiges Rekrutierungsfeld für die politische Rechte. Für viele Kinder aus ehemaligen NS-Elternhäusern waren die Burschenschaften ein weiteres Glied in ihrer politischen Sozialisationskette: Familie – Jugendlager/ÖTB – Burschenschaften – rechte Partei(en). Als prominentes Beispiel kann Jörg Haider angeführt werden. Dieser war während seines Universitätsstudiums in Wien bei der schlagenden Verbindung „Silvania", die später mit der extrem rechten Verbindung „Korporation Südmark" zusammengelegt wurde. Dort traf er auf ehemalige Schulfreunde und Bekannte aus den Jugendlagern aus seiner oberösterreichischen Heimat, mit denen er nebenbei auch in der freiheitlichen Studentenorganisation (RFS) gegen die linken ‚68er' aktiv war und von denen einige später in der FPÖ Karriere gemacht haben.[4]

Die Rolle der Schule

Der Schuleintritt ist ein erster entscheidender Schritt weg von der Familie in die Außenwelt, ein Schritt im Leben eines jeden Menschen, der zu einer Erweiterung des eigenen Horizonts und zu einer Ausdifferenzierung der bisherigen Lebenswelt führt. Vor diesem Hintergrund stellt sich nun die Frage, welche Bedeutung der Schule (und dem Geschichtsunterricht) in Bezug auf das Wissen über den Nationalsozialismus zugeschrieben wird.

Viele Angehörige der zweiten Generation – so auch über ein Drittel meiner InterviewpartnerInnen – sagen, in der Schule „gar nichts" über den Nationalsozialismus erfahren zu haben, oder können sich zumindest nicht daran erinnern. Vielmehr sei der Nationalsozialismus in der Schule ein absolutes „Tabuthema" gewesen. Diese Generationserfahrung findet in dem häufig vorgebrachten Stehsatz, dass der Geschichtsunterricht ‚vor/nach dem Ersten Weltkrieg aufgehört' habe, ihren Ausdruck. So misst auch mein Interviewpartner Gerhard Kollmann der Schule keine Bedeutung als Informationsquelle über den Nationalsozialismus bei: „Die Schule schließe ich aus, das ist einmal das weiß ich 100%ig, weil ich mich da immer geärgert hab, weil 1914 wärs endlich spannend geworden, weil was der Karl der Große wollen hat, das hat mich absolut net interessiert, mich hätt interessiert die Zeit nachher. Nix ne." (GK 21)

Einige allgemeine und individuelle Blitzlichter sollen diese Behauptung etwas beleuchten. Die Schulzeit der von mir untersuchten zweiten Generation fällt in den Zeitraum 1945 bis Ende der 1960er Jahre (der Großteil war in den 1950er und frühen

1960er Jahren schulpflichtig) und ist auch in diesen zeithistorischen Hintergrund einzuordnen. Grundsätzlich ist davon auszugehen, dass sich das Schulwesen in den ersten Nachkriegsjahrzehnten in vielerlei Hinsicht anders gestaltet hat, als es heute der Fall ist. Der schulische Umgang mit dem Nationalsozialismus wurde unmittelbar nach Kriegsende in den für das gesamte österreichische Bundesgebiet geltenden allgemeinen Richtlinien für Erziehung und Unterricht an den österreichischen Schulen folgendermaßen festgeschrieben: Vom Geschichtsunterricht wurde eine „völlige Neuorientierung" gefordert; das „Kernstück" des Unterrichts sollte „eine österreichische Geschichte sein, d.h. eine Geschichte, die Österreich nicht als bloßer Annex des Deutschen Reiches darstellt, sondern gerade das Eigenleben Österreichs [...] aufzeigen" müsse.[5] Diese ‚Repatriotisierung' des Geschichtsunterrichtes wurde in den ab Oktober 1946 gültigen Lehrplänen für österreichische Mittelschulen insofern erweitert, als dort explizit die geschichtliche Behandlung des Faschismus und Nationalsozialismus in Österreich sowohl in der Unterstufe als auch in der Oberstufe vorgesehen war.[6] In diesem Sinne sollten auch die österreichischen Schulbücher neu gestaltet werden. Die nationalsozialistischen Schulbücher wurden eingesammelt und bei den Landesregierungen unter Aufsicht der Alliierten und der österreichischen Polizeibehörden eingestampft.[7] Da aber in der unmittelbaren Nachkriegszeit ein großer Schulbuchmangel herrschte, griff man fallweise auf die Schulbücher aus der NS-Zeit – oft mit dürftig überklebten NS-Hakenkreuzen – zurück. Erst Ende 1946 kamen neue Schulbücher heraus, die an das neue politische System und das von der ‚Opferthese' dominierte Geschichtsbild angepasst waren.[8]

Lehrpläne und Schulbücher der Nachkriegszeit zielen immer auf die normative Ebene ab und sagen noch wenig über die reale Unterrichtspraxis und die konkreten Schulerfahrungen dieser Generation aus. Tatsache ist, dass die Disziplin Zeitgeschichte sich erst im Laufe der 1960er Jahre (Gründung des DÖW 1963, Gründung des Zeitgeschichte-Institutes an der Universität Wien 1966) konstituiert und schließlich Anfang der 1970er Jahre bundesweit etabliert hat. Die damit einhergehende Etablierung der Politischen Bildung als Unterrichtsprinzip und die Thematisierung der NS-Zeit in den Schulen hat sich ebenfalls erst in der ‚Kreisky-Ära' durchgesetzt. Ab da gab es an den Schulen nicht nur eine neue Generation von engagierten LehrerInnen, sondern auch fächerübergreifende Themenschwerpunkte zu ‚Faschismus', sodass die jüngeren Generationen besser über den Nationalsozialismus informiert waren. Was aus dieser antifaschistischen Aufklärung gemacht wird und ob diese auch zu einer Auseinandersetzung mit der gesellschaftlichen und familiären NS-Involvierung führt, hängt letztendlich vom Einzelfall ab.

Vor diesem Hintergrund ist es gut möglich, dass viele Angehörige der zweiten Generation im Gegensatz zur dritten (und vierten) Generation in ihrer Schulzeit tatsächlich nichts oder nur am Rande etwas über den Nationalsozialismus erfahren haben.[9] Allerdings ist die oft gebrauchte Äußerung, „davon überhaupt nichts gehört" zu haben, auch kritisch zu hinterfragen. Diese Behauptung kann eine leicht dahingesagte Floskel sein, die weniger auf eigener Erinnerung als auf den heutigen Vorstellungen über den Umgang mit dem Nationalsozialismus in den ersten Nachkriegsjahrzehnten beruht. Es ist nämlich durchaus möglich, dass die damaligen SchülerInnen aufgrund der familiären Prägungen und ihrer teilweise parallel verlaufenden Sozialisation im rechten Milieu (z.B. in den Jugendlagern) die Informationen über den Nationalsozialismus und seinen negativen Seiten gar nicht hören und aufnehmen konnten/wollten – sie sich also sprichwörtlich ‚taub gestellt' haben. Wie trügerisch die Erinnerungen in dieser Hinsicht sein können, hat Helen Liesl Krag in ihrem Buch *Unsere Schulklasse* aufgezeigt, in dem die Autorin ihre ehemaligen MitschülerInnen nach dem Stellenwert des Nationalsozialismus im Geschichtsunterricht befragte und dabei viele unterschiedliche, teilweise einander widersprechende Antworten erhalten hat.[10]

Mit dem Wissen um die begrenzte Wirksamkeit von Lehrplänen und Schulbüchern und der weit verbreiteten Tendenz zur Abspaltung und Externalisierung des Nationalsozialismus aus dem kollektiven Gedächtnis steigt umso mehr die Bedeutung von einzelnen Lehrpersonen als sekundäre Gedächtnisträger. Die LehrerInnen der Nachkriegszeit, die in unmittelbarem Kontakt mit den heranwachsenden SchülerInnen standen, konnten im Unterricht entweder NS-bejahend oder passiv schweigend agieren oder sich in Einzelfällen auch antifaschistisch deklarieren und somit auf unterschiedliche Weise deren Geschichtsbild beeinflussen.

Der Nationalsozialismus hatte dem Unterrichtswesen, vor allem dem Pflichtschulbereich, immer große Aufmerksamkeit geschenkt. In kleineren Orten waren die VolksschullehrerInnen neben den örtlichen NS-Funktionären oft für den Aufbau der Partei verantwortlich gewesen und haben auf die Jugend großen Einfluss ausgeübt. Insgesamt war der Organisationsgrad der Lehrerschaft für den Nationalsozialismus mit bis zu achtzig Prozent überaus groß und entsprechend schwierig war es nach Kriegsende, nicht-nationalsozialistische LehrerInnen zu finden. Neben der „geistigen Erneuerung" im Sinne der Re-education durch neue Lehrpläne und Schulbücher stand auch eine rigorose personelle Säuberung am Entnazifizierungsprogramm.[11] 1945 wurden Tausende LehrerInnen sofort aus dem Schuldienst entlassen oder vorläufig vom Dienst suspendiert. Schwerbelastete NationalsozialistInnen waren prinzipiell aus dem Schuldienst ausgeschlossen, die übrigen mussten sich einer politischen Überprüfung durch eine Sonderkommission unterziehen, wobei ‚minderbelastete' Lehrpersonen ab 1947 nur mehr von leitenden Positionen ausgeschlossen waren.[12] Während die Entnazifizierung in Wien trotz anfänglichen LehrerInnenmangels und politischer Widerstände überaus rigoros und beinahe lückenlos gehandhabt wurde, verlief die Entnazifizierung in den Bundesländern wesentlich zögerlicher, sodass beispielsweise 1947 in der Steiermark und in Tirol bis zu vierzig Prozent der in Dienst befindlichen PflichtschullehrerInnen als ‚minderbelastet' galten. In den Bundesländern war die Durchsetzung des Lehrkörpers mit NationalsozialistInnen offenbar so stark und der Mangel an Lehrkräften so groß, dass der Schulbetrieb ohne sie nur schwer aufrechtzuerhalten gewesen wäre.[13] Abgesehen von der Weiterbeschäftigung oder Wiedereinsetzung von ehemaligen NS-LehrerInnen mochte es auch viele Lehrpersonen geben, die zwar nicht ihrer Funktion, wohl aber ihrer Mentalität und Gesinnung nach als partiell ‚nationalsozialistisch' gelten konnten und nach wie vor unterrichtet haben, dazu zählten auch manche aus der Krieggefangenschaft heimgekehrte Wehrmachtssoldaten, die in den Schuldienst eintraten.

Nationalsozialistisch gesinnte LehrerInnen in den Schulen der Nachkriegszeit gehören zum fixen Erzählrepertoire der zweiten Generation, wie auch in meinen Interviews deutlich wird. Meine Interviewpartnerin Ingrid Wonisch (Jg. 1946) beispielsweise bezeichnet ihre Internatschule, in die sie als Zwölfjährige kam, pauschal als „präfaschistisch“ und schildert die Mitte der 1950er Jahre dort herrschende Atmosphäre und den Geschichtsunterricht folgendermaßen:

> IW: [...] Und, dann bin ich nach S. gekommen, und diese Schule, diese Schule war auch, eine u- eine präfaschistische Schule, also das war ein, also da waren sicher viele Ehemalige, die w- wir sollten immer in Dirndlkleidern gehen, Tracht, und äh also es war, es war eine äh, einfach eine, diese diese Zucht und Ordnung, diese dieses nicht ah Diskutieren oder nicht Hervorkommenlassen von Meinungen und das das war sehr an der Tagesordnung. Vor allem der Direktor war schlimm, der hat uns auch alle in Geschichte den Geschichtsunterricht gehabt. Und er hat uns den Nationalsozialismus also auch verherrlichend ähm, unterjubelt, ja, ich kann mich noch erinnern dass er, so in Feuer gekommen ist dass er sich, vor den Schulbänken der Schülerinnen niedergekniet hat, also so heftig hat er das das diskutiert und gepredigt.
> I: Wie niedergekniet, warum?
> IW: Ja er hat ihnen oder er hat uns das so **eindrücklich** irgendwie so, ja. Hat sich hingekniet um irgendetwas, zu demonstrieren.
> I: Und können Sie sich da erinnern was er da so in etwa so, gesagt hat?
> IW: Ja, dass es, dass es um den Herrenmenschen geht und und und, und und die äh die Überlegenheit äh, der germanischen Rasse, und das das das ist herübergekommen, noch [...] in der Oberstufe, ja. Und damals war ich, damals war ich **auch** noch nicht aufgeklärt, also damals war ich auch noch, wie soll ich sagen .. Sie wissen eh mit mit, in dem Alter äh, da spricht einem alles an was ähm, was irgendwo stark ist, was irgendwo von Leidenschaft getragen ist oder so. [...]
> I: Also Ihnen hat das damals schon noch eher gefallen, oder?
> BM: Ich muss sagen es hat, ich hab ich hab, ich hab den Direktor unsympathisch gefunden. Weil äh, weil er, ah, weil er unglaublich autoritär war ja. Und und und und mich in Angst und Schrecken versetzt hat ja. Aber ich hab das was er erzählt hat und so, zu dem hab ich noch, hab ich keine Stellungnahme finden können weil ich, weil ich noch keine eigene Position gehabt hab, ja. Noch dazu hab ich damals eine Freundin gehabt. Die auch den Hitler verherrlicht hat, und zwar auf eine viel ähm, auf einem viel entschiedeneren Hintergrund familiären Hintergrund als bei uns zuhaus, bei uns war das eher so, [...] ich hab eher so das Gefühl gehabt meine Eltern wollen sich verteidigen, die verteidigen sich weil's einen Minderwertigen [Minderwertigkeitskomplex] haben, ja. Also w- weil sie irgendwo, ähm, weil ihnen **Unrecht** geschehen ist und weil's und weil sie es so **schwer gehabt haben**, und ähm, weil's weil's andre gibt die sich schneller **angepasst** haben und was weiß ich, **besser** angepasst haben nach dem Krieg, und bei und bei, bei dieser Freundin hab ich das Gefühl gehabt, die sind also, die stehen offen zu Hitler, immer noch, was **meine Eltern** ja nicht getan haben, ja. Also die haben den, den **„Kampf“** nicht sichtbar im Bücherregal gehabt, sondern irgendwo unten drin. Und **die hat** davon gesprochen dass „Mein Kampf“ das Buch ist, das man lesen soll. Und das ah ah, also dass die Nazis die die große **Zeit der Deutschen** waren, war. (IW 12-13)

Diese Interviewpassage habe ich deshalb so ausführlich zitiert, weil sich hier gut das Funktionieren von Erinnerungsprozessen, das heißt die Vermengung von Erinnerung und nachträglicher Deutung, veranschaulichen lässt. Frau Wonisch etikettiert ihre Schule retrospektiv als „präfaschistisch", wofür sie die rustikale Kleiderordnung sowie die autoritäre Grundhaltung in der Schule anführt. Diese ‚Indizien' deuten jedoch nicht zwangsläufig auf eine nationalsozialistische Orientierung hin, sondern können für diese Zeit in einem kleinstädtischen Milieu in Westösterreich als durchaus üblich angesehen werden. Der Nationalsozialismus verkörpert sich für sie in der Person des Lehrers, der vor der Schulklasse nationalsozialistische Ideen verbreitet. Das von Frau Wonisch vermittelte Erinnerungsbild des vor Begeisterung ‚knieenden Herrenmenschen' ist ein eindrückliches, wenn auch irritierendes Bild. Diese Irritation, die sich bereits in der Interviewsituation in Form meiner Zwischenfrage ausdrückt, bezieht sich vor allem auf den Widerspruch von Superiorität („Herrenmensch") und Unterwerfung/Flehen („Niederknien").[14] Ohne die Erinnerung von meiner Interviewpartnerin in Frage stellen zu wollen, nehme ich an, dass es sich hierbei um ein stark stilisiertes und zugespitztes Erinnerungsbild handelt. Interessant ist auch die hier zum Ausdruck kommende Anfälligkeit der Heranwachsenden für das solcherart Vermittelte, ihr Suchen nach eigenen Positionen, der Widerstreit der Gefühle, der in diesem Fall durch den Einfluss der Freundin aus einem eindeutigen NS-Milieu noch zusätzlich verstärkt wurde. Ihre für dieses Alter und in dieser Situation nur zu verständliche ‚Zerrissenheit' ist eine Erfahrung, die sie mit vielen anderen Gleichaltrigen teilt und die offenbar aus heutiger Perspektive gerade für engagierte AntifaschistInnen (die Ingrid Wonisch ihrem Selbstverständnis nach ist) noch immer ‚nicht sein darf', was sich in diesem Fall auch sprachlich manifestiert.

Meine Interviewpartnerin Erika Jelaschitz (Jg. 1950) schildert den Geschichtsunterricht ihres Lehrers als reine Fakten- und Kriegsgeschichte, die gleichzeitig immer wieder in persönliche Kriegsbegeisterung ausgeartet sei:

> EJ: [...] also wir haben einen Geschichtslehrer gehabt der im Krieg war und der uns vorgeschwärmt hat von irgendwelchen, ähm, Armeeteilen und, und Rommel und und so also es war irgendwie, ähm, er war eher in der Kriegsbegeisterung noch und also tolle Kameradschaft und, äh was sich politisch abgespielt hat die **Fakten** haben wir gelernt aber nicht, um was es eigentlich gegangen ist oder KZ oder solche Sachen sind bei uns im Geschichtsunterricht nicht vorgekommen. (EJ 2)

Der Lehrer von Frau Jelaschitz hat ähnliche detaillierte und schwärmerische Kriegsanekdoten zum Besten gegeben wie ihr Vater zuhause und hat somit das Familiengedächtnis im Wesentlichen bestätigt. Darüber hinaus habe der Lehrer auch immer wieder betont, dass die Konzentrationslager von den Engländern in Südafrika eingeführt worden sind und somit „keine deutsche Erfindung" seien. (EJ 23) So wie dieser Lehrer seine eigenen Kriegserlebnisse und anhaltende Kriegsbegeisterung im Unterricht weitergegeben hat, gab es viele ehemalige Kriegsteilnehmer und/oder NationalsozialistInnen, die nach Kriegsende entweder weiter unterrichten konnten oder bald wieder in den Schuldienst eingestellt wurden.

Zu bedenken ist, dass viele LehrerInnen oft selbst Eltern waren und sowohl zuhause als auch in der Schule ähnliche Charaktereigenschaften und Wertvorstellungen transportieren konnten. Unter meinen InterviewpartnerInnen gibt es zwei Töchter von LehrerInnen, eine davon ist Reinhild Teschner, deren Vater Hauptschullehrer war. Er war Mitglied der SS und als Gauschulungsleiter in der Propaganda tätig gewesen. Nach 1945 wurde er als ‚belastet' eingestuft und in Wolfsberg interniert und war nach seiner Entlassung aufgrund des Berufsverbotes eine Zeit lang als Hilfsarbeiter tätig. Laut Frau Teschner wurde ihr Vater erst 1952 endgültig ‚entnazifiziert', konnte dann aber wieder als Hauptschullehrer in den Schuldienst eintreten, wo er bald zum Hauptschuldirektor aufgestiegen ist. Politisch bewegte er sich auch nach Kriegsende im ‚Ehemaligen'-Milieu und engagierte sich im Österreichischen Turnerbund. Frau Teschner beschreibt ihren Vater als ‚Familiendespot', der seine Ehefrau mit Wutanfällen tyrannisierte und auch gegen seine Kinder mit überaus harten (Prügel-)Strafen vorging. (vgl. ‚Vaterbild' RT) Vor diesem Hintergrund ist anzunehmen, dass sich dieser ‚autoritäre Charakter' auch im Beruflichen fortgesetzt hat und viele Schulkinder ihm als Lehrer mehr oder weniger hilflos ausgesetzt gewesen sind.[15]

Der Lehrkörper in den österreichischen Schulen war aber heterogener, als es der erste Eindruck vermuten lässt: Die durch die Entnazifizierung oder auch durch Kriegsverluste frei gewordenen Stellen übernahmen als politisch verlässlich eingestufte Lehrpersonen aus dem christlich-sozialen und sozialdemokratischen Milieu sowie politisch nicht exponierte LehrerInnen. Zudem kam aufgrund des akuten LehrerInnmangels bald eine jüngere LehrerInnengeneration nach, die teilweise aufgrund ihrer Sozialisation noch stark vom Nationalsozialismus geprägt sein konnte, teilweise aber das Kriegsende als ‚Neuanfang' betrachtete und sich einem demokratischen Schulwesen verpflichtet fühlte. Neben den zweifellos vorhandenen personellen und mentalen-ideologischen Kontinuitäten gab es auch klare Diskontinuitäten und Gegenpole, personifiziert in einzelnen, um Aufklärung und Aufarbeitung der Vergangenheit bemühten LehrerInnen. Tatsächlich nennen viele Angehörige der zweiten Generation einzelne Lehrpersonen, die sie als links, antifaschistisch und aufgeschlossen erlebt haben und die sie aus heutiger Sicht für ihre weitere persönliche Entwicklung und Politisierung als sehr wichtig einschätzen. Es handelte sich dabei nicht nur um GeschichtelehrerInnen, sondern oftmals erfüllten diese aufklärerische, horizonterweiternde Funktion auch LehrerInnen aus anderen Fächern wie z.B. Deutsch, die die SchülerInnen mit bisher unbekannter Literatur und jüdischen oder linken AutorInnen bekannt gemacht und ihnen somit eine ‚Gegenwelt' eröffnet haben.

Aber nicht alle haben die Versuche zur ‚Gegenerziehung' in der Schule damals freudig aufgenommen. So erzählt mein Interviewpartner Gerhard Kollmann (Jg. 1944) beispielsweise, dass er von seinem SS-Vater sehr „deutschnational erzogen" worden sei und der österreich-patriotische Unterricht seinem familiär vermittelten Geschichtsbild erheblich zuwider gelaufen ist:

> GK: Österreich hab ich damals, völlig abgelehnt da hats in den Schulen so ein krampfhaftes Bemühen, um Patriotismus gegeben. Tag der Fahne das war der Vorläufer vom Nationalfeiertag, und da ha- sind die Schüler immer in der Schule das war ja noch kein Feiertag zusammengetrommelt worden und da sind

> dann so, pathetisch patriotische Gedichte und Gesänge, v- vollführt worden, und das hat mich immer zutiefst abgestoßen aber ned weil ich antipatriotisch war sondern eben weil ich damals deutschnational eingestellt war. (GK 7)

Während sich Herr Kollmann als Historiker mittlerweile längst aus diesem Milieu gelöst hat und die damaligen ‚Irritationen' aus heutiger Sicht positiv einschätzt, bewerten andere ihre in der Schule erlebte Konfrontation mit dem offiziellen Geschichtsbild eindeutig negativ. Wohl nicht zufällig sind es jene zwei InterviewpartnerInnen, die sich als politisch rechts definieren bzw. als solche eingestuft werden können, die die in der Schule angeblich „pausenlos" erfolgte Thematisierung des Nationalsozialismus als Vorwurf und Verurteilung (ihrer NS-Eltern) erlebt haben und die sie noch heute heftig abzuwehren versuchen. Besonders emotional, wenn auch letztendlich sehr unkonkret, schildert meine Interviewpartnerin Gertrude Lugger (Jg. 1936), die Tochter eines gefallenen NS-Kreisleiters, ihre Schulerfahrungen im provinziell katholischen Umfeld in einer Tiroler Kleinstadt:

> LG: [...] und wie ich in der vierten Klasse war da sind meine Zwillingsschwestern auch, ins Gymnasium, eingetreten, und, und da weiß ich nur da da waren sehr viele Kinder, deren Eltern, sozusagen Nationalsozialisten waren, und dass **da** dann, in der Schule ist, in der Schule haben wir immer gehört, die Natio-, die Nazis sind **Verbrecher**, die Nazis sind, haben soviel Millionen **Juden** umgebracht und wir haben immer nur gehört unsere Eltern sind, äh, Verbrecher sozusagen. Und, dann ist eine Mutter ist dann einmal hingegangen und g- ha- hat gesagt sie lässt sich das nicht mehr gefallen, [...] dass in der Schule dauernd gepredigt wird, die Eltern wären Verbrecher. Und das hat man dann irgendwie zur Kenntnis genommen, und irgendwo haben sich die Kinder dieser, Elt- äh, zusammengeschlossen, aber auch wir- ich hab auch Freundinnen, mit anderen, ich war auch mit anderen Kindern befreundet, deren Eltern nicht Nazi gewesen sind, und wir haben uns sehr gut verstanden, und, ja in der LBA [Lehrerbildungsanstalt] hab ich mich auch mit (denen) zusammengeschlossen deren Eltern Nazi gewesen (sind). (GL 7-8)

Frau Lugger empört sich noch heute darüber, dass damals das Unterrichtsfach Deutsch durch den Begriff Unterrichtssprache ersetzt worden ist und ihrer Ansicht nach in der Schule immer nur „einseitig gepredigt" worden sei. (GL 12) Als Reaktion auf die als Vorwurf erlebten Informationen über den Nationalsozialismus erfolgte offenbar ein Schulterschluss zwischen den Nazi-Kindern untereinander und mit den eigenen (tatsächlich oder vermeintlich) angegriffenen Eltern, der bis heute durchgehalten wird. Dieses mehr oder weniger bewusste Zusammenrücken von Kindern aus ähnlichen familiären Hintergründen bestätigt sich auch am Beispiel der bereits erwähnten Schulklasse in der Stubenbastei in Wien, die von Helen Liesl Krag beschrieben wurde.[16] Dort handelte es sich allerdings um eine eher ‚untypische', extrem heterogene Schulklasse, wo jüdische und kommunistische Kinder ebenso vertreten waren wie ‚Nazikinder' und es infolgedessen zu einer starken Polarisierung gekommen ist. In der Tiroler Schule von Frau Lugger mag eine Kluft zwischen der ‚katholischen' Mehrheit und der Minderheit der Kinder aus NS-Elternhäusern bestanden haben. Ob die von ihr so eindrücklich geschilderten Vorwürfe und Anklagen tatsächlich so massiv waren, muss dahin gestellt bleiben. Jedenfalls scheint das in der Schule vermittelte Gegengedächtnis beim Schulkind Gertrude Lugger eine gewisse Verunsicherung ausgelöst zu haben. Denn sie habe zuerst „alles geglaubt", was sie in der Schule gehört hat, und da die neuen Informationen in den familiären Erzählungen nicht vorgekommen bzw. davon abgewichen sind, hat sie damals ihre Mutter offenbar mit diesen Diskrepanzen konfrontiert. (GL 39-40)

Während bei Frau Lugger trotz ihrer Abwehrhaltung ansatzweise ein emotionaler Zwiespalt spürbar ist, sind bei Hans Cerny, der – wie bereits erwähnt – im rechten Milieu politisch aktiv ist, die Argumentation und nachträgliche Bewertung sehr eindeutig. Bei ihm fungieren die ehemaligen Lehrer eindeutig als politische Feindbilder, denen er in einer ausufernden Erzählung die Schuld für sein schulisches Versagen zuschiebt, etwa wenn er seinen demonstrativen Austritt aus dem Religionsunterricht als alleinigen Grund für seine Klassenwiederholung und sein „Durchfallen" bei der Matura anführt. (HC 31-32, 35, 38) Bei Herrn Cerny kommt es zu einer nachträglichen Ideologisierung von nicht ungewöhnlichen Schüler-Lehrer-Konflikten und die Schule insgesamt erscheint letztendlich nur als ein weiterer Beleg für die ungerechte Behandlung von ‚Nazikindern'. Eine derartige Argumentation ist auch dem *Profil*-Journalisten Horst Christoph aus seiner Kindheit im ‚Ehemaligen'-Milieu bekannt, wo viele Eltern die schlechten Noten ihrer Kinder auf ihre politische Vergangenheit zurückgeführt haben, wobei Christoph aber betont, dass er selbst als Nazisohn während seiner ganzen Gymnasialzeit nie derartige Benachteiligungen erfahren hätte.[17]

Derartige kindliche Abwehrreaktionen, wie sie Frau Lugger schildert, sind psychologisch nachvollziehbar und veranschaulichen das Dilemma, in das die Kinder durch einander widersprechende Narrative geraten konnten. Auch die österreichische Filmregisseurin Heide Pils (Jg. 1939) musste als heranwachsende NS-Tochter das neue Schulwissen über den Nationalsozialismus mit den oft diametral entgegengesetzten familiären Narrativen im ‚Ehemaligen'-Milieu in Übereinstimmung bringen und beschreibt das daraus resultierende „furchtbare private Dilemma" folgendermaßen: „Auf der einen Seite die Informationen über den Nationalsozialismus, wie er wirklich gewesen ist, mit seinem Zynismus, seinem Schrecken, seiner Grausamkeit – auf der anderen Seite das Wissen um meine Eltern, um ihre Liebe, ihre Zartheit, ihre Opferbereitschaft... Meine Eltern waren keine ‚Nazischweine', meine Eltern hatten nichts gemeinsam mit den bösen, grausamen Typen, wie sie in den Filmen nach 1945 vorkamen. Ich war auch nicht in der Lage, sie insgeheim oder lauthals zu verurteilen: das wäre mir wie Verrat – an ihnen – vorgekommen."[18]

Fallbeispiel RD: Schule und Internat als ‚Freiraum'

Auch der eingangs erwähnte Interviewpartner Robert Dussek (Jg. 1944) nennt die Schule als entscheidendes Korrektiv seiner bisherigen Sozialisation in einem (groß)bürgerlichen, eher deutschnationalen Elternhaus und einem eindeutig nationalsozialistischen großelterlichen Hintergrund. Er kam 1953/54 als Zehnjähriger (gemeinsam mit seinem etwas älteren Bruder) in eine von seiner Elternstadt weit entfernte Schule (mit angeschlossenem Internat), wo er neun Jahre blieb. Die große

Relevanz der Schule für Herrn Dussek kommt auch darin zum Ausdruck, dass sie im Interview einen relativ breiten Raum einnimmt und sie überaus lebendig und trotz gewisser Widersprüche vorbehaltlos positiv dargestellt wird. Da diese Schulerfahrung zweifellos als ein sehr interessanter Sonderfall zu bewerten ist, möchte ich sie im Folgenden näher darstellen:

> RD: [...] Und warum ich dann überhaupt, mich anders entwickelt hab das erklär ich mit meiner **Schule** ich bin in ein Internat gekommen. Also ... ich bin aus diesem Milieu raus genommen worden, das hat aber mit dem Milieu nix zu tun also es war nicht der Grund warum ich ins Internat geschickt worden bin, und bin in eine extrem liberale Schule gekommen. Ja, und dort in dieser Schule das war ganz natürlich ist man einfach anders irgendwo, ned indoktriniert worden aber sozialisiert worden.
> I: Mhm, was war das für eine Schule?
> RD: Das ah, heißt Werkschule „Am Felbertal" [19], das war damals so eine eine Versuchsschule ist es wohl heute noch, mit Handwerksausbildung, die war, „out in the nowhere" die war sieben Kilometer vom nächsten Ort entfernt im Pinzgau, hoch in den Bergen oben total in der Natur mitten im Wald, eine ganz kleine Schule, und extrem demokratisch, also eine, Basisdemokratie die man sich heut überhaupt nimmer vorstellen kann.
> [..........]
> I: Aja das ist doch sehr ungewöhnlich, jemand dann ganz in den hintersten Pinzgau zu-
> RD: Das war auch insofer- insofern ungewöhnlich wir hatten überhaupt kein Auto es hat hat auch niemand in der Familie geben der Auto fahren konnte, also es war sozusagen der Besuch dieser Schule wurde auch von der Schule nicht sehr gefördert. Es war nicht sehr beliebt wann Eltern gekommen sind, ich kann mich erinnern ich habs auch ned mögen, dass überhaupt jemand gekommen ist, ich mein, also ich war extrem gern in der Schule und und, bin auch gar ned gern nach Hause gefahren. (RD 10-11)

Die Verhältnisse in dieser Schule waren selbst für die damalige Zeit äußerst spartanisch und ungewöhnlich, wie Herr Dussek anschaulich schildert: Im Winter war es in den Bergen äußerst kalt und es wurde in der Unterkunft und der Schule oft nicht geheizt, die zehnjährigen Schüler mussten sich teilweise selbst versorgen, entsprechend vernachlässigt sei er gewesen und er habe – zum Erschrecken seiner Mutter, wie Robert Dussek lachend meint – „wie ein Waldmensch" ausgeschaut. Er mutmaßt, dass die Schule nach dem Prinzip der „natürlichen Auslese" funktioniert habe und tatsächlich einige Schüler nicht durchgestanden hätten, wohingegen er die Schulzeit „sehr genossen" habe. (RD 25-26)

Es erscheint erstaunlich, dass einem Kind, noch dazu wenn es sich um ein verwöhntes bürgerliches Stadtkind wie im Falle von Robert Dussek handelte, dieser harte Internats- und Schulalltag mit negativen Begleiterscheinungen wie Kälte, Arbeit und Selbstversorgung gefallen hat. Vermutlich boten diese Umstände gleichzeitig auch einen Raum für Freiheit und Selbständigkeit, was mit einer kindlichen Abenteuer- und Pfadfinderromantik verknüpft werden konnte und später zu einer vorbehaltlos positiven Bewertung geführt hat. Eine entscheidende positive Rolle wird auch den Lehrern eingeräumt, die er als „extrem jung", „jugendbewegt" und „linkskatholisch" (RD 25) beschreibt und durch ihre unautoritäre Haltung und Offenheit den Horizont der Schüler, z.B. mit Vorträgen über Marxismus, schon früh erweitert haben:

> RD: Und **da**, das war einfach war sehr liberal es waren vier junge Lehrer es war sicher kein Nazi dabei, es wurde dort **schon** über den Nationalsozialismus geredet aber jetzt auch nicht nicht, irgendwie besonders aufwendig an das könnt ich mich auch ned erinnern, aber das ist dann irgendwo glaub ich automatisch gegangen, /dass man einfach von von dieser, von dieser Geschichte weggekommen ist,/ [leiser] [...] (RD 11)

In dieser außergewöhnlichen Schulsituation gab es keine Schulbibliothek mit Büchern oder Filmdokumente über den Nationalsozialismus, vielmehr erfolgte die langsame Loslösung aus dem familiären NS-Milieu „automatisch" durch die in der Schule vermittelte „besonders demokratische Atmosphäre", die er als Kontrast zur weltanschaulich rigiden familiären Welt erlebt hat. (RD 27) Eine besondere Komponente dieser Schule war die Anwesenheit von ausländischen, vorwiegend osteuropäischen Mitschülern, die für Robert Dussek ein zusätzliches Korrektiv darstellten:

> RD: [...] ich glaub es war auch, es war extrem wichtig für uns dass wir ah, also auch f- natürlich, extrem viel **unter**einander geredet haben, also es war eben eine sehr offene Schule, es war auch die Kommunikation unter uns sehr sehr gut, wir waren in so Gruppen eingeteilt relativ kleine Gruppen, man hat dann so seine noch spezielleren Freunde gehabt und, mit denen hat man dann schon über weltanschauliche Sachen auch geredet. Was man dazu sagen muss ist, dass in meiner Schule, von Anfang waren relativ viel **Flüchtling**skinder, also das war dann auch sozusagen der Kontakt mit Osteuropa, für mich, sehr früh, das war für (damals) wahrscheinlich ziemlich ungewöhnlich, wir hatten, gut und gern, zehn Prozent, Ausländerkinder, aber **Flüchtlings**kinder also es waren, Weißrussen, Ukrainer, Russen die galten für uns alle als Russen, die haben wir das haben wir ned so unterschieden, naturgemäß, Bulgaren, Rumänen, die waren, so DPs [Displaced Persons] so Kinder von DPs, die wurden bei uns, in die Schule aufgenommen, ja das war so bissel so eine eine soziale Geschichte [...], aber wir waren immer konfrontiert, mit, mit solchen Kindern, die ein bissel älter waren als wir meistens, ja, die wir sehr bewundert haben, aber da waren wir mit diesem Fremden, Anderen konfrontiert und das war für uns durchaus positiv besetzt, also [...](RD 24)

In der Familie von Herrn Dussek hatten Menschen aus Osteuropa immer als ‚Untermenschen' gegolten und diese Negativzuschreibung konnte er durch den direkten Kontakt mit seinen Mitschülern revidieren. Möglicherweise ist auch seine spätere Berufswahl, er spezialisierte sich als Journalist auf Osteuropa, von dieser frühen positiven Erfahrung beeinflusst. Robert Dussek sieht seine Schule als positive Gegenwelt zum familiären Nazimilieu, aus dem er, wie er selbst formuliert, „künstlich herausgezogen" worden sei (RD 48) und steht damit im Gegensatz zu seinem etwas älteren Bruder, der die Schulzeit dort wesentlich kritischer und ablehnender bewertet. Auch ein anderer Interviewpartner, Werner Zinner, der zufällig ebenfalls diese Schule besucht hatte, gelangt interessanterweise zu einer gänzlich konträren Einschätzung. Denn Herr Zinner bezeichnet diese Schule eindeutig als „Nazigschicht" und „Zuchtanstalt" und beschreibt sie alles andere als liberal, er erinnert sich vielmehr an extrem rechte Lehrer und an einen ähnlichen Drill wie im nationalen Jugendlager, in dem er immer seine Ferien verbrachte. Herr Zinner, Jahrgang 1942 und somit etwas älter als Herr Dussek, stammte aus einem noch eindeutigeren nationalsozialistischen Elternhaus als dieser und kam ebenfalls aus einer Stadt in das weit entfernte Werkschulheim. Der Grund für diesen Schulwechsel waren, ähnlich wie im Fall des Bruders von Robert Dussek, disziplinäre Schwierigkeiten an seiner vorherigen Schule. Warum ihn seine allein erziehende Mutter, eine aktive Nationalsozialistin, allerdings ausgerechnet in diese örtlich sehr weit entfernte Schule gegeben hatte, kann sich Herr Zinner nicht erklären, er schließt aber Netzwerke von ‚Ehemaligen' nicht aus. Seine klare und ablehnende Bewertung dieser Schule (er nennt sie meist „Nazischule" oder „Zuchtanstalt") erfolgt zweifellos aus der heutigen Erwachsenenperspektive, kurz bricht jedoch auch bei ihm die kindliche Perspektive und die damalige zumindest partielle positive Erfahrung durch, wenn er in einem Nebensatz einfügt, dass es gleichzeitig „auch eine tolle Schule" gewesen wäre. (WZ 31-32)

Interessant ist hier vor allem die unterschiedliche Einschätzung einer ähnlichen Erfahrung von zwei etwa gleichaltrigen Interviewpersonen aus einem ähnlichen familiären Milieu mit einem ähnlichen späteren politischen Werdegang (beide klar antifaschistisch). Abgesehen von hier nicht näher zu beleuchtenden Persönlichkeitsstrukturen könnte ein Grund darin liegen, dass Herr Zinner bereits fünfzehn Jahre alt war und mitten in der konfliktreichen Pubertät in diese Schule gekommen ist, wohingegen Herr Dussek als Zehnjähriger noch formbarer und anpassungsbereiter gewesen zu sein scheint. Zudem wurde Herr Zinner aufgrund einer schweren Erkrankung bereits nach wenigen Monaten wieder von der Schule genommen und war somit nur kurz dort. Und nicht zuletzt fiel sein Schulbesuch in eine zeitlich spätere Phase (Ende der 1950er Jahre), wo die von Herrn Dussek positiv beschriebene abenteuerliche ‚Pionierzeit' der Schule vermutlich bereits vorbei gewesen ist. Dieser Vergleich verdeutlicht einmal mehr, wie subjektiv Erinnerungen und nachträgliche Bewertungen von bestimmten Erfahrungen sein können.

Die Rolle der Medien und der Literatur

Neben der Schule gab es in den 1950er und 1960er Jahren nur wenige andere Institutionen und Medien, die den Nachkommen andere, neue Perspektiven auf die Vergangenheit ermöglichen und das bisher in der Familie und Gesellschaft vermittelte Geschichtsbild in Frage stellen konnten. Im Gegensatz zu heute waren das Ausmaß und die Zugriffsmöglichkeiten auf Informationen über den Nationalsozialismus beschränkt. Nicht jede Familie besaß damals bereits ein Fernsehgerät (und wenn ja, dann gab es im Gegensatz zu heute meist nur den ORF-Sender) und auch der Zugriff auf Bücher, Filme, Kino usw. war nicht immer leicht und abhängig vom jeweiligen Wohnort und der individuellen Familiensituation. In kleinen Dörfern war man mehr oder weniger auf die elterlichen Buchbestände und die dort vorhandenen Zeitungen sowie den Fundus der Schulbücherei oder Gemeindebücherei angewiesen. Das im eigenen Familienhaushalt zugängliche Lektüreangebot war meist eher unpolitisch oder teilweise auch nationalsozialistisch ‚kontaminiert', wie viele ‚Kinder der Täter' es erlebt haben. Eine Ausnahme in dieser Hinsicht stellten zwei meiner Interviewpartner, Kurt Rosner und Gerhard Kollmann, dar, deren Eltern bzw. Großeltern im Besitz einer Trafik waren und somit schon sehr früh Zugang zu Zeitungen und Zeitschriften aller Art hatten und so zu „frühen Zeitungslesern" (KR 5) wurden. Herr Kollmann, der in Wien aufgewachsen ist, erinnert sich:

> GK: Ja, da hab ich eigentlich alle, alles gelesen, alles. Also dadurch dass ich in der Trafik weil ich hab dort auch immer geholfen hab als Kind dort auch Zigaretten verkauft und Zeitungen, und in der Früh hab ich einmal alles gelesen, ned also, was hats damals geben Kurier, Express die Kronen-Zeitung hat noch nicht äh bestanden dann die Parteizeitungen die Arbeiterzeitung, das äh, Volksblatt von der ÖVP, dann hats noch zwei kommunistische Zeitungen, gegeben, die Volksstimme und, die Österreichische Zeitung die hat die sowjetische, Besatzungsmacht herausgeben dann noch irgendeinen Blauen Montag der war glaub ich ein bissel braunstichig aber da hab ich eigentlich alles, ah gelesen.
> I: Und dadurch war das breit eigentlich sozusagen die Informationslage
> GK: Schon ja. Ja. Was man so als, als Politillustrierte hats damals noch ned gegeben also sowas wie Profil oder Format oder, News da hats eigentlich nur diese deutschen Zeitungen gegeben Stern, Revue, Quick, da ist gelegentlich schon dann, was über die NS-Zeit auch drinnen gestanden das waren eigentlich meine ersten, Informationen. (GK 16-17)

Auf einen derart breiten Informationsfundus konnten wohl nur wenige dieser Generation zurückgreifen. Zumindest in den größeren Städten scheint das Angebot von entsprechendem Informationsmaterial (z.B. durch Stadtbüchereien, Buchhandlungen, Kinos) etwas größer und leichter zugänglich gewesen zu sein. So erinnert sich beispielsweise mein Interviewpartner Dieter Neubauer (Jg. 1948), der ebenfalls in Wien aufgewachsen ist, an seine erste Konfrontation mit Konzentrationslagern und der Judenvernichtung in Form eines Kinofilmes, zu dem er von seinem Vater, einem ehemaligen Wehrmachtssoldaten, bereits im Vorschulalter ohne nähere Begründung „hingeschickt" worden ist. (DN 6-7) Dieser Film, so versichert Herr Neubauer mehrere Male, habe ihn sehr geprägt:

> I: Und können Sie sich an den Film erinnern [...]?
> DN: ...... Ich kann mich an den Film insofern erinnern, dass ich also, die letzten Jahre viel im Fernsehen gesehen hab, wo diese ganzen Berichte wieder kamen. Äh von [19]95 an ungefähr, äh und äh ich aus dem Grund äh, weiß dass ich dass ich viele Sequenzen, äh aus diesen verschiedenen Berichten schon gese-

hen habe und die also offensichtlich in dem Film äh verang- verarbeitet worden also die die die Berge von von Leichen und so.
I: Mhm. Können Sie sich da noch an Gefühle erinnern? Beim Anschauen beim ersten Mal?
DN: ...... Ich kann mich an sich, eher wenig an Gefühle dieser Zeit überhaupt erinnern .. Aber, e-es muss ein Schock gewesen sein es muss Grausen also nicht Grausen vor dem Gesehenen sondern Grau- Grauen eigentlich, Grauen vor dem vor dem äh Geschehenen sein, was mir sicher zu dem Zeitpunkt also also 100%ig klar war, äh die Frage wie können Menschen so was tun, wie können Menschen anderen Menschen so was antun?
I: Sie waren da ja noch gan- sehr jung, und sehr klein?
DN: **Na ja sechs** sechs, sechs, fünf sechs also, [...] also wenn's ungefähr 55, ich war glaub ich knapp vor der Volkschule oder in der Volksschule, ich glaube knapp davor, also müsste es sein so zwischen fünf und sechs. (DN 7)

Den Umstand, dass der Vater seinen fünfjährigen Sohn alleine in einen Kinofilm über Konzentrationslager geschickt und später nie mit ihm darüber gesprochen hat, finde ich sehr erstaunlich und dieses Erstaunen drückt sich auch in meinen etwas holprigen Nachfragen aus. Herr Neubauer ist sich darüber aber völlig sicher, auch wenn seine Erinnerungen an den Film selbst bzw. an die genauen Umstände dieser Kinovorführung sehr vage bleiben. Die Erinnerungslücken versucht er mit nachträglichen Mutmaßungen und Interpretationen (z.B. über die Gründe des Vaters oder über seine eigene Reaktion auf den Film) aufzufüllen und immer wieder verschwimmen in seiner Erzählung die Grenzen zwischen Erinnerung und nachträglicher Rekonstruktion. Ungeachtet dessen nehmen dieser Film und die damit verknüpften und jahrelang „verschütteten" Bilder im Selbstverständnis und Deutungssystem von Herrn Neubauer einen wichtigen Platz ein. Mehrmals nennt er diesen Film (neben der Wahrnehmung von orthodoxen Juden im zweiten Wiener Gemeindebezirk und einem Buch über das Warschauer Ghetto aus der Städtischen Bücherei) als wichtigen Auslöser für sein späteres Interesse für das Judentum und sein Engagement im christlich-jüdischen Dialog. (DN 8, 16 und 29)[20]

Die Konfrontation mit den Bildern aus den Konzentrationslagern (sei es in Form von Fotos, Filmen oder einer Ausstellung), die sich im Schreckensbild der ‚Leichenberge' und ‚abgemagerten Skelette' verdichten, war für viele Angehörige der Zweiten Generation eine erste Erschütterung, ein Riss in ihrer bisher gar nicht vorhandenen oder positiv vermittelten Vorstellung vom Nationalsozialismus. Als ein Beispiel dafür soll mein Interviewpartner Herwig Goll (Jg. 1938) angeführt werden, der sich bis heute der Kraft dieser Bilder ausgesetzt fühlt:

I: [...] Und haben Sie zu dieser Zeit oder, haben Sie sich dann irgendwann mit dem Nationalsozialismus näher beschäftigt, zu interessieren begonnen? Und wann war das ungefähr?
HG: Ja, mich hats immer interessiert. Also auch schon, äh i- in der Mittelschulzeit und da hab ich mich schon sehr, für Politik und für Religion interessiert [...] Und, das erste, wirklich **einschneidende** Ereignis in diesem Zusammenhang, ist, oder war, eine, Wanderausstellung, [...] ich glaub also dass es eine

Wanderausstellung war, über die KZs. Und das war, in der Mittelschulzeit, da war ich vielleicht, siebte Klasse, da war die in G. und da sind, vor allem an das kann ich mich heute noch erinnern also es hat mich, äh, **ungeheuer** getroffen .... die Bilder aus den KZs also das, das war, ein **Keulenschlag** für mich. .... [lange Pause, HG zündet sich eine Zigarette an]
I: Haben Sie da vorher davon nichts gewusst, war das das erste Mal oder
HG: Das war, mit ziemlicher Sicherheit das erste Mal. Ich hab so **Andeutungen**, gehört ich hab das Tagebuch der Anne Frank, äh gelesen, und, was gesprochen wurde, sicher von allen möglichen Seiten her, hab ich auch Informationen dazu gehabt, aber, die **Unmittelbarkeit**, dieser **Bilder,** Fotografien, ah eben von, v- von **Menschenhaufen** verhungerten, und, Wagonladung von Brillen, und Schuhen und solche Sachen, das hat mich, unmittelbar getroffen mit einer Intensität die die, äh beachtlich war . ... Da hab ich ein ungeheures Mitleid entwickelt. (HG 22)

Auch andere ‚Kinder der Täter' waren oft bereits früh der Wirkungsmacht dieser Bilder ausgesetzt. Der Journalist Horst Christoph erinnert sich an eine „Ausstellung, die in schrecklichen Bildern die Gräuel der Konzentrationslager dokumentierte", die ihn zwar tief schockierten, die er aber damals noch nicht mit seinen NS-Eltern in Verbindung gebracht hat.[21] Der Historiker Gerhard Botz hat als Kind Dokumentationen und Filme der US-Besatzungsmacht, in einem Info-Bus in seiner Heimatstadt Schärding gesehen, die ihn „schon damals aufgewühlt (hatten), so wie später die Bilddokumentationen Erwin Leisers und Robert Neumanns und noch später die ‚Waldheim-Affäre'.[22] Mein Interviewpartner Karl Brunngraber war Anfang der 1970er Jahre während eines beruflich bedingten jahrlangen Aufenthaltes in Deutschland mit Filmen und Fotos über die befreiten Konzentrationslager konfrontiert. Er sieht diese Filme, die für ihn einen ähnlichen Schock darstellten wie für Herrn Goll, für seine Sensibilisierung für die NS-Problematik als zentral an und zieht dabei auch einen Vergleich des Umgangs mit dem Nationalsozialismus in der österreichischen und der bundesdeutschen Öffentlichkeit:

KB: Also, das das waren, x Filme und Filmserien, ich glaub damals ist das in Deutschland, als in Österreich da, alles noch noch unter den Teppich gekehrt wurde, ist das in Deutschland schon, viel stärker aufgearbeitet worden nen.
I: Und ist Ihnen da was besonders in Erinnerung oder-
KB: ... Na ja also was, **besonders, haften** geblieben ist das ist einerseits, eben diese .... diese **Massen**begeisterung diese, Massenpsychose, äh, dem Führer gegenüber nen, diese, der ja eigentlich, selber, mehr oder weniger nur eine Maske war oder, **auch** hauptsächlich eine Maske war nen, das war zum Teil eingelernt zum Teil war das natürlich von ihm auch völlig unbewusst einfach ein ein **wechsel**- weiser Prozess zwischen, zwischen ihm und der Masse nen. Diese Massenpsychose, die da in den verschiedenen Filmen, äh sehr, sehr sehr eindrucksvoll zum Ausdruck gekommen ist an das kann ich mich erinnern, und dann die schrecklichen, Bilder aus den Konzentrationslagern also, äh Bergen-Belsen und so weiter die, die die Bilder nach dem, die Konzentrationslager von den Amerikanern und den, Russen äh befreit wurden nen.

I: Die haben Sie damals schon gesehen?
JG: /Jaja, das, die, die die, ja, **Leichenberge** nen die total, abgemagerten Skelette die noch lebenden, praktisch Skelette und so also das, waren sch- scheußliche fürchterliche, Bilder./ [leise]
[..........]
KB: Ich hab eigentlich erst, **wirklich** äh wirklich sagen wir, [atmet tief aus] ... noch stärker bewusst ist mir die ganze Problematik in Deutschland geworden, als hier in Österreich, hab zwar schon **hier** auch, relativ viel gelesen, aber, da war ich noch s- zu sehr mit mit, mit dem Studium beschäftigt und mit, mit meiner persönlichen Problematik sozusagen, mh, hatte auch nicht soviel, Geld um mir Bücher anzuschaffen, erst dann äh in Deutschland [...] äh hab ich mir, ziemlich viele Bücher selber gekauft, und ähm, dann diese Filmserien, das hat dann noch a stärk- einen stärkeren Bewusstwerdungsprozess in mir (ausgelöst). (KB 29-30)

Meist bedurfte es mehrerer derartiger Anstöße und Irritationen, die das bisher familiär vermittelte und meist von außen bestätigte Geschichtsbild brüchig werden ließen. Der Weg zur Loslösung aus dem politischen Milieu des Elternhauses war oft langwierig und widersprüchlich, wie mein Interviewpartner Herr Kollmann in seiner Eingangserzählung stellvertretend für einen Teil seiner Generation darlegt:

GK: An Literatur erinnere ich mich, war bei uns nicht sehr viel zu, mh zu Hause also auch sicher „Mein Kampf", das hab ich auch als, Kind oder Jugendlicher so genau weiß ich nimmer wann ich das gelesen hab, ziemlich intensiv äh, gelesen, ah von den Verbrechen der Nazis, hab ich eigentlich damals **überhaupt** nicht gewusst also das war erst **sehr sehr** viel später, glaub erst im Gymnasium, [...] erinnere ich mich so eine, da hats noch so Wandzeitungen gegeben die glaub ich so jede Woche, erneuert worden ist und an irgendeinen Jahrestag war dann einmal ein **Bild**, wo man so nackte Häftlinge von Mauthausen gesehen hat das ist mir also bis heute noch in Erinnerung, weil das das erste Mal war dass ich was von KZ gehört hab, in der **Schule**, auch im Gymnasium im Geschichtsunterricht, war die Zeitgeschichte vollständig ausgeklammert also das hat irgendwo beim Ersten Weltkrieg, geendet auch **thematisch** ist das eigentlich **nie**, behandelt worden, auch in der Literatur in Deutschunterricht, nicht, ich glaub mein mein Wissen hab ich dann halt hauptsächlich aus Zeitungen, deutsche Illustrierte wie Stern oder, so die haben natürlich gelegentlich dann, in den 60er Jahren schon darüber, berichtet. [atmet aus] Ah und ich bin natürlich, auf diese Weise, sozusagen deutschnational erzogen worden mit starken, Sympathien für das, Nazi, Regime nach meinen heutigen, Beurteilungskriterien müsste ich mich zumindest als Rechtsextremist, qualifizieren, [räuspert sich] mein Glück war, **ja** vielleicht ist es auch noch ganz interessant, also in der Schulklasse [...] da war ich also nicht der Einzige da waren ein paar so, auch Kinder aus Nazifamilien, ein anderer Kollege ich glaub das war sozusagen, ein Kompaniekamerad meines Vaters aus der, SS und, ich erinnere mich dass so die, Verteilung der politischen Sympathien, war ungefähr ein Drittel war irgendwie links ein Drittel war, mehr oder weniger braun, und der Rest war

> entweder unpolitisch, ein Einziger war, betont, katholisch nen, und da sind natürlich immer wieder Diskussionen, aber nicht aggressiv, geführt worden, und mein Glück war dass ich auf keine Leute gestoßen bin, die irgendeinen organisatorischen Zusammenhang gehabt hätten also Burschenschafter oder so, im Gegenteil also alle meine Freunde, dort in der Schule beziehungsweise auch wo ich aufgewachsen bin, waren eher beim Verband Sozialistischer Mittelschüler, aktiv, eine eher linke, Organisation aber dort bin ich damals nicht dazu gestoßen weil ich da eben noch, diese Prägung hatte, und, deshalb, in diesem Geist bin ich ungefähr, bis zum Jahr, na da war ich ungefähr 16, oder 17 Jahre weil ich dann davon weggekommen bin ... weiß eigentlich gar ned so, wie das, **im Detail** vor sich gegangen ist, jedenfalls eines der ersten, äh Bücher sozusagen von der anderen Seite das ich, das ich gelesen hab, war „Die Geschichte der Russischen Revolution" von Leo Trotzki, dann hab ich noch andere, Bücher von Trotzki, gelesen, und dann bin ich einmal sagen wir so, ein Sympathisant der Russischen Revolution geworden [...] (GK 1-2)

An diesem Beispiel sieht man gut, wie viele verschiedene Faktoren bei der politischen Entwicklung eines Menschen wirksam sein konnten: Familiäre Herkunft, Schule, Lehrpersonen und der Freundeskreis, zeithistorische Informationen und Literatur sowie politische Gruppierungen im unmittelbaren Umfeld konnten – oft auch sehr zufällig – die spätere politische Orientierung wesentlich mitbestimmen. Gerhard Kollmann, der sich sehr genau an die verschiedenen bestätigenden und irritierenden Einflüsse seiner Kindheit und Jugend erinnert, nennt zudem noch einen mir nicht bekannten fünfteiligen ORF-Fernsehspielfilm mit dem Titel „Am grünen Strand der Spree" über NS-Massaker im Osten, der ihn als Jugendlicher überaus beeindruckt habe. (GK 23) Ansonsten wird Filmen nur selten eine besondere Rolle als ‚Aufklärungsinstanz' eingeräumt, womit auf einen wesentlichen Unterschied zur heutigen allgegenwärtigen Medialisierung des Nationalsozialismus hingewiesen werden soll. Lediglich Herr Brunngraber erinnert sich vage an eine „längere Filmserie über Hitler und die ganze NS-Zeit" (KB 29), die er Anfang der 1970er Jahre in Deutschland gesehen hat.

Der amerikanische Spielfilm „Holocaust", der 1979 im deutschen und österreichischen Fernsehen gezeigt wurde und vor allem in der bundesdeutschen Öffentlichkeit enorme Betroffenheit und Diskussionen über die Judenvernichtung ausgelöst hatte[23], wird von keinem/r meiner InterviewpartnerInnen als besonders prägend erinnert. Der TV-Film stieß zwar auch in Österreich auf öffentliche Resonanz, scheint aber die unmittelbare Nachfolgegenerationen nicht in dem Maße persönlich berührt zu haben, wie es in Deutschland der Fall war.[24] Nur ein Kommentar des Journalisten Joachim Riedl thematisiert die persönliche Reaktion aus (s)einer generationsspezifischen Perspektive: „Meine Generation – das sind die, die heute 25, 26, 27 Jahre alt sind und die in der Zeit und im Geist des Wiederaufbaus erzogen wurden –, wir hatten wenig Chancen, dieses Wissen zu erwerben. Vielen von uns wurden Dokumentarfilme vorgeführt, die die Schreckensbilder von Gaskammern – ausgemergelten Leibern und Leichen, die sich, wie unnütz weggeworfen, auftürmten – zeigten. Das alles war fern, beziehungslos und scheinbar unwirklich. Es waren die Leichen namenloser Millionen, von denen niemand etwas wusste. Und die, die das zugelassen hatten, das waren unsere Eltern und unsere Lehrer, die nicht viel darüber sprachen."[25] Der Autor, ein etwas jüngerer Vertreter der NS-Nachfolgegeneration, spricht hier die mangelnde Wirkungskraft von abstrakten „KZ-Gräuelbildern" an und stellt diese implizit dem personalisierenden und persönlich betroffen machenden Narrativ der TV-Serie „Holocaust" gegenüber. Ob eine derartige filmische Personalisierung und Intimisierung des Holocaust zwangsläufig zu einer Auseinandersetzung mit den eigenen NS-Eltern führt, möchte ich nicht nur wegen der mangelnden Resonanz, die dieser Film bei meinen InterviewpartnerInnen hinterlassen hat, anzweifeln.

Viel größere aufklärerische Bedeutung wird der Literatur eingeräumt, wobei meist allgemein von „Literatur über den Nationalsozialismus" die Rede ist, wie im Falle von Reinhild Teschner, die eigenen Aussagen zufolge als Heranwachsende „nächtelang" eine Unmenge von nicht näher benannten Büchern in sich „eingesogen" hat. (RT 25) Nur in Ausnahmefällen werden konkrete Bücher genannt: Das „Tagebuch der Anne Frank", „Der gelbe Stern" von Gerhard Schoenberner oder das Emigrantenepos „Exodus" von Leon Uris. Für manche InterviewpartnerInnen wiederum waren das Interesse für Philosophen wie Nietzsche, Sartre und Schopenhauer oder für moderne, amerikanische oder russische Literatur sowie die Beschäftigung mit Psychologie, Psychoanalyse und Sigmund Freud wichtige Impulse für neue Perspektiven. So unkonkret oft die Angabe der Literatur, so unklar ist oft auch die zeitliche Einordnung der Lektüre. Manchmal kommt es dabei zu zeitlichen Vorverlegungen (z.B. wenn Bücher genannt werden, die zu diesem Zeitpunkt noch gar nicht erschienen waren), was ein häufig auftretender Mechanismus bei Erinnerungsprozessen ist.[26]

Trotz der zu konstatierenden ungenauen zeitlichen Einordnung scheint es im Allgemeinen die Pubertätszeit und damit die Schulzeit in der Oberstufe der Mittelschule gewesen zu sein, wo erstmals Informationen über den Nationalsozialismus eingesickert sind, die später zu einer Ablösung vom Elternhaus und zu einer weiteren und intensiveren Auseinandersetzung mit dem Nationalsozialismus führen konnten, aber nicht zwangsläufig mussten. Denn es gab und gibt selbstverständlich auch mehr als genug ‚Kinder der Täter', die sich trotz oder gerade wegen dieser ‚Irritationen' umso mehr hinter ihre Eltern stellen und sich gegen anderweitige Perspektiven versperren bzw. diese offensiv bekämpfen.

Die Beispiele zeigen auch, dass es meist kein bestimmtes singuläres ‚Aha-Erlebnis' gab, das das Familiengedächtnis mit einem Mal ausgelöscht hätte, vielmehr ist von vielen kleinen, zu unterschiedlichen Zeitpunkten in unterschiedlichen Dosen verabreichten ‚Irritationen' auszugehen, die – im Laufe der Jahre und oft erst sehr spät – zu einem persönlichen und politischen Entwicklungs- und Loslösungsprozess führen konnten, aber nicht mussten.

Orts- und Milieuwechsel

Ein wesentlicher Impuls von außen war zweifellos der Beginn eines Studiums oder einer Ausbildung, die mit einer Fülle von neuen Informationen und neuen Bekanntschaften aus einem anderen Milieu einhergehen konnten. Für meine Interviewpartnerin Reinhild Teschner war es das Geschichtestudium, das sie auf Wunsch ihrer Eltern begonnen hatte, das ihr bisher völlig unbekannte Einblicke und Erkenntnisse bringen sollte:

> RT: [...] ich musste Geschichte und Deutsch studieren, und, fürs **Lehramt** ja. [..........] und so hab ich aber dann weil sich ja das Schicksal immer irgendwie **rächt ja**, äh, hab ich die [Erika] **Weinzierl** kennen gelernt und die war damals eine noch relativ junge ah Dozentin [...] und bei der Weinzierl hab ich einfach Dinge gelernt, gehört die ich noch nie gehört hab, und zwar hab ich bei ihr, eine Vorlesung besucht die hat geheißen, und ich hab sie deswegen inskribiert weil ich net gewusst hab was das ist, die Vorlesung hieß: „Antisemitismus in Österreich"
> I: Mhm. Und Sie wussten nicht was Antisemitismus ist?
> RT: Ich hatte **keine Ahnung**. Und ich hab von meinem **Nazi**großvater **gelernt** dass man immer was dazulernen muss, man muss jeden Tag bevor man eben die Augen zumacht um einzuschlafen sich fragen ob man was Neues dazugelernt hat, ist eine Attitüde die mir bis zum heutigen Tag geblieben ist, äh, und ich war sehr **wissbegierig** und da bin ich hingegangen, weil ich mir gedacht hab, was ist das, das muss ich jetzt, e-erfahren, und dann ist es aber Schlag auf Schlag gegangen und dann hab ich natürlich, äh, bei meinen Heimfahrten also immer gesagt, [...] also bitte, da sind Bücher, da steht **das** und **das** drinnen, was stimmt da ja. Und ich wurde immer hinausgeschmissen, also es gab **nur Zoff**. (RT 3)

Für Frau Teschner war die bekannte Zeithistorikerin Erika Weinzierl nicht nur eine „Ersatzmutter", wie sie selbst sagt (RT 4), sondern auch das personifizierte Gegengedächtnis für das in der Familie tradierte Geschichtsbild. Das bei ihr erlernte historische Wissen diente ihr als argumentative ‚Munitionshilfe' für die folgenden innerfamiliären Auseinandersetzungen, die zu einer zunehmenden Entfremdung mit den NS-Eltern führten. (RT 3, 16) Aber nicht immer erfolgten die Wissensvermittlung über den Nationalsozialismus und die damit einhergehende Politisierung so direkt wie bei Reinhild Teschner.

In vielen Fällen war das Studium bzw. die weitere Ausbildung mit einem Ortswechsel nach Wien oder in eine andere österreichische Stadt verbunden, was bei manchen – gerade bei jenen, die in den späten 1960er und Anfang der 1970er Jahre studierten – oft zu einer Loslösung aus dem Herkunftsmilieu geführt hat. So ist beispielsweise meine Interviewpartnerin Erika Jelaschitz (Jg. 1950) überzeugt, dass sie, wenn sie wie viele ihrer JugendfreundInnen in ihrer Heimatstadt geblieben wäre, nie aus dem nationalen Milieu herausgekommen wäre und sich völlig anders entwickelt hätte. (EJ 32) Ähnlich sieht das auch meine Interviewpartnerin Brigitte Podinsky, deren Erfahrungen im Turnerbund ich bereits aufgezeigt habe. Sie hat Anfang der 1970er Jahre ein Sportstudium in Wien begonnen, gleichzeitig „von heut auf morgen", wie sie sagt, mit dem Leitungssport im Turnerbund aufgehört, den Kontakt zu ihrem ehemaligen Freundeskreis abrupt abgebrochen und neue soziale Kontakte geknüpft:

I: [...] Und und dann in Wien, in welchem Umfeld waren Sie dann?
BP: Na ja, das war ein sehr intellektueller Kreis, und das war eigentlich dann genaues Gegenteil von dem was da in L. [ihre Heimatstadt] war. Also ich sag jetzt einmal das war eher so eine bissel eine dümmliche Bewegung, die ganze, /L. Bewegung/ [lachend], naja irgendwie schon, also wenn ich da so zurück denk, also das Turnen und der Sport das ist ja recht nett, ja, aber also eine, eine ... also **nur** dieses, dieses Treudeutsche im Hirn zu haben das, /war also schon also irgendwie sehr mager/ [leise]. Und ich hab auch das Gefühl gehabt ich hab, ich hab war da sehr durstig auch ja, ich war dann sehr, also Wien hat mich, also Wien hat mich, das war unglaublich toll für mich, da überhaupt nach Wien zu kommen wegzukommen von L., von dieser Kleinstadt.
I: Also Sie sind sehr gerne weg dort, ja in die Stadt-
BP: **Ganz**, ja total gern, ja, ja. Und ah, ja, pffh, das äh, ja das war dann die Zeit wo ich man einfach dann so, nächtelang diskutiert hat und politisiert hat und es war halt auch so diese, Nachsechziger, Bewegung wo man halt, sämtliche Tabus gebrochen hat und, und genau das Gegenteil natürlich, gemacht hat, als die Eltern es wollten, na diese Zwangsjacken die sie so bemüht waren anzulegen, die wurden dann also alle gesprengt
I: Waren Sie da in einer politischen Gruppierung?
BP: Nein ned direkt eigentlich, das waren halt einfach lauter Studenten und es war jetzt irgendwie wir waren jetzt keine Linken wie man so schön sagt, sondern wir waren halt ähm, ich würd einmal schon sagen bunt gemischt, aber schon ein bissel, eher linkslastiger als rechts, das schon. Ich mein der Otto Mühl war zum Beispiel da auch in der, in dieser Zeit, da dabei, in dieser Gruppe [...] (BP 22-23)

Für Frau Podinsky war es vor allem das libertäre künstlerische Umfeld in Wien, in dem sie sich als Studentin bewegte und das ihr zur kulturellen und politischen Gegenwelt zu ihrer Herkunft geworden ist. Ein noch größerer Schritt weg vom Herkunftsmilieu konnte ein Aufenthalt im Ausland sein, durch den die ‚Kinder der Täter' ebenfalls mit einer gänzlich anderen Erinnerungskultur konfrontiert wurden. Diese irritierende Erfahrung hat Ingeborg Day (Jg. 1940), Tochter eines steirischen SS-Mannes in der Steiermark, bereits in den späten 1950er Jahren als Austauschschülerin in den USA gemacht.[27] Wie sie in ihrer Autobiographie schreibt, wurde sie als Siebzehnjährige in ihrer amerikanischen Gastfamilie erstmals mit dem Nationalsozialismus, der Judenvernichtung und mit der direkten Frage, ob ihre Eltern auch ‚Nazis' gewesen wären, konfrontiert. Zu ihrem Erstaunen hörte sie dort auch zum ersten Mal, dass der Nationalsozialismus „von Grund auf böse" gewesen sei und besonders die Angehörigen der SS, zu denen auch ihr Vater gehört hatte, als „Teufel" galten. Außerdem kam Ingeborg Day durch Anti-Nazi-Filme und TV-Dokumentationen, die sie sich in einer Mischung aus Abstoßung und Faszination Nacht für Nacht förmlich einsaugte, früher zu Informationen als ihre österreichischen AltersgenossInnen in den österreichischen Nachkriegsfamilien und Schulen der 1950er Jahre. Somit geriet der USA-Aufenthalt für sie zu einer frühen Konfrontation mit einem dem österreichischen diametral entgegengesetzten Wertesystem und einer ganz anderen Erinnerungskultur und wurde für Ingeborg Day zu einer tiefen Zäsur in ihrem bisherigen harmonischen Verhältnis zu ihren NS-Eltern.[28]

Auch wenn Auslandserfahrungen nicht immer so dramatisch verlaufen mussten wie in diesem Fall, so bedeutete ein Aufenthalt im Ausland zumindest eine Horizonterweiterung, wie beispielsweise für meine Interviewpartnerin Isolde Moser. Diese war in einem kleinen Kärntner Bergdorf aufgewachsen und lebte Ende der 1960er Jahre mit einer Freundin in London, wo sie in der Gastronomie jobbte. Frau Moser hatte dort zwar „nichts von 1968 mitbekommen", das „swinging London" war für sie aber eine Art Befreiung und Flucht aus der heimatlichen Enge, in die sie nie mehr zurückkehren wollte, was ihr vom Vater prompt den Vorwurf der „Vaterlandsverräterin" eingebracht hatte. (IM 22-24) Für Frau Ingrid Wonisch wiederum war ein Studienaufenthalt in Rom Ende der 1960er Jahre ein wesentlicher Impuls für die eigene Politisierung und der damit einhergehenden Loslösung vom elterlichen Milieu. Sie hatte bis dahin nur aus Büchern über den Nationalsozialismus gelesen (Fernsehen gab es in ihrer Familie nicht) und abgesehen von einer jüdischen Studienkollegin in Wien bis dahin auch keinerlei Kontakte zu jüdischen Menschen gehabt. Ihren Romaufenthalt und die damit einhergehende Politisierung beschreibt sie folgendermaßen:

> IW: Und dann bin ich hab ich ein, ein Stipendium nach Italien bekommen, und die meine, meine **wirkliche** Politisierung ist dann erst in Italien passiert, in Rom. Weil in Rom Ende der 60er Jahre das war, eine **unglaublich** lebendige Atmosphäre was Diskussionen und, äh, **ununterbrochene** Auseinandersetzung mit Geschichte und Tagesgeschehen, damals
> I: Also so richtig in dieser Hochblüte der 68er?
> IW: In dieser Hochblüte ja, da war ich in Rom. [..........] ich bin dann auch, ähm, in Rom dann, ah mit diesen ganzen lin- linken Gru- Gruppierungen dann in Kontakt gekommen erstens mit den Feministinnen, dann mit den äh mit den extraparlamentaren [außerparlamentarischen] Gruppen, dann haben wir gegen die Abtreibung- äh demonstriert, dann hat [Pierre Paolo] Pasolini noch gelebt, der hat eine eine, eine jede Woche im Manifesto eine Glosse gehabt. Also das war hab ich zum Beispiel mitverfolgt. Und, ja, ich mein, ähm, meine erste äh wirklich **nahe** persönliche Erfahrung mit einem Juden der, der äh äh, der dessen Familie betroffen war war in Rom mit einem Bildhauer. Ja. Dessen ganze Familie ausgerottet worden war, den der, ich ich mein der so gut Deutsch konnte, aber sich geweigert hat mit mir Deutsch zu reden. Und, das ich mein das war, das war so eine erste, wichtige Erfahrung, also- [...] (IW 26)

Ob nun nach London, Rom, Wien oder Graz – der Orts- und Milieuwechsel war für viele ‚Kinder der Täter' ein entscheidender Schritt weg vom familiären Herkunftsmilieu und führte bei vielen auch zu einer sukzessiven Politisierung. In ihrem neuen Umfeld hatten sie leichter Zugang zu Literatur und zu Vorträgen über den Nationalsozialismus sowie zu linken politischen Gruppierungen und Parteien, viele von ihnen hatten auch erstmals persönlichen Kontakt zu WiderstandskämpferInnen und (jüdischen) NS-Opfern und waren somit mit einer anders gelagerten Erinnerungskultur konfrontiert als zuhause. Darüber hinaus fiel dieser Orts- und Milieuwechsel in eine Zeit des politischen und kulturellen Aufbruches Ende der 1960er Jahre, was die Politisierung der NS-Nachfolgegeneration zusätzlich vorantrieb.

Politisierung vor/nach ‚1968'

Der politische und kulturelle Aufbruch der späten 1960er Jahre hat sich mittlerweile als Chiffre ‚1968' in das kollektive Gedächtnis eingeschrieben.[29] ‚1968' war ein weltweites Phänomen, das – ausgelöst durch die Proteste gegen den Vietnamkrieg – von Japan und den USA seinen Ausgang nahm und schließlich auch auf Europa übergriff. Wichtige politische Schlagwörter der jugendlichen Protestbewegungen waren ein vor allem gegen die USA gerichteter Antiimperialismus und Pazifismus, eine daraus resultierende Solidarität mit der ‚Dritten Welt' sowie die Hinwendung zum Sozialismus, Antikapitalismus und Antifaschismus. In Deutschland waren die kritische Auseinandersetzung mit der NS-Vergangenheit und das politische Engagement als ‚gelebter Antifaschismus' ein zentrales Element der ‚68er'-Bewegung. Die Nachgeborenen prangerten die ideellen und personellen Kontinuitäten in der bundesrepublikanischen Gesellschaft sowie die ‚Unfähigkeit zum Trauern' der Elterngeneration an. Sie stellten dem elterlichen Modell des ‚Verschweigens' und ‚Verdrängens' bewusst politische Gegenentwürfe entgegen, indem sie ihr eigenes politisches Engagement und ihre Solidarität mit den Opfern als praktizierten Antifaschismus, als ‚Lehre' aus der NS-Vergangenheit, verstanden.

Auch in Österreich formierte sich im Laufe der 1960er Jahre ein kritisches Protestpotential, das sich gegen die starren und autoritären Strukturen der Nachkriegs- und Wiederaufbaugesellschaft richtete. Im Nachkriegsösterreich hatte sich die österreich-patriotische Sicht auf die NS-Zeit und die entlastende ‚Opferthese' hegemonial durchgesetzt. Der Nationalsozialismus und die Verantwortung vieler ÖsterreicherInnen blieben somit in den ersten Nachkriegsjahrzehnten – abgesehen von einigen wenigen, wütend bekämpften ‚Störmanövern'[30] – aus dem öffentlichen Diskurs ausgeklammert. Auch die zu Beginn der 1960er Jahre einsetzenden NS-Prozesse, wie etwa der Eichmann-Prozess von 1961 in Jerusalem oder die Auschwitz-Prozesse (1963-1965), in deren Verlauf grausame Details aus den Konzentrationslagern und das Funktionieren der NS-Vernichtungsmaschinerie sichtbar wurden, stießen in der österreichischen Öffentlichkeit auf relativ geringe Resonanz.[31]

Etwas mehr Aufmerksamkeit erregten einige NS-Prozesse gegen österreichische Täter, die nicht selten mit niedrigen Freiheitsstrafen oder gar Freisprüchen endeten.[32] Ein besonders umstrittener Freispruch erfolgte 1963 im Prozess gegen Franz Murer, den ehemaligen stellvertretenden Gebietskommissar in Wilna, bekannt als ‚Schlächter von Wilna', der für den Massenmord an 60.000 Juden verantwortlich war. Allein die Umstände dieses Geschworenenprozesses in Graz waren skandalös.[33] So haben sich führende ÖVP-Politiker für Murer eingesetzt, der Angeklagte zeigte keinerlei Reue und während des Prozesses wurden die jüdischen Überlebenden, unter anderem von den zwei anwesenden Söhnen Murers, ausgelacht und offen verhöhnt und der Freispruch triumphal gefeiert. Aber gleichzeitig regte sich in der Öffentlichkeit erstmals sichtbarer Widerstand gegen diese Art der Rechtssprechung.

So fand in Wien eine bemerkenswerte Aktion statt, wo sich etwa hundert Jugendliche aus Solidarität mit den jüdischen Opfern den gelben Judenstern angeheftet und einen Protestmarsch mit folgendem Motto organisiert haben: „Wir waren nicht im KZ. Wir wurden nicht einmal verfolgt. Gerade darum tragen heute Nichtjuden den Judenstern...“.[34] Diese Protestaktion ist deshalb bemerkenswert, weil sich dabei auch junge nichtjüdische ÖsterreicherInnen engagiert haben und somit erstmals auch ‚Kinder der Täter‘ (im weiteren Sinne) als politische AkteurInnen in Erscheinung getreten sind.

Ein weiteres Signal eines politischen Aufbruchs wurde 1965 mit der so genannten ‚Borodajkewycz-Affäre‘ gesetzt, wo kritische Studierende gegen den offen antisemitisch agierenden Universitätsprofessor Taras Borodajkewycz auftraten.[35] Dieser Protest brachte nicht nur Bewegung in die verkrusteten Strukturen an den Universitäten, sondern führte auch zu einer öffentlichen Thematisierung des nach wie vor wirksamen Antisemitismus in Österreich. Dabei trat erstmals die zweite Generation im größeren Ausmaß in die politische Arena ein, vor allem junge StudentInnen im Umfeld von sozialistischen Jugendorganisationen, wie etwa der spätere SPÖ-Politiker Ferdinand Lacina oder der heutige Bundespräsident Heinz Fischer, die diese ‚Affäre‘ ins Rollen brachten.[36] Für viele ‚Kinder der Täter‘, selbst jene, die damals noch nicht selbst politisch aktiv gewesen waren, gilt die ‚Borodajkewycz-Affäre‘ als wichtiger Impuls für ihre Sensibilisierung und ihr späteres antifaschistisches Engagement. So bezeichnet beispielsweise mein Interviewpartner Gerhard Kollmann, der in Wien aufgewachsen ist und die politischen Proteste gegen den antisemitischen Hochschulprofessor miterlebt hat, diese Ereignisse als „einer (s)einer stärksten Eindrücke“ bei seiner sukzessiven Loslösung aus dem deutschnationalen Elternhaus und der damit einhergehenden linken Politisierung. (GK 7)

Die ‚Borodajkewycz-Affäre‘ kann als Auftakt der studentischen Protestbewegung gewertet werden, die schließlich etwas verspätet und in abgeschwächter Form auch Österreich erreicht hat.[37] Es begann nun das, was der Historiker Fritz Keller, ironisch, aber nicht unrichtig, als „heiße Viertelstunde“ bezeichnete: politische Demonstrationen und Diskussionen, so genannte Teach-ins und Happenings sowie aktionistische und provokante Kunstaktionen in Wien und vereinzelt auch in den Landeshauptstädten.[38] Der heute vielfach zum Mythos geratene Studentenprotest von ‚1968‘ ebbte zwar bald wieder ab, hatte aber nachhaltige gesellschaftliche und politische Auswirkungen auf die österreichische Gesellschaft und auf die zweite Generation.[39]

Auch einige meiner InterviewpartnerInnen können den ‚68ern‘ zugerechnet werden bzw. definieren sich selbst als solche. Manche von ihnen bewegten sich in den 1960er und 1970er Jahren in kritischen künstlerischen Kreisen, wie etwa Werner Zinner in Graz im Umfeld des Forum Stadtparks oder die eingangs zitierte Frau Podinsky in Wien. Andere wiederum waren in verschiedenen linken Gruppierungen politisch aktiv oder fanden im Umfeld der SPÖ unter Bundeskanzler Bruno Kreisky ihre politische Heimat und waren beruflich im Journalismus oder in der Wissenschaft tätig, wie etwa Frau Teschner, Herr Kollmann oder Herr Dussek. Einige meiner InterviewpartnerInnen, z.B. die bereits erwähnte Frau Moser und Frau Wonisch, haben den kulturellen und politischen Aufbruch der 1960er und frühen 1970er Jahre im Ausland miterlebt, wieder andere waren zwar selbst nicht politisch aktiv, sie haben aber die politische Aufbruchsstimmung gewissermaßen aus der Beobachterperspektive verfolgt und sind davon, zum Teil bis heute, stark beeinflusst. Wie auch immer, das linke Milieu von ‚1968' bot der NS-Nachfolgegeneration in vielerlei Hinsicht einen klaren Gegenentwurf zum bisher vermittelten Wertesystem und erwies sich somit für viele ‚Kinder der Täter' als eine wichtige ‚Irritation' in ihrem bisherigen Welt- und Geschichtsbild.

Mythos ‚1968': Aufstand gegen die Väter als Täter?

‚1968', so heißt es oft, probte die Generation der Kriegs- und Nachkriegskinder den Aufstand gegen ihre Väter als Täter.[40] Demnach wurde damals der ‚Pakt des Schweigens' durch die nachfolgende Generation endgültig aufgekündigt, die Folge davon waren heftige Konflikte zwischen den Generationen, die meist nach bestimmten festgefahrenen Mechanismen abliefen: Auf Seiten der Töchter/Söhne kam es zu selbstgerechten Anklagen und stereotypen Vorwürfen gegen die NS-Eltern, die diese Angriffe massiv abgewehrten, was schließlich zu einer unüberbrückbaren Atmosphäre eines ‚Tribunals' geführt habe.[41] Es steht außer Frage, dass die NS-Nachfolgegeneration (die Jahrgänge zwischen 1938 und 1948) wesentlich am politischen Aufbruch der 1960er Jahre beteiligt war und viel zur kritischen Auseinandersetzung mit der NS-Vergangenheit beigetragen hat.[42] Tatsache ist auch, dass der ‚Antifaschismus' in der ‚68er'-Bewegung in Deutschland eine große Rolle gespielt hat. Er war einerseits getragen vom Bedürfnis nach Abgrenzung (von der Elterngeneration und den vorgegebenen politischen Strukturen) und dem Bedürfnis nach Identifikation (mit der Arbeiterbewegung, dem politischem Widerstand, der ‚Dritten Welt', den NS-Opfern). Ob aber der radikale Antifaschismus der ‚68er', wie oft behauptet wird, immer auch auf die eigene Familiengeschichte bezogen wurde und konkret in selbstgerechte Anklagen der Söhne/Töchter gegen ihrer NS-Väter umgesetzt wurde, möchte ich bezweifeln, sowohl für die deutschen ‚68er', aber mehr noch für die Linke in Österreich.

Der Begriff der ‚68er' wird meines Erachtens überstrapaziert. Vielfach scheint allein die ‚Zeitzeugenschaft', d.h. die Tatsache, Ende der 1960er Jahre in einem potentiell zur Rebellion fähigen Alter gewesen zu sein, zur pauschalen Etikettierung als ‚68er' auszureichen. Tatsächliche Aktivitäten und politische Differenzen werden nachträglich eingeebnet und das Faktum der gesellschaftlichen Marginalität von ‚1968' in Österreich wird vernachlässigt. Und vor allem: Nicht alle ‚Kinder der Täter' können pauschal der ‚68er-Generation' zugeordnet werden, wie es oft vorschnell getan wird. Viele, die heute als ‚68er' wahrgenommen werden, waren damals nicht politisch aktiv, sondern befanden sich in der Phase der Karriereplanung und der Familiengründung. Andere wiederum, und zwar ein beträchtlicher Teil dieser Generation, waren damals politisch überhaupt auf der konträren Seite, denn sie haben sich nicht aus ihrem familiären und sozialen Milieu gelöst, sondern waren in recht(sextrem)en Organisationen und Studentenverbindungen organisiert. Sie traten somit als politische GegnerInnen der antifaschistischen Linken auf, die für sie als „linke Chaoten, die keine Ehrfurcht und Respekt vor ihren Eltern und Gesellschaft haben" galten.[43]

Zu dieser Kategorie gehört beispielsweise der langjährige FPÖ-Obmann Jörg Haider, der mit Jahrgang 1950 zumindest altersmäßig der ‚68er-Generation' zugeordnet werden könnte. Haider ließ aber nie einen Zweifel daran, dass er sich im krassen Gegensatz dazu sieht. In einem Interview mit *Der Zeit* sprach er einmal das ‚Spannungsverhältnis' an, in dem er sich als ‚Nazisohn' in seiner Jugend wähnte: „Auf der einen Seite waren meine Eltern, denen ich nichts antun wollte, weil sie genügend erlebt und auch dafür gebüßt haben, was im Nationalsozialismus von ihnen zu verantworten war. Auf der anderen Seite waren die Eiferer der 68er Generation, die im Brustton der Überzeugung gesagt haben: Wir hätten alles viel besser gemacht. Dem Beispiel wollte ich als Kind meiner Eltern nicht folgen. Ich halte es da mit der ‚Gnade der späten Geburt'."[44] Jörg Haider erwies sich also als ‚braver Sohn' und hat diese Rolle in seinen pauschalen Rehabilitierungsversuchen der ‚Kriegsgeneration' und seinen zahlreichen Attacken gegen die ‚nachgeborenen Nestbeschmutzer' und ‚Vaterhasser' immer wieder unter Beweis gestellt.[45]

So wie Jörg Haider haben sich auch viele andere ‚Kinder der Täter' auch als Erwachsene keineswegs aus ihrem Herkunftsmilieu gelöst, sondern sie sind politisch in die Fußstapfen ihrer ‚Väter' getreten. Tatsächlich verliefen die politischen Fronten in den Auseinandersetzungen der 1960er Jahre oft quer durch die Generationen und man könnte im übertragenen Sinne durchaus von ‚Geschwisterkriegen' sprechen, die oft bis heute fortgesetzt werden. Angesichts dieser Differenzen ist es meiner Ansicht nach nicht angebracht, pauschal von einer ‚68er-Generation' zu sprechen oder umgekehrt: alle ‚68er' ebenso pauschal zu ‚Kindern der Täter' zu erklären. Angemessener wäre im Sinne von Karl Mannheim wohl der Begriff der ‚Generationseinheit', der darauf verweist, dass aus einem gemeinsamen Erfahrungshintergrund oder Generationszusammenhang heraus durchaus unterschiedliche Wege eingeschlagen werden können – und jener der ‚68er' ist nur *einer* davon.

Ein weiterer Einwand bezieht sich auf die gängige Vorstellung, dass sich alle ‚68er' hasserfüllt und anklagend gegen ihre eigenen NS-Eltern gestellt hätten, das heißt: einen Kampf gegen die ‚Väter als Täter' geführt hätten. Dieser schematische Befund kann durch meine Forschungen nicht bestätigt werden. Keine Frage: Der Nationalsozialismus war für die ‚68er' auch in Österreich ein wichtiges Thema. Man beschäftigte sich in den folgenden Jahren immer wieder theoretisch mit dem Faschismus, mit den gesellschaftlichen und personellen NS-Kontinuitäten, man trat gegen Rechtsextremismus und Neonazis auf und protestierte gegen Freisprüche für NS-Täter.[46] Trotz dieses prinzipiell antifaschistischen Engagements hat die Auseinandersetzung mit dem Nationalsozialismus in der österreichischen Linken niemals den zentralen Stellenwert eingenommen wie in Deutschland und wurde vor allem nicht in dem Maße auf der persönlichen Ebene ausgetragen wie dort. Die österreichischen ‚68er' definierten sich gar nicht oder kaum über die Auseinandersetzung mit ihren ganz konkreten Vätern als potenzielle ‚Täter'. Das ist zum Teil auf die unterschiedliche vergangenheitspolitische Ausgangssituation in Deutschland zurückzuführen, das sich nicht vollständig der historischen Verantwortung entziehen konnte, wie es in Österreich lange Zeit möglich war. Zum Teil hat es auch mit der sozialen Zusammensetzung der ‚68er' in Österreich zu tun, da viele von ihnen nicht aus NS-Familien stammten, sondern aus einem linken Milieu, d.h. teilweise aus jüdischen und kommunistischen Familien, und ihr Protest somit eine andere Zielrichtung hatte.

Jedenfalls ist auffallend, dass viele Angehörige der zweiten Generation in Österreich das tatsächliche Ausmaß der Beteiligung von ÖsterreicherInnen am Nationalsozialismus und an den NS-Verbrechen lange nicht realisiert haben, sondern auch sie den Nationalsozialismus gedanklich externalisiert, d.h. die Verantwortung auf ‚die Deutschen' abgeschoben und sich als österreichische ‚Nachgeborene' nicht ‚betroffen' gefühlt haben. So erinnert sich beispielsweise der Schriftsteller Karl Markus Gauß, wie er in jungen Jahren bei seinen Reisen per Autostopp durch Europa überall auf Sympathien gestoßen ist, nachdem sich herausgestellt hatte, dass er zwar Deutsch sprach, aber kein Deutscher, sondern Österreicher war. Erst später ist ihm klar geworden, dass diese Sympathien angesichts der österreichischen NS-Vergangenheit gänzlich „unverdient" waren.[47] Diese historische Unbefangenheit und politische Naivität teilte er mit vielen seiner GenerationsgenossInnen, die sich bei ihren Urlauben in Griechenland und Jugoslawien mit großer Selbstverständlichkeit als ‚ÖsterreicherInnen' wohlwollend aufgenommen sahen, weil sie nichts von der überproportional hohen österreichischen Beteiligung an den Verbrechen der Wehrmacht am Balkan wussten. Dieser unverdiente internationale Sympathiebonus sollte nach der ‚Waldheim-Affäre' und auch nach dem schwarz-blauen Regierungswechsel im Jahre 2000 stark in Frage gestellt werden.

Diese mangelnde historische Sensibilität zeigte sich auch in den 1970er Jahren in der unkritischen Haltung vieler linker junger ÖsterreicherInnen gegenüber Bundeskanzler Bruno Kreisky und seinem problematischen Umgang mit ehemaligen NationalsozialistInnen und mit Antisemitismus. Der österreichische Bundeskanzler, der in vielen NS-Familien als antisemitisches Feindbild schlechthin galt, stellte als Sozialist, Jude und Emigrant für viele ‚Kinder der Täter' eine positive Identifikationsfigur und ein Gegenbild zur eigenen familiären Herkunft dar.[48] Seine liberale Politik übte eine große Attraktivität auf sie aus, wohingegen die Integration ehemaliger Nationalsozialisten in seine Regierung, seine Verteidigung des damaligen FPÖ-Obmanns Friedrich Peter, einem ehemaligen Mitglied einer SS-Mordeinheit, sowie sein Spiel mit dem Antisemitismus bei seinen Angriffen auf Simon Wiesenthal von der linken jungen Generation großteils ausgeblendet wurden und kaum auf Kritik stießen.[49] Als ein Beispiel für diese unkritische Haltung möchte ich meinen Interviewpartner Herwig Goll anführen, der in den 1970er Jahren eigenen Aussagen zufolge von Bundeskanzler Kreisky „sehr beeindruckt" gewesen war. Er erinnert sich, dass er die damaligen Diskussionen im Rahmen der ‚Kreisky-Peter-Wiesenthal-Affäre' von 1975 zwar verfolgt, aber dem Bundeskanzler sein Verhalten gegenüber Simon Wiesenthal und seinen Einsatz für den SS-Mann Friedrich Peter damals „nicht übel genommen" habe. (HG 24). Auch wenn ihn eine bereits in seiner Schulzeit gesehene Wanderausstellung über die KZ-Gräuel tief schockiert hatte und er auch im linken Studentenmilieu verkehrte, vermied er lange Zeit eine direkte Auseinandersetzung mit der NS-Problematik: „Das war bei mir so ein eigentlich ein **langsamer** Prozess wobei, diese Ausstellung, ein erster, starker Höhepunkt war. Und, ich hab dann, **viele viele** Jahre gebraucht, um meine Position immer klarer, zu finden." (HG 25) Klar positioniert hat er sich erst Mitte der 1980er Jahre im Rahmen der ‚Waldheim-Affäre', die er als Befreiungsschlag erlebt hat. Erstmals konnte er klar Stellung beziehen – was ihm gegenüber Kurt Waldheim und der konservativen ÖVP sicher leichter fiel als gegenüber dem von ihm verehrten Sozialdemokraten Bruno Kreisky –

und so hat er die damit einhergehenden politischen Diskussionen „richtig genossen". (HG 25)

Herr Goll steht mit dieser Erfahrung keineswegs alleine da. Viele meiner Gesprächs- und InterviewpartnerInnen geben die ‚Waldheim-Affäre' als eine für sie wesentliche Zäsur in ihrer Auseinandersetzung mit dem Nationalsozialismus und mit ihrer belasteten Familiengeschichte an. In Äußerungen von Kurt Waldheim, wie z.B. dass er in der Wehrmacht nichts anderes getan habe „wie Hunderttausend andere Österreicher, nämlich (s)eine Pflicht als Soldat erfüllt",[50] haben viele NS-Nachkommen die Rechtfertigungsversuche und Abwehrmuster ihrer eigenen (Groß-)Eltern wieder erkannt. Das hat fallweise dazu geführt, dass sie erstmals auch die in der eigenen Familie wirksamen Tradierungen zu hinterfragen begannen und möglicherweise auch erstmals nachgefragt haben, was denn ihre Väter (und Mütter) in der NS-Zeit getan haben. Fragen, die bis dahin meist vermieden wurden, wie auch Frau Jelaschitz heute selbstkritisch reflektiert:

> EJ: Also der Bruch (kam) dann mit Waldheim, der auch zu einen ziemlichen, **Bruch** mit meinen Eltern geführt hat, also so in der Zeit oder, oder ein bissel davor, [...] aber es war sehr lang dass ich, ich würde heute sagen, äh meine Eltern schützen wollte also auch in **mir**. Also dass ich nichts **zu**gelassen hab, [...] wo ich dann dort zum Beispiel ned nachgefragt hab, oder, äh dass (ich) nicht hinschauen wollt, ned wissen wollte wo ich mir gedacht hab da könnte irgendwas, vor allem meinen Vater anpatzen. (EJ 32)

Zusammenfassend kann gesagt werden, dass in Österreich die NS-Vergangenheit ‚1968' keine dominante Rolle spielte, das politische Engagement wurde meist nicht explizit aus der NS-Vergangenheit oder gar aus der eigenen Familiengeschichte abgeleitet. Das erklärt auch, warum die direkte Auseinandersetzung der nachgeborenen Kinder mit ihren NS-Eltern in Österreich relativ selten war; sie blieb (anders als in der BRD) allenfalls eine individuelle, aber keine gesellschaftliche. Zugespitzt könnte man sagen: In *dieser* Hinsicht hat ‚1968' in Österreich mit großer Verspätung, nämlich erst ab Mitte der 1980er Jahre im Rahmen der ‚Waldheim-Affäre' und den darauf folgenden vergangenheitspolitischen Debatten stattgefunden. Erst ab da wurde/n die österreichische/n ‚Opferthese/n', die so tief in den Familien verankert war/en und auch von den Nachgeborenen lange unreflektiert mitgetragen wurde/n, im größeren Ausmaß kritisch hinterfragt. Obwohl sich viele der kritischen NS-Nachkommen bereits vorher theoretisch mit dem Nationalsozialismus beschäftigt hatten, haben sie das Ausmaß der Beteiligung der ÖsterreicherInnen am NS-System lange Zeit nicht realisiert und vor allem nicht auf die eigenen Väter/Mütter bezogen. Die individuelle und kollektive ‚Externalisierung' des Nationalsozialismus war also auch im Gedächtnis der nachfolgenden Generationen nachhaltig wirksam, was als Ausdruck und Ergebnis des perfekten Zusammenspiels von familiären Narrativen und der offiziellen ‚Politik mit der Vergangenheit' zu werten ist.

Vaterbilder

Diese Vorbemerkungen gelten sowohl für die hier vorgestellten ‚Vaterbilder' als auch für die ‚Mutterbilder' im nächsten Kapitel. Unter ‚Vaterbilder' und ‚Mutterbilder' verstehe ich die von den Söhnen und Töchtern präsentierten Vorstellungen von den Vätern/Müttern, sowohl was ihre Rolle in der Familie als auch im Nationalsozialismus (als ‚TäterInnen') betrifft. Die jeweiligen ‚Vaterbilder' und ‚Mutterbilder' sind Re-Konstruktionen und das Resultat von mehreren Faktoren. Sie basieren zum einen auf den realen (Kindheits-)Erfahrungen bzw. den Erinnerungen der mittlerweile längst erwachsenen Kinder daran. Diese Erfahrungen und Erinnerungen sind aber immer auch von den familiären Tradierungen, vom späteren Wissensstand und von nachträglichen Deutungen und Bewertungen bestimmt, wenn nicht sogar überlagert. Das heißt: Der Blick auf den Vater/die Mutter erfolgt immer durch den Filter der Nachträglichkeit.

Die auf Erfahrung, Erzählung, Erinnerung und nachträglicher Deutung basierenden ‚Vaterbilder' und ‚Mutterbilder' entstehen in einem bestimmten vergangenheitspolitischen Kontext und vor einem bestimmten diskursiven Hintergrund sowie aus einer bestimmten lebensgeschichtlichen Perspektive und Position heraus (Alter, politischer Standort). Bereits Maurice Halbwachs hat darauf verwiesen, dass sich die ‚Vaterbilder' und ‚Mutterbilder' unaufhörlich weiterentwickeln, indem sich die verschiedenen Erinnerungen an den Vater/die Mutter aneinander fügen und sich der Blick und die Perspektive der Kinder, z.B. durch die Entfernung von der Familie und vom Herkunftsmilieu, verändert. Das heißt, es gibt kein statisches Bild von dem Vater/der Mutter, auch nicht nach dessen/deren Tod.[1] Die zum Zeitpunkt des Interviews präsentierten ‚Vaterbilder' und ‚Mutterbilder' sind somit als Momentaufnahmen eines bestimmten Erinnerungs- und Verarbeitungsprozesses zu verstehen.

Die Väter nehmen bei vielen ‚Kindern der Täter' *die* zentrale Rolle in ihrer Auseinandersetzung mit der NS-Familiengeschichte ein. Diese Fixierung auf den Vater, sowohl in positiver als auch negativer Hinsicht, zeigt sich beispielsweise in der Fülle von ‚Väterliteratur'[2] und wird auch durch meine Interviews bestätigt. Auch die Eigen- oder Fremddefinition als ‚Täterkind' erfolgt fast ausschließlich über den Vater, wohingegen die Mütter – wie ich im Kapitel ‚Mutterbilder' noch aufzeigen werde – in dieser Hinsicht oft ausgeklammert und ‚verschont' bleiben. Das hängt zum einen damit zusammen, dass bei Männern tatsächlich eine größere Wahrscheinlichkeit einer aktiven NS-Involvierung bestand, da sie größere berufliche und politische Einsatz- und Aufstiegsmöglichkeiten hatten und somit – als Funktionsträger, Soldaten, Bewacher usw. – stärker in das NS-Regime eingebunden waren als vergleichsweise Frauen. Zum anderen ist die Fixierung auf die Väter aber auch eine Frage der kollektiven und individuellen Wahrnehmung, die eines zeigt: NS-Täterschaft ist nach wie vor überwiegend männlich konnotiert.

Kontext: ‚Täterbilder' im Wandel[3]

Unmittelbar nach Kriegsende mit dem Bekanntwerden der ungeheuren NS-Verbrechen stellte sich in der deutschen und österreichischen Öffentlichkeit die Frage nach den Schuldigen, der spezifischen Beschaffenheit der Täter. Während ein kleiner Teil von unerschütterlichen NationalsozialistInnen um den ‚Führer' Adolf Hitler trauerte und ihn mit der Begründung, dass er von den Verbrechen nichts gewusst habe, nachträglich zu schützen versuchte, schob der weit größere Teil der ehemaligen ‚Tätergesellschaft' die Schuld alleine auf Adolf Hitler und die höchste NS-Führungselite wie etwa Hermann Göring, Joseph Goebbels, Heinrich Himmler usw. Die von den Alliierten durchgeführten Nürnberger Kriegsverbrecherprozesse, wo die einst mächtigen Vertreter der NS-Elite aus den unterschiedlichsten Bereichen vor Gericht standen, unterstützten diese Verengung auf einen kleinen Täterkreis und die exkulpierende (Selbst-)Wahrnehmung der deutschen und österreichischen Bevölkerung. Neben dieser Personalisierung, die meist mit einer Dämonisierung von einzelnen Tätern einherging, gerieten in der öffentlichen Wahrnehmung vor allem Institutionen wie die SS und die Gestapo zu *den* Verbrecherorganisationen schlechthin. In Nürnberg standen sehr unterschiedliche Tätertypen mit verschiedenen Selbstpräsentationen vor Gericht: der unbelehrbare Führer (Göring), der eiskalte Machtmensch (Kaltenbrunner), der unterwürfige Befehlsempfänger (Keitel), der antisemitische Fanatiker (Streicher), der geläuterte Technokrat (Speer) usw.[4] Gemein war ihnen – trotz aller individuellen Verschiedenheit – ihre Exponiertheit aufgrund ihrer ehemaligen Machtstellung in den höchsten NS-Kreisen, was eine Distanzierung von ihnen erheblich erleichterte.

Ähnliches gilt auch für die unmittelbar in die NS-Verbrechen verstrickten Täter: Unmittelbar nach Kriegsende wurden die kaum fassbaren Gräuel in den Konzentrations- und Vernichtungslagern sowie in den unzähligen Nebenlagern bekannt und es stellte sich die Frage nach der menschlichen und charakterlichen Beschaffenheit jener Täter, die derart unvorstellbar grausame Verbrechen begangen hatten. Die KZ-Kommandanten, KZ-Wärter und KZ-Aufseher wurden meist als gefühllose sadistische, moralisch pervertierte Täter, oft auch als ‚Bestien' und ‚sadistische Henker' wahrgenommen, selbst wenn sie diesem Klischeebild in der Realität meist nicht entsprachen.[5] Vor allem der KZ-Kommandant von Auschwitz, Rudolf Höß, verkörperte den ordnungsliebenden, pflichtbewussten, natur- und tierliebenden, ‚innerlich' veranlagten ‚Gemütsmenschen' bzw. stilisierte sich als solcher, der nicht trotz, sondern wegen dieser pervertierten deutschen Sekundärtugenden zum Täter werden konnte.[6] Da Höß mit Frau und Kindern in Auschwitz lebte, gilt er bis heute als Prototyp des kalten NS-Täters einerseits und des liebevollen Familienvaters andererseits.

Die Dämonisierungen und Kriminalisierungen waren zweifellos ein Mittel zur Distanzgewinnung und ermöglichten es der breiten Masse, sich von diesen exponierten Tätern abzusetzen und ihre eigene, meist weniger spektakuläre (Mit-)Täterschaft zu verringern.[7] Auf diese Art waren die Täter auf einen relativ kleinen Kreis fokussiert, wohingegen sich der Großteil der ehemaligen NationalsozialistInnen als Opfer der ‚Verführung' Hitlers, der NS-Propaganda, des Kriegswahns usw. präsentieren und sich solcherart exkulpieren konnte. Gleichzeitig erhielt die Selbstzuschreibung des ‚kleinen Nazi' und des ‚Mitläufers', der nur aus ökonomischen Nöten und unter Druck von oben ‚dabei' gewesen war, Hochkonjunktur. Vor allem im Rahmen der Entnazifizierung und der Unterteilung in ‚Belastete' und ‚Minderbelastete' wurde der Begriff des ‚Mitläufers' zum Entlastungsbegriff schlechthin, der bis heute weite Verbreitung findet.

Der Eichmann-Prozess von 1961 in Jerusalem entzauberte das lange wirksame und oft auf negative Faszination aufgebaute dämonische Täterbild nachhaltig. Mit Adolf Eichmann, einem der Hauptorganisatoren der Judenvernichtung, trat ein neuer Tätertypus in den Vordergrund: der unscheinbare und devote Schreibtischtäter, der ‚Befehlsempfänger', der vorgab, ‚nichts gegen Juden zu haben' und der doch für den Tod von Hunderttausenden Juden verantwortlich war. Es war gerade die beim Prozess zum Ausdruck kommende ‚Normalität', die die internationale Öffentlichkeit erschreckte und die Prozessbeobachterin Hannah Arendt den bis heute wirksamen Begriff von der ‚Banalität des Bösen' prägen ließ.[8] Der einige Jahre später in Deutschland stattfindende Auschwitz-Prozess (1963-1965) und der Majdanek-Prozess (1975-1981) sowie kleinere NS-Prozesse in Deutschland und Österreich fanden zwar weit weniger mediale Aufmerksamkeit, aber auch in ihrem Verlauf wurden bisher bestehende Täterbilder von KZ-Tätern als geistig beschränkte und sadistische ‚Bestien' ebenso kolportiert wie jene der biederen ‚Befehlsempfänger' oder der gebildeten ‚schöngeistigen' KZ-Ärzte, die grausame Menschenversuche an Häftlingen durchgeführt hatten.[9]

Diese durch reale Vorbilder geprägten Täterbilder fanden auch Eingang in populäre Darstellungen in Film, Literatur und den Medien und diese trugen ihrerseits wieder zur Verfestigung bestimmter Vorstellungen von ‚den Tätern' bei. Vor allem in den Filmen über die NS-Zeit, auch in amerikanischen Produktionen, wurden die stereotypen Bilder von Adolf Hitler als ‚verrücktem' Diktator, umgeben von einer ihm ergebenen Führungsclique, fanatischen SS-Männern, gnadenlosen Gestapochefs, gewalttätigen SA-Männern reproduziert. Den ‚bösen Nazis' wurde dabei meist als positiver Gegenpol die ‚gute Wehrmacht' (verkörpert in aristokratischen, zunehmend mit Skrupeln geplagten Offizieren mit hehren Zielen oder den ‚einfachen Soldaten') gegenübergestellt.[10] In der immens erfolgreichen TV-Serie „Holocaust" von 1979 wurde die Täterschaft einmal mehr stark auf die SS (verkörpert in dem Protagonisten Erich Dorf, der einen exemplarischen Aufstieg vom zögerlichen SS-Mann zum unbedingten Verfechter der ‚Endlösung' im Reichssicherheitshauptamt durchmacht) fokussiert. Im Kinofilm „Schindlers Liste" von Stephen Spielberg bahnt sich eine leichte Trendwende an: Einerseits wird das Klischeebild des sadistischen, wahllos mordenden Täters (personalisiert in Amon Göth, dem Kommandanten des KZ Krakau-Plaszów) reproduziert und zur Ikone stilisiert, andererseits bekommt der Industrielle und NS-Profiteur Schindler, der durch Arbeitseinsatz rund 1.200 Juden gerettet hat, als ‚guter Nazi' die Hauptrolle zugewiesen, womit dieser im allgemeinen Bewusstsein ohnehin weit verbreitete Tätertypus ein besonderes Gewicht bekam.

Während auf der populären Ebene eine begrenzte Zahl von stereotypen Täterbildern überdauerte, begann in der NS-Forschung ein Prozess der zunehmenden Ausdifferenzierung. Raul Hilbergs bahnbrechende Studie über die Judenvernichtung grenzte sich bewusst von personalisierenden Darstellungen ab und analysierte die Judenvernichtung als bürokratischen Prozess, mit unendlich vielen, auf den unterschiedlichsten Ebenen Beteiligten, „einer Phalanx von Funktionären", die als Rädchen im Getriebe des Vernichtungsprozesses tätig waren.[11] Damit erschienen nicht nur mehr Hitler, die NS-Führung und SS, sondern beinahe alle Institutionen der deutschen Gesellschaft an der Judenvernichtung beteiligt. In dieser ‚strukturalistischen' Perspektive, deren Fokus hauptsächlich auf den Strukturen des Vernichtungsprozesses und weniger auf den individuellen Akteuren lag, wurden die Täter selbst als leidenschaftslose Bürokraten gezeichnet.[12] Dieses Bild des lediglich an Sachproblemen orientierten ‚Technokraten' wurde auch durch die publizistische Selbstdarstellung des ehemaligen NS-Rüstungsministers Albert Speer, einem der Hauptangeklagten der Nürnberger Prozesse, sowie durch Einzelstudien über akademische und ökonomische Eliten im Nationalsozialismus untermauert.[13]

Diese etwas zu einseitig geratene Darstellung des NS-Täters als ‚Techniker des Todes', in der der Antisemitismus als handlungsanleitendes Motiv fast gänzlich ausgeklammert wurde, wurde bald wieder relativiert. Seit Beginn der 1990er Jahre gerieten die ‚normalen' alltäglichen Täter zusehends ins Blickfeld der Forschung und Öffentlichkeit: Christopher Browning legte eine Studie über ein Reserve-Polizeibataillon vor und prägte den Begriff der ‚ganz normalen Männer', die durch Gruppendruck und soziale Anpassung, zunehmende Gewaltbereitschaft und emotionale Abstumpfung zu Tätern geworden sind.[14] In Daniel Goldhagens vieldiskutiertem Buch *Hitlers willige Vollstrecker* hingegen werden diese Männer als mordbereite, antisemitische Gewalttäter gedeutet, die nicht zu Tätern wurden, weil sie mussten, sondern weil sie es *wollten*.[15] Goldhagen erweiterte das Täterfeld, indem er den Antisemitismus als zentrales Element betonte und weniger auf die nachträglichen Rechtfertigungen (z.B. bei Prozessen) der Täter einging als auf deren ursprüngliche Motive und die Freiwilligkeit ihres Tuns in der NS-Zeit. Zu einer weiteren Ausdehnung des Täterspektrums kam es zudem durch die Ausstellung über die ‚Verbrechen der Wehrmacht', durch die die Legende von der ‚sauberen Wehrmacht' auch in einer breiteren Öffentlichkeit infrage gestellt wurde und die bisher gültige Trennung von der ‚bösen' SS einerseits und der ‚guten' Wehrmacht andererseits nicht mehr aufrechtzuerhalten war.[16]

Während sich in der NS-Forschung die Täterbilder mittlerweile immer mehr ausdifferenziert haben und immer neue Tätergruppen aus einer kollektivbiographischen und generationsspezifischen Perspektive erforscht werden[17], sind die in einer breiteren Öffentlichkeit kolportierten Täterbilder nach wie vor (oder wieder?) sehr eng. Tatsächlich ist in der Öffentlichkeit und den Medien wieder ein verstärktes Interesse an den NS-Tätern, vor allem an den NS-Führungseliten, aber auch an den so genannten ‚einfachen Menschen' zu orten. Diese Tendenz der Personalisierung des Nationalsozialismus, die sich vor allem, aber nicht nur in Guido Knopps schematisierten TV-Dokumentationen ‚Hitlers Krieger', ‚Hitlers Ärzte', ‚Hitlers Soldaten' usw. zeigt, geht mit altbekannten Dämonisierungen und vielfältigen Viktimisierungen einher.[18]

Die ‚Täterbilder' sind in den NS-Nachfolgegesellschaften Deutschland und Österreich weitgehend ident. Eine österreichische Variante ergibt sich aus der österreichischen ‚Opferthese' und der damit einhergehenden Externalisierung und Verlagerung des Nationalsozialismus auf ‚die Deutschen', als deren Opfer sich ‚die Österreicher' präsentieren konnten. Es handelt sich dabei um eine im kollektiven österreichischen Gedächtnis tief verankerte Vorstellung, die auch Eingang im populärkulturellen Bereich fand. So wird beispielsweise in vielen Filmen dem fanatischen und zackigen ‚deutschen Nazi' ein ‚gemütlicher', letztendlich harmloser ‚österreichischer Nazi' gegenübergestellt. Diese beschönigende Trennung ist angesichts der historischen Fakten nicht haltbar. In diesem Zusammenhang wird – in Anspielung auf den in der österreichischen Gesellschaft tief verankerten Antisemitismus und die Beteiligung vieler ÖsterreicherInnen an der Verfolgung, Vertreibung und Vernichtung der Juden – ein bitteres Bonmot kolportiert, wonach die Deutschen zwar ‚die besseren Nazis', die Österreicher aber die ‚besseren Antisemiten' gewesen wären. Als österreichischer Prototyp des opportunistischen ‚Mitläufers' im Nationalsozialismus firmierte die von Helmut Qualtinger kongenial dargestellte fiktive Figur des ‚Herrn Karl', die Mitte der 1980er Jahre in der Person des Präsidentschaftskandidaten Kurt Waldheim eine konkrete Entsprechung fand. Auch wenn Waldheim als ehemaligem Wehrmachts-Verbindungsoffizier keine Mittäterschaft an NS-Verbrechen zur Last gelegt werden konnte, so galt er vielen durch seinen affirmativen Rekurs auf seine ‚Pflichterfüllung' und durch seine ‚Gedächtnislücken' als Personifizierung von Opportunismus, mangelndem Unrechtsbewusstsein und Verdrängung in Österreich schlechthin.[19]

Selbstverständlich spiegeln die kolportierten Täterbilder nicht die realen NS-Täter eins zu eins wider, sondern sie sind Konstrukte, die auf dem Prinzip der Nachträglichkeit beruhen. Die nach Kriegsende vor Gericht angeklagten und somit ‚sichtbaren' Täter, wie etwa Adolf Eichmann bei seinem Prozess, erscheinen oft ‚schwach' und ‚jämmerlich' und lassen nichts mehr von der ehemaligen Machtfülle, Arroganz und dem Vernichtungswillen dieser Menschen ahnen. Vielmehr haben wir es bei den vorherrschenden ‚Täterbildern' mit nachträglichen (Selbst-)Präsentationen und (Selbst-)Stilisierungen, Wahrnehmungen und Zuschreibungen zu tun, die als Folien für die heutigen Vorstellungen über die Täter dienen.

Ähnlich verhält es sich auch in den Familien, denn auch die Nachgeborenen kennen ihre Väter in erster Linie als Nachkriegsväter und leiten ihre Vorstellungen vom Vater in der NS-Zeit stark von seinem Verhalten in der Nachkriegszeit und ihren konkreten persönlichen Erfahrungen mit ihm ab. Diese Nachträglichkeit in der Wahrnehmung nimmt mit der zeitlichen Distanz noch zu, so kennen viele Nachkommen der dritten Generation ihren Großvater nur als alten Menschen, als ‚lieben Opa', den sie in ihrer Vorstellung nur schwer mit einem in der Hochblüte seines Lebens und seiner Macht stehenden Menschen und möglichen Täter in Einklang bringen können.

Die zweite Generation hat ihre Väter unmittelbarer – als Familienvater und Erzieher – in der unmittelbaren Nachkriegszeit erlebt. Auch über die ‚aus dem Krieg' heimgekehrten Nachkriegsväter gibt es relativ stereotype Vorstellungen und Bilder, die durch persönliche Erfahrungen und Erinnerungen der NS-Nachkommen, aber auch durch sozialpsychologische Studien untermauert werden.[20] Nach 1945 standen die ehemals mächtigen und in ihren Taten staatlich legitimierten Täter als ‚geschlagene Helden' und ‚Verlierer' da. Die Figur des heimgekehrten Vaters als übermächtige und strafende Autoritätsperson, an dem die Liebes- und Zärtlichkeitsbedürfnisse des Kindes abprallen, gehört zum fixen biographischen Topos in der NS-Nachfolgegeneration. Gerade weil die Werte und Ideale, für die die Väter einmal gekämpft hatten, zerstört waren, versuchten die heimgekehrten Väter jene Autorität, die sie als politische Akteure verloren hatten, zumindest in der eigenen Familie aufrechtzuerhalten. Demnach erscheint die Familie als Ersatz-Identität der als Staatsbürger gescheiterten und als Soldaten geschlagenen Väter und die Kinder als unfreiwillige StabilisatorInnen ihres zerbrochenen Selbstwertgefühls.[21] Gleichzeitig waren die Väter durch den Krieg und möglicherweise auch ihre eigenen Taten psychisch beschädigt, sie litten fallweise an Depressionen, Gereiztheit und Aggressionen, die sie durch ihr autoritäres Verhalten zu überspielen versuchten. Eine andere Reaktionsbildung der Väter gegen die sie bedrängenden Depressionen war ihre „manische Überaktivität" (Mitscherlich) nach dem Krieg, ihre heroische Arbeitsdisziplin und Leistungsmoral, sodass in gewisser Weise „Arbeit als Verdrängungsarbeit" fungierte.[22] Der ökonomische und politische Wiederaufbau wurde mit dem „Ingrimm enttäuschter Idealisten" in Angriff genommen und die Vergangenheit hinter sich gelassen: „Ruhe, Wohlstand, Kalter Krieg und bloß nicht an die Vergangenheit rühren – das war ihr ganzes weltanschauliches und politisches Credo."[23]

Dieses eindeutig negative Vaterbild widerspricht den weit verbreiteten Vorstellungen vom zwar überzeugten Nationalsozialisten, der in der Familie aber ein lieber, vorbildlicher, treu sorgender Ehemann und Vater war. Diese strikte Trennung zwischen ‚bösem' NS-Täter einerseits und ‚gutem' liebenden Familienvater andererseits bezieht sich sowohl auf die Väter in der NS-Zeit als auch in der Nachkriegszeit. Einem Einwand des Psychoanalytikers Lutz Rosenkötter zufolge sind derartige ‚Vatertypen' zwar im Einzelfall möglich, aber keineswegs charakteristisch. Vielmehr bestätigen sich seinen Erfahrungen nach die Forschungsergebnisse von Adorno und seinen Mitarbeitern über den „autoritären Charakter"[24], die einen Zusammenhang zwischen einem autoritären politischen Weltbild und einem autoritären, auf Unterwerfung des Kindes zielenden Erziehungsstil sichtbar werden lassen.[25] Das heißt: Die Wahrscheinlichkeit, dass sich die autoritären Strukturen des NS-Vaters auch in den Familien fortsetzen, ist groß.

Vaterpräsentationen bei den ‚Kindern der Täter'

Im Folgenden sollen einige der von meinen InterviewpartnerInnen präsentierten ‚Vaterbilder' vorgestellt und auf folgende Fragen hin näher beleuchtet werden: Welche konkreten persönlichen Erfahrungen haben die Söhne und Töchter mit ihnen als Väter und Erzieher gemacht und wie hat sich die Vater-Kind-Beziehung im Laufe ihres Lebens entwickelt? Wie wird der Vater aus heutiger Sicht bewertet und welchen Stellenwert nimmt dabei der Nationalsozialismus im Allgemeinen und die potenzielle oder tatsächliche Täterschaft des Vaters im Besonderen ein? Die Frage der Täterschaft wird abschließend noch einmal aufgegriffen. Hierbei ist zu fragen, welche der eingangs skizzierten ‚Täterbilder' in den Köpfen der Nachgeborenen präsent sind, welche nicht und welche mit den eigenen Vätern in Zusammenhang gebracht werden. Werden die eigenen Väter überhaupt als ‚Täter' wahrgenommen und wenn ja, wie wird die (potenzielle oder tatsächliche) Täterschaft des Vaters von den Söhnen und Töchtern aus heutiger Sicht bewertet, sprich: wie gehen sie damit um? Andererseits ist zu fragen, welche Argumentationen und

Strategien es gibt, die eigenen Väter – oft entgegen aller historischen Faktenlage – aus dem Täterkreis auszuschließen?

Die Auswahl der ,Vaterbilder' ist nach folgenden Kriterien und Überlegungen erfolgt: Grundsätzlich habe ich Fallbeispiele ausgewählt, in denen den Vätern eine wichtige Rolle zugewiesen wird. Das zentrale Auswahlkriterium war der jeweilige Zugang der Söhne und Töchter zu ihren (NS-)Vätern, die in ihrer Vielschichtigkeit, Ambivalenz und Unterschiedlichkeit in Form von ,kleinen Porträts' veranschaulicht und analysiert werden sollen. Die daraus resultierenden ,Vaterbilder' sind trotz ihrer Individualität charakteristisch für verschiedene Verarbeitungsformen in der NS-Nachfolgegeneration.[26] Ein weiteres Auswahlkriterium waren die unterschiedlichen Grade der NS-Involvierung der Väter, um somit nach möglichen Differenzen/Ähnlichkeiten bei den Vaterpräsentationen von ,kleinen Nazis' und erwiesenen NS-Tätern fragen zu können. Schließlich habe ich die Problematik der ,abwesenden' Väter mit einbezogen, da dies einer Grunderfahrung der zweiten Generation entspricht und mich die Frage interessiert, ob und wie die fehlende gelebte Erfahrung mit dem ,realen' Vater das jeweilige ,Vaterbild' beeinflusst hat.

Der ,Nazi-Vater': Be- und Entlastungen

Vaterbild RT

Reinhild Teschner (Jg. 1946) war eine der ersten InterviewpartnerInnen, mit denen ich Kontakt aufgenommen habe. Ihre belastete Familiengeschichte war mir aus einer Zeitungsreportage bekannt, worin sie auf sehr anschauliche Weise die familiäre Präsenz des Nationalsozialismus bis weit in die Nachkriegszeit hinein beschrieben hatte. Frau Teschner, die Geschichte studiert hat und unter anderem als Journalistin arbeitete, war sofort zu einem Interview bereit, wobei sie halb scherzhaft meinte, dass dies „eigentlich (ihr) Thema" sei, weil sie immer schon einmal darüber forschen wollte.[27]

An der NS-Involvierung und NS-Gesinnung ihres Vaters (Jg. 1907) lässt sie keinen Zweifel: Er war illegaler Nationalsozialist, Mitglied der SS und hatte als Gauschulungsleiter eine relativ hohe Funktion im NS-Regime inne. Nach 1945 musste er sich der Entnazifizierung unterziehen, blieb aber auch nach seiner Wiedereinstellung als Lehrer seinen politischen Überzeugungen treu und war nach wie vor im rechten Kärntner Milieu aktiv. Der Vater war zum Zeitpunkt des Interviews seit ungefähr fünf Jahren tot und ist – wie Reinhild Teschner salopp formulierte – „als alter Nazi in die Ewigkeit eingegangen".[28] Frau Teschner, eine sehr resolute Frau und routinierte Erzählerin, die mich bereits im besagten Vorgespräch auf eine „Horrorgeschichte" vorbereitet hat, beginnt ihre Eingangspräsentation folgendermaßen:

> RT: [...] ich wurde äh also bin das fünfte, Kind bin die letzte, also von fünf wir sind fünf Kinder und, also meine Mutter hat fünf Kinder gekriegt innerhalb von acht Jahren, was ich persönlich einen Wahnsinn find aber, so wars. Das erste ist 1938 geboren und das letzte 1946. Und die **Rache** der **Natur** war dass es vier Mädchen waren und ein Knabe nur ja, weil meine Eltern waren beide also überzeugte Nationalsozialisten und wollten natürlich auch dem Führer die K- Söhne

schenken, aber es sind halt vier Mädchen worden und ein, Knabe der ist genau in der Mitte. Und **wir** haben das natürlich also wir Mädchen haben das natürlich zu spüren bekommen weil wir sind, wie sichs gehört als Menschen zweiter Klasse behandelt worden, von **beiden** sinnigerweise. Also sowohl meine Mutter als auch mein Vater haben uns immer das Gefühl vermittelt dass wir eh nix wert sind ja. Und ja, ich bin in einer schwierigen Zeit geboren, weil damals meine Mutter also äh also also ich bin gezeugt worden im Mai fünfundvierzig nachdem sich mein Vater als also Mann deutscher Ehre freiwillig gestellt hat wurde er, k-kam er in Kriegsgefangenschaft sie hat nicht gewusst wohin und bevor er abmarschiert ist hat er mich gezeugt, ja, das war so zusagen das Abschiedsgeschenk. [lacht leicht] Ja es muss eine wahnsinnig schwierige Situation für meine Mutter gewesen sein weil zuerst war sie die Frau vom Krie-Kriegshelden dann plötzlich war sie die Frau die Frau vom Kriegsverbrecher. Mein Vater war Gauschulleiter in Kärnten und war also immer in der Propagandamaschinerie drinnen, und war aber weil er sehr strebsam war, ist er natürlich sehr bald bei der SS ja, und war einfach ein wirklich, überzeugter Nazi ja, als Sohn seines Vaters der, mein Großvater [...] hat die NSDAP in Kärnten aufgebaut. [...] (RT 1)

Bereits in dieser Eingangspräsentation wird die Erzählhaltung und der sehr spezielle Redestil von Frau Teschner deutlich: Sie erzählt sehr lebendig und anekdotenhaft, direkt und oft etwas übertreibend und bedient sich durchgehend eines ironischen Tonfalles. Zwischenfragen, um das Gespräch in Gang zu bringen bzw. zu halten, sind meist nicht nötig, sondern ihre Erzählungen gehen oft nahtlos von einem Thema ins andere über und sie scheint am Erzählen Vergnügen zu finden. Ihre Erzählweise entspricht ganz ihrem Selbstbild, wonach sie sehr kommunikativ sei und gerne „Gschichtln drucken" würde. Die in ihrer Eingangspräsentation und in jeder ihrer Geschichten mitgelieferten Deutungen sind stark von ihrer heutigen politischen Orientierung als Linke und Feministin sowie von ihren Erfahrungen aus ihrer Psychoanalyse geprägt. Die Eltern werden gleich zu Beginn als „überzeugte Nationalsozialisten" eingeführt, deren familiäre Fortpflanzung im Dienste des ‚Führers' erfolgt und geschlechtsspezifisch hierarchisiert gewesen sei. Ihrer Interpretation zufolge waren sie und ihre Schwestern „Menschen zweiter Klasse" und sie selbst das Produkt der drohenden ‚Niederlage' im Mai 1945. Auch für die Mutation des Vaters vom „Kriegshelden zum Kriegsverbrecher" hat Frau Teschner nur Spott übrig. Auf der privaten Ebene charakterisiert Reinhild Teschner ihren Vater ebenso schonungslos: „Also mein Vater war sehr, war ein wirklicher Tyrann, ein **elender Macho** der zu Hause **nichts** angegriffen hat, der nur herumkommandiert hat und der nur Terror gemacht hat ja." (RT 9) Dieses extrem negative Vaterbild wird im Laufe des gesamten Interviews durchgehalten. Da der Vater in ihren ersten Lebensjahren wegen seiner Kriegsgefangenschaft und Internierung von der Familie getrennt gelebt hatte, hat sie ihn erst im Alter von drei Jahren bewusst „wahrgenommen". Wie viele andere Nachkriegstöchter auch[29] konnte sie nach seiner Rückkehr zu dem ihr ‚fremden Mann' keine positive Beziehung aufbauen:

RT: [...] also aus meiner Sicht hat sich das so dargestellt, ich war drei Jahre plötzlich kam da, ein Mann daher ja. Das ist mein Vater, wurde mir gesagt:

„Das ist dein Va-“ also ich kann mich an das net erinnern aber also dumpf [...] ich hab auch nie eine richtige Beziehung zu diesem Menschen gehabt also es war **Angst** eine **Angst** erfüllte Beziehung weil er so grob und so brutal war und nur, also er hat immer **nur** geprügelt ja ich kann mich **nicht erinnern** wann ich **nicht**, verdroschen wurde von ihm ja also ich bin **richtig**, also **bis**, ich war zweiundzwanzig wie er mir das letzte Mal eine runtergehaut hat und, da hab ich dann zurückgeschlagen ja, und das war dann der Schlusspunkt. Ja dann hab ich mir gedacht vielleicht hätt ich früher zurückschlagen sollen (RT 6)

Ihre Kindheit und das Familienleben stand nach der Darstellung von Frau Teschner ganz im Banne des autoritären Vaters, der die gesamte Familie tyrannisierte, wie sie an unzähligen Beispielen veranschaulicht. Ihre Schilderungen decken sich geradezu idealtypisch mit den eingangs beschriebenen heimgekehrten Nachkriegsvätern, den geschlagenen ‚Helden', die mit allen Mitteln versucht haben, zumindest in ihren Familien ihre verloren gegangene Macht und Autorität aufrecht zu erhalten.[30] Das Essen musste pünktlich am Tisch stehen und wenn es ihm nicht schmeckte, habe er kurzerhand den Teller samt Inhalt an die Wand geworfen (ein aus heutiger Sicht unvorstellbares Verhalten, das auch von anderen ‚Kindern der Täter' überliefert ist[31]); bei Tisch durfte nicht gesprochen werden, es sei denn die Kinder wurden vom Vater gefragt, in der Familie habe zudem eine „totale Leibfeindlichkeit“ geherrscht, wo Gefühlsbekundungen und Zärtlichkeiten absolut tabu waren. (RT 13-15) Vor diesem Hintergrund erscheint Frau Teschner meine etwas zögernd vorgebrachte Frage nach einem möglichen kindlichen Wunsch nach (körperlicher) Nähe zu ihrem Vater geradezu absurd, die sie mit weiteren Belegbeispielen brachialer elterlicher Erziehungsmethoden zurückweist:

I: Und wie war das so zwischen Eltern und Kindern, war das so dass Sie manchmal am Schoß Ihres Vaters gesessen sind, oder der Mutter, oder so Momente-
RT: Also das Bedürfnis auf dem Schoß des Vaters zu sitzen hatte ich also mein ganzes Leben **nie**. Meine Geschwister übrigens auch nicht. [...] Na der war so gefürchtet, dass also, der hat ja nur geprügelt ja, und und oder gebrüllt oder oder oder, äh was wa- (ich) müsste heute noch meinen Hausarrest absitzen ja. Jeden jeden dritten Tag hab ich 6 Wochen Hausarrest gekriegt.
I: So Strafen und Sanktionen-
RT: Ja und so. Und meine Mutter hatte die wunderbare Eigenschaft das ist der Grund warum ich keine Ringe trag, äh mit ihrem Ehering so, [zeigt es vor] übers Gesicht zu ziehen, das ist auch ein feiner Schmerz, ja, das ist so was Angenehmes.
I: Also so hat die Mutter das gemacht?
RT: Ja ja, also die Mutter hat immer vorgestraft und hat dann uns alle verpfiffen. Dann mussten wir uns früher als wir noch kleiner waren wie die Orgelpfeifen aufstellen und mussten den Vater um die gerechte Strafe bitten ja. Und der hat-
I: Wie-
RT: Habacht ja. Die Orgelpfeifen fünf Stück, also, und wir bitten den Vater um die gerechte Bestrafung, für das was wir angestellt haben ja.

> I: Also war das so ein Begriff die „gerechte Bestrafung"?
> RT: Empfehle die Literatur von Franz Innerhofer, da kann mans literarisch verarbeitet nachlesen, es war genau das gleiche- **Scheitelknien** ja.
> I: Mhm, das haben sie auch tun müssen?
> RT: Alles ja selbstverständlich ja Scheitelknien, Ecke stehen, Scheitel- also **nur** Ecke stehen war ja noch angenehm aber dann Scheitelknien, [...] also wir sind wirklich so was von geschlagen worden das ist un- der Vater war dann irgendwie so, der hat sich so schön warmgeschlagen ja. So, aus seiner Sicht, und wenn er dann bei mir angekommen ist da war er so richtig in Fahrt und dann ist es losgegangen ... (RT 14)

In diesem düsteren Familien- und Kindheitsszenario wird neben der Prügelstrafe als weitere Bestrafungsmethode das so genannte „Scheitelknien" [Knien auf spitzen Holzstücken] genannt, das in vielen (nicht nur nationalsozialistischen) Nachkriegsfamilien üblich gewesen zu sein scheint, worauf sich auch Frau Teschner mit ihrem verallgemeinernden Hinweis auf Franz Innerhofers Kindheitsroman *Schöne Tage* bezieht. In dem Bild des „Warmschlagens" und der väterlichen Aufforderung an die Kinder, um eine „gerechte Strafe" zu bitten, werden sadistische Züge sichtbar, die ebenfalls nicht untypisch für diese Elterngeneration zu sein scheinen.[32] Die in der Familie vermittelten und absolut gültigen Erziehungswerte, von Reinhild Teschner unter den Schlagworten „Kuschen, blinder Gehorsam, Disziplin und Ordnung" (RT 16) zusammenfassend auf einen Nenner gebracht, runden das negative Gesamtbild ab. Trotz der Wucht der von Frau Teschner präsentierten familiären Gewalt frage ich noch einmal nach eventuellen positiven Kindheitserfahrungen, die es – so meine Annahme – möglicherweise auch gegeben hat, wenn auch überlagert von der nachträglichen Negativwahrnehmung von Frau Teschner. Doch diese Frage wird von ihr verneint und mit weiterem Anschauungsmaterial elterlicher Gewalt abgeschmettert. So erzählt sie plastisch, wie sehr sie das gemeinsame Wandern und Schwammerlsuchen gehasst habe („eine grauenhafte Tortur") und wie sie der Vater beispielsweise beim Schifahren „mit dem Stock über den Hang geprügelt" habe. (RT 15) Angesichts dieser so negativ erlebten Kindheitserlebnisse mag es nicht verwundern, wenn Frau Teschner zu dem Schluss kommt, dass die „schönste Zeit" ihrer Kindheit gewesen wäre, wenn die Eltern einmal für ein paar Tage nicht zuhause gewesen wären. Abgesehen von dieser seltenen Absenz der Eltern, die ihr geradezu als „Paradies" erscheint, findet meine Interviewpartnerin sonst keinen einzigen ‚Pluspunkt' auf der Habenseite des elterlichen, besonders des väterlichen Kontos.

Sollte Reinhild Teschner jemals positive Kindheitserfahrungen gehabt haben, so scheinen sie unter der erlebten väterlichen Gewalt und ihrer heutigen kritischen Perspektive vollkommen verschüttet zu sein. Möglicherweise hat auch die Tatsache, dass sie ihren Vater aufgrund seiner Abwesenheit in der Kriegsgefangenschaft und im Internierungslager erst mit drei Jahren kennen gelernt hat, dazu geführt, dass sie keine (früh)kindliche Gefühlsbindung ihm gegenüber entwickelt hat. Dieser zumindest in unserem Gespräch sich zeigende Mangel an positiven Gefühlen führt bei Frau Teschner schließlich zu einem eindeutig negativen ‚Vaterbild', das frei ist von jeder Ambivalenz. Aber auch die Mutter wird nicht geschont und nicht – wie sonst oft – dem negativen Vater als positives Gegenbild gegenübergestellt, sondern sie erscheint als aktiv und ‚effektiv' Strafende, sowie als ‚Denunziantin' und ‚Helferin' des strafenden Vaters. Im Gegensatz zum Vater kann die Mutter allerdings mit einer gewissen Empathie der Tochter rechnen, die aus ihrem feministischen Blickwinkel heraus ihre Entwicklung von einer selbstbewussten Frau in der Kriegs- und Nachkriegszeit über ihren sukzessiven Rückzug in das patriarchalische Familiensystem bis hin zu ihrem tragischen Selbstmord Ende der 1960er Jahre nachzeichnet.[33]

Wie eingangs erwähnt, steht Frau Teschner als jüngstes Kind am Ende der Geschwisterfolge, doch sie ist keineswegs die Einzige, die unter ihrem Vater gelitten hat. Auch die drei älteren Schwestern werden von ihr als ‚Opfer' des Vaters präsentiert, dessen autoritäres Verhalten sich nachhaltig negativ auf deren Leben ausgewirkt hätte. Während zwei ihrer Schwestern mittlerweile ebenso „überzeugte Antinazi" wie sie selbst sind, ist der Bruder, der einzige, lang ersehnte Sohn, politisch in die Fußstapfen des Vaters getreten. Zu ihm hat Frau Teschner sowohl wegen der ihm zugeschriebenen negativen Charaktereigenschaften als auch wegen seiner politischen Haltung ein sehr angespanntes Verhältnis. (RT 6)

Sich selbst präsentiert Frau Teschner als aktive und willensstarke Persönlichkeit. Zwar sei auch sie zum Opfer der väterlichen Gewalt geworden, gleichzeitig habe sie sich als Einzige erfolgreich gegen die väterliche Autorität aufgelehnt und sei auch gegenüber der rechten Indoktrination (z.B. im nationalen Jugendlager) resistent geblieben. Trotz oder vielleicht gerade wegen einiger charakterlicher Ähnlichkeiten mit ihrem Vater (Härte, Sturheit, Durchsetzungskraft) sei ihr die Abgrenzung von ihm und ihrem Herkunftsmilieu letztendlich geglückt. Anders als ihre Schwestern, die vom Vater „verstoßen" wurden, sei sie „freiwillig gegangen" (RT 4), nachdem es durch ihr zunehmendes Wissen über den Nationalsozialismus aus ihrem Geschichtestudium zu permanenten Konflikten gekommen sei. Den endgültigen Bruch mit dem Vater vollzog sie allerdings erst sehr viel später, etwa Mitte der 1980er Jahre, als sie für zehn Jahre den Kontakt mit ihm abgebrochen hat. Erst zum 90. Geburtstag des Vaters versammelte sich die Familie (mit Ausnahme einer Schwester) noch einmal im Elternhaus, wo es beinahe zu einer unverhofften kleinen Annäherung gekommen wäre, die Frau Teschner anschaulich schildert:

> RT: [...] Plötzlich war er 90, und dann bekam ich natürlich die Einladung zum neunzigsten Geburtstag ja. Ja dann, hob wieder die Telefoniererei an mit meinen /Geschwistern/[lachend], was machen, weil die waren, die [...] sind dann meinem Beispiel irgendwie gefolgt ja, und äh, also dann sind wir hingefahren [...] Und ich muss sagen ich war eigentlich froh, ja weil plötzlich stand so ein kleines Männchen vor mir, so gebückt ja. Und mein Vater der war ja immer riesengroß für mich ja, vor dem hab ich mich immer gefürchtet und plötzlich hab ich auf den runtergeschaut ja, so hinuntergeschaut ja. Und äh, es war irgendwie dann auch ganz **nett** eigentlich ja, weil äh, er hat sich dann äh wirklich uns **gestellt** ja, er hat dann gesagt, also jetzt sollten wir dann doch einmal miteinander reden-
> I: Das ist von ihm ausgegangen-
> RT: ja, hat er von ihm gekommen, hat gesagt, „Wenn ihr schon alle da seids, dann reden wir doch miteinander" ja. Hab ich gesagt „gut, reden wir miteinander" ja.

I: Was wurde dann geredet?
RT: Dann haben wir also die die die die R. [zweitjüngste Schwester], also meine, die ist ja so, die ist ein so bissel der Boss der Familie ja, die [...] hat dann da diese Diskussion sozusagen geleitet und angefangen, und äh er hat dann also so angefangen, also, er hat dann wirklich angefangen, zu reden warum er äh also in den K- also warum er also ein Nazi war, [kurze Unterbrechung durch Handyläuten] [...] Also wo waren wir grad?
I: Diese Aussprache, das würde mich interessieren, was da gesprochen wurde?
RT: Ah diese Aussprache ja, und da da hat mein Vater angefangen also zu **erzählen**, äh so quasi warum er Nationalsozialist geworden ist ja, und das war ganz interessant, er hat so richtig angefangen ja, und dann ist was passiert, wofür ich diese Frau [zweite Ehefrau des Vaters] wirklich, also ich hätt ihr können eine, also, äh ich ich hab mich wirklich beherrschen müssen ja, ich hab den Raum verlassen weil sonst hätt ich mich vergriffen, weil ich bin ja auch so jähzornig ich kann, also ich mein ich hab das Erbe in mir ja, ich habs nur glaub ich erfolgreich bekämpft ja. Aber, dann ist diese, zweite Frau ja, die hat plötzlich gesehen, dass die ganzen Kinder um ihn herum sitzen ja, und wir haben **wirklich**, also es das das hätt schon, das hat eine **Qualität**, äh gehabt und hätte eine weitere haben können, und was macht dieser Trampel ja, die ihr ganzes Leben lang war sie Volkschullehrerin in der ersten Klasse, das **prägt** ja, **kein Gespür für nix ja**, kommt sie mit der Torte ja. Mit den Kerzen und dann war natürlich **aus** ja. [Haut auf den Tisch] Dann mussten ja die Kerzen ausgeblasen werden, dann die Torte schneiden und so und das das wars ja.
I: Und was hat er da angefangen zu erzählen?
RT: Ja er hat uns erklärt dass er, dass er halt irgendwie, äh wie hat er das gesagt, ja also äh, durch seinen Vater natürlich, ja, ist er zu dem Ganzen gekommen und er, er war halt der Meinung dass das da richtige Weg ist ja. Aber weiter ist er nicht gekommen ja. Er ist nicht sehr viel weiter gekommen.
I: Hat er das so rechtfertigend gesagt oder einfach erklärend-
RT: Nein überhaupt net, sondern er wollt einmal er wollt einmal sozusagen, dass wir aus- von **ihm** hören, wie wie das sich **ihm** dargestellt hat ja.
I: Dass Sie das leichter verstehen können-
RT: Ja. Und und die R. [Schwester] hat dann noch versucht also irgendwie des zu retten und dann ääh, weil er gesagt hat es tut ihm so weh dass die G. [zweitälteste Schwester] nicht da ist ja, und äh dann dann hat hat die R. gesagt, ja, „aber es ist dir wohl klar warum sie nicht **da** ist" ja. Ja hat er gesagt, „ja ich hab viele Fehler gemacht", und dann hat er eben angefangen so so Ding, und dann war das halt wieder zu Ende, aber er war zumindest, also man hat gemerkt, er will irgendwie ein Ding und. [...] (RT 23-24)

Diese Interviewpassage über die zaghafte Annäherung ist in mehrerlei Hinsicht interessant: Der Entschluss von Frau Teschner, trotz der zehnjährigen Kontaktsperre die Einladung zu seiner Geburtstagsfeier anzunehmen und dabei für ihre Geschwister sogar beispielgebend gewesen zu sein, lässt auf eine gewisse Versöhnungs- oder zumindest Gesprächsbereitschaft ihrerseits schließen. Tatsächlich interpretiert Frau

Teschner ihre Entscheidung im Nachhinein als richtig. Denn einerseits bedeutete die Konfrontation mit dem alten, geschwächten Vaters („kleines Männchen") eine oft erlebte Umkehr der familiären Machtverhältnisse.[34] Andererseits wurde das Wiedersehen unverhofft „ganz nett" und führte zu einer ansatzweisen Annäherung zwischen dem Vater und den erwachsenen Kindern, da der Vater erstmals Bereitschaft zu einer „Aussprache" und sogar zur Selbstkritik zeigte. An dieser Stelle blitzt im Interview erstmals ein kleiner Moment familiärer Geschlossenheit auf, der allerdings Frau Teschner zufolge durch die Geschäftigkeit der zweiten Frau des Vaters, die somit die Rolle des Sündenbocks zugespielt bekommt, umgehend zerstört wird. Was genau der Vater in dieser Situation gesagt hatte bzw. vermitteln wollte, wird trotz mehrmaligem Nachfragen nicht ganz klar. Es scheint einerseits um ein Eingeständnis seines Versagens als Vater, andererseits um einen Erklärungsversuch für seine politischen Aktivitäten im Nationalsozialismus gegangen zu sein. Auch wenn der Vater vermutlich nicht viel gesagt hat, so rechnet die Tochter ihm allein schon seine vorher nie gekannte Gesprächsbereitschaft hoch an.[35] Dies zeigt auch stellvertretend, wie dankbar die meisten Söhne und Töchter schon über die geringsten Anzeichen von Einsicht bei den Eltern sind und dass die ihnen oft zugeschriebene Unversöhnlichkeit eher die Ausnahme als die Regel ist.

Die hier angesprochene Rolle des Vaters im Nationalsozialismus bleibt das ganze Interview über relativ unkonkret. Zwar macht Reinhild Teschner aus seiner hohen NS-Funktion nie einen Hehl (sie verwendet sogar einmal die Zuschreibung „Kriegsverbrecher") und lässt auch an seinen einschlägigen politischen Auffassungen und Aktivitäten nach 1945 keinen Zweifel, gleichzeitig bleibt die politische Verantwortung des NS-Vaters im Gespräch weitgehend ausgeklammert. Nur einmal, auf meine konkrete Nachfrage hin, geht Frau Teschner kurz darauf ein:

> I: [...] Haben Sie oft ganz konkret gefragt, was hat mein Vater getan, hat er wen umgebracht oder waren solche Fragen-
> RT: Äh ja also das hab ich natürlich schon äh Ding, äh. (I: Wo war er?) Er war immer, also das hab ich schon irgendwie nachrecherchiert dann, aber er war wirklich immer nur in der Propagandama-, also er war nie an der Front wirklich ja. Also so so richtig einer Verletzungsgefahr hat er sich **nie** ausgesetzt.
> I: Also Broschüren geschrieben und so Reden-?
> RT: Ja er hat halt Reden gehalten und vor allem haben sie gesungen ja, das ist ja das Allerschlimmste ja. Also der war so (in einem) Doppelquintett, dieses Kärntner Lehrerquintett ja. Und schöne Geschichten. [...] (RT 25)

Auf meine Frage nach ihren Vorstellungen über mögliche Taten ihres Vaters geht Frau Teschner nicht ein (was ihr allerdings durch meine ablenkende Zwischenfrage erleichtert wird), sondern sie fokussiert seine politische Rolle auf seine Propagandatätigkeit, wobei sie das an und für sich relativ harmlos einzustufende „Singen von Kärntnerliedern" als besonders negativ hervorhebt. Obwohl Frau Teschner sonst zu keiner wie immer gearteten Entlastungstendenz dem Vater gegenüber neigt, sondern ihn viel eher ‚belastet', spricht aus dieser Interpretation doch eine gewisse Entpolitisierung der väterlichen Aufgabe als Gauschulungsleiter, als welcher er für die weltanschauliche Propaganda und Indoktrination zuständig war. Frau Teschner, die

Journalistin ist, hat nach eigenen Angaben zwar einmal im Dokumentationsarchiv des Österreichischen Widerstandes (DÖW) nachrecherchiert und dort die Bestätigung für die SS-Mitgliedschaft ihres Vaters erhalten, alles andere entzieht sich aber ihrer Kenntnis.

Auffallend ist, dass sich Frau Teschner trotz ihrer betont intellektuell-kritischen, antifaschistischen Positionierung offensichtlich wenig für die tatsächlichen Aktivitäten ihres NS-Vaters (insbesondere als SS-Mitglied) zu interessieren scheint – sie imaginiert ihn nicht als potenziellen Täter. Obwohl sie im Laufe des Gesprächs wiederholt betont, wie sehr sie durch ihr späteres Wissen „schockiert" gewesen sei und wie sehr sie als SS-Tochter gelitten habe, bleibt diese emotionale Betroffenheit im Interview allgemein und abstrakt. Lediglich in ihrer Erzählung darüber, wie sie vor rund zehn Jahren zufällig erfahren hat, dass der von ihr als Kind sehr geliebte Großvater ebenfalls ein führender illegaler Nationalsozialist gewesen war, ist ihre damalige Erschütterung noch heute spürbar. (RT 25) Ihrem Vater gegenüber überwiegt hingegen die Ablehnung und emotionale Distanz, was durch ihre routinierte Redeweise mit sehr fest gefügten Erzählmustern und einer Portion Ironie als zusätzliches Distanzierungsmittel noch unterstrichen wird und letztendlich Ambivalenzen in ihrem eindeutig negativen ‚Vaterbild' nicht aufkommen lässt.

Vaterbild EJ

Ein gänzlich anderes ‚Vaterbild' liefert meine Interviewpartnerin Erika Jelaschitz, die sich von dem Zeitungsartikel über mein Projekt angesprochen gefühlt und sich sehr interessiert an einem Gespräch gezeigt hat, da sie sich gerade mitten in einer Auseinandersetzung mit ihrer Familiengeschichte befand. Auch ihr Vater (Jg. 1914) war ein aktiver und überzeugter Nationalsozialist. Nach Wissen der Tochter ist er bereits 1934 der SS beigetreten, er wurde Mitglied der Leibstandarte-SS Adolf Hitler, einer auf Hitler persönlich vereidigten SS-Elitetruppe, die 1939 in die Waffen-SS integriert wurde.[36] Im Laufe des Krieges hat sich der Vater freiwillig zum Kriegsdienst gemeldet, wo er an den unterschiedlichsten Fronten eingesetzt war. Nach 1945 wurde er Frau Jelaschitz zufolge zwei Jahre in Wolfsberg interniert und schließlich am Grazer Landesgericht ‚entnazifiziert'. Nach einem Berufsverbot und einer Übergangsanstellung in Flüchtlingslagern erhielt er schließlich eine Stelle als praktischer Arzt in einer ländlichen Gemeinde in der Steiermark, wo auch Erika Jelaschitz 1950 geboren wurde. An der politischen Gesinnung des Vaters scheint sich auch nach 1945 wenig geändert zu haben, denn er bewegte sich bis zu seinem Tod 1998 im Milieu der ‚Ehemaligen' und stand politisch der FPÖ nahe. Außerdem besuchte er regelmäßig (gemeinsam mit seiner Frau) die jährlichen Kameradschaftstreffen der Ärzte der SS-Leibstandarte, war Bezieher recht(sextrem)er Zeitschriften und geriet als solcher bei den Ermittlungen bei den Briefbombenattentaten in den 1990er Jahren ins Visier der Staatspolizei. Auch in der Familie, in der der Vater – wie ich noch aufzeigen werde – im buchstäblichen Sinne des Wortes ‚das Sagen' hatte, machte er aus seiner Gesinnung kein Geheimnis.

Frau Jelaschitz, die ich als aufgeschlossene und politisch engagierte Gesprächspartnerin erlebe, erzählt im Laufe des Interviews sehr ausführlich über das Fortwirken der nationalsozialistischen Ideologie in der Familie und im elterlichen Bekanntenkreis. Trotzdem – und dazu im Widerspruch – meint Frau Jelaschitz eingangs, sich „überhaupt nicht erinnern" zu können, als Kind jemals etwas gehört zu haben, das mit der NS-Zeit oder „etwas Politischem" zu tun hatte. (EJ 1) Vielmehr zeichnet sie ein sehr unpolitisches und harmonisches Bild ihrer Kindheit und des Familienlebens, angefüllt mit positiven Erinnerungen an ihren Vater, über den sie im gesamten Interview kein schlechtes Wort verliert:

> I: Und wie hat sich das Familienleben so abgespielt, haben Sie was gemeinsam gemacht, gesungen, gewandert oder-
> EJ: Ja. Also gesungen haben wir bei jeder Gelegenheit mehrstimmig und, bei jeglichen bei jeder Autofahrt und, ähm, wir haben sehr viel, äh, also meine Eltern sind beide unternehmungslustig gewesen wie sie jung waren mein Vater bis ziemlich, bis ziemlich alt, ähm wir sind Schifahren gegangen wir sind wandern gegangen wir sind, **sehr früh**, mit also wirklich bescheidensten Mitteln, äh mit Zelten VW-Käfer und drei Kindern, ähm nach Italien gefahren und ich hab so die ganzen oberitalienischen Städte, als Kind gesehen und und, haben dort auch die, also mein Vater ist sehr kommunikativ und wir haben dort, was weiß ich mit Engländern und Franzosen und Italienern und so Kontakte geschlossen eben, die haben uns dann auch besucht und, ähm, wir waren, es war daheim immer viel los. [...] (EJ 15)

In diesem harmonischen Familienbild weist Frau Jelaschitz ihrem Vater eine zentrale und ausschließlich positive Rolle zu. Die Mutter, die in der NS-Frauenschaft tätig gewesen war und sich nach 1945 ganz den Bedürfnissen des Vaters untergeordnet und somit eine sehr traditionelle Frauenrolle eingenommen hat, bleibt in der Darstellung der Tochter eher im Hintergrund bzw. wird oft in den elterlichen Plural mit eingeschlossen. Bereits in ihrer Eingangspräsentation erwähnt Frau Jelaschitz, dass sie ihren Vater „sehr verehrt" habe und ihm auch aus heutiger Sicht noch „sehr viel verdank(e)". (EJ 2) Ihr besonders gutes Verhältnis zum Vater begründet sie mit der spezifischen Geschwisterkonstellation in ihrer Familie. Frau Jelaschitz ist 1950 geboren und war das dritte von insgesamt vier Kindern, sie hat zwei ältere Brüder (Jg. 1939 und 1945) und eine um neun Jahre jüngere Schwester (Jg. 1959). Da ihre Brüder schulbedingt nicht mehr im Elternhaus wohnten, war Frau Jelaschitz für längere Zeit das einzige Kind in der Familie und hat ihrer Meinung nach aufgrund dieser Familienkonstellation eine besondere Nähe zum Vater erfahren:

> EJ: [...] und, ich war einfach da, hab mir also die ganzen Gschichteln immer anhören müssen teilweise habens mich fadisiert weil er hat ja ned nur über den Krieg, stundenlang erzählt also er hat mir, was weiß ich den Otto-Motor erklärt oder, oder also so [lacht kurz] /es war furchtbar spannend, wie Sie sich vorstellen können/ [lachend], ähm, ich, wenn ich viel mit ihm unterwegs war also ich war drauf angewiesen dadurch dass das so am Land war wenn ich dann in die Musikschule gegangen bin oder was dass er mich mit dem Auto, hinfährt oder dass er mich zumindest abholt, also ich war viel mit meinem Vater auch allein unterwegs [...] (EJ 16-17)

Frau Jelaschitz beschreibt ihren Vater nicht nur als netten, umgänglichen Familienvater, mit dem sie sehr gern zusammen gewesen war, sondern auch als aktiven und kommunikativen Menschen mit einem großen Freundeskreis, der an Bildung, Reisen und internationalen Kontakten interessiert war, was auf eine gewisse Weltoffenheit schließen lässt. Zwar deutet Frau Jelaschitz an, dass ihr Vater im höheren Alter „mühsamer" und starrköpfiger geworden sei (EJ 17), trotzdem hat ihr positives Vaterbild, das nicht unbedingt den gängigen Vorstellungen über einen ehemaligen SS-Mann entspricht, keine Risse. Meine Frage nach negativen Kindheitserlebnissen beantwortet Frau Jelaschitz etwas ausweichend, indem sie die gegensätzliche Wahrnehmung ihrer Schwester thematisiert und damit indirekt auch negative Seiten des Vaters anspricht, sie selbst bleibt aber prinzipiell bei ihrem positiven Urteil:

> EJ: Ähm, das ist äh, ich habs, nicht so schlimm erlebt, ähm, wenn ich heut also ich, ich hab mit meiner Schwester einen sehr guten Kontakt, und es ist sehr, sehr klass mit ihr zu reden weil sie einfach, andere Eltern erlebt hat dadurch dass sie zehn Jahre, natürlich älter waren, und eben sie, eher, das Mutterkind war und ich eher das Vaterkind und wenn wir das heut vergleichen ist das sehr interessant und **sie** hat sich vor dem Vater gefürchtet. **Sie** hat gefunden der ist, äh streng gewesen, der ist stur gewesen, ich hab das eher als Herausforderung immer gesehen, also ich weiß dass ich mich sehr bemüht hab, äh also so wirklich eine typische Vatertochter ne also dem, dem, dem Vater das recht zu machen. Und, bei manchen Sachen sag ich heut noch, ich bin ihm einfach auch dankbar zum Beispiel hat mein Vater unheimlich drauf beharrt immer dass man sprachlich genau ist, und dann hat er, so lang gefragt [...] bis man, bis man sich also (richtig ausgedrückt hat) also er hats ned durchgehen lassen [...] und das, seh ich als Förderung meine Schwester hats als, **Schikane** empfunden. Und (bei) meinen Brüdern, wars wahrscheinlich auch so [...] (EJ 17)

Der in dieser Passage diagnostizierte unterschiedliche Blick der Geschwister auf den Vater, insbesondere die kritisch-distanzierte Einschätzung der Schwester, scheint das positive Vaterbild von Frau Jelaschitz nicht weiter zu beeinflussen. Sie betont, dass sie „relativ wenig schwarze Pädagogik erfahren" habe (EJ 18) und sie zieht ein für ihre Generation ungewohnt positives Resümee: „Meine Erziehung war, an und für sich, ähm, war sie **super**, denk ich mir, also was beiden Eltern sehr, also was sie beide gelebt haben war, [...] entwickle deine Fähigkeiten und ein sehr frühes Ernstnehmen." (EJ 13) So untypisch eine derartig positive Einschätzung der elterlichen Erziehung in der NS-Nachfolgegeneration ist, so typisch waren andererseits die in ihrer Familie als wichtig erachteten und von den Kindern eingeforderten Erziehungswerte. Auch in ihrer Familie dominierten die für Nachkriegsfamilien geradezu ‚klassischen' Werte wie etwa Pünktlichkeit, Ordentlichkeit, Sauberkeit, Tüchtigkeit und Treue, wobei gerade letztere Kategorie, wie auf meine Nachfrage hin deutlich wird, auch eine ideologische Komponente in sich trug:

> I: Was haben sie [die Eltern] drunter verstanden, unter Treue?
> EJ: Ähm, so diese, Stammestreue so quasi, also man ist, man ist der Familie treu zum Beispiel. Also was immer auch kommt aber über die, über die lässt

man nix kommen, und auch, also das find ich ja ohne weiters positiv, auch ähm, so, um wen man sich einmal, gekümmert hat oder wen man wen man kennt den lässt man nicht fallen. Also zu dem steht man. Und das hat mein Vater auch, vorgelebt. (EJ 19)

Die hier angesprochene „Treue zur Familie", impliziert allerdings auch die Forderung, den Loyalitätspakt innerhalb der Familie nicht aufzulösen, was beispielsweise durch eine kritische Hinterfragung der väterlichen Aktivitäten im Nationalsozialismus geschehen wäre. Frau Jelaschitz spricht diesen Aspekt jedoch nicht an, sondern erzählt im Anschluss daran ein Beispiel der vom Vater ‚vorgelebten Treue', wo dieser sich für einen ehemaligen jüdischen Schulfreund (der 1938 aus Österreich vertrieben worden war) und dessen nachträgliche Anerkennung seines Doktordiploms eingesetzt hat. (EJ 19-20) An anderer Stelle des Interviews wird deutlich, dass die vom Vater propagierte unbedingte ‚Treue' auch für seine ehemaligen NS-Gesinnungsgenossen galt, in deren Kreisen er nach wie vor verkehrte und mit denen er die tiefe Verachtung für die sich an das demokratische System der Zweiten Republik anpassenden ehemaligen NationalsozialistInnen, die „Abtrünnigen", geteilt hat. (EJ 27)

Auch Frau Jelaschitz hält ihrem Vater die Treue. Sie hat ihn lange Zeit weder als private noch als politische Person kritisch hinterfragt und sich niemals gegen ihn aufgelehnt, ganz im Gegensatz zu ihrer jüngeren Schwester, die bereits sehr früh gegen die Eltern rebelliert und sich von ihnen abgegrenzt hat. Abgesehen von pubertätsbedingten Auseinandersetzungen zwischen Vater und Tochter, die sich im Rahmen der üblichen Generationskonflikte der späten 1960er Jahre bewegten (Miniröcke, Rockmusik), blieb Frau Jelaschitz sehr lange die ‚brave' Tochter ihres Vaters. Auch bei ihrer Studien- und Berufswahl ordnete sie sich vorerst den Wünschen ihrer Eltern nach einem ‚anständigen', mit den weiblichen Anforderungen von Familie und Kinder vereinbaren Beruf unter und wurde Lehrerin. (EJ 30-33) Die fallweisen Konflikte zwischen Frau Jelaschitz und ihrem Vater waren aber nicht tief gehend und haben sich vor allem nicht auf seine NS-Vergangenheit bezogen. Die politisch motivierten Auseinandersetzungen setzten, wie Frau Jelaschitz selbst mehrmals betont, „erst sehr spät" ein, nämlich ungefähr Mitte der 1980er Jahre, im Zusammenhang mit den vergangenheitspolitischen Debatten um Kurt Waldheim, die zu einem „Bruch" mit den Eltern geführt haben. (EJ 32)

Frau Jelaschitz hatte ihre Bereitschaft für ein Interview damit begründet, dass sie erst „im fortgeschrittenen Erwachsenenalter" erkannt hätte, wie sehr sie von ihrem verstorbenen SS-Vater, aber auch von ihrer noch lebenden Mutter und deren „deutschnationalen Einstellungen" geprägt worden sei. Erst in jüngster Zeit sei ihr bewusst geworden, dass sie „etliches verdränge, nicht hinschauen (wolle), um (ihre) Eltern zu schützen".[37] Die zentrale Frage für sie lautet, warum sie so lange unkritisch geblieben ist, obwohl der Vater aus seinen NS-Überzeugungen niemals einen Hehl gemacht hatte und sie sich mittlerweile politisch vom Elternhaus entfernt hatte. Meine Interviewpartnerin sucht nach Erklärungen und liefert teilweise ihre Deutungen gleich mit. Neben den familiären Loyalitätsbindungen und dem Schonverhalten ihren Eltern gegenüber sieht sie den Hauptgrund für ihre jahrzehntelange Nicht-Auseinandersetzung vor allem im Viel-Reden ihres Vaters, der immer einen Anknüpfungspunkt fand, über die NS-Zeit und den Krieg zu sprechen. Er erzählte offen über seine Aktivitäten als illegaler Nationalsozialist, über seine Funktionen und Aktivitäten im Nationalsozialismus, über seine nach 1945 erfolgte Internierung und Entnazifizierung und auch aus seinen anhaltenden NS-Überzeugungen (Antisemitismus und Rassismus, eine ausgeprägte Homophobie, Vorurteile gegen Slawen und Partisanen) machte er keinen Hehl.

Aufgrund dieser väterlichen Offenheit vermeinte Frau Jelaschitz sehr viel über ihren Vater im Nationalsozialismus zu wissen. Mittlerweile hat sie aber erkannt, „dass man auch durch Vielreden nichts sagen kann"[38] und die Geschichten des Vaters in ihrer (Über-)Fülle letztendlich mehr vernebelten als klärten. Es war nicht nur die Menge an Informationen, die ein Nachfragen so lange überflüssig erscheinen ließ, sondern vor allem die Art des Erzählens, die dem Vater zugeschriebene „nicht plakative" Erzählweise, die Erika Jelaschitz mehrmals im Interview hervor streicht:

> EJ: [...] mein Vater hat von **sich** aus viel erzählt, bis zum Schluss eigentlich, ähm, wobei ich heut, also **ziemlich** spät draufgekommen bin, ähm dass es ein paar Lücken gibt die ich nicht weiß. Also, ich hab erst vor kurzem, äh beschlossen die, die zu füllen. [...] Ähm, und die, über die hat er immer so, hinweggeredet, und, die Beeinflussung oder die Prägung, ist viel subtiler gelaufen. Also so dass man, ähm, das was, was gut und wahr und schön ist, ähm das ist einfach so als, äh selbstverständlich vermittelt worden also das ist nicht, das ist nicht **gesagt** worden also es ist auch so, ich mein meine Eltern sind ja beide ned unintelligent, und es ist nie, **plakativ** geredet worden, darum wunderts mich ja heut so dass ich mir denk, wie sie so drauf abgefahren sind ja (EJ 2)

Angesichts der exponierten Funktion des Vaters in einer SS-Eliteeinheit und seiner offenbar ungebrochenen NS-Überzeugungen habe ich mich gefragt, was Frau Jelaschitz unter einem „subtilen", und „nie plakativen" Erzählen versteht und wie sie ihre mehrmals getätigte Zuschreibung der politischen „Differenziertheit" des Vaters (wobei sie die Mutter häufig in ein elterliches Plural einschloss) begründet. Aus diesem Grund nahm die familiäre Kommunikation über den Nationalsozialismus im Interview relativ breiten Raum ein:

> I: [...] Sie haben gesagt, der Vater hat viel erzählt [...], also wie hat er geredet, was hat er erzählt?
> EJ: So dass äh, also es hat sich sehr viel um, Alltag im Krieg gehandelt, wenn ich das so unter Anführungszeichen sagen kann, ähm, wobei, wenn ich das aus heutiger Sicht sagen würde, das immer so geklungen hat wie ein großes Pfadfinderlager, ned, also so die, die Kameradschaft und das, äh, was sie gemeinsam alles durch gestanden haben. Und mir war als Kind immer nur wichtig, äh und das was ich das hab ich öfter gefragt „hast du jemanden erschossen". Also **das**, das war mir wichtig das wollt ich nicht haben, dass, ein Vater den ich, sehr **verehrt** hab, dem ich dem ich auch sehr viel **verdank** muss ich dazusagen also er hat mich, sehr gefördert oder so, ähm, ist ein sehr kommunikativer Mensch ein sehr vielseitig begabter Mensch gewesen, ähm, **das** hat mich immer interessiert und ich hab mich so immer auch beruhigt, weil er war ja die ganze Zeit hindurch Arzt, an der Front. Und, und das, muss ein Guter sein nen, ich sags

> jetzt, von kindlicher Sicht her, aber er hat, er hat auch differenziert geredet, ähm, jetzt über, NS-Größen, also er, hat dieser Fraktion angehört die Hitler eher für einen Proleten gehalten haben. Ähm, obwohl er eine Zeitlang in der Leibstandarte gewesen ist, aber, also „der er der war, und ei- kein großer Stratege" und und und „Russland hat uns in den Ruin gebracht", er hat sogar dann später einmal, hat er einmal gesagt, ähm dass das Attentat, nicht geklappt hat war ein großer, war war war schade oder war, also da, es wär gut gewesen wenn es da zu Ende gewesen wäre, nichtsdestotrotz hat er gefunden, ähm, die Deutschen sind einfach die, die die Herrenmenschen obwohl das Wort zu Hause nie gefallen ist in dem Sinn, nen, also das ist gut und wahr und schön, und so die Bedrohung war vor allem, also für ihn warens, ned die Juden, sondern, waren immer so die aus dem Osten. Also er hat noch gesagt 1989, nach der Wende, „jetzt ist das endlich erreicht wofür wir gekämpft haben", nen. (EJ 2-3)

An dieser und vielen anderen von der Tochter wiedergegebenen Erzählungen des Vaters wird deutlich, dass der Vater nach wie vor ein überzeugter Nationalsozialist war und sich die familiäre Kommunikation offenbar zwischen den Tradierungsmustern der anhaltenden Faszination für den Nationalsozialismus und nachträglichen (partiellen) Distanzierungen bewegte. Diese widersprüchliche Erzählhaltung hat offenbar ein genaueres Nachfragen verhindert. Zwar hat die Tochter als Kind – wie viele andere Kinder auch – die Standardfrage an ehemalige Wehrmachtsväter gestellt, ob er im Rahmen von Kriegshandlungen ‚jemanden erschossen' habe, ohne aber seine Antwort darauf wiederzugeben. Als Beruhigung diente ihr als Kind die Annahme, dass er „die ganze Zeit hindurch" Arzt gewesen sei und schon allein deshalb nicht ‚schuldig' geworden sein konnte. Offensichtlich hinterfragt Frau Jelaschitz diese kindliche und möglicherweise trügerische Schlussfolgerung auch noch als Erwachsene nicht wirklich, denn sie thematisiert eine mögliche konkrete Täterschaft des Vaters, die angesichts seiner Funktionen keineswegs ausgeschlossen werden kann, an keiner Stelle des Interviews. Vielmehr scheint sie auch heute noch teilweise den verharmlosenden Erzählungen des Vaters zu erliegen, die sich auf den Kriegsalltag und die Kameradschaft konzentrierten und seine Tätigkeit in der SS-Leibstandarte des ‚Führers' verharmlosten und entpolitisierten:

> EJ: Na, dort hat er immer nur so die lustigen Gschichtln was sie, zu ihm habens immer gesagt der Schrumpfgermane, obwohl er 1,84 ist und die andern waren alle 1,90 oder so oder mindestens, und ähm, und so den zackigen Ton und, also er hat so, eben, so wie wenn ich erzählen würd, we-welche Freundinnen ich hab, ne, also da-, da kam nie ein politischer Hintergrund oder was vor. Sondern da waren immer nur die persönlichen Gschichteln über den, über den Herrn, sowieso und den Herrn sowieso [.........]
> I: Hat er das nicht vermittelt, diesen Elitecharakter-
> EJ: Er hat sich ein bissel drüber lustig gemacht, ähm weil er gesagt hat die haben sich alle als was Besseres gefühlt dort, und, äh, und hat eben diese, diese ganzen zackigen Typen, imitiert und und und nachgemacht und über die erzählt, ähm, und dass er nicht so akzeptiert war als, als schlaffer Österreicher so, das war das, was er erzählt hat.

I: Und hat er dann Hitler persönlich getroffen?
EJ: Äh, **er** hat gesagt er hat, sie haben ganz in, irgendwie ganz in der Nähe, ähm, wie war das, in der Zeit weiß ichs jetzt nicht, ich weiß dass er gesagt hat er hat einmal mit meiner Mutter **Urlaub** gemacht in der Nähe vom Berghof, und das war so schrecklich ähm, zu sehen wie gewöhnlich und wie, und wie, ähm, äh ja was das für ein Mandl [kleines Männchen] war der, eigentlich eine lächerliche Figur. Also so, das, das war dann was was, so ned zusammen passt für mich oder ganz, oder dann doch wieder. Also ich denk mir er war in der Fraktion, die gedacht haben sie sind noch etwas viel Besseres als, also sie könnten wenn sie also die SS könnte wenn sie wollte noch was viel Besseres als der Herr Hitler (sein). (EJ 6)

Die nachträgliche Abgrenzung des Vaters von Hitler und anderen NS-Größen wird von Frau Jelaschitz immer wieder als *ein* Beleg für die ihm zugeschriebene „differenzierte" Haltung gegenüber dem Nationalsozialismus angeführt. Offenbar wurde der ‚Führer' von ihren Eltern nicht glorifiziert, ganz im Unterschied zu den Elternhäusern ihrer Freundinnen, wo „quasi im Herrgottswinkel der Hitler gehängt" sei. (EJ 6) Vielmehr machte sich der ehemalige SS-Elitesoldat – wohl aus einem elitären Standesdünkel heraus – nachträglich über Hitler lustig, ebenso wie über Göring und Goebbels, über die im familiären Kreis immer wieder Witze kursierten, wohingegen andere NS-Führer (wie z.B. der NS-Außenminister Ribbentrop) bei den Eltern hoch angesehen waren. (EJ 6) Der Vater von Frau Jelaschitz bediente sich noch einer weiteren Form der nachträglichen Distanzierung, der in Österreich sehr beliebten Unterscheidung in die ‚zackigen Deutschen' und die ‚gemütlichen Österreicher'. Damit klinkt sich der Vater (wie übrigens viele österreichische Wehrmachtssoldaten) nachträglich aus der ehemaligen großdeutschen ‚Volksgemeinschaft' (bzw. in seinem Fall: dem ‚Wir'-Kollektiv der SS) aus und ordnet sich wieder in ein österreich-patriotisches ‚Wir' ein. Außerdem wird durch die den jeweiligen nationalen Kollektiven zugeschriebenen Attribute (‚zackig' und ‚schlaff') ein geringeres politisches Engagement der Österreicher suggeriert bzw. von der nachfolgenden Generation daraus abgeleitet. Bei Frau Jelaschitz führte die unpolitische anekdotenhafte Erzählhaltung des Vaters jedenfalls zu einer ‚harmlosen', kindlichen Vorstellung über die SS-Leibstandarte:

EJ: Als Kind hab ich mir immer vorgestellt das ist so wie, ähm, wie die wie die Garde, beim beim beim Bundesheer oder so hab ich hab ich mir gedacht also das waren so, hat für mich so geklungen, ned.
I: So wie so ein Soldat, eine Garde?
EJ: Wie wie, zum Aufputz, wie die, die vorne weg marschieren wenn ein Staatsbes- Besuch kommt so, also so hab ich mir das als Kind vorgestellt, nen, ich hab, nie nachgefragt ... (EJ 7)

Dieses durch die Erzählungen des Vaters genährte entpolitisierte Bild lässt sie beinahe vergessen, dass der Vater immerhin Mitglied einer SS-Eliteeinheit war, die aufgrund ihrer rücksichtslosen Kriegsführung und Beteiligung an verschiedenen Kriegsverbrechen berüchtigt war.[39] Als weiteren Beleg für die dem Vater zugeschriebene politische ‚Differenziertheit' führt Frau Jelaschitz das in ihrer Familie positiv tradierte ‚Zigeunerbild' an. Es ist außerhalb der Fachkreise kaum bekannt, dass es in der SS durchaus auch Positionen gab, die bestimmte Roma und Sinti als ‚arisch' ansahen und diese deshalb von der systematischen Vernichtung ausschließen wollten.[40] Möglicherweise vertraten auch ihre Eltern diese Sichtweise. Jedenfalls ist Frau Jelaschitz dieser Sachverhalt nicht bekannt und sie kann dieses positive ‚Zigeunerbild' weder in ihre Vorstellungen über den Nationalsozialismus einordnen, noch mit den gleichzeitigen Ressentiments der Eltern gegen „Asoziale" in Einklang bringen:

> EJ: [...] aber das mit die Zigeuner das, da muss irgendwas, ähm **entweder** hats da irgendwelche, äh, persönlichen Kontakt oder was gegeben oder so, aber sie haben das, **beide** sowohl Vater als auch Mutter, haben immer [...] gesagt das war der große Fehler Hitlers, dass er äh, dass er, was gegen die Zigeuner gehabt hat, weil das sind doch Arier. [..........] Die haben, die haben irgendwie ein, äh eine musikalische Ader und die, die haben eine interessante Sprache und, ähm, und da kam immer so als Zusatz, „und der Hitler hat den Fehler gemacht, dass er die, verfolgt hat" oder so nen. Also, **das** sind so Sachen wo ich mir denk also es ist bei mir eben **nicht**, es ist, in **keiner** Weise irgendwo was schwarz-weiß abgelaufen. Und drum hab ich auch so lang gebraucht, ähm, bis ich mich dann, **selber**, ähm, bis ich dann selber was gelesen hab oder bis e- bis ich mich selber interessiert hab, weil ich das so **hingenommen** hab ned, ich denk mir wenn man als, als Kind den Eltern gegenüber wenn man den Verdacht hat, ähm, das ist eine, eine plakative Meinung, dann komm ich geschwinder auf den Punkt wo ich sag, da muss (es) noch eine andere Seite geben. Aber ich hab nie das Gefühl gehabt dass es jetzt nur einseitig geschildert wurde, sondern das war halt so. Dadurch hab ich auch nicht nachgefragt. (EJ 9)

Insgesamt entsteht im Interview der Eindruck, dass es Frau Jelaschitz weniger um die einmal aufgeworfene Frage, warum der Vater trotz seiner angeblichen Differenziertheit für den Nationalsozialismus anfällig geworden ist („darauf abgefahren ist"), geht, sondern vielmehr um die Frage, warum *sie* so lange, um es mit ihren Worten zu sagen, auf den Vater „abgefahren" ist.

Bei Frau Jelaschitz haben es die positiv erlebten Charaktereigenschaften des Vaters und ihre guten Erfahrungen mit ihm zweifellos erleichtert, ein persönliches Naheverhältnis zu ihm aufzubauen und infolgedessen ein positives Vaterbild zu entwickeln. Wie bereits mehrmals erwähnt, sind Vaterbilder aber nicht nur Produkte von realen Kindheitserfahrungen, sondern immer auch individuelle Konstrukte, die eigenen Bedürfnissen entgegenkommen und bestimmten Zwecken dienen. In diesem Fall erfüllt das positive Vaterbild möglicherweise die Funktion, die eigene, aus heutiger Perspektive langjährige fragwürdige Kritiklosigkeit zu erklären und vielleicht auch zu legitimieren: Denn warum hätte sie einen derart ‚lieben' und ‚differenzierten' Vater kritisch hinterfragen sollen?

In der Wahrnehmung von Frau Jelaschitz war der Vater aber nicht nur ein ‚guter' Familienvater, sondern letztendlich auch ein ‚guter Nazi'. Somit stellt ihre Vaterpräsentation ein totales Gegenbild zu jener von Frau Teschner dar, die keine positiven Facetten ihres Vaters gelten lässt und bei der der tyrannisch erlebte Familienvater und der überzeugte Nationalsozialist eine negative Einheit bilden. Frau Jelaschitz hingegen spaltet den überzeugten Nationalsozialisten, der ihr Vater eben auch war, vom ‚privaten' Vater total ab und stellt auch kaum Fragen nach einer – aufgrund seiner Gesinnung und Funktionen durchaus möglichen – Täterschaft. Auf diese Weise kann ihr positives Vaterbild weitgehend unbeschädigt bleiben.

Mittlerweile hat Frau Jelaschitz erkannt, dass sich die von ihr vorgenommene Vater-Konstruktion nicht mehr vollends aufrechterhalten lässt. Sie setzt sich schon seit längerem mit dem Nationalsozialismus auseinander und heftet sich in jüngster Zeit auch konkret dem NS-Vater auf die Spur. Bei ihren Archivrecherchen (bei denen sie sich bezeichnenderweise wie eine „Verräterin" vorkommt) ist sie tatsächlich auf etliche Unklarheiten und Widersprüche gestoßen und muss ihre bisheriges vermeintliches Wissen über den Vater relativieren bzw. revidieren. Sie beginnt zu ahnen, dass er wohl doch tiefer in den Nationalsozialismus verstrickt war, als sie es bisher wahrnehmen konnte und wollte.[41] Da der Recherche- und damit einhergehende Reflexionsprozess von Frau Jelaschitz noch nicht abgeschlossen ist, muss vorläufig offen bleiben, ob ihr positives Vaterbild durch diese neuen Informationen ernsthaft in Frage gestellt wird oder ob die im Interview sichtbare Abspaltung des NS-Vaters vom ‚lieben' Familienvater, auf den kein Schatten fällt, auch künftig aufrechterhalten werden kann.

Vaterbild BP

Im Unterschied zu den zwei bisher vorgestellten ‚Vaterbildern', die in ihren Zuschreibungen zwar sehr gegensätzlich, in ihrer Ausrichtung aber eindeutig ‚gut' oder ‚böse' sind, zeichnet meine Interviewpartnerin Brigitte Podinsky ein wesentlich ambivalenteres ‚Vaterbild', das permanent zwischen diesen zwei Zuschreibungen changiert. Auch Frau Podinsky hat sich auf den besagten Zeitungsartikel telefonisch bei mir gemeldet und im Vorgespräch eine kritische Haltung gegenüber ihrer belasteten Familiengeschichte signalisiert. Sie ist als Psychotherapeutin tätig und zeigt sich im Interview als sehr offene und interessierte Gesprächspartnerin.[42]

Ihr Vater (Jg. 1922) war jünger als die Väter von Frau Teschner und Frau Jelaschitz und konnte daher schon allein altersbedingt noch keine führende Position im NS-System einnehmen. Nichtsdestotrotz war auch er ein überzeugter Nationalsozialist, er war HJ-Führer und diente im Krieg in der Wehrmacht. Nach seiner Entnazifizierung und Internierung in Glasenbach bewegte er sich nach wie vor im Kreis der ‚Ehemaligen' und war führend im rechtslastigen Österreichischen Turnerbund (ÖTB) tätig. Als erfolgreicher Unternehmer unterstützte er die FPÖ, insbesondere den damals aufstrebenden Jungpolitiker Jörg Haider, sowohl politisch als auch materiell. Auch der Großvater väterlicherseits war tief in den Nationalsozialismus verstrickt, da seine Firma Gas für das KZ Mauthausen geliefert hatte, weswegen ihm nach 1945 in Nürnberg ein NS-Prozess drohte.[43] Die Mutter von Frau Podinsky war ebenfalls überzeugte Nationalsozialistin und wegen ihrer Funktion als hochrangige BDM-Führerin nach 1945 in Glasenbach interniert. Die Beziehung der Tochter zur Mutter wird in einem eigenen ‚Mutterbild' vorgestellt werden.

Frau Podinsky ist 1951 als mittlere von insgesamt drei Töchtern geboren und ist nach eigenem Angaben in einem „Großfamilienverband" im ‚Ehemaligen'-Milieu aufgewachsen. Neben einer Haushälterin nennt Frau Podinsky ihren Vater als „wichtigste Bezugsperson", allerdings nur bis zu ihrer Pubertät, wo es zu heftigen Konflikten mit ihm gekommen sei: „[...] Und dann ist das ein bissel auseinander gegangen, bis zu einem totalen Bruch und dann, haben wir uns wieder gefunden." (BP 1) In diesem kurzen Satz bündelt Frau Podinsky ihre Beziehung zum Vater, angefangen vom Naheverhältnis ihrer Kindheit über die konfliktreichen Jahre der Pubertät und ihres Erwachsenenlebens bis hin zu einer fallweisen Wiederannäherung und seinem überraschenden Tod Mitte der 1990er Jahre. Die wechselvolle Beziehung zu ihrem Vater spiegelt sich auch in der Ambivalenz ihres Vaterbildes wider, die auch in der folgenden Interviewpassage gut sichtbar wird:

> BP: [...] Also der Vati war dann eher so derjenige der die emotionale, der die Emotionalität da in die Familie gebracht hat. Also sie [die Mutter] war da schon eine **sehr** verschlossene, sehr, sehr **kalte Frau** obwohl sie, vom Typ her eine sehr herzliche warme Person ist. [..........] (da war) eben dieses Harte und dieses, äh einfach so einen einen Menschen brechen wollen zum Beispiel, ja. Ich mein die Mutter hats halt, im Speziellen mit mir so gemacht, beim Vater hab ichs erlebt also im Büro, wie der oft mit diesen Lehrlingen gesprochen hat obwohl er wirklich ein ein **lieber herzlicher Mensch** war, das ist im Alter dann raus gekommen, aber der hat einen **Ton**, also, da **gruselts** mir **heute** noch wenn ich dran denk ja, ich mein die haben da Habacht stehen müssen wenn die rein gekommen sind bei der Tür, und wenn da, und das waren oft so liebe Bauernbuben ja, ich seh sie noch vor mir, [...] so ganz, also, wirklich liebe Menschen, also **phha** [schüttelt sich], also **schrecklich**. Also **schrecklich**. (BP 6-7)

Hier zeigt sich zum einen die bei Frau Podinsky feststellbare Tendenz, dem positiv beschriebenen Vater ein negatives Bild von der Mutter kontrastierend gegenüberzustellen (vgl. ‚Mutterbild' BP). Zum anderen wird aber auch die Brüchigkeit des Vaterbildes deutlich, das nur vordergründig ein positives zu sein scheint, denn immer wieder straft sich die Erzählerin selbst Lügen, indem auf eine positive Bewertung sofort eine negative folgt und umgekehrt. Dieses zwiespältige Vaterbild bestimmt die gesamte Erzählung und ist unter anderem auf die verschiedenen Erzähl- und Erinnerungsebenen, zwischen denen Brigitte Podinsky changiert, zurückzuführen. Manchmal spricht sie aus der Perspektive des Kindes, wo der Vater im wahrsten Sinne des Wortes ‚überhöht' wird, dann wieder aus heutiger Sicht, wo ihre nachträglichen kritischen Bewertungen als eine Art Selbstkorrektiv mit einfließen und sie sich somit innerhalb von nur wenigen Sätzen häufig widerspricht. Diese ambivalente Erzählhaltung möchte ich mit der folgenden Interviewpassage veranschaulichen:

> BP: Also der **Vater** war wenn ich jetzt, aus der Perspektive des Kindes, erzähle, ein, großer schöner, tüchtiger, sportlicher, Mann. Ein sehr bewundernswerter Typ ja, ein sehr, ein sehr, also der ist da oben irgendwo [zeigt nach oben] gewesen. Ich hab ihn sehr geliebt, ich hab ihn **sehr** geliebt, und hab sehr gestritten mit ihm. Also es war so eine, so eine Ha- i- Hassliebe wars auch ned, wir haben **so gestritten**, also anders als mit der Mutti. Wir haben wir haben **so** gefetzt,

also es war, **un**glaublich ja, also speziell auch über diese Themen also er wollt mich da immer, überzeugen davon, dass, also da gings auch um politische Diskussionen, um die FPÖ und so weiter und und ich war ja genau im anderen Lager ich war ja, bin eine SPÖ-Wählerin, gewesen, bis die Grünen dann halt gekommen sind, und, **wir haben so gestritten**, also das kann man überhaupt nicht also wir haben über den ganzen Hof haben wir uns angeplärrt, und es war da trotzdem was, also da war wenigstens eine A- eine Auseinandersetzung da. Das hab ich mit meiner Mutter nicht gehabt.
[..........] Der Vater war der Reibebaum und ich glaub er hat mich sehr geliebt, (ich) glaub er hat mich **sehr** geliebt ich glaub ich war sein Lieblingskind auf einer Seite, also auf der einen Ebene, und meine Schwester war **unglaublich** eifersüchtig auf mich
[.........]
BP: Und, naja und was sie was ich auch eigentlich sehr bewundert hab an ihm, war dass er, also wirklich, mit null angefangen hat, und sich da so hinaufgearbeitet hat, das hat mir schon irgendwie imponiert. Und das ist halt dann reli- relativ schnell gegangen, und er war dann schon sehr großzügig auch, also war ein sehr großzügiger Vater, er hat uns wirklich ein, ein sehr gutes und reiches Leben da auch ermöglicht, also das, muss ich schon sagen.
I: Also so materiell, großzügig?
BP: Materiell, ja, sehr großzügig, es hat uns wirklich an nichts gefehlt. Also da muss ich wirklich sagen das, da verdank ich ihm viel. [...] Und er war ein **unglaublich**, großzügiger Mensch auch den Angestellten gegenüber, vom Finanziellen her, also da er war ganz, wirklich gut im, im Geben er hat, **irrsinnig** viel gegeben. Und gespendet überall und, also das hat mir, das hat mir sehr gefallen. Ah was für mich schrecklich war, war schon se- wie er jung war seine, autoritäre Art. [...] (IS 13-14)

Auf der ‚Habenseite' des Vaters steht sein beruflicher Erfolg und vor allem seine materielle Großzügigkeit, die Frau Podinsky bis heute bewundert. Auch dass der Vater trotz oder gerade wegen der späteren Konflikte immer ein „Reibebaum" für sie gewesen ist und sie sich mit ihm, im Gegensatz zur Mutter, auseinander setzen konnte, rechnet sie ihm positiv an. Auf der Negativseite nennt sie immer wieder seine „autoritäre Art", die sich auch auf das Familienleben ausgewirkt hat, da der Vater als dominanter Familienpatriarch nicht nur die sich unterordnende Mutter, sondern die gesamte Großfamilie beherrscht habe. (BP 14) Da Frau Podinsky als Kind offenbar nicht selbst zum Opfer der autoritären Art des Vaters geworden ist und im Unterschied zu vielen anderen Kindern ihrer Generation auch keine konkrete väterliche Gewalterfahrung machen musste, kann die kindliche emotionale Perspektive relativ unbeschädigt aufrechterhalten bleiben. Brigitte Podinsky bringt ihre Gespaltenheit auf den Punkt und spricht dabei stellvertretend für die Gefühlslage vieler ‚Kinder der Täter':

BP: [...] weil, Sie müssen sich vorstellen, da ist ja, das Problem ist ja das. Auf der einen Seite ist man **Kind** von diesen Eltern oder Großeltern, ja man **liebt** ja die Eltern und die Großeltern ja das ist ja, das ist ja angelegt das ist ja nix Erzogenes, das ist ja einfach da. Und dann hört man so Sachen wo man sich **komplett** distanzieren muss, ja da entsteht ein innerer Konflikt der ist ja fast untragbar. Der ist, **un**erträglich der ist, ist da **zerreißt es** einen ja innerlich. (BP 29)

Wie hermetisch das Familiensystem war und wie tief Frau Podinsky als Kind darin eingebunden war, wird besonders in ihrer Schilderung der familiären Kommunikation über den Nationalsozialismus (= Krieg) deutlich. Aus den Erzählungen ihres Vaters weiß Frau Podinsky nur vage, dass er „bei der HJ irgendwas" gewesen war und gleich nach der Matura in die Wehrmacht eingezogen wurde, dort sei er „in Stalingrad" gewesen, (BP 15) sie weiß aber nichts über sonstige Einsatzorte und Aktivitäten. Diese Unkenntnis besteht trotz oder vielleicht gerade wegen seiner vielen Kriegserzählungen, die für Frau Podinsky als Kind sehr prägend waren und deren Wirkungsmacht sie sich bis heute nicht entziehen kann/will, wie in der folgenden Interviewpassage besonders deutlich wird:

I: Was hat er sonst über die Zeit erzählt?
BP: .... Viel. Vieles schwerst-, ich- für mich ist er ein schwerst traumatisierter Mensch , erw- er hat bis zum Schluss, kurz vor seinem Tod, hat er noch immer also mit meinem S- älteren Sohn, hat er dann, ah das hat mir mein Sohn erzählt, dass er kurz vor seinem Tod noch gesagt hat, „also weißt du ich versteh nicht dass wir den Krieg verloren haben". Also es hat ihn **bis** zum Schluss beschäftigt. Es war für ihn **so** eine Niederlage, dass er das eigentlich bis zum Schluss nicht verkraftet hat.
I: Hat er das sonst auch öfters gesagt?
BP: Nein das hat er sonst nicht gesagt. Nein.
I: Weil oft ist das so kurz vorm Tod dass dann- [...]
BP: Nein das hat er, das hat er also es war kurz bevor er, er ist glaub ich am nächsten Tag ist er dann gestorben, oder am übernächsten Tag, und, was er sehr oft erzählt hat waren ... **ganz** schreckliche Kriegserlebnisse. Und wenn ich mir das, also wenn ich mir das wirklich also mir, mir zerreißt es das Herz wenn ich da hinspür ja, wie so, ich mein ich hab auch zwei Söhne ja aber wenn so ein ein 19-Jähriger da in so einen Krieg gezogen wird und, was sie da alles machen mussten, also da, brrah, also das ist schon schrecklich und da hat er wirklich, **ganz,** furchtbare Sachen erzählt. Wo ich das Gefühl hab dass hat i- das hat er wirklich also es hat ihm da das Herz gebrochen und alles. Das sind so, also wo halt, wo seine Kameraden neben ihm gestorben sind und, wo, wo er in letzter Sekunde noch, was weiß ich aus diesem, Graben, weggelaufen ist und dann hat dort die Bomben oder die Granaten eingeschlagen und, er ist halt, permanent um sein Leben, musste er laufen.
I: Und das hat er Ihnen, als Sie Kinder waren, schon erzählt?
BP: Das hat er **immer** er-, er hat immer, in Situationen-
I: Bei welcher Gelegenheit hat er das so-
BP: das war meistens so, am Abend, wenn so ruhige Momente waren, wenn die Familie so zusammen war, zu Weihnachten, es hat immer Kriegsgeschichten gegeben zu Weihnachten was weiß ich Weihnachten in Stalingrad oder so, die ganze Familie hat **Rotz** und Wasser geflennt immer, ja es war immer bevor

das [...] Christkind gekommen ist, hats eine kleine Feier gegeben wo dann Geschichten erzählt wurden und, oder vorgelesen und und Gedichte vorgelesen, es waren immer so Kriegsgeschichten es war, **grauenhaft**, ja, es war, grauenhaft berührend, also so, wirklich herzzerreißend schrecklich, und wirklich die ganze Familie hat Rotz und Wasser geflennt [...] (BP 15-16)

Wie aus dieser und anderen Interviewpassagen hervorgeht, handelte es sich bei den Kriegserzählungen des Vaters offensichtlich um detailgetreue ‚Überlebensgeschichten', wie sie für ehemalige Wehrmachtssoldaten sehr typisch waren.[44] Die familiäre Vergegenwärtigung des Krieges in der Familie von Frau Podinsky ist offensichtlich dem Tradierungstyp der Überwältigung zuzuordnen, bei der die Vergangenheit erzählerisch reinszeniert wurde und alle Beteiligten noch im Banne des Erlebten standen.[45] Derartige Überlebensgeschichten haben besonders auf kindliche ZuhörerInnen einen tiefen Eindruck hinterlassen und wirken – wie auch im Fall von Frau Podinsky – oft noch lange nach. Sie übernimmt die väterliche Erzählperspektive auch als Erwachsene und versieht sie mit ihren eigenen Deutungen. Ihrer Einschätzung nach waren die Erzählungen des Vaters „nicht ideologisch" geprägt, sondern „richtig Krieg, richtig tiefster Schmerz, tiefste emotionale und seelische Erschütterung". (BP 17) Die dem Vater zugeschriebene tiefe emotionale Erschütterung wird durch das Mitgefühl der Tochter förmlich reinszeniert, denn Frau Podinsky ‚leidet' noch heute mit und stellt keine emotionale Distanz zum Vater her. Ihrer Interpretation nach – und hier spricht sie sicher auch aus ihrer Erfahrung als Psychotherapeutin – war der Vater durch seine Kriegserfahrungen schwer traumatisiert und seinen offensichtlich vorhandenen Drang zum Erzählen sieht sie als eine Form der Bewältigung dieses Traumas: „Ich glaub es war (seine) Art, das aufzuarbeiten." (BP 16)

Ohne leugnen zu wollen, dass Kriegserfahrungen tatsächlich traumatisierend sein können, besonders im jugendlichen Alter, könnte man die Gefühlsbetontheit des Vaters auch als nachträglich inszeniertes Selbstmitleid sowie als Verharren in einer passiven Opferrolle und als vollständiges Ausklammern seines ‚Täter'-Anteils interpretieren. Frau Podinsky stellt die Erzählperspektive des Vaters trotz ihrer kritischen Grundhaltung jedoch nicht in Frage, sondern präsentiert ein entideologisiertes Bild ihres Vaters in der Wehrmacht. Diese Sichtweise ist umso erstaunlicher, da sie als eine der wenigen meiner InterviewpartnerInnen die ‚Wehrmachtsausstellung' gesehen hat, die dort gezeigten Fakten aber in keiner Weise mit ihrem Vater in Verbindung bringt. Darüber hinaus bieten die väterlichen Nachkriegsaktivitäten wenig Anhaltspunkte für eine allzu schonende Interpretation. Im Gegenteil, das bereits erwähnte Engagement des Vaters im ÖTB und in der FPÖ, seine Kontakte zu ehemaligen NS-Führern, sein offener Antisemitismus und Antiamerikanismus sowie seine ungebrochene Bewunderung für Hitler belegen seine ideologischen Überzeugungen und seine politische ‚Unbelehrbarkeit' überdeutlich. (BP 18-20) Frau Podinsky verschweigt diese eindeutige Positionierung des Vaters keineswegs, findet aber gleichzeitig immer wieder Interpretationen zu seinen Gunsten:

I: Und haben Ihre Eltern jemals sowas wie, so eine Art ein- Eingeständnis einer gewissen Schuld oder Verantwortung [...] jemals in ihren Leben ausgesprochen oder vermittelt?

BP: Also, die Mutti nicht, der Vati glaub ich hat das gema- Vati war ein sehr hab ich eh schon gesagt ein sehr großzügiger Mensch, und ein sehr gebender Mensch und ich glaub der hat, ah über diese Schiene, glaub ich unbewusst, wollt er hat er glaub ich viel gut gemacht, nicht wollte er sondern, hat er auch glaub ich.
I: Inwiefern, meinen Sie jetzt?
BP: Er hat einfach viel **gegeben**. Er hat irrsinnig vielen Menschen geholfen, auch in der Firma (I: Gespendet?) wenn es jemanden schlecht gegangen er war **unglaublich** großzügig mit, mit Gewinnausschüttungen, es hat zu Weihnachten also, Prämien in Millionenhöhen gegeben, also er hat auch wirklich den armen Leuten geholfen. Also wenn wer, einen Kredit gebraucht hat so früher war das ja-
[Kassettenwechsel]
BP: Er hat einfach, er hat, er war eigentlich ein guter Mensch, und ich glaub er hat da äh, unbewusst oder bewusst, viel gutmachen wollen, oder gut nicht viel einfach gutmachen wollen.
I: Das glauben Sie jetzt oder hat er das auch ausgedrückt, oder gesagt?
BP: Das glaub ich. Nein das hat er nicht ausgedrückt, nein, nein das hat er nie, er hat nie drüber gesprochen.
I: Und hat er einmal sowas gesagt, „ja, vielleicht war doch nicht alles richtig" oder-
BP: /Nein/ [auflachend]
I: Nie?
BP: [lacht] Das war alles richtig.
I: War alles richtig.
BP: Das war alles richtig. Das wurde **nie** in Frage gestellt, keine Sekunde.
(BP 30-31)

Einmal mehr wird hier der Wunsch der Tochter nach Entlastung ersichtlich, wenn sie die väterliche materielle Großzügigkeit gegenüber seinen Angestellten als eine Art späte und unbewusste ‚Wiedergutmachung' interpretiert. Es finden sich aber nicht nur keine konkreten Anhaltspunkte für diese Vermutung, sondern sie führt diese gleich selbst ad absurdum, indem sie auf meine Nachfrage hin am mangelnden Unrechtbewusstsein und am Fehlen eines Schuldeinbekenntnisses ihres Vaters nicht den geringsten Zweifel lässt. Damit ist die unabdingbare Grundvoraussetzung für eine – auf wen und wie auch immer verlagerte – ‚Wiedergutmachung' schlichtweg nicht vorhanden. Abgesehen davon bliebe zu fragen, wie sich damit die von Frau Podinsky erwähnte gleichzeitige materielle Unterstützung für Jörg Haider und seine politischen Aktivitäten im rechten Milieu vereinbaren lassen.[46]

Die politische Orientierung des Vaters wirkte sich auch auf die Sozialisation der Töchter aus. Wie bereits aufgezeigt, wurde Brigitte Podinsky sehr streng erzogen und hat im nationalen Milieu eine ‚braune Kindheit' erfahren. Mit ihrem studienbedingten Orts- und Milieuwechsel nach Wien kam es erstmals zu politischen Konflikten mit dem Vater. Dieser versuchte die Tochter nach wie vor politisch zu beeinflussen oder, wie sie es ausdrückt, „in seine Gasse zu ziehen", selbst als sie bereits verheiratet war und sich politisch links positioniert hatte. Er abonnierte ihr ungebeten rechtsgerichtete Zeitschriften und wollte aus ihren Söhnen, die für ihn die lang ersehnten ‚Stammhalter' bedeuteten, gegen ihren Willen „richtige deutsche Jungs" machen. (BP 24-25) Die Auseinandersetzungen mit dem Vater führten schließlich sogar zur ‚Enterbung' der aufmüpfigen Tochter und zu einem vorübergehenden Kontaktabbruch, den Frau Podinsky damals durchaus befreiend erlebt hat:

> BP: [...] Ja. Und das war, **wunder**bar. Also für mich, mir hat das so gut getan. Also ich habs Gefühl gehabt ich hab dann, da hab ich, also zum ersten Mal hab ich angefangen zu leben so richtig wie ich von L. weggekommen bin, also weggegangen bin, dann, de- der zweite Befreiungsschub sag ich war auch in der Zeit wo wir keinen Kontakt hatten, und der dritte Befreiungsschub war nach dem Tod meines Vaters. Also so, arg das klingt und so sehr ich ihn geliebt hab. (BP 23)

Dieses Gefühl der ‚Befreiung' nach dem Tod des Vaters – ob explizit ausgesprochen oder nicht – teilt Frau Podinsky mit vielen anderen ‚Kindern der Täter'. Es ist ein nachvollziehbarer spontaner Impuls, besonders dann, wenn dem eine konfliktreiche Vater-Kind-Beziehung vorausgegangen ist. Frau Podinsky jedenfalls präsentiert sich selbst als Kämpfernatur, die den Konflikt mit dem Vater gesucht und auch „voll ausgetragen" habe. (BP 13, 23-25) Diese Selbstpräsentation steht im Widerspruch zur im Interview sichtbaren Bereitschaft von Frau Podinsky, ihren Vater trotz aller Kritik zumindest in Bezug auf seine NS-Involvierung zu schonen. Das mag unter anderem daran liegen, dass diese Konflikte bereits lange vorbei sind und sie für Frau Podinsky heute, nach dem Tod des Vaters im Jahr 1995, nicht mehr jene Relevanz haben, wie es einmal der Fall gewesen sein mochte. Es mag aber auch an ihrem Zugang als Therapeutin liegen, nach psychologisierenden Erklärungen für ein bestimmtes Verhalten (hier: ihres Vaters) zu suchen und Empathie dafür aufzubringen. Möglicherweise ist ihre heutige, um Differenzierung bemühte Auseinandersetzung auch eine bewusste Abgrenzung von ihrer früheren harten Haltung gegenüber dem Vater, die offenbar ansatzweise dem Muster der ‚68er'-Konfrontationen verhaftet war. Obwohl Frau Podinsky durchaus politisch und zeitgeschichtlich interessiert ist, war und ist ihr Interesse am NS-Vater im engeren Sinne letztendlich gering. Meine Frage, ob sie den Vater jemals danach gefragt hat, was er ‚im Krieg' gemacht habe und ob er möglicherweise an Verbrechen beteiligt gewesen sei, beantwortet sie folgendermaßen:

> BP: [...] Ah ich hab ihn gefragt, er hat nicht drüber gesprochen. Er hat man konnte mit ihm über diese Sachen nicht sprechen.
> I: Aber Sie haben ihn gefragt?
> BP: Ich hab ihn gefragt ja. Ich hab ihn gefragt ob er-
> I: Wie haben Sie-
> BP: Ich hab ihn gefragt ob er, ge- ob er jemanden umgebracht hat zum Beispiel ja, und er hat gesagt ja. Aber weiter konnte ich mit ihm nicht reden.
> I: Hat er nicht gesagt wie [unverständlich]
> BP: Nein er hat dann nur er hat dann nur gesagt „das ist im Krieg so und, und da konnte man ned anders" und und hat und hat dann gleich wieder das Gespräch in eine andere Richtung hingebracht.

> I: Und ist das für Sie ein Gedanke, was könnt er gemacht haben? (BP: Nein) **War** das für Sie ein Gedanke oder [...] gibt's da so Phantasien?
> BP: Nein das will i-, /nein das will ich mir gar ned überlegen. Das verdräng ich auch. Also, das will ich nicht wissen. Es ist mir, das will ich nicht wissen/ [leise]. Also ich denk mir also, da ist schon auch so ein Teil in mir, ich merk auch ich will mich da abgrenzen. Ich kann das nicht alles- das will ich-, das ist mir zuviel, das, das halt ich glaub ich nicht aus. Ich möchte ich möcht diese Sachen nicht wissen also, ich grenz mich da auch ganz klar ab [...] ich muss mir da auch immer wieder sagen, ich komm zwar von diesen, von diesen Wurzeln aber, ich hab damit nichts zu tun, es ist nicht, ich ü- ich übernehm nicht die Verantwort- ich **kann** nicht die Verantwortung übernehmen, für diese Sachen. (BP 25-26)

Frau Podinsky kann und will sich ihren Vater nicht als ‚Täter' vorstellen. Sie gibt sich vielmehr mit seiner Darstellung zufrieden, dass er – wie jeder andere Wehrmachtssoldat auch – zwangsläufig auf Menschen schießen musste. Wenig später schließt sie ihn von einer Involvierung in NS-Verbrechen sogar explizit aus, wenn sie meint: „Ich glaub nicht dass er jetzt ein ein, ich sag jetzt einmal so ein Verbrecher war dass er, ich weiß nicht jetzt soundsoviel Leute erschossen hat, ich weiß es nicht, ich glaubs nicht." (BP 26) Frau Podinskys Annahme beruht vor allem auf Mutmaßungen (auf ihrem ‚Glauben') und nicht auf Wissen und sie erkennt gleichzeitig beinahe peinlich berührt, wie wenig sie eigentlich über den Vater im Nationalsozialismus weiß, obwohl sie sich seit langem kritisch mit ihrer Familiengeschichte auseinander gesetzt hat. Spontan kündigt sie weitere Nachfragen bei ihrer noch lebenden Mutter an, nimmt aber am Ende des Interviews diese Ankündigung wieder zurück:

> I: Ja jetzt hätt ich dann noch eine abschließende Frage, [...] Ihr Vater ist ja schon gestorben also, wenn Sie jetzt noch eine Frage an ihn stellen könnten, gibts für Sie noch offen gebliebene Fragen die Sie ihm gern stellen würden. Gibts für Sie noch so weiße Flecken oder „was hab ich versäumt im Gespräch"-
> BP: **Ma, vieles.** Ganz vieles. Also ich glaub einmal ich würd ganz gern mit ihm .. also das Erste was mir /irgendwie so/ [leicht lachend] also die erste Frage die so da war ja war, oder der erste Satz, warum hast du uns das alles angetan. Oder warum habt ihr mir das angetan. Als Frage, als konkrete andere Frage ...... hmm. .... Ich würde jetzt nichts mehr fragen in diese Richtung.
> I: Also was er getan hat oder sowas
> BP: Nein
> I: drängt sich überhaupt nicht auf
> BP: /Nein, drängt sich nicht auf./ [leise]
> I: Und Ihrer Mutter gegenüber, wo Sie ja durchaus noch die Möglichkeit haben?
> BP: Tja da ist, ... also da, da merk ich irgendwie da ist auch so ein Teil in mir ich will mich damit nicht mehr beschäftigen. Ich hab mich so viele Jahre, ja, also **so viele Jahre**, Jahr**zehnte**, damit beschäftigt, und damit beschäftigen müssen, /ich mag eigentlich nicht mehr, also ich möcht das eher zurücklassen/ [leise]. (BP 39)

In dieser das Interview abschließenden Passage wird exemplarisch die Schwierigkeit, aber auch die Unwilligkeit des Nachfragens von vielen ‚Kindern der Täter' deutlich. Aus der spontanen Äußerung von Frau Podinsky, dass es bei ihr eine Unmenge offener Fragen gäbe, wird schließlich eine einzige, letztendlich sehr zentrale Frage („Warum habt ihr mir das angetan?"[47]) und schließlich, nach langem Nachdenken, die Erkenntnis, dass sie doch keine Fragen mehr hätte. Nach all den Jahren der Beschäftigung mit der Thematik überwiegt aus der zeitlichen und emotionalen Distanz bei Frau Podinsky offensichtlich das Bedürfnis, die Familiengeschichte hinter sich „zurück(zu)lassen". Dieses Bedürfnis ist ein nachvollziehbarer und legitimer Wunsch, der möglicherweise auch als ein ‚psychohygienisch' wichtiger Schritt zum Abschließen der eigenen Familiengeschichte gewertet werden kann.

Vaterbild HG

Während bisher ausschließlich ‚Vaterbilder' von Töchtern vorgestellt wurden, gehört Herwig Goll (Jg. 1938) zu den wenigen der von mir interviewten Söhne, die sich im Interview eingehender über ihren NS-Vater geäußert haben.[48] Auf Herrn Goll war ich durch einen Hinweis eines anderen Interviewpartners gestoßen, der ihn noch aus seiner Studienzeit kannte und über seinen familiären NS-Hintergrund Bescheid wusste. Das heißt: Herr Goll hat sich nicht von sich aus bei mir gemeldet, sondern ich bin mit meiner Anfrage an ihn herangetreten. Entgegen der von meiner Kontaktperson geschürten Erwartung, dass er etwas „misstrauisch" sei, hat er sofort in ein Interview eingewilligt. Herwig Goll erwies sich als freundlicher, zurückhaltender Mann, dem das Interview offensichtlich nicht leicht fiel und der – nicht zuletzt weil beide Elternteile zum Zeitpunkt des Interviews noch lebten – großen Wert auf eine Anonymisierung legte. Nicht zuletzt deshalb sind die Angaben zu seiner Familie und Person relativ vage gehalten. Die bisherigen ‚Vaterbilder' haben sich trotz ihrer Unterschiedlichkeit in einem Punkt geglichen: in der Fokussierung auf den ‚privaten' Vater und in der gleichzeitigen Ausblendung der potenziellen oder tatsächlichen Täterschaft des NS-Vaters. In dieser Hinsicht weicht die Vater-Präsentation von Herrn Goll in bemerkenswerter Weise davon ab.

Auch sein Vater (Jg. 1911) war ein aktiver und überzeugter Nationalsozialist, der bereits in der Illegalität aktiv war, später zum HJ-Gebietsführer aufstieg und das Amt eines Gauinspekteurs[49] inne hatte. Abgesehen davon diente er in der Wehrmacht und war unter anderem in Italien bei der ‚Partisanenbekämpfung' eingesetzt. Nach 1945 lebte er mehrere Jahre bis zu seiner Verhaftung im Untergrund und war nach einem Prozess (mit einer vergleichsweise milden Strafe) nicht mehr einschlägig politisch tätig. Herr Goll ist Ende 1938 als Ältester von drei Kindern (ein Bruder, eine Schwester) geboren und kann sich noch vage an seinen Vater während der NS-Zeit erinnern. Er betont, dass der Vater immer viel unterwegs und „kein Familienmensch" gewesen sei und wenn er ausnahmsweise einmal zuhause gewesen war, dann habe er das Verhalten eines „Despoten" (HG 1) an den Tag gelegt, das dem des Vaters von Frau Teschner ähnlich gewesen sein dürfte. Der Vater habe sich in der NS-Zeit um die Familie „eigentlich nicht gekümmert" und sich auch mit den Kindern „nicht viel beschäftigt" (HG 3). Obwohl er als HJ-Gebietsführer für die

NS-Jugenderziehung verantwortlich war, wirkte sich diese Funktion offenbar nicht auf seine Ambitionen als Familienvater aus, denn Herr Goll und seine Geschwister wurden seiner Erinnerung nach von ihm diesbezüglich nicht indoktriniert. (HG 10) Letztendlich zeichnet Herr Goll ein sehr distanziertes Vater-Sohn-Verhältnis, welches in seiner distanzierten Erzählhaltung ihre Widerspiegelung zu finden scheint.

Dass der Vater als Erzieher so wenig präsent war, mochte zum einen mit dem ihm zugeschriebenen Desinteresse am Familienleben erklärbar sein, zum anderen war die häufige Abwesenheit auf seine beruflichen Aktivitäten und NS-Funktionen, seinen Kriegseinsatz sowie sein jahrelanges Untertauchen und seine Internierung nach 1945 zurückzuführen. Erst nach seiner Rückkehr in den späten 1940er Jahren versuchte der Vater offensichtlich verstärkt eine Vaterrolle einzunehmen und eine Beziehung zu seinem Sohn aufzubauen:

> HG: [...] Nach dem Krieg, hat er hin und wieder so Anwandlungen gekriegt, was ja ganz lustig war, dass wir gemeinsam **Motorrad** fahren. Und da, das hat mir getaugt, da bin ich schon, mit, elf zwölf Jahren, auf einen, mit einen Motorrad hab ich fahren dürfen mit seinem, und er ist ja, ein sehr, begeisterter Motorrad und Autofan, und, **das** war für mich lustig. Aber einen besonderen, Druck oder oder ... Motivation, nicht um, guter HJler zu werden das hat hat er nicht, versucht. Mhm vielleicht hätt ers später versucht wü-, würd ich sogar sagen **sicherlich**, wenn das Ganze länger gedauert hätte. [räuspert sich] .... Weil ihm sicher daran viel liegt wie, man sich, präsentiert wie wie die Familie in der Öffentlichkeit sich, sich präsentiert. An dem wär ihm sicher viel gelegen. (HG 11)

Das „kameradschaftliche“ Verhältnis zwischen Vater und Sohn wurde abgesehen vom gemeinsamen Motorradfahren und Schifahren auch mit dem Umgang mit Waffen, die der Vater „an geheimen Orten versteckt“ und „nach dem Krieg rausgeholt“ hatte, untermauert. Mitte der 1950er Jahre brachte der Vater ihm und seinem um zwölf Jahre jüngeren Bruder das Schießen bei, was Herr Goll heute vor allem als „sportliche Angelegenheit“ interpretiert. (HG 18) Die um ein Jahr jüngere Schwester, die vom Vater prinzipiell „nicht zur Kenntnis genommen“ wurde und darunter sehr gelitten hatte, blieb von diesen gemeinschaftlichen Aktivitäten ausgeschlossen. (HG 10) Hier zeigt sich eine häufig anzutreffende, geschlechtsspezifisch angelegte Familienkonstellation, in der männlich definierte Bereiche wie Sport, Technik und Waffen – zumindest vorübergehend – als Bindeglied zwischen Vätern und Söhnen und als beidseitig wirksame Identifikationsschiene fungieren konnten. In der Darstellung von Herrn Goll erscheinen diese punktuellen Annäherungen zwischen ihm und seinem Vater als bedeutungslose kindliche Episoden in einer insgesamt lieblosen und „kalte(n) Kindheit“, die keine stabile Basis für eine emotionale Bindung an den Vater und kein geregeltes gemeinsames Familienleben entstehen ließ. Darin sieht er auch die Ursache für die psychischen Probleme, unter denen er, aber auch seine beiden Geschwister, seit Jahren leiden. (HG 10) In den 1950er Jahren kam es zur Scheidung der Eltern, die er vor dem Hintergrund der herrschenden „vergifteten Atmosphäre im Haus“ damals „gar nicht so schlimm“ empfunden hatte. (HG 20) Obwohl der Sohn in der Folge bei seiner Mutter aufwuchs, die unter der

Scheidung sehr gelitten hatte, und auch zum Vater losen Kontakt pflegte, befand er sich zu beiden Elternteilen in einer emotionalen Äquidistanz. Aus heutiger Sicht kann Herr Goll dieser für einen Heranwachsenden sicher nicht einfachen familiären Situation sogar etwas Positives abgewinnen, denn er glaubt, dass ihm die in seiner Familie nicht vorhandenen emotionalen Bindungen die spätere Distanzierung von den Eltern erheblich erleichtert haben:

> HG: [...] und, irgendwo, rechne ich mir das auch als ein Glück an, dass, beide Eltern sich **wenig** mit uns beschäftigt haben, und, wenig, und dieser vor allem dieser wen-, geringe **Kontakt**, äh in, auf **emotionaler** Ebene, der, hat es uns auch ermöglicht, uns so, scharf zu differenzieren von den Eltern, ins Gegenteil zu kommen. Und, das, war so neben den Schwierigkeiten die man damit sich eingehandelt hat, ich seh irgendwie da so ein Plus auch an, dass wir, wir dadurch, sehr große Distanz zu den Eltern haben. (HG 10)

Die mangelnde emotionale Nähe und Identifikation mit dem ‚privaten' Vater mochte auch seinen nachträglichen kritisch-distanzierten Blick auf ihn als politischen Akteur und Nationalsozialisten geschärft haben. Herr Goll lässt im gesamten Interview keinen positiven menschlichen Charakterzug beim Vater gelten und er stellt auch dessen politische Integrität grundsätzlich in Frage. Während andere Nachkommen dazu neigen, ihre Väter zu entlasten bzw. deren potenzielle oder tatsächliche Täterschaft auszuklammern, tut Herr Goll interessanterweise genau dies nicht. Vielmehr thematisiert er von sich aus seinen Vater auch als Täter, was er mit verschiedenen Beispielen in Form von Geschichten von und über seinen NS-Vater belegt, die er erzählt bekommen oder zufällig mit angehört hatte. In einer Interview- und Rauchpause, um die Herr Goll gebeten hatte, beginnt Herr Goll etwas zögernd mit einer dieser Geschichten:

> HG: [...] und [...] da hat er sicher gewusst von vielen Dingen, die, die [im Gau] passiert sind, von, also von Verbrechen, die Nazis begangen hat, soweit ich es seh war es keine Funktion, wo er, maßgeblich hätte entscheiden, können. Aber er war, die rechte Hand des Gauleiter, war dieser Inspekteur, er hat sich [im Gau] frei bewegt, und, inspiziert war alles war eben, zu war zu kontrollieren, und so ein Gauleiter war ja, ein relativ, unumschrä- schränkter unbeschränkter Herrscher. Außer natürlich dass er, nach, nach Berlin, sich unterordnen musste. (Da) gibts a schiache Gschicht, wo ich, **nicht** genau weiß woher sie kommt. Dass er, die mich persönlich sehr, betroffen auch gemacht hat auch, das, also da in dem Fall, ah, würd ich eher, drauf bestehen dass das anonym behandelt wird. Das, war, folgende Geschichte, in den letzten Kriegstagen, wie schon alles, am Kofferpacken war, war er in D., und, der dortige Kreisleiter, den er inspiziert hat, sagt zu ihm ... „ich hab da Gefangene" das waren, wahrscheinlich geflüchtete Fremdarbeiter die im Bezirk [...] verhaftet wurden, und der Kreisleiter sagt zum Vater „da hab ich, G- Gefangene was soll ich denn mit denen jetzt tun", angesichts der Situation dass, dass es zu Ende geht. Und, mein Vater sagt zu dem, also er schreit ihn an, und /sagt/ [leicht lachend], ah, „ich als Nationalsozialist wüsste was zu tun ist." Und, dann wurden, diese

Menschen erschossen und, nächsten Tag oder ein paar Stunden später, und, das ist bezeichnend für meinen Vater, dass er, ein **ungeheuer** schlauer Mensch ist, der, immer, gefährliche Situationen soweit es halt ging ausweichen konnte, und sich so gut aus der Affäre gezogen hat.
I: Das heißt er hat nicht direkt einen Befehl gegeben sondern, hat das so mehr oder weniger, angedeutet.
HG: Genau. Ja. Genau das wars.
I: Mhm. Woher kennen Sie die Geschichte, wer hat Ihnen das erzählt?
HG: Wer? .... Ich bin an sich sicher dass ich sie gehört hab, in, ich vermute von meiner Mutter. Dass die in einer schwachen Minute einmal, die hats hin und wieder gehabt wo sie über den Vater losgezogen ist, dass sie es mir da erzählt hat. .... ich, ich hoffe nicht dass ich sie geträumt hab, also an sich, bin ich ein guter Erinnerer ....
I: Das heißt Ihr Vater war eigentlich in einer relativ mächtigen Position, speziell dann als Gauinspekteur-
HG: Ja, ja. Da hat er sicher einiges mitbekommen, und da sind ja in der Zeit sind ja, da sind einige Dinge passiert dies- dieser Judenmarsch, da hats ja so einen, Transport oder wie sie das bezeichnet haben gegeben, wo, aus Ungarn Juden [...] marschiert sind, und das hab ich irgendwo aus aus, geschichtlichen Unterlagen, oder im Radio gehört einmal, Berichte darüber, /und da sind/ [leicht auflachend], [dort] haben sich, Nazi, zusammengerottet, und haben einfach, Juden in dem Zug erschossen, so, zum Spaß. Diese Dinge muss mein Vater, gewusst und, gedeckt haben. .... Der Vater war, also ein meiner Meinung nach ein **durch und durch politischer** Mensch. Er war, überzeugter Nationalsozialist, aber, das war, gepaart, mit einer, **ungeheuren**, Schlauheit Klugheit Intelligenz, diplomatischem Geschick .... er war ein Karrierist, also, das waren die Leute die, mit den Hebeln der Macht, umgehen konnten.
(HG 7-8)

Diese Interviewpassage ist in mehrerlei Hinsicht aufschlussreich: Erstens bringt Herr Goll darin die Charakterisierung des Vaters als „Karrieristen" auf den Punkt, den er immer wieder vom Typus des „Idealisten", der bereit wäre, „in den Tod zu gehen" (HG 32), abgrenzt. Diese Zuschreibung des politisch „ungeheuer schlaue(n)" machtbewussten Menschen, der sich sowohl in der NS-Zeit als auch nach 1945 Vorteile zu verschaffen und sich anzupassen wusste, zieht sich durch seine gesamte Erzählung und stellt offensichtlich das übergeordnete Erklärungsmodell von Herrn Goll dar. ‚Belegt' wird diese Deutung mit zwei Geschichten, aus denen der Sohn zum einen schließt, dass der Vater allein kraft seiner hohen NS-Funktion von nationalsozialistischen Verbrechen in seiner Heimatregion, z.B. im Rahmen der ‚Todesmärsche' ungarischer Juden durch Ostösterreich[50], gewusst bzw. diese gedeckt haben musste. Darüber hinaus wird der Vater in der ersten Geschichte aber auch zum Mittäter, weil er einen ihm untergeordneten Kreisleiter mehr oder weniger direkt die Erschießung von ‚Fremdarbeitern' nahe legt, ohne dafür verantwortlich gemacht werden zu können, was der Sohn als „schlau" interpretiert.

Abgesehen von dieser ungewöhnlich offenen Thematisierung der Mittäterschaft des Vaters, die Herwig Goll nicht leicht fällt, wie aus den langen Pausen und dem mehrmaligen Zögern beim Sprechen ersichtlich wird, verdient auch die Frage nach der möglichen Tradierung dieser Geschichten besondere Aufmerksamkeit. Herr Goll meint eingangs selbst, dass er nicht genau wisse, woher er diese Geschichte kenne. Auf meine Nachfrage ortet er schließlich seine Mutter als Quelle, die sich aufgrund ihrer Enttäuschung über die Scheidung offenbar nicht mehr dem familiären ‚Pakt des Schweigens' verpflichtet und somit der Loyalität gegenüber ihrem Ex-Mann entbunden fühlte. Diese Möglichkeit ist zwar nicht auszuschließen, dennoch könnte die Art der Wiedergabe dieser Geschichte (das szenische Erinnern, die direkte Rede) auch auf eine direkte Erzählung (des Vaters?) oder eine Vermengung mehrerer Quellen (familiäre Erzählungen, Medien) hindeuten. Herr Goll scheint selbst Zweifel an den Ursprungsquellen dieser Geschichten zu hegen, da er die Möglichkeit, „geträumt" zu haben, nicht ausschließt, diese aber gleich wieder mit dem Hinweis auf seine grundsätzlich gute Erinnerungsfähigkeit vom Tisch wischt.

Die Frage nach der Vermittlung stellt sich auch deshalb, weil Herr Goll wenig später davon spricht, dass sein Vater im Kreise seiner ehemaligen Kameraden häufig über die NS-Zeit und den Krieg erzählt hatte. Er selbst habe als Kind manchmal am Rande zugehört, wobei ihn in „einem Zustand der Indianerromantik" vor allem die väterlichen Abenteuergeschichten aus dem Krieg beeindruckt hätten. (HG 9-10) Auf meine Nachfrage hin bestätigt Herr Goll nach einigem Zögern, dass er damals seinen Vater zumindest phasenweise bewundert habe:

> HG: ..... nach dem Krieg, war der Vater einige Jahre, im Untergrund, und, da, waren schon, äh Momente wo ich ihn **bewundert** hab. Und zwar, waren es, immer Geschichten, die er aus dem Kr-, er war eingerückt auch, ein zwei Jahre, wo er aus dem **Krieg** erzählt hat, und ... von seinen, Heldentaten unter Anführungszeichen, berichtet hat, un-, da waren Gschichterln dabei die mich, die mir gefallen haben damals als, als Junge, und, es war, also eine Geschichte war auch dabei die mir äh die mir, äh **gar** ned gefallen hat. Und, die war, das f- find ich auch heute noch also als eine, als eine arge Geschichte.
> I: Was war das für eine?
> HG: ...... Das war eine Geschichte, im Zusammenhang mit einen Partisanenanschlag. [klopft auf den Tisch] Die sind da, diese Einheit bei der mein Vater war sind da irgendwo in Italien, herumgefahren, und, da hats irgendeinen Anschlag gegeben mit Sprengstoff möglicherweise, und ... da wurden, in der Nähe auf einen anderen, Hügel, einige **Männer** gesehen. Und, diese Einheit bei der mein Vater war, also, die haben dann, eine 2-Zentimeter-FLAK in Stellung gebracht, und haben mit diesem kleinen FLAK-Geschütz, auf die Zivilisten geschossen. Und, und die erschossen. Und das, das, find ich arg also das, das, /das find ich sehr arg./ [sehr leise] (HG 9)

In dieser Geschichte erscheint der Vater nicht nur als Mitwisser oder indirekter Befehlsgeber (wie in den vorherigen Geschichten), sondern er tritt selbst als aktiver Mittäter auf. Es fällt nicht schwer, sich diese Szene als ‚Heldengeschichte' aus dem Munde eines ehemaligen Nationalsozialisten im Kreise von ehemaligen Kriegskameraden und dem lauschenden Sohn vorzustellen, wobei die erwähnten kriegstechnischen Details („2-Zentimeter-Flak") die Unmittelbarkeit der Erzählung zusätzlich unterstreichen. Das besondere dieser Kriegsgeschichte ist, dass hier nicht, wie sonst oft, die Verbrechen jemand anderem zugeschrieben werden, sondern der Vater eindeutig dem ‚Täterkollektiv' zugeordnet wird. Für Herrn Goll dient diese väterliche Erzählung als Beispiel für die Grenzen seiner kindlichen Bewunderung, wobei seine Ablehnung des erzählten Geschehens sowohl auf die Tatsache, dass sein Vater als Täter erscheint, als auch auf den Umstand, dass es sich bei den Opfern um Zivilisten gehandelt hatte, zurückzuführen sein dürfte.

Die dem Vater zugeschriebene, negativ konnotierte „Schlauheit" bezieht sich nicht nur auf dessen Aktivitäten während des Nationalsozialismus, sondern auch auf sein Verhalten nach dem Krieg. Da der Vater aufgrund seiner hohen NS-Funktion mit einer Verhaftung rechnen musste, ging er „in den Untergrund", er verstand es die Besatzungsmächte wiederholt auszutricksen, wurde aber durch Zufall verhaftet und ist beim darauf folgenden Gerichtsverfahren mit einer geringen Freiheitsstrafe davongekommen. Herr Goll, der durchaus historisch visiert ist, rechnet dieses Faktum einerseits dem zunehmend nachsichtigen Umgang mit ehemaligen Nationalsozialisten im Nachkriegsösterreich an, andererseits vor allem aber dem väterlichen Geschick, sich „meisterhaft herauszureden", obwohl er politisch nicht geläutert gewesen sei. (HG 16) Während manche andere Kinder oft dazu neigen, ein sehr geringes Strafausmaß als Indiz für die ‚Unschuld' oder ‚Anständigkeit' des Vaters zu interpretieren, greift Herr Goll nicht zu dieser entlastenden Version, sondern ordnet ihn in sein übergeordnetes Deutungssystem des ‚berechnenden, schlauen' Vaters ein. Die sich mir aufdrängende Frage, ob der Vater trotz seiner äußeren Anpassung nach 1945 politisch ‚uneinsichtig' geblieben wäre, beantwortet Herr Goll nicht eindeutig:

> HG: Na ja das ist eine interessante Frage. ..... So wie **ichs** seh, hat er sich im Lauf der Jahre, ein **bisschen** distanziert, und es auch vor allem in der Zeit wie er bei der [Firma] war, da hat er, war er ziemlich weit weg und ich kann mich an einen Ausspruch erinnern, wo er, gesagt hat „Krieg, das ist organisiertes **Morden**", und, äh das hat mir gefallen, und, dann in in seinem, späteren Alter, das fällt irgendwie auch zusammen interessanterweise mit, äh dem Emporkommen der FPÖ, hat er sich wieder sehr erinnert, an, an die Nazi-Zeit, und, hat, ist da, irgendwie in in in die Jug-, in die **Jugend** zurück regrediert. Und da hats, auch Auseinandersetzungen zwischen uns gegeben, die letzten Endes dazu geführt haben, dass wir nicht mehr miteinander reden, das ist jetzt schon seit einigen Jahren so ....
> I: Das heißt er hat sich dann wieder [...] positiv zurück-
> HG: Ja zurückgewandt. Und hat, so eine kleine, **Schrift** verfasst, wie er die Nazi-Zeit sieht, /und/ [leicht auflachend] ... da da macht ers genauso wie er **immer** eben, la- **laviert** hat und und, ausgewichen ist, und, **getäuscht** hat, so schreibt er da, fast nichts über den Nationalsozialismus über diese, Ideologie, sondern, wieder alles dem **Hitler** in die Schuhe schieben, das war, also der große Unfug, an der ganzen Geschichte, und, erspart sich **selbst** aber, sich mit dem Nationalsozialismus auseinanderzusetzen . ..... (HG 16-17)

Hier präsentiert sich ein durchaus verallgemeinerbares Bild des Umgangs vieler Nachkriegsväter mit ihrer eigenen Vergangenheit: Die eigene Verantwortung wird ausgeblendet und die Schuld auf Hitler abgeschoben[51], man passt sich vordergründig an das demokratische System an und die ‚wirklichen' politischen Überzeugungen werden meist nur im privaten Rahmen gepflegt, manchmal verlieren sie auch sukzessive an Bedeutung, um oft im Alter wieder verstärkt zum Ausdruck zu kommen. Als Katalysator für die späte Rückbesinnung dienen oft äußere politische Umstände, in diesem Fall: das Erstarken der FPÖ Mitte der 1980er Jahre und die gleichzeitige ‚Waldheim-Affäre'. So auch bei den Eltern von Herrn Goll. Dass der Vater ein begeisterter Haider-Anhänger gewesen ist, stellt für den Sohn die halbherzigen Abgrenzungen des Vaters vom Nationalsozialismus und dessen Bekenntnis zur Demokratie erheblich in Frage.

Zur gleichen Zeit hat Herrn Goll die ‚Waldheim-Affäre' stark politisiert und seine Auseinandersetzung mit dem Nationalsozialismus vorangetrieben. (HG 24-25) Die damaligen Diskussionen hatten für ihn auch eine persönliche Dimension, denn er vermeinte große Ähnlichkeiten zwischen seinem Vater und Waldheim feststellen zu können: „Diese Art, sich zu tarnen und diplomatisch zu bewegen und, nicht dabei gewesen zu sein, und doch alles gewusst haben .... die Art wie der Waldheim gesprochen hat im Fernsehen, das hat mich oft, **direkt** an meinen Vater erinnert." (HG 25) Während es damals zu vielen Streitgesprächen mit seiner als politisch ‚naiv' eingestuften Mutter gekommen ist (vgl. ‚Mutterbild' HG), war eine Auseinandersetzung mit dem politisch geschickten Vater kaum möglich. Zwar habe es „Ansätze von Diskussionen" gegeben, der Vater habe sich aber nicht „in die Enge treiben" lassen, sondern immer sehr ausweichend reagiert, und zwar „auf so eine Art, wo man sich nicht erlaubt nachzufragen", wie Herr Goll resigniert konstatiert. (HG 27) Immerhin sei es ihm gemeinsam mit seinen Geschwistern gelungen, zumindest auf der privaten Ebene „sein Standbild", das „er sich selbst in der Familie aufgebaut" habe, zu stürzen und „ihm die Larve herunter" zu reißen, wie er nicht ohne Genugtuung feststellt. (HG 28)

Letztendlich haben sich die nicht näher ausgeführten familiären Konflikte mit der politischen Ebene zu einem größeren, letztendlich unauflösbaren Konfliktbündel vermischt und zum endgültigen Bruch mit dem Vater geführt. Für Herrn Goll ist dieser Bruch mit seinem Vater jedenfalls endgültig, daran lässt er keinen Zweifel. Doch nicht unbändige Wut oder unerfüllte Sehnsucht nach der väterlichen Liebe sprechen aus ihm, sondern Herr Goll wirkt vor allem resigniert. Mit zunehmendem Wissen über die NS-Verbrechen, so erzählt er abschließend, habe er immer wieder an Schuldgefühlen gelitten, nicht zuletzt deshalb, weil er sich über die NS-Verstrickung seines Vaters wenig Illusionen zu machen scheint und seinen Vater von der Beteilung an Verbrechen nicht ganz ausschließen kann:

> HG: ..... Na (ich habe) halt einfach, einfach das **Gefühl** dass da, so ungeheuer Schreckliches passiert ist an dem in irgendeiner Weise meine Eltern beteiligt sind. Und, wenn sie vielleicht unmittelbar auch, äh nicht an an einer Ermordung dab- mh dabei waren, was ich bei meinen Vater, ned ganz ausschließen möcht ..... haben sie es doch, im Grunde, bejaht. Weil sonst kann man, eben, diese antisemitische Haltung, die irgendwo auch bei meinen Vater da ist, die, kann man, nur so **verstehen**, dass dass das eben, auch akzeptiert wird.
> I: Also Sie haben das schon auf Ihre Familie bezogen (HG: Ja) also
> HG: .... Das, hat sich ja eher eben so schubweise, aus irgendwelchen Anlässen heraus, geäußert ....

I: Haben Sie auch oft so eine Phantasien gehabt, was Ihr Vater getan haben könnte [...] hat Sie das, irgendwie belastet, haben Sie da Vorstellungen?
HG: .... Na ja, relativ wenig Vorstellungen, obwohl ich es, mir eben vorstellen könnte, dass er a-, **auch** in, /im Ernstfall/ [leicht lachend] sozusagen, einen Menschen umbringt. Er ist der, der gewandte, Diplomat, der Techniker der Macht, aber, als letzte als ultima ratio, ist er zu allem entschlossen. ... Und, das würde zu ihm passen.
I: Das, das würden Sie ihm schon zutrauen also-
HG: Würd ich ihm zutrauen, ja. .... (HG 29-30)

Wie sich noch zeigen wird, steht Herr Goll mit dieser bitteren Erkenntnis – zumindest unter meinen InterviewpartnerInnen – ziemlich alleine da.

‚Zwar kein Nazi, aber ...'

Bei den bisher vorgestellten Vätern war eine NS-Involvierung und NS-Gesinnung schon allein aufgrund ihrer Funktionen, Zugehörigkeiten und Aktivitäten in der NS-Zeit sowie ihre (teilweise) eindeutigen politischen Aktivitäten nach 1945 gegeben. In den zwei folgenden Beispielen stellt sich die Ausgangslage anders dar. Es handelt sich um Väter, bei denen auf dem ersten Blick kein offensichtlicher NS-Zusammenhang bestand, die dem Wissen und der Funktion nach ‚keine Nazi' im engeren Sinn gewesen sind, von den Töchtern aber nichtsdestotrotz als solche eingestuft werden. Mich interessiert nun, ob und worin sich die Erinnerungen dieser Töchter an ihre Väter von den bisher vorgestellten unterscheiden bzw. ähneln, wie sie zu der Zuschreibung der Väter als ‚Nazi' kommen und woraus sie diese ableiten.

Vaterbild IM

Der Vater meiner Interviewpartnerin Isolde Moser war ihres Wissens ‚nur' bei der Wehrmacht, er war auch kein NSDAP-Mitglied und in keiner anderen NS-Organisation tätig und nach 1945 nicht einschlägig politisch aktiv, sondern nach Aussagen der Tochter ein unauffälliger ÖVP-Wähler. Nichtsdestotrotz hat sich Frau Moser von der „Suche nach den Kindern der Täter"[52] angesprochen gefühlt, d.h. sie definiert sich selbst als ‚Nazikind' und hat aus diesem Grund sofort mit mir Kontakt aufgenommen.[53] Auch wenn sie über ihren Vater wenig weiß und ihre Angaben, wie so oft, eher auf Vermutungen als auf gesichertem Wissen beruhen, sieht sie ihren Vater als ‚Nazi', unter dem sie ihr Leben lang gelitten hat und – wie auch im Interview sichtbar wird – offensichtlich immer noch sehr leidet. Das Bedürfnis, mit mir über ihre Familiengeschichte zu sprechen, war bei Frau Moser groß und sie beginnt ihre Eingangspräsentation folgendermaßen:

IM: Also mein Vater ist Jahrgang [19]23, meine Mutter Jahrgang [19]12. Ahm und ich bin auf einem Bergbauernhof in Kärnten aufgewachsen und wir waren drei Kinder. Ahm, soviel ich weiß also wurde er sehr früh zur Wehrmacht eingezogen, war, dann in Stalingrad und war in russischer Gefangenschaft, und, wann er zurückgekommen ist aus der Gefangenschaft weiß ich nicht ja es wurde auch nicht drüber geredet ... Ahm ...... dann so ich kann mich erinnern dass mein Vater mich also nicht meinen Bruder und nicht meine Schwester aber mich **immer** mitgeschleppt hat zu ah Heldenehrungen also wo die Soldaten geehrt wurden die gefallenen. Und, ich hab eine vage Erinnerung also da war ich sicher noch sehr klein ich hab das ja auch nicht verstanden aber meine Mutter hat sich immer über ihn lustig gemacht wenn er so er hat so dieses Hitlerbärtchen getragen und, und halt den Hitler gelobt und und ja was waren das halt für tolle Zeiten mit den Kameraden und so, ahm, ich hab das aber als Kind nicht verstanden ja ich, /das war mir vollkommen unverständlich/ [leise] ...... was, also ich bin dann sehr früh weg von zuhause, und der Bruch war sehr abrupt sehr brutal, ahm .. ich hab bis heute nicht herausgefunden warum das so war also das ist also ich krieg also bis heute nur zur Antwort „das musst du selber wissen". [...] (IM 1)

Bereits in der Eingangspräsentation von Frau Moser klingen einige Grundthemen ihrer Gesamterzählung an: die zentrale Bedeutung des Vaters, das (vage) Wissen über den Vater im Krieg, einige Indizien für seine NS-Anfälligkeit nach 1945 und schließlich der „brutale" Bruch zwischen der Tochter und ihren Eltern, dessen Grund vorerst noch völlig im Unklaren zu liegen scheint.

Da Frau Moser einige Jahre nach dem Krieg geboren ist (Jg. 1949), kennt sie ihren Vater nur aus der Nachkriegszeit. Dieser hatte nach seiner Entlassung aus der russischen Kriegsgefangenschaft in einen Kärntner Bergbauernhof ‚eingeheiratet' (der Hof gehörte der Familie der etwas älteren Ehefrau), wo Frau Moser mit ihrem um zwei Jahre jüngeren Bruder (die jüngste Schwester ist als Baby verstorben) auch aufgewachsen ist. Frau Moser beschreibt ihre Kindheit im eher ärmlichen bergbäuerlichen Milieu als Kombination von „Geborgenheit und Härte". Das Familienleben war durch schwere Arbeit und Verzicht geprägt, auch die Kinder mussten mitarbeiten, gleichzeitig kann Frau Moser in der Rückerinnerung der Einfachheit und Natürlichkeit aber auch einige positive Seiten abgewinnen. Der Mutter wird im Interview wenig Platz eingeräumt, sie wird als hart arbeitende, „erdige" Frau beschrieben, zu der Frau Moser nie ein besonders gutes Verhältnis aufbauen konnte. (IM 2-3) Die Erzählungen meiner Interviewpartnerin kreisen vorrangig um ihre Beziehung zum Vater, die sie als ein Angst-Sehnsuchtsverhältnis beschreibt, das von der unberechenbaren Art ihres Vater geprägt war und dessen Fragilität selbst in der Nach-Erzählung noch spürbar wird:

IM: [...] Und, was halt dann also je älter ich war wir Kinder mussten sehr viel mitarbeiten und ich wollte immer beim Papa sein, es hat immer geheißen wo wollts ihr jetzt wer hilft mir im Haus und wer geht mit dem Papa aufs Feld ja und ich wollt immer nur raus ja einfach weil ich net im Haus sein wollt, weil ich in die Natur wollte. Und mein Bruder ist auch immer raus der hat aber (mit) meinem Vater nie gesprochen bis heute nicht. Er war sehr sehr aut- also **sehr** grob, sehr autoritär hat geschlagen und und **un**glaublich viel geschrien

und gebrüllt ja und Tiere geschlagen. Ahm das war diese ständige Bedrohung da das heißt also wann kommt irgendwie Schläge weil es hat /meistens nix mit einem selber zu tun gehabt/ [lachend] sondern er hat halt seinen Rappel gehabt und dann hat er halt hingehaut auf was da war.
I: Und sie wollten trotzdem aber immer-
IM: Und trotzdem ja und zwar deswegen weil, also ich muss dann dem Vater dann oft so mit einem Korb das Essen aufs Feld tragen nicht und da da ich bin dort da hin gegangen mit einer irrsinnigen Angst und gleichzeitig mit einer Sehnsucht auch wieder dieses gespaltene, weil .... es war immer diese diese unglaubliche Schwere in der Luft also von klein auf dieses, wie bitter alles ist und wie schwer alles ist es war keine Freude da von meinem Vater nichts überhaupt nix nur **schwer** haben wirs und-
I: Also er hat auch gejammert?
IM: **Immer** gejammert und also bald wird er wird er's nimmer derpacken und und und nur arbeiten und und, und oft hat er geweint und hat dann geweint wenn ich die Sachen gebracht hab: „Ja meine [Isolde] bringt mir mein Essen" [weinerlich nachahmend] und so, also es war pffhh [schwer ausatmend]
(IM 2)

Trotz der immer wieder angesprochenen Gewalttätigkeit des Vaters hat Frau Moser, die sich von ihrer Mutter abgelehnt fühlte, als Kind bei Streitereien zwischen den Eltern immer Partei für den Vater ergriffen, ohne zu wissen und zu verstehen, worum es damals (vor allem um die väterliche Untreue) gegangen ist. Noch heute klingt ein wenig von der kindlichen Nähe und Bewunderung zum Vater durch, wenn sie schwärmt, welch „irrsinnig schöner Mann"[54] ihr Vater als junger Mann gewesen sei (IM 3) und sie sich an eine Situation erinnert, wo er ihr einmal ein kleines Geschenk gemacht hatte, was in ihrer auf Arbeit und Sparsamkeit bedachten Familie eine große Ausnahme bedeutete. Doch selbst diese positive Erinnerung wird sofort von der anderen, der dunklen Seite des Vaters ‚überschattet':

IM: [...] Die haben sich mit uns weder die Mutter noch mein Vater haben sich mit uns jemals als Kinder beschäftigt. Und äh, ich war als Kind sehr sehr viel krank also wirklich alle Kinderkrankheiten und und und also **wahn**sinnig viel krank gewesen und ich hätt kann mich erinnern ich hätte mir so gerne mal gewünscht einen Teddybären oder eine Puppe. Ja ich hatte kein Spielzeug, eine Puppe hätte ich mir so gern gewünscht und ich hätte so gern der Puppe Kleider entworfen Kleider genäht und ihr ein Puppenhäuschen eingerichtet ja. Das war eine Leidenschaft von mir und ahm, mein Vater kann ich mich erinnern ich war sehr krank und hat er mal gesagt: „Naja warum kaufen wir dem Kind nicht einmal eine Puppe wenn's so gern eine hätt" und meine Mutter hat halt gesagt „Na wozu. Für so an Spompanadl [= Unnötiges] haben wir kein Geld." Ja. Und er hat mir dann aber da hats so eine Kinderzeitschrift gegeben „Die Wunderwelt" ja mit diesen Mäusen. Und die hat er mir dann gekauft. Ist er extra, was weiß ich, nach O. gefahren um mir diese Zeitung zu besorgen wenn ich krank war nicht. Also da **war** irgendwas ja. Und zur gleichen Zeit wenn er dann von Feld gekommen ist, wir waren zu Hause im Haus, man hat

ja gewusst wann er kommt, da hats dann immer mehr, also das war einfach fürchterlich wenn er gekommen ist ja. Das war wie eine schwarze Wolke wenn er bei der Tür rein ist ja. „Was da schon wieder passiert ist und jetzt werd ich bald wieder unter die Räder kommen und bald wird dieses und jenes (sein)" [ihm nachahmend] und [...] gleich hat er einen Unfall ja. Das war immer irrsinnig ausgeschmückt und dramatisch. So dass ich also dann mir angewöhnt habe wenn er kommt geh ich in den Wald ja, das hab ich dann immer gemacht, ja. /Und er hat mir so was von Leid getan/ [lauter werdend] ja, ich hätt ihn gern in die Arme genommen oder irgendwas weil er **so** leidet ja. Und dann was halt auch später dann gekommen ist so „man darf heut nimmer die Wahrheit sagen muss halt kuschen". Und ja, äh
I: Inwiefern jetzt?
IM: Ja so politisch darf man die die Wahrheit nicht mehr sagen nicht. (IM 7)

Diese Beschreibung des Vaters korrespondiert mit dem Männertypus des aus dem Krieg als ‚Verlierer' heimgekehrten Soldaten, der sich nur schwer in seine Nachkriegsrolle hineinfinden konnte und in der Familie seine offensichtlich angekratzte Autorität gewaltsam aufrechtzuerhalten versuchte.[55] In diesem Fall äußert sich diese politische und psychische Desorientierung des Vaters im Nachtrauern der ruhmreichen vergangenen Zeiten und Beklagen der glanzlosen Gegenwart, d.h. in sich abwechselnden Schüben von Aggression und Gewalt einerseits und Depression und Selbstmitleid[56] andererseits, wobei die gewalttätige Seite nach der Darstellung von Frau Moser bei ihrem Vater meist die Oberhand gewann.

Frau Moser führt die Gewaltbereitschaft ihres Vaters vor allem auf seine Prägung durch den Nationalsozialismus zurück und liefert im Laufe des Interviews noch weitere ‚Indizien' dafür. Der Vater war nicht im ‚Ehemaligen'-Milieu verankert, sondern hat seine NS-Reminiszenzen offenbar nur im ‚privaten' Rahmen geäußert. So erzählt meine Interviewpartnerin, dass ihr Vater bei der gemeinsamen Feldarbeit öfters das Horst-Wessel-Lied gesungen hätte, was sie damals allerdings „sehr schön gefunden" habe und noch heute sitze ihr dieses Lied „tief in den Knochen" und gehe ihr „wie ein Schlager nicht heraus aus dem Kopf". (IM 16-17) Sie erinnert sich an seine Aussprüche (z.B. „Unterm Hitler hätts das net geben"), seine Befürwortung der Todesstrafe und seinen rigiden Antikommunismus sowie seine/n militärische/n Sprache und Habitus, was sie als Ausdruck tief sitzender nationalsozialistischer Prägungen interpretiert. Diese Interpretation mag durchaus zutreffen, wobei allerdings anzumerken ist, dass derartige Äußerungen und Verhaltensweisen in der österreichischen Nachkriegsgesellschaft weit verbreitet waren. Es ist anzunehmen, dass sich im vorliegenden Fall die väterliche Gewalt aus vielen verschiedenen Quellen (Kriegserfahrung, soziale Herkunft und sozialer Status, Eheprobleme[57]) gespeist hat. Fallweise war der NS-Bezug aber tatsächlich kaum zu übersehen, z.B. in Form von verbaler Gewalt gegen die eigenen Kinder zu Disziplinierungszwecken:

IM: [...] Und und und ja was noch vermittelt wurde ist das ich denk mir wir waren sehr sehr nette Kinder ja, wenn ich so zurückdenk ja, sowohl mein Bruder als auch ich ja, und nur war ich halt die die die die halt was sagen hat müssen wenn mir etwas also vollkommen gegen den Strich gegangen ist und

dann hats immer geheißen „Ja das wirst also schon es wird schon wieder kommen" also „es wird schon wieder kommen und dann werden wir dich in in ein Arbeitslager schicken" ja. „Die Zeiten kommen schon wieder ja. Ab mit dir, ab mit dir"
I: Wenn sie also frech waren. Und da haben sie dann Arbeitslager gesagt?
IM: Ja ja ja. Da hat er noch einen anderen Ausdruck- Umerziehungslager? Na, hat er auch einmal irgendwie gesagt da hab ich ins- das hat er immer wieder gesagt. Das wird mir einfallen das fällt mir jetzt nicht ein ja aber jedenfalls
I: Also das hat er zu Ihnen gesagt?
IM: Ja das hat er zu mir gesagt, immer wieder und das wir werden dich dann in so ein Ding stecken, wirst schon sehen nicht, das wird schon wieder kommen. Also es gab keine Widerrede ja ich durfte nichts sagen nur ja und Amen, ja. (IM 8)

Es ist unschwer vorzustellen, dass eine derartige Drohung mit „Arbeitslager", begleitet von konkreter körperlicher Gewalt, für ein Kind ein massives Bedrohungsszenario und eine fragile Basis für ein Eltern-Kind-Verhältnis darstellen musste. Hier klingt eine familiäre Gewaltgeschichte an, die sich wie ein roter Faden durch die Kindheit und auch durch die Erzählung von Frau Moser zieht. Im Erwachsenenalter haben sich die Konflikte zwischen der Tochter und den Eltern offenbar noch zugespitzt. Als sie als junge Frau für einige Jahre ins Ausland ging, sich politisch eher links orientierte und Beziehungen zu ausländischen Männern einging, wurde sie von den Eltern als „Vaterlandsverräterin" und als „Hure" und aufgrund ihres unkonventionellen Lebensstils und ihrer beruflichen Unbeständigkeit zudem als „Versagerin" beschimpft. (IM 10, 12) Frau Moser zufolge standen ihr die Eltern selbst in schwierigsten persönlichen Situationen weder finanziell noch emotional bei und bei ihren sporadischen Besuchen kam es zu Auseinandersetzungen von „exzessivste(r) Gewalt mit alles zusammendreschen und zusammenschlagen", wo sie „um ihr Leben gerannt" sei. (IM 14) Diese Konflikte führten schließlich zu dem bereits in der Eingangspräsentation angesprochenen Bruch mit den Eltern, wobei dieser jedoch – wie in vielen anderen Fällen auch – kein endgültiger war.

Die töchterliche Zuschreibung ‚Nazi' bezieht sich also in erster Linie auf das Verhalten des Nachkriegsvaters in der Familie, erst allmählich kristallisiert sich ein ‚dunkler Fleck' in seiner Kriegszeit heraus, der diese Zuschreibung zusätzlich zu bestätigen scheint. Es handelt sich dabei um einen Verdacht der Tochter, der durch eine von der Mutter tradierten Geschichte über den Vater im Krieg genährt wurde und für Frau Moser bis heute als extreme Bedrohung erlebt wird. Diese auf den ersten Blick etwas verwirrende, aber sehr zentrale Geschichte wird von meiner Interviewpartnerin ziemlich unvermittelt ins Gespräch gebracht:

IM: [...] Und was ich Ihnen am Telefo Telefon gesagt hab[58] nicht, also ich hab halt irrsinnige Probleme damit weil ich nicht weiß, was wahr ist. Da war ich so, 12, 13, 14 war eine Tante bei meiner Mutter. Also die mit einem Onkel von mir verhei-verheiratet war, und die die ist zu meiner Mutter gekommen [...] zu meiner Mutter ausweinen weil der halt da eine Geliebte hat und so [...] und alle reden und so und jeder kennt jeden, und meine Mutter hat gesagt: „Mein

Gott wenn's nur das wär, [Rosi] also alle Männer sind so, mach dir nix draus. Ja. Zumindest schaut er auf die Familie." [...] Und da hats gesagt: schau, also wie. Sie hat ja mitgekriegt wie mein Vater zu ihrem Mann also meinem Onkel wie sie da gesessen sind und wie sie da mitgehört hat ja. Wie mein Vater gesagt hat „pfah also diese Frauen hamma fertig gemacht in Russland ja" /Und Vergewaltigungen und so Sachen ja/ [leiser]. Nur ich hab das damals nicht verstanden was das ist ja. **Meine** Generation hat mit 12 Jahren nicht gewusst was eine Vergewaltigung ist ja.
I: Und das Wort ist aber schon gefallen?
IM: Das ist schon gefallen, ja. [...] Was die mit den Frauen aufgeführt haben, mit dem muss ich verheiratet sein also [Rosi] dein Mann geht fremd das ist ja so auf die Art
I: Wer hat das jetzt aber gesagt? Die Mutter?
IM: Meine Mutter hat gesagt [...] ja ich bin mit so jemandem verheiratet. Ja. Da reg ich mich schon lang nimmer auf dass dass er fremdgeht oder so
I: Ja ich verstehe. Also ihrer geht nicht nur fremd, sondern hat auch noch diese Geschichte so in-
IM: Aber wie weit das jetzt meiner Mutter ihre Interpretation ist von dem was er da geprahlt hat das weiß ich nicht, weil ja-
I: Weil sie kanns ja nur von ihm haben-
IM: Ja, sie hat das mitgehört nicht. Wo sie sich unbeobachtet gefühlt haben wie sie im Garten gesessen sind oder so. Und **das** würd ich gerne noch mal ansprechen aber das ist das ist ein Brocken das schaff ich nicht das schaff ich, überhaupt nicht weil ich weiß es kommt nix zurück ja. „Pfha hör auf, tua di net versündigen".[59] (IM 11-12)

Frau Moser hat also als Kind mit angehört, wie ihre Mutter ihrer Tante anvertraut hatte, dass der Vater in ihrer Gegenwart von Vergewaltigungen an russischen Frauen gesprochen hatte, an denen er vermutlich auch selbst beteiligt gewesen war. Es handelt sich hierbei um eine klassische Geschichte vom Hören-Sagen, die bereits zwei Vermittlungsebenen durchlaufen hat: vom Vater zur Mutter, von dieser zur Tante, bis sie bei der zufällig mithörenden Tochter angekommen ist, die sie wiederum an mich weitergibt. Diese ‚Vergewaltigungsgeschichte' basiert auf keiner gesicherten Quelle, es handelt sich um „ein paar Sätze" (wie Frau Moser selbst mehrmals meint), die gerade wegen ihrer Vagheit sehr deutungsoffen bleiben und vielleicht gerade deswegen in der Auseinandersetzung von Frau Moser mit ihrem Vater eine zentrale Rolle einnehmen.[60] Die als Kind mit angehörte, auf Andeutungen gestützte Geschichte hat sich bei ihr mittlerweile als beunruhigendes und bedrohliches ‚Familiengeheimnis' festgesetzt, sie ist Ursache und Ausgangspunkt von Phantasien, die durch die Allgegenwärtigkeit und sexuelle Aufgeladenheit der familiären Gewalt zusätzliche Nahrung finden.

Wohl nicht zufällig erscheint diese ‚Vergewaltigungsgeschichte' im Kontext von anderen Erzählungen über außereheliche Beziehungen und sexuelle Belästigungen ihres Vater, wie z.B. an einem jungen Mädchen aus der Verwandtschaft oder sogar an ihrer eigenen Schulfreundin. Gerade weil der Vater in dieser Hinsicht ‚vorbelastet' ist, erscheint ihr die mit angehörte Geschichte aus der Erwachsenenperspektive umso glaubwürdiger, andererseits könnte es auch sein, dass diese überhaupt erst durch die (miterlebte) sexuelle Gewalt des Nachkriegsvaters zu dieser immensen Bedeutung ‚aufgeladen' wurde. Für Frau Moser ist diese Geschichte in ihren Worten ein unaufgearbeiteter „Brocken", an dem sie bisher nie zu rühren wagte. Der Vater selbst hatte, abgesehen von den typischen allgemeinen Rechtfertigungsphrasen ehemaliger Wehrmachtssoldaten, von sich aus nie über den Krieg gesprochen und auch sie hatte sich immer gescheut, ihn danach zu befragen:

> IM: Also es ist nicht angesprochen worden nie. Ich hab auch panische Angst gehabt ihn anzusprechen weil er dann immer also fast zusammengebrochen ist ja. Ich wollt ihn immer schonen. Äh, also, hab, ich irgendwie wie hat er denn da so [leise] ... Ich glaub ich hab ihn ein **einziges** Mal gefragt ob er mir was erzählen möchte und dass ich also schon ein Recht hab als Kind was zu wissen von ihm sagt er: „Tua di net versündigen" „Pah, lass mi in Ruah" [nachahmend] oder so ja.
> I: Ach so hat er geantwortet? War das, waren Sie da schon erwachsen oder?
> IM: Ja. Und vor allem es es es ging nicht weiter ja dann. Ich hab des Gefühl gehabt er kriegt einen Herzinfarkt wenn ich jetzt weiter(frage), ja. (IM 9)

Die töchterliche Angst vor den Fragen trifft auf eine väterliche Abwehr, die sich in der etwas befremdlich anmutenden Phrase des Vaters manifestiert: „Tua di net versündigen". Diese dem Vater zugeschriebene Aussage wird von der sonst meist hochdeutsch sprechenden Tochter im breiten Kärntner Dialekt mehrmals zitiert. Es handelt sich dabei um eine mir zumindest aus Kärnten durchaus geläufige Phrase, die als eine Art ultimatives (Hinter-)Frageverbot eingesetzt wird und sich in diesem Kontext klar auf ein Eltern-Kind-Verhältnis bezieht. Der darin enthaltene Begriff der ‚Sünde' unterstreicht die Schwere des potenziellen Vergehens und verweist wohl auf das vierte Gebot: Du sollst Vater und Mutter ehren. Das Nachfragen, so wird suggeriert, käme einem Hinterfragen der väterlichen Autorität und somit einem Sakrileg, einer ‚Sünde' gleich. Im Falle von Frau Moser scheint dieser väterliche Abwehrgestus jedenfalls seine Wirkung gezeigt zu haben, denn sie hat sich diesem ultimativen Frageverbot bisher unterworfen. Doch die väterliche Abwehr bestärkt ihren Verdacht, dass er „etwas zu verbergen" habe, nur noch mehr. (IM 30) Gerade weil sie nie Antworten auf ihre (unausgesprochenen) Fragen bekam, blühen ihre Phantasien, die zwischen Entlastung und Belastung, Verständnis und Anklage zu schwanken scheinen:

> I: Und haben Sie sich manchmal vorgestellt was er da im Krieg getan hat in Russland?
> IM: Ich hab mir sehr viel Gedanken gemacht drüber ja
> I: Was sind ihnen da für Phantasien dann gekommen? Was haben Sie ihm auch irgendwie zugetraut?
> IM: Also **ich hab** ich hab mir halt einmal vorgestellt er war was weiß ich, wie alt wird er gewe- ich weiß nicht genau wann er eingezogen wurde zu so so letzte Reserve. Also ein Bub ja-
> I: ja ja, es muss auf jeden Fall 43 schon gewesen sein wenn er in Stalingrad war, mindestens-

IM: ja ja eben nicht also (er war) 18, 19 so was. Äh, was was so ein Krieg mit so einem Pflänzchen macht das kann ich mir vorstellen, ja dass (du) da plötzlich mit dieser Gewalt konfrontiert bist ja. Und dann muss er sehr indok- indoktriniert gewesen sein weil er **immer** noch von diesem, Vaterland verteidigen redet „was wissts denn ihr schon wir haben das Vaterland verteidigt" ja gegen die bösen Bolschewiken. Also (er) muss sehr indoktriniert gewesen sein war auch immer noch also „auf in die Arbeitslager das wird schon wieder kommen" ja, das hab ich mir oft so vorgestellt also. Und **dann** hab ich mir vorgestellt wie kann er hat vor, meinen Augen hat er ein Tier zu Tode geschlagen. Ja. Also d-da war **massive** Gewalt ja, und hab mir oft gedacht, **was** ist mit dem passiert einmal dass er zu so was fähig ist ja. Der muss das damals irgendwie der muss **voll**kommen verroht gewesen sein ja, vollkommen, ja, noch nicht ausgereift und dann so
I: Was für ein Tier hat er da zu Tode-
IM: Einen Fuchs ... Aber er hat auch sonst die Tiere geschlagen wann er sein Rappel gehabt hat. Und ich hab das immer als sehr sexuell empfunden ja, diese Schläge. Weil, weil nachher war er wie wie der sanfteste Mensch wenn er zugeschlagen hat ja. Ich hab immer das Gefühl gehabt es ist seine Art mit seiner Sexualität umzugehen hab ich **damals** weil ich halt so psychologisiert hab damals ja
I: Das haben Sie damals schon?
IM: **Damals** so irgendwie so überlegt ja. .... Und dann immer diese Geschichte von meiner Mutter, die sie meiner Tante erzählt hat das war für mich ein Brocken wo ich selber-
I: Das war dann im Kopf-
IM: Das war so heavy eigentlich ein Leben lang diese Geschichte diese diese 20 Sätze da, das war für mich ein **irrsinniger** Brocken. Selbst mir vorzustellen, was mein Vater da getan haben könnte und ich bin seine Tochter ja da hats hats oft Szenen gegeben in mir drinnen, wo ich mich dann duschen gegangen bin ja, weil ich gedacht hab ich bin aus diesem Blut oder was auch immer ja, ich muss mich irgendwie duschen ja so was hab ich **oft** gemacht ja. Und wollt das aber für mich nicht einmal genau, überlegen was da passiert, sein hätte können was der da aufgeführt haben könnte mit den Frauen wenn das wahr ist ja, da hab ich immer gemerkt da ist bei mir eine Grenze da kann ich nimmer weiter denken ja (IM 27-28)

In dieser Erzählpassage vermengen sich rationale Erklärungsversuche (Jugend des Vaters, Indoktrination, Manipulierbarkeit, Verrohungsmechanismen im Krieg), psychologisierende Deutungen (Zusammenhang von Sexualität und Gewalt) mit einer diffusen Beunruhigung und enormen emotionalen Betroffenheit als Tochter. Als solche fühlt sich Frau Moser gewissermaßen ‚beschmutzt' von der möglichen Schuld des Vaters, das von ihr angesprochene Duschen könnte tiefenpsychologisch als ein Akt stellvertretender Reinwaschung gedeutet werden.[61] Wie nicht nur aus dieser Passage hervorgeht, ist Frau Moser im Interview emotional sehr aufgewühlt. Das hat vielleicht auch damit zu tun, dass ihr Vater zum Zeitpunkt des Interviews schwerkrank im Krankenhaus lag und sie seinen Tod befürchten musste: „Ich bet ja jeden Tag dass er nicht sterben möge dass er sich regeneriert, dass er vielleicht einmal, noch die Kraft hat meinen Fragen zu antworten." (IM 18)

Abgesehen von der möglichen Täterschaft des Vaters kreist Frau Mosers Denken und Erzählen um einen weiteren zentralen Aspekt: Die Versöhnungsbereitschaft ihrerseits und die Unversöhnlichkeit des Vaters, unter der sie sehr zu leiden scheint. In den letzten zehn Jahren, nach dem Tod ihrer Mutter, hatte sie auf seinen Wunsch hin nur mehr sporadisch Kontakt mit ihm. Frau Moser beteuert wiederholt, wie sehr sie eine „Aussprache" wünsche, wie oft sie ihm in Telefonaten und Briefen „die Hand zur Versöhnung ausgestreckt" hätte, auf die er jedoch nur mit neuen Beschimpfungen und Vorwürfen geantwortet habe. (IM 33-35) Mir ist aus ihren Erzählungen nie ganz klar geworden, warum der Vater derart unerbittlich jede Annäherung und ‚Versöhnung' abwehrt. Zweifellos handelt es sich um eine fundamental beschädigte Vater-Tochter-Beziehung, deren Wurzeln keineswegs nur in der möglichen NS-Verstrickung des Vaters zu suchen sind. Frau Moser, die sich damit auch in einer Psychotherapie auseinander gesetzt hat, beschreibt ihre Beziehung zum Vater unter Rückgriff auf die therapeutische Autorität als eine „kaputte Beziehung" und als „Hass-Liebe":

> I: Und was haben Sie so für ein Gefühl am ehesten Ihrem Vater gegenüber wie würden Sie das am ehesten-
> IM: Ja ich ich weiß es nämlich auch nicht ob das eine eine irrsinnige Liebe ist und dann Hass also ich ich pendle halt zwischen ganz extremen Sachen, diesen Hass hab ich mir aber erst, seit die letzten drei Jahre zugestanden, ich hab ihn nie hassen können ja auch in der Therapie nicht ja. Ich hab ihn immer verteidigt, ja also in der Therapie also, und der Therapeut hat immer gemeint das ist du suchst Liebe zu ihm ja, in deiner Verteidigung ja. Bis er's dann wirklich auf die Spitze getrieben hat mit diesem, dann hab ich wirklich einen Hass gekriegt ja.
> I: Wann, was war das?
> IM: Ja wenn ich halt gesagt hab „jetzt hör einmal auf damit ja und sag einmal **Klartext** ja weil mit so was kann ich nix anfangen" und immer nur diese sture Antwort also da da ist wirklich dann so der Hass einmal gewachsen und da haben auch die Depressionen aufgehört so wie dieser, also die mich eigentlich jahrzehntelang niedergedrückt haben ja. Also dieser Hass war sehr gesund aber das ist erst so die letzten zwei-
> I: Also wirklich die letzte Zeit?
> IM: Ja ja. Also wirklich ein unglaubliche Wut gehabt und hab mir auch [...] visualisiert wie (ich) ihn wie ich ihn erschlag und was weiß ich ja. Und dann aber wieder diese unglaubliche Liebe ja. (IM 33)

Nach diesem ‚Befreiungsschlag' und mit dem drohenden Tod des Vaters vor Augen scheinen bei Frau Moser an die Stelle des jahrzehntelang unterdrückten und eruptiv ausgebrochenen Hasses nun stärker wieder positive Gefühle – die „Liebe" – und die Bereitschaft zur Versöhnung Platz zu greifen. Auf meine Nachfrage, was sie sich von einer Aussprache mit dem Vater erwarte und was sie ihn noch fragen würde, nennt sie zuerst die Frage, „ob er Menschen umgebracht" habe und ob er tatsächlich an den Nationalsozialismus geglaubt habe. (IM 31) Erst dann spricht sie auch die persönliche Ebene, ihre Kränkung als vergeblich um seine Liebe ringende, ‚verstoßene Tochter', an: „Ich **glaube** ich würde ihm auch sagen gleichzeitig auch sagen wollen, eigentlich müsstest du Interesse an mir haben auch wer ich bin [...] Und dass mir das halt weh tut dass er kein Interesse hat an meinem Leben ja. **Das** würde ich ihn fragen wollen." (IM 31) Wie bei Frau Moser vermengen sich bei vielen ‚Kindern der Täter' die politischen und persönlichen Fragen an den Vater und sie müssen manchmal für immer offen bleiben. Solche tiefen Kränkungen als Tochter sind oft auch ohne NS-Hintergrund wirksam und können in manchen Fällen zu einer lebenslangen negativen Fixierung auf den Vater führen.[62] Aus der Psychoanalyse ist bekannt, dass solche negativen Bindungen meist ‚unproduktiv' sind, denn sie lassen keinen Raum für unabhängiges Handeln, und die zwanghafte Auflehnung gegen die Eltern ist in ihren Auswirkungen nicht weniger einschränkend, als zwanghafter Gehorsam es sein könnte.[63] In Brigitte Schwaigers Erzählung *Lange Abwesenheit* wird eine solche negative Vater-Fixierung einer Tochter auch noch nach dessen Tod vorgeführt, indem diese feststellen muss: „Er ist tot, aber ich kämpfe gegen ihn, noch immer. Er hat viele Stimmen, viele Arme und Beine, ist unsichtbar und kann mir jederzeit und überall auflauern."[64]

Vaterbild MH

Auch der Vater von Monika Hartl war ‚nur' in der Wehrmacht und – soweit die Tochter weiß – der Funktion und Tätigkeit nach kein Nationalsozialist. Auch nach 1945 trat der Vater, abgesehen davon, dass er der Mitbegründer einer Ortsgruppe des Vereins der Unabhängigen (VdU) war, politisch nicht in Erscheinung. Ungeachtet dessen präsentiert Frau Hartl den Vater, der zum Zeitpunkt des Interviews noch lebt, als zutiefst autoritären Charakter mit extrem rechten Auffassungen, was sie auf seine Prägungen im Nationalsozialismus zurückführt. Anders als Frau Moser hatte sie sich nicht bei mir für das Interview gemeldet, sondern der Kontakt erfolgte von meiner Seite aus durch Vermittlung ihres jüngeren Bruders, einem Studienfreund von mir. Meine Anfrage, die immer auch eine Zuschreibung als ‚Nazitochter' darstellt, schien Frau Hartl nicht zu irritieren und sie gab sofort ihre Zustimmung zu einem Interview.

Monika Hartl ist 1954 geboren und somit meine jüngste Interviewpartnerin, ihre frühe Kindheit und Sozialisation fallen also bereits in die zweite Hälfte der 1950er Jahre. Sie beschreibt ihre Kindheit als „dunkel und eng" und „nicht freudig" (MH 7) und ihr Verhältnis zum dominanten Vater war seit frühester Kindheit von extremer Angst geprägt, wie sie bereits zu Beginn des Interviews sehr eindringlich veranschaulicht:

> MH: [...] Ein wesentlicher Gesichtspunkt für mich aus meiner Kindheit ist meine fürchterliche Angst vor meinem Vater, das ist eine ah, wenn ich beschreiben soll was **Angst** ist kann ich sofort das bestens beschreiben, ich bin noch recht klein, ich kenn die Uhr nicht, aber ich weiß wie sieben Uhr ausschaut. Wie da die Zeiger gestellt sind, und mein Vater kommt von der Arbeit

heim, [...] und, in dem Moment versteck ich mich schon hinter der Abwasch und hoffe dass er mich nicht sieht. Und das ist **lange** lange Zeit so gegangen. Und ich hab die, die größte schwerste Angst gehabt der sieht mich und ich kann mich an das erinnern es ist sieben Uhr es läutet, und es ist jemand **andrer** draußen, **was** das für eine Erleichterung war, obwohl es natürlich nur ein Aufschub war weil fünf Minuten später ist das **andre** eingetreten. Ich kann mich aber für den Grund der **Angst**, kann ich nicht, also es war durch keine-
I: Sie wissen es nicht
MH: Nein, ließe sich nicht finden.
I: [...] Wie war Ihr Vater, in der Kindheit, wie haben Sie ihn gesehen?
MH: Ah übermächtig autoritär, militärisch drohend durch und durch. Also ein Mensch vor dem ich **absoluteste** Angst gehabt hat und zwar, weil er, so zugeschlagen hat gleich. Ich kann mich recht gut ah zurückerinnern so bis **ganz** weit zurück und da weiß ich wie meine Schwester die nur ein Jahr älter war zum Beispiel, am Abend, herausgegangen ist und sich vor den Spiegel gestellt hat weil in unserem Zimmer ein Spiegel war und da hat sie sich angeschaut. Und mein Vater hat nicht erlaubt dass sie eben aus dem Bett [...] steigt und (er) ist hereingekommen und hat sie **furchtbar** gehaut. Jetzt ist aber meine Schwester ein **konträrer** Typ zu mir. Sie hat oft noch gelacht nach dem Hauen, also sie war nicht ... sie hat nicht gelitten drunter. [...] (MH 1-2)

Meine Interviewpartnerin erzählt noch etliche familiäre Szenen mit ihren frühkindlichen Ängsten und väterlicher Gewalt, die alle auf einer ähnlichen Rollenverteilung beruhen: Auf der einen Seite Frau Hartl als die verängstigte introvertierte Tochter (sowie deren ‚robustere' ältere Schwester), auf der anderen Seite der allmächtige, autoritäre Vater, der nicht nur die Kinder, sondern auch seine Ehefrau dominierte bzw. die sich ihm unterworfen hat. Positive Erinnerungssequenzen, die auf eine frühkindliche emotionale Nähe zum Vater hinweisen, wie etwa ansatzweise bei Frau Moser, finden sich in der Erzählung von Frau Hartl nicht. Das Einzige, was sie ihm heute zugute hält und wofür sie ihm dankbar ist, ist der hohe Stellenwert der Musik in ihrer Familie, die ihr bis heute sehr wichtig ist. (MH 4-5) Die raumgreifende Allgegenwärtigkeit des Vaters und dessen anhaltende Dominanz im Bewusstsein der Tochter wird auch dann spürbar, wenn Frau Hartl selbst auf die klare Frage nach der Mutter bereits nach wenigen Sätzen wieder auf den Vater zu sprechen kommt und die Mutter zwar „gefahrlos" erscheint (MH 25), aber im wahrsten Sinne des Wortes hinter ihm „verblasst" und oft nur wegen ihrer mangelnden mütterlichen Schutzfunktion Erwähnung findet:

I: [...] und wenn Sie Ihre Mutter jetzt noch einmal beschreiben würden, was war das für eine Frau?
MH: Ah wenn ich, meine Mutter ist vor zehn Jahren gestorben und in der Erinnerung bleibt sie blass. Sie ist keine starke Persönlichkeit. Das **dominierende**, **auch** wenn ich mit dem W. [Bruder] red ist immer nur der Vater, der ist so groß und so breit und der hat alles, den ganzen Raum für sich genommen. Und eine **ganz** eine charakteristische Situation mit meiner Mutter weiß ich ... die überhaupt das charakterisiert was so Angst gemacht hat, der Vater

> kommt heim er ist aufgeladen von seiner Arbeit, es hat **Ärger** gegeben am Arbeitsplatz der sehr ungeliebt war, er kommt heim, wir setzen uns zum Tisch und er sagt meiner Schwester sie sollte aus der Speisekammer die Mehlspeise holen, und sie hat net freudig geschaut, also das freudig Schauen war sehr heikel man muss freudig schauen wenn man was an- angeschafft kriegt. Und weil er so aufgeladen ist geht er hin und haut sie fürchterlich. [...] nach dem Hauen haben wir Scheitelknien müssen und da haben wir uns aus der Holzkiste so ein, aber nur ein spitzes [Scheitel] nehmen müssen und so in irgendeiner finsteren Ecke legen und draufknien müssen ... Und sie hat schon knien müssen und **dann ko**- und ich weiß jetzt komm ich dran, und ich sitz mit meiner Mutter beim Küchentisch und ich fleh sie innerlich an, schütz mich er wird mich jetzt gleich hauen und ich hab überhaupt nix ge**tan**, und sie hat mich **net** geschützt. (MH 5)

Die väterliche Aggressions- und Gewaltbereitschaft interpretiert Frau Hartl heute als Resultat seiner beruflichen Unzufriedenheit, die er an seiner Frau und den Kindern auszulassen pflegte. Als besonders kränkend erlebte sie ihr völliges Ausgeliefertsein unabhängig von ihrem eigenen Verhalten und die allgegenwärtige väterliche Forderung des ‚freudig Schauens', die im krassen Gegensatz zur „unfreudigen Stimmung" in ihrer Familie stand und der sie als Kind trotz Bemühen nicht nachkommen konnte. (MH 6-7) Sie sei zwar das „Lieblingskind" des Vaters gewesen, weil sie dem Vater sehr ähnlich gesehen habe und zudem bis zur Geburt ihres ungefähr zehn Jahre jüngeren Bruders als Art Sohn-Ersatz fungierte. Diesen Status hat sie allerdings nicht als Auszeichnung, sondern vielmehr als zusätzliche „Bürde" erlebt, da sie die in sie gesetzten hohen Erwartungen ihres Vaters nicht erfüllen konnte. (MH 17) Während sie sich dem Vater durch ein defensives, unauffälliges Verhalten zu entziehen versuchte, scheint die um ein Jahr ältere Schwester eine gänzlich andere Strategie angewandt zu haben. Die Schwester wird als energische, „sehr harte", dem Vater darin nicht unähnliche Person beschrieben, die als Kind auf die Strafsanktionen des Vaters forsch-trotzig reagierte und darunter nicht gelitten zu haben scheint.

Derartige unterschiedliche Erlebens-, Verhaltens- und Wahrnehmungsmuster innerhalb einer Familie sind keine Ausnahme, vielmehr die Regel. Je nach Geschwisterkonstellation, Alter, Charakter usw. auf Seiten der Kinder und je nach Verhalten und Erwartungen auf Seiten der Eltern werden bestimmte Situationen individuell erlebt und später ebenso individuell verarbeitet.[65] Dasselbe gilt auch für die ‚Vaterbilder', die das Ergebnis ebendieser Faktoren und Konstellationen sind und somit immer als individuelle und subjektiv gefärbte Präsentationen zu verstehen sind. Ich nehme an, dass die ältere Schwester ein stark abweichendes Bild von ihrer Kindheit und ihrem Vater zeichnen würde. Die bereits in der Kindheit erkennbare unterschiedliche Persönlichkeitsstruktur der Schwestern und deren unterschiedlicher Umgang mit der väterlichen Autorität setzten sich im Erwachsenenleben fort und bestimmt auch die heutigen Sichtweisen und Deutungen der Schwestern. Frau Hartl erwähnt mehrmals, dass sie mit ihrer Schwester bis heute keine gemeinsame Gesprächsbasis über die so verschieden erlebte Kindheit findet.

Eine weitere Facette erhält diese Familienkonstellation durch den jüngeren Bruder von Frau Hartl, der aufgrund seiner spezifischen Erfahrungen vermutlich eine wiederum andere Perspektive auf seinen Vater hat. Er ist rund zehn Jahre nach den zwei Töchtern geboren und war der lang ersehnte Sohn der Familie. Nach Ansicht von Frau Hartl war er dem autoritären Vater noch stärker ausgeliefert, da sie und ihre Schwester bald das Elternhaus verließen (Internat, Studium, Heirat), wohingegen er als „Nachzügler" großteils allein mit dem Vater und der kranken Mutter aufgewachsen ist: „Er hat die Last tragen müssen. Das hat sich natürlich verheerend ausgewirkt auf ihn". (MH 21) Frau Hartl ist überzeugt, dass in den Bruder nicht nur noch höhere Erwartungen gesetzt wurden, sondern dass er als Sohn den väterlichen Indoktrinierungsversuchen noch direkter ausgesetzt war als sie und ihre Schwester es je gewesen waren:

> MH: [...] [der Bruder] sagt, der Vater hat viel mehr reingestopft in ihn weil er (ein) Bub war, mit so Waffen und solche Sachen und das hat eine gewisse Faszination in dem Alter, das kommt noch dazu das fällt bei Mädchen weg, die werden da net in der Weise indoktriniert.
> I: Sie glauben dass der Vater mit dem Sohn anders gesprochen hat und was andres erzählt hat als den Töchtern?
> MH: Ja unbedingt. Also das steht für mich außer Frage man war als Mädchen etwas mehr geschützt als er. Er war noch dazu belastet, dass er ein Bub war. Das hat das alles verschlimmert. (MH 22)

Da sich der Sohn als eher sensibles und ‚schwaches' Kind entpuppte, hat er den Vorstellungen und Männlichkeitsidealen des Vaters offenbar nicht entsprochen. (MH 3-4) Auch der Bruder hat sich später intensiv mit seiner Kindheits- und Familiengeschichte auseinander gesetzt und ist für Frau Hartl in dieser Hinsicht ein sehr wichtiger Gesprächs- und Bündnispartner mit ähnlichen Sichtweisen und Einschätzungen geworden. Sie meint dazu leicht lachend: „[...] **Kaum** sind wir zusammen gekommen, war das unser einziges Gesprächs(thema)- [...] **sofort** egal wo wir angefangen haben sind wir zu dem hingekommen." (MH 20) Während die ältere Schwester aufgrund ihres subjektiven Erlebens die kindlichen Angsterfahrungen ihrer jüngeren Schwester nicht nachvollziehen kann und auch keinen Zusammenhang mit dem Nationalsozialismus herstellt, ist für Frau Hartl und ihrem Bruder die Auseinandersetzung mit ihrer Kindheit, dem Vater und – damit immer auch zusammenhängend – mit dessen nationalsozialistischer Prägung ein zentrales Thema.

Ohne dass es konkrete Belege einer tieferen NS-Verstrickung des Vaters gäbe, besteht für Frau Hartl ein klarer Zusammenhang zwischen ihrem Vater im Krieg und ihrem Vater als autoritärem Erzieher, wie sie ihn als Kind erlebt hat. Diesen von ihr meist implizit hergestellten Konnex spricht sie gleich am Anfang des Interviews, assoziativ anknüpfend an eine Schilderung einer familiären Gewaltsituation, sehr direkt an:

> I: Also das heißt, er hat wirklich immer sofort geschlagen, wenn ihm was nicht gepasst hat?
> MH: Nicht sofort, aber die Drohung war in der Luft da, sie war [räuspert sich] durch verschiedene Worte schon eingeleitet. Die die Worte waren einfach, für gehorchen hats nur parieren geben oder, ah, er [räuspert sich] ich muss zur Er-

klärung sagen, ah unser Vater war acht Jahre bei der Marine und am Schluss in einem Ausbildungslager wo er eben Leute befehligt hat. Und **lange lange** Zeit hab ich den Zusammenhang nicht herstellen können zwischen seinem Verhalten zu uns, und dieser Zeit, und erst im Gespräch mit einem Onkel, weil's **oft** Gespräche eben gegeben hat weil das so brisant war und so neu immer wieder, und mich so beeinflusst hat, hat er gesagt: **er** glaubt dass mein Vater einfach, aus dieser Nazizeit das übernommen hat. D- es war ihm nicht bewusst dass man mit Kindern nicht so umgeht. Er hat **wahrscheinlich** war er **zahm** zu uns nehm ich an, im Vergleich wie er, was er dort gemacht hat also er /hat uns net erschossen sondern er hat uns/ [auflachend] kurzerhand einfach äh ... [seufzt] (MH 2-3)

Diese vom Onkel gelieferte Deutung ist für meine Interviewpartnerin heute ein wichtiger Erklärungsansatz für das Verhalten des Vaters und vermischt sich mit einer erschreckenden Phantasie über seine möglichen Aktivitäten im Krieg (Befehlen, Erschießen) und seinem Verhalten ihnen gegenüber (‚zwar nicht erschießen, aber...'). Es scheint, als würde Frau Hartl selbst über den von ihr hergestellten Zusammenhang erschrecken, denn sie bricht diesen Gedankengang abrupt ab. Diese erschreckende Parallelisierung basiert auf ihrem Wissen über die Tätigkeit des Vaters in der Wehrmacht, auch wenn dieses recht spärlich ist. Sie weiß aus seinen Kriegserzählungen, dass er freiwillig zur Marine gegangen ist, auf einem Kriegsschiff „rasch aufgestiegen" sei und schließlich eine Position als „Obermaat" erreicht habe. Außerdem sei er militärischer „Ausbildner" gewesen, was sie schließlich zur vom Onkel unterstützten und im Interview mehrmals geäußerten Deutung führt, dass er nach dem Krieg anstatt der jungen Rekruten nun die eigenen Kinder „gedrillt" hätte. (MH 11-12) Abgesehen davon war der Nationalsozialismus in der Familie nur durch die fallweise elterliche Verwendung von NS-Vokabular, die mütterlichen Erzählungen über ihre Zeit im BDM oder die väterlichenBegeisterung für NS-Bergsteiger und NS-Schriftsteller präsent, wobei sie viele dieser ‚Indizien' erst viel später zu entschlüsseln verstand. Über die Judenvernichtung war den Eltern „kein Kommentar zu entlocken", aber „dass Juden negativ besetzt sind, das war immer da", meint Frau Hartl rückblickend. Auf meine Frage, wie sich das konkret gezeigt habe, fällt meiner Interviewpartnerin folgende Begebenheit ein:

I: Wie hat sich das gezeigt, bei Ihnen in der Familie?
MH: Mhm. ... Dass eben so öfter das **waren** Juden oder das ist ein Jud, also dass ich mich öfter als Kind gefragt hab ja was was denn da dran war, woran man das **merkt** auch. Und ich **weiß** jetzt, jetzt kann ich das sagen warum das vor kurzem wieder **sehr** aktuell geworden ist für mich. Wir **waren** eingeladen. [...] Und der **Vater** dieser Familie hat eine ähnliche Kindheit wie ich, und der hat mir erzählt er hat viel ferngeschaut früher, und, /das was das Fernsehen so lustig gemacht hat/ [lachend] oder **interessant für ihn war**, dass da alle Verwandten versammelt waren. Und die **Tanten** und Onkel haben sofort gesagt: „Das ist ein Jud und das ist eine Jüdin" im Fernsehen. Und ich hab zu dem Herrn gesagt: „Ja wie habens denn das erkannt?" Und er sagt zu mir: „An den Ohren." Jetzt war ich sprachlos, sag ich: „Was haben denn jüdische Leute für

Ohren?" „Ja viel längere als andere." Und dann ist mir **eingefallen** und dann war ich so **entsetzt** wie mir das eingefallen ist, was hat unser Vater immer geschaut ob wir kleine Ohren haben. Als Kind na ja, ich **weiß auch net** ich, na das hat mich befremdet immer wieder warum interessiert sich der Vater für die /Ohren oder/[lachend]
I: Hat er wirklich geschaut-
MH: **wirklich geschaut**
I: ob sie ob alle, die Kinder kleine Ohren haben?
MH: ja Ohren haben. Und ich hab natürlich **nix** gewusst, aber das ist mir lebhaftest in Erinnerung, [...] und das löst in mir sofort ein **ganz** ein schlimmes Gefühl aus **schlecht** wird mir da um Gottes Willen **genau** das kenn ich. [...] (MH 10)

Erst durch den zufälligen Erfahrungsaustausch mit einem gleichaltrigen Bekannten aus einem ähnlichen Familienmilieu kann Frau Hartl die vom Vater durchgeführte ‚Ohrenkontrolle' als Antisemitismus entschlüsseln. Der Vater hat sich offenbar vergewissert, dass seine Kinder nicht ‚jüdisch' aussahen, was auf eine tief gehende antisemitische Grundhaltung, wenn nicht sogar Wahnvorstellung schließen lässt. Das zeigt einmal mehr, dass das Faktum, keine (nachgewiesene) NS-Funktion innegehabt zu haben, die Existenz von rassistischen Vorstellungen und von Antisemitismus keineswegs ausschließt.

Vor diesem Hintergrund hat sich bei Frau Hartl die Vorstellung von der tiefen NS-Prägung des Vaters, die sich fatal auf seine Charakterstruktur und das Familienleben ausgewirkt habe, als grundlegendes Erklärungsmodell durchgesetzt. Sie versucht zum einen, den Vater als Produkt seiner Zeit und seiner Sozialisation zu verstehen, zum anderen schließt sie den Aspekt einer möglichen Täterschaft aber nicht aus, wie in der folgenden Interviewpassage deutlich wird:

MH: [...] eigentlich kann man ja sagen, der Vater war ja auch höchst arm. Reingepresst in das Nazikorsett hat er (das) seinen Lebtag net ablegen können. Gefesselt von diesen Ideen .. Die Mutter genau so. Völlig unfrei.
I: Gibt's so Fragen [...] die Sie Ihrem Vater trotzdem gern stellen würden, auch wenn Sie es net tun? [...]
MH: Ja. Sicher würde ich ihn gern über diese Nazivergangenheit fragen. Wie hat er das kennen gelernt? Ahm ... war er begeistert davon. Und ich glaub er er weiß auch sehr viel andere Sachen, ich glaub das hat sehr viel unbewussten Eingang in ihm genommen, ohne dass er mehr drüber nachdenkt, er hat es einfach aufgenommen. Und es ist in sein Gedankengut eingeflossen und in sein Fühlen und er hat sich es nicht bewusst gemacht woher das kommt, dass das alles von dort kommt. So empfind ichs immer wieder. Weil oft **verblüfft** mich das wenn man zum Beispiel in der Zeitung gesehen hat ah irgendwelche Menschen die in der Nazizeit-zeit Gräueltaten verbrochen haben, dann sieht man sie noch in der Nazizeit dann sind sie wie, ah, arme Würschtln, entzaubert, man denkt sich diese Persönlichkeit hat das vollbracht. So was ist da auch. Das hat einen einen enormen emotionalen und intellektuellen Sog ausgeübt, und die Eltern haben sich nicht befreien können davon und das ist eine **Tragik**.

I: Würden sie also würden sie ihren Vater so potenziell auch Verbrechen oder was zutrauen? Das ist jetzt-
MH: Ja würde ich ihm zutrauen. Also ohne Zweifel.
I: Vom Typus her-
MH: ja
I: und von seinem Verhalten her?
MH: Ja. (MH 20-21)

Frau Hartl versucht, die NS-Anfälligkeit des Vaters (und teilweise auch der Mutter) psychologisch zu erklären. Sie betont dabei die Zwangsläufigkeit und Wirkungskraft der NS-Prägung („Nazikorsett", „emotionaler und intellektueller Sog" usw.), aus deren ‚Fesseln' er sich nicht befreien konnte. Ihre Wortwahl lässt eine gewisse Empathie für den Vater erkennen, der letztendlich als Opfer seiner selbst („höchst arm") erscheint. Derartige Erklärungsversuche sind oft typisch für unkritische Entlastungsoffensiven bei den Nachgeborenen. Warum dies bei Frau Hartl nicht unbedingt der Fall ist, liegt daran, dass sie ihren Vater gleichzeitig auch klar in einen ‚Täter'-Kontext stellt. Sie kommt (von sich aus) auf die nach Kriegsende oft zum Ausdruck kommende ‚Banalität' der ihrer Macht entzauberten NS-Täter („arme Würschtln") zu sprechen und sie bejaht meine vorsichtige Frage nach einer potenziellen Täterschaft ihres Vaters zu meinem offensichtlichen Erstaunen ohne Zögern. Das heißt, sie zieht – anders als viele NS-Nachkommen – eine Verbindungslinie zwischen dem ‚privaten' und dem ‚politischen' Vater, den sie sich, auch wenn er ‚nur' bei der Wehrmacht war, durchaus als möglichen Täter vorstellen kann. Gleichzeitig hält sie sich aber immer noch an das in der Familie wirksame Frageverbot und hat ihn nie mit derartigen Vorwürfen konfrontiert. Meine Frage, ob sie ihn einmal direkt vorgeworfen habe, dass er ‚ein Nazi' (gewesen) sei, weist sie spontan zurück: „/Um Gottes Willen, nein **völlig** undenkbar/ [entrüstet, leicht lachend] Nie. (Ich) hätte ihm nie irgendetwas-, weil das einfach viel zu gefährlich ist .." (MH 18)

Der innere Rückzug bei äußerer scheinbarer Anpassung ist für Frau Hartl zu einer Art Überlebensstrategie geworden, mit der sie sich sukzessive der Allmacht des Vaters entziehen konnte und der noch heute den Umgang mit ihm bestimmt. Ihre Loslösung kann sie nicht an einem konkreten Anlass oder sonstigen ‚Aha-Erlebnissen' festmachen, sondern führt sie auf eine seit frühester Kindheit bestehende innere Distanz zum Vater, auf ein „bestimmtes innerliches Gefühl, dass das falsch ist", zurück. Sie wäre zwar „äußerlich **total** indoktriniert" worden, aber innerlich habe sie ihre eigenen Ansichten entwickelt, was sie letztendlich zum Ärger ihres Vaters „unangreifbar" gemacht habe. (MH 17, 18) So begann sie zwar auf Wunsch ihres Vaters (wie ihre Schwester) ein Sportstudium, wechselte dann aber auf Psychologie über und lebt heute einen Gegenentwurf zu den väterlichen Wertvorstellungen: Sie heiratete sehr früh und bekam fünf Kinder, wofür sich der Vater „geschämt" habe, sie bezeichnet sich als religiös (und wollte als Kind sogar ins Kloster gehen) und legt im Gegensatz zu ihrem Vater auf materielle Werte, beruflichen Erfolg und ‚Äußerlichkeiten' wie akademische Titel usw. keinen Wert. Auch in ihrer Wesensart scheint sie das konträre Gegenbild zum Vater zu sein: sie wirkt freundlich, zurückhaltend und verständnisvoll.

Das heutige Verhältnis zwischen Vater und Tochter beschreibt sie als nach wie vor „schwierig". Der zum Zeitpunkt des Interviews 84-jährige (und mittlerweile verstorbene) Vater lebt in einem Seniorenheim und sie kümmert sich regelmäßig um ihn, obwohl er sie immer wieder kränkt und offenbar nach wie vor die gesamte Familie „terrorisiert". Auch politisch sei er „unbelehrbar", weshalb sie (wie die gesamte Familie) mittlerweile jede politische Diskussion vermeide und sein brüskierendes Verhalten einigermaßen gelassen hinzunehmen versucht. (MH 13, 23-24) Die sich mir angesichts ihrer Erzählungen aufdrängende Frage nach Gefühlen wie Wut und Aggression gegenüber ihrem Vater verneint Frau Hartl klar und bringt auch hier wieder Verständnis für ihn auf:

> I: Und kriegen Sie da nicht, haben Sie öfter eine Wut ich mein auf so einen Menschen?
> MH: Nein hab ich nicht.
> I: Wut, das kennen Sie nicht, so ein Gefühl gegenüber dem Vater?
> MH: Nein. Weil ich doch merk er kann- da ist ein Unterschied zwischen innen und außen. Innerlich bräuchte er mich doch sehr. Und schätzte auch das was was meine Person wichtig findet, aber im Äußerlichen lässt ers einfach net zu ..
> I: Aber es geht ziemlich auf Ihre Kosten net, gekränkt zu werden permanent
> MH: /**ja ja ja ja**/[lachend] er verstehts immer noch und man glaubt man wär doch irgendwann einmal in der Lage, aber ich merks dann an solchen Sachen wie mit den Anruf, dass man dann völlig erschöpft und genervt ist [...] Also mein Vater das ist wirklich, sagen wir man müsste eine Sonderklasse Menschen haben, /da gehört er rein./[lachend] So so eine schwierige Person, ist das. [...] (MH 25-26)

Frau Hartl bringt erstaunlich viel Empathie für ihren Vater auf. Obwohl sie als Kind und noch als Erwachsene unter ihm gelitten haben muss, scheint sie ihm dies mittlerweile nicht mehr nachzutragen und nicht mehr so stark darunter zu leiden wie etwa Frau Moser. Monika Hartl vermeidet ein endgültiges Urteil über ihren Vater und versucht ihn weder zu idealisieren noch zu dämonisieren. Vielmehr kommt sie leicht resignierend zum Schluss, dass man ihren Vater psychologisch und begrifflich nicht fassen könne, sondern dass er in eine besondere Menschen-Kategorie – jenseits der Kriterien von ‚gut' und ‚böse'? – eingeordnet werden müsse.

Der ‚abwesende' Vater als Projektionsfläche

Die Abwesenheit der Väter wird im allgemeinen als eine häufige Grunderfahrungen von (Nach-)Kriegskindern gesehen.[66] Tatsächlich war die zweite Generation aufgrund der politischen (und manchmal auch privaten) Umstände mit unterschiedlichen Formen von väterlichen Abwesenheiten konfrontiert und wurde somit zu einer ‚vaterlosen Generation' (A. Mitscherlich): Da waren zum einen die kriegs- oder berufsbedingten Abwesenheiten der Väter in der NS-Zeit (z.B. Kriegsdienst in der Wehrmacht, SS-Einsätze ‚im Osten', NS-Führungspositionen im ‚Altreich'), zum anderen zeitlich befristete Abwesenheiten nach 1945 (Kriegsgefangenschaft, Haft, Flucht, Scheidung) und schließlich die Abwesenheiten der Väter (im übertragenen Sinne) als emotionale Bezugs- und Vertrauenspersonen, als Familienväter und Erzieher.

Die radikalste Form der Abwesenheit ist der Tod. Gerade die nach dem Krieg aufgewachsene Generation war aufgrund der spezifischen Zeitumstände in hohem Maße mit dem Tod eines Elternteils konfrontiert. Da der Tod meist kriegsbedingt erfolgte und es in Österreich nicht so viele Frauen als Bombenopfer gegeben hat wie vergleichsweise in Deutschland, handelt es sich dabei meist um Väter. Über eine Million österreichische Männer waren im Krieg, ungefähr 250.000 davon sind gefallen oder aus der Kriegsgefangenschaft nicht mehr zurückgekehrt. Einige NS-Täter wurden vor Gericht gestellt, zum Tode verurteilt und hingerichtet bzw. begingen Selbstmord oder wurden bei Kriegsende auf der Flucht erschossen, einigen gelang die Flucht ins Ausland, wo sie untertauchten und oft fern von ihrer Familie lebten.

Es liegt auf der Hand, dass der Tod des Vaters ein tiefer und schmerzhafter Einschnitt im Leben eines Kindes ist und nachhaltige Auswirkungen auf seine weitere Entwicklung, seinen Umgang mit der Familiengeschichte und sein Vaterbild hat. Auch wenn die bisher vorgestellten ‚Vaterbilder' nachträgliche Rekonstruktionen sind, so beruhen sie doch auf konkreten Erfahrungen und Erinnerungen der Söhne und Töchter. Ihre Väter waren als Nachkriegsväter präsent und die Nachkommen haben sie – wie unterschiedlich auch immer – selbst erlebt. Darin unterscheiden sie sich grundsätzlich von jenen Kindern, die ohne Vater aufgewachsen sind und keine wie immer geartete ‚gelebte' Vater-Kind-Beziehung aufbauen konnten. Zwar haben einige der ‚vaterlosen' Söhne und Töchter noch vage frühkindliche Erinnerungen an den Vater, sie sind aber hauptsächlich auf die Tradierungen anderer angewiesen. Durch die familiäre Tradierung und die eigenen Projektionen entsteht schließlich ein Bild von einem „Phantomvater"[67], der auf diese Weise trotz seiner Abwesenheit durchaus präsent sein kann.

Auch etliche meiner InterviewpartnerInnen sind vom Phänomen des ‚abwesenden Vaters' unmittelbar betroffen, nicht nur partiell (z.B. durch Gefangenschaft, Flucht, Internierung, Scheidung), sondern fünf davon auch endgültig: durch den Tod des Vaters.[68] Zwei ‚Vaterbilder' aus dieser spezifischen Gruppe möchte ich im Folgenden näher vorstellen.[69]

Vaterbild HC

Mein Interviewpartner Hans Cerny, ist einer jener Söhne, die zur ‚vaterlosen' Generation gerechnet werden können. Er ist 1942 geboren und sein Vater ist in den letzten Kriegstagen 1945 gefallen. Der Vater von Herrn Cerny war illegaler Nationalsozialist in Kärnten, als solcher aktiv am Putschversuch 1934 beteiligt (‚Alter Kämpfer') und Mitglied der SS. Nach dem ‚Anschluss' 1938 erhielt er eine leitende Funktion in einem Unternehmen und wurde ‚unabkömmlich' gestellt, meldete sich aber freiwillig zum Kriegsdienst und ist Anfang 1945 gefallen. Herr Cerny hatte sich von sich aus telefonisch bei mir gemeldet und bereits im Vorgespräch eine sehr positive und affirmative Haltung gegenüber dem NS-Vater signalisiert.[70] Dass er auch politisch in die Fußstapfen seines Vaters getreten ist, wurde schließlich beim Interview deutlich. Das Interview fand in seinem Büro statt (er ist Rechtsanwalt an der besten Adresse der Stadt), wo allein schon das Ambiente (z.B. Türschild und Briefkopf in deutscher Frakturschrift) auf seine politische Ausrichtung verwies, und auch seine Erzählungen zeigten von Beginn an eine ungebrochene Identifikation mit dem gefallenen NS-Vater.

Obwohl er ihn altersbedingt kaum aus eigener Erinnerung gekannt hat, liefert er ein sehr anschauliches Bild vom Vater, den er – wie mir scheint – mit unzähligen Geschichten zu ‚beleben' versucht. Herr Cerny erzählt seine Geschichten im breiten Kärntner Dialekt[71] und sehr lebendig, er spricht sehr viel und offenbar auch gern. Diese charakteristische Erzählweise möchte ich durch die folgende Erzählung über die Beteiligung seines Vaters beim Putschversuch 1934, auf die er bereits im ersten Vorgespräch verwiesen hatte, exemplarisch veranschaulichen:

> HC: [...] Und mein Vater war in seiner Jugendzeit ein begeisterter Motorradrennsportler und und auch ein sehr guter und der hat also jedes, noch so hinnige Kremplwerk [= kaputten Krempel] hat der also zum Fahren gebracht und war berühmt dafür, und er war so Speedway und Sandbahnfahrer und hat da x Preise gewonnen und was weiß ich, der ist natürlich im Putsch hat man den als **Kurier eingesetzt**, und der ist mit dem Motorradl was weiß ich mit irgendeiner Botschaft in Richtung S. oder darüber hinaus geschickt worden, und ist dann in D., ich weiß net wie gut sie sich in Kärnten auskennen, das ist ein Ort vor S., da knapp drüber ist so ein liebes Schlösschen oben auf dem Hügel [..........] und dort ist er auf der Straße von irgendwelchen Leuten beschossen worden, und man äh, er ist dann über von der Straßen abkommen ist ist ist äh irgend- in einen Acker gefahren und war weg. Und damals hat man vermutet, dass er erschossen wurde, in Wahrheit hat man erfreulicherweise nur die Maschin getroffen, die hat er liegen lassen und ist dann, geflüchtet eben zu Fuß und ist dann in der Nähe von D. in einem Wirtshaus, das ich leider noch nicht ausfindig machen konnte und ich fürchte ich werd aufgrund meiner beruflichen Überlastung nicht mehr dazu kommen, äh noch **wen** zu finden der sich daran erinnert, dort ist er dann ein paar Tag hinter hinter einem Kachelofen, äh ich weiß net wie gut Sie die Bauweise von Kachelöfen kennen, Sie wissen dass die manchmal durch die Mauer durchgebaut sind, äh manchmal frei im Raum stehen manchmal parallel zur Wand stehen und hinten an der Wand angebaut sind, und das war so einer also der war wenn Sie sich diese Ecke beispielsweise anschauen, [versucht es im Raum zu veranschaulichen] da war dann zwischen, also der war an der Wand angebaut an der **hinteren** und zwischen der rechten Wand und dem Ofen ist dann halt so viel frei und da hat man dann im Winter das Holz aufgeschlichtet und das ist auch im Sommer dort geblieben, weil's halt einfach schon da war, da wird mans net wieder raustragen und wieder rein. Und **hinter** so einen **Holzstapel** hat der zwei drei Tag verbracht. Und **immer wieder wenn** wenn also die die sich da- das Schicksal zu Gunsten der Putschisten gewandt hat äh hat man das Holz weggeräumt und dann ist er rauskommen hat was gegessen aber kehr um die Hand waren wieder die andern da, dann ist er wieder da hinten rein und man hat das Holz

wieder vorgeschlichtet, und so ist das ein zwei Tag oder drei Tag ich weiß das leider nicht äh ganz genau äh gegangen, bis man dann gesehen hat na ja also das ganze Unternehmen wird scheitern, und dann ist er zu Fuß über den Ulrichsberg, da gibt's auch noch eine lustige Anekdote [...] (HC 3-4)

Diese plastische Geschichte ist nur ein Beispiel von vielen und gibt einen guten Einblick in die Sprechweise, den Zugang und das Vaterbild von Herrn Cerny. Sein Erzählen ist zwar durch seine Zwischenfragen dialogisch angelegt, gerät letztendlich aber zu einem schwer zu unterbrechenden Monolog, der keinen Raum für Antworten oder Nachfragen lässt. Alle seine ausschweifenden Erzählungen sind sehr detailverliebt und gespickt mit kleinen ‚lustigen Anekdoten', die er mit sichtlichem Vergnügen wiedergibt. Dieses szenische Nach-Erzählen aus einer scheinbaren Zeitzeugen-Perspektive erweckt den Eindruck, als wäre er überall persönlich dabei gewesen, was aber altersbedingt nicht möglich ist. Der Vater wird als gewitzter Draufgänger und Held präsentiert, der die anderen zum Narren hält und letztendlich davonkommt. Der zeithistorische Kontext, d.h. der Putschversuch durch illegale Nationalsozialisten, scheint zwar als Rahmenhandlung auf, er wird in dieser Darstellung aber auf eine Art Räuber-und-Gendarm-Spiel reduziert, das den Sohn offenbar belustigt und fasziniert.

Nicht minder plastisch beschreibt Herr Cerny die Flucht seines Vaters nach dem gescheiterten Putschversuch, laut seiner Einschätzung „a wilde Gschicht zum Verfilmen". (HC 7) Demnach flüchtete der Vater mit einem Boot über den Wörthersee nach Jugoslawien und über Triest schließlich nach Deutschland, wohin ihm auch seine Ehefrau folgte und wo auch der erste Sohn, der ältere Bruder von Herrn Cerny, zur Welt gekommen ist. Nach dem ‚Anschluss' 1938 ist der Vater nach Österreich zurückgekehrt, vermutlich weniger „aus Heimweh", wie Hans Cerny sagt (HC 7), als in Erwartung eines parteimäßigen und beruflichen Aufstiegs wie andere illegale österreichische Nationalsozialisten und ‚Alte Kämpfer' auch. Tatsächlich erhielt die Familie 1938 eine große Wohnung und der Vater übernahm einen Direktionsposten in dem Betrieb, in dem er vor seiner Flucht angestellt gewesen war, was zweifellos als ‚Belohnung' für seine politischen Aktivitäten in der ‚Verbotszeit' gedacht war.[72] Die vom Sohn dargelegte Version bedient sich allerdings einer anderen – konträren – Deutung:

HC: [...] **Na ja mein** Vater war vorher äh bei den Stadtwerken in K., da habens ihn natürlich rausgehaut äh und und ist dann aber wieder zurückgekehrt und hat das dann, und worauf ich besonders stolz bin ohne dass er je seine Parteiverdienste in die Waagschale geworfen hätte, weil als alter Kämpfer hätt er das ruhig können, und das hat er nicht gemacht, er hats nur dann gemacht, und auf das bin ich eigentlich noch mehr stolz, wenn er irgendjemanden helfen konnte. Das worum er sehr oft gebeten wurde weil man gewusst hat das ist a guata Lotsch [= Kärntner Ausdruck für gutmütiger Mensch] mit dem der ist jedem wohl gesonnen und der der hat das also wenn er s- seine alte Position oder seine alten Verdienste benutzt hat dann dann eben nur dazu um äh irgendwem zu sagen „du, keine Faxen, weißt eh, dem, helfen wir jetzt und, das so geht das net" und so weiter net. **Und er** ist dann wieder zu den Stadtwerken zurück und hat es durch, eigene Tüchtigkeit zum stellvertretenden Direktor gebracht. Und ist auch wieder weil er so tüchtig war, immer wieder von der Front geholt worden, den habens also eigens von [...] von irgendwelchen Bombenangriffen. [...] da war ein Sprichwort für „jetzt jetzt da muss der [Cerny] her". So dann haben sie ihn geholt von wo er auch immer war. Das hat ja alles funktioniert im Reich und ob an der Ostfront oder wo immer, da habens ihn reingeholt in zwei Tagen war er da, dann hat er gesagt, „so das machen wir so und so und so und so." Und auf einmal hat alles wieder funktioniert und er ist wieder gegangen, net, [lachend] oder hat wieder einrücken können. (HC 8-9)

Herr Cerny lässt sich bei seinen Deutungen durch die (teilweise von ihm selbst mitgelieferten) Fakten nicht irritieren, auch wenn sich etliche Widersprüche auftun: So zeichnet er einerseits das Bild eines überaus uneigennützigen Menschen, der allein aufgrund seiner Tüchtigkeit in die leitende Position gekommen sei, unterschlägt in dieser Version aber die einmal im Interview erwähnte Tatsache, dass der Vater sowohl die Schule als auch die Lehre abgebrochen hatte und somit keinerlei fachliche Qualifikationen für die Direktorenposition vorzuweisen hatte. Gleichzeitig wird aus seiner Erzählung ersichtlich, dass der Vater trotz gegenteiliger Behauptung sehr wohl seine Parteifunktion als ‚Alter Kämpfer' einzusetzen wusste, um sich selbst und ihm genehmen Leuten ‚behilflich' zu sein. Ungeachtet dessen zeichnet er das stilisierte Bild eines im wahrsten Sinne des Wortes ‚unabkömmlichen' und außergewöhnlich begabten Vaters, was Hans Cerny sowohl für den beruflichen als auch privaten Bereich zu illustrieren versucht. Vor allem ein vom Vater „eigenhändig" erbautes Badehaus, das im Interview auffallend viel Raum einnimmt, soll die dem Vater zugeschriebene besondere Tüchtigkeit unter Beweis stellen.[73] Doch auch hier wird die Stilisierung des Sohnes durch seine eigenen Erzählungen konterkariert: Denn das Badehaus wurde mithilfe von Zwangsarbeit durch Kriegsgefangene erbaut. Dieses Faktum mindert aus der Sicht des Sohnes aber keineswegs die väterlichen Leistungen, sondern dient ihm vielmehr als Anlass für eine weitere Idealisierung des Vaters, die in folgender – die Realität wohl drastisch verzerrender – Beschreibung gipfelt:

HC: [...] er war, lieb charmant lustig, äh hat einen großen Eindruck auf die Damen gemacht. Äh allerdings sein sein sein Bruder noch viel mehr. Aber er hat sich net net ääh nicht in irgendwo in ein Schema pressen lassen. Er hat zum Beispiel, äh wenn wir noch einmal auf die Engländer, äh er hat sich englischer Kriegsgefangener, manchmal hat er irgend ein paar abgeholt, hats irgendwo ein Gefangenenlager gegeben. Da hat er halt ein paar abgeholt, damit die ihm beim Bau des Badehauses helfen. Und, es war signifikant dass **nach dem Krieg noch etliche von denen geschrieben haben**, wies uns geht und so. Und die sind auch die haben sich gerissen drum, wenn der [Cerny] gekommen ist, weil erstens wars lustig, er hat es verstanden mit Leuten umzugehen, er hat net **rumkommandiert** und gesagt du machst jetzt das oder das, sondern er hat die Leut höflich gebeten, **außerdem** hat hat er immer einen Most irgendwo, er war ein großer Organisator hat alle Leut gekannt, und äh alles was er wollen hat hat er gekriegt, aber net durch irgendwelche Pressionen, sondern, entweder als Gegenleistung hat er denen irgendwas repariert oder halt, weil ihm die noch irgendwas aus alten Zeiten schuldig waren irgendeine Dankbarkeit. Da hats halt ein Fassl Most geben, den ja die Engländer sehr schätzen nur dort heißt er halt Cider, na und zum Rauchen hats was geben und und und irgendwo hats halt auch einen Speck hergeben, oder eine Jause eine ordentliche. Die Mutter hat gut gekocht. Und so war das für die eine Sensation wann sie, wann der Vater sie ausgesucht hat, und das war eben so gut, dass die nach dem Krieg noch, äh **versucht haben Kontakt** zu halten, was natürlich sehr schwierig war, äh das waren ja auch irgendwelche kleinen Leut äh die halt dann nicht mehr kriegsgefangen sondern zu den Siegern gehörten, deswegen ist es aber in England ist es ihnen einen Dreck besser gegangen, net, weil wie wir alle wissen, haben die Engländer erst Ende der 50er Jahre oder Anfang der 60er Jahre die die ist dort erst ein freier Butterverkauf /gekommen net/[lachend] wo bei uns schon alles normal funktioniert wo bei uns schon die Überflusswirtschaft schon längst da war, net (HC 30-31)

In dieser Darstellung kommt es mit zu einer klaren Umdeutung der Realität, indem der Zwangsarbeitseinsatz als harmonische Idylle im Stile eines Picknicks und sogar als eine Art Privileg für die betroffenen Kriegsgefangenen verharmlost wird.[74] Die angeblichen Kontaktaufnahmen der ehemaligen Kriegsgefangenen nach Kriegsende dienen Herrn Cerny als Beweis für deren nachträgliche Dankbarkeit, womit sie zu Entlastungszeugen für den Vater umfunktioniert werden. Ähnliche beschönigende Deutungsmuster über den Einsatz von ZwangsarbeiterInnen sind in Österreich unter den ehemaligen NutznießerInnen, z.B. im Bereich der Landwirtschaft, durchaus üblich, wenn auch vielleicht nicht in derart zugespitzter Form wie in diesem Fall. Hans Cerny kann auch seine Genugtuung über die wirtschaftliche Vormachtstellung des ehemaligen Kriegsverlierers Deutschland gegenüber der militärischen Siegermacht Großbritannien kaum verhehlen, womit bereits seine politische Orientierung durchklingt.

Seine distanzlose und affirmative Haltung gegenüber dem Nationalsozialismus, sein damit einhergehender Revisionismus und seine Ressentiments gegenüber den ‚Siegermächten' bestimmen auch seine Darstellung der Rolle seines Vaters im Nationalsozialismus. Ohne jede Zurückhaltung, wie sie bei vielen anderen NS-Nachkommen anzutreffen ist, spricht Herr Cerny über die NS-Aktivitäten und die SS-Mitgliedschaft seines Vaters, für die er durchaus Verständnis aufbringt: „Mein Vater war ein Illegaler und war ein so genannter Alter Kämpfer, äh wogegen ich überhaupt nichts habe [...] also ich seh das so dass eben aus damaliger Sicht durchaus eine **eine** der möglichen richtigen Varianten **gewesen ist**. Und er war dann bei der SS ja." (HC 5)

Was sein Vater als SS-Mitglied oder im Kriegseinsatz getan hat, weiß Herr Cerny nicht und es interessiert ihn auch nicht. Auch die Frage einer potenziellen oder tatsächlichen Täterschaft des Vaters stellt sich für ihn nicht. Vielmehr wird der Vater als „ein begeisterter Nationalsozialist, aber kein unkritischer" präsentiert, der durchaus die „schlechten Seiten" des Nationalsozialismus gesehen habe, „soweit sie halt sichtbar waren", wie der Sohn gleich einschränkend hinzufügt. (HC 6) In dieser Charakterisierung klingt bereits das Grundmuster seines Vaterbildes an, jenes des überzeugten, aber nicht immer systemkonformen NS-Vaters:

HC: [...] net und das wollte ich früher vielleicht einflechten, ein zweimal ist er auch zur Gestapo vorgeladen worden, net weil weil wir früher auch gesagt haben natürlich hat er auch die **dunklen** Seiten gesehen, net, weil er hat er war halt a lustiger Bua, hat auch gern Witze erzählt und bei diesen Witzen sind natürlich auch die die Reichs- und Parteigrößen nicht verschont worden, und wenn, ob das jetzt der der der hinkende Goebbels oder der fette Göring war oder sonst halt irgendeiner der den Spott auf sich gezogen hat, net und die zwei waren dazu prädestiniert net, u-u- da hat er nix gekannt aber, der Witz war der Witz, und alles andere war eben was anderes, net, und da hat man ihn also **strengstens verwarnt**, und was weiß ich.
I: Woher wissen Sie das?
HC: Das hat mir die Mutter erzählt. (HC 11)

Wie bereits mehrfach erwähnt, ist der Verweis auf Witzeleien und Spott über prominente NS-Führer ein gängiges Tradierungsmuster, mithilfe dessen oft nachträglich eine kritische Distanz oder – wie in diesem Fall – gar ‚Widerständigkeit' gegenüber dem NS-System abgeleitet werden soll.[75] Auch wenn Witze über den ‚Führer' oder andere NS-Größen besonders gegen Ende des Krieges weit verbreitet waren und vom NS-Regime geahndet wurden, waren sie in den meisten Fällen keineswegs als grundsätzliche Ablehnung der NS-Ideologie oder NS-Herrschaft, sondern wohl eher als Ausdruck einer persönlichen Unzufriedenheit oder Unbedachtheit zu verstehen. Dies scheint auch für den Vater von Herrn Cerny zu gelten, da es sonst keinen Hinweis gibt, dass er den Nationalsozialismus auch nur ansatzweise in Frage gestellt hätte. Vielmehr gehörte der Vater als ‚Alter Kämpfer' zum ideologischen Kern der Kärntner Nationalsozialisten und verkehrte mit hochrangigen NS-Führern wie etwa dem Gauleiter Friedrich Rainer. Herr Cerny präsentiert den Vater als Typus des uneigennützigen ‚Idealisten', der an keinem Partei- oder sonstigem Aufstieg interessiert gewesen sei:

HC: [...] mein Vater war ... kein Parteihengst wie man das heute sagen würde, sondern der war aus Begeisterung dabei, aber nicht um dort irgendetwas zu werden, /um ein Amt zu bekleiden, oder, damit vor ihm irgendwer äh absalutiert/ [nachahmend-ironisierend] oder sonst was, das war ihm völlig wurscht, ganz im Gegenteil. Er hätte er hat aus seiner Position [...] aus seiner für das System verdienstvollen Vergangenheit überhaupt nix gemacht. Der hat die gleichen Freund gehabt im im 38er, oder im im im im 34er Jahr wie im 40er Jahr, das sein, das waren die Leut mit denen er am Abend gern nach Dienstschluss auf ein Bier gegangen ist. [...] Und äh deswegen hat er auch sich Witze zu erzählen erlaubt, die also nicht systemkonform waren, und das war ihm wurscht. (HC 23)

Diese Stilisierung des ‚aufmüpfigen' NS-Vaters ist insofern interessant, als Herr Cerny damit nicht die ideologische Nähe des Vaters zum Nationalsozialismus relativieren und ihn somit entlasten möchte, wie es beispielsweise beim ‚Vaterbild' von Frau Jelaschitz anklingt. Der Gesamtkontext der Erzählung lässt vermuten, dass diese Stilisierung für Herrn Cerny offensichtlich andere Funktionen erfüllt: So klingt in den Erzählungen mehrmals durch, dass der Vater trotz seiner ‚Verdienste' im Vergleich zu anderen politischen Weggefährten aus der Illegalität keine nennenswerte Parteikarriere gemacht hat. Recherchen von Herrn Cerny haben ergeben, dass sein Vater in den Diensträngen mehrmals vorgerückt und wieder zurückgestuft wurde, letztendlich aber in der NS-Hierarchie nicht weit aufgestiegen ist.[76] In der Logik des Sohnes scheint der geringe politische Aufstieg erklärungs- und rechtfertigungsbedürftig zu sein. Er versucht es mit der dem Vater zugeschriebenen ‚Aufmüpfigkeit' zu erklären und will es keinesfalls als ‚Schwäche' des Vaters gedeutet haben: „[...] also er ist nicht in die oberen Ränge dort war er net. Na, er war also äh sicher schneidig, er war aber nicht, nicht von Ehrgeiz zerfressen und und er hat das was er gemacht hat hat er gern gemacht und auch gut." (HC 24)

Sein Vaterbild des überzeugten, aber ‚widerständigen' Nationalsozialisten weist auffallende Parallelen zur Selbstpräsentation von Herrn Cerny auf und hängt offenbar mit einem starken Bedürfnis nach einer ungebrochenen Vater-Sohn-Identifikation zusammen: Auch mein Interviewpartner stilisiert sich als tüchtiger und politisch überzeugter ‚Kämpfer', der seine Gesinnung gegen den angeblich herrschenden antifaschistischen ‚Mainstream' immer offen vertrete, dabei aber immer parteilich ungebunden (geblieben) sei. Diese Darstellung ist insofern nicht korrekt, als er gleichzeitig über seine politische Arbeit in der FPÖ[77] erzählt, aus der er nach einiger Zeit – aus Enttäuschung über die mangelnde Würdigung seiner Leistungen – ausgetreten ist. (HC 39) Wie sich unschwer erkennen lässt, liegt dieser Selbststilisierung ein ähnliches Deutungsmuster zugrunde wie dem präsentierten Bild vom NS-Vater.

Herr Cerny wünscht sich offenbar einen starken Vater, mit dem er sich identifizieren kann und er hat sich ein entsprechendes Vaterbild konstruiert. Da er seinen gefallenen Vater altersbedingt nie wirklich kennen gelernt hat, müssen ihm die vielen Geschichten über seinen Vater von jemandem vermittelt worden sein. Mehrmals nennt Herr Cerny seine Mutter als erste Tradierungsinstanz, die – wie so oft bei ‚abwesenden' Vätern – eine wichtige Informationsquelle für ihn darstellt. Neben seiner Mutter dien(t)en ihm auch Verwandte, Freunde und Gesinnungsgenossen seines Vaters, die sich nach wie vor, wie Herr Cerny selbst auch, im rechten Milieu bewegen, als willkommene Auskunftspersonen über den ‚abwesenden' Vater. Dass deren Erzählungen ein – aus seiner Sicht – günstiges Licht auf den Vater werfen und die Vorstellungen des Sohnes stark geprägt bzw. bestätigt haben, liegt auf der Hand. Hans Cerny greift die im sozialen Umfeld kursierenden Geschichten offensichtlich gerne auf, schmückt sie zusätzlich aus und versieht sie mit seinen eigenen Deutungen, die stark von seiner heutigen politischen Überzeugung geprägt sind.

Dieses idealisierte Vaterbild ist paradoxerweise auch deshalb so stabil, weil es aufgrund mangelnder eigener Erfahrungen und Erinnerungen kaum infrage gestellt werden muss. Herr Cerny hat lediglich zwei Kindheitserinnerungen an den Vater abrufbar. So schildert er seine „allererste Erinnerung" an ihn in Form einer langen umständlichen Geschichte, der zufolge er bereits als Zweijähriger viele Nägel genau in einer Reihe und mit gleichem Abstand in ein Brett geschlagen hatte. Noch heute klingt in der Erzählung von Herrn Cerny der Stolz auf seine damalige Leistung und die Freude über das Lob des Vaters mit. (HC 9-11) Die zweite konkrete Erinnerung an den Vater ist eine Abschiedssituation nach einem Fronturlaub des Vaters, die er ebenfalls anekdotenhaft und in allen Einzelheiten schildert. Es handelt sich dabei um eine an sich unspektakuläre nächtliche Begegnung zwischen dem Vater und dem damals etwa dreijährigen Sohn, die vor dem Hintergrund, dass es vermutlich die letzte Begegnung war, besondere Bedeutung gewinnt und zum ‚Abschied vom Vater' schlechthin verdichtet wird. (HC 12-13)

Über den Tod des Vaters weiß Hans Cerny nur, dass dieser nach dem Kriegseinsatz „irgendwo an der Ostfront" in den allerletzten Kriegstagen in der Nähe von Berlin gefallen sein soll, wobei die näheren Umstände, etwa das genaue Todesdatum und der genaue Ort, bis heute nicht geklärt sind. (HC 23) Dass eine derartige Ungewissheit belastend ist, liegt auf der Hand. Meinem Interviewpartner beschäftigt im Zusammenhang mit dem väterlichen Tod vor allem die Frage nach den Gründen für das freiwillige Einrücken des Vaters in den Krieg[78], obwohl er seines Wissens nach als ‚unabkömmlich' eingestuft war:

> HC: [...] Das war ganz seltsam, äh der Vater hätte nicht mehr einrücken einrücken müssen, weil er da, was weiß ich wie das geheißen hat, UK (I: UK, unabkömmlich) gestellt, oder oder weil sie pausenlos weil ja die Bombenangriffe immer stärker geworden sind und weil halt immer mehr hin [kaputt] worden ist, hättens ihn dringend gebraucht. Und er hätte nicht mehr müssen und er ist freiwillig eingerückt, warum? Äh weiß ich nicht, da zerbrech ich mir seit Jahrzehnten den Kopf. Äh das wird wohl einfach ääh damit zusammenhängen, dass die kärntnerische Lustigkeit äh halt, eben net nur lustig ist, sondern dass das auch Prinzipientreue alle möglichen Dinge mit einschließt und und wenn man sieht, so jetzt ist also das Vaterland in in allerhöchster Gefahr, dass man, ja es gibt ein ein ein ein schönes Heinegedicht, vom Karl Löwl vertont: „Was schert mich Weib, was schert mich Kind", Sie kennen das, wobei man nicht genau weiß, ob net der Heine das ironisch gemeint hat oder net, das das wissen wir noch nicht. [...]
> I: Und hat die Mutter das einmal zu erklären versucht?
> HC: Ääh. Die Mutter konnte es sich entweder nicht erklären, außer so wie ich, oder es war für sie natürlich auch was Furchtbares, dass er, dass es noch andere Werte gibt die höher stehen als sie und die Kinder, net vielleicht war das was ganz Schlimmes, ich weiß es nicht, wobei sie sich allerdings über ihn, immer, positiv geäußert hat. O-o- .. obwohl sie durch ihn viel gelitten hat net. [...] (HC 13-14)

In dieser Passage klingt erstmals ein Anflug von Nachdenklichkeit und Unverständnis über das Handeln des Vaters, eine kindliche Verletztheit über das Alleingelassenwerden und ein Verlustschmerz über seinen Tod durch. Diese kindliche Perspektive wird jedoch sofort wieder verlassen, indem Herr Cerny mögliche ‚rationale' Beweggründe des Vaters vorbringt, von der „Kärntner Lustigkeit" bis hin zur Prinzipienfestigkeit und Vaterlandsliebe, die er grundsätzlich teilt. Die eigenen Zweifel und die Ratlosigkeit, vielleicht auch Wut und Trauer über das Verhalten des Vaters, weil dieser seine ‚Ideale' höher gestellt hatte als die eigene Familie, überträgt er – nicht zuletzt durch meine Nachfrage unterstützt – auf die Mutter.

Wie in anderen derartigen ‚vaterlosen' Konstellationen, spielt die Mutter auch im Fall von Herrn Cerny eine wichtige Rolle im Familiengedächtnis, denn sie hat den Kindern immer ein überaus positives Vaterbild vermittelt. Die Mutter wird von Herrn Cerny als starke, eigenwillige Frau aus katholischem Elternhaus präsentiert, die immer „stur" gegen den politischen Trend agiert hätte. (HC 14-15) Ausführlich schildert er auch die angeblichen oder tatsächlichen Diskriminierungen und Schikanen gegen seine Mutter nach Kriegsende als Nazi-Ehefrau, was aber deren Loyalität dem Vater gegenüber nicht erschüttert habe. (HC 24-26) Als Person bleibt die Mutter letztendlich aber vage, vielmehr scheint sie vor allem zur nachträglichen familiären Opferstilisierung und zur Abrechnung mit den ‚Siegern' zu dienen. (vgl. Kapitel ‚Mutterbilder')

Hans Cerny erinnert sich nicht, in seiner Kindheit unter seiner ‚Vaterlosigkeit' gelitten zu haben. Zum einen war er als kleines Kind an die Abwesenheit des Vaters während des Krieges gewöhnt und zum anderen war es – worauf er zu Recht hinweist – in der Nachkriegszeit kein „Einzelschicksal", ohne Vater aufzuwachsen, sondern vielmehr die Regel. (HC 29-30) Da Herr Cerny seinen Vater so gut wie nicht gekannt hat und deshalb wohl auch keine starke emotionale Nähe zu ihm aufbauen konnte, vermute ich, dass der tote Vater erst in späteren Jahren zu jener wichtigen imaginierten Bezugsperson wurde, die er heute für ihn darstellt. Diese Vermutung bestätigt mein Interviewpartner auch selbst, als ich ihn nach seinen Gefühlen dem Vater gegenüber befrage: „Na man hat ihn geliebt, und heute spür ich das viel **stärker** als **damals**." (HC 30) Die völlig unkritische und fast schon obsessive Beschäftigung und Identifikation mit dem Vater sprechen jedenfalls für den Wunsch, den durch Tod endgültig ‚abwesenden' Vater und die von ihm hinterlassenen Leerstellen aufzufüllen. Eine wichtige Rolle als ‚Ersatzväter' mochten dabei die Freunde und Gesinnungsgenossen des Vaters in der rechten Szene und der schlagenden Burschenschaft spielen, in der Herr Cerny schon sehr früh politisch geprägt wurde. (HC 27-28, 33-34)

Wie ich im Laufe des Interviews feststellen konnte, hat sich Herr Cerny bis heute nicht aus diesem rechten Milieu gelöst. An seinen politischen Überzeugungen lässt er von Beginn an keinen Zweifel – im Gegenteil, es scheint ihm wichtig, mir diese in aller Klarheit zu demonstrieren.[79] Seine Bereitschaft für das Interview begründet er damit, dass er offen gegen den vermeintlichen antifaschistischen ‚Mainstream' auftreten wolle, zu dem er offenbar auch mich rechnet. Das Interview war somit von Beginn an als etwas bizarre ‚Lehrstunde' für die „liebe Frau Doktor" angelegt. Er nahm mir gegenüber aber keine feindselige Haltung ein, sondern blieb immer, wenn auch auf eine etwas paternalistische und joviale Art, freundlich und zuvorkommend. Gleichzeitig hat er das Interview ebenfalls auf Tonband aufgenommen, mit dem Hinweis, dass er als Anwalt „immer vorsichtig" sei.[80] Herr Cerny ist historisch interessiert und versiert, wenn auch seine Kenntnisse und Argumentationen (z.B. Präventivkriegsthese, Antiamerikanismus, Antisemitismus) offensichtlich der einschlägigen revisionistischen Literatur entnommen sind. Vor allem gegen Ende des (überaus langen) Interviews fällt der letzte Rest an Zurückhaltung weg und mein Interviewpartner polemisiert heftig gegen die „ewigen Schuldvorwürfe" und verliert sich in antisemitischen Tiraden und revisionistischen Aufrechnungen. (HC 41-43) Sein demonstratives Bekenntnis zu seiner politischen Gesinnung scheint mir immer auch ein Bekenntnis zu seinem NS-Vater zu sein und umgekehrt:

HC: [...] man soll auch nicht mit **dem** was man für wahr hält und als wahr empfindet hinter hinterm Berg halten [räuspert sich laut] schon in aus alten aus der lateinischen aus der römischen Rechtssprache gibt's das Wort (quid tacet concendire videtur) auf Deutsch gesagt: „Wers Maul haltet äh ist dafür" oder ja „Wer schweigt scheint zuzustimmen" ist die vornehme Übersetzung. Net, und ich schweige eben **nicht** weil ich das ganz anders ich hab meinen Vater viel zu wenig kennen gelernt aber das was ich von ihm gehört habe, von vielen Menschen, war dass (er) ein liebenswürdiger hilfsbereiter charmanter lustiger (Mensch war), singen hat er können, äh ja, ein ein Mensch wie du und ich oder wie man gern hätte dass Menschen wie du und ich wären. Leider sinds nicht immer so, es gibt also wenige die für ihre Überzeugung einstehen, es gibt wenige die wenn sie nicht müssen noch äh ins letzte Gefecht ziehen, äh es gibt wenige die die für ihre Freunde einstehen, es gibt wenige die äh die aus ihren Verdiensten die sie sich einmal erworben haben kein Kapital schlagen, net. Und ich bin stolz darauf in dieser Linie zu (sein). (HC 42)

Hier, am Ende des Interviews, wird noch einmal deutlich, wie wichtig die persönliche ‚Ehrenrettung' des Vaters für Herrn Cerny ist. Nicht Scham oder gar Schuldgefühle, wie so manche andere ‚Kinder der Täter', empfindet er für seinen Vater, sondern Stolz. Sein Vaterbild ist frei von Ambivalenzen, weil er sich durch seine affirmative Haltung zum Nationalsozialismus in voller Übereinstimmung mit seinem NS-Vater befindet und er darüber hinaus das idealistisch überhöhte Vaterbild niemals an der Realität (d.h. gelebten Erfahrungen mit dem Vater) überprüfen musste.

Vaterbild GL

Auch meine Interviewpartnerin Gertrude Lugger ist ‚vaterlos' aufgewachsen, da ihr Vater nach mehreren Kriegseinsätzen in den letzten Kriegsmonaten 1945 gefallen ist. Ihr Vater war zuvor illegaler Nationalsozialist, der nach dem Verbot der NSDAP 1933 nach Deutschland geflohen ist und nach seiner Rückkehr nach dem ‚Anschluss' 1938 als Kreisschulrat und Kreisleiter in Tirol eingesetzt wurde. Frau Lugger ist Ende 1936 geboren (und somit die Älteste unter meinen InterviewpartnerInnen), sie war zum Zeitpunkt des Todes vom Vater etwa sieben Jahre alt und musste als älteste von insgesamt fünf jüngeren Geschwistern bereits früh eine verantwortungsvolle Rolle in der Familie übernehmen.[81]

Meine ursprüngliche Annahme, dass Frau Lugger aufgrund ihres Alters konkrete Erinnerungen an ihren Vater haben könnte, bestätigt sich im Interview nicht. Frau Lugger versucht zwar, einige Erinnerungen an den Vater abzurufen, die allerdings eher vage bleiben. So kann sie sich beispielsweise an eine Wanderung mit ihm erinnern, von der sie nur noch weiß, dass sie „wahnsinnig weit" gewesen sei, oder an eine ebenfalls nicht näher ausgeführte Szene, wo sie den Vater heimlich beim Christbaumschmücken beobachtet hat. (GL 8, 23) Auch meine weitere Nachfrage nach der Person des Vaters ergibt kein klares Bild:

I: Was war er für ein Mensch, also wie würden Sie ihn beschreiben?
GL: **Er** hat, **er** hat mein Vater war, er hat auch gesungen er war wie er in Deutschland draußen war bei der, er war il- draußen, im, er ist ja, geflüchtet ned, er war in Deutschland draußen und, hat ist draußen beim Chor gewesen er hat gesungen, er war, e- ein Kärntnerliederfanatiker, da haben sie Kärntnerlieder gesungen da hat ihn meine Mutter kennen gelernt, beim Kärntnerliedersingen, und, als Kinder haben wir von, ihm- wie der Vater im Krieg gewesen ist von Lappland, wir haben **viele** Karten bekommen, wo er wo er uns geschickt hat [...] und bei uns ist immer oben gestanden „**brav** sein und der Mama **helfen** und brav lernen". Und und „Gruß und Kuss dein Papa". So haben wir solche Karten kriegt von Lappland oben da weiß ich noch wo die wo die Lappen oben die die Kinder in so so, Körbeln da so drinnen gehabt haben da das, oder oder Blumenkarten haben wir gekriegt, von ihm, und, und einmal weiß ich dass ich mit ihm, nach S. rauf da (bin), im Wald ist ein ein Dings aufgeführt worden Hänsel und Gretel ein so ein, ein, Kinderspiel halt, und dass er mich da mitgenommen hat, das war, in in S. oben, und, was sonst? [atmet aus] Er hat uns Kinder alle sehr gern gehabt [...] (GL 8-9)

Derartige Erinnerungsfragmente sind typisch für frühe Kindheitserinnerungen, die sich sehr oft auf sinnliche Eindrücke und Zustände beziehen: Die weite Wanderung mit anschließender Erschöpfung, die Kartenmotive der väterlichen Grußbotschaften von der Front, das Kindertheatererlebnis, das sie in Begleitung ihres lokal bekannten Vaters „voll Stolz", wie sie an anderer Stelle noch einmal betont, erlebt hat. So vage die Erinnerungen an den Vater auch sind, so sind sie ausnahmslos positiv besetzt. Gleichzeitig vermischen sich bei Frau Lugger ihre wenigen frühkindlichen Erinnerungen an den Vater mit Geschichten ‚vom Hörensagen', die nicht auf selbst erlebten Erfahrungen mit ihm beruhen können, wie seine hier erwähnten Tätigkeiten als illegaler Nationalsozialist in Deutschland. Tatsächlich weist Frau Lugger mehrmals darauf hin, dass ihr Vater beruflich und später kriegsbedingt viel unterwegs gewesen sei und somit im gewissen Sinne auch schon zu seinen Lebzeiten ein ‚abwesender Vater' war. Die emotionale Verbindung zum fernen Vater wurde von der Mutter aufrechterhalten, wie in der folgenden Erzählpassage[82] deutlich wird:

GL: [...] mein Vater hat zum Beispiel in Briefen geschrieben dass sie, am Heiligen Abend oder oder ich weiß ned wann **noch**, da schauen sie zur gleichen Zeit in die die Mutter ist mit uns gegangen einen Polarstern, um die und die Zeit schauen sie beide am, Polarstern rauf und da treffen wir uns sozusagen, unsere Augen treffen sich am Polarstern oben und meine Mutter hat den Atlas, hat dann wir haben einen Atlas und da hats uns immer gezeigt wo der Vater im Krieg ist, ned [...] (GL 16)

Auch wenn der Vater im Familienleben als konkrete Bezugsperson wenig präsent war, stellte sein Tod besonders für sie als älteste Tochter eine tiefe Zäsur dar. Es ist der Schnitt zwischen der von ihr offensichtlich positiv bewerteten Zeit ‚davor' und die Zeit ‚danach', die Nachkriegszeit, die sie äußerst negativ in Erinnerung hat. Wie schwer der Verlust des Vaters für sie war, zeigt sich auch in dem Umstand, dass sie als damals Siebenjährige den Tod des Vaters lange nicht wahrhaben wollte:

> GL: [...] und, und i- ich als Kind hab das natürlich nicht geglaubt dass mein Vater tot ist, denn ich ich der der Papa war einfach weg, er ich ich als Kind ich hab keine Vorstellung haben können ich hab mir das, äh es war Krieg und das, aber, dass mein Vater tot ist das hab ich einfach nicht akzeptiert, ich hab **jahrelang** geträumt, dass, ich meinen Vater wieder gesehen habe, und und dass ich dann gesagt hab „gell Papa das stimmt gar ned dass du tot bist", und er hat gesagt „nein ich bin ned tot" und und dann hab ich gesagt „ja und zu uns hat man gesagt, du bist, im Krieg gefallen" und und dann hab ich nur gesagt „und warum bist du nimmer hin- zurückkommen" und dann bin ich immer wach geworden. [atmet tief aus] [...] (GL 4)

Der Verlust eines Elternteils ist im Kindesalter besonders schlimm und hat oft nachhaltige psychische Folgen für das weitere Leben der (Halb-)Waisen.[83] Das hier im Form von (Wunsch-)Träumen zum Ausdruck kommende Nicht-Glauben an den Tod des Vaters und die damit einhergehende Hoffnung seiner baldigen Rückkehr ist eine häufig anzutreffende unmittelbare Reaktion von Kindern auf den Tod des Vaters.[84] Auch wenn Frau Lugger später den Tod des Vaters als unverrückbare Tatsache akzeptieren musste, so beschäftigen sie bis heute die Umstände seines Todes und die Frage seines freiwilligen Einrückens zur Wehrmacht. Noch heute, so Frau Lugger „rätseln alle Kinder", d.h. sie und ihre Geschwister, warum sich der Vater damals freiwillig zur Wehrmacht gemeldet hatte, obwohl er aufgrund seiner Position als Kreisleiter nicht dazu verpflichtet gewesen wäre. Aus der Perspektive eines Kindes heißt diese Frage nichts anderes als: Warum hat der Vater mich/uns verlassen? Eine befriedigende Antwort auf diese drängende Frage, die Frau Lugger und ihre Geschwister mit vielen anderen Kindern von gefallenen Vätern teilen, hat sie bisher nicht gefunden. (GL 17, 44) Die nahe liegende Antwort, dass er sich als überzeugter Nationalsozialist entweder aus Kriegsbegeisterung oder aus selbstverständlichem Pflichtgefühl freiwillig gemeldet hatte, wird von ihr jedenfalls nicht in Betracht gezogen.

Frau Lugger zeichnet sowohl privat als auch politisch ein positives, ja idealisiertes Vaterbild. Ihre Informationen über den toten Vater bezog sie dabei zum einen von ihrer Mutter, die ihm über seinen Tod hinaus loyal geblieben war, zum anderen stehen ihr aber auch Tagebücher und andere Unterlagen ihres Vaters zur Verfügung, auf die sie sich bei ihrer Rekonstruktion des politischen Werdegangs und des Charakters des Vaters häufig bezieht.[85] Ihrer Interpretation nach waren die hohe Arbeitslosigkeit der 1930er Jahre und der weit verbreitete ‚Anschluss-Gedanke' der Grund für den frühen Parteieintritt ihres Vaters in die NSDAP. (GL 10-11) Erst „in Deutschland draußen", so Frau Lugger, wäre der Vater „nationalsozialistisch geschult" worden (GL 18), wobei sie unerwähnt lässt, dass der Vater als ‚Illegaler' wohl schon vorher ein ideologisch überzeugter Nationalsozialist gewesen ist. Letztendlich – so die Schlussfolgerung von Frau Lugger – sei ihr Vater „ein Idealist von vorn bis hinten" gewesen. (GL 19) Auf der persönlichen Ebene beschreibt sie den Vater als sehr sportlichen, ja „fanatische(n) Bergsteiger", der nach dem Motto „Ein gesunder Geist in einem gesunden Körper" (GL 19-20) gelebt habe und darüber hinaus ein „fanatische(r) Kindernarr" (GL 23) gewesen sei.

Abgesehen von der affirmativen und bruchlos vom Vater übernommenen (Selbst-)Stilisierung des Vaters fällt vor allem der häufige Gebrauch des Adjektivs ‚fanatisch' auf, den Frau Lugger mehrmals in oft unpassend erscheinenden Kontexten (Kärntnerlied, Wandern, Kinder) verwendet. Viktor Klemperer hat in seiner Sprachstudie *LTI* diesen Begriff als ein typisches Beispiel der „Sprache des Dritten Reiches" angeführt und die bei den Nationalsozialisten erfolgte „völlige Umwertung des Fanatismus zur Tugend" herausgearbeitet.[86] Während ‚fanatisch' im Dritten Reich zum „superlativisch anerkennende(n) Beiwort" mutierte, ist diese Bezeichnung heute wieder eindeutig negativ konnotiert. Umso bemerkenswerter ist, dass Frau Lugger diese im Nationalsozialismus und wohl auch in ihrem familiären Umfeld übliche Terminologie heute noch vollkommen unreflektiert und zustimmend reproduziert.

Aus den ihr vorliegenden Unterlagen weiß Frau Lugger auch, dass ihr Vater stark antiklerikal eingestellt gewesen ist, was sie verständnisvoll als „Reaktionserscheinung" auf seine Erfahrungen in einem katholischen Internat interpretiert. Die antiklerikale Haltung des Vaters gewinnt deshalb an Bedeutung, weil er als Kreisleiter in einer stark katholisch geprägten Region mit einer fallweise NS-resistenten Bevölkerung konfrontiert gewesen ist. Frau Lugger legt großen Wert darauf, dass ihr Vater, obwohl überzeugter und antiklerikaler Nationalsozialist, seine Stellung als Kreisleiter und Kreisschulrat dafür genutzt habe, katholische LehrerInnen wegen ihrer ‚politischen Unzuverlässigkeit' nicht zu entlassen oder strafweise zu versetzen, wie es ‚von oben' verordnet worden sei. Dieses fallweise Schonen von politisch Andersdenkenden durch den Kreisleiter wird in der Fachliteratur bestätigt, wobei aber anzumerken ist, dass diese Vorgangsweise auch aus realpolitischen und pragmatischen Gründen (wie z.B. kriegsbedingter LehrerInnenmangel, mangelnde Alternativen in einer tief katholischen Region) notwendig war.[87] Die Tochter hingegen interpretiert die diesbezüglichen Aktivitäten (bzw. Unterlassungen) des Vaters ausschließlich als Beweis für seine ‚Menschlichkeit' und ‚Anständigkeit' und beruft sich dabei auf entlastende Aussagen von ZeitzeugInnen aus ihrem sozialen Umfeld (sie war später ebenfalls als Lehrerin in dieser Region tätig):

> GL: [...] Ich muss auch noch sagen dass **viele** Lehrpersonen, zu mir dann gekommen sind, und und gesagt haben dass mein Vater ein anständiger Mensch war, ich soll das was da so über die Nazi gesagt wird, ist ich ich soll das nicht so aufnehmen, sondern dass, sie können das bezeugen, und eine Lehrerin sogar die ist kommen und hat gesagt **mein**, „**dein** Vater" hat sie gesagt [...] „dein Vater hat mich vor dem KZ gerettet", [...] also das waren so nette Leute, die waren aber total, katholisch und sie ist nur deswegen s- sozusagen, irgendwo übers Kreuz kommen weil sie halt katholisch war und und das **noch weiter**, [...] weiter geführt hat aber mein Mann [= müsste heißen: mein Vater] hat halt erkannt dass das, wertvolle Menschen sind und dass sie einen Charakter haben und und, hat sich halt für die **eingesetzt** ned hat halt da nicht, so getan wie er hätte wahrscheinlich von oben tun **müssen**. (GL 26)

Nicht nur hier wird das ihrem Vaterbild zugrunde liegende Deutungsmuster von Frau Lugger deutlich: Ihr Vater sei zwar ein Nationalsozialist gewesen, der aber immer ‚anständig' geblieben sei. Sie beruft sich dabei auf einige EntlastungszeugInnen aus ihrem näheren Umfeld und bezieht sich gleichzeitig auch explizit auf Viktor Frankl und seine Unterscheidung in die „Anständigen und Nichtanständigen" (Nazis), wobei ihr Vater selbstredend zur ersten Kategorie gehört. (GL 52-54) Anderslautende Einschätzungen oder relativierende Fakten über die Tätigkeit des NS-Kreisleiters führt Frau Lugger wohlweislich nicht an. Vielmehr wird die väterliche Vorgangsweise sogar indirekt zur heldenhaften ‚Widerstandshandlung' (Rettung vor dem KZ) hochstilisiert.[88]

Das Beharren auf der ‚Anständigkeit' des Vaters geht bei Frau Lugger immer mit einer präventiven Zurückweisung eines oft noch gar nicht ausgesprochenen Täter-Vorwurfes einher. So etwa, wenn sie meine Frage, ob ihr Vater an der ‚Ostfront' eingesetzt gewesen war, trotz geringen Wissens über seine konkreten Aktivitäten im Krieg, nachdrücklich verneint und sofort eine mögliche Täterschaft kategorisch ausschließt: „Nein, da war er ned, nein da war er nein, nein, da war er ned [...] Und wahrscheinlich hat er deswegen mit mit Juden oder mit dem Ganzen nix zu tun gehabt ned [...]. Da ist da ist nix gewesen, da war nix ned." (GL 17)

Es fällt auf, dass Frau Lugger die (potenzielle) Täterschaft des Vaters, die sie selbst in Form einer Verneinung immer wieder ins Gespräch bringt, meist auf die Judenverfolgung und Judenvernichtung bezieht. Nicht nur einmal insistiert sie darauf, dass „von Juden überhaupt kein Mensch was gewusst" hätte und zieht dabei ihren anwesenden Ehemann, einen ehemaligen Wehrmachtssoldaten, als Zeitzeugen dafür heran. (GL 11-14) Frau Lugger bewegt sich damit in einem gängigen Abwehr- und Rechtfertigungsmuster von NS-Nachkommen, die ihre Väter präventiv und kategorisch von einem Vorwurf freisprechen, den (meist) niemand erhoben hat. So wie im Rahmen der ‚Wehrmachtsausstellung' aus den Reihen der zweiten Generation ein vielstimmiges, apodiktisches Verdikt ‚Mein Vater war kein Mörder' zu hören war, gipfelt Frau Luggers Verteidigung in ihrer beschwörenden Behauptung: „Mein Papa hat sicher keinen (Juden) umgebracht". (GL 14)

Hier klingt eine Rechtfertigungs- und Verteidigungshaltung an, die sich durch das ganze Interview zieht und von Beginn an angelegt schien. Ich war durch einen Hinweis eines Kollegen auf Frau Lugger gestoßen und hatte sie um ein Interview gebeten, zu dem sie sich – etwas zögernd zwar – bereit erklärte. Noch vor Beginn des Interviews wurde aber eine immense Abwehr bei ihr spürbar, die sich vor allem gegen die von mir implizit vorgenommene Kategorisierung ihres Vaters als ‚Täter' richtete.[89] Das mag mit ein Grund dafür gewesen sein, dass sie den Vater mehrere Male – explizit und ungefragt – von NS-Verbrechen abzugrenzen versucht, so etwa wenn sie im Zusammenhang mit meiner Frage nach ihren Erinnerungen an ihn meint: „Also **ich** hab meinen Vater als positiven anständigen ehrlichen, Menschen, in Erinnerung. Und nicht (als) jemand der ein Verbrechen begangen hat." (GL 8)

Ich glaube aber, dass es für den enormen Rechtfertigungsdruck, unter dem Frau Lugger zu stehen scheint, tiefer liegende Ursachen geben muss. Dafür spricht auch ihr offensichtliches Mitteilungsbedürfnis, sie sprach sehr viel, ausschweifend und monologisch und das Interview war letztendlich eines der längsten insgesamt.[90] Eine derartige Gleichzeitigkeit von Gesprächsabwehr und Redebedürfnis findet sich häufig bei ZeitzeugInnen, die sich unter einem Rechtfertigungszwang fühlen. Zwar betont Frau Lugger mehrmals, dass „nie irgendjemand" ihren Vater einen Vorwurf gemacht hätte und sie ihn daher auch „nirgends verteidigen" müsse, (GL 39) gleichzeitig beklagt sie aber, dass sie in der Schule immer wieder mit der NS-Vergangenheit konfrontiert worden sei und eine Mitschülerin sie mit dem Schimpfwort „Nazischwein" beschimpft habe. (GL 34)[91] Dieser Vorwurf habe bei ihr als Kind eine tiefe Verunsicherung ausgelöst und sie habe zuerst „den Kopf eingezogen", dann aber beschlossen, aus der Defensive in die Offensive zu gehen und sich über ihren Vater kundig zu machen:

> GL: [...] weil ich nie genau, sicher war was, [...] was ist alles wahr und so weiter und **dann** wollt ich mich, **absichern**, dann wollt ich mich zuerst **bevor** (ich) der Mama Vorwürfe mach oder oder halt, noch **weiter** darüber diskutier wollte ich mich **absichern** in in, in- im ganzen Gebiet und dann ich bin halt draufgekommen dass ich **nirgends** was Schlechtes gehört hab über meinen Vater.
> I: Mhm. Das heißt, ah das heißt Sie haben dann angefangen ein bissel nachzufragen und-
> GL: Ja sowieso, sowie-, ja sicher sicher, sicher. [...] Hab ich hab ich mich, nach allen Seiten a-, mich nach allen Seiten vergewissert. Und das hat dann natürlich auch mein Selbstbewusstsein gehoben.
> I: Hat Sie das vorher ein bissel beunruhigt, was könnte er-
> GL: Ja sicher als **Kind**, ja weil we we we wenn man wenn man Ihnen als Kind sowas irgend sowas **hinsagt**, dein Vater ist ein **Verbrecher**. Oder wie später noch mal einer gesagt hat „dein Vater ist ein **Mörder**". [erregt]
> I: Mhm. Hat jemand gesagt zu Ihnen?
> GL: Ja, ja, hat jemand gesagt. **Nur** weil er **Nazi** war hat er das gesagt. [...] **Nur** weil er ww- weil er Nazi war. (GL 54)

Ob und von wem genau Frau Lugger jemals mit derartigen pauschalen Vorwürfen konfrontiert war, sagt sie nicht. Für ein Kind muss es auf jeden Fall sehr beunruhigend gewesen sein, den überaus idealisierten gefallenen Vater in einem derartigen Zusammenhang genannt zu wissen. Es kann aber auch sein, dass Frau Lugger die pauschalen Vorwürfe nachträglich nach außen verlagert bzw. jemand anderem zuschreibt und diese im Grunde Ausdruck ihrer eigenen Fragen und Zweifel sein könnten. Darauf verweist auch ihr Eingeständnis, dass sie als Kind/Jugendliche unter der Tatsache, die Tochter eines Nationalsozialisten gewesen zu sein, sehr gelitten hatte: „[...] ich hab mich **lang** ned sagen getraut dass ich die Tochter eines Nazis bin. Lang nicht. Das hab ich mich lang ned sagen getraut. Das hab ich erst [...] schön langsam meine Fühler ausgestreckt und und in der Umgebung, gehorcht und geschaut-" (GL 36)

Der von Frau Lugger immer wieder hergestellte Bezug auf die Judenvernichtung und die strikte Verneinung der Beteilung des Vaters daran, weisen darauf hin, dass sie von entsprechenden Phantasien nicht frei zu sein scheint. Ihre Nachfragen sind offensichtlich auch eine Art (Selbst-)Vergewisserung, wobei ihr die Befragten – „lauter anständige Leute" aus der unmittelbaren Umgebung (GL 62) – als scheinbar objektive Absicherung dienen. Abgesehen von den bereits genannten katholischen NS-GegnerInnen, die ihren Vater nachträglich punktuell entlasten, sind es vor allem ehemalige Bekannte, Kollegen und politische Weggefährten ihres Vaters, von denen eine Beglaubigung seiner wie auch immer verstandenen ‚Anständigkeit' sicher leicht zu haben war.[92]

Frau Lugger präsentiert sich als Kämpfernatur, die sich „nach allen Richtungen zu wehren" weiß und sich „nix gefallen" lässt. (GL 34-35). Daher vertrete sie auch immer offen ihre Meinung und habe einen ausgeprägten Gerechtigkeitssinn, den sie mit vielen Alltagsbeispielen zu untermauern versucht. Dass diese Selbstcharakterisierung aber auch auf ihren Umgang mit der NS-Involvierung ihres Vaters und dem Nationalsozialismus insgesamt zu übertragen ist, wird gleich im Anschluss offensichtlich:

> GL: Ja. So ist es, ich hab mich immer eingesetzt für Gerechtigkeit, ist ganz wurscht in welcher Richtung es muss gerecht sein. Und das seh ich auch heut das ärgert mich heut eben auch, wenn ich d- wenn ich da so hör alles was alles so gebracht wird das sind alles, ja, subjektive Wahrheiten. Aber ned objektive Wahrheiten.
> I: Finden Sie das über, so die, mhm NS-Zeit zu viel, geredet wird und geschrieben wird oder-
> GL: Nein zu viel **gelogen**. (GL 35)

Tatsächlich verwendet Frau Lugger im Interview viel Zeit und emotionalen Aufwand, um sich über die angeblich öffentlich verordnete Kollektivschuldthese und die vermeintlich pauschalen Nazivorwürfe zu ereifern. Sie bedient sich dabei bewährter revisionistischer Abwehrstrategien, wie etwa durch mehrmaliges Relativieren der Judenvernichtung, durch Aufrechnungen mit eigenen Leidens- und Opfererfahrungen oder durch Täter-Opfer-Umkehrungen mit antisemitischen Untertönen usw.[93]

In dieser Hinsicht gibt es durchaus Ähnlichkeiten mit der Argumentation von Herrn Cerny, wenn auch in abgeschwächter Form. Die Differenzen zwischen diesen beiden überaus affirmativen und idealisierten ‚Vaterbildern' liegen vor allem in ihrer Zielsetzung. Während Herr Cerny in einem ideologisch-gefestigten, sehr weit rechts stehenden Milieu verankert ist und seine Aussagen nicht nur als Verteidigung des eigenen Vaters, sondern immer auch als politische Agitation gedacht und zu verstehen sind, agiert und argumentiert Frau Lugger viel stärker aus einer emotionalen Position heraus: Ihr geht es – wie vielen anderen ‚Kindern der Täter' auch – wohl in erster Linie um die persönliche ‚Ehrenrettung' ihres gefallenen Vaters und nicht unbedingt um die ‚Ehrenrettung' der NS-Ideologie. Wie emotional besetzt und wie gegenwärtig der ‚abwesende Vater' für Frau Lugger nach wie vor ist, unterstreicht eine kleine Nebenbeobachtung: Frau Lugger hat im Laufe des Interviews mehrere Male ihren Vater fälschlicherweise und meist von ihr unbemerkt als „mein Mann" bezeichnet (GL 5, 6, 19, 25), was wohl nicht nur als sprachlicher Fauxpas, sondern auch als Ausdruck eines extrem hohen Identifikationsgrades zu werten ist, der die Grenzen zwischen Vergangenheit und Gegenwart verschwimmen lässt.

Um ihr idealisiertes Vaterbild aufrechterhalten zu können, muss sie ihren Vater aus dem verbrecherischen NS-Kontext herauslösen und – unter Rückgriff auf einige zu seinen Gunsten ausgelegte Hinweisen – zum Konstrukt des ‚anständig gebliebenen Nazi' greifen, das es mit aller Vehemenz zu verteidigen gilt. Frau Lugger ist keineswegs ein Einzelfall, im Gegenteil. Es gibt eine große Zahl von NS-Nachkommen, die einen ähnlichen unkritischen und affirmativen Zugang zu ihren NS-Vätern aufweisen und diese – meist in Unkenntnis von deren tatsächlichen Taten – a priori verteidigen und entlasten.

An den zwei Fallbeispielen wurde sichtbar, wie stark die Gegenwart des toten Vaters als ‚Phantom' zu einer übermäßigen Idealisierung des Vaters führen kann.[94] Der tote, weitgehend unbekannte Vater wird zur Projektionsfläche für die eigenen Vorstellungen, Wünsche und Phantasien, die nicht an der Realität ‚überprüft' werden können/müssen. Dies unterscheidet sie grundsätzlich von jenen Söhnen und Töchtern, die ihr (ideales) Vaterbild mit dem aus dem Krieg zurückgekehrten und real erlebten Nachkriegsvater in Einklang bringen müssen, wobei es oft zu großen Enttäuschungen und Entidealisierungen kommen kann.[95] Zweifelsohne fördert diese spezifische Familienkonstellation die ohnehin vorhandene kindliche Tendenz zur Idealisierung der Eltern noch zusätzlich und führt oft zu einem wenig ambivalenten, eindeutig positiven Vaterbild. Dieses wird durch die familiären Tradierungen noch untermauert, vor allem weil die Nachkommen daraus meist nur jene Aspekte aufgreifen, die den eigenen (persönlichen und politischen) Vorstellungen entsprechen. Das idealisierte Bild des ‚abwesenden Vaters' wird oft gar nie – wie im Falle von Herrn Cerny und Frau Lugger – oder erst sehr spät hinterfragt. Letzeres gilt beispielsweise für meinen Interviewpartner Werner Zinner, dessen Schwierigkeiten bei der Ent-Idealisierung des ‚abwesenden Vaters' ich im Folgenden kurz skizzieren will.

Herr Zinner (Jg. 1942) hat in letzter Zeit begonnen, sich mit seinem toten Vater und vor allem mit den Mechanismen der mütterlichen Glorifizierung des toten Vaters kritisch auseinander zu setzen. Auch er hat seinen 1943/1944 gefallenen Vater (ebenso wie ein Teil seiner zwischen 1939 und 1944 geborenen Geschwister) selbst nie kennen gelernt und keine eigenen Erinnerungen an ihn. Nichtsdestotrotz – oder vielleicht gerade deswegen – war der tote Vater in seiner Kindheit und Jugend überaus präsent, er wurde im Familiensystem gewissermaßen zum ‚anwesenden Abwesenden', wie Herr Zinner an einem Beispiel plastisch veranschaulicht:

> WZ: [...] ich sag Ihnen ein Beispiel, äh wir haben also bei uns in der Familie, weil mein Vater war bei der SA nen, und wir haben in der Familie den Vater mit der SA-Uniform, äh an der Wand gehabt, nen und-
> I: Auch nach 1945?
> WZ: Ja. Nurs Hakenkreuz war übermalt, ned. Und, das ist, der ist immer über uns- unserem Esstisch gehängt gell, und zu Weihnachten [kurze Unterbrechung]
> WZ: [...] also wir sind um einen Tisch zu Weihnachten um einen Tisch herumgestanden und mein Bruder hat immer ein Gedicht aufsagen müssen. Und das Gedicht hat, begonnen mit den, mit den mit der Strophe, „Einmal, einmal im Jahr in der Heiligen Nacht, verlassen die deutschen Soldaten die Wacht die sie für unsere Zukunft, äh stehen, sie kommen um nach dem Rechten zu sehn", und dann kommt also der tote Soldat das war unser Vater natürlich, ned kommt dann herein in dem Gedicht ned, und da heißts, äh zum Beispiel drin-

nen in einer in einer äh Strophe, „E-, er legte, oder er legt jeden der Kinder", das kann ich jetzt nicht [...] auswendig, „seine erdverkrustete Hand schwer auf das Haupt, wir starben für euch weil wir an Deutschlands Zukunft geglaubt" gell. Und **das** wäre also, äh ich glaub das war die Botschaft sozusagen, äh, dass der oberste Wert wäre gewesen den Glauben an Deutschlands Zukunft im Sinne der Eltern, das wäre der oberste Wert gewesen, ja? (WZ 10-11)

Dieses Familienszenerio, wo der Vater und dessen ‚Heldentod' symbolisch vergegenwärtigt wurde, hat Herrn Zinner tief und nachhaltig beeindruckt, was sich unter anderem darin zeigt, dass er die Gedichtzeilen bis heute teilweise auswendig kennt. Die im Gedicht mitgelieferte Botschaft, dass der Vater letztendlich für die Kinder gestorben sei, musste bei diesen zwangsläufig eine hohe Identifikation mit dem Vater, möglicherweise aber auch starke kindliche Schuldgefühle hervorrufen. Wohl eher instinktiv als bewusst hat Herr Zinner als Heranwachsender versucht, sich gegen die Wirkungsmacht dieses Familienrituals durch Lächerlichmachen „innerlich (zu) immunisieren", wie er sagt. (WZ 11) In der Kindheit hingegen dominierte das positive, ja überhöhte Vaterbild, das in erster Linie durch die Mutter, aber auch das soziale Umfeld der ‚Ehemaligen', vermittelt und bestärkt wurde (vgl. ‚Mutterbild' WZ). Vor diesem Hintergrund kann es nicht verwundern, dass der Sohn als Kind dieses hermetisch abgesicherte Idealbild des Vaters nicht in Frage gestellt, sondern übernommen hat. Der in Form eines Porträts im Esszimmer der Familie gegenwärtige Vater wurde im wahrsten Sinne des Wortes zum Ansprechpartner für den heranwachsenden ‚vaterlosen' Sohn:

WZ: Ich bin unter dem Bild, ich bin unter dem Bild gestanden, vielleicht bis ich, 14 war oder so, erinnere ich mich oft hab mich ihm gegenüber hi- hingestellt, und hab ihm, versucht sozusagen in die Augen zu schauen, und, versucht gewissermaßen ihm zu versprechen dass ich, äh ihm gerecht werden werde oder [lacht lauthals], sehens also das war ein, natürlich **massivste Projektionen** auch und alles das, nen .. ähm
I: Also dieser Druck so zu werden wie er, der war da-
WZ: Ja ja, jaja sowieso ja. Und dabei, /der Druck so zu werden wie er das war das Double-bind in der Geschichte. Der Druck so zu werden wie er das war der Auftrag **A**, und die Information **B** war die, ihr **könnts nie so werden** wie er nen, das heißt es war eine **ununter**brochene Doppelprojektion, das war ein **ununter**brochenes Double-bind nen./ [leicht erregt, schneller] Das ist **sehr gut** dass Sie mich das gefragt haben weil das hab ich bis jetzt noch nicht so überlegt. Aber das waren die zwei, das waren die zwei Hauptbotschaften. Werde so wie dein Vater, du wirst **nie** so werden. (WZ 17)

Die hier von Herrn Zinner beschriebene und ihm offenbar im Laufe des Interviews besonders klar gewordene widersprüchliche Doppelbotschaft konnte er als Kind natürlich noch nicht erkennen. Erst seine heutige Kenntnis von psychologischen Deutungsmodellen helfen ihm, seine damalige Gespaltenheit zu erklären: Einerseits identifizierte er sich mit dem toten Vater und versuchte, die dem Vater zugeschriebenen Werte und Vorgaben zu erfüllen, indem er sich z.B. bereitwillig dem Drill und der Ordnung im nationalen Jugendlager untergeordnet hat, andererseits aber handelte er als rebellisches und ‚schwieriges' Kind den durch die Mutter vermittelten väterlichen Idealen diametral entgegen, wie ich im ‚Mutterbild' WZ noch ausführlicher darstellen werde. Mittlerweile hat sich mein Interviewpartner längst aus dem nationalsozialistischen Herkunftsmilieu gelöst und sich intensiv mit der belasteten Familiengeschichte auseinander gesetzt. Allerdings hat er sich bisher hauptsächlich an der überaus dominanten NS-Mutter ‚abgearbeitet', wohingegen die Beschäftigung mit dem gefallenen NS-Vater bisher sekundär geblieben ist:

> I: Und hats dann irgendwann so einen Bruch gegeben von diesem übergroßen Vaterbild?
> WZ: Ahm, naja i- ich würde sagen, dass ich eigentlich, die **Vater**geschichte, ich war so lang mit der **Mutter**geschichte befasst gell, dass ich die Vatergeschichte, jetzt, /angefangen hab anzugehen, verstehns/ [leiser] Also jetzt erst, ich würde sagen, bis jetzt, äh, konnte ichs mir, gewissermaßen nicht **leisten**, mich, **dem** Problem zu widmen weil ja andere Probleme angestanden sind, und jetzt ist es so dass ich äh, äh gewissermaßen massiv angefangen hab mich damit ausein- an- auseinander zu setzen nen ... (WZ 17)

Werner Zinner befindet sich zum Zeitpunkt des Interviews mitten in dieser verspäteten Auseinandersetzung mit dem Vater und versteht auch das Gespräch mit mir als einen Teil davon. Für ihn besteht kein Zweifel, dass es – wenn er statt mit einem ‚Phantomvater' mit dem realen Vater konfrontiert gewesen wäre – für ihn leichter gewesen wäre, das in seinem familiären und sozialen Umfeld vermittelte Idealbild des heroischen, unfehlbaren Vaters früher abzubauen. (WZ 27)

Abschließend möchte ich noch darauf hinweisen, dass aber nicht alle vaterlos aufgewachsenen Kinder zwangsläufig ein idealisiertes Vaterbild entwickeln müssen. Vielmehr erleichtert manchmal die totale Absenz des Vaters sogar eine kritische Distanz gegenüber dem Vater und seiner Verstrickung in den Nationalsozialismus. In diesem Zusammenhang ist auf das 2004 erschienene autobiographische ‚Vaterbuch' von Martin Pollack *Der Tote im Bunker* zu verweisen, worin sich der Autor (Jg. 1944) mit dem ihm unbekannten Vater, einem in NS-Verbrechen verwickelten SS-Mann, Gestapochef und SS-Einsatzgruppenleiter, auseinander setzt.[96] Ihm ging es dabei in erster Linie darum, die Vor- und Sozialisationsgeschichte des Vaters, die ihn zum Täter werden ließ, exemplarisch aufzuzeigen und nicht um die (altersbedingt) nicht stattgefundene Vater-Sohn-Beziehung. Im Vergleich zu anderen ‚Vaterbüchern' fallen bei Pollack vor allem der nüchterne, rationale Zugang und das Fehlen von Emotion, die in manchen Fällen oft zur selbstmitleidigen Larmoyanz geraten kann, auf. Diese distanzierte Erzählhaltung hängt vermutlich mit der zeitlichen Distanz zum Geschehen und dem Wesenscharakter des Autors zusammen. Sie ist aber auch Ausdruck einer grundsätzlichen emotionalen Distanz, die sich daraus ergibt, dass Martin Pollack seinen Vater nie persönlich kennen gelernt hat, es sich dabei letztendlich um einen ihm fremden Menschen handelt, der keinen unmittelbaren Einfluss auf ihn ausgeübt hat und somit stärker von seiner eigenen Person abstrahiert werden kann.[97] Aus dieser distanzierten Position heraus mag eine kritische Abgrenzung von und eine Auseinandersetzung mit dem NS-Vater vielleicht etwas leichter möglich sein, schwierig bleibt es aber allemal, ein Kind von einem Täter zu sein.

Ein Fazit: Die Väter als Täter?

Vor dem Hintergrund der in meinen Interviews präsentierten ‚Vaterbilder'[98] von Vätern, die in unterschiedlichen Graden in den Nationalsozialismus involviert waren, ist abschließend zu resümieren: Welche Vorstellungen von den Tätern existieren bei den NS-Nachkommen und vor allem welche werden mit dem eigenen Vater in Zusammenhang gebracht und von welchen wird er abgegrenzt? Wenig überraschend ist, dass sich die Vorstellungen auf einige wenige populäre und stereotype ‚Täterbilder' beschränken, wohingegen die eingangs skizzierten differenzierteren Ergebnisse der NS-Täterforschung noch kaum Eingang in das Bewusstsein der NS-Nachfolgegeneration(en) gefunden haben.

Viele Nachkommen beziehen sich implizit oder explizit auf den Tätertypus des brutalen und skrupellosen Mörders ‚vor Ort' (KZ-Personal, SS-Einsatzgruppen usw.) einerseits oder die prominenten NS-Führer andererseits und schließen die eigenen Väter aus dieser exponierten Tätergruppe – in den meisten Fällen wohl zu Recht – aus. Dem gegenüber steht die Vorstellung vom opportunistischen ‚Mitläufer', die als Zuschreibung für den eigenen Vater in unterschiedlichen Varianten (‚Befehlsempfänger', ‚Pflichterfüller' usw.) schon eher angewendet wird. Ein ebenfalls geläufiger Tätertypus ist jener des mehr oder weniger ideologisierten ‚Karrieristen', der oft mit der Vorstellung eines in unterschiedlichen Bereichen tätigen ‚Schreibtischtäters' einhergeht. Als Wahrnehmungsfolie dienen den Nachkommen häufig konkrete historische Bezugspersonen wie z.B. Adolf Eichmann als Personifizierung eines Bürokraten und Schreibtischtäters oder auch Kurt Waldheim, der in Österreich – immerhin über zwanzig Jahre nach der namensgleichen ‚Affäre' – immer noch als Verkörperung des opportunistischen ‚Pflichterfüllers' und ‚Verdrängers' gilt. Eine weitere beliebte Denkfigur ist jene des liebenden Familienvaters einerseits und des gleichzeitigen Nationalsozialisten andererseits, die man vor allem in der historischen Person des KZ-Kommandanten von Auschwitz, Rudolf Höß, verkörpert sieht und häufig auch auf den eigenen Vater anwendet. Sie erweist sich insofern als sehr brauchbar, weil dadurch selbst jene Väter, die nachweislich als Täter gelten müssen, zumindest auf der persönlichen Ebene entlastet werden können und das positive Vaterbild somit weitgehend unbeschädigt bleiben kann.

Ebenso eng wie das Täterspektrum ist auch das Verständnis von Täterschaft in der NS-Nachfolgegeneration. Wie sich in meinen Interviews (und nicht nur dort) zeigt, beziehen sich die Vorstellungen über eine NS-Täterschaft und die NS-Verbrechen fast immer ‚nur' auf die (Massen-)Morde und auf die Judenvernichtung in den Konzentrationslagern, andere Formen und Nuancen des NS-Unrechts bleiben meist ausgeklammert. Die Vorstufen der Judenvernichtung (Diskriminierungen, ‚Arisierungen', Administrierung der Vertreibungen usw.), Denunziationen, Schikanieren von ZwangsarbeiterInnen und viele andere Formen des Unrechts an der ‚Heimatfront' und gegenüber anderen Opfergruppen (politische GegnerInnen, Euthanasieopfer, Sinti und Roma usw.) werden hingegen nicht einmal ansatzweise in Betracht gezogen. Darüber hinaus herrscht bei vielen Nachkommen eine sehr statische Vorstellung, die sich meist nur auf einen Ausschnitt im Leben des NS-Vaters fokussiert, d.h. sie beziehen sich meist nur auf eine bestimmte Funktion, eine Zuschreibung, einen Zeitpunkt und Einsatzort und klammern mögliche anderweitige Aktivitäten, Funktionen und Eigenschaften aus Unkenntnis oder auch Unwillen einfach aus.

Das Bedürfnis nach Entlastung und Exkulpierung des Vaters von jeder ‚Schuld' ist sehr stark und weit verbreitet und psychologisch durchaus nachvollziehbar. Das Entlastungsbedürfnis funktioniert offenbar unabhängig vom tatsächlichen Grad der NS-Involvierung des Vaters und es existiert bei Kindern von ‚kleinen Nazis' ebenso wie bei Kindern von nachweisbar tief in die NS-Verbrechen verstrickten Vätern. So hat sich gezeigt, dass selbst Nachkommen von sehr prominenten NS-Tätern aus dem innersten Führungskreis um Adolf Hitler Mittel und Wege finden, ihre Väter mit teils abstrusen Argumenten aus dem Täterkreis auszuschließen.[99]

Grundsätzlich ist festzuhalten, dass es verschiedene Formen und Strategien gibt, den eigenen Vater aus einer potenziellen oder tatsächlichen Täterschaft auszuklammern. Das kann beispielsweise implizit geschehen, indem die NS-Verbrechen im Interview nicht angesprochen werden bzw. der Vater in keiner Weise damit in Verbindung gebracht wird und eine Täterschaft somit schon gedanklich ausgeschlossen bleibt. In vielen Fällen erfolgt die Exklusion des Vaters aber auch sehr direkt und kategorisch. Besonders bei jenen ‚Kindern der Täter', die einen sehr verteidigenden und affirmativen Zugang zu ihren Vätern haben, wird jeder Tatverdacht meist schon a priori von sich gewiesen, noch bevor er von meiner Seite überhaupt ausgesprochen wurde. Die Täterschaft scheint somit in Form der Verneinung auf, indem ungefragt beteuert wird, dass der Vater „keinen Juden umgebracht" habe, wie es beispielsweise bei Frau Lugger der Fall war. Paradoxerweise wird dabei eine Täterschaft konkreter ausgesprochen als bei denjenigen, die zwar vage von einer ‚Schuld' ihres Vaters sprechen, unter der sie leiden, diese aber nicht näher benennen (wollen und/oder können).

Häufig wird die Exkulpierung des eigenen Vaters mit dem stereotypen Hinweis untermauert, dass der Vater ein ‚anständiger Mensch' und/oder ein ‚Idealist' gewesen sei und schon allein deshalb – so die implizite Botschaft – kein schlechter Mensch und schon gar kein Täter gewesen sein könne. Derartige kategorische Entlastungsversuche entsprechen sehr stark den Selbstpräsentationen der ‚Kriegsgeneration' und den bereits aufgezeigten familiären Tradierungsmustern, die von den Nachgeborenen offenbar unkritisch übernommen werden. Grundsätzlich lässt sich festhalten: Je näher die NS-Nachkommen ihren Vätern in persönlicher und politischer Hinsicht stehen, umso direkter und unreflektierter werden die väterlichen Selbststilisierungen und familiären Tradierungen übernommen und umso vehementer fallen die Verteidigungen und Abwehrmanöver bei den ‚Kindern der Täter' aus.

Das eigentlich Interessante und Erstaunliche ist aber, dass nicht nur politisch gleich gesinnte, sondern auch kritische, antifaschistische Söhne und Töchter häufig dazu neigen, ihren eigenen Vater von einer Täterschaft auszunehmen. Zwar ordnen sie ihren Vater meist klar als ‚Nazi' ein und grenzen sich politisch von ihm strikt ab, selten aber wird er als ‚Täter' imaginiert, d.h. als jemand, der selbst in Unrecht oder gar Verbrechen verwickelt gewesen ist. Auch wenn in diesen Fällen die Abwehr und Exklusion nicht so kategorisch und aggressiv ist, so finden sich doch immer wieder viele bekannte entlastende Begründungen, die meist eher auf Mutmaßungen und weniger auf konkretem Wissen beruhen, was auch in den typischen Einleitungsphrasen wie ‚ich glaube nicht, dass...' oder ‚ich kann mir nicht vorstellen, dass....' zum Ausdruck kommt.

Die Begründungen, warum gerade der eigene Vater kein Täter sein kann, sind vielfältig und einige davon habe ich in den Fallbeispielen bereits exemplarisch aufgezeigt und näher besprochen. So werden beispielsweise die Funktion des Vaters (z.B. ,nur' in der Wehrmacht, administrative Tätigkeit usw.), sein Einsatzort und die mangelnde Gelegenheit an der ,Heimatfront', sein Beruf (wie z.B. Arzt), sein Alter (,zu jung' oder ,zu alt') als Ausschließungsgrund für eine mögliche Täterschaft angeführt. Andere wiederum verweisen darauf, dass ihre Eltern ,von Anfang an', d.h. seit 1945, bei der SPÖ oder bei der ÖVP gewesen seien und schließen damit indirekt eine NS-Involvierung aus, was aber angesichts der Reintegration von ehemaligen NationalsozialistInnen in diese Parteien ein fragwürdiges Argument darstellt. Vielfach können die Nachkommen ihren Nachkriegsvater und dessen Charakter und Verhalten, etwa die ihm zugeschriebene Herzlichkeit, Aufgeschlossenheit, Passivität, Schwäche usw., nur schwer mit der Vorstellung einer Täterschaft verbinden, vor allem dann, wenn sie sich wie so oft an dem Bild des brutalen und kriminellen Exzesstäters orientieren.

Auffallend ist, dass viele ,Kinder der Täter', selbst wenn eine Täterschaft des Vaters erwiesen ist, nicht als AnklägerInnen ihrer Väter auftreten (wollen) und berufen sich dabei auf die ,Gnade der späten Geburt'. Mein Interviewpartner Robert Dussek begründet seine Zurückhaltung damit, dass er selbst das „Glück gehabt" habe, in „einer anderen Welt groß geworden" zu sein und nicht wüsste, wie er sich in einer ähnlichen Situation verhalten hätte. (RD 48) Diese von vielen Nachkommen geäußerte Frage ,Wie hätte ich mich verhalten?' ist einerseits wichtig und berechtigt, weil sie vor Selbstgerechtigkeit schützt. Zum anderen gerät sie aber oft zu einem „kostenlose(n) Bekennermut", der einer kritischen Reflexion über die familiären NS-Verstrickungen oft im Wege steht, wie der Historiker Norbert Frei zu Recht feststellt, denn: Wir (Nachgeborenen) könnten tatsächlich nicht wissen, wie wir uns verhalten hätten, dies hieße aber nicht, „dass wir nicht wüssten, wie wir uns hätten verhalten sollen."[100]

Eine andere weit verbreitete Entlastungsfigur ist jene des ,kritischen Nazis', der sich gegenüber dem NS-System resistent gezeigt habe, was mit überlieferten NS-kritischen Aussprüchen, Hitlerwitzen, niedrigen NS-Rängen oder fehlenden NS-Auszeichnungen usw. belegt wird. Diese im Familiengedächtnis tief verankerten Zuschreibungen werden meist mit großer Selbstverständlichkeit als partielle Resistenz oder gar Widerständigkeit gegenüber dem Nationalsozialismus gedeutet und somit zur Exkulpierung des Vaters eingesetzt. Eine ähnliche Funktion hat auch die Vorstellung des ,geläuterten Nazis', der sich entweder schon während des Krieges oder nach Kriegsende vom Nationalsozialismus distanziert habe. Manchmal genügen für eine derartige Konstruktion bereits ein paar vage Andeutungen oder dem Vater zugeschriebene kryptische Satzfetzen, wie etwa, dass es ihm an seinem Einsatzort ,zu heiß geworden' wäre (wie etwa bei Frau Jelaschitz), die fast immer als Distanzierung oder Skrupel angesichts der NS-Verbrechen interpretiert werden. Da derartige Konstruktionen meist nicht faktisch belegt werden können (sondern oft sogar widersprechende Hinweise vorliegen), handelt es sich dabei meist um Wunschvorstellungen der Nachkommen, die den Vater entlasten sollen.

Die Einordnung des Vaters als ,kleiner Nazi' oder ,Mitläufer' ist unter den Nachkommen ebenfalls sehr beliebt. Dabei wird zugestanden, dass der Vater aus diversen sozialen, politischen oder persönlichen Gründen zwar ‚mitgemacht' habe, dieses ‚Mitmachen' bleibt aber meist sehr unspezifisch und deutungsoffen. Meistens läuft diese Konstruktion auf eine Verkleinerung der Rolle des Vaters im Nationalsozialismus und auf eine Verringerung seiner persönlichen ‚Schuld' hinaus.[101] Auch hier reproduzieren die Nachkommen wohl die Selbstpräsentationen der Väter, selbst dann, wenn die Fakten dieser verharmlosenden und entlastenden Interpretation zuwider laufen. So etwa im Fall von Barbara Taufar, deren Vater ein illegaler Nationalsozialist und SS-Mann in einer führenden Position gewesen ist und auch nach 1945 wenig Anhaltspunkte für eine politische Abkehr von der NS-Ideologie geboten hat.[102] In ihrer Autobiographie nivelliert die Tochter ihren SS-Vater letztendlich zum unpolitischen ‚Mitläufer', indem sie schreibt: „Die Erkenntnis, dass er kein Held gewesen ist, war schlimmer, als hätte ich entdecken müssen, dass er ein widerwärtiger Mörder gewesen war. Gegen einen Mörder kann man sich empören, aber was tut man mit einem Mitläufer, der immer nur seiner Pflicht nachkommen wollte?"[103]

Taufar verfängt sich hier in einem Netz von Verharmlosung, Wunschdenken und Trugschlüssen. Zum einen kann angesichts der politischen Karriere ihres Vaters davon ausgegangen werden, dass dieser beileibe kein ‚kleiner Mitläufer', sondern ein überzeugter SS-Mann und vermutlich (im Rahmen der ‚Partisanenbekämpfung' in Jugoslawien) sogar ein aktiver Täter gewesen ist. Zum anderen deutet ihr trügerischer Glaube, mit einem ‚Mörder' als Vater besser umgehen zu können als mit einem ‚kleinen Nazi', auf eine vertrackte Form der Idealisierung hin, die auch bei anderen NS-Nachkommen wirksam ist. So berichtet die Wiener Psychoanalytikerin Marietta Zeug, dass manche ihrer KlientInnen ihren ‚Mitläufer'-Vater oft zum Verbrecher hochstilisieren und ihn solcherart – so ihre These – zum negativen Helden machen, denn: „... als Mörder ist er immerhin ein großer, gefürchteter Mann. Und diese Vorstellung ist oft immer noch angenehmer, als das Kind eines kleinen, unbedeutenden, gehorsamen Feiglings, eines Verlierers zu sein. Das ist das Schlimmste."[104]

Das heißt: Es gibt bei den ‚Kindern der Täter' nicht nur das Bedürfnis nach Entlastung, sondern durchaus auch die Tendenz zur Belastung. Allerdings sind derartige belastende Zuschreibungen eher die Ausnahme als die Regel und sie beruhen meist stärker auf Vermutungen denn auf Wissen. Der von den Kindern formulierte Verdacht auf eine väterliche Täterschaft wird meist von der Charakterstruktur des Nachkriegsvaters, z.B. dessen autoritäres, gewalttätiges und sadistisches Verhalten in der Familie, abgeleitet. Auch hier genügen, wie bei den Entlastungen auch, bereits einige wenige kryptische Hinweise in der familiären Kommunikation, wie etwa im Fall von Frau Moser die zufällig mit angehörte Bemerkung der Mutter über die Beteiligung des Vaters an Vergewaltigungen, die diesen Verdacht zusätzlich nähren und zu einer umfassenden Belastungsphantasie heranreifen lassen. Bemerkenswerterweise sind derartige Belastungsphantasien bei den von mir untersuchten Fällen hauptsächlich bei jenen Nachkommen anzutreffen, deren Väter eher der Gruppe der ‚kleinen Nazis' zuzuordnen wären und deren NS-Funktionen nicht zwingend auf eine konkrete Täterschaft schließen lassen.[105] Trotzdem imaginieren diese Söhne und Töchter aber ihre Väter als ‚Täter' und quälen sich mit dieser potenziellen Täterschaft oft mehr als die Kinder von Vätern, deren Täterschaft tatsächlich nachgewiesen und somit unverrückbare Gewissheit ist.

Andere ‚Kinder der Täter' wiederum nähern sich der Problematik aus einer übergeordneten, allgemein-menschlichen Perspektive und schließen prinzipiell keine Menschen, auch ihren eigenen Vater nicht, aus einer potenziellen Täterschaft aus. Dieses prinzipielle Zutrauen einer Täterschaft findet sich in meinen Interviews auffallend oft, so auch bei Kurt Rosner, der Historiker ist und nachdrücklich meint: „Ich trau das jedem zu, Ihnen genauso wie mir." (KR 25) Auf meine Nachfrage, ob dies auch für seinen Vater gelte, der als ‚unabkömmlicher' NS-Funktionär für einige Zeit als Aufseher beim Bau des Südostwalles durch ungarische jüdische Zwangsarbeiter tätig war, bestätigt der Herr Rosner seine „anthropologische Grundannahme":

> KR: .. ich würde mich, würde mich nicht wundern, wenn er dort auch jemand erschossen hätte, würde mich nicht, würde mich nicht wundern. Also es war Krieg und da geht's ums Überleben und das muss gemacht werden und die ungehorsam sind da muss man sie bestrafen. (Das) sind die Mechanismen, also würde mich nicht, würde mich nicht, wundern. (KR 26)

Herr Rosner zieht die Möglichkeit einer Täterschaft des Vaters zwar in Betracht („Wäre durchaus möglich [...] dass er jemanden erschossen hat."), diese Vorstellung scheint ihn aber nicht besonders zu beunruhigen, was möglicherweise durch seinen stark rationalisierenden Zugang als Historiker sowie durch den Umstand, dass sein Vater schon seit Jahrzehnten tot ist, erleichtert wird. Auch Dieter Neubauer, ein anderer Interviewpartner, beschäftigt sich gedanklich mit einer potenziellen Täterschaft seines Vaters, den er als ehemals begeisterten, dann aber ‚geläuterten' Nationalsozialisten ohne bedeutende Funktion präsentiert. Dieses Bild des Vaters als ‚kleiner Nazi' erleichtert es ihm offenbar, den Vater von einer Beteiligung an NS-Verbrechen auszuschließen und ihn von dem plastisch gezeichneten Tätertypus des ‚KZ-Schergen' abzugrenzen. Gleichzeitig revidiert er seine kategorische Ausklammerung des Vaters aber insofern, indem er wie Herr Rosner auf eine übergeordnete Argumentationsebene wechselt und unter Berufung auf seine eigene berufliche Erfahrung als Polizist die ‚menschliche Natur' als Argument einbringt:

> I: Und so insgeheime Befürchtungen dass der Vater vielleicht in irgendeiner Form doch beteiligt war, was Sie nicht wissen, gibt es so was für Sie?
> DN: [atmet aus] Nein komischerweise net. Ich würde es akzeptieren. Ich würde mich damit auseinandersetzen. Also ich hätt keine Freude natürlich das ist klar, na weil wenn ich draufkomme, die ganze Legende ist also wirklich nur Legende und derweil war er der Mörder von von Auschwitz, äh, gut, wie wie ich mit dem umgehen könnte weiß ich nicht. Das das muss ich gestehen das weiß ich nicht. Es passte in das Bild was ich hab von diesen Menschen, die also brave, Ehemänner, brave solide, Väter waren, und und wä- untertags im Geschäft so quasi, äh Menschen gefo- gefoltert umgebracht und weiß ich was haben. [..........] Wenn Sie mich fragen würden, wäre es für Sie unvorstellbar dass Ihr Vater im KZ gearbeitet hat sag ich nein. Aber, das sag ich als Kieberer [= Polizist], wissend dass in uns jedem ein Mörder steht, steckt und vie- die meisten das Glück haben dass er nicht ausbricht. Das ist jetzt sehr simplifiziert natürlich das ist schon klar, aber die dunkle Seite ist in jedem, und, **net** weil

> mein Vater mich gehaut hat oder net weil er mich psychisch terrorisiert hat, würd ich ihm das zutrauen, sondern ich sag, ich trau jedem alles zu. [..........] (DN 45)

Die hier von Herrn Neubauer geäußerten Überlegungen über eine mögliche väterliche Täterschaft bleiben letztendlich hypothetisch und allgemein. Nur einige wenige meiner InterviewpartnerInnen imaginieren sich ihre Väter konkret als Täter, sprich: als Mörder. So hat sich im ‚Vaterbild' von Herrn Goll gezeigt, dass er sich durchaus „vorstellen" kann, dass sein Vater, den er als überzeugten Nationalsozialisten und berechnenden Karrieristen präsentiert, „im Ernstfall sozusagen" einen Menschen umgebracht hat. Zu dieser Fesstellung kommt mein Interviewpartner möglicherweise auch deshalb, weil sein Vater einmal in seiner Anwesenheit von seiner Beteiligung an NS-Verbrechen erzählt hat und damit eine reale Basis für diese Annahme geschaffen ist. Auch mein Interviewpartner Karl Brunngraber traut seinem Vater, den er aufgrund der frühen Scheidung hauptsächlich aus den Erzählungen der Mutter kennt, die Beteiligung an NS-Verbrechen zu:

> KB: [...] also, er hat keine **direkte, Blut**schuld auf sich geladen aber nicht weil er, weil er sozusagen ein tugendhafter Mensch war sondern, weil einfach er, zum **Glück**, muss ich für mich selber sagen, in einer Position war und einer Stelle in diesem System, wo er nicht leicht irgendwelche, großartigen Verbrechen begehen konnte oder dazu gezwungen wurde. Also er selbst wenn er, an **anderer** Stelle gewesen wäre im was weiß ich, in der Justiz oder bei der SS oder sonst irgendwo, /der hätte hätte da skrupellos, Verbrechen im Sinn dieses Systems begangen also davo-, davon bin ich überzeugt./ [leiser] (KB 4)

Dass der Vater letztendlich nicht ‚schuldig' geworden ist, wird vom Sohn hauptsächlich auf die führende, aber eher administrative NS-Funktion des Vaters im Reichsnährstand[106] an der ‚Heimatfront' zurückgeführt. Herr Brunngraber zeigt sich darüber zwar erleichtert, schließt aber gleichzeitig eine mögliche Täterschaft seines Vaters bei entsprechender Gelegenheit aufgrund der ihm zugeschriebenen Charaktereigenschaften (Skrupellosigkeit, Anpassungs- und Gewaltbereitschaft, Pflichtbewusstsein) nicht aus, wie die folgende Interviewpassage sehr gut veranschaulicht:

> KB: [...] wobei ich [...] aber, pfh dann, quasi, pfh ja **froh** darüber war, dass er, gewissermaßen an der Heimatfront im im äh, im Reichsnährstand von von, **dieser** Tätermöglichkeit ab abgeschlossen war. Weil wie gesagt mir war mir war klar wenn er, wenn er da irgendwo **anders** gewesen wär, wär er genauso ein Täter, gewesen also
> I: Das hätten Sie ihm zugetraut? Also so als Typus-
> KB: Absolut ja, absolut, absolut. Nicht, nicht unbedingt jetzt aus, aus aus persönlichem **Sadismus** sondern einfach, weil er sich dieser Maschinerie auf keinen Fall widersetzt hätte sondern im Gegenteil er wär, er er hätte, an an jedem, Ort an den es ihn verschlagen hätte, hätte er versucht in diesem, System, nach oben zu kommen. Und und Schuldbewusstsein hätte er, keines oder, wenig gehabt. Außer, vielleicht, ich mein ah, wenn man, so die Aussagen einzelner

> SS-Männer heute nachliest, dann kommt das schon zum Ausdruck dass ihnen, dass ihnen, teilweise auch nicht wohl war bei dieser, fürchterlichen, äh, bei ihrer fürchterlichen Arbeit nen, außer es waren **wirklich** sozusagen lustvolle **Sadisten**, aber [...] dem Großteil ist das, sozusagen nur als, als Pflichterfüllung als unangenehme Pflichterfüllung erschienen und die sie aber, die also ha- also, **heldisch** auf sich genommen haben, nen. (KB 29-30)

Herr Brunngraber bezieht sich in seinen Überlegungen zu einer potenziellen Täterschaft des Vaters auf zwei weit verbreitete ‚Täterbilder', die ihm sowohl zur Abgrenzung (Sadist) und als Zuordnung (Pflichterfüller) dienen.

Insgesamt gesehen sind derartige konkrete Vorstellungen von den eigenen ‚Vätern als Täter' eher selten. Auffallend ist, dass unter den InterviewpartnerInnen, die sich ihre Väter explizit als Täter vorstellen können, ausschließlich Söhne sind. Inwieweit die Kategorie Geschlecht in diesem Zusammenhang entscheidend ist (oder auch nur Zufall des Samples), kann ich nicht mit Bestimmtheit beantworten. Es ist aus der Tiefen- und Entwicklungspsychologie bekannt, dass es bei Vater-Sohn- und Vater-Tochter-Beziehungen geschlechtsspezifische Unterschiede in Hinblick auf Identifikation, Distanzierung und Abgrenzung gibt, die in diesem Zusammenhang eine Rolle spielen könnten. Sich den eigenen Vater als Täter vorzustellen, ist jedenfalls ein Akt der Distanzierung und Rationalisierung, die mit einer emotionalen Nähe und Identifikation schwer vereinbar ist. Es hat sich gezeigt, dass die hier angeführten Söhne aus unterschiedlichen Gründen (früher Tod, Scheidung usw.) keine oder eine eher distanzierte Beziehung zu ihrem Vater hatten und es ihnen daher vielleicht leichter möglich war, sich emotional vom Vater abzugrenzen und die beunruhigende Vorstellung, dass der Vater ein Mörder sein könnte, zuzulassen.

Abschließend kann festgehalten werden, dass eine potenzielle Täterschaft der Väter – selbst wenn es nicht direkt ausgesprochen wird – bei vielen ‚Kindern der Täter' als ungeklärte Frage sehr präsent ist. Gerade weil in dieser Frage die Grenzen zwischen Nichtwissen-Ahnen-Wissen fließend sind, eröffnet sich ein breites Feld für Entlastungs- und Belastungsphantasien, die zu einer oft lebenslangen positiven oder negativen Fixierung auf den Vater führen können.

Mutterbilder

Kontext: Frauen als Opfer und/oder (Mit-)Täterinnen

Frauen werden sehr häufig als passive ‚apolitische' Objekte und nicht als aktiv handelnde Subjekte der Geschichte wahrgenommen. Dies gilt auch im besonderen Maße für die Wahrnehmung und Bewertung der Rolle der Frauen im Nationalsozialismus. Der Nationalsozialismus gilt sowohl seinem Erscheinungsbild als auch seiner Ideologie nach gemeinhin als ‚männliches' Phänomen, als extreme Ausprägung des Patriarchats schlechthin. Zum einen deswegen, weil die männlich dominierte NS-Ideologie ein traditionelles, ja reaktionäres Frauenbild der ‚deutschen Frau und Mutter' propagierte. Zum anderen untermauern auch die männerbündischen, auf Gewalt aufbauenden Strukturen und Organisationsformen (SA, SS) des Nationalsozialismus sowie die Tatsache, dass die NS-Führungs- und Machtpositionen ausschließlich männlich besetzt waren, diese Sichtweise. Zu den wenigen Ausnahmen in dieser NS-Männerdomäne zählen etwa die NS-Reichsfrauenführerin Gertrud Scholtz-Klink oder die NS-Propagandafilm-Regisseurin Leni Riefenstahl, die herausragende Positionen im NS-Regime eingenommen haben. Im Übrigen waren Frauen in erster Linie als Ehefrauen, Geliebte und ‚Kameradinnen' des ‚deutschen Mannes' oder aber als politische Zielgruppe für die scheinbar unwiderstehliche Verführungskraft des ‚Führers' vorgesehen. Die der NS-Propaganda entliehenen, sexuell aufgeladenen Bilder von den euphorisierten Frauenmassen, die dem ‚Führer' zujubelten und ihm ‚ein Kind schenken' wollten, führten zur mittlerweile widerlegten Legende, dass eigentlich ‚die Frauen' Hitler an die Macht gebracht hätten.[1]

Die Nicht-Präsenz von Frauen im NS-Machtapparat hatte zur Folge, dass Frauen nach 1945 mehr oder weniger pauschal aus dem Kreis der Verantwortlichen und Schuldigen für den Nationalsozialismus und seine Verbrechen ausgeschlossen wurden. Das heißt: Täter waren hauptsächlich Männer! Die direkte Beteiligung von Frauen an NS-Verbrechen geriet nur selten, z.B. bei Prozessen, wo KZ-Aufseherinnen und KZ-Ärztinnen vor Gericht standen, ins Blickfeld der Öffentlichkeit. Diese Täterinnen wurden in der breiten Öffentlichkeit als unmenschliche ‚Bestien' wahrgenommen und galten als Ausnahmefälle, die weit außerhalb des Kreises der ‚normalen' deutschen/österreichischen Frauen gestellt wurden.[2]

Das Gros der Frauen war in der NS-Zeit aber nicht derart exponiert tätig, sondern hat das NS-System an der ‚Heimatfront' erlebt. Sie waren im unterschiedlichen Maße mit der Bewältigung des Kriegsalltags beschäftigt, sie wirkten als Versorgerinnen ihrer Familien, wobei sie oft – stellvertretend für die eingezogenen Männer – zur Erwerbsarbeit in den unterschiedlichsten Bereichen herangezogen wurden. Mit ihrer wichtigen Reproduktionsarbeit, die im Nationalsozialismus stark politisiert und ideologisiert wurde, haben viele Frauen am Funktionieren des NS-System entscheidend mitgewirkt. Ungeachtet dessen blieben sie nach Kriegsende von dem Vorwurf der Mitverantwortung weitgehend verschont. Das ist einerseits auf das offensichtlich vorhandene weit verbreitete Bedürfnis, wenigstens den weiblichen Teil der ehemaligen Tätergesellschaft freizusprechen, zurückzuführen. Andererseits hat es auch mit den Selbst- und Fremdwahrnehmungen der Frauen zu tun, wonach Reproduktionsarbeit per se als ‚unpolitisch' eingestuft wird und die betroffenen Frauen sich nach 1945 überwiegend als unpolitische, lediglich in der Liebe für ihren Mann und ihre Kinder aufgehende Opfer der Verhältnisse präsentierten. Die Selbst- und Fremdbilder kulminierten in einen pauschal beanspruchten Opferstatus der Frauen (als Opfer des Bombenkrieges usw.), der stark in die Nachkriegszeit hinein verlängert wurde.

Die weit verbreitete Vorstellung vom Nationalsozialismus als patriarchalisches System, das auf die Unterdrückung der Frauen ausgerichtet war und diese als dessen Opfer erscheinen ließ, wurde auch in der historischen Frauenforschung teilweise reproduziert. Feministische Arbeiten aus den 1970er und 1980er Jahren versuchten den frauenverachtenden Charakter der NS-Ideologie und seiner Vorläufer herauszuarbeiten (Stichwort: NS-Frauenbild), Frauen als tatsächliche oder potenzielle Opfer der nationalsozialistischen Bevölkerungspolitik zu benennen (Stichwort: Zwangssterilisationen) und auf die bisher vernachlässigten Leistungen der Frauen im Kriegsalltag und der unmittelbaren Nachkriegszeit hinzuweisen (Stichworte: Erwerbs- und Überlebensarbeit).[3] Gegen manche dieser Ansätze, die teilweise auf eine positive Identifikation abzielten, regte sich in der *science community* allmählich Widerstand.

Mitte der 1980er Jahre wurde das Konzept der ‚Mittäterschaft', d.h. die Beteilung der Frauen am Patriarchat, ihre Bereitschaft, die gesellschaftlichen Verhältnisse zu stützen und somit letztlich einen Beitrag zur Unterdrückung zu leisten, auch auf die Problematik Frauen und Nationalsozialismus angewandt. Es wurde der Vorwurf laut, dass sich die Frauen auf ihren Anspruch der „Gnade der weiblichen Geburt" zurückziehen und Frauen lediglich als ‚Opfer' des Nationalsozialismus darstellen würden.[4] Von den Historikerinnen wurde eine stärkere Einbeziehung der weiblichen Mittäterschaft eingefordert, die nicht nur als „weibliche Anpassung" an das männliche NS-System, sondern auch als Ausdruck einer „eigenen weiblichen Logik" zu verstehen sei. Das heißt: Frauen haben im Nationalsozialismus durchaus auch eigene Vorteile und Ziele verfolgt. Die Nicht-Auseinandersetzung mit der Mittäterschaft der Frauen bei den deutschen Historikerinnen, so die Vermutung, war möglicherweise ein „kollektives Abwehrmanöver" der forschenden ‚Töchter', die sich unkritisch mit der (Groß-)Müttergeneration identifizieren.[5] Diese Kritik löste einen ‚Historikerinnenstreit'[6] aus, in dessen Verlauf einige Historikerinnen der zweiten Generation auch die Frage nach dem Nationalsozialismus und Auschwitz als „negativem Eigentum" stellten.[7] Sie haben dabei auch ihre Position als ‚Töchter' selbstkritisch reflektiert, im Unterschied zur männlich dominierten NS-Forschung, in der die generationsspezifische Involviertheit der Historiker (sprich: der ‚Söhne') nach wie vor weitgehend ausgeklammert wird.

Ausgelöst durch diese Diskussionen rückte zunehmend auch die Mitverantwortung von Frauen an den NS-Verbrechen ins Blickfeld der Forschung. Man musste erkennen: Die Imaginationen der Frauen als ausschließliche Opfer halten einer Überprüfung der historischen Fakten nicht stand und die ‚Gnade der weiblichen Geburt' ist somit eine Fiktion. Die NS-Gesellschaft war ein Ensemble von Männern *und* Frauen, und auch wenn die verantwortlichen Initiatoren, Entscheidungsträger und Akteure der nationalsozialistischen Vernichtungspolitik Männer waren, so sind die Frauen nichtsdestotrotz Teil der deutschen Tätergesellschaft.[8] Frauen haben das System auf ihre Weise unterstützt und mitgetragen, auch sie hatten Handlungsspielräume und konnten in unterschiedlichen Bereichen als Akteurinnen tätig werden. So haben Frauen beispielsweise an der Sozial- und Bevölkerungspolitik des Nationalsozialismus partizipiert, sie waren nicht nur Opfer (z.B. bei den Zwangssterilisationen), sondern auch Mittäterinnen dieser Politik. Frauen waren zwar meist an untergeordneter Stelle eingesetzt, nichtsdestotrotz zeichneten sie sich durch eine hohe Arbeitsidentifikation und Pflichterfüllung aus, sei es als Krankenschwestern und Pflegerinnen bei der ‚Euthanasie'[9], als Fürsorgerinnnen bei der Aussonderung von Menschen, die als ‚lebensunwert' galten, als Ärztinnen, die in den Konzentrationslagern bei Menschenversuchen beteiligt waren oder als Sozialpolitikerinnen, die diese Politik mitgeplant hatten.[10]

Wie neuere Forschungen aus den 1990er Jahren zeigen, waren selbst die SS und die Wehrmacht keineswegs ausschließlich männliche Bereiche. So gab es neben den SS-Ärztinnen und SS-Aufseherinnen in den Konzentrationslagern rund 10.000 Frauen im SS-Helferinnenkorps sowie 15.000 Polizeihelferinnen, die als Angestellte im SS-Verwaltungsapparat im Reich und in den besetzten Gebieten tätig waren und fallweise ‚bürokratisch' am Vernichtungsprozess mitgewirkt haben.[11] Zusätzlich hat rund eine halbe Million weiblicher Wehrmachtsangehöriger in den besetzten Gebieten im Osten (als Bürokräfte, Flugmeldehelferinnen, Fernsprechvermittlerinnen, Dolmetscherinnen usw.) am unmittelbaren Kriegsgeschehen teilgenommen und durch ihre Tätigkeiten vor Ort von den NS-Verbrechen zumindest gewusst.[12] Einige dieser Frauen im Hintergrund sind in den letzten Jahren in Form von (auto)biographischen (Selbst-)Präsentationen sichtbar geworden, wobei auch sie sich als naiv-unschuldige und politikferne Frauen präsentieren und – in Übernahme dieser verharmlosenden Selbststilisierungen – als ‚Mitläuferinnen' wahrgenommen werden.[13]

Ein weites Feld einer möglichen Mittäterschaft von Frauen eröffnet sich, wenn die ‚Frauen an seiner Seite', das heißt: die Ehefrauen, Geliebten, Freundinnen, Mütter, Kolleginnen usw. in die Betrachtung mit einbezogen werden. Gudrun Schwarz hat in ihrer gleichnamigen Studie ein breites Spektrum von Schuld und Verantwortung der rund 240.000 Ehefrauen von SS-Führern, KZ-Kommandanten und SS-Männern aufgezeigt: Erstens erforderte die Heirat mit einem SS-Mann eine hohe Identifikationskraft mit der Ideologie der SS-Sippengemeinschaft (Elitenbewusstsein, rassistische Ausleselogik). Zum Zweiten gaben die Ehefrauen ihren Männern durch ihre Liebe und sexuelle Verfügbarkeit sowie durch ihre Besuche oder das gemeinsame Leben am ‚Arbeitsplatz', sprich: in den Konzentrations- und Vernichtungslagern einen emotionalen Rückhalt und hielten dadurch die ‚Normalität im Grauen' aufrecht, wie sich etwa am Beispiel der Ehefrauen der KZ-Kommandanten Höß und Stangl aufzeigen lässt.[14] Oft war die Anwesenheit von Frauen (und Kindern) geradezu lebensnotwendig, um durch die ‚häusliche Idylle' die ‚Arbeit' der Männer als ganz normale berufliche Tätigkeit erscheinen zu lassen und ein mögliches Unrechtsbewusstsein erst gar nicht aufkommen zu lassen. Konfrontiert mit der mörderischen Realität an den Einsatzorten ihrer Männer, schauten die Ehefrauen zu, weg oder wurden auch selbst aktiv, indem sie sich an der Verfolgung und Beraubung der Häftlinge und ZwangsarbeiterInnen beteiligten bzw. davon profitierten und auch noch nach Kriegsende als Komplizinnen ihrer gesuchten Männer agierten.[15]

Im öffentlichen Bewusstsein blieb das Bild von ‚den Frauen' im Nationalsozialismus von der sich weiterentwickelnden und zunehmend differenzierten NS-Forschung weitgehend unberührt. Im Zentrum stehen nach wie vor die Frauen an der ‚Heimatfront', die für die Bewältigung des schwierigen ‚Kriegsalltags' bewundert und als Opfer des Bombenkrieges bemitleidet werden. Darüber hinaus ist in letzter Zeit auf der populärwissenschaftlichen Ebene ein verstärktes Interesse für die Ehefrauen der NS-Elite sowie für die wenigen herausragenden Frauen im Nationalsozialismus (etwa Leni Riefenstahl) zu beobachten.[16] In dieser negativen Faszination für die ‚Frauen der Nazis' wird eine mögliche (Mit-)Täterschaft meist per se ausgeblendet bzw. verharmlost, obwohl es sich dabei oft um überzeugte Nationalsozialistinnen gehandelt hat, die von ihrer herausragenden Stelle profitiert und an dem NS-Unrechtssystem sogar aktiv mitgewirkt haben.[17]

Von größerer gesellschaftlicher Brisanz ist aber die breite Masse der deutschen/österreichischen Frauen im Nationalsozialismus. Tatsächlich gab es darunter viele überzeugte Nationalsozialistinnen, viele Frauen und Mädchen waren in NS-Frauen- und Jugendorganisationen aktiv und in unterschiedlichen Bereichen in das NS-System involviert. Der Nationalsozialismus war für viele junge Mädchen und Frauen, die in der NS-Zeit sozialisiert und geprägt wurden, aufgrund seines ‚Erlebnischarakters' durchaus positiv besetzt. Die Aktivitäten im BDM oder der NS-Frauenschaft, die Massenveranstaltungen und ‚Kraft durch Freude'-Unternehmungen boten Abwechslung, Gemeinschaftserlebnisse, Mobilität und Aufstiegschancen im vorgegebenen Rahmen.[18] Auch mit den ideologischen Inhalten (Antisemitismus, Mutterkult, NS-Werten usw.) konnten sich viele Frauen zumindest partiell identifizieren, und umso mehr, als sie als Bestandteil der ‚Volksgemeinschaft' von bestimmten politischen Maßnahmen oftmals profitierten. Zum Beispiel hatten viele Frauen aus den ‚Arisierungen' Vorteile gezogen (z.B. eine bessere Wohnung erhalten, ein jüdisches Geschäft übernommen) oder bedenkenlos auf ZwangsarbeiterInnen zurückgegriffen und diese keineswegs immer menschlich behandelt.[19] Darüber hinaus haben sie als Ehefrauen, Freundinnen, Mütter, Schwestern die politischen Überzeugungen ihrer Männer/Söhne/Brüder oft geteilt und durch ihre stabilisierende Funktion an der ‚Heimatfront' das NS-System mit aufrechterhalten. Als Adressatinnen der Feldpostbriefe, Fotos und Kriegserzählungen der eingerückten Wehrmachtssoldaten wussten sie oft mehr von den ‚im Krieg' begangenen Verbrechen, als sie es im Nachhinein zugeben wollten.

„Frausein als Entlastungsargument"[20] greift also zu kurz. Was für die männliche deutsche/österreichische NS-Gesellschaft gilt, trifft auch auf die Frauen im Nationalsozialismus zu: Es gab vollkommen oder zumindest partiell überzeugte Nationalsozialistinnen, einige aktive Täterinnen oder Mittäterinnen, so genannte ‚Mitläuferinnen', Mitwissende, Zuschauende und Wegschauende, es gab aber auch einige, wenn auch wenige aktive Widerstandskämpferinnen oder gegen die NS-Ideologie resistente Frauen, die im öffentlichen Bewusstsein allerdings wenig Platz finden. Wie tief immer die jeweilige NS-Überzeugung oder NS-Involvierung im Einzelfall gewesen sein mochte, zwei Dinge sind den Frauen dieser Generation gemein: Sie waren von den NS-Werten und ihren Erfahrungen in der NS-Zeit maßgeblich geprägt und sie waren die (späteren) Mütter der nachfolgenden Generation.

Vor diesem Hintergrund soll nun gefragt werden, welchen Stellenwert die Mütter in den Auseinandersetzungen der Söhne und Töchter mit ihrer NS-Familiengeschichte einnehmen? Wie nehmen die Nachkommen ihre Mütter (als Mutter, als Erzieherin und Vermittlerin, als politische Akteurin) wahr und welche ‚Mutterbilder' werden auf der Basis ihrer Erfahrungen, Erinnerungen und Interpretationen präsentiert? Zu fragen ist auch, welcher Stellenwert dabei dem Nationalsozialismus zukommt und welche Rolle ihnen als politische Akteurinnen (in der NS-Zeit und in der Nachkriegszeit) zugeschrieben wird? Wirken die allgemeinen Vorstellungen der Frauen als ‚Opfer' in der NS-Nachfolgegeneration fort und bleiben die Mütter somit weitgehend ‚verschont' oder werden auch sie fallweise mit einer Täterschaft oder ‚Schuld' in Zusammenhang gebracht?

Mutterpräsentationen bei den ‚Kindern der Täter'

Die ‚unpolitische' Mutter

Wie ich aufgezeigt habe, tragen die meisten NS-Nachkommen ihre Auseinandersetzung mit ihrer NS-Familiengeschichte in erster Linie über die Väter aus. Die Mütter werden hingegen marginalisiert oder sie bleiben sogar gänzlich ausgeklammert. Die skizzierten Ergebnisse der NS-Forschung, wonach Frauen nicht nur passive Mitläuferinnen, sondern auch aktive Nationalsozialistinnen, d.h. auch (Mit-)Täterinnen sein konnten, haben offensichtlich im allgemeinen Bewusstsein und in der zweiten Generation noch nicht Eingang gefunden. So ist es kein Zufall, dass es zwar eine Menge von autobiographischen und literarischen Auseinandersetzungen von nachgeborenen Söhnen/Töchtern mit ihren NS-Vätern gibt, wohingegen derartige Auseinandersetzungen mit den NS-Müttern äußerst rar sind. Der Topos der apolitischen Frau und Mutter ist gesellschaftlich weit verbreitet und wird selbst auf sehr prominente NS-Ehefrauen angewandt.[21] Diese Marginalisierung und Entpolitisierung der Mütter setzt sich teilweise auch auf der Rezeptionsebene und in der Populärwissenschaft fort. So werden etwa in den verschiedenen Interviewsammlungen die ‚Kinder der Täter' hauptsächlich über die NS-Väter definiert und befragt, wohingegen die Rolle der Mütter meist nur am Rande behandelt wird.[22]

Für mich sind die Mütter, das heißt: der ihnen von den Söhnen und Töchtern zugeschriebene Stellenwert und deren (nachträgliche) Wahrnehmungen und Deutungen, von ebensolcher Bedeutung wie die Väter. Wenn meine InterviewpartnerInnen nicht selbst auf ihre Mütter zu sprechen kamen (was durchaus manchmal der Fall war), habe ich diese im Laufe des Interviews thematisiert. Dabei hat sich gezeigt, dass auch in einigen meiner Interviews ein auffallendes Desinteresse an den Müttern als politische Akteurinnen und die Tendenz zur ‚privatisierenden' Wahrnehmung existiert. Die meisten der ‚Kinder der Täter' definieren sich in erster Linie über den NS-Vater, wohingegen der Stellenwert der Mutter als gering eingeschätzt und diese kaum mit dem Nationalsozialismus in Zusammenhang gebracht wird. Nicht zuletzt deshalb sind die ‚Mutterbilder' in dieser Hinsicht meist nicht so ausgeprägt wie die meisten Vaterpräsentationen.

In einigen wenigen Fällen sprechen die Nachkommen der Mutter überhaupt keine Bedeutung für ihre eigene persönliche und politische Entwicklung zu, wobei dies allerdings selten so explizit und kategorisch wie im Falle meines Interviewpartners Gerhard Kollmann (Jg. 1944) geschieht, der meint: „Also meine Mutter war für meine Entwicklung also eigentlich, völlig **un**wichtig [...] weil meine Mutter (war) eigentlich eine ziemlich unpolitische Person." (GK 4) Die geringe Bedeutung der Mutter begründet Herr Kollmann mit der spezifischen Familienkonstellation, d.h. mit der Präsenz seiner Großeltern und der ‚unpolitischen' Art der Mutter. Ihr wird keine eigene politische Haltung zugestanden, sondern sie wird als eine Frau beschrieben, die sich politisch den jeweils sie umgebenden Männern (zuerst ihrem Ehemann, einem ehemaligen SS-Mann, dann ihrem Sohn, der heute sozialdemokratisch orientiert ist) angepasst habe. Die Marginalisierung der Mutter spiegelt sich auch im Interview wider, in dem Herr Kollmann nur auf meine mehrmaligen Nachfragen auf sie zu sprechen kommt und diese Gelegenheiten dazu nutzt, die Irrelevanz seiner Mutter für seine Entwicklung zu betonen. (GK 15, 28)

Ein ähnlich apolitisches Bild von seiner Mutter zeichnet mein Interviewpartner Robert Dussek, und das obwohl sie immerhin die Geliebte und kurzzeitig die Ehefrau eines hohen SS- und Gestapoführers war, wegen dem sie ihren ersten Ehemann verlassen hat und der der Vater von Herrn Dussek gewesen ist:

> RD: Meine Mutter war Hausfrau, mh, nix nix Besondres dazu zu sagen sie war auch, meines Wissens relativ unpolitisch, äh also sie hat sich ned sehr viel für Politik interessiert, hat auch, also das ist (sehr) im Gegensatz sagen wir zur Familie meines meines **Vaters** dann, das passt, ah hat sich meine Mutter auch nie darüber wirklich geäußert, also ob sie einverstanden war oder nicht, da- könnt ich ned einmal sagen. (RD 3)

Wie viele andere ‚Kinder der Täter' auch hat Herr Dussek (Jg. 1944) seine Mutter ausschließlich als ‚unpolitische' Nachkriegsfrau erlebt und diese Wahrnehmung prägt auch sein Mutterbild. Da die Mutter nie über ihre Rolle im Nationalsozialismus gesprochen hat, weiß er weder, ob sie die NS-Gesinnung seines SS-Vaters und dessen tief nationalsozialistischer Familie geteilt hat, noch ob sie NSDAP-Parteimitglied gewesen ist, was er eher nicht annimmt. (RD 21) Sein Nichtwissen begründet er mit dem Kommunikationsverhalten in der Familie, wo kaum über persönliche Dinge gesprochen wurde und er aus einer „falschen Rücksichtsnahme" heraus, wie er heute meint, auch nicht nachgefragt hat. (RD 32) Die Charakterisierung der Mutter bleibt vage und ist etwas widersprüchlich. Einerseits bezeichnet er sie als „extrem warme herzliche" Frau, andererseits betont er, dass alle drei Kinder eine sehr distanzierte Beziehung zu ihr gehabt hätten (RD 5), was vermutlich auch daran lag, dass er und sein Bruder bereits sehr früh ins Internat gegeben wurden.

Auch der zweite Ehemann der Mutter, der Stiefvater von Herrn Dussek, war ein überzeugter Nationalsozialist, mit dem die zwei heranwachsenden Söhne ihre späteren politischen Auseinandersetzungen ausgetragen haben. Die Mutter blieb dabei nach Darstellung von Herrn Dussek immer in der passiven Rolle der

Beschwichtigenden: „Ja. Meine Mutter hat sich da nicht beteiligt, das war diese, diese klassische Konstellation „Um Gottes Willen hörts auf zu streiten", also diese **völlig** klassische Konstellation, die Mutter, di- das versöhnende Element, der Vater dieser äh **verbohrte** Typ". (RD 13) Die Mutter habe unter den von ihren Söhnen provozierten Streits „gelitten" und versucht, durch Themenwechsel die familiäre Harmonie wiederherzustellen. (RD 14) Hier kristallisiert sich ein nach Geschlechtern polarisiertes Bild heraus: Auf der einen Seite der deutschnationale Stiefvater sowie die zwei heranwachsenden Söhne, die sich beide links politisierten, auf der anderen Seite (die in diesem Zusammenhang nicht erwähnte Schwester) und die an der Politik vollkommen desinteressierte Mutter, die sich der Sohn aufgrund ihrer Nachkriegsrolle nicht als politisch denkende und handelnde Person vorstellen kann:

> RD: Die Mutter hat dann noch relativ lang gelebt aber die war extrem unpolitisch, also ich mein die hat sich für überhaupt nix interessiert ned also politisch das war für sie, war das so typisch, Politik das ist irgendwie was, was Schmutziges Uninteressantes, Lächerliches, das, damit, beschäftigt man sich ned als Frau. Ned sie war auch so in extrem dieser, Frauenrolle, ned [.........] sie hat nur, den Haushalt und wir haben natürlich auch Mädchen gehabt, zuhaus, ah also da hats auch ned wirklich den Haushalt gemacht und sonst, ... hat sie halt, die Hausfrauenrolle gespielt ned. (RD 36)

Es steht außer Frage, dass sich viele Nachkriegsfrauen tatsächlich aus der Politik ‚herausgehalten', sich nicht politisch betätigt, sondern vielmehr eine traditionelle Mutter- und Hausfrauenrolle gelebt haben. Die Einschätzung, dass die Mutter ‚unpolitisch' gewesen sei, ist somit durchaus Abbild der Lebensrealität dieser Frauengeneration in der Nachkriegszeit. Oftmals aber setzen die Nachkommen die politische Enthaltsamkeit der (Groß-)Mütter nach 1945 nur zu gerne automatisch mit einer passiven Rolle in der NS-Zeit gleich, was nicht zwangsläufig der Fall gewesen sein muss.

Dass das Bild der ‚unpolitischen' Hausfrau und Mutter trügerisch sein konnte, musste beispielsweise mein Interviewpartner Kurt Rosner (Jg. 1940) erfahren. Auch er hat seine katholische Mutter, zu der er eine gute Beziehung hatte, im Gegensatz zu seinem Vater, ein NS-Funktionär auf Regionalebene, niemals mit dem Nationalsozialismus in Verbindung gebracht. Umso entsetzter war er, als er nach ihrem Tod erfahren musste, dass sie ebenfalls NSDAP-Mitglied gewesen ist, worauf er bereits in seiner Eingangspräsentation zu sprechen kommt:

> KR: [...] Ah und das ist ein Punkt der mir eigentlich am nahesten gegangen ist, meine Mutter war, wie ich sie kennen gelernt hab, eine durch und durch katholische Frau. Ich bin auch getauft worden während der Nazizeit das hat sie gegen mein Vater durchgesetzt. Äh **durchaus** katholische Frau und das ist der Punkt wo ich noch immer eigentlich schwer drüber reden kann, äh ... die also dann, erstens mal, wie mein Vater ist 1958 gestorben, äh da war ich achtzehn, vier Kinder, also die anderen noch jünger [als ich], das Geschäft war verschuldet, äh sie hat also wirklich von 6 in der Früh bis

> um 10 am Abend gearbeitet, ist aber glaub ich fast jeden Tag in die Kirche gegangen. Äh **ich bin** nach ihrem Tod und da, da war ich über 50, äh hab also 30 Jahre mich mit dem Nationalsozialismus beschäftigt, äh weil mein Vater nie einen Hehl daraus gemacht hat, dass er Parteigenosse war, hab ich im Nachlass meiner Mutter das Parteibuch gefunden. Für mich war das wirklich ein ganz tiefer Schock, äh wobei jetzt ich bis bis, bis heut [...] net weiß, äh wa- warum sie, nichts davon gesagt hat äh ich bin mir insofern nicht sicher hat sie das wirklich vergessen weil's ihr unwichtig war, war das die eine Hypothese die ich annehmen würde es ist halt der Mann b- bei der Partei sie ist auch zur Partei gegangen. Aber da muss ich dazu sagen, also mit der, äh Eintrittsdatum auch vom **Mai** 38, das heißt klassisch **Illegale** wie mein **Vater**, also klassische illegale Parteibu-, meine Mutter und so weit kann ich glaub ich berechtigt sagen, war mit Sicherheit unpolitisch, aber die **Frage** für mich, warum hat sie mir das **wenn** sie es noch gewusst hat verschwiegen, war das [...] weil sie es vergessen hat oder weil sie eben nicht wollte dass ich ein negatives Bild, von ihr habe dann frag ich mich natürlich warum hat sie das nicht vernichtet? Hat sie es so vergessen dass sie nicht einmal **gewusst** hat, dass das noch **vorhanden** (ist). [...] Aas war in so, Sie wissen ja wie in Familien das ist so einer Kredenz da sind unten halt so Dokumente, **also das ist für** mich wirklich eigentlich der, der emotional am berührendste, der berührendste Punkt äh der ganzen Geschichte [...] (der) noch immer also, ziemlich tief geht. [...] (KR 1)

Diese Interviewpassage zeigt, wie sehr mein Interviewpartner, der sich sonst eher in der Pose des abgeklärten Fachmannes (er ist Historiker) präsentiert, von der späten Entdeckung über seine Mutter berührt ist. Offenbar kann er seine katholische Nachkriegsmutter bzw. das apolitische Bild, das er sich bisher von ihr gemacht hat, nicht mit einer NSDAP-Parteimitgliedschaft in Einklang bringen. Letztendlich scheint Herrn Rosner aber nicht so sehr das Faktum, dass sie NSDAP-Mitglied gewesen war, aus der Fassung zu bringen, sondern vielmehr die Tatsache, dass sie es ihm verschwiegen hatte. Über die Gründe ihres Schweigens kann er nur Vermutungen anstellen, wobei ihn das darin zum Ausdruck kommende „fundamentale Misstrauen" ihm gegenüber am meisten schmerzt. (KR 27)

Auffallend ist, dass Söhne offenbar eher dazu neigen, ihre Mutter als ‚unpolitisch' wahrzunehmen und deren Einfluss auf die eigene Entwicklung abzuschwächen. Dahinter kann, wie im Falle von Herrn Kollmann, ein sehr enger, traditioneller Politikbegriff stehen, der ausschließlich von (partei)politischen Aktivitäten und Funktionen ausgeht und subtilere Formen der Beeinflussung und Tradierung wenig Gewicht beimisst. Darüber hinaus scheint die Reduzierung der Frauen auf den reproduktiven Bereich und die Wahrnehmung und Bewertung der weiblichen Reproduktionsarbeit als ‚unpolitisch' von Männern weniger hinterfragt zu werden als von Frauen. Wie wir noch sehen werden, haben manche Töchter, insbesondere wenn es sich um feministisch orientierte Frauen handelt, offenbar ein breiter gefasstes Politikverständnis und somit einen geschärften Blick für die spezifisch ‚weiblichen' Ausprägungen von politischer Denkweise, Artikulation und transgenerationeller Weitergabe als ihre männlichen Generationsgenossen.

Die Mutter als ‚Trümmerfrau'

Mehr noch als bei den ‚Vaterbildern' ist die vorrangige Wahrnehmungsfolie der meisten Mutterpräsentationen die Nachkriegszeit. Zum einem deshalb, weil die ‚Kinder der Täter' ihre Mutter in dieser Zeit bereits selbst erlebt haben, wohingegen sie an die Mutter in der NS-Zeit altersbedingt kaum eigene Erinnerungen haben. Diese Fokussierung auf die Nachkriegsmütter ist aber auch eine Konsequenz des offiziellen und familiären Vergangenheitsdiskurses, der sich vor allem auf die unbelastete Nachkriegszeit konzentriert und mit der Betonung des Neubeginns und des ‚Wiederaufbaus' einen positiven individuellen und kollektiven Bezugspunkt schuf. Den Frauen wird dabei eine entscheidende Rolle eingeräumt, denn die unmittelbare Nachkriegsgesellschaft war aufgrund der Abwesenheit der Männer (Tod, Gefangenschaft, Untergrund, Haft) schon rein demographisch eine Frauengesellschaft. Pointiert formuliert: Nachkrieg und ‚Wiederaufbau' waren weiblich.[23]

Vor diesem Hintergrund hat sich ein positiver ‚Trümmerfrauen'-Mythos verfestigt, wonach Frauen tatkräftig und scheinbar unbelastet von der Vergangenheit den ‚Wiederaufbau' in Angriff genommen und ‚Überlebensarbeit' geleistet haben.[24] ‚Trümmerfrauen' im engeren Sinne waren jene Frauen, die unmittelbar nach Kriegsende im wahrsten Sinne des Wortes die Schutt- und Trümmerhaufen, die durch die Zerstörungen des Krieges entstanden sind, aufgeräumt haben. In Österreich war der Einsatz von ‚Trümmerfrauen' im Vergleich zu Deutschland allerdings zahlenmäßig gering und zeitlich begrenzt. Auch das oft suggerierte Moment der Freiwilligkeit ist kritisch zu hinterfragen, denn vielfach wurden ehemalige Nationalsozialistinnen strafweise für diese Aufräumarbeiten herangezogen.[25]

Das Bild der ‚Trümmerfrau' hat mittlerweile eine breitere Bedeutung gewonnen und schließt alle Nachkriegsfrauen ein, die dort, wo die Männer fehlten, eigeninitiativ wurden und auf unterschiedliche Weise für sich und ihre Familie gesorgt haben.[26] Zwischen Haushalt und Berufstätigkeit waren Frauen im Schleich- und Tauschhandel, bei Hamsterfahrten und beim Sammeln von lebensnotwendigen Materialien (Brennholz, Baustoffe, Nahrungsmittel) tätig und sie versuchten, durch informelle Arbeitsverhältnisse (Kochen, Putzen, Waschen, Bügeln) ihre Familie zu versorgen. Hier ist einschränkend anzumerken, dass die meist durch die Umstände erzwungene Selbständigkeit der Frauen oft mit der Rückkehr der Männer ein schnelles Ende fand und bald eine umfassende Restauration der traditionellen Familienideologie und der Rückzug der Frauen in ihre traditionelle Hausfrauen- und Mutterrolle eingesetzt hat.

Ungeachtet dessen ist der ‚Trümmerfrauen'-Mythos bis heute wirksam und wird regelmäßig, vor allem anlässlich von ‚Gedenkjahren', revitalisiert. Geradezu idealtypisch dafür liest sich eine Einleitung zum Begleitkatalog zur 1995 gezeigten Ausstellung *Frauenleben 1945*, worin es heißt: „Die Ausstellung [...] würdigt eine bisher wenig beachtete Tatsache: dass es nämlich mehrheitlich Frauen waren, die mitten im Chaos der unmittelbaren Nachkriegszeit den Überlebenskampf gegen Hunger, Krankheit und Kälte führten und damit wesentlich zum Wiederaufbau Wiens beitrugen."[27] War es hier der emanzipatorisch motivierte Versuch, dem männlich dominierten Bild des Wiederaufbaus eine weibliche Version entgegenzusetzen, so wurden die ‚Trümmerfrauen' im Gedenkjahr 2005 für ein gedenkpolitisches Manöver instrumentalisiert. Die österreichische Bundesregierung hat eine einmalige finanzielle „Zuwendung für Frauen als Anerkennung für ihre besonderen Leistungen beim Wiederaufbau der Republik Österreich" beschlossen, die vor allem symbolischen Wert besaß und als politisches ‚Gegengeschäft' für die zeitgleich diskutierte Rehabilitierung der Wehrmachtsdeserteure gedacht war.[28] Abgesehen von vereinzelter berechtigter Kritik[29], war die Akzeptanz für diese ‚Entschädigungs'-Aktion jedoch groß.

Vor diesem Hintergrund kann es nicht verwundern, das das bis heute positiv besetzte Bild der ‚Trümmerfrauen' in der deutschen und österreichischen Gesellschaft tief verankert ist und – wie meine Interviews bestätigen – offenbar auch in den nachfolgenden Generationen stark weiterwirkt.

Mutterbild KB

Eine geradezu idealtypische Präsentation der Mutter als ‚Trümmerfrau' (ohne sie als solche zu benennen) findet sich bei meinem Interviewpartner Karl Brunngraber, dessen familiärer und politischer Hintergrund sich folgendermaßen darstellt: Sein Vater war ein illegaler Nationalsozialist, Ortsgruppenleiter und hatte eine Führungsfunktion im NS-Reichsnährstand in der Steiermark inne. Die Mutter (Jg. 1910) war im Gegensatz zu ihrem Ehemann laut Herrn Brunngraber niemals politisch aktiv und seines Wissens auch kein NSDAP-Mitglied. Sie brachte im Zeitraum zwischen 1931 und 1945 insgesamt neun Kinder zur Welt und wurde dafür von der NSDAP-Parteileitung mit dem Silbernen Mutterkreuz ausgezeichnet.[30] Der Vater war nach Darstellung des Sohnes in der NS-Zeit beruflich viel unterwegs und die Eltern führten – aufgrund seiner Alkoholexzesse und Untreue – keine gute Ehe. Da es nach Kriegsende bald zur Scheidung der Eltern kam, ist Karl Brunngraber somit weitgehend ohne Vater aufgewachsen. Der NS-Vater spielt bei ihm keine große Rolle, vielmehr konzentriert er sich auf die Nachkriegsmutter, der er bereits in seiner Eingangspräsentation breiten Raum einräumt:

> KB: Also ich bin geboren (im) September 1945, in G. [...] ... ich hab äl-, ah acht ältere Schwestern, bin das jüngste Kind, also, der ersehnte Sohn, aber leider in eine Zeit hineingeboren die halt sehr ungünstig war, für meine Eltern und, auch für mich, unmittelbare Nachkriegszeit, mein Vater war zu der Zeit äh nicht zu Hause sondern er war, in amerikanischer Gefangenschaft beziehungsweise interniert in Glasenbach, werden Sie wahrscheinlich kennen, das Lager, bei Salzburg, meine Mutter war also, ganz allein, mit den neun Kindern, und außerdem als als Frau eines ehemaligen Nazi war sie so quasi geächtet ned. Äh zu der Zeit war in G. ein, Kommunist Bürgermeister, und äh der hat ihr jegliche Unterstützung verweigert also sie hat keine, sie hat keine Kinderbeihilfe oder sonst irgendwas gekriegt, musste also diese neun Kinder, quasi ganz allein, ohne irgendwelche Hilfe oder Unterstützung aufziehen .. sie war immer eine, **kräftige** Frau so körperlich äh, und sie hat meistens so um die 75 Kilo gehabt, ist dann in dieser Zeit, also, unmittelbar nach Kriegsende, und nach meiner Geburt auf 47 Kilo abgemagert. Es gibt noch Fotos, wo sie also wirklich fast wie ein Gespenst

ausgeschaut, und sie hat mir auch immer wieder von der Zeit erzählt, äh, sie hat, also die Kinder über über Wasser gehalten durch arbeiten sie war gelernte Schneiderin, und hat dann, durch ihre Schneidertätigkeit halt äh versucht da irgendwo, Geld herzukriegen, und sie war, wirklich eine **starke tüchtige** Frau und äh wenn ich jetzt zurückdenke, **damals** schon äh ist mir immer mehr aufgegangen, wa- welche **Kraft** diese Frau eigentlich hat also, rein körperlich äh sie hat, damals als ich, als ich schon, mh, jugendlich war also (im) Gymnasium und dann auch später als Student, hat sie immer noch äh gearbeitet praktisch von sieben Uhr früh bis bis Mitternacht. Mit einer vielleicht einstündigen Mittagspause wo sie sich kurz hingelegt hat, das war dann zu der Zeit eigentlich gar ned mehr **nötig** dass sie so viel gearbeitet hätte aber aber, das war irgendwie so in ihr drin sie, konnte gar ned anders ned .... [...] (KB 1)

Da Herr Brunngraber unmittelbar nach dem Kriegsende (im September 1945) geboren ist, hat er seine Mutter ausschließlich als Nachkriegsfrau erlebt, für deren Leistungen er offene Bewunderung aufbringt. Zweifellos war die Mutter in der Nachkriegszeit in einer überaus schwierigen Situation: Da der Vater nach seiner Internierung in Glasenbach und einem anschließenden Volkgerichtsprozess privat und beruflich nicht mehr Fuß fassen konnte und seine große Familie verlassen hat, musste die Mutter für ihre neun Kinder alleine sorgen. Die Kindheit von Herrn Brunngraber war insofern eine besondere, als er als jüngster und einziger Sohn gemeinsam mit acht älteren Schwestern in einem reinen Frauenhaushalt, oder wie er es ironisch ausdrückt, als „einzige(r) Bub in dieser Weibergesellschaft" (KB 14) aufgewachsen ist. Schon allein aufgrund dieser spezifischen Familienkonstellation bestand ein sehr enges Verhältnis zwischen ihm und seiner Mutter, das sich auch in seiner durchgehend positiven Mutterpräsentation widerspiegelt.

Selbst jene Zeitphasen, an die er sich altersbedingt noch nicht erinnern kann, sind in seiner Darstellung sehr präsent. So beschreibt er mehrmals anschaulich, wie die auf sich allein gestellte Mutter in der unmittelbaren Nachkriegszeit aktiv geworden ist und die materielle Existenz ihrer Familie gesichert hat. Eine besondere Begebenheit stellte offenbar eine kurz nach dem Kriegsende unternommene „Inspektionsreise" der Mutter in ihren ehemaligen Wohnort (aus dem der Vater als hoher NS-Funktionär die gesamte Familie evakuiert hatte) dar, die durch die Tatsache, dass die Mutter zu diesem Zeitpunkt schwanger war, noch eine zusätzliche Dramatik gewinnt:

KB: [...] Und, meine Mutter **wollte** dann natürlich nachdem der Krieg aus war und nachdem auch, klar war die Russen sind jetzt also da Besatzungsmacht und es ist, ist alles sozusagen wieder, ist einigermaßen Ruhe eingekehrt **wollte** natürlich unbedingt wieder zurück, nach G. einmal im, Juli als Hochschwangere genau ist sie sogar, **allein** hat also die Familie da oben irgendwie gelassen [...] also (hat) einmal so dann eine Inspektionsreise nach G. gemacht wie es da jetzt ausschaut und ob sie wieder mit der ganzen Familie zurück kann, und äh da hat sich dann ergeben ja dieses, Haus steht noch aber, alles ist ausgeplündert. Und zwar nicht von den Russen, sondern von den Einheimischen, ned die haben alles, alles was da noch vorhanden war an, Möbeln, Kleidung-

I: Und das, ja das Haus war wahrscheinlich auch bekannt, als Nazi- Haus-
KB: War- richtig richtig, genau da war hat sich [räuspert sich] hatte sich sofort, nach äh, nachdem meine Mutter ausgezogen war und, mein Vater, weg war, hat sich ein, Kommunist dort einquartiert. Und der, ist dann auch nie mehr ausgezogen nen. ... Also, ja gut meine Mutter hat das inspiziert, hat aber, dann gesehen gut, also das **Haus** ist noch **da** ist zwar sonst nix mehr da, [...] und ist dann, Ende August Anfang September, wieder zurück nach G., was aber-
I: also hochschwanger?
KB: noch schwanger ja ich bin, dann in G. geboren. War aber halt natürlich eine fürchterliche Zeit, war **nix** da [...] außer das leere Haus nen. Und und äh, glaub im, obersten, Geschoss eben, dieser, Kommunist mit seiner Familie nen.
I: [...] und wie war die materielle Situation Ihrer Mutter, wovon hat sie gelebt in der unmittelbaren Nachkriegszeit?
KB: Das ist, die große Frage also, [atmet tief aus] aus ihren Erzählungen, ging hervor dass sie sich halt mit ihren Näharbeiten nen, sie hat da [...] eine Menge, so **Wehrmachts**stoffe und und Wehrmachts**mäntel** mitgenommen, die da in dem in dieser Baracke oder vielleicht am Flugplatz oder einer Baracke, äh, noch vorhanden waren, und äh aus diesen Mänteln hat sie dann, für, die Leute halt äh-
I: Irgendwas genäht ja
KB: Genäht nen. Kleidungstücke eben hauptsächlich auch Mäntel ... und, **Holz** hat sie sich, davon hat sie mir mal erzählt, zum Holz zum Heizen hat sie sich da in, in den **Stiftswäldern** da in der Nähe von G. da ist ein Stift und und die haben, große, Waldbesitzungen, und da nach dem Krieg äh offensichtlich sehr viel, Holz geschlägert (wurde) da gabs auch glaub ich Borkenkäfer, Zeit, große Kahlschläge und da durfte sie dann, also so, Äste und so weiter aufarbeiten. **Davon** hat sie mir erzählt, und ... naja, bissel hat sie mir auch erzählt von, **zunächst** einmal bei ihrer ersten Rückkehr nach G. da waren ja noch die Russen dort, dass sie mit einem, mit einem [räuspert sich], **befreundeten**, **Mann** äh dem Kinobesitzer von G. der [...] nach dem Ersten Weltkrieg in russischer Gefangenschaft war und dadurch Russisch konnte, dass sie mit dem, zu den Russen gegangen ist, zur russischen Besatzungsmacht, und äh, durch ihn bewirkt hat, dass dass ein Teil der Leute von von denen, also dieser Bekannte der Kinobesitzer wusste dass sie, Möbel und so weiter, gegrabscht haben, äh dass die das wieder herausgegeben haben. Das war also bei ihrem ersten Besuch und vielleicht **ja** das muss bei ihrem **ersten** Besuch gewesen sein also sie hat auch immer nur von von dem, Kinobesitzer der russisch konnte und und, und wie er zu den Russen gegangen ist und [...] durch die Autorität des russischen Besatzungsoffiziers, die eingeschüchtert hat und die haben dann da gewisse, äh gestohlene Sachen wieder zurückgegeben. Das, davon hat sie erzählt ... [atmet tief aus] und sonst eigentlich nix, nen, [...] (KB 19-20)

In dieser ausführlichen Nach-Erzählung mit ihren vielen lebendigen und konkreten Details spiegeln sich die mütterlichen Erzählungen der Mutter wider, auf die Karl Brunngraber selbst öfters verweist. Sie stehen im Einklang mit den weit verbreiteten und mittlerweile erforschten weiblichen Narrativen von den ‚starken Frauen, die ihre Familien durch die schlimme Zeit brachten' und viel zur Mythenproduktion beigetragen haben.[31] Im Falle von Herrn Brunngraber wird auch die transgenerationelle Wirksamkeit dieser mütterlichen ‚Überlebensgeschichten', die zwischen Viktimisierung und Heroisierung angelegt sind, deutlich. Seine Erzählhaltung ist affirmativ und weitgehend unpolitisch, denn er hinterfragt weder die Rechtmäßigkeit des Tuns der Mutter (woher hatte die Familie im Nationalsozialismus das Eigentum?), noch die mittransportierte und in vielen NS-Familien wirksame Legende des ‚Kommunisten', der von der Befreiung profitierte und sich in ihr Haus einquartiert hatte.[32]

Die politische Dimension wird eher nebensächlich angesprochen, etwa wenn Herr Brunngraber zweimal erwähnt, dass seine Mutter als „Frau eines Nazi" angefeindet und „auf der Straße angespuckt" und auch öfters beschimpft worden sei. (KB 1, 21) Während die mangelnde Unterstützung durch den (angeblich kommunistischen) Bürgermeister politisch gedeutet wird, bleibt die Hilfe von einigen Bekannten für die Mutter hingegen politisch unbestimmt, d.h. es wird nicht thematisiert, ob es sich dabei um ehemalige Nationalsozialisten gehandelt haben könnte, was nicht ganz auszuschließen wäre.[33] In diesem Zusammenhang kommt Herr Brunngraber auch auf ein (angebliches) Verhältnis der Mutter mit einem „Besatzungsoffizier" zu sprechen, das er zwar nicht aus eigener Erfahrung miterlebt hat, aber aus den Erzählungen einer seiner älteren Schwestern ableiten zu können glaubt:

> KB: [...] im **Nachhinein** jetzt hab ich **rekonstruiert** in Gesprächen mit meinen, Geschwistern, dass .... dann also nach der Rückkehr, der Familie, nach G. ... **Offiziere** bei uns aus und ein gegangen sind, und dass äh, meine Mutter für die, gewaschen und genäht und gebügelt hat und so weiter nen, und, eine meiner Schwestern [...] hat mir erzählt also die, sie kann sich noch erinnern an, besonders an **einen** dieser Offizier der sehr oft gekommen ist, und sie hat den aber **auch** als **Russen** in V-, in Erinnerung das kann aber kein Russe mehr gewesen sein nen sondern, ab Juli 45 waren ja schon die Engländer da, muss also ein englischer Offizier gewesen sein, äh also, die [Schwester] hat mir erzählt, ja also sie ha- kann sich erinnern **einer** besonders der war immer sehr freundlich hat Schoko und so weiter mitgebracht und viele, Sachen zum **Essen** und so nen, und jetzt ist mir klar das sie, da offensichtlich auch mit dem, ein **Verhältnis** hatte, anders ist das, nicht, irgendwie, **erklärlich** nen. (KB 20)

Die nachträgliche Rekonstruktion von Herrn Brunngraber, die vermutlich auf seinem heutigen Wissen um Liebesverhältnisse von österreichischen Nachkriegsfrauen mit Besatzungssoldaten basiert, ist einigermaßen spekulativ. Es gibt keine direkten Hinweise auf eine Liebesbeziehung der Mutter und dem Besatzungsoffizier, selbst seine nationale Herkunft bleibt unklar[34] und auch eine von ihm mitgelieferte ‚Beleggeschichte' (KB 22) basiert eher auf Vermutungen als auf abgesicherten Fakten. Das von ihm imaginierte Verhältnis seiner Mutter wird in der Forschung mit dem Begriff der ‚Überlebensprostitution' bezeichnet, wobei es sich um eine nicht immer klar abgrenzbare Gratwanderung zwischen einer teils aus Liebe und/oder aus Versorgungsgründen eingegangene Beziehung von österreichischen Nachkriegsfrauen mit alliierten Besatzungssoldaten handelt.[35] Trotz fehlender ‚Beweise' und obwohl es die Mutter nie bestätigt hatte, werden seine Vermutungen und Interpretationen für Karl Brunngraber schließlich zur Gewissheit:

> KB: Sie hat sie hat das nie erzählt, nen. Aus verständlichen Gründen, das, war ihr halt nicht angenehm dass, dass sie, äh, **gezwungen** war, mehr oder weniger sie hat das sicher auch ned aus /Liebe oder sonst was/ [lachend] gemacht sondern einfach, aus Überlebensnotwendigkeit nen. Das wollte sie nicht, **sagen**, aber, ich muss [...] eher sagen ich schätz das heute ein als als eine heroische Tat von ihr nen, es war offensichtlich die einzige Möglichkeit auf, auf welche sie, die Familie und mich, durchbringen konnte. /Sonst sonst wär also, wär sie samt den Kindern untergegangen wahrscheinlich nen./ [leiser] (KB 22)

Bemerkenswert ist, dass der Sohn das seiner Mutter unterstellte Zweck-Liebesverhältnis keineswegs moralisch verurteilt, sondern als „heroische Tat" einer bis an ihre Grenzen gehenden Mutter und ‚Trümmerfrau' bewertet, die dadurch ihr eigenes Überleben und auch das ihrer Kinder gesichert hätte. Ob mit oder ohne Hilfe von außen, jedenfalls hat es die Mutter geschafft, ihre Kinder ohne Mann aufzuziehen und ihre große Familie mit Schneiderarbeiten finanziell über Wasser zu halten. Sie hat später sogar die Meisterprüfung nachgeholt und ein eigenes Kleingewerbe betrieben und erscheint somit als eine typische Vertreterin der ‚Aufbaugeneration'.

Während man über die Nachkriegsaktivitäten der Mutter aus der Erzählung von Herrn Brunngraber relativ viel erfährt, bleiben die Rolle der Mutter in der NS-Zeit und ihre politische Haltung nach 1945 vollkommen ausgeklammert. Das liegt vermutlich auch daran, dass mein Interviewpartner alles, was er über die familiäre Situation im Nationalsozialismus weiß, aus den Erzählungen der Mutter (und fallweise auch der älteren Schwester) weiß und deren Erzählungen vollkommen „unpolitischer" Natur gewesen seien:

> KB: [...] meine Mutter, war, im Prinzip ein total unpolitischer Mensch nen, sie war auch tota- vollkommen beschäftigt mit ihren Kindern und, dann nach dem Krieg sowieso, äh voll ausgelastet, äh, einfach die Existenz zu sichern ned. Aber, grundsätzlich hatte sie mit Politik, vorher, nix zutun und nachher auch ned, nen, aber sie hat mir schon, immer erzählt eben äh, allerdings waren ihre Erzählungen immer so, eben persönliche Erlebnisse, mit meinem Vater. In ihren Erzählungen kam eigentlich, Hitler und und, sozusagen das System und das Verbrecherische dieses Systems auch nie vor. (KB 4)

Die Mutter fungierte zwar als wichtige Informationsquelle über den Vater und seine NS-Aktivitäten, hauptsächlich kreisten ihre Erzählungen aber um den ‚privaten' Vater und seine Rolle innerhalb der Familie. (KB 5, 7) Trotz ihrer negativen Erfahrungen habe die Mutter auch nach der Scheidung nicht negativ über ihn gesprochen, was aber nichts daran änderte, dass der mit der verlassenen Mutter solidarische Sohn ein eher distanziertes Verhältnis zum Vater entwickelte. Diese spezifische familiäre Konstellation prägte offenbar auch sein Vater- und Mutterbild: Während er sich den Vater durchaus als überzeugten Nationalsozialisten und sogar als konkreten ‚Täter' vorstellen kann (vgl. Kapitel ‚Vaterbilder'), erscheint die Mutter sowohl in der NS-Zeit als auch in der Nachkriegszeit als vollkommen ideologiefreie Person. Herr Brunngraber bringt sie in keiner Weise mit dem Nationalsozialismus in Verbindung, außer dass er erwähnt, dass sie – von der Nachkriegsaußenwelt – als „Frau eines Nazi" definiert worden sei. Auch die Tatsache, dass sie Mutterkreuzträgerin war, spielt für ihn offenbar keine Rolle. Diese Sichtweise wird zweifellos durch die Selbstpräsentation der Mutter und deren politische Unauffälligkeit nach 1945 – sie war ÖVP-Wählerin – erleichtert.

Karl Brunngraber reproduziert im Interview die unpolitische Erzählweise seiner Mutter, zu der er aufgrund der bereits geschilderten spezifischen Familienkonstellation eine überaus enge Beziehung – er selbst spricht in diesem Zusammenhang von einer „inzestiösen Beziehung" – hatte. Obwohl sich der Sohn später kritisch mit dem Nationalsozialismus auseinander gesetzt hat, kommt es bei ihm, anders als bei vielen meiner InterviewpartnerInnen, kaum zu Konflikten mit der Mutter (zumindest erwähnt er keine), schon gar nicht zu etwaigen politischen Auseinandersetzungen über den Nationalsozialismus. Aufgrund dieser engen emotionalen Bindung hat Herrn Brunngraber der Tod der Mutter 1989 „sehr mitgenommen", er war seiner Darstellung nach der „erste Knacks in (s)einem Leben", der bei ihm später eine schwere psychische Krise und einen „Nachdenkprozess über die Vergangenheit" ausgelöst hat. (KB 41-42)

Der ‚Trümmerfrauen'-Mythos und seine Tücken

Die weit verbreiteten und verfestigten Bilder und Narrative über die Rolle der Nachkriegsfrauen verdichteten sich zum nachhaltigen ‚Trümmerfrauen'-Mythos. Jene Nachgeborenen, die ihre Mutter nicht selbst unmittelbar in der Nachkriegszeit erlebt haben, wie beispielsweise Herr Brunngraber, können auf entsprechende familiäre Narrative zurückgreifen, die sich wiederum mit den gesellschaftlichen Narrativen decken und die eigenen Erinnerungsdefizite auffüllen helfen. Die Anerkennung für die ‚Aufbaugeneration' und insbesondere für die Frauen/Mütter/Großmütter gehört somit zum allgemein akzeptierten und kaum hinterfragten gesellschaftlichen Konsens in Österreich.

Selbst jene Töchter und Söhne, die ihrer Mutter sonst sehr kritisch gegenüberstehen, bringen eine gewisse Bewunderung für deren Leistungen in der Nachkriegszeit auf. So etwa meine Interviewpartnerin Ingrid Wonisch (Jg. 1946), die ihre Mutter als eine sehr strenge und harte Frau präsentiert, zu der sie nie eine gute Beziehung aufbauen konnte. Für ihre Mutter bedeutete das Kriegsende der Tochter zufolge den „Zusammenbruch ihrer hohen Ideale" (IW 18), die sie nach 1945 zumindest in der Familie (und in ihrem Beruf als Lehrerin) aufrechterhalten wollte. Trotz ihrer insgesamt sehr negativen Charakterisierung der Mutter kann die sonst sehr kritische Tochter ihrer Mutter die Anerkennung nicht gänzlich versagen: „[...] sie war aber wahnsinnig tüchtig so eine typische, Auf- Aufbaugeneration also Trümmerfrau unglaubliche Energie, mit unglaublicher Energie." (IW 2) So habe die Mutter im Alter von über 40 Jahren die Lehrbefähigungsmatura nachgeholt, sodass sie als Lehrerin arbeiten konnte, was Ingrid Wonisch noch heute bewundernd hervorhebt.

Das Bild der ,Trümmerfrauen' ist auch deshalb fragwürdig, weil keineswegs alle Mütter in ein pauschales Opfernarrativ eingereiht werden können. Es gab durchaus auch Frauen, die nach Kriegsende kaum Not gelitten haben, sondern sich gut und schnell mit den neuen Verhältnissen arrangieren konnten, sowohl in persönlicher, als auch in politischer und ökonomischer Hinsicht. Diese im öffentlichen Bewusstsein nicht vorhandenen Gegenbilder zu den allgegenwärtigen ,Trümmerfrauen' werden teilweise durch die Erfahrungen und Wahrnehmungen meiner InterviewpartnerInnen bestätigt. So konnte beispielsweise die Mutter von Robert Dussek, der aus einer wohlhabenden gutbürgerlichen Familie stammte, auch nach Kriegsende ihr unpolitisches, komfortables und von materiellen Sorgen freies Leben nahezu bruchlos fortsetzen. (RD 22-23) Und auch die Mutter von Hilde Schubert, Ehefrau eines hochrangigen SS-Führers, schien nach der Erzählung der Tochter nicht allzu lange unter dem ,Zusammenbruch', der in ihrem Fall auch den Tod ihres Ehemannes bedeutete, zu leiden. Obwohl das Kriegsende für sie und ihre Familie zweifellos eine soziale Deklassierung darstellte, habe die Mutter das „Talent" besessen, es „sich überall zu richten", wie Frau Schubert sich ausdrückt. Selbst in Glasenbach, wo sie für einige Monate interniert war, habe sie es verstanden, unter Einsatz ihrer ,weiblichen Vorzüge', gute Beziehungen mit den amerikanischen Besatzungssoldaten zu knüpfen und ihr Leben zu genießen. (HS 11) Auch wenn aus der Erzählung von Frau Schubert noch heute das Missfallen und die Kränkung der Tochter über die Vernachlässigung der mütterlichen Pflichten spricht, so stellt ihre Schilderung das pauschale Bild der sich aufopfernden und Not leidenden Nachkriegsmütter zu Recht etwas in Frage:

> HS: Die [Mutter] war ziemlich viel unterwegs ja, und auch eben [...] **nach** dem, **nach** dem Umbruch[36] also nach 45, hat sie sich um uns, **nicht** viel gekümmert, war **immer** die Oma da, also das ist, die Oma war eigentlich, der der der Zentralpunkt, der weil die Mutter hat, sie wollt eigentlich glaub ich keine Kinder, sie war ja ganz unglücklich wie ich, ich bin [19]39 /im April geboren/ [leicht lachend] und dann wars schon wieder schwanger, sie wa- **wollt** ja, das Kind gar ned sie wollte ja **leben**, sie wollte ja was sie wollte tanzen und und weiß Gott was machen ned. (HS 10)

Der pauschale ,Trümmerfrauen'-Mythos ist aber vor allem deswegen problematisch, weil dabei oft die Vorgeschichte, d.h. die Rolle der Frauen im Nationalsozialismus ausgeblendet wird. Letztendlich können dadurch auch überzeugte Nationalsozialistinnen problemlos in dieses positiv besetzte Unschuldkollektiv mit eingeschlossen werden, unabhängig davon, was sie vorher getan/gedacht hatten und ob sie sich von ihren ehemaligen NS-Überzeugungen gelöst haben oder nicht. In der Nachkriegszeit, so wird suggeriert, ebneten sich die politischen Differenzen wieder ein und alle Frauen mussten dieselben Probleme meistern.

Natürlich war die unmittelbare Nachkriegszeit auch für viele ehemalige Nationalsozialistinnen nicht leicht. Sie waren von Maßnahmen betroffen, die mit ihrem Status als ,Nazifrauen' zu tun hatten, wie etwa die Entnazifizierung oder ein angedrohter Wohnungsentzug. In den meisten Fällen waren derartige Maßnahmen aber durchaus gerechtfertigt, denn NS-Familien hatten oftmals von unrechtmäßig erworbenem Eigentum (z.B. ‚arisierten' Wohnungen) profitiert, das ihnen nach 1945 zu Recht wieder entzogen werden sollte, oder sie mussten einen Teil ihrer Häuser für die Besatzungsmächte, ausgebombte Österreicher oder wohnungslose NS-Opfer zur Verfügung stellen. Die betroffenen Mütter haben diese Maßnahmen in der Regel als Ungerechtigkeit empfunden, aktiv gegen sie angekämpft und ihre Version in der Familie meist erfolgreich an ihre Kinder weitertradiert.

Tatsächlich geraten die Erzählungen vieler NS-Nachkommen über ihre Mütter zu Opfernarrativen, in denen das ‚eigene Leid' überbetont, ja oft übertrieben und als ungerechte ‚Benachteiligung' interpretiert wird. Die Vorgeschichte, d.h. das Profitieren der Mütter vom NS-System und die Tatsache, dass diese Frauen/Witwen vom österreichischen Staat sehr wohl durch Rentenzahlungen finanziell unterstützt wurden, bleibt hingegen ausgeklammert. Eine derartige lückenlose Opferpräsentation findet sich etwa bei meiner Interviewpartnerin Gertrude Lugger, deren Mutter die Ehefrau eines NS-Kreisleiters war und nach dessen ‚Heldentod' Anfang 1945 mit fünf Kindern allein zurückgeblieben ist. (vgl. auch ‚Vaterbild' GL) Die familiäre Nachkriegssituation, als deren Zentrum die als ‚Nazifrau' benachteiligte und sich für ihre Kinder aufopfernde Mutter steht, nimmt in der Erzählung von Frau Lugger breiten Raum ein, wie ein Auszug aus ihrer rund zwanzigminütigen monologisch vorgetragenen Eingangspräsentation veranschaulichen soll:

> GL: [...] und, **dann,** waren, haben wir praktisch, **nichts** mehr zu Essen gehabt, meine meine Mutter wurde aus der Wohnung geworfen, im Jahre 46, hat man sie hat man, ist eine Fr- ah sind, hat man Leute geschickt vom Wohnungsamt, und, da hat, sind Leute gekommen und da ein- einer hat gesagt [...] äh „diese Wohnung, in dieser Wohnung ist kein Zimmer so groß dass ich meine Bauernstube stellen kann". Und da weiß ich noch dass meine Mutter gesagt hat, „und **die** Wohnung in die sie **mich** stecken wollen die ist nicht einmal so groß dass ich für **alle** meine Kinder ein **Bett**, aufstellen kann". Der hat den Kopf eingezogen und ist bei der Tür hinausgegangen. Andere Menschen sind gekommen, und haben gesagt, ja sie werden vom Wohnungsamt geschickt sie schauen sich das einmal an, aber sie bringen es nicht zustande eine Witwe mit 5 Kindern, aus der Wohnung zu werfen. **Dann**, ist eine **Frau** gekommen, und meine Mutter hat sich auch beim Rechtsanwalt erkundigt und der hat gesagt, sie haben kein Recht meine Mutter aus der Wohnung zu schmeißen, meine Mutter war kein Parteimitglied, und wir Kinder sowieso nicht [...]
> [..........]
> GL: [...] **Dann**, hat man meiner Mutter noch die Rente weggenommen[37], die Pension praktisch die sie gehabt hat von meinem Mann vo-, von meinem Vater, und, s-, wir haben dann nur mehr eine Waisenrente eine Kriegswaisenrente bekommen, [...] und es hat keine **Milch** gegeben wir haben nichts zum Essen gehabt [...] Ich weiß noch einmal da sind wir Schwarzbeerklauben gegangen im Wald hinauf, da haben wir **nix** mehr zum Essen gehabt, da hat meine Mutter, meine Großmutter die hat uns einen Esslöffel voll Mehl gebracht, im Garten haben wir einen, einen Kohlrabi gehabt meine Mutter hat eine Kohlrabisuppe gemacht, und mit der sind wir in den Wald gegangen**, wir Kinder** haben

die Kohlrabisuppe gegessen die Mutter hat den ganzen Tag nicht gegessen die hat, äh, Schwarzbeeren [= Heidelbeeren] gegessen und ist am Abend zusammengebrochen, weils weil sie einfach nimmer können hat weil sie wie-, weil sie, fast nix mehr zum Essen gehabt hat und [...] dann haben sich noch welche zusammengetan die waren von der Land-, äh Landwirtschaftskammer da, da war ein gewisser Herr B. [...], und ich weiß ned wer noch und die haben gesagt „also wir müssen der Frau helfen" [...] (GL 6)

Soweit es sich aus den Erzählungen von Frau Lugger eruieren lässt, ist es zwar nie zu dem angedrohten Wohnungsrauswurf gekommen, die Familie mit den fünf Kindern lebte aber zweifellos sehr beengt und war in ökonomischen Schwierigkeiten. Die Kinder wurden teilweise von der Großmutter versorgt bzw. einige von ihnen (unter anderem auch meine Interviewpartnerin) wurden zur Entlastung der (berufstätigen) Mutter entweder ganzjährig oder zumindest in den Schulferien zu Verwandten oder bekannten Bauern gegeben.

Die Mutter wird viktimisiert und heroisiert gleichermaßen. Sie erscheint als Opfer der Benachteiligungen als ‚Nazifrau' und als eine sich bis zum physischen Zusammenbruch für ihre Kinder heldenhaft aufopfernde Mutter. Aus den von der Tochter geschilderten Reaktionen auf den angedrohten Wohnungsrauswurf spricht aber auch eine selbstbewusste Frau, die sich zu wehren wusste. Vermutlich war sie als Witwe des vormaligen Kreisleiters in der katholisch dominierten Tiroler Kleinstadt tatsächlich manchmal Anfeindungen ausgesetzt, gleichzeitig geht aus den Erzählungen von Frau Lugger hervor, dass sie von unterschiedlichen Seiten Unterstützung bekommen hat. Dieser Topos von Benachteiligung und ‚Außenseitertum' auf der einen Seite und trotziges Selbstbewusstsein und gegenseitige Hilfestellungen im ‚Ehemaligen'-Milieu auf der anderen Seite findet sich in vielen Erzählungen von Kindern aus NS-Familien.

Der Umfang und die Emotionalität der Erzählung von Frau Lugger verdeutlichen ihre tiefe persönliche Betroffenheit. Sie ist Ende 1936 geboren und hat somit – anders als viele meiner jüngeren InterviewpartnerInnen – die unmittelbare Nachkriegszeit als etwa Achtjährige bereits miterlebt. Als Älteste der fünf Geschwister war sie von der schwierigen Familiensituation besonders betroffen, da sie bereits Verantwortung für ihre jüngeren Geschwister tragen und auf vieles verzichten musste. Sie steht stellvertretend für die Altersgruppe der bereits etwas älteren ‚Kriegskinder', die das Kriegsende und die Nachkriegszeit als Kinder bewusst erlebt haben und die entscheidend von diesen Erfahrungen geprägt sind.[38] Die subjektiv als überaus schwierig erlebte Nachkriegszeit bestimmt nicht nur ihr Mutterbild, sondern auch ihr Weltbild, indem sie die Nachkriegsnot als Aufrechnung gegenüber dem Nationalsozialismus benutzt.

Ein ähnliches Deutungsmuster findet sich auch bei Hans Cerny. Dieser hat allerdings die angebliche ‚Verfemung' seiner Mutter nach Kriegsende altersbedingt (er ist 1942 geboren) zwar nicht selbst bewusst miterlebt, sie nimmt in seiner Argumentation aber breiten Raum ein. Wortreich empört er sich darüber, dass seine Mutter, die Witwe eines illegalen SS-Mannes und NS-Funktionärs, nach 1945 „in unangenehmster Art und Weise" belangt worden sei. (HC 20-21) Abgesehen davon, dass es mit ihren Mitbewohnern, einem ehemaligen NS-Ehepaar, das sich dem neuen politischen System „opportunistisch" angepasst habe, zu einem Wohnungsstreit kam, hatte die Mutter nach Darstellung des Sohnes auch Probleme mit den Behörden:

> HC: [...] Ja, also x **Vorführungen** (danach) Vorladungen zur Polizei aller möglichen Arten, stundenlange Verhöre mit äh anschreien, äh allen möglichen Drohungen, wenn sie jetzt net das und jenes zugibt, wird sie gleich eingesperrt und dann kommt sie nie mehr raus und die Kinder sieht sie nimmer- [Kassettenwechsel]
> HC: [...] äh sicher das Bitterste, **na** das Bitterste war immer die Drohung, die **Kinder** weg zu nehmen net. Das war äh meine Mutter war nicht rechtskundig, und hat natürlich nicht, keine Ahnung gehabt, und das war ja durchaus so dass die Gesetzgebung, war damals d-hat man alles zugetraut, so wie es heute ja noch der Fall ist, net. Die Abgeordneten, erstens damals äh ob begreiflich oder nicht, ob Wichtigtuerei oder nicht, äh man hats ihnen mit Recht zugetraut, net.
> I: Also da wollten, warum die Kinder wegnehmen, mit welcher Begründung?
> HC: Na ja die **Begründung war** dass der Vater eben ein Nazi war. Net und äh das geht nicht, dass man einer solchen Person die Erziehung von Kindern überlässt, net. (HC 21)

Diese von Herrn Cerny wiedergegebene Version, wonach die Behörden der Mutter in einer Art ‚Sippenhaft' das Sorgerecht für ihre Kinder entziehen wollten, ist eher unwahrscheinlich, denn das Faktum, die Frau eines (gefallenen) stadtbekannten Nationalsozialisten gewesen zu sein, war allgemein kein ausreichender Grund für eine derartige Maßnahme. Dies gilt vor allem dann, wenn die Mutter tatsächlich so ‚unpolitisch' war, wie es der Sohn darstellt. Seinen Angaben nach war die Mutter nie NSDAP-Parteimitglied und auch sonst in keiner Weise politisch tätig gewesen und dürfte somit nicht als ‚belastet' eingestuft worden sein: „Meine Mutter war überhaupt nirgends. Sie war außer bei der katholischen Kirche **war sie nirgends** Mitglied und das hat man ihr nicht glauben wollen." (HC 21) Gleichzeitig zeichnet er das Bild einer politisch unangepassten, seinen Worten nach „sturen" Mutter, die immer gegen den jeweiligen politischen Trend agiert hätte: So wenig wie sie sich 1938 angepasst hätte, hätte sie dies auch nach 1945 getan. (HC 14-15) Die vermeintlichen Ungerechtigkeiten gegenüber seiner Mutter dienen ihm als Beleg für den politischen Druck auf ehemalige NS-Familien und für die Unrechtmäßigkeit der österreichischen Nachkriegsjustiz und der Besatzungsmächte, die sich seiner Ansicht nach „mies aufgeführt" hätten. (HC 25) Somit geht es Herrn Cerny nicht nur um die politische Entlastung der Mutter, sondern immer auch um eine Abrechnung mit dem Nachkriegssystem und der Entnazifizierung, wie auch im ‚Vaterbild' HC sichtbar geworden ist.

Die Mutter als ‚Nazifrau'

Nur wenige der ‚Kinder der Täter' definieren sich über die Mutter und beschäftigen sich näher mit deren Rolle im Nationalsozialismus. Dementsprechend rar sind somit auch die autobiographischen und literarischen Auseinandersetzungen von NS-Nachkommen mit ihren NS-Müttern. Eine der wenigen Ausnahmen ist das kürzlich erschienene ‚Mutterbuch' von Niklas Frank, worin er sich – beinahe 20 Jahre nach seiner „Abrechnung" mit dem Vater[39] – ebenso schonungslos mit seiner Mutter Brigitte Frank auseinander gesetzt hat.[40] Dem Autor geht es dabei weniger um seine persönliche Beziehung zur Mutter als um den Werdegang der als berechnend und unbelehrbar dargestellten Nationalsozialistin, die als Ehefrau des ‚Generalgouverneurs' von Polen, Hans Frank, am verbrecherischen NS-System teilgenommen und davon erheblich profitiert hatte. Auch wenn mir das Buch aufgrund seines Stils kritikwürdig erscheint[41], so setzt es doch einen wichtigen Kontrapunkt zur nach wie vor weit verbreiteten Unschuldvermutung gegenüber den Frauen. Auch in der autobiographischen Kindheitsgeschichte von Hans Georg Behr *Fast eine Kindheit* ist nicht der tote NS-Vater (ein hoher NS-Funktionär, der in Nürnberg angeklagt und hingerichtet wurde), sondern die Mutter die zentrale negative Bezugsperson und Reibefläche.[42] Behr präsentiert seine Mutter, eine ehemalige bekannte Opernsängerin, als Nationalsozialistin, die in der NS-Zeit in den höchsten NS-Kreisen verkehrte und ihre Gesinnung auch in der Nachkriegszeit wenig verändert hat. Auch wenn sich nur ein Teil der Autobiographie mit der Mutter beschäftigt, so entsteht darin ein unerbittliches Bild einer Nationalsozialistin als Nachkriegsmutter, das sich mit den Erfahrungen vieler Kinder aus NS-Familien deckt. Abgesehen von diesen zwei Beispielen gibt es zwar noch einige weitere ‚Mutterbücher', in denen Söhne und Töchter aus der zweiten Generation ihre Beziehung zur Mutter verarbeiten, wo aber der Nationalsozialismus keinen hervorragenden Stellenwert einnimmt.[43]

Wie ich eingangs aufgezeigt habe, haben auch viele Frauen die NS-Ideologie geteilt und es gibt viele verschiedene Möglichkeiten von weiblicher (Mit-)Täterschaft. Nach Kriegsende haben diese NS-Frauen meist mitten in der Nachkriegsgesellschaft als Ehefrauen und Mütter gelebt. Bei meiner Recherche nach InterviewpartnerInnen war es mir nicht möglich, Nachkommen von einer ‚Täterin' im engeren Sinne zu eruieren bzw. sie zu interviewen. Deshalb möchte ich stellvertretend dafür kurz einen Fall skizzieren, auf den ich bei der Lektüre über ein Sachbuch über einen Euthanasiearzt in Hartheim gestoßen bin.[44] Darin geht der Autor unter anderem auch auf Helene Hintersteiner ein, die als Büroleiterin der Euthanasieanstalt Hartheim und als Geliebte des Euthanasiearztes Georg Renno mit großer Wahrscheinlichkeit bei der Tötung von behinderten Menschen beteiligt war. Durch Gespräche, die der Autor mit deren Sohn Helmut Hintersteiner (Jg. 1943) geführt hat, erhalten wir einen kleinen Einblick, wie sich die Mutter nach Kriegsende zu ihrer NS-Verstrickung verhalten hat und was der Sohn von der mütterlichen Täterschaft wusste.

Seiner Erinnerung nach hat sich die Mutter immer geweigert, von ihrer Zeit in Hartheim zu sprechen, außer einmal, wo sie behauptete, nichts von den zehntausenden Morden dort gewusst zu haben, was allerdings im Widerspruch zur vorhandenen Aktenlage steht. Der Sohn hatte als Kind und Jugendlicher lange der mütterlichen Version geglaubt, dass sie während des Krieges nur wegen der Bombenangriffe auf Linz in das nahe gelegene Schloss Hartheim gezogen waren. Er stellte selbst dann noch keinen Bezug zur eigenen Mutter her, als er von der Euthanasie in Hartheim erfahren hatte und wusste, dass die Mutter nach 1945 sogar kurz im Gefängnis gewesen war. Nur einmal, 1970, als die Mutter als Zeugin im Prozess gegen den Euthanasiearzt Renno (seinem mutmaßlichen Vater) geladen wurde und deshalb sehr nervös war, brachte der Sohn ihre Tätigkeiten in Hartheim zur Sprache: „Ich habe jedenfalls gesagt, wenn du nichts angestellt hast, brauchst du keine Angst haben. Dann habe ich gefragt: Oder hast du was angestellt? Und da war sie zu mir ganz böse, wie ich das gesagt habe, da hat sie nichts mehr geredet mit mir eine Zeitlang [...] Na was glaubst denn du eigentlich, hat sie gesagt, und hat nie wieder ein Wort mit mir über das geredet [...].“[45]

Die wütende und abblockende Reaktion der Mutter auf die indirekte Thematisierung ihrer Täterschaft führte schließlich dazu, dass der Sohn künftig weitere Nachfragen unterließ. Dieses Beispiel zeigt exemplarisch, dass viele ehemalige (Mit-) Täterinnen unauffällig und weitgehend unbehelligt als Mütter in der Nachkriegsgesellschaft gelebt haben und nicht einmal der engste Familienkreis etwas von ihrer NS-Involvierung gewusst hat oder wahrhaben wollte.

Diese Unwissenheit, aber auch die Wahrnehmung von Täterschaft als männliches Phänomen erklären bis zum gewissen Grade, warum in meinen Interviews keine Mutter als ‚Täterin‘ im engeren Sinne präsentiert wird. Bei genauerem Hinhören bzw. Nachfragen wird aber deutlich, dass die Mütter bei vielen NS-Nachkommen einen wesentlich größeren Stellenwert einnehmen, als ihnen gemeinhin zugeschrieben wird. Tatsächlich präsentieren viele Söhne und Töchter (mehr, als ich ursprünglich erwartet hatte) ihre Mütter als ideologisch überzeugte ‚Nazifrauen‘. Nur von einigen davon sind konkrete Aktivitäten in der NS-Zeit bekannt, etwa wenn sie als ‚illegale‘ Nationalsozialistinnen vor dem ‚Anschluss‘ 1938 – oft an der Seite ihres (späteren) Ehemannes – nationalsozialistisch aktiv waren. Die meisten Mütter haben – zumindest dem Wissen der Kinder zufolge – aber keine höheren NS-Funktionen inne gehabt. Das ist einerseits auf die eingangs skizzierte patriarchale Struktur des NS-Regimes zurückzuführen, zum anderen hat es aber auch damit zu tun, dass die Mütter der von mir interviewten ‚Kinder der Täter‘ oft noch zu jung für höhere Positionen gewesen sind oder später durch ihre Heirat und die Kinder nicht (mehr) politisch aktiv gewesen sind. Nichtsdestotrotz werden viele Mütter als mehr oder weniger überzeugte Nationalsozialistinnen präsentiert, wenn auch diese Zuschreibung meist weniger auf ihre Aktivitäten im Nationalsozialismus als auf ihre politischen Einstellungen und ihr Verhalten nach 1945 zurückgeführt wird. Auf diese Weise entstehen einige sehr kritische und negative ‚Mutterbilder‘, von denen ich im Folgenden zwei mit unterschiedlicher Akzentuierung vorstellen möchte.

Mutterbild WZ

Werner Zinner (Jg. 1942) ist der einzige unter meinen InterviewpartnerInnen, bei dem die Mutter sowohl in politischer als auch in persönlicher Hinsicht *die* zentrale Rolle in der Auseinandersetzung mit der NS-Familiengeschichte einnimmt. Ich war auf ihn bereits vor längerer Zeit durch eine Reportage über ‚Kinder der Täter‘ aufmerksam geworden, worin mir einige Hinweise auf seine NS-Mutter aufgefallen sind und weshalb ich ihn auch kontaktierte. Herr Zinner war sofort zu einem Interview bereit, das er – so schien mir – als interessante Möglichkeit zur neuerlichen Reflexion über seine familiären NS-Verstrickungen verstand.

Bereits zu Beginn des Interviews bestätigte sich mein Eindruck, dass die Mutter (Jg. 1913), eine überzeugte und aktive Nationalsozialistin, die auch nach 1945 ihrer NS-Gesinnung treu geblieben ist, für den Sohn bis über ihren Tod hinaus eine besondere Reibefläche darstellt(e). Das mag unter anderem daran liegen, dass der Vater 1943 gefallen ist und Herr Zinner somit ohne Vater und mit einer sehr dominanten Mutter aufgewachsen ist, was jedoch nicht den Umkehrschluss zulässt, dass bei allen vaterlosen Söhnen und Töchtern zwangsläufig die Mutter im Vordergrund steht. Das mag aber auch an der politischen Eindeutigkeit der Mutter liegen, über die der Sohn Folgendes weiß: Die Mutter war illegale Nationalsozialistin, die wegen ihrer politischen Aktivitäten („Hakenkreuzln streuen") sogar in Haft war. Die Mutter hatte Deutsch und Englisch studiert und lebte vor dem ‚Anschluss' für einige Zeit im nationalsozialistischen Deutschland, wo sie in einem „Naziverlag" als Lektorin tätig war. Nach ihrer Rückkehr in die ‚Ostmark' und ihrer Heirat im Jahr 1938 erfüllte sie Herrn Zinner zufolge ihre Pflicht als ‚deutsche Mutter' und brachte in sehr kurzen Abständen vier Kinder zur Welt. (WZ 12-13) Als NSDAP-Mitglied und Ehefrau eines hochgestellten Nationalsozialisten – der Ehemann war als Gauschulungsleiter für die NS-Propaganda im Gau Steiermark tätig – hat sie das NS-System auf jeden Fall mitgetragen und vermutlich auch davon profitiert.

Nicht zuletzt deshalb hat sie den ‚Zusammenbruch' des Nationalsozialismus und das Kriegsende als persönliche und politische Niederlage erlebt. Nach Einschätzung ihres Sohnes ist für die Mutter 1945 förmlich „die Welt untergegangen". (WZ 35) Zum einen, weil ihr Ehemann 1943 gefallen war und sie als Witwe allein für vier kleine Kinder zu sorgen hatte, zum anderen stellte das Ende des Nationalsozialismus und die damit einhergehende Delegitimierung der bisher gültigen NS-Werte für die glühende Nationalsozialistin auch eine politische Enttäuschung dar. Nichtsdestotrotz ist sie ihrem gefallenen Ehemann und ihrer NS-Gesinnung auch nach 1945 treu geblieben. Sie hat nicht wieder geheiratet und war Zeit ihres Lebens tief im ‚Ehemaligen'-Milieu verankert, verkehrte mit hochrangigen (ehemaligen) NationalsozialistInnen der Region und war in der „Stiftung Soziales Friedenswerk"[46], einer als rechtsextrem eingestuften Hilfsorganisation für ehemalige NationalsozialistInnen, politisch aktiv. Wie der Sohn erst viel später erfahren hat, erhielt sie als allein stehende Mutter von vier Kindern auch selbst finanzielle Unterstützung aus der „Kameradenhilfe", einer Hilfsorganisation ehemaliger SS-Angehöriger. (WZ 2)

Werner Zinner, der Ende 1942 geboren ist, hat seine Mutter – wie viele andere seiner Generation auch – hauptsächlich als Nachkriegsfrau erlebt. Er beschreibt sie als eine starke Frau, als ‚Kämpfernatur' mit einer enormen Willenskraft, die sowohl in der Bewältigung des Nachkriegsalltags als auch in politischer Hinsicht zum Tragen kam: Einerseits schaffte sie es, sich und ihre Familie in einer zweifellos schwierigen Situation ökonomisch zu versorgen und den Kindern später eine gute Ausbildung zu ermöglichen, was ihr der Sohn auch heute noch zugute hält: „Sie war eine, eine große Kämpferin, sie hat, wir haben, wir haben zu viert [...] studiert, sie hat sehr wenig verdient und hat das irgendwie, auch geschafft, nen, also sie hat diesbezüglich sehr, äh, sehr eindrucksvolle äh, **Qualitäten** auch gehabt, ja." (WZ 3) Andererseits aber, fügt Herr Zinner sofort einschränkend hinzu, zeigte sich diese mütterliche ‚Sturheit' auch in ihrer politischen Uneinsichtigkeit:

> WZ: [...] Sie werden das nicht von mir zum ersten Mal hören nehm ich an, äh gleichzeitig war sie natürlich absolut also, **absolut** verbohrt, was die, Nazizeit betroffen hat. Ah, meiner Meinung nach, hätte, für **sie**, [hustet] das Eingeständnis, dass das **falsch** war, bedeutet .. wär die völlige Vernichtung gewissermaßen ihrer Existenz (gewesen) verstehen Sie, äh weil mein Vater ist, dafür, unter Anführungszeichen, dafür gefallen, für die Sache oder wie wie sie das, bezeichnet hätte, und dann wäre das umsonst gewesen. Das heißt sie konnte das gar nicht, an sich herankommen lassen dass das **falsch** war, nen (WZ 3)

Die Unfähigkeit der Mutter, ihre bisherige NS-Gesinnung in Frage zu stellen, deutet Herr Zinner psychologisch als notwendige Abwehrhaltung zur Aufrechterhaltung ihrer eigenen Identität und zur nachträglichen Legitimation des ‚Heldentodes' ihres Ehemannes. Wie viele andere NS-Frauen auch, zeigte sie immer „größte Verachtung" für jene NationalsozialistInnen, die sich an das demokratische System anpassten und nicht – wie sie selbst – ihrer politischen Überzeugung offen treu geblieben sind. (WZ 22) Demzufolge agierte sie nach 1945 sehr selbstbewusst und ohne jedes Unrechtsbewusstsein. Während des Krieges war die Mutter mit ihren Kindern aus Sicherheitsgründen aus der Stadt in eine für NS-Funktionäre gebaute NS-Siedlung am Land gezogen, wo Herr Zinner auch seine ersten Lebensjahre verbrachte. Bald nach Kriegsende versuchte die Mutter die große Stadtwohnung, die sie als hochgestellte NS-Familie in der NS-Zeit bewohnt hatten und die mittlerweile besetzt worden war, zurückzubekommen. Tatsächlich gelang es ihr schließlich, die Wohnung auf dem Gerichtsweg „zurückzuerobern", einige der daraus geplünderten Möbel zurückzuholen und später auch eine Kriegswitwenrente zu beziehen, wie mein Interviewpartner leicht ironisch, aber doch mit einer gewissen Anerkennung erzählt. (WZ 2, 23)

Auch wenn Herr Zinner sichtlich um eine differenzierte Sichtweise bemüht ist, zeichnet er insgesamt ein eher negatives Mutterbild, wobei er keine Trennung in eine ‚private' Mutter und eine ‚politische' Mutter vornimmt (wie es bei den ‚Vaterbildern' oft der Fall ist). Vielmehr gehen diese zwei Ebenen meist ineinander über und bedingen einander. Er beschreibt die Rolle der Mutter innerhalb der Familie als „Kapitän des Schlachtschiffs", an deren uneingeschränkter Autorität nicht zu rütteln war. (WZ 10) Die ihr zugeschriebene psychische Robustheit spiegelt sich auch in der Beschreibung des Sohnes des äußeren Erscheinungsbildes seiner Mutter wider:

> WZ: [...] sie war nicht groß sondern sie war, **stark**. Sie war, einsachtundsechzig also, äh, mit an sehr kräftigen Körperbau sie war ein **Pferd**, so ein bissel nen. Ah, ein wie- eine, ein eine **ost**europäische, ein osteuropäischer ein Balkanmenschentyp oder, **nord**osteuropäischer äh so irgendwas in diese Richtung, dunkelhaarig, nen, äh braune Augen, schwarz, äh schwarze Haare, ah starke Backenknochen, einen, schmalen breiten Mund, äh, und, ja kräftig, nen. Ein Pferd also, ein, Haflinger, /unter den Autos/ [lachend] [lacht]. (WZ 27)

Herr Zinner beschreibt seine Mutter als ‚nicht-arischen' Typus und greift dabei irritierenderweise auf NS-Klassifizierungen zurück. Auch wenn er seine Beschreibung stark ironisiert (was durch sein begleitendes Lachen unterstrichen wird) und sich somit davon distanziert, so stellt sich doch die Frage nach dem latenten Sinn: Warum reproduziert er – als deklarierter Antifaschist – hier rassistische Kategorien und warum tut er dies im Zusammenhang mit seiner Mutter? Möglicherweise will er mit seiner Ironie nicht nur die Absurdität der rassistischen NS-Klassifizierungen aufzeigen, sondern wohl auch die Mutter und deren Weltbild nachträglich der Lächerlichkeit preisgeben.[47] Charakterlich wird die Mutter wiederum als Gegenpol zur ebenfalls im Haushalt lebenden Großmutter mütterlicherseits präsentiert, die für ihn eine wichtige emotionale Bezugsperson gewesen ist. Seiner Darstellung nach war die Großmutter „eine unglaublich warmherzige Person", die „einen sehr guten Zugang zu ihren Gefühlen" gehabt habe und „ehrlich weinen" konnte und somit im krassen Gegensatz zur Mutter stand:

> WZ: [...] während das bei meiner Mutter das immer so war dass ich das Gefühl gehabt hab das ist eine, Sentimentalität, also es (war) keine Trauer sondern Sentimentalität das sind aufgesetzte Gefühle, und sie hat gar keinen Zugang also so würde ich das heute beschreiben, sie hat keinen Zugang zu ihren Gefühlen gehabt, das war auch blockiert nen, was ja auch ein Phänomen ist dass man grad in dieser Generation und grad unter diesen, in in diesen **Familien** sehr, äh sehr **häufig** äh beobachten hat können. (WZ 8-9)

Herr Zinner spricht seiner Mutter die Fähigkeit zu ‚echten Gefühlen' ab und bezieht sich dabei verallgemeinernd auf bekannte Diagnosen über die psychische Beschaffenheit der NS-Generation, die sich zwischen den Polen von Gefühlskälte (sich selbst und anderen gegenüber) und von Sentimentalität bewegte.[48] Diese psychische Disposition habe sich beispielsweise auch im Umgang der Mutter mit dem gefallenen Vater gezeigt: Einerseits sei sie immer sehr stolz darauf gewesen, dass sie im Rahmen der Trauerfeier im Kreise der NS-Bonzen „keine Regung gezeigt" habe, andererseits aber habe sie einen geradezu „hysterischen Blick" auf ihn geworfen und ihn über Jahrzehnte hinweg als „kleinen Führer" vergöttert. Letztendlich, so analysiert Herr Zinner, habe die Mutter weniger um den Vater als Person als um das, was er verkörperte, das „Phantom, das sie aus ihm gemacht hat", getrauert. (WZ 13-14)

Die Mutter hat sich nicht nur nie vom Nationalsozialismus distanziert, sondern nationalsozialistische Werte in ihrer Familie auch offensiv propagiert. Neben ihrem ungebrochenen Glauben an die „Mission des deutschen Volkes" und das „Herrenmenschentum" vermittelte die Mutter dem Sohn zufolge vor allem die ‚klassischen' „Grundtugenden wie Ehre, Treue und das ganze Zeug", wie der Sohn abschätzig meint. „Einer ihrer obersten Werte" aber sei der Vater gewesen. (WZ 13). Damit spricht Herr Zinner die zentrale Funktion der Mutter als familiäre Vermittlungsinstanz eines überaus idealisierten Vaterbildes an: Der 1943 gefallene Vater wurde von der Mutter als „Inbegriff der Anständigkeit" präsentiert und den Kindern als „unerreichbares Vorbild" hingestellt. (WZ 13) An der Unfehlbarkeit des Vaters durfte nicht gezweifelt werden: „Also mein Vater war untadelig, mein Vater war ein Genie, äh, mein Vater war, ich würde sagen, ich würde sagen fehlerlos", meint Herr Zinner noch heute seufzend. (WZ 14) Die permanente Glorifizierung und Überhöhung des toten Vaters führte dazu, dass der tote Vater in der Familie letztendlich immer anwesend war und das positive Vaterbild bei den Kindern, die den Vater altersbedingt kaum oder gar nicht kannten, lange aufrechterhalten bleiben konnte. (vgl. Kapitel ‚Vaterbilder')

Als Kind war Herr Zinner – ebenso wie seine Geschwister – für die von der Mutter tradierten NS-Werte und die Verherrlichung des Vaters durchaus empfänglich. So wollte er dem übergroßen Vorbild genügen und nacheifern, er nahm auch bis zu seiner Jugendzeit begeistert an den deutschnationalen Jugendlagern teil, kritzelte aus einem unbestimmten Identifikationsgefühl heraus heimlich Hakenkreuze in seine Schulbank und zeigte sich keineswegs immun gegen das von der Mutter vermittelte Elitebewusstsein. (WZ 12) Die Mutter hatte sich ihre Kinder als eine Art „Zwergerl-SS" vorgestellt, die „etwas Besonderes" wären und später ihre Lebensanschauung übernehmen sollten. (WZ 10). Nicht ohne Genugtuung stellt Herr Zinner heute fest, dass die mütterliche politische Indoktrinierung letztendlich bei keinem ihrer Kinder gefruchtet hat: „Ja es ist schon auch interessant weil, nichts wollte meine Mutter lieber als aus uns Nazis machen nen, und das ist ihr bei **niemanden** gelungen, nen." (WZ 15) Zwar waren vor allem die beiden Schwestern in ihrer Kindheit und Jugend sehr angepasst und haben die Erwartungen der Mutter weitgehend erfüllt, letzten Endes sei aber keines der vier Kinder politisch in die Fußstapfen der Mutter getreten.

Herr Zinner führte in seiner Kindheit/Jugend offenbar eine Art ‚Doppelleben': Einerseits war er nach wie vor im nationalen Milieu aktiv und stand somit im Bannkreis der dort herrschenden Werte, andererseits rebellierte er bereits früh gegen die Mutter, wobei er seiner Darstellung nach sehr schonungslos, emotional und aggressiv agierte. Mein Interviewpartner betont seine kindliche Verweigerungs- und Oppositionshaltung innerhalb des Familiensystems sehr stark. Er sei ein äußerst ‚schwieriges' Kind gewesen, das all jene Untugenden in sich vereinte, die die Mutter gehasst habe: er war aufsässig, aggressiv, unordentlich, unehrlich usw. Genau diese negativen Eigenschaften provozierten wiederum eine besondere mütterliche Strenge, was letztendlich zu einem äußerst gespannten Verhältnis zwischen Mutter und Sohn führte. Aus heutiger Sicht vermeint Herr Zinner die Ursachen für diese totale Entfremdung noch sehr viel früher in seiner Kindheit verorten zu können:

> WZ: Also das war schon ein Trauma, würd ich sagen, es war ein absolutes Trauma, und das hat, angefangen, äh ich mein, die **Opposition** zur **Mutter** ..... [...] da hats ein deutliches Signal sehr sehr früh gegeben und zwar, wie meine Mutter, also wie mir berichtet worden ist wie meine Mutter, äh aus dem Krankenhaus gekommen ist, äh von der Entbindung meiner Schwester. Da war ich also, ein eineinviertel Jahre alt. Und, da sei sie hat man mir, berichtet sei sie also, ganz in Schwarz noch äh im Witwen-, im Witwenkleid [der Vater war kurz zuvor gefallen] gekommen, und meine Großmutter hat mich, getragen wie sie rein gekommen ist ins Zimmer und meine, Mutter wollte mich von meiner Großmutter, übernehmen. Und da muss ich also **derartig** mit Händen und Füßen mich gewehrt haben dagegen, nen, ähm, und das ist kein Zufall, nen, also das äh, ist eine sehr frühe an- glaub ich bei mir eine sehr früh angelegte, äh Gegnerschaft gegen meine Mutter gewesen nen. [...] (WZ 23-24)

Die „früh angelegte Gegnerschaft" zur Mutter ist vermutlich nicht – wie hier suggeriert wird – als eine gleichsam ‚natürliche' Ablehnung, sondern als Produkt von mehreren Faktoren zu verstehen. In dieser konkreten Situation war es vermutlich die Eifersucht auf die neu geborene Schwester und vielleicht der Schreck vor der schwarzen Trauerkleidung der Mutter, die zu dieser kindlichen Abwehrreaktion geführt hat. Das Zusammenspiel von frühkindlichen Kränkungen, physischen und psychischen Gewalterfahrungen sowie der vielfältig in die Familie hineinwirkenden NS-Ideologie mögen das Übrige zur Entfremdung zwischen Mutter und Sohn beigetragen haben:

> I: Sie haben vorher gesagt Sie haben Angst vor Ihrer Mutter gehabt, was war das, warum?
> WZ: Na ja meine Mutter hat mich geschlagen, was ihr Zeug gehalten hat im Zweifelsfall, verstehns also, ah .... heute aus meiner Sicht würd ich sagen das war also, Kindesmissbrauch im Sinne von Misshandlung ned, also das heißt, das heißt ich ha- wenn (ich) zum Beispiel ein Zeugnis [...] ein negatives oder irgend einen Fleck [= Nichtgenügend] im Zeugnis gehabt oder eine Schularbeit oder so, oder wenn ich gelogen hab was ich ja, bis zum Erbrechen getan hab, ah dann bin ich, ins Klo geschickt worden, hab dort den Pracker [= Teppichklopfer] geholt, und noch mit 10 und 12 (Jahren) musste ich die Hosen runterlassen und wurde damit geschlagen. Und, also ich würde sagen das war .. da hat (eine) massive, Erniedrigung, des Kindes stattgefunden. (WZ 16)

Angesichts dieser kindlichen Gewalterfahrungen mag es nicht verwundern, dass Herr Zinner, der retrospektiv von einer von „massiver Angst" geprägten Beziehung zur Mutter spricht, als Heranwachsender die ‚Schuldigen' für seine persönliche Misere oder, wie er es ausdrückt, für seine „elende Existenz", zu suchen begann und diese vor allem in seiner Mutter zu finden glaubte. (WZ 23) In dieser Zeit kam es zu erbitterten „Kämpfen" zwischen Mutter und Sohn, die sich sowohl an persönlichen Konflikten als auch immer wieder am Thema Nationalsozialismus entzündeten und zu bestimmten Anlässen regelmäßig aufbrachen: „Events waren Weihnachten zum Beispiel, da ist immer dieses ganze, da ist immer die ganze, Kloake sozusagen äh, äh übergegangen". (WZ 14)

Herr Zinner präsentiert sich dabei als Einzelkämpfer, der durch seine „unerträgliche" Art und seine Aggressionen zum „Outlaw" der Familie avancierte, weil er immer „so heftig geworden" sei und dadurch „sofort alle Geschwister auf die Seite (s)einer Mutter gebracht" habe. (WZ 21) Sein älterer Bruder habe sich zwar auch von der NS-Mutter distanziert, aber sich gleichzeitig aus den Diskussionen eher rausgehalten und war dadurch letztendlich „unangreifbar, weil er immer auf der sachlichen Ebene geblieben ist", wie Herr Zinner heute bemerkt. (WZ 21) Er selbst hingegen agierte emotional und vermischte in den Konflikten mit der Mutter oftmals die persönlichen und politischen Ebenen.

Auffallend ist, dass Werner Zinner seine „Opposition" zur Mutter stark ‚politisiert'. Dies zeigt sich in seiner Wortwahl („Gegnerschaft", „Widerstand" usw.) und der Tendenz, seine frühe Rebellion als Auflehnung gegen die politischen Indoktrinierungsversuche der Mutter zu deuten bzw. seine späteren politischen Auseinandersetzungen zeitlich in seine Kindheit vorzuverlagern. Die zentralen Streitpunkte für ihn waren immer „die Vernichtung von unwertem Leben" und „die Verfolgung der Intellektuellen und Künstler". (WZ 16) Vor allem die Euthanasie-Problematik (mit der er sich auch zum Zeitpunkt des Interviews stark auseinander setzt) scheint ihn als Jugendlichen besonders beschäftigt zu haben. So verknüpfte er etwa die mütterliche Entwertung und Verachtung all jener, die den NS-Vorstellungen, Werten und Normen nicht entsprachen, mit seiner eigenen Person, indem er sich aufgrund seiner häufigen schweren Erkrankungen selbst als potenzielles Opfer der Euthanasie imaginierte und die Mutter mit diesem Argument bzw. Vorwurf konfrontierte:

> WZ: [...] Ich erinnere mich einmal an eine Auseinandersetzung, mit ihr, ähm, ich war in der Familie, sozusagen, der Aggressivste, glaub ich, äh, Kämpfer gegen die Nazigschicht, ah, meine Geschwister wollten das alle ned [...] aber gekämpft gegen meine Mutter in dem Fall, äh ha- hab ich nen, und, ich war ziemlich viel krank gewesen als Kind, äh und, ich erinnere mich an eine Auseinandersetzung, wo sie zu mir gesagt hat, ah, ja, „was ha-, was hast denn du eigentlich, dagegen oder was kannst denn dagegen sagen" oder so irgendwie, und da hab ich zu ihr gesagt, „ich hab dagegen, äh, die Tatsache dass ich zu der Zeit umgebracht worden wär", nen, als unwertes Leben oder so [...] das hat ihr auch zu denken gegeben in einem gewissen Sinn aber, sie konnte das nicht so weit an sich heranlassen dass sie das, in Frage gestellt hätte, nen. (WZ 3)

Trotz aller Konflikte lebte Herr Zinner sehr lange, bis zu seinem dreißigsten Lebensjahr, mit seiner Mutter zusammen. Nach seiner Heirat zog er mit seiner ersten Frau in die Wohnung der Großmutter und später aus pragmatischen Gründen (um den Anspruch auf die Wohnung nicht zu verlieren) wieder zurück in die mütterliche Wohnung, womit er gewissermaßen ein später Profiteur der von der Mutter nach 1945 „zurückeroberten" NS-Wohnung ist, was er allerdings an keiner Stelle thematisiert. Die Mutter war mittlerweile aus ihrer Wohnung weggezogen, lebte aber bis an ihr Lebensende in derselben Stadt wie der Sohn. (WZ 24) Nicht zuletzt durch die räumliche Distanz sind die Auseinandersetzungen mit der Mutter seltener geworden, lediglich ein großes ‚Familiendrama', wo noch einmal die NS-Vergangenheit eruptiv zum Ausbruch kam, ist Herrn Zinner erinnerlich:

> WZ: [...] und da hab ich in einer, sozusagen .. Scherben und Blut Nacht, erfahren, äh dass äh meine Mutter, äh für uns, für alle Fälle, äh Zyankalitabletten, äh gehabt hat. Das heißt, wenn die Russen, nach nach L. gekommen wären, äh dann hätte ääh, dann hätte uns meine Mutter und sich und meine Großmutter beseitigt, nen. Und, da war ich, wie ich das erfahren hab **fassungslos** ned, und, das war einer der Punkte noch einmal ein- der letzte glaub- glaub ich ganz eklatante und rie- wie Sie sich vorstellen können, riesige, **riesige** Auseinandersetzung in der Familie [...]
> [..........]
> I: Und Sie haben Sie dann damit konfrontiert in dieser Nacht?
> WZ: Natürlich ja.
> I: Und was hat sie drauf gesagt?

> WZ: Na ja, da hat sie dann, da ist sie dann in die Tränen geflüchtet nen.
> I: Also sie hat schon auch geweint und eigentlich Schwäche dann gezeigt-
> WZ: Ja aber, ja aber, ääh das war eben meiner Meinung nach war das kein, war es kein Weinen, sondern meiner Meinung nach also, vielleicht tu ich ihr jetzt Unrecht im Nachhinein das kann ich ned beurteilen. Äh, meiner Meinung noch wars ein **Verteidigungs**weinen verstehen Sie? Also sowas wie, wo dahinter gestanden ist „na ihr habts ja keine Ahnung wie das damals war" und, das alles was man da als Rechtfertigungszeug hört, nen. Was ja auch stimmt natürlich nen. ..... (WZ 24-25)

Die von Herrn Zinner gewählte Bezeichnung der „Blut-und-Scherben-Nacht" ist zweifellos an das Sprachbild des ‚Blut-und-Scherben-Gerichts' angelehnt, das die familiäre tribunalartige Konfliktsituation sehr gut widerspiegelt: Auf der einen Seite die Nachkommen als AnklägerInnen, auf der anderen Seite die Mutter als Angeklagte, die den Vorhaltungen ihrer Kinder nur ein Weinen entgegensetzen kann. Von seiner damaligen Fassungslosigkeit über die Tötungsabsicht der Mutter ist – immerhin über zwanzig Jahre danach – nichts mehr spürbar. Anders als beispielsweise meine Interviewpartnerin Hilde Schubert, die erst vor kurzer Zeit vom väterlichen ‚Tötungsauftrag' erfahren hat und extrem emotional berührt war[49], geht Herr Zinner nicht näher darauf ein. Ihn beschäftigt heute vor allem die in seinen Augen unzulängliche Reaktion der Mutter auf die Jahrzehnte später erfolgte Enthüllung dieses ‚Familiengeheimnisses', ihr Weinen, das er nicht als Schuldbewusstsein oder Reue gelten lässt, sondern als „Verteidigungsweinen", d.h. als Flucht vor der Verantwortung interpretiert. Dass eine derartige Atmosphäre des Tribunals fast zwangsläufig zu einer Abwehrreaktion der Mutter führen musste und sich somit kein weiterführender Dialog entwickeln konnte, liegt nahe.[50]

Herr Zinner begann sich in der Pubertät unter dem Einfluss von kritischen Lehrern und antifaschistischer Literatur zunehmend vom Elternhaus zu lösen. In den 1960er Jahren absolvierte er ein Studium (er studierte übrigens wie seine Mutter Deutsch und Englisch), politisierte sich ‚links' und begann in dieser Zeit auch zu schreiben. Später war er bis zu seiner Pensionierung zum Zeitpunkt des Interviews beruflich als Lehrer tätig. Den damaligen radikalen Milieuwechsel in eine linksgerichtete Studenten- und Künstlerszene deutet er heute vor allem als eine persönliche und politische Emanzipation von der dominanten Mutter:

> WZ: Das heißt es war **lange** Zeit sagen wir so es war lange Zeit, wars, war die vordringliche Sache meine Mutter, auch **wie** ich **mich**, äh .... wie ich mich sozusagen ..... durchsetze außerhalb ihres Bannkreises oder so. ... Und da war für mich die Literatur irgendwie ein ein, eine Möglichkeit, und, da hab ich dann, das war das, das erste Buch das diese zwei Preise gekriegt hat und äh, das heißt es war relativ sagen wir erfolgreich [...] und da war ich dann wenn Sie so **wollen** in einen gewissen Sinn, außerhalb ihres Elitebegriffs in einer **Elite** oder so ähnlich gell, das heißt, es ist, in einen gewissen Sinn um me-, darum gegangen um ein Alternativkonzept wo ich nicht, wo ich nicht ihre, das hab ich natürlich ned bewusst gemacht, aber, wo ich nicht ihre, äh Bedingungen erfüllt hab aber, ääh trotzdem also irgendwie **meine** Erwartungen.

I: Wie hat sie das dann wahrgenommen, ihre Entwicklung weg von ihr?
WZ: Na ja, sie, na ja, halb äh also, wie soll ich sagen diese Geschichten mit dem, das hat sie das hat ihr natürlich auch geschmeichelt, das ist eh klar, nen. Das heißt so, wo sie so, irgendwie elitengeil war ja, äh, war das natürlich dann für sie etwas, wo sie sagen konnte na das hab ich zwar nicht gemeint aber immerhin, wenigstens das oder so, nen. Das heißt sie hat dann einen, nehm ich an, oder vermute ich stark, einen gewissen Stolz gehabt, gleichzeitig aber war ich natürlich in einer Partie drinnen, äh die die absolut das absolute Feindbild war, [...] ich bin, im Jahr[19] 64, bin ich damals ins Forum Stadtpark kommen, war dann mit dem [Peter] Handke und mit dem [Wolfgang] Bauer so befreundet, und war in dieser Gruppe, und das war natürlich die absolute, die absolute Horrorshow für diese ganze Nazi-Partie [...] (WZ 18)

Der lange Zeitraum zwischen seinen literarischen Anfängen Anfang der 1960er Jahre und seinen ersten Erfolgen als Schriftsteller Ende der 1970er Jahre war für Werner Zinner sehr konfliktreich, da die Mutter und ihre GesinnungsgenossInnen aus ihrer Verachtung für die Literaturszene, in der er sich bewegte, keinen Hehl machten. Erst seine ersten literarischen Erfolge haben die mütterliche Ablehnung etwas abgeschwächt und die Mutter sogar mit Stolz erfüllt. Allerdings konnte sie die ersten Lorbeeren des Sohnes nur mehr ansatzweise miterleben, da sie 1980 tödlich verunglückte, just an dem Tag, als ihm ein Literaturpreis verliehen werden sollte. (WZ 18) Meine Frage, ob es zwischen ihm und seiner Mutter zu ihren Lebzeiten jemals Momente der Annäherung oder des gegenseitigen Verständnisses gegeben habe, verneint Herr Zinner. (WZ 24) Erst nach ihrem Tod scheint ihm eine etwas versöhnlichere Haltung ihr gegenüber möglich gewesen zu sein:

WZ: [...] ich hab dann, wie sie gestorben ist ned hab ich die, äh, äh die Grabrede gehalten nen, [...] und da hab ich schon auch ich hab schon versucht, ihr gegenüber auch **gerecht** zu sein gell also es war zum Beispiel so, wie ich diese **Nieren**entzündung gehabt hab, ah, da war ich am Eingehen gell, also es war so dass ich noch, äh noch zwei Monaten glaub ich oder, drei Monaten war, äh, die eine Niere um zwei Drittel geschrumpft gell, also es war wirklich, sehr gefährlich, und .. da hat sie, wirklich, in **diesem Pflicht**bewusstsein auch, das aber es jetzt wenn ich einmal von dieser, von die Schattenseiten absehe sie hat, wirklich **alles** getan, um mein **Leben** zu retten, das muss ich auch äh, sagen es war auch äh ... und und, äh, sie war auch eine ausgesprochen, imposante Erscheinung gell also. Aber [...] ich hab nie zu ihr irgendwelche ... glaube ich, mich zu erinnern keine, Zuwendung, keine positive keine positiven Gefühl- Lieb-, Sohnesliebe oder sowas, (gehabt) nein. (WZ 25)

Herrn Zinner war es offensichtlich erst posthum möglich, auch einige persönliche Vorzüge der Mutter gelten zu lassen: ihre Stärke, ihr Pflichtbewusstsein, ihr unbedingter Einsatz für die Kinder. Trotz dieser nachträglichen Anerkennung bleibt für ihn als bitteres Fazit, dass er als Sohn nie ‚echte' Gefühle oder gar Liebe ihr gegenüber empfunden habe und – wie es sich auch im Interview widerspiegelt – nach wie vor nicht empfindet. Meine Nachfrage, ob er bei seiner Grabrede auch „kritische

Aspekte", d.h. ihre NS-Gesinnung thematisiert habe, bejaht Herr Zinner. Er betont allerdings, dass er dies sehr „ernsthaft" und „nicht aggressiv gemacht" habe, weil er in der damaligen Situation nicht dazu in Stimmung gewesen wäre. (WZ 26)

Das Bemühen um eine „ernsthafte" Auseinandersetzung mit der NS-Mutter und der Versuch, ihr posthum gerecht zu werden, setzt sich auch heute, über zwanzig Jahre nach ihren Tod, in der Interviewsituation fort. Von seiner aggressiven anklagenden Haltung und dem „ohnmächtigen Hass" seiner Kindheit und Jugend (WZ 35), die er immer wieder betont, ist nicht mehr viel zu spüren. Vielmehr versucht Werner Zinner, die Mutter, deren NS-Gesinnung er absolut verurteilt, heute nüchterner zu betrachten, ihre Handlungsweisen und deren Auswirkungen auf seine Person psychologisch zu deuten und sogar ein gewisses Maß an Verständnis für sie aufzubringen.[51] Dieser versöhnlichere Zugang scheint weniger aus einer emotionalen Zuneigung heraus zu erfolgen, als das Resultat einer nachträglichen, um Differenzierung und psychologische Erklärungen bemühten rationalen Analyse („vom Kopf her") zu sein. Am Ende des Interviews bestätigt Herr Zinner den Eindruck, dass für ihn die Mutter zwar lange Zeit die zentrale, hochemotional besetzte negative Bezugsperson gewesen ist, er sich nun aber nach Jahren intensiver Auseinandersetzung mittlerweile an ihr ‚abgearbeitet' habe. (WZ 35)

Mutterbild HG

Ein ähnlich kritisch-negatives ‚Mutterbild' zeichnet auch mein Interviewpartner Herwig Goll.[52] Die Mutter (Jg. 1914) war die Frau eines illegalen Nationalsozialisten und hochrangigen HJ-Funktionärs, der nach 1945 in den Untergrund ging und nach seiner Verhaftung einen Prozess bekommen hat. Aufgrund der politischen Umstände und der späteren Scheidung der Eltern ist Herr Goll (Jg. 1938) als Ältester von insgesamt drei Kindern weitgehend vaterlos bei seiner Mutter aufgewachsen. (vgl. ‚Vaterbild' HG) Trotz dieser spezifischen Familiensituation hat er, ebenso wie seine zwei Geschwister, keine emotionale Beziehung zur Mutter aufbauen können, vielmehr – so betont er mehrmals – sei ihre Kindheit von Distanz und Kälte geprägt gewesen. (HG 6-7) Diese frühkindlich angelegte Distanz widerspiegelt sich auch in der Mutterpräsentation von Herrn Goll, der seine Mutter weder in persönlicher noch in politischer Hinsicht verschont. Diese wird als überzeugte Nationalsozialistin präsentiert, die nach Wissen des Sohnes im NS-System zwar keine besondere Funktion innehatte und auch nach 1945 im Gegensatz zur Mutter von Herrn Zinner nicht politisch organisiert war, aber für den Nationalsozialismus durchaus empfänglich war:

> HG: Er [der Vater] war, vor allem, HJ-Gebietsführer, vom Gau [...] ... und, hat mehr, das lustige Leben geliebt würde ich sagen. Und sich, um die Familie, eigentlich nicht gekümmert. Beziehungsweise in der Familie, war er, der kleine Despot, der, ja, dem die Mutter sich, unterworfen hat. Sie auch die Mutter ist an sich eine starke Frau, aber, mit an schrecklichen Hang, ah sich einen **Führer** zu suchen. Und, das passt, natürlich gut in diesen Kontext. Und sie war, natürlich vom Adolf Hitler, maßlos beeindruckt, und auch von, meinem Vater. Der war ein ein kleinerer Führer. ....

I: [...] Was wissen Sie über die Mutter, [...] woher wissen Sie, dass sie von Hitler begeistert war [...] war sie beim BDM?
HG: Sie war nicht beim Mä- BDM, es gehört zu ihrer Natur, dass sie, einerseits **total** begeistert war, andererseits sich wenig um organisatorische Fragen gekümmert hat. Mhm, Begeisterung also beeindruckt vom Hitler, lässt sich vielleicht damit, gut, dokumentieren, an das kann ich mich **genau** erinnern, [...] und wie die Nachricht gekommen ist, dass der Führer **gefallen** ist wies geheißen hat, hat sie ist sie zum Fenster gegangen, hat hinausgeschaut und hat gesagt, „jetzt geht die Welt unter". Und ich, als Sechsjähriger bin daneben gestanden, und hab sie, skeptisch betrachtet wie das meine Art war. ..... (HG 1)

Diese frühe visuelle Kindheitserinnerung an das Kriegsende hat bei Herrn Goll offenbar einen tiefen Eindruck hinterlassen, denn er kommt mehrmals im Interview darauf zu sprechen. Sie dient ihm zur Veranschaulichung der mütterlichen ‚Führergläubigkeit', die sich sowohl im privaten Bereich gegenüber ihren Ehemann, aber auch gegenüber Adolf Hitler gezeigt habe. Die Mutter selbst hat über die NS-Zeit und ihre Rolle darin offenbar wenig gesprochen bzw. seine Erinnerungen daran sind „nebulos". So weiß Herr Goll, dass die Mutter als junge Frau vom Land in die Stadt gekommen sei, dort bei (illegalen) Nationalsozialisten gewohnt habe und von denen politisch beeinflusst worden sei. (HG 4) Einmal habe sie auch einen NS-Truppen-Aufmarsch in ihrer Heimatstadt erwähnt, bei dem sie ihrer Darstellung nach allerdings nur „in der letzten Reihe" gestanden sei. (HG 7) Herr Goll schwankt in seiner Mutterpräsentation zwischen dem Bild einer „total überzeugten" Nationalsozialistin und dem einer ‚Mitläuferin', deren Zustimmung zum Nationalsozialismus weniger ideologisch als aus ihrer Zustimmung zur ‚herrschenden Ordnung' und ihrer Faszination für Hitler begründet gewesen sei. Diese Widersprüchlichkeit widerspiegelt sich auch in seiner Charakterisierung der Mutter als einerseits politisch „naiv", andererseits aber habe sie immer wieder „viel Bauernschlauheit" bewiesen, besonders nach Kriegsende, wo sie sehr wohl gewusst habe, „worauf es ankommt" und „was wichtig ist für sie". (HG 5) Auf meine Nachfrage hin erläutert Herr Goll diese Einschätzung etwas genauer:

HG: [...] Also ich rechne das zu den, naiven, Seiten von ihr, /sie war/ [leicht lachend], **total** überzeugte Nationalsozialistin, und, war aber nicht Parteimitglied. Und, dazu hab ich sie einmal befragt, und da hat sie mir geantwortet, „ich hab alle diese Dinge dem Vater überlassen." Also [...], so, so ganz, ich **weiß** es ned was man davon halten soll. ..... Ist das Schlauheit? Nach dem Krieg hats hats ihr ja en- enorm genützt oder uns, weil, man hätte das Vermögen, ah der Familie [Goll] und dazu gehört das Haus in T. das hätte man konfisziert, und, als von Nationalsozialisten, wurden, also ich weiß ned genau welche, aber, für unseren Fall, hätten sie es konfisziert, /und/ [leicht lachend], im Grundbuch eingetragen waren der Vater und die Mutter, und, nachdem die Mutter dann, nachweisen konnte dass sie nie Parteimitglied war, konnte man nicht das ganze Haus konfiszieren, und, das ist lange hin und her äh gewogt und, äh, irgendwo ist es dann ausgeblieben, dass wir hätten nur das halbe Haus nehmen können. .... (HG 6)

Wie in diesem Fall haben auch viele andere ehemalige NS-Familien von der Nicht-Exponiertheit der Ehefrauen/Mütter nach 1945 profitiert und sie konnten dadurch bestimmte Maßnahmen, wie hier die angedrohte Konfiskation des (halben) Hauses, unter Hinweis auf die nicht vorhandene Parteimitgliedschaft der Mutter abwenden. Gleichzeitig unterstützte die Mutter, wie viele andere ‚Frauen an seiner Seite', ihren Ehemann im Untergrund tatkräftig und erwies sich auch bei Durchsuchungsaktionen der alliierten Besatzungsmächte als nervenstark, wie sich der (damals behilfliche siebenjährige) Sohn heute erinnert: „Sie war sehr cool, in [...] dieser heiklen Situation, war sie sehr, überlegt und, ja, hat das irgendwie, bestens hingebogen also da hats, hats kein Zittern geben." (HG 13) Ihren erlernten Beruf als Lehrerin hat die Mutter nach 1945 nicht mehr ausgeübt, was sie immer damit begründete, dass sie ‚als Nationalsozialistin' nicht mehr in den Schuldienst eintreten durfte. Herr Goll bezweifelt diese Version, da sie kein Parteimitglied gewesen sei und darüber hinaus wesentlich stärker belastete NationalsozialistInnen bereits nach kurzer Zeit wieder in allen möglichen Funktionen tätig gewesen wären. (HG 6) Ein möglicher Grund könnte gewesen sein, dass 1950 ihr drittes Kind zur Welt kam und sie mittlerweile ein kleines Geschäft geführt hat, was besonders nach ihrer Scheidung mit Haushalt und Familie wohl besser vereinbar war als eine berufliche Tätigkeit als Lehrerin. Obwohl die Mutter das Kriegsende zunächst als „Weltuntergang" erlebt hatte, hat sie der NS-Zeit nach Darstellung des Sohnes nicht lange nachgetrauert. Nur zu bestimmten Anlässen wären ihre tief sitzenden Ressentiments zum Ausdruck gekommen:

> HG: Sie hat sich irgendwie rasch damit abgefunden würde ich sagen. Sie hat, nach außen hin, nicht herumgetrauert oder, sondern sie war irgendwie tätig also sie w- sie war nicht, angeknackst, also so würde ich nicht glauben. Ich kann mich erinnern, wie sie, wie es diese Nürnberger Prozesse gegeben hat, (wie) in der Zeitung drüber berichtet wurde, da hat sie ist sie hat sie einmal einen Ausbruch gehabt aber **wütend**, was das für eine Schweinerei ist, dass man, ah da den Nazis, den Prozess macht. .... Aber sie war nicht niedergedrückt, das kann man nicht sagen. (HG 14)

Neben ihrem fallweise zu Tage tretenden massiven „Hass" gegenüber den Engländern und den Amerikanern (ihr Antiamerikanismus kam beispielsweise während des Vietnamkrieges und des Irakkrieges zum Ausdruck) war sie immer auch extrem antisemitisch eingestellt. Der Sohn erinnert sich, dass die Mutter – anders als der politisch vorsichtige Vater – ihrer Abneigung gegenüber den Juden immer freien Lauf gelassen habe. In der Familie kursierte vor allem eine ‚Beleggeschichte' über die Erfahrung der Mutter in ihrer Jugend mit einem jüdischen Vertreter, der sie und andere Lehrmädchen angeblich „begrapscht" hatte und als ‚Beweis' für die Schlechtigkeit ‚der Juden' insgesamt diente:

> GC: [...] Und da, hat sie dann vollkommen mit, mit **Hass** und und Verachtung und Abscheu, über den, erzählt was der alles angestellt haben soll ... /der h- ein/ [leicht lachend], Detail fällt mir jetzt ein, das war, sehr sehr spät, ich würd sagen, in den 80er Jahren, da hat es, jetzt gibt es glaub ich noch immer [...] internationale Radsporttage, gegeben. Und da, wurde auf, jedem Haus am

> Hauptplatz, wo unser Haus steht, eine Fahne, der teilnehmenden Nationen, auf ge- gehisst. Aus dem Dachboden gehängt. Und, /wie es, der Zufall will, hängt auf unserm Dach/ [lachend], die Fahne Israels, wurde von der Gemeinde verteilt. Und, das war für sie, ein, eine **Herausforderung**, **ungeheuersten** Ausmaßes, sie ist fast **durch**gedreht, und hat das als Schande empfunden, und hat, **alles** getan dass die Fahne wegkommt, und hat es tatsächlich geschafft, dass die Fahne von ihrem Haus wegkommt. (GC 23)

An diesem Beispiel wird deutlich, dass die angebliche negative Erfahrung mit einem Juden oft nur ein Vorwand für einen ohnehin vorhandenen Antisemitismus ist, der im Bewusstsein der NS-Generation tief verankert war und bei Bedarf neu mobilisiert werden konnte. Wie anders ließe sich erklären, dass die Mutter noch Mitte der 1980er Jahre die kurzfristige Anbringung einer israelischen Fahne an ihrem Haus dermaßen empört? Herr Goll erinnert sich amüsiert an diese Episode, die einer gewissen Ironie der Geschichte tatsächlich nicht entbehrt, und erzählt schmunzelnd, wie wütend seine Mutter damals gewesen wäre und dass er sie deswegen ein „bissel gehänselt" habe. (HG 23)

Diese eindeutigen politischen Positionierungen der Mutter von Herrn Goll spielten sich überwiegend im privaten Raum ab und nicht, wie vergleichsweise bei der Mutter von Herrn Zinner, im politisch-organisierten Rahmen der ‚Ehemaligen'. Dies zeigt einmal mehr, dass es keiner besonderen NS-Funktion oder keiner Verankerung in einer politischen Organisation nach 1945 bedurfte, um seiner nationalsozialistischen Gesinnung treu zu bleiben bzw. diese bei bestimmten Anlassfällen wieder zu mobilisieren. Wie viele andere NS-Eltern auch ist sie erst im zunehmenden Alter, Mitte der 1980er Jahre zeitgleich mit dem Aufstieg der FPÖ, wieder politisch aktiver geworden, da sie sich von Jörg Haiders demonstrativen Loyalitätsbekundungen mit der ‚Kriegsgeneration' sehr angesprochen gefühlt hat. (HG 18, 26) Da sich der Sohn politisch seit seiner Studienzeit gegenläufig entwickelt hat – er definiert sich als ‚links von der Mitte' bzw. als „enttäuschtes SPÖ-Mitglied" –, kam es seitdem zu vielen politischen Auseinandersetzungen mit der Mutter. Diese bot sich schon deshalb als Angriffsfläche an, weil der Vater getrennt von der Familie lebte und der Sohn politische Diskussionen mit dem als schlau bezeichneten Vater eher mied. Gegenüber seiner politisch ‚naiveren' Mutter verspürte er aber den Drang, sie politisch aufzuklären oder, wie er sich ausdrückt, sie zu „bekehren". Herwig Goll schildert diese Auseinandersetzungen folgendermaßen:

> I: Ja, ich bin oft zornig geworden, und, manchmal hab ichs auch versucht, sehr, **direkt** a- auf emotionaler Basis i- ihr zu erzählen, äh dass in den KZs, **Kinder** vergast wurden und dass, und was da an an schrecklichen, Verbrechen an **Unschuldigen**, begangen wurde, und über diese Dinge mit ihr zu reden. Und, es **prallt** an ihr ab, also das ist unglaublich, sie ... man redet hin und her und, es, es sie reagiert eigentlich nicht darauf, und das hab ich schon oft versucht. ... Irgendwann dann also das war sehr spät in den in den 90er Jahren irgendwann wie es ihr dann körperlich und, geistig schlechter gegangen ist, hab ich es natürlich ganz aufgegeben .... (HG 26-27)

Die in dieser aufgeheizten Situation ausgetragenen Konflikte mit emotionalen Vorhaltungen einerseits und Ignoranz oder kategorischer Abwehr andererseits führten zu keiner Annäherung der Positionen. Die Mutter, davon ist mein Interviewpartner zutiefst überzeugt, ist trotz seiner ‚Bekehrungsversuche' letztendlich uneinsichtig geblieben und von ihrer politischen Haltung niemals abgerückt, wie er auf meine Nachfrage hin etwas geringschätzig bestätigt:

> I: Und haben Sie das Gefühl dass sich ein bissel was, äh sich bei ihr verändert hat?
> HG: /**Nein**/ [laut] **Absolut** nicht nicht ein Millimeter. Es hat sich **nichts** bei ihr, würde der Hitler wieder da sein, würde sie ihm, wieder in die blauen Augen schauen „**so** schöne blaue Augen hat er gehabt", und, sie würd sich wieder hinknien. Weil sie, sie ist auf so einen Führer fixiert, auf irgendeinen Führer. (HG 25)

In diesem Fall klingt – wie sonst oft – kein versöhnliches Ende an. Die im Interview mehrmals thematisierte emotionale Distanz zur Mutter ermöglicht Herrn Goll offenbar einen nüchternen-illusionslosen Blick auf die Mutter und deren Affinitäten zum Nationalsozialismus. Rekapituliert man das Interview, muss man feststellen, dass er keine einzige positive Charaktereigenschaft und kein einziges entlastendes Argument für die Mutter vorbringt, sondern diese vielmehr durch negative Zuschreibungen und Bewertungen belastet. In seiner Mutterpräsentation tut sich auch ein gewisser Widerspruch zwischen dem Erzählinhalt und der Erzählform auf, denn einerseits steht Herr Goll im Interview sichtlich unter einer großen emotionalen Anspannung, das Sprechen fällt ihm nicht leicht und er lässt das Interview mehrmals unterbrechen. Andererseits spricht er aber sehr nüchtern und beinahe affektlos und zeichnet ein überaus schonungsloses ‚Mutterbild'. Es ist keine Aggression oder Wut gegenüber der Mutter spürbar, obwohl er mehrmals erwähnt, dass seine jahrelangen psychischen Probleme (Depressionen) unter anderem in der gefühlskalten Kindheit und der mangelnden Beziehung zur Mutter ihren Ursprung haben. Aus ihm spricht vielmehr eine tiefe Resignation und das Wissen um die Unabänderlichkeit seiner Familiengeschichte, wo das Faktum der mütterlichen NS-Gesinnung – ebenso wie das der potenziellen Täterschaft des Vaters – als ein weiterer Mosaikstein in seiner Herkunftsgeschichte gesehen wird.

Mein Interviewpartner Werner Zinner präsentiert eine tief im ‚Ehemaligen'-Milieu verankerte Mutter, die politisch zwar besonders exponiert war, von ihren Grundzügen her aber beileibe kein Einzelfall war. Dies bestätigen auch viele andere InterviewpartnerInnen, deren Erinnerungen an ihre Mütter einem ähnlichen Grundmuster folgen. Diese ‚unbelehrbaren' NS-Frauen bewegten sich nach 1945 meist unter ‚Gleichgesinnten' und vertraten ihre NS-Gesinnung nach wie vor offen. So erzählen viele NS-Nachkommen, dass ihre Mütter den Alliierten mit Geringschätzung und Abneigung begegneten, dass sie Zeit ihres Lebens antiamerikanisch und/oder sehr russenfeindlich eingestellt waren und sich oftmals auch als offene Befürworterinnen der ‚Euthanasie' und als rabiate Antisemitinnen erwiesen.[53] Nicht nur im ‚Mutterbild' von Herrn Goll sondern auch in vielen anderen Fällen wird deutlich, dass derartige Haltungen nicht unbedingt nur bei jenen Frauen existierten, die eindeutig dem rechten ‚Ehemaligen'-Milieu zuzuordnen sind, sondern auch viele ‚durchschnittliche' Nachkriegsfrauen, die sich politisch in keiner Weise exponierten, die rassistische NS-Ideologie zumindest partiell geteilt haben.

Jedenfalls war die NS-Nachfolgegeneration in ihrer Kindheit und Jugend in den 1950er und 1960er Jahren durchaus mit derartigen ‚unbelehrbaren' NS-Frauen konfrontiert, wobei es nicht immer die Mütter sein mussten, sondern es sich oft um Frauen in der Verwandtschaft (Tanten, Großmütter) oder im Bekanntenkreis der Eltern oder LehrerInnen handelte Bei meinem Interviewpartner Robert Dussek war es beispielsweise die Großmutter väterlicherseits, die aus ihren NS-Überzeugungen auch nach 1945 keinen Hehl gemacht hat. So glorifizierte sie ihr Leben lang den Nationalsozialismus im Allgemeinen und die SS und ihren 1945 erschossenen Sohn, einen Gestapoführer und SS-Einsatzgruppenleiter, im Besonderen. Sie wollte auch ihren Enkelsohn, der im örtlichen ‚Ehemaligen'-Milieu stolz vorgeführt wurde, entsprechend politisch beeinflussen. (RD 16-19, 20) Während die dominante Großmutter für Herrn Dussek in seiner Kindheit eine sehr wichtige und positive Bezugsperson gewesen war, kam es später aufgrund politischer Differenzen zum endgültigen „Bruch" mit ihr. (RD 18-19) Noch heute klingen Herrn Dussek die Worte seines Onkels, ihres zweiten Sohnes, unmittelbar nach ihrem Tod im Ohr, als dieser stolz verkündete: „Sie ist gestorben wie eine deutsche Frau." (RD 34-35)

In den Erzählungen meiner InterviewpartnerInnen tauchen immer wieder kleine Anekdoten über ‚richtige Nazifrauen' aus dem sozialen Umfeld ihrer Kindheit auf. Isolde Moser (Jg. 1949) erinnert sich zum Beispiel an eine Bekannte aus ihrem Dorf in Kärnten, die sie aufgrund ihres dominanten und rechthaberischen Verhaltens bereits als Kind abgelehnt hatte. Diese Ablehnung wurde auch von ihrer Mutter geteilt, die sich vor allem auf deren selbstbewusstes Auftreten als ‚unbelehrbare' Nationalsozialistin bezog, wie Frau Moser anhand einer mütterlich überlieferten Anekdote belegt:

> IM: Also es gab eine Frau die kam immer, ahm aus dem Ort die kam immer Lebensmittel holen. Ahm, der- **alle** waren in der Partei, die Verwandten also ihre Schwestern ja, und meine Mutter hat sich auch immer mokiert darüber da gabs dann in F. ein so Eltern Treffen in der Schule, und da muss- wurden die Eltern aufgerufen Name, Beruf des Ehemannes, und diese Schwestern von dieser Frau, haben dann gesagt so und so und **Mann** Ober**sturm**banns**führer** **Gattin** Obersturmbannführer**gattin** also das noch im Jahre in den Sechzigerjahren, ja. Und meine Mutter hat sich da immer irrsinnig lustig gemacht ja. (IM 18)

Derartige Episoden zeigen, dass viele Nachkriegsfrauen offenbar keine Scheu hatten, selbstbewusst zu ihren politischen Überzeugungen zu stehen. Von den Kindern wurden sie vor allem durch ihr Auftreten und ihr Verhalten im Alltag oder durch bestimmte Äußerlichkeiten (Kleidung, Frisur) als ‚Nazifrauen' identifiziert. So erinnert sich auch Monika Hartl an eine Freundin ihrer Mutter, die sie bereits als Kind nicht mochte und die ihrer heutigen Einschätzung nach diesem Schema entsprach:

> MH: [...] Ich kann mich nur erinnern dass sie mit einer Frau befreundet war, das war ich glaub die [Klara Dorfer] das waren, so, **Nazi** zum Kubik zirka kann man sagen, also die waren total abstoßend die Leute für mich. Und ich hätt einmal, dieser Dame vorspielen sollen am Klavier und ich hab mich aber verweigert weil ich deswegen net wollt, das **war eine**, **Dame** die ist im Dirndlkleid umeinander spaziert immer mit so einer, ah, Gretlfrisur und die ist noch zu Zeiten wie ich fünfzehn war auf Erntehilfe zu ihrem Bruder gegangen im Sommer. [...] (MH 9)

Tatsächlich waren viele Mütter mit derartigen ‚Nazifrauen', die sie meist noch aus ihrer Zeit im BDM oder ihrer Internierung in Glasenbach kannten, oft bis ins hohe Alter befreundet. Diese NS-Frauen aus dem Bekanntenkreis der Mütter werden von den Nachkommen oft sehr ironisch-abschätzig beschrieben, wie etwa von Herrn Zinner, der eine Freundin der Mutter respektlos als „Paula-Grogger-Miniaturausgabe"[54] bzw. als „BDMse" (WZ 26) tituliert. Dieses Ironisieren und Lächerlichmachen ist zweifellos ein Ausdruck und eine Form der Distanzierung, die gegenüber den nicht näher bekannten NS-Frauen leichter ist als gegenüber der eigenen Mutter oder Großmutter, der man trotz aller politischer Differenzen doch einen gewissen Respekt entgegenbringen will.

Die ‚Frau an seiner Seite'

Viele der als ‚Nazifrauen' präsentierten Mütter waren Ehefrauen bzw. Witwen von hochrangigen NS-Funktionären und SS-Männern und können somit als ‚Frauen an seiner Seite' eingestuft werden. Als solche haben sie die NS-Überzeugungen ihres Mannes meist geteilt, manchmal werden sie sogar als noch ‚unbelehrbarer' und ‚fanatischer' als die Väter beschrieben, wobei diese Zuschreibung allerdings oft als Entlastungsversuch für den Vater eingesetzt wird. Viele dieser NS-Frauen – wie beispielsweise die Mutter von Herrn Zinner – blieben ihrer NS-Gesinnung und ihren Männern noch über deren Tod hinaus treu. Diese Treue und Loyalität zeigte sich vor allem in einer lebenslangen Heroisierung und Glorifizierung des ‚abwesenden' Vaters durch die Mütter, die damit erheblich dazu beigetragen haben, dass das idealisierte ‚Vaterbild' innerhalb der Familie für lange Zeit unbeschadet aufrechterhalten werden konnte.

Als Ehefrauen von hochrangigen Nationalsozialisten haben diese Mütter auch oft vom NS-System profitiert, da die berufliche und politische Karriere des Mannes meist auch einen sozialen Aufstieg, sowohl in symbolischer als auch in konkreter materieller Hinsicht, bedeutete. Man verkehrte ‚in besseren Kreisen', erhielt Privilegien wie z.B. größere Wohnungen und profitierte nicht selten von den ‚Arisierungen'. Dieser Aspekt scheint nach wie vor ein familiäres Tabu zu sein, denn er wird sowohl von den NS-Eltern als auch von den Söhnen und Töchtern nur selten thematisiert. Die Mutter meiner Interviewpartnerin Hilde Schubert ist eine dieser typischen ‚Frauen an seiner Seite' und Frau Schubert ist eine der wenigen, die diesen Aspekt anspricht und dabei konkret ihre Mutter belastet. Für die aus ‚kleinen Verhältnissen' stammende Mutter war die NS-Karriere des Ehemannes, einem mächtigen SD-Polizeichef und SS-Einsatzgruppenleiter, tatsächlich ein gesellschaftlicher Aufstieg, den sie sehr zu genießen schien. Der Tochter zufolge hatte sie auch keine Skrupel, aus den ‚Arisierungen' Nutzen zu ziehen, woran sie aber der Familienlegende nach zu ihrem großen Bedauern vom Vater gehindert worden war:

> HS: [...] meine Mutter war im Rothschildpalais in Wien.[55] Sich das anschauen. Und da hat derjenige der sie da durchgeführt hat gesagt, sie kann sich **irgendwas** mitnehmen, was sie sich aussucht, das ist ihm wurscht sie kann was nehmen, mein Vater hat gesagt „das kommt nicht in Frage, du nimmst dort nichts".
> I: Wann war das, wie das, passiert ist?
> HS: Na das muss, [19]40 41 gewesen sein, ned also der Rothschild der war ja schon draußen ned und die haben das ja, arisiert, und da, hätts hätt und da hat er ihr das nicht erlaubt, das hat sie immer wieder erzählt weil sie sich so geärgert hat, sie hätt so gern sich dort was mitgenommen, und das war nicht, oder nicht erlaubt. (HS 7)

Diese Geschichte erfüllt für Frau Schubert zweifellos eine bestimmte Funktion: Sie soll die insgesamt nicht sehr positiv gezeichnete Mutter zusätzlich belasten und den toten, idealisierten Vater entlasten. Sie zeigt aber auch, dass die Mutter offenbar noch Jahre danach der entgangenen Gelegenheit zur Bereicherung nachtrauerte und auch sonst nostalgische Erinnerungen an ihre privilegierte Stellung im Nationalsozialismus pflegte. So erzählte sie ihren Kindern öfters, dass ihre Hochzeit in Anwesenheit der NS-Führungselite stattgefunden habe und sie bei einem gesellschaftlichen Anlass sogar einmal „neben Eva Braun" gesessen sei.[56] Wie viele andere NS-Ehefrauen litt sie unter dem Verlust ihrer vormaligen Position als ‚Frau an seiner Seite' und projizierte die verflossenen Lebensträume auf die positiv besetzte NS-Zeit zurück: „Na ja sie hat natürlich, sie hat immer gesagt ‚also wenn der Hitler noch wäre, täts uns also blendend gehen und, was glaubst du was dein Vater wenn der Hitler noch wäre, der Krieg ist aus gewesen was der alles gemacht hätte, der hätt sich das **aussuchen** können in irgendeine **Riesen**fabrik als Direktor wir würden ja, super dastehen.'" (HS 21)

Für solch privilegierte NS-Frauen war das Kriegsende vermutlich besonders schwer zu ertragen, weil sie nicht nur mit ihren zerschlagenen Hoffnungen, sondern auch mit konkreten materiellen Verlusten und einer spürbaren sozialen Deklassierung fertig werden mussten. Die Nachkriegszeit erschien ihnen als ‚Verschlechterung' und ‚Ungerechtigkeit', wobei ein Unrechtsbewusstsein oder gar Reue von den meisten NS-Müttern nicht überliefert ist. Dass sie diese Sichtweise oft erfolgreich an ihre Kinder weitergeben, habe ich bereits in meinen Ausführungen zu den Tücken des ‚Trümmerfrauen'-Mythos angesprochen.

Viele dieser ‚Frauen an seiner Seite' agierten auch nach Kriegsende als Komplizinnen ihrer belasteten Ehemänner.[57] Sie versteckten sie vor den Alliierten und verwischten ihre Spuren, wie z.B. Vera Eichmann, die ihren Ehemann Adolf Eichmann für tot erklären lassen wollte.[58] Sie unterstützten ihre Männer bei deren Flucht ins Ausland und folgten ihnen später nach, wie etwa die Frau des KZ-Kommandanten Franz Stangl.[59] Sie schützen ihre unter falschem Namen im Ausland lebenden Ehemänner durch diverse Ablenkungsmanöver, wie beispielsweise die Ehefrau des Gauleiters Uiberreuther[60] und es gab sogar Fälle, wo der Vater oft jahrzehntelang unter falscher Identität mit der Ehefrau zusammengelebt hat und den Kindern vorgespielt wurde, dass es sich dabei um einen ‚Onkel' handelte.[61]

Bei weniger prominenten NS-Ehefrauen waren die Unterstützungsmaßnahmen zwar weniger spektakulär, aber um nichts weniger wichtig. Viele ‚Kinder der Täter' erinnern sich, dass ihre Mütter oft mit allen Mitteln – meist durch Vorsprachen und Interventionen bei wichtigen Personen oder Ämtern – versucht haben, ihre Männer aus den Internierungslagern oder aus der Haft frei zu bekommen. Viele Kinder erzählen diese Aktivitäten der Nachkriegsmütter wertfrei oder deuten sie sogar als Zeichen der mütterlichen Stärke. Anders meine Interviewpartnerin Gerda Ferstl, die ihren Groll über die mütterlichen Nachkriegsaktivitäten nicht verbergen kann: Nicht nur, dass ihre Mutter permanent gegen die ‚Ungerechtigkeit' der Entnazifizierung lamentierte und keinerlei Unrechtsbewusstsein zeigte. Die Bemühungen der sonst sehr passiven Mutter, ihren Ehemann aus dem Internierungslager Glasenbach frei zu bekommen, sind aufgrund der häufigen Abwesenheiten der Mutter auch auf Kosten ihrer Kinder gegangen. Jedenfalls fühlte sich Frau Ferstl als Kind von ihr vernachlässigt und auf Verwandte ‚abgeschoben', um ihre Mutter „bei ihren Geschäften (nicht) zu behindern", wie sie heute sarkastisch meint. (GF 3, 15) Während diese Aktivitäten unabhängig von ihrer Rechtmäßigkeit noch als nachvollziehbare Loyalität von Ehefrauen einzustufen ist, setzten manche Mütter auch Schritte, die weit darüber hinausgehen. So etwa hat die Mutter von Frau Schubert, deren verstorbener Ehemann ein SS-Einsatzgruppenkommando geleitet hat, als Entlastungszeugin für einen angeklagten SS-Kameraden ihres Ehemannes ausgesagt. (HS 24-25)

Die Mutter als ‚Mitläuferin'

Viele Mütter werden von ihren Kindern der Kategorie der ‚Mitläuferinnen' zugeordnet. Diese Zuschreibung bezieht sich meist auf Frauen, die sich politisch zwar nicht besonders exponiert, sich aber doch auf unterschiedliche Weise dem NS-Regime angepasst haben. Viele dieser Frauen waren in NS-Jugendorganisationen wie dem Bund Deutscher Mädels (BDM), der NS-Frauenschaft oder als Luftwaffenhelferinnen tätig. Wie aus der Fachliteratur, vor allem aus Oral-History-Projekten, bekannt ist, haben viele Frauen die NS-Zeit, vor allem ihre Zeit im BDM, durchaus positiv erlebt.[62] Diese subjektiv positiv erlebten Erfahrungen wurden oftmals durch die mütterlichen Erzählungen an die Nachkommen weitergegeben und haben deren Vorstellungen von der Mutter im Nationalsozialismus erheblich geprägt. So erscheinen die Mütter in einigen ‚Mutterbüchern' als junge Mädchen bzw. Frauen, die vom Nationalsozialismus und seinem ‚Erlebnisangebot' (BDM, Aufmärsche, Arbeitsdienst, Kraft durch Freude-Fahrten) angetan waren und diese Zeit nicht selten nostalgisch als die ‚beste Zeit ihres Lebens' in Erinnerung hatten.[63]

Stellvertretend dafür möchte ich die mütterliche Protagonistin in Peter Handkes Erzählung *Wunschloses Unglück*[64] anführen. Es handelt sich dabei zwar um einen literarischen Text, der aber stark autobiographisch angelegt ist, in dem der Autor ein exemplarisches Frauen-Schicksals dieser Muttergeneration nachzeichnet und dabei auch den Nationalsozialismus nicht gänzlich ausklammert. Die mütterliche Protagonistin, aufgewachsen in bäuerlichen Verhältnissen in Kärnten mit slowenischen Wurzeln, versuchte Zeit ihres Lebens diesem engen, ausschließlich auf Arbeit und Sparsamkeit ausgerichteten Milieu zu entfliehen. Der Nationalsozialismus mit seinen Verheißungen schien ihr nach dem ‚Anschluss' 1938 dieses Ziel zu ermöglichen. Nach einer Beziehung mit einem deutschen verheirateten Nationalsozialisten, von dem sie ein uneheliches Kind erwartete, heiratete die Mutter 1942 einen Unteroffizier der Deutschen Wehrmacht. Während der Kriegsjahre lebte sie in Berlin, das für sie trotz der zunehmenden Bombenangriffe ein Ort der persönlichen Freiheit werden sollte.

Die einstige Zustimmung der weiblichen Hauptfigur zum Nationalsozialismus wird bei Handke in ungewohnter Offenheit thematisiert. Sie erscheint als unpolitische NS-Anhängerin, die sich vor allem vom ‚Erlebnischarakter' des Nationalsozialismus beeindruckt gezeigt habe: „Zum ersten Mal gab es Gemeinschaftserlebnisse. Selbst die werktägliche Langeweile wurde festtäglich stimmungsvoll..."[65] Und an anderer Stelle heißt es: „...und es ereignete sich so viel, dass man etwas VERGESSEN konnte. Immer hatte sie auf etwas stolz sein wollen; weil nun alles, was man tat, irgendwie wichtig war, wurde sie wirklich stolz, nicht auf etwas Bestimmtes, sondern allgemein stolz, als Haltung, und als Ausdruck eines endlich erreichten Lebensgefühls; und diesen vagen Stolz wollte sie nicht mehr aufgeben."[66] Alles, was danach kam, so wird suggeriert, bedeutete für die Mutter Rückschritt und schließlich Stillstand. Die Rückkehr in die Kärntner Provinz nach dem Krieg war für die Frau ein ‚Ende auf Raten', gegen das sie sich vergeblich aufzubäumen versuchte und dessen Ende der Selbstmord Anfang der 1970er Jahre darstellt.

Die Erzählhaltung Handkes ist überwiegend affirmativ, er übernimmt die damalige Perspektive der mütterlichen Protagonistin und gibt diese ohne moralisierende Anklage wider. Die sich aufdrängende Frage, woher der Sohn das alles weiß, wird insofern beantwortet, als mehrmals das große „Bedürfnis (der Mutter), zu erzählen" erwähnt wird. Das verweist darauf, dass Mütter sehr wohl über die NS-Zeit gesprochen haben und dies nicht selten mit einem positiven Grundton getan haben, der vordergründig frei von Ideologie zu sein schien. Auch einige meiner Interviewpartnerinnen bestätigen, dass ihre Mütter, wenn überhaupt, vor allem im Zusammenhang mit ihren positiven Erfahrungen im BDM über die NS-Zeit erzählt haben. So erinnert sich beispielsweise Monika Hartl (Jg. 1954) an einige seltene Momente der Nähe zwischen ihr und ihrer Mutter (Jg. 1919), beispielsweise bei der gemeinsamen Küchenarbeit, wo diese auf ihre Zeit im BDM zu sprechen kam:

> MH: Die Mutter zum Beispiel war BDM-Führerin in W. und sie hat so erzählt also wenn wenn net der Hitler kommen **wär hätt** hätts in W. nie Medizinbälle geben. Da hab ich mir als Kind gedacht na und ist denn das wesentlich, /wozu braucht W. Medizinbälle/[lachend] und mir ist ihre Ansicht völlig fremd gewesen. Diese Ansicht dass jetzt sind wir endlich wichtig worden, dadurch, und sie ist deswegen BDM-Führerin geworden weil sie eben aus so einer reichen Familie gewesen ist. (MH 8)

Monika Hartl findet die ungewöhnliche Begründung der Mutter (Einführung der Medizinbälle) befremdlich, wie durch ihr begleitendes Lachen unterstrichen wird. Ob sie aber die mütterliche Darstellung, wonach ihre lokale Führungsrolle im BDM auf ihre soziale Herkunft zurückgeführt wird, Glauben schenkt, wird aus dieser Passage nicht ganz ersichtlich. Jedenfalls schien die damalige mütterliche Begeisterung bei den seltenen Gelegenheiten, wo sie darüber gesprochen hat, noch nachzuwirken: „So eine gewisse Stimmung aus der Zeit ist geblieben. Wie wenn so ein Glanz von dem ausgegangen wär", erinnert sich Frau Hartl. (MH 9, 23) Die Erzählungen der Mutter über ihre Jugendzeit im BDM sind der Tochter umso klarer in Erinnerung geblieben, als sie im starken Kontrast zur sonst als „freudlos" und „depressiv" charakterisierten Mutter standen. Hier zeigt sich ein ähnliches Muster wie bei Handke, denn auch die Mutter von Frau Hartl führte ein vom Vater als ‚Haustyrannen' unterdrücktes Leben und litt zudem an einer langjährigen schweren Krankheit.[67] Anders als die von Handke gezeichnete innige Mutter-Sohn-Beziehung, konnte und kann Monika Hartl für ihre mittlerweile verstorbene Mutter kaum positive Gefühle aufbringen, wie sie bedauernd feststellt: „Ja leider ist es [das Gefühl] schwach, ganz schwach. Die Mutter ist ganz blass. Und das, das tut mir **leid** und ich muss mich immer wieder bemühen was zu finden. was ich, was ich, schätz an ihr, das ist net so leicht..." (MH 25)

Auch meine Interviewpartnerin Ingrid Wonisch erzählt, dass ihre Mutter (Jg. 1922) manchmal über ihre Zeit im BDM gesprochen habe. Sie zeichnet dabei ein vollkommen ideologiefreies Bild des BDM, der der damals jungen Mutter vor allem die Möglichkeit bot, „aus der häuslichen Enge zu entfliehen" und sich mit Gleichaltrigen zu treffen. (IW 18) In ihrer Darstellung ist es schwer zu trennen, was die Erzählungen der Mutter und was ihre eigenen nachträglichen Deutungen sind. Ihre Wortwahl und Argumentation deuten jedenfalls darauf hin, dass sie die Ergebnisse der NS-Forschung gut kennt, wonach die Attraktivität des Nationalsozialismus für junge Frauen vor allem in der Möglichkeit zur sozialen Mobilität und Weiterbildung, im Gemeinschaftserleben und in der Steigerung des Selbstwertgefühls bestand.[68] Dieses historische Erklärungs- und Interpretationsschema über die Aktivitäten der Mütter im Nationalsozialismus hat sich in den nachfolgenden Generationen weitgehend durchgesetzt.

Manche jungen Frauen wurden später dienstverpflichtet, so wie beispielsweise die Mutter von Dieter Neubauer, die im Luftgaukommando als Nachrichtenhelferin tätig war und meinem Interviewpartner zufolge aus dieser Tätigkeit niemals einen Hehl gemacht hat: „[...] sie hat dann die letzten 20, 25 Jahre kann ich ruhig sagen, immer wieder von dieser Zeit erzählt. **Natürlich** es war ihre Jugend, die ihr damit gestohlen wurde, aber sie hat also, mit einer gewissen unterdrückten Begeisterung möchte ich sagen von dieser Zeit erzählt. [...] (DN 2) Während andere das Schweigen der Mütter über die NS-Zeit beklagen, ist Herrn Neubauer die Erzählfreude seiner Mutter und die Konzentration auf die NS-Zeit offenbar zu viel und er wertet ihre Erzählungen als „0815-Gschichtln" ab. (DN 22) Das liegt wohl auch daran, dass die mütterliche Erzählweise den Erwartungen des antifaschistisch engagierten Sohnes erheblich widerspricht, denn sie behielt Zeit ihres Lebens ihre subjektive und unpolitische Sichtweise bei. So habe sie beispielsweise öfters davon erzählt, dass sie beim ‚Anschluss' 1938 beim Empfang Hitlers am Heldenplatz anwesend gewesen war. Ihrer Version nach war sie gemeinsam mit ihrer Schulklasse dazu verpflichtet worden und sie habe dann eine „kleine Panikattacke" bekommen und den Heldenplatz aus „Platzangst" bald verlassen müssen. (DN 4) Diese ‚private' Erinnerung der Mutter befriedigt den Sohn keineswegs, vielmehr wünscht er sich eine klare Distanzierung und bietet ihr sogar eine alternative Erzähl- und Deutungsvariante an: „Ich würde erzählen [...], ich hab die Gelegenheit benutzt bei guten Wind wegzukommen, mir ist nix Gescheiteres eingefallen ich hab gesagt: ‚Hurra jessasna um Gottes willen, so viel Leut' äh, also das hat sie **nie**, das wär ihr nicht eingefallen." (DN 4)

Herr Neubauer missbilligt vor allem die Bereitschaft der Mutter, unliebsame Tatsachen aus ihrer Wahrnehmung einfach auszublenden, wie etwa das damalige ‚Wegbleiben' ihrer jüdischen MitschülerInnen oder die erzwungenen demütigenden ‚Reibepartien' von Juden auf den Wiener Straßen im Jahr 1938, die sie als Wienerin seiner Ansicht nach wahrnehmen hätte müssen:

> DN: [...] Und so ist es auch, de facto kaum möglich gewesen von ihr irgendwelche Wahrheiten zu erfahren. Sie hat **nie** was von die Reibepartien mitkriegt sie hat nie was also sie hat gewohnt, äh in der Nähe der Stadthalle mit ihren Eltern. Und und sie hat also **nie** was gehört sie hat gearbeitet beim Gerngroß [Großkaufhaus] in der in der Mariahilferstraße, wo also mit **Sicherheit auch Reibepartien** waren, aber es von denen wollte sie nichts wissen, sie hat nichts gehört sie hat nichts gelesen, wie immer wie immer man das jetzt deuten mag, sie hat sich einfach sie hat sich einfach distanziert davon. Sie ist an sich eine Frau die sehr, in ihrem Leben sehr viel verdrängen, konnte oder wollte. Das gilt also fürs Private und so. Und, das schlägt natürlich auch in diese Zeit zurück. (DN 3)

Dieter Neubauer räumt zwar ein, dass seine Mutter „sicher nie politisch" gewesen sei, aber für ihn beginnen die Verbrechen – und somit auch die Mitschuld seiner Mutter – bereits „im Wegschauen", wie er einmal dezidiert sagt. (DN 16) Damit bezieht er sich auf einen erweiterten Begriff von Mittäterschaft, für die der NS-Forscher Raul Hilberg die Kategorie der ‚Zuschauer' oder ‚bystander' eingeführt hat.[69] Im Grunde zeichnet Herr Neubauer das Bild einer ‚Mitläuferin', die zwar nicht selbst aktiv war, aber auch nicht ‚dagegen', sondern zumindest partiell für die NS-Ideologie anfällig gewesen sei. Aber mehr noch als ihre affirmative Haltung zur NS-Zeit beschäftigt Herrn Neubauer – wie viele andere Söhne und Töchter auch – die Tatsache, dass die Mutter auch nach 1945 kein Unrechtsbewusstsein über die verbrecherischen Aspekte des NS-Systems entwickelt und sich nie vom Nationalsozialismus distanziert hat.

Die Mutter als Erzieherin

Viele ‚Mutterbilder' kreisen weniger um die Rolle der Mutter als politische Akteurin in der NS-Zeit als um ihre Rolle innerhalb der Familie, als Mutter, Erzieherin und Vermittlerin von bestimmten Werten in der Nachkriegszeit. Dabei fällt auf, dass viele Nachkriegsmütter in dieser Hinsicht sehr negativ erinnert und bewertet werden. Der Maßstab der Bewertung der Mutter ist vorrangig das ihr zugeschriebene negative Verhalten nach Kriegsende in der Familie und gegenüber den Kindern. Das heißt: Es geht meist stärker um ihr ‚Versagen' im privaten als im politischen Bereich. Häufig bilden die persönliche und politische Ebene – die Mutter als ‚überzeugte Nationalsozialistin' und als ‚schlechte Mutter' – eine negative Einheit.

Diese Frauengeneration war durch ihre Sozialisation im Nationalsozialismus stark von bestimmten NS-Werten geprägt, die sie später als Mütter durch ihre Erziehung an die nachfolgende Generation weitergegeben haben.[70] Als nationalsozialistische Erziehungsideale, wie sie beispielsweise im NS-Erziehungsbuch von Johanna Haarer *Die deutsche Mutter und ihr erstes Kind* festgelegt waren, galten: Härte, Sauberkeit, Unnachgiebigkeit, Unterdrückung der Gefühlswelt und der emotionalen Bedürfnisse der Kinder, (körperliche) Strafen als Disziplinierungsmaßnahme usw.[71] Einige meiner Interviewpartnerinnen, wie z.B. Frau Jelaschitz und Frau Ferstl, erzählten mir, dass ihre (Schwieger-)Mütter dieses NS-Erziehungsbuch auch noch nach 1945 verwendet hätten und dass die Frage der Kindererziehung Gegenstand von späteren Auseinandersetzungen zwischen ihnen gewesen sei. (EJ 8-9, GF 28-29) Die harten, oft sadistisch anmutenden Erziehungsmethoden wurden in vielen Nachkriegsfamilien praktiziert und nicht selten waren die Mütter die Vollzugsorgane.[72] Es sind meist die Töchter, die die mütterlichen NS-Prägungen und deren transgenerationelle Weitergabe über den Weg der Kindererziehung ansprechen. Da mag daran liegen, dass sie als Töchter den mütterlichen Erziehungs- und Weiblichkeitsvorstellungen oft stärker ausgesetzt waren, später selbst oft Mütter waren und (manchmal durch ihr feministisches Engagement) stärker dafür sensibilisiert sind als die meisten Söhne.

Vor diesem Hintergrund mag es nicht erstaunen, dass viele ‚Kinder der Täter' zu ihren (NS-)Müttern oft keine positive emotionale Beziehung aufbauen konnten und daher vor allem in persönlicher Hinsicht auffallend viele negative ‚Mutterbilder' präsentiert werden. Eines davon möchte ich im Folgenden exemplarisch vorstellen.

Mutterbild BP

Meine Interviewpartnerin Brigitte Podinsky (Jg. 1951) ist eine sehr offene, politisch engagierte und emanzipierte Frau, die beruflich als Psychotherapeutin tätig ist und sich mit ihrer Familiengeschichte bereits stark auseinander gesetzt hat. Ihren trotzdem etwas ambivalenten Zugang zum 1995 verstorbenen NS-Vater habe ich bereits in einem ‚Vaterbild' dargestellt und analysiert, das als Hintergrundfolie und Ergänzung zu den folgenden Ausführungen gelesen werden kann/soll.

Die Mutter (Jg. 1922) war eine überzeugte Nationalsozialistin, die in der NS-Zeit BDM-Führerin war und nach Kriegsende in Glasenbach interniert wurde. Anders als die bereits porträtierte Mutter von Werner Zinner war die Mutter von Frau Podinsky nach Kriegsende nicht mehr politisch tätig. Sie heiratete kurz nach Kriegsende einen gleichaltrigen ehemaligen HJ-Führer und bekam insgesamt drei Töchter, wovon Frau Podinsky (Jg. 1951) die mittlere ist. Meine Interviewpartnerin zeichnet insgesamt ein eher negatives Mutterbild, das in seiner bipolaren Aufteilung ‚böse' Mutter – ‚guter' Vater idealtypisch für viele ähnliche Mütter-Präsentationen anzusehen ist. Sie bezeichnet den Vater als wichtigste Bezugsperson ihrer Kindheit, den sie „sehr geliebt" habe und für den sie – trotz seiner NS-Überzeugungen und trotz aller Konflikte mit ihm – viel Verständnis aufbringt. Von Beginn an ist klar, dass die Mutter, die zum Zeitpunkt des Interviews noch lebt, für Frau Podinsky nicht jenen zentralen Stellenwert einnimmt wie der Vater, mit dem sie sich auch im Interview hauptsächlich beschäftigt. Demgegenüber wird die Mutter meist nur auf meine Nachfrage hin und hier wiederum nur in Bezug auf den Vater vorgestellt:

> BP: [...] und meine **Mutter war**, [atmet tief] wie soll ich sagen, ähm, die Sklavin meines Vaters wenn ichs jetzt ganz bös ausdrücke ja, also so die Frau, wie man sie wirklich, ähm wie mans oft so liest, äh in in Büchern von früher, die kein eigenes Leben führen die kein eigenes Ich entfalten sondern die wirklich nur da ist für die anderen, sich abstrudelt von der Früh bis am Abend für irgendjemanden, und ähm, die, ich hab sie unlängst einmal gefragt sie ist jetzt acht Jahre Witwe, und sie hat gesagt das ist eigentlich ihre schönst- die schönste Zeit ihres Lebens ist jetzt, seit der Vati tot ist. Also jetzt, kann sie sich entfalten und jetzt äh macht sie das was sie will und, und es ist niemand da der sie tyrannisiert. (BP 2)

Brigitte Podinsky präsentiert eine Frau, die sich nach Kriegsende dem dominanten und tyrannischen Vater bereitwillig untergeordnet hat, und dies, obwohl sie in der NS-Zeit ihrem späteren Ehemann in der NS-Hierarchie sogar überlegen gewesen war. Die Mutter von Frau Podinsky reiht sich somit in die Reihe jener – im Nationalsozialismus durchaus aktiven – Nachkriegsfrauen ein, die sich nach ihrer Verheiratung oder der Rückkehr ihres Ehemannes (aus der Kriegsgefangenschaft, Internierung usw.) wieder in die traditionelle Frauenrolle zurückgezogen und die patriarchalen Familienstrukturen offenbar weitgehend akzeptiert haben. Frau Podinsky, selbst eine selbstbewusste berufstätige Frau, weiß offenbar um diese Mechanismen des geschlechtsspezifischen Rollbacks nach Kriegsende Bescheid. Dieses Wissen führt aber zu keiner (nachträglichen) Solidarität oder Empathie der Tochter mit der unterdrückten Mutter, vielmehr schwingt in der abschätzigen Bezeichnung „Sklavin des Vaters“ eine leichte Verachtung oder zumindest Missbilligung der ‚nachgeborenen‘ emanzipierten Tochter für die sich unterordnende Mutter mit, die sie mit vielen anderen NS-Töchtern teilt.[73]

Die Rolle der Mutter lässt sich jedoch nicht nur auf jene einer unterdrückten ‚Nur-Hausfrau‘ reduzieren. Aus den Erzählungen von Frau Podinsky geht hervor, dass die Mutter am von der Tochter so bewunderten geschäftlichen Erfolg des Vaters und am Aufbau des großen Familienunternehmens durch ihre Mitarbeit und Fähigkeiten erheblichen Anteil hatte. (BP 35) Neben ihren großen Familienhaushalt musste sie einen Geschäftshaushalt führen sowie den väterlichen Repräsentationspflichten gerecht werden. Die Kindheit von Frau Podinsky fällt in diese Zeit des arbeitsintensiven Geschäftsaufbaus, der Doppelbelastung und den damit einhergehenden Zeitmangel, was das Bild von der Mutter nachhaltig geprägt zu haben scheint:

> I: Was ist Ihre Mutter für ein Typ [...] wie war sie als Mutter, als Frau, also wenn Sie sie einmal so beschreiben.
> BP: Also die Mutti war, eine sehr, funktionierende Frau ... eine sehr, also ich sag jetzt einmal körperlich eine sehr sportliche Frau, eine sehr, äh tüchtige

Frau, eine sehr gescheite Frau, also sie hat, sie hat **wahnsinnig** viel gewusst sie war sehr gebildet, äh sie hat ähm ... sie war sehr, äh auf der einen Seite auch hat sie sowas Natürliches Fröhliches gehabt ja, also so eine so eine gesunde, wie so eine richtig so eine gesunde Frau so durch und durch so eine gesunde Frau, blond und blauäugig, also so ... ja, also sie ha- und sie hat funktioniert. Ja sie hat in erster Linie funktioniert.
I: Und wie war sie Ihnen gegenüber, also Ihnen und Ihren Schwestern?
BP: **Sehr** streng. Also sie war sie hat eine .. ich glaub einmal dass die gan- dieses ganze Kinderkriegen, und der ganze Haushalt, und das die ganze Aufzucht sag ich jetzt, ja, war ihr irgendwie glaub ich zutiefst zuwider. Ich glaub das war alles, sie hat das alles aus Pflichtgefühl gemacht. Weil das halt, weil das halt irgendwie so gehört oder so ja. Ich glaub nicht dass da ihr Herz dabei war. Für mich war sie wenn ich heut so zurückdenk, für mich war sie eigentlich ... es hat so kurze Momente gegeben wo sie eine sehr wo sie sehr fröhlich und sehr schön war da hab ich sie sehr schön in Erinnerung, auch so von ihrem Herzen her von ihrer Ausstrahlung her. Aber, sonst war sie, /wie soll ich das beschreiben am besten/ [leise] .. ja sie hat funktioniert. Sie, sie, irgendwie war sie, ich glaub sie war innerlich ganz woanders als sie äußerlich war [...]. (BP 3-4)

Die Beschreibung der Mutter durch Frau Podinsky läuft dem herkömmlichen Klischeebild von der kinderliebenden treusorgenden Nachkriegsmutter und Hausfrau erheblich zuwider. Letztendlich erscheint ihr die Zuschreibung der „funktionierenden" Frau, die mit den Begriffsfeldern Tüchtigkeit, Pflichtgefühl, Trennung von Innen- und Außenwelt zusätzlich untermauert wird, am adäquatesten. Die Vermutung, dass die „Aufzucht" von Kindern ihrer Mutter „zuwider" gewesen sei, leitet Frau Podinsky aus ihren eigenen (negativen) Kindheitserfahrungen mit der Mutter ab. Dass diese Zuschreibung im gewissen Widerspruch zu ihrer ehemaligen Funktion als BDM-Führerin steht, zu deren vorrangigen Aufgaben die Propagierung einer NS-Mutterideologie stand, thematisiert sie aber nicht direkt. Dieser Topos der ‚untypischen Mutter', die eigentlich keine Kinder wollte und somit nicht dem Ideal der ‚deutschen Frau und Mutter' entsprach, findet sich in auffallend vielen meiner Interviews wieder. Ebenso häufig wird die Mutter als harte, gefühllose Person präsentiert, die ihre Kinder sehr streng erzogen habe und offenbar keine emotionale Bindung zu ihnen aufbauen konnte. Die Ursache für das mütterliche Verhalten wird im Allgemeinen nicht in der möglichen familiären Situation (Überarbeitung, Zeitmangel, Überforderung) von Nachkriegsfrauen gesucht, sondern auf die ‚Wesensart' der Mutter zurückgeführt, so auch bei Frau Podinsky:

BP: [...] also, mit meiner ersten, mit meiner älteren Schwester ist sie sehr nah und sehr gut, mit mir ist sie so, also ich bin auch sehr geschlagen worden von ihr, als einzige, weiß bis heut ned warum eigentlich, ähm, und die klei- meine jüngere Schwester, ist, die ist überhaupt, ich würd einmal sagen fast wie ein Haustier, herangewachsen, also, das war irgendwie ganz schrecklich weil um die hat sie sich überhaupt nimmer mehr gekümmert, und die ist dann oft so abgestellt worden in ihrem, in ihrer Gehschule. Also oft wirklich tagelang, die ist einfach in ihrem Zimmer in ihrer Gehschule gesessen, also schrecklich ja,

und dass die das alles überlebt hat ist eh ein Wunder. Also der Vati war dann eher so derjenige der die emotionale, der die Emotionalität da in die Familie gebracht hat. Also sie war da schon eine **sehr** verschlossene, sehr, sehr **kalte Frau** obwohl sie, vom Typ her eine sehr herzliche warme Person ist.
I: Aber so den Kindern gegenüber ned so diese typische Mutterrolle?
BP: Nein, überhaupt ned.
I: Nicht verzärteln oder- gar nix an Zärtlichkeit?
BP: Nein, um **Gottes willen**, überhaupt ned nein. Nein **überhaupt nix**, nein **überhaupt** nix nein. **Gar** nix. (BP 6-7)

Hier klingt einmal mehr der von Frau Podinsky konstruierte Gegensatz zwischen dem emotionalen, ‚weichen' Vater und der gefühllosen ‚harten' Mutter an, der jedoch keineswegs frei von Widersprüchen ist und ihre Familien(re)konstruktion wesentlich bestimmt. Derartige kontrastierende Rollenzuteilungen und Bewertungen sind keineswegs spezifisch für NS-Nachkommen, sondern ein häufiger Ordnungs- und Interpretationsrahmen von nachträglichen Auseinandersetzungen mit der eigenen Familiengeschichte. Es liegt auf der Hand, dass negative oder positive Rollenzuschreibungen sowie das damit meist einhergehende gegenseitige ‚Ausspielen' der Elternteile bestimmte Funktionen in der Familienrekonstruktion erfüllen, die oft auf sehr verschlungenen Wegen funktionieren und nur tiefenpsychologisch gedeutet werden können. Bei Brigitte Podinsky bekommt die Mutter eindeutig die Rolle der ‚Bösen' zugesprochen, ohne nach den Gründen ihres Verhaltens zu fragen, wohingegen sie für das nicht minder problematische Verhalten des Vaters viele psychologische Erklärungen findet, die manchmal auch zu Entschuldigungen werden (vgl. ‚Vaterbild' BP).

Derartige Zuschreibungen sind aber keineswegs nur Projektionen, sondern beruhen immer auch auf konkreten charakterlichen Beschaffenheiten der Eltern und den persönlichen Kindheitserfahrungen mit ihnen. Dies gilt auch in diesem Fall: Während Frau Podinsky ihren Vater, mit dem sie als Kind aufgrund seiner beruflichen Tätigkeiten wenig zu tun hatte, als „lieben herzlichen Menschen" (BP 6) erlebt hat, war sie den strengen Erziehungsmethoden der Mutter, die auch vor körperlicher Gewalt nicht zurückschreckte, wesentlich stärker ausgesetzt. Dementsprechend lieblos und problematisch gestaltete sich die Mutter-Tochter-Beziehung von früh an, wie Frau Podinsky an der folgenden konkreten Kindheitserinnerung exemplarisch veranschaulicht:

I: [...] was hat Ihre Mutter für für Erziehungsvorstellungen gehabt, also was wollte sie so aus ihnen machen?
BP: Ja, also, sie wollte, i- also, wenn ich jetzt das auf mich bezieh diese Frage, sie wollte mich zurechtbiegen, würd ich ah, würd ich mal sagen. Und ich hab das auch so erlebt nur, ich hab irgendwie sehr früh, sehr früh, so innerlich beschlossen, also, mit mir machst du das nicht. Und, ich das war eigentlich immer so ein, so ein Kampf auch in mir ja ich musste so, ich musste einfach nach außen hin immer sehr stark sein. Weil ich musste dieses, diese Härte der Mutter muss ich ihr musste ja ich, also ich musste dem irgendwie, ja sie hätt mich sonst glaub ich gebrochen. Ich wär, wär, ich bin eh fast zerbrochen

an ihr ja also, ich erinner mich da an Geschichten, also, grauenhafte Sachen ich war in der 1. Klasse Volksschule und musste da so Stricherln machen und Ringerln das hat man früher noch so gemacht, /weiß ned ob man das heut anders macht/ [lachend] [lacht], und das war eine, das war so liniertes Heftl, und da ist sie daneben gesessen, mit dem Kochlöffel in der Hand, und wenn das Stricherl nicht grad war, dann hab ich mit dem Kochlöffel eine auf die Finger kriegt. Das weiß ich noch und dann, manchmal hat sie mich so geschlagen dass ich .. also die hat so auf mich eingedroschen, ich hab keine Ahnung, ich weiß nicht was ich angestellt hab ja, das weiß ich nicht mehr
I: Das wissen Sie nimmer [BP: nein nein] die Anlässe waren das, so Kleinigkeiten oder-
BP: Jaja das waren Kleinigkeiten, ja. Also ich hab so das Gefühl gehabt sie hat sich so an mir abreagiert.
I: Und warum grad an Ihnen, was glauben Sie?
BP: Naja, ich glau-, also meine ältere Schwester war eine sehr angepasste bis zum heutigen Tag, die hat auch so die ist auch da voll in diesem System drinnen, also die ist ja da, das ist ja also schrecklich mit ihr, weil die .. äh, also die verniedlicht auch alles so, die ist da **voll** in diesem, in dieser Systemstruktur drinnen, und ich hab irgend- ich weiß auch nicht warum ich hab ganz früh, hab ich ihr, ich hab mich irgendwie distanziert von dem Ganzen ganz früh. (BP 6-7)

Die von Frau Podinsky exemplarisch geschilderte kindliche Gewalterfahrung teilt sie mit vielen ihrer Generation und stellte keine Ausnahme für die Erziehungsmethoden in österreichischen und deutschen Nachkriegsfamilien dar. Dabei zeigt sich, dass nicht nur die Väter, sondern auch die Mütter, denen meist die Erziehungsarbeit der Kinder überantwortet wurde, in den Erzählungen der Nachkommen als diejenigen aufscheinen, die gerade in Alltagssituationen (wie bei Schulaufgaben oder Haushaltspflichten) ihre Autorität durch körperliche Gewalt durchzusetzen versuchten. Darin unterscheiden sich nationalsozialistische Familien vermutlich nicht wesentlich von nicht-nationalsozialistischen. Die familiäre Gewaltbereitschaft lässt sich einerseits aus den damals weit verbreiteten und unhinterfragten Erziehungsauffassungen, wonach körperliche Züchtigungen gutgeheißen wurden, erklären. Andererseits ist die familiäre Gewalt vermutlich auch Ausdruck und Produkt der spezifischen Nachkriegssituation und der damit einhergehenden Überforderung und Frustration vieler Väter und Mütter, die oft auf Kosten der Kinder ausgetragen wurden. Zur physischen Gewalt kommt im Falle von Frau Podinsky auch noch der psychische Druck, dem sie sich als Kind ausgesetzt sah und den sie heute als Versuch, sie „zurechtzubiegen“ und ihren Willen zu brechen, interpretiert.

Auch wenn Brigitte Podinsky die mütterliche Gewalt nicht explizit mit deren NS-Gesinnung in Zusammenhang bringt, stellt sie indirekt doch eine thematische Verbindung dazu her, indem sie auf die in ihrer Familie existierende „Systemstruktur“ zu sprechen kommt, gegen die sie sich – im Unterschied zu ihrer älteren Schwester – schon sehr früh aufgelehnt habe. Vor dem Hintergrund der Gesamterzählung wird klar, dass Frau Podinsky damit offenbar das hermetisch abgeschirmte ‚Ehemaligen‘-Milieu ihrer Kindheit meint, in dem sich ihre Schwester nach wie vor bewegt, wohingegen sie selbst im Verlauf ihres Studiums daraus ausgebrochen ist (vgl. Kapitel ‚Irritationen'). Auch die übrigen in der Familie propagierten Erziehungswerte, wie der/die von beiden Elternteilen eingeforderte „absolute Gehorsam" und Disziplin sowie eindeutig ideologisch fundierte Verhaltensvorschriften und Wertvorstellungen (nationale Orientierung, Antiamerikanismus, Antisemitismus usw.) verweisen auf die in der Familie fortwirkende NS-Gesinnung der Eltern. Dabei fällt auf, dass Frau Podinsky in diesem Zusammenhang – anders als bei den persönlichen Zuschreibungen – keine Trennung/Unterscheidung zwischen Vater und Mutter vornimmt, sondern immer im elterlichen Plural spricht und somit von deren ideologischer Übereinstimmung ausgeht.

Der Nationalsozialismus ist für Frau Podinsky zwar nicht die entscheidende Hintergrundfolie ihrer Mutterpräsentation, wird aber dennoch immer implizit mitthematisiert. Obwohl ihre Mutter im NS-Regime eine exponierte Position eingenommen hat, zeigt sie sich wenig an ihrer Rolle im Nationalsozialismus interessiert und – auf meine Nachfrage hin – auch nicht sehr informiert:

> BP: Na sie hat eben nicht studiert, also sie hat grad noch die Matura gemacht, und dann ähm war sie so eine, ähm Jungmädelführerin hat das glaub ich geheißen.
> I: Beim BDM?
> BP: Beim BDM, ja, und war dann die Leiterin von, sie hat irgend so eine führende Position gehabt ich weiß jetzt gar nicht genau. Ich hab mich da nie so dafür interessiert.
> I: Haben Sie nie nachgefragt?
> BP: Nein, hab ich nie nachgefragt, ähm sie hats zwar immer wi- also, sie weniger aber der Vati hat das immer wieder gesagt also dass er sich so in diese, sozusagen Führerfrau verliebt hat. Die also so diese Tüchtige die da so, ähm, diesen, ich weiß jetzt nicht ob sie jetzt von- Oberösterreich geleitet hat, ich glaub so irgendwas, ja ich glaub sie war so eine, Führerin von von dies- von, das war ist ja so in Regionen eingeteilt worden, das hat mich nie wirklich interessiert, das wollte ich nicht wissen. Auch jetzt noch immer nicht, das will ich irgendwie nicht wissen. (BP 4)

Die genaue NS-Funktion der Mutter ist aus den vagen und etwas stockenden Angaben von Frau Podinsky nicht genau zu eruieren. Gesichert scheint zu sein, dass die Mutter nicht nur Mitglied im Bund deutscher Mädel (BDM) war, sondern dort eine Führungsfunktion eingenommen hat – einmal spricht sie davon, dass die Mutter „Gauleiterin [des BDM] von Oberösterreich" gewesen sei. (BP 36) Diese Funktion gab es im BDM jedoch nicht.[74] Sollte die Mutter tatsächlich auf der Gauebene eine Funktion eingenommen haben, so war sie jedenfalls für eine große Anzahl von jungen Mädchen und deren politische Indoktrination verantwortlich. Brigitte Podinsky leitet ihr Wissen über die mütterliche BDM-Funktion vor allem aus den Erzählungen ihres Vaters ab. Dieser, selbst ein HJ-Führer, hatte oftmals davon gesprochen, dass seine spätere Ehefrau „vom Rang her höher als er" gewesen sei und er sie damals als „Führerfrau" sehr „bewundert" habe. (BP 14-15) Auch andere Indizien sprechen für ihre exponierte Stellung im BDM: Die Mutter war eine der wenigen Frauen, die in Glasenbach interniert wurden, was sich nicht nur mit ihrer (wie von der Tochter vermutet) NSDAP-Mitgliedschaft erklären lässt, sondern auf ihre leitende BDM-Funktion zurückzuführen war.[75] Frau Podinsky hat den Grund für diese Internierung nie erfahren, sondern sie wurde von der Mutter mit der lapidaren Begründung, „weil halt alle eingesperrt wurden" abgespeist. (BP 5)

Wie bereits erwähnt, bewegten sich die Eltern Zeit ihres Lebens im ‚Ehemaligen'-Milieu. Während der Vater auch nach 1945 noch einschlägig politisch aktiv war, habe die Mutter zwar dessen politische Gesinnung geteilt, sei aber – zum Leidwesen des Vaters, der sich über den politischen Rückzug der ehemaligen „Führerfrau" enttäuscht zeigte – „weder politisch noch sonst aktiv" gewesen. Erst seit dem Tod ihres Ehemannes 1995 ist die Witwe aktiv und unternehmungslustig, wie Frau Podinsky wohlwollend lachend erzählt: „Die ist eine total rüstige, agile Frau und, reist viel und, es geht ihr prächtig, also ich glaub die holt alles nach was sie was sie nicht leben konnte in der Zeit." (BP 35) Dass es alte Freundinnen aus dem BDM sind, mit denen die Mutter nach wie vor den Großteil ihrer Zeit verbringt, scheint Frau Podinsky nicht besonders zu stören.

Das offensichtliche und auch von der Tochter selbst eingestandene Desinteresse an der BDM-Karriere und Ausblenden der NS-Involvierung der Mutter mag dadurch erleichtert worden sein, dass diese nie darüber gesprochen hat. Die Mutter war Frau Podinsky zufolge überhaupt eine „sehr introvertierte Frau", die man prinzipiell immer „anbohren" musste, um etwas von ihr oder über sie zu erfahren. (BP 6) Frau Podinsky gesteht ein, dass sie es in ihrer Kindheit und Jugend verabsäumt hat, die Mutter „anzubohren", das heißt nachzufragen und sich mit ihr auseinander zu setzen. Das führte schließlich auch dazu, dass für sie bei ihrer Loslösung aus dem familiären nationalen Milieu hauptsächlich der Vater zum „Reibebaum" geworden ist, mit dem sie heftige persönliche und politische Konflikte ausgetragen hat, wohingegen die Mutter sich solchen Auseinandersetzungen immer „total entzogen" habe. (BP 13)

Da die Mutter noch lebt, könnte Frau Podinsky sie jederzeit befragen und auch als Auskunftsperson für bisher ungeklärte Familiengeheimnisse und „Tabuthemen" (wie beispielsweise die Involvierung des Großvaters als Lieferant von Gas für das KZ Mauthausen) heranziehen, nicht zuletzt deshalb, weil diese sich in letzter Zeit etwas offener zeigt. Doch Frau Podinsky schließt diese Möglichkeit kategorisch aus: „Ich würds nicht über die Lippen bringen". (BP 3) Sie hat heute keine Fragen mehr an ihre Mutter, einerseits aus Angst, von dieser – wie gewöhnlich – nicht ernst genommen und angelogen zu werden, andererseits aber auch aus dem Bedürfnis heraus, nach Jahren der Auseinandersetzung mit ihrer Familiengeschichte dieses Kapitel endgültig abzuschließen.

Ein Fazit: Verschonte Mütter?

Wie bei den ‚Vaterbildern' auch, hängt die Präsentation der Mutter nicht nur von den konkreten Erfahrungen mit den Müttern in der Kindheit, sondern immer auch vom heutigen politischen Standort der Söhne und Töchter und deren Haltung gegenüber dem familiären NS-Erbe ab. Die ‚Mutterbilder' sind somit keine direkten Abbildungen der Nachkriegsmütter, sondern basieren auf den Erfahrungen, Erinnerungen und nachträglichen Deutungen der ‚Kinder der Täter' zum Zeitpunkt des Interviews. Prinzipiell gilt auch hier die Regel, je affirmativer die Haltung der Söhne und Töchter zu den NS-Eltern ist, umso geringer ist das Bedürfnis oder die Fähigkeit, die Handlungen und Selbststilisierungen der (Nachkriegs-)Mutter kritisch zu hinterfragen. Trotz der individuellen Eigenarten und Besonderheiten der präsentierten ‚Mutterbilder' lassen sich einige verallgemeinerbare Tendenzen ablesen.

So wird den Müttern bei einigen NS-Nachkommen nach wie vor nur ein geringer Stellenwert in ihren Auseinandersetzungen mit dem familiären NS-Erbe zugeschrieben und es besteht die Tendenz, sie zu marginalisieren und zu entpolitisieren. Die Präsentation der ‚unpolitischen' Mutter spiegelt bis zu einem gewissen Grad das reale Rollenverständnis und Verhalten von Frauen in der Nachkriegszeit wider. Auffallend ist, dass die politische Passivität und Enthaltsamkeit der Nachkriegsmütter von den Kindern gleichsam automatisch auf die NS-Zeit zurückprojiziert wird, sodass sie als Frauen an der ‚Heimatfront' meist nur als Opfer des Krieges und der Bombardierungen, nicht aber als politische Akteurinnen imaginiert werden. Eine derartige Präsentation kann unterschiedlich begründet und motiviert sein: Sie kann das Resultat eines sehr engen und traditionellen Politikverständnisses sein, wonach weibliche Reproduktionsarbeit per se als unpolitisch wahrgenommen wird; sie kann aber auch als Kritik der Söhne und vor allem der emanzipierten Töchter an der ‚unpolitischen' Müttergeneration dienen, was durch den vorwurfsvollen und etwas verächtlichen Ton zusätzlich unterstrichen wird. Das Konstrukt der ‚unpolitischen' Mutter fungiert auch oft als Entlastungsargument, um den Gedanken einer möglichen Involvierung der Mutter in den Nationalsozialismus erst gar nicht aufkommen zu lassen.

Ihre Entsprechung und Fortsetzung findet diese Konstruktion in dem vorwiegend positiv besetzten Bild der ‚Trümmerfrauen', die sowohl als Opfer (der Nachkriegsnot) als auch als Heldinnen, die diese schwierige Zeit bravourös bewältigten, präsentiert werden. Es hat sich gezeigt, dass diese Wahrnehmung in der zweiten Generation weit verbreitet ist, unabhängig davon, was die Mutter in der NS-Zeit getan und gedacht hat und wie sie nach Kriegsende agierte. Das führt dazu, dass selbst überzeugte Nationalsozialistinnen auch von sonst sehr kritischen und sich distanzierenden Nachkommen dieser entpolitisierten Kategorie zugeordnet werden. Die nachhaltige Wirksamkeit des ‚Trümmerfrauen'-Mythos erklärt sich meines Erachtens aus dem erfolgreichen Zusammenspiel von gesellschaftlichen und familiären Narrativen, die sich mittlerweile als fixe Topoi und Bilder in den Köpfen der nachfolgenden Generationen festgesetzt haben.

Heißt das, dass die Vorstellungen der Frauen als ‚Opfer' in der NS-Nachfolgegeneration bruchlos fortgeschrieben werden und die Mütter somit weitgehend ‚verschont' bleiben? Die Antwort lautet: ja und nein. Einerseits zeigt sich, dass ‚Täterschaft' in der Wahrnehmung der nachfolgenden Generation/en nach wie vor männlich konnotiert ist und die Definition als ‚Täterkind' nach wie vor hauptsächlich über die Väter erfolgt. Die Mütter werden von ihren Söhnen und Töchtern in Bezug auf den Nationalsozialismus insofern verschont, als ihre Rolle im Nationalsozialismus kaum thematisiert wird und sie kaum als politische Akteurinnen wahrgenommen werden. Vielmehr wissen die Nachkommen sehr wenig darüber, was ihre Mütter in der NS-Zeit getan haben und sie zeigen bis heute wenig Interesse daran. Die vielfältigen Formen von weiblicher (Mit-)Täterschaft, die in der NS-Forschung erst in jüngster Zeit untersucht werden, haben im breiteren öffentlichen Bewusstsein und somit auch in der zweiten Generation noch kaum Eingang gefunden. Nur in Ausnahmefällen werden die Mütter als ‚(Mit-)Täterinnen' imaginiert, etwa wenn auf ihre Beteiligung an den ‚Arisierungen' hingewiesen wird, wie bei einigen wenigen meiner Interviewpartnerinnen oder im erwähnten ‚Mutterbuch' von Niklas Frank.

Gleichzeitig wird aber auffallend oft betont, dass die Mütter überzeugte NationalsozialistInnen waren und ihrer NS-Gesinnung auch nach Kriegsende treu geblieben sind. In manchen Fällen werden die Mütter als ‚noch größere Nazis' und sogar als ‚noch fanatischer' als die Väter präsentiert, unabhängig davon, ob sie NSDAP-Mitglieder waren oder NS-Funktionen inne gehabt hatten. Mit dieser belastenden Zuschreibung wollen manche Söhne und Töchter offenbar der weit verbreiteten Konstruktion der ‚apolitischen' Frau entgegentreten. Oft steckt hinter solchen Gegenüberstellungen und Vergleichen aber auch das Bemühen, die ‚böse Mutter' gegen den ‚guten Vater' (den es wegen seiner offensichtlicheren NS-Verstrickungen zu verteidigen und zu entlasten gilt) auszuspielen.

Während bei den Vätern die potenzielle oder tatsächliche Täterschaft fast immer (wenn auch oft unausgesprochen) mit im Raum steht und sich meist auf die Beteiligung an NS-Verbrechen bezieht, ist dies bei den Müttern nicht der Fall. Bei der Auseinandersetzung mit den (NS-)Müttern sind nicht deren Aktivitäten in der NS-Zeit von zentraler Bedeutung, sondern die Auseinandersetzung mit den Müttern kreist um deren Gesinnung und vor allem deren Wissen (um die Verbrechen), das heißt, es wird beinahe nie gefragt: Was hat sie damals *getan*?, sondern bestenfalls: Was hat sie *gewusst*. Der Vorwurf richtet sich somit nicht gegen die Mutter als ‚Täterin', sondern gegen die Mutter als Mitläuferin, Zuschauerin, Mitwissende. Vor allem aber richtet sich die Kritik an der Mutter gegen sie als ‚unbelehrbare Nationalsozialistin', die sich auch nach Kriegsende nicht vom Nationalsozialismus distanziert, sondern ihre NS-Überzeugungen im privaten Rahmen weitergegeben hat.

Es kursieren tatsächlich auffallend negative ‚Mutterbilder', die mit negativen Erfahrungen in der Kindheit erklärt werden und oft durch den Verweis auf die nationalsozialistische Gesinnung der Mutter zusätzlich ‚politisch aufgeladen' sind. So haben viele ‚Kinder der Täter' ihre Mütter als strenge Erzieherinnen erlebt, von denen sie oft auch körperlich gezüchtigt oder psychisch vernachlässigt wurden und die sie daher als harte, lieblose Frauen präsentieren, zu denen sie keine starke emotionale Beziehung aufbauen konnten. Viele Nachkommen stellen bei der Beschreibung ihrer Mutter oft eine gedankliche Verbindung zum Nationalsozialismus her, indem sie etwa darauf verwiesen, dass die eigene Mutter dem (selbst propagierten) Klischeebild der ‚deutschen Frau' nicht entsprochen hätte, weil sie angeblich keine Kinder wollte und ihrer Mutterrolle in der Praxis nicht gerecht geworden sei. Die Erziehungsmethoden der Mütter werden oft mit ihren NS-Prägungen und Affinitäten zur NS-Ideologie erklärt, die sie in Form von ‚typischen' NS-Erziehungsidealen wie Ordnung, Tüchtigkeit, Elitebewusstsein, Härte usw. an sie weitergegeben hätten. Auch die Rolle der Mutter als Tradierungsinstanz von NS-Werten wird von vielen NS-Nachkommen als wichtig eingeschätzt.

Damit im Zusammenhang steht die meiner Meinung nach zentrale Rolle der Mütter in der familiären Kommunikation, als Erinnerungsträgerin im Familiengedächtnis. Wie sich in den Interviews bestätigt hat, sind oft die Mütter diejenigen, die in der Familie über die NS-Zeit oder die Nachkriegszeit erzählen und damit die Vorstellungswelt der Nachgeborenen erheblich geprägt haben. Frauen erzählten offensichtlich vor allem über ihr Leben an der ‚Heimatfront', ihre Zeit im BDM und die Angst vor den Bombardierungen sowie ihre Situation und Aktivitäten in der unmittelbaren Nachkriegszeit. Durch diese weitgehend ‚private Erinnerung' und die damit einhergehenden Selbststilisierungen bestärken die Mütter das ohnehin weit verbreitete Bild der Frauen als ‚unschuldige Opfer' noch zusätzlich. Viele ‚Kinder der Täter' betonen, dass ihre Mütter gleichzeitig auch nach Kriegsende den angeblich positiven Seiten des Nationalsozialismus und ihrem ehemaligen Machtstatus als ‚Frau an seiner Seite' nachgetrauert haben. Viele Mütter waren/sind Zeit ihres Lebens antisemitisch eingestellt, sie leugnen oder relativieren die Judenvernichtung, befürworten die ‚Euthanasie' und machen aus ihren antiamerikanischen oder antirussischen Ressentiments keinen Hehl. Wie aus meinen Interviews deutlich wird, handelt es sich dabei keineswegs nur um Mütter, die sich im ‚Ehemaligen'-Milieu bewegten oder einschlägig politisch aktiv waren, vielmehr finden sich derartige Denkweisen und Äußerungen (zumindest ansatzweise) auch bei Müttern, die nicht von vornherein als ‚Nazifrauen' eingestuft werden (können).

Darüber hinaus fungieren viele Mütter auch als Beschützerinnen des NS-Vaters, indem sie entlastende Familienlegenden an die Kinder weitergeben und die eigene Rolle und die des Vaters in der NS-Zeit verschweigen oder verharmlosen. Wie an vielen Einzelbeispielen sichtbar wird, haben viele Mütter den Vater – oft über seinen Tod hinaus – sowohl in politischer als auch persönlicher Hinsicht glorifiziert und damit entscheidend zu den idealisierten und unkritischen ‚Vaterbildern' in der nachfolgenden Generation beigetragen. Häufig wird auch erzählt, dass viele Mütter dazu neigten, Gespräche über den Nationalsozialismus und die väterlichen Kriegsgeschichten zu unterbinden oder bei politischen Diskussionen zwischen den Generationen beschwichtigend einzugreifen und somit eine Auseinandersetzung mit dem Nationalsozialismus und dem familiären NS-Erbe zu verhindern. Zusammenfassend kann gesagt werden, dass die Bedeutung der Mütter in den (NS-)Familien größer war, als ihnen gemeinhin zugeschrieben wird. Sie fungier(t)en in vielerlei Hinsicht als Stabilisatorinnen des Familiengedächtnisses und haben das Ihre dazu beigetragen, dass der intergenerationelle ‚Pakt des Schweigens' in Bezug auf die familiären NS-Verstrickungen lange aufrechterhalten bleiben konnte.

Im Spannungsfeld von Nichtwissen – Ahnen – Wissen

Es ist auffallend, wenn auch vor dem Hintergrund der familiären Kommunikation über den Nationalsozialismus nicht verwunderlich, wie wenig viele ‚Kinder der Täter' über ihre Eltern wissen. Ist bereits das unverfängliche ‚biographische Wissen' über die Eltern (Lebensdaten usw.) oft sehr lückenhaft, so gilt dies umso mehr für das ‚historische Wissen' über deren Aktivitäten im Nationalsozialismus.[1] Tatsächlich besteht meist kein oder ein sehr ungenaues Wissen über Mitgliedschaften und Funktionen der Eltern in der NSDAP und/oder anderen NS-Organisationen, über deren Tätigkeitsbereiche und Aktivitäten im Nationalsozialismus und im Krieg sowie über deren konkrete Situation nach 1945. So können viele meiner InterviewpartnerInnen nicht mit Sicherheit sagen, ob ihre Eltern Parteimitglieder gewesen sind und noch weniger, wann diese der Partei beigetreten sind, das heißt ob sie bereits illegale NationalsozialistInnen waren oder erst 1938 oder noch später zur NSDAP gestoßen sind. Ist dieses Wissen hinsichtlich der Väter (und Großväter) bereits sehr vage und eher auf Vermutungen basierend, so trifft dies auf die Mütter noch viel mehr zu: Diese werden zwar oft als ‚überzeugte NationalsozialistInnen' oder ‚MitläuferInnen' präsentiert, eine Parteimitgliedschaft der Mütter gilt aber nur in Ausnahmefällen als gesichert. Häufig werden Mitgliedschaften bei der SS oder SA genannt (in manchen Fällen werden auch als ‚harmlos' eingestufte Organisationen wie das NS-Kraftfahrerkorps (NSKK) oder die NS-Volkswohlfahrt (NSV) erwähnt), wobei allerdings auch hier meist Unkenntnis über die jeweiligen Ränge, konkreten Einsatzorte und Tätigkeitsbereiche der Väter in diesen Organisationen herrscht. Manchmal kommt es dabei zu Konfusionen, wie etwa im Falle von Frau Jelaschitz, deren Vater in der SS-Leibstandarte Adolf Hitler, einer SS-Eliteeinheit, gewesen ist. Trotz dieses in der Familie nie verheimlichten Faktums weiß sie nicht, ob sie ihren Vater der SS und/oder der Waffen-SS oder der SA zuordnen soll oder ob er bei allen Organisationen gleichzeitig gewesen ist, was sie ebenfalls nicht ausschließt. (vgl. auch ‚Vaterbild' EJ)

Ein weites Feld des Unwissens oder Teilwissens öffnet sich hinsichtlich des Kriegsdienstes der Väter.[2] In diesem Zusammenhang wird oft die allgemeine Formulierung „er war im Krieg" oder „er war bei der Wehrmacht" verwendet und weitere Nachfragen nach den konkreten Einsatzorten und Einsatzbereichen können meist nur ungenau beantwortet werden (z.B. er war „in Frankreich" oder „in Russland"). Manchmal werden konkrete Kriegseinsatzländer genannt, die als vergleichsweise ‚harmlos' gelten (dazu zählen Frankreich, Dänemark, Finnland, Norwegen usw.) und als Indiz für eine Nicht-Involvierung des Vaters in NS-Verbrechen gedeutet werden. Während dies in den meisten Fällen eher implizit zum Ausdruck kommt, spricht meine Interviewpartnerin Ingrid Wonisch ihre Erleichterung über die Tatsache, dass ihr Vater ‚nur' in Dänemark gewesen war, sehr direkt an:

> IW: [...] später hab ich, irgendwo einen in meine meiner späteren Auseinandersetzung, hab ich ahm, insofern durch meine Nachforschungen einen Trost

bekommen, als mein Vater in Dänemark im Krieg war, auf dem, auf einem, das, auf einem, so genannten, ähm, äh, Handels- äh Kreuzer ja [...] als als als in Dänemark von der Wehrmacht keine Kriegsverbrechen begangen wurden ja. Also allen, Nachforschungen nach haben die, war das irgendwo eine Einheit die keine Kriegsverbrechen oder **fast keine**, keine ist wahrscheinlich zu idealistisch aber, sagen wir einmal, so wie in Russland oder anderswo oder in Polen, war das nicht, ja. (IW 7)

Die Erleichterung von Frau Wonisch ist verständlich, sie unterliegt mit dieser Aussage allerdings in zweierlei Hinsicht einem Trugschluss. Zum einen greift die auch bei vielen anderen InterviewpartnerInnen anzutreffende Festlegung auf einen Kriegsschauplatz zu kurz, denn in den meisten Fällen waren die Väter nicht den ganzen Krieg über in derselben Funktion und am selben Ort (es gab auch ein Davor und Danach) und außerdem schlossen selbst die als ‚harmlos' eingeschätzten Einsatzorte die Beteiligung an Unrechtshandlungen oder Verbrechen keineswegs aus, wie auch Frau Wonisch zweifelnd anmerkt. Abgesehen davon werden in dieser Fixierung auf die Wehrmachtsfunktion der Väter oft mögliche (vorherige oder gleichzeitige) NS-Funktionen implizit ausgeschlossen, was aber keinesfalls immer der Fall gewesen sein musste.

Aber nicht nur über die belastete NS-Zeit, auch über die Zeit nach Kriegsende (die teilweise bereits in ihre Lebenszeit fällt) und die damit einhergehenden Maßnahmen gegen die NS-Eltern, z.B. über Internierung, Prozesse und Verurteilungen, wissen die Nachgeborenen kaum Bescheid. Manchen meiner InterviewpartnerInnen wird ihr eigenes Unwissen erst im Laufe des Gesprächs durch meine konkreten Nachfragen klar. Brigitte Podinsky beispielsweise zeigt sich – nachdem sie bereits mehrmals Fragen nach bestimmten Fakten über ihre NS-Eltern nicht beantworten konnte – selbst unangenehm überrascht über ihr lückenhaftes Wissen:

I: Warum war er in Glasenbach, war er Parteimitglied, er muss ja mehr gewesen sein weil sonst- ein ‚kleiner Nazi' kommt ja nicht nach Glasenbach-
BP: Ich- so ist es ja. Ich- mir, es wurde und gesagt, ähm, es ist mir jetzt fast ein bissel peinlich wenn ich so oft sagen muss ich weiß es nicht mehr, ich glaub ja [lacht], /das ist nämlich für mich jetzt-, ja eh
I: das ist überhaupt kein Problem
BP: aber für mich ist das jetzt interessant ja, ich komm mir fast vor wie so ein kleines Dummerl, weil ich/ [lachend], auf der einen Seite, beschäftige ich mich seit **vielen** Jahren damit, und ich merk grad es gibt so viel
I: Ja, ja, genau.
BP: Sachen die ich überhaupt nicht **weiß.** (BP 26)

Mangelndes und lückenhaftes Wissen über die (Groß-)Eltern ist keineswegs nur ein vereinzeltes, individuelles Phänomen, sondern weit verbreitet und keineswegs erstaunlich. Vielmehr ist es ein ‚normales' Phänomen intergenerationeller Beziehungen, das jedoch im Kontext des Nationalsozialismus besonders relevant sein kann. Es ist strukturell bedingt und das Resultat von verschiedenen subjektiven und objektiven Faktoren, wobei der bereits dargestellten innerfamiliären (Nicht-)Kommunikation über den Nationalsozialismus eine besondere Bedeutung zukommt. Hatten die Eltern über ihre Funktionen und Tätigkeiten im Nationalsozialismus tatsächlich geschwiegen oder diese sogar bewusst *ver*schwiegen, so konnten die Kinder folgerichtig kaum etwas darüber wissen. Aber selbst wenn in den Familien darüber gesprochen wurde, geschah dies oft nur in Andeutungen und Bruchstücken und dementsprechend lückenhaft und vage ist auch das Wissen der Nachkommen. Die wenigen konkreten Fakten dienen gewissermaßen als Rahmengerüst und die Leerstellen der elterlichen Narrative werden mit Vermutungen und Phantasien ausgefüllt und zum jeweiligen ‚Familienroman' zusammengefügt. Der meist eher mangelhafte Geschichtsunterricht und die Fortschreibung der selektiven Narrative in der Nachkriegsgesellschaft haben wenig zur Wissenserweiterung in dieser Generation beigetragen. Somit spiegelt das (Nicht-)Wissen dieser Generation bis zu einem gewissen Grad den allgemeinen Bewusstseins- und Wissensstand und die gesellschaftlich vorherrschenden Vorstellungen über den Nationalsozialismus wider.

Das Wissen bzw. Nicht-Wissen der ‚Kinder der Täter' ist aber nicht nur ein Produkt der jeweiligen familiären und gesellschaftlichen (Nicht-)Kommunikation, sondern hat darüber hinaus eine emotionale und kognitive Dimension, an der die Nachkommen selbst beteiligt sind. Das heißt, es geht um die Frage: Was *kann* man wissen und was *will* man überhaupt wissen bzw. vielleicht nicht wissen? Viele NS-Nachkommen klagen, aufgrund des familiären Schweigens über ihre Eltern im Nationalsozialismus sehr lange ‚nichts gewusst' zu haben. Wie bereits angesprochen, bedarf es einer emotionalen Bereitschaft, die vorhandenen Andeutungen und Hinweise aufzugreifen und sie nicht – wie es oft der Fall ist – zu ‚überhören' und auszublenden, was häufig aus Angst vor unliebsamen ‚Entdeckungen' und aus einem Schonverhalten sich und seinen Eltern gegenüber geschieht.[3] Das Unwissen der ‚Nachgeborenen' kann/soll aber nicht nur psychologisch als Abwehrverhalten (als Nicht-Wissen-Wollen) gedeutet werden, sondern es müssen auch andere Faktoren berücksichtigt werden. So bedarf es immer auch einer kognitiven Fähigkeit, die durchaus vorhandenen Hinweise erkennen und in den historischen NS-Kontext einordnen zu können. Das historische Hintergrundwissen, das für das Aufdecken von Ungereimtheiten und für das Zusammenfügen des familiären ‚Puzzles' notwendig wäre, haben viele ‚Kinder der Täter' selbstverständlich nicht. Nicht jede/r ist ein/e HistorikerIn. Selbst ich als Zeithistorikerin musste im Laufe des Projektes immer wieder eigene Wissenslücken feststellen, daher manchmal meinen InterviewpartnerInnen Antworten schuldig bleiben und zur Klärung von zeithistorischen Hintergründen und Fakten entsprechende Fachliteratur zu Rate ziehen.

Ein weiterer entscheidender Faktor in diesem Zusammenhang ist die Frage des Zugangs zu Wissen. Es gibt durchaus ‚Kinder der Täter', die mehr über ihre Väter/Mütter/Großeltern wissen wollen, dabei aber auf Barrieren stoßen, die sie von einer weiteren Recherche abhalten. Dem Bedürfnis nach Wissen steht häufig das Nichtwissen darüber, wo und wie man zu entsprechenden Informationen kommen könnte, im Wege. Tatsächlich ist der Zugang zu verschiedenen ‚Wissensinstanzen', wie etwa zu zeithistorischer Fachliteratur und Archiven, zu Ausstellungen und Diskussionen, nicht für alle sozialen Milieus im gleichen Maße gegeben und hängt von Faktoren wie Bildung, Lebensumstände, Wohnort usw. ab. So erzählten mir mehrere InterviewpartnerInnen, dass sie sich in ihrer Ratlosigkeit und mangels Alternativen an das Dokumentationsarchiv des österreichischen Widerstandes (DÖW) gewandt hatten, dort aber nur unzureichend oder keine Informationen bekommen haben. In der Tat kann das DÖW schon per Definition nicht die adäquate Auskunftsstelle über NS-TäterInnen sein, auch wenn deren MitarbeiterInnen mangels anderer Institutionen in Österreich diesen Aufgabenbereich teilweise mit übernommen haben und auch in der Täterforschung tätig sind.[4]

Die notwendige Verortung des individuellen Wissens in einem spezifischen diskursiven und zeitlichen Kontext bedeutet, dass von keinem statischen Wissen bzw. Nichtwissen auszugehen ist, sondern dieses immer in Veränderung begriffen, ergänzbar und oft auch revidierbar ist. Ein neues Faktenwissen ‚von außen' (über die ‚Wissensinstanzen' Schule, Literatur, Wissenschaft, Medien, öffentliche Diskussionen) kann möglicherweise bisher nicht verständliche Hinweise entschlüsseln helfen, die Aufmerksamkeit auf bisher nicht beachtete Details lenken und scheinbar unumstößliche ‚Fakten' vielleicht sogar grundsätzlich in Frage stellen. Doch nicht immer führt ein vermehrtes historisches Wissen zwangsläufig zu einer Erweiterung, Hinterfragung oder Revision der familiären Narrative über den Nationalsozialismus. So kam es vor allem in Teilen der ‚68er' und der ‚Neuen Linken' zur scheinbar paradoxen Situation, dass die intensive theoretische Beschäftigung mit dem Nationalsozialismus oft zu keiner Auseinandersetzung mit der eigenen Familiengeschichte führte bzw. diese manchmal geradezu verhinderte. Viele ‚antifaschistische Linke' haben versucht, ihrem bisherigen Wissensdefizit und dem bisher Unerklärbaren durch die Aneignung von ‚Faschismustheorien' kognitiv beizukommen. Der hohe Theorieanspruch und der Hang zur Abstraktheit führte oft dazu, dass die persönliche, emotionale und moralische Dimension des Problems, die Auseinandersetzung mit den eigenen Vätern und Müttern, dabei aus dem Blickfeld geriet.[5]

Dieses Phänomen einer strikten Trennung zwischen dem allgemeinen Wissen über den Nationalsozialismus und der eigenen Familiegeschichte ist auch heute noch bei vielen ‚Nachgeborenen', darunter auch vielen ‚ExpertInnen', zu beobachten. So befinden sich unter den ZeithistorikerInnen aus der zweiten Generation, die sich professionell mit dem Thema Nationalsozialismus beschäftigen, viele ‚Kinder der Täter', die diesen familiären Zusammenhang und die Auswirkungen auf ihre berufliche Arbeit (Themenwahl, Zugang, Ausblendungen) entweder gar nicht oder erst sehr spät erkannt und reflektiert haben. Der politisch sehr exponierte NS-Historiker Gerhard Botz, Sohn eines 1944 gefallenen Nationalsozialisten und Wehrmachtssoldaten, beschreibt 2005 in einem Artikel den bei ihm offenbar jahrzehntelang wirksamen Ausblendungsmechanismus und bekennt rückblickend: „Ich konnte mir nie vorstellen, dass der Vorwurf, den ich gegen Friedrich Peter und Kurt Waldheim richtete, auch auf meinen Vater zutreffen könnte."[6] Erst im Alter von über sechzig Jahren wird dem Historiker Botz die kognitive und emotionale Diskrepanz seines Wissens bewusst und er ist damit beileibe kein Einzelfall in seiner Generation.

Um mehr darüber zu erfahren, was der Vater/die Mutter im Nationalsozialismus konkret gemacht hat, bedürfte es weiterer Schritte, einer gezielten Befragung der Eltern (sofern noch möglich) und/oder einer Überprüfung der familiären Narrative durch die Recherche nach konkreten Dokumenten und Fakten. Nur ein kleiner Teil der Nachkommen begibt sich tatsächlich auf die schwierige Suche nach der ‚historischen Wahrheit', wobei es sich dabei meist um jene handelt, die berufsbedingt

(HistorikerInnen, JournalistInnen, LehrerInnen, SchriftstellerInnen usw.) bessere Möglichkeiten zu konkreten Recherchen haben.[7] Der Großteil der Betroffenen aber will es meist gar nicht so genau wissen. Selbst heute aus der zeitlichen und emotionalen Distanz (oft sind die Eltern bereits seit Jahren verstorben) ist das Bedürfnis nach Wissen eher gering. Viele meiner InterviewpartnerInnen haben zu Lebzeiten ihrer Eltern niemals an ein konkretes Nachforschen gedacht, was unterschiedlich begründet wird. Monika Hartl beispielsweise, die ihren Vater zwar als überzeugten ‚Nazi' einstuft, sonst aber nur weiß, dass er bei der Wehrmacht war, hält ein konkretes Nachforschen nicht für notwendig, da sie ‚das Wesentliche' über ihren Vater ohnehin aus eigener Erfahrung zu kennen glaubt:

> MH: Nein dass ich das [Nachforschen] konkret täte, der Gedanke wär mir nicht gekommen weil ich nicht das Gefühl hätt das nützte mir irgendwas oder tät mir was erhellen in dem. **Es tät** mich interessieren weil ich da vielleicht manches besser verstünde, aber die Grundtendenz wie er, fühlt das hab ich ja selbst, erlebt und weiß das deshalb.
> I: Weil für Sie ist die Art so wie er ist oder war, die ist so eindeutig, dass das keine Rolle spielt (MH: Ja) ob er jetzt ah NSDAP Mitglied war, oder oder-
> MH: Ja ganz genau. Ja ganz genau. (MH 22-23)

Wie Frau Hartl, die sich aus einer konkreten Recherche keine weiteren Erkenntnisse über ihren als äußerst ‚faschistoid' wahrgenommenen Vater erwartet, geben sich auch andere InterviewpartnerInnen mit ihrem bisherigen, partiellen Wissen zufrieden. Gerda Ferstl hat sich zwar sehr intensiv mit dem Fortwirken des Nationalsozialismus in ihrer Familie beschäftigt, eine konkrete Recherche über die Aktivitäten ihres SS-Vaters und die Gründe seiner Internierung in Glasenbach ist ihr aber noch nie in den Sinn gekommen: „Wirklich nachzuforschen, nein ich hab eben auch meine Version /zurechtgelegt/ [lachend]. Ich denk mir das war einfach so, [...] dass er halt ein Nazi war, dass er aktiv war, äh selbst dass er net viel gemacht hat, einfach aufgrund seines Status als Gemeindearzt." (GF 17) Das Faktum, dass ihr Vater „ein Nazi" war, genügt Frau Ferstl. In welcher Weise er aktiv gewesen war, was er getan hat, scheint sie nicht zu interessieren, vielmehr leitet sie in ihrer „zurechtgelegten Version" aus seinem beruflichen Status als Arzt eine Unschuldsvermutung ab.

Auffallend ist, dass sich viele ‚Kinder der Täter' meist mit einigen wenigen Fakten zufrieden geben, insbesondere dann, wenn diese eine Möglichkeit zur Entlastung bieten. Dass selbst jene, die berufsbedingt über den Nationalsozialismus Bescheid wissen, sich manchmal mit Teilwahrheiten begnügen, zeigt das Beispiel meines Interviewpartners Gerhard Kollmann, dessen Vater Mitglied der SS-Panzerdivision ‚Das Reich' war, die für das berüchtigte Massaker von Oradour 1944 verantwortlich war. Herr Kollmann ist Historiker und hatte sich bereits vor Jahren durch Nachforschungen versichert, dass sein Vater zu dieser Zeit nicht in Frankreich, sondern zur Ausbildung an einer SS-Junkerschule in Deutschland gewesen war. Die väterliche Absenz vom Tatort hat den Sohn damals unendlich erleichtert und beruhigt. Erst Jahre später – vor dem Hintergrund der ‚Wehrmachtsausstellung' – gerät seine Sicherheit ins Wanken und nun schließt er eine Beteiligung seines Vaters an Verbrechen an anderen Orten nicht mehr kategorisch aus: Auch wenn der Vater diese immer vehement bestritten habe, würde Herr Kollmann heute seine „Hände nicht mehr (für ihn) ins Feuer legen". (GK 12)

Auch ein anderer Interviewpartner von mir, Kurt Rosner, hätte als Historiker, der sich unter anderem auch mit dem Thema Nationalsozialismus beschäftigt, die Möglichkeit und Kompetenz für eine konkrete Recherche über die NS-Aktivitäten seines Vaters, woran er aber kein Interesse zeigt. Während er die Prozessakten über seinen Onkel, einen Kreisleiter, der nach Kriegsende zu einigen Jahren Haft verurteilt wurde, recherchiert hat und genau kennt, weiß Herr Rosner über seinen Vater nur, dass dieser als Ortsgruppenleiter an der ‚Heimatfront' propagandistisch tätig und für kurze Zeit beim Bau des Südostwalles eingesetzt gewesen war. Diesem nebenbei erwähnten väterlichen Einsatz beim Südostwall, wo vor allem ungarische Juden arbeiten mussten, die später auf den ‚Todesmarsch' geschickt wurden, misst Herr Rosner wenig Bedeutung zu. Er vermutet, dass es sich um eine Aufsichtsfunktion gehandelt habe, Akten dazu kennt er allerdings nicht, sondern fragt vielmehr mich als Historikerkollegin danach. Sein Desinteresse sieht er weniger in einer Scheu vor unangenehmen Wahrheiten begründet, als in seiner Überzeugung, dass eine persönliche Involviertheit seinem professionellen Zugang als Zeithistoriker abträglich wäre. (KR 25-26) Herr Rosner glaubt zwar nicht, dass bei einer Recherche „sehr viel herauskäme", schließt aber gleichzeitig nicht aus, „dass einmal ein Akt auftaucht [...] dass er jemanden erschossen hat. Wär durchaus möglich." (KR 26) Diese lakonisch vorgebrachte Bemerkung signalisiert, dass Herr Rosner die Möglichkeit einer Täterschaft des Vaters zwar in Betracht zieht, dass er sich aber gedanklich und vor allem emotional nicht näher auf diese Vorstellung einlassen will.

Die Annahme, dass man bereits alles Wesentliche über den Vater/die Mutter wisse und/oder bei Recherchen ohnehin ‚nichts Neues' herauskäme, erweist sich oft als sehr trügerisch. Diese Erfahrung musste beispielsweise meine Interviewpartnerin Erika Jelaschitz machen, die sich – angeregt durch ihre politisch engagierten Kinder und das Interview mit mir – auf die Suche nach konkreten Informationen über ihren Vater machte. Wie ich bereits im ‚Vaterbild' EJ aufgezeigt habe, ist bei ihr der Fall insofern etwas anders gelagert, als in ihrer Familie sehr viel über den Nationalsozialismus gesprochen wurde und sie daher mit dem Selbstverständnis gelebt hat, sehr viel über ihren NS-Vater zu wissen. Aus den Erzählungen des Vaters wusste sie beispielsweise, dass er ein illegaler Nationalsozialist und bei der Leibstandarte-SS Adolf Hitler gewesen war. Auch seine Einsätze an verschiedensten Kriegsschauplätzen und seine Aufenthalte am Berghof von Hitler in Berchtesgaden sowie in Stutthof bei Berlin und/oder in Lodz sind der Tochter geläufig – die näheren Umstände, die Dauer und der Zweck dieser Einsätze waren ihr aber nicht bekannt bzw. für sie nicht einordenbar.

Durch ihre Recherchen in verschiedenen Archiven und beim Wiederanhören einer Tonbandaufzeichnung ihres Vaters musste die Tochter erkennen, dass ihr bisheriges vermeintliches Wissen zwar nicht gänzlich falsch war, aber auf vielen Ungenauigkeiten, Ungereimtheiten und Teilwahrheiten beruhte. Erika Jelaschitz bringt diese Erkenntnis in einer späteren Mail an mich sehr gut auf den Punkt: „Das Interview mit Ihnen hat für mich einiges in Bewegung gebracht. Ich habe zwar noch keine Unterlagen aus dem Bundesarchiv in Berlin (erwarte sie demnächst) aber ich konnte mit gezielterem Ohr mir die Lebensgeschichte meines Vaters nochmals anhören (er hat mehrere Tonbänder besprochen, die für mich bisher mehr verschleiert haben als erklärt, weil sie großteils eine Wiederholung der endlosen Geschichten waren, die ich ohnehin kannte). Was mir klar wurde, ist, dass der Aufenthalt (gemeinsam mit meiner Mutter) am Fuße des Obersalzberg nicht ein Sommerurlaub war, wie ich bisher gedacht habe, sondern dass sie dort eine Zeit im ‚äußeren Ring' gewohnt haben und die spätere Ablehnung Hitlers darin begründet liegt, dass er ihn dort als ‚Normalsterblichen' kennen gelernt hat. Vor allem aber ist mir klar geworden, dass die Tätigkeit in Lodz (das bei meinen Eltern immer Litzmannstadt hieß) in der Außenstelle des Reichs- und Siedlungshauptamtes Berlin, die bei meinem Vater ‚Musterung' hieß (wobei ich an Militär dachte) in der ‚Aussortierung' von vermutlich Juden bestand, die dann ermordet wurden. Sein Zusatz, dass es ihm ‚dort zu heiß' wurde und er es nicht ausgehalten und sich deshalb an die Ostfront gemeldet hat, verstehe ich jetzt auch. Was mich dabei immer mehr beschäftigt, ist die Tatsache, dass man auch durch Vielreden nichts sagen kann. Ich dachte immer, dass im Gegensatz zu Freunden, bei denen NICHT geredet wurde, ich ‚eh alles wüsste', dadurch (unter anderem) bin ich wohl nie auf die Idee gekommen, mir selbst ein Bild zu machen."[8]

Fallbeispiel HS: „... wenn ich's ned wüsst, wärs schöner ..."

Am folgenden Fallbeispiel soll die vielschichtige Dynamik vom Nicht-Wissen und Wissen exemplarisch aufgezeigt und analysiert werden. Der Fall meiner Interviewpartnerin Hilde Schubert ist aus mehreren Gründen besonders interessant: Es handelt sich um eine sehr späte und überaus drastische Konfrontation mit der NS-Täterschaft des Vaters, durch die das vermeintliche bisherige Wissen der Tochter über den Vater grundsätzlich in Frage gestellt, ja revidiert werden musste. Zudem ist das Wissen um die Täterschaft des Vaters noch sehr ‚frisch' und der schmerzhafte Wissens-Aneignungsprozess noch im Gang. Frau Schubert befindet sich zum Zeitpunkt des Interviews durch die unfreiwillige Konfrontation mit der unleugbaren Täterschaft des Vaters in einer akuten emotionalen Verunsicherung und hatte – im Gegensatz zu den meisten anderen InterviewpartnerInnen – noch keine Gelegenheit und Zeit, sich ihre ‚Version' zurechtzulegen.

Die aus der Unmittelbarkeit des Wissens resultierende besondere Dramatik des Falles war für mich bereits vor/bei dem Zustandekommen des Interviews spürbar.[9] Frau Schubert hatte sich wenige Tage nach Erscheinen eines Zeitungsartikels über mein Forschungsprojekt[10] telefonisch gemeldet. Ihr Anruf unterschied sich insofern von vielen anderen, als Frau Schubert emotional stark aufgewühlt wirkte und ihr der Anruf offenbar sehr schwer fiel. Sie erzählte mir, dass sie etwa zehn Tage zuvor von ihrem Bruder erfahren habe, dass ihr Vater „im Internet" stünde, worüber sie sich zutiefst „geschockt" zeigte. Nähere Angaben zum Inhalt der Internetinformationen über ihren Vater machte Frau Schubert vorerst nicht, außer dass der Vater „bei der SS" gewesen und 1945 erschossen worden sei. Außerdem erwähnte sie, dass vor einiger Zeit ein deutsches TV-Team im Zusammenhang mit ihrem Vater ihre Familie kontaktiert hätte. Ihre emotionale Erschütterung kam auch darin zum Ausdruck, dass sie die Tatsache, dass ihr Vater bei der SS gewesen war, kaum auszusprechen wagte. Den Namen ihres Vaters wollte sie vorerst nicht nennen, deutete aber seine tiefe NS-Verstrickung mit der Bemerkung „Wenn Sie wüssten ...“ an. Auf meine Frage, ob sie eventuell zu einem Interview bereit wäre, sagte Frau Schubert prinzipiell zu, wollte aber das Gespräch aus familiären Gründen erst zu einem späteren, unbestimmten Zeitpunkt durchführen.

Tatsächlich meldete sich Frau Schubert zu meiner positiven Überraschung nach wenigen Wochen erneut. Diesmal erzählte sie mir, dass mittlerweile auch einige männliche Familienangehörige im Internet stünden, was sie aufgebracht mit der Bemerkung kommentierte: „Einmal muss das doch aufhören, was können die Kinder und Enkelkinder dafür?“ Auf meine genauere Nachfrage hin wurde bald klar, dass die Internetinformationen über den Vater einer Suchmaschine entstammten, wo unter vielen Einträgen auch der namensgleiche Bruder und die Enkelsöhne, wenn auch in gänzlich anderen Zusammenhängen, angeführt waren. Damit konnte ich die Befürchtungen einer ‚Sippenhaftung‘ von Frau Schubert, die mit dem Medium Internet nicht vertraut ist, zerstreuen. Offensichtlich sehr erleichtert über diesen Umstand nannte mir Frau Schubert in diesem zweiten Telefongespräch – zögernd zwar und unter dem Siegel der Vertraulichkeit[11] – den Namen ihres Vaters, und wir vereinbarten einen Interviewtermin.

Der von Frau Schubert genannte Name des Vaters war mir nicht geläufig, und er ist wohl nur einem engen Kreis von FachhistorikerInnen aus der NS-Forschung ein Begriff. Eine erste Recherche ergab, dass er tatsächlich tief in die NS-Verbrechen verstrickt war und mir der Schock Frau Schuberts über diese neuen Fakten verständlich wurde, ja sich auch etwas auf mich übertrug: Wie aus den recherchierten Unterlagen hervorgeht, war ihr Vater bereits 1930, noch vor Hitlers Machtübernahme in Deutschland 1933, der NSDAP beigetreten und somit ein ‚Illegaler‘ der ersten Stunde. Später schloss er sich der SS an, wo er es bis zum Rang eines SS-Obersturmbannführers brachte. Außerdem war er Sicherheitsdirektor einer Gauhauptstadt in der ‚Ostmark‘ und hatte eine führende Funktion im Sicherheitsdienst (SD) inne. Von 1941 bis Anfang 1943 war er Kommandant eines Sonderkommandos der Einsatzgruppe D im Süden der Sowjetunion, die für die Ermordung von Zehntausenden Menschen (Juden, so genannte ‚Partisanen‘, Zivilbevölkerung) verantwortlich war.[12] In dieser Funktion hatte er mehrere Massaker und auch die Ermordung von Juden in mobilen Gaswägen befehligt.

Diese Fakten lagen beim Interview im wahrsten Sinne des Wortes ‚auf dem Tisch‘ – Frau Schubert hatte die Unterlagen bei meiner Ankunft vorbereitet vor sich liegen – und sie bestimmten, lange Zeit eher implizit als explizit, das gesamte Interview. Da Hilde Schubert bereits in den zwei Vorgesprächen mehrmals versicherte, dass sie bisher „nichts davon gewusst“ habe, waren es vor allem folgende Fragen, die sich mir stellten: Wie war es möglich, dass Frau Schubert bis heute – immerhin 60 Jahre danach – nichts von der NS-Verstrickung ihres Vaters gewusst bzw. zumindest geahnt hat? Wie wurde in ihrer Familie über die NS-Täterschaft des Vaters kommuniziert, wurde sie geheim gehalten oder gab es doch Hinweise darauf, die Frau Schubert möglicherweise nicht als solche erkannt hat? Und wie geht sie heute mit diesem neuen, für sie erschreckendem Wissen um, welche Konsequenzen zieht sie daraus, verändert dieses Wissen ihren Blick auf den Vater?

Hilde Schubert ist 1939 geboren und ist gemeinsam mit zwei jüngeren Brüdern, ihrer Mutter und ihrer Großmutter in einem deutschnationalen Milieu in Westösterreich aufgewachsen. Der Vater war – wie ich im Interview noch näher erfahren sollte – seit 1945 tot. Ab Anfang der 1960er Jahre lebte Frau Schubert in Wien, wo sie ein Wirtschaftsstudium an der WU absolvierte, heiratete und später im kaufmännischen Bereich in großen Firmen tätig war. Nach ihrer Pensionierung zog sie ‚aufs Land', wo sie mit ihrem zweiten Ehemann in einem kleinen Dorf lebt und wo Ende 2002 das Interview stattgefunden hat. Am Morgen des Interviews rief mich Frau Schubert an, um mich vor den Gefahren der eisglatten Schneefahrbahn (ich wollte mit dem Auto aus Wien kommen) zu warnen, nicht ohne zaghaft hinzuzufügen, dass wir das Interview gerne verschieben könnten. Ich interpretierte diesen Hinweis zum einen als liebenswürdige Geste der Sorge, zum anderen aber auch als einen möglichen Versuch eines ‚Rückziehers', als ‚Angst vor der eigenen Courage' gewissermaßen. Da ich dem Interview aber mit großem Interesse entgegensah und wohl auch fürchtete, es könnte sonst möglicherweise nicht stattfinden, ging ich auf dieses Angebot nicht ein und unser Gespräch fand wie verabredet an diesem Tag statt.

Es empfing mich eine freundliche, wenn auch sichtlich aufgeregte (zum Zeitpunkt des Interviews) 63-jährige Frau, die, wie bereits erwähnt, einige schriftliche Unterlagen und Photos vorbereitet hatte. Frau Schubert kam noch während des Aufbauens meines Aufnahmegerätes und zu Beginn des Interviews auf diese Unterlagen zu sprechen und erst nach einigen Minuten stellte ich meine übliche Eingangsfrage nach der familiären Situation in ihrer Kindheit. Aus ihrer Eingangserzählung geht hervor, dass für sie und ihre zwei jüngeren Brüder (Jg. 1940 und Jg. 1944) das Kriegsende ein einschneidendes Kindheitserlebnis war. Damals wurde ihre Mutter, eine überzeugte Nationalsozialistin, für drei Monate in Glasenbach interniert und die drei kleinen Kinder wurden ohne weitere Erklärung voneinander getrennt und in unterschiedlichen Kinderheimen untergebracht. Vor allem für ihren jüngsten, knapp einjährigen Bruder war dies ihrer Ansicht nach eine traumatische Erfahrung. Die unmittelbare Nachkriegszeit ist bei Frau Schubert negativ besetzt, bedeuteten sie doch die soziale Deklassierung der Familie, den Verlust des eigenen Vaters und negative Erfahrungen mit dem Stiefvater. (HS 2-3) Diesen negativen Nachkriegserinnerungen wird ein positives Bild der Zeit vor Ende des Krieges gegenübergestellt, als der Vater noch lebte und das Familienleben scheinbar noch intakt war.

Frau Schubert hat einige konkrete Kindheitserinnerungen an den Vater, auch wenn dieser nur sehr selten – meist zu Weihnachten – zuhause war. Die wenigen Besuche des Vaters, die meine Interviewpartnerin anekdotenhaft schildert, waren für sie und ihre Brüder immer „ein sehr starkes Erlebnis". (HS 4) Frau Schubert bezeichnet sich selbst als „sehr großes Vaterkind", wobei sie einschränkend hinzufügt: „soweit das (halt) möglich war" (HS 4), womit sie auf die häufige Abwesenheit des Vaters anspielt.[13] Nicht zuletzt deshalb bleiben ihre Erinnerungen an den Vater eher vage und sie findet kaum Worte dafür. Er sei den Kindern gegenüber „unheimlich nett" gewesen und er habe sich „wirklich bemüht" um sie. (HS 9) Nur in einer Interviewpassage beschreibt sie sehr konkret und sinnlich-visuell eine liebevolle Tochter-Vater-Situation, wobei diese schöne Erinnerung unvermutet in die Erzählung über den Tod des Vaters übergeht:

I: Mhm, wie wie war Ihr Vater [...] wie haben Sie ihn als Kind, erlebt, wie war er-
HS: Reizend, reizend.
I: wenn Sie ihn einmal so beschreiben?
HS: Also, er war, kann mich noch erinnern, eine, große Freude war, ihn zu, **bürsten**, die Haare, und da bin ich auf ihn und mit der Bürsten und der hat sich das **alles** gefallen lassen, und da ist er **immer** kommen mit was Süßem für uns, also er hat, immer was mitgebracht, ich hab ihn also wirklich, in einer, **wunderbaren** Erinnerung
I: Mhm, obwohl Sie ihn so selten gesehen haben?
HS: Ja schon, aber aber und ich muss auch sagen, meine Mutter hat ja die Erinnerung sehr stark wach gehalten, auch nach dem Krieg nicht, mein Vater ist, erschossen worden, ich weiß ned ob Sie das wissen
I: Nein.
HS: 1945 Ende Mai [atmet tief aus], von Österreichern, ich hab die sogar die-
I: Wo? Wo ist er erschossen worden?
HS: In A. er ist mit einer, mit seiner Truppe, zurück und hat sich dort verschanzt, und, die, und hat eine Frau mit drei Kindern mitgehabt, also er dürfte meine Mutter auch betrogen haben, eine Deutsche, und die hat ihn dann verraten, [...] und er kam dorthin um das Essen zu übernehmen oder, Nahrungsmittel, und, dann habens ihn erwischt ... und dann hat er scheinbar zu fliehen versucht [seufzt], dann habens ihn in den Hinterkopf geschossen das hab ich, sogar, also ... kann ich Ihnen sogar auch zeigen oder Sie können sichs fotokopieren (I: Ja gern) oder so ein bissel ein paar Sachen aufgehoben ned (HS 4)

Die näheren Todesumstände hatte Frau Schubert im Vorgespräch nicht erwähnt und entsprechend überrascht zeigte ich mich über die neue Wendung im Gespräch. Wie aus dem Kontext hervorgeht, hat sich der ehemalige SS-Einsatzgruppenleiter zu Kriegsende auf dem Rückzug in seiner abgelegenen Heimatregion verschanzt und versteckt gehalten und wurde in diesem Zusammenhang erschossen. Auch hier hat Frau Schubert ein Dokument vorbereitet, es handelt sich dabei um eine amtliche „Bewilligung zur Enterdigung" von 1949, aus dem sowohl das Todesdatum (Ende Mai 1945) als auch die Todesursache (Kopfschuss) hervorgeht. Eine besondere Komponente des Todes des Vaters sind nicht nur dessen gewalttätige (nicht gänzlich aufgeklärten) Umstände, die sie erst Jahrzehnte später erfahren sollte, sondern auch das Faktum, dass die Mutter ihre Kinder über den Tod des Vaters lange im Unwissen gelassen hat. Der Erinnerung von Frau Schubert nach hat die Mutter, obwohl sie kurz nach Kriegsende ein zweites Mal geheiratet hat, sogar immer wieder über die Rückkehr des Vaters gesprochen:

I: Ja. Und wie haben Sie das damals erfahren dass er, tot ist und erschossen worden ist?
HS: Na ja, das ist ja das, das ist ja das ganz Eigenartige nicht
I: Ja, wenn Sie das einmal, beschreiben könnten-
HS: meine Mutter hat uns jahrelang, ich hab nicht, registriert dass sie dazwischen geheiratet (hat) das hätt sie ja gar ned können, wenn mein Vater noch

gelebt hätt, sondern, Weihnachten „der Vati der Vati und er wird kommen" und wir haben das, ich glaub ich war neun, **neun** bitte, wie einmal die Oma gesagt hat zu mir „also ich muss dir dass jetzt schon sagen es stimmt ned, dein Vater ist tot".
I: Ah die Oma hat das gesagt?
HS: Ja die Mutter hat das **jahrelang** verschwiegen. Und das ist so, also es ist dann, ich muss einmal schauen wann das ist, [blättert] die Enterdigung, [blättert] weil sie hat ihn ja, er ist nämlich so, mein Vater wurde, erschossen, und, dann ist er, in einem, so einem Sumpfgebiet, in A. eingescharrt worden, einfach, eingegraben, und, im 49er Jahr ist ein Bauer, zu meiner Mutter kommen und hat gesagt „der [Bertl] liegt dort oben, der ist erschossen worden". Also sie hat es gewusst. Sie hat ihn exhumieren lassen war dabei, [...] wie ich sie dann gefragt hab da war ich schon älter, hat sie gesagt sie hat ihn genau erkannt, nicht, das war also, er war zu erkennen, was weiß ich an was, ja, und dann hats ihn [...] begraben lassen .. (HS 5)

Frau Schubert hat demnach bis zu ihrem neunten Lebensjahr nicht gewusst, dass der Vater tot ist, sondern sie und ihr um ein Jahr jüngerer Bruder haben vielmehr geglaubt, dass er „in Gefangenschaft" sei und „wieder zurückkomme" (HS 5). Diese kindliche Wunschvorstellung wurde von der offenbar sehr intransparenten Familienkommunikation genährt, über deren offensichtliche Ungereimtheiten Frau Schubert sich erst in letzter Zeit bewusst geworden ist. (HS 17-19) Sie erinnert sich: „Also unsere Weihnachts-, unsere Weihnachten waren ja immer grauenvoll, da sind wir ums Bild vom Vater gesessen und die Mutter hat, geheult und wir haben geheult also es war immer, ja **furchtbar**." (HS 17) Frau Schubert ist sich sicher, dass diese Szenen in der Nachkriegszeit und nicht im Krieg stattgefunden haben, was angesichts der Wiederverheiratung der Mutter und deren Wissen um dessen Tod tatsächlich schwer verständlich ist. Möglicherweise hat die Mutter um den verstorbenen Ehemann getrauert, wohingegen die Kinder immer noch auf die Rückkehr des Vaters gehofft haben und diese Situation somit falsch interpretiert haben. Diese Vermutung wird dadurch bestärkt, dass die Kinder selbst nach dem Wissen um den Tod des Vaters und trotz mehrerer ‚Beweise' (das von Frau Schubert erwähnte Wiedererkennen der Mutter der Leiche, die Exhumierung und Umbettung in ein neues Grab 1949) den Tod offenbar auch später nicht wahrhaben wollten. Vielmehr hielten sie ihre kindliche Illusion, dass der Vater noch leben und zurückkehren könnte, noch sehr lange aufrecht, wie sie in einer berührenden Szene schildert:

I: Und, ah, wie war das dann also wie Sie, ah, wie, wie haben Sie sich, gefühlt also wie der Vater da weg war haben Sie da gehofft dass er wieder kommt und sich das ausgemalt oder-
HS: Ja. Ja. Ja, haben wir, ich /kann mich noch erinnern/ [lachend], da hats [...] einen **Bus**chauffeur geben, der hat ihm ähnlich geschaut, und der [H.] [= Bruder] und ich wir sind beide, wir haben ihn immer angeglotzt ja, weil der muss sich gedacht haben /die zwei Kinder/ [leicht lachend], wir haben versucht dass wir wirklich **vorne** bei ihm sitzen und dann haben wir, und da hab ich mir also

> ausgemalt das könnte er **sein** aber er will vielleicht, ned sagen dass er das ist, also das ist wirklich arg. [lacht kurz verzweifelt auf]
> [Unterbrechung durch Kassettenwechsel]
> I: Also Sie haben dann, sie haben gesagt, mit 17 noch, gewartet?
> HS: Ja immer noch, also ich hab dann schon gewusst also ich hab da schon gewusst, da sind ja viele Heimkehrer [...] sind ja welche noch aus Russland zurückgekommen, nicht, und, ich hab dann immer mir gedacht vielleicht **stimmts** ned dass er dort drinnen eingescharrt ist, [...] wir sind ja dann immer, mit dem Onkel [...] sind wir nach A. immer zum Grab gefahren, nicht, wie wir dann, wie das Grab drinnen war. Und, wir haben uns immer gedacht, ich und der [Bruder] haben immer gesagt, vielleicht **stimmts ned**, vielleicht **ist er das** nicht da drin, nen. ... Das ist ja das, Komische dran nen. (HS 17-18)

Mittlerweile besteht längst kein Zweifel mehr am Tod des Vaters.[14] Über die Todesumstände des Vaters hingegen hat Frau Schubert erst sehr spät und eher zufällig erfahren, als vor einigen Jahren ein Bekannter bei einem Krankenbesuch bei ihrer Mutter en passant erwähnt hatte, dass der Vater nicht gefallen, sondern ermordet worden sei. (HS 18-19) Warum und von wem genau der Vater 1945 umgebracht worden ist, weiß Frau Schubert bis heute nicht. Jedenfalls seien die Verantwortlichen Österreicher gewesen und nicht Amerikaner, wie sie bisher immer angenommen hatte. Ob die Erschießung ein krimineller Akt oder politisch motiviert war (etwa im Rahmen einer versuchten Verhaftung oder als Racheaktion gegen den ortsbekannten SS-Mann auf der Flucht) geht aus den Unterlagen nicht eindeutig hervor und scheint für sie nicht von vorrangiger Bedeutung zu sein. Vor dem Hintergrund ihres heutigen Wissens um die Verantwortung des Vaters und die möglichen Konsequenzen (Kriegsverbrecherprozess) spricht aus ihr sogar eine gewisse Erleichterung über den Tod des Vaters: „Heute bin ich nach dem was ich da jetzt gelesen hab ja, eigentlich froh weil, ich glaub ned, dass er, ungeschoren, davon gekommen wäre. Also es wäre, für uns Kinder, **wahrscheinlich**, schlechter gewesen ned, wenns ihm einen Prozess gemacht hätten." (HS 5)[15]

Für Frau Schubert ist vielmehr entscheidend, dass die jahrzehntelange Idealisierung des Vaters durch die Mutter, wofür sie unzählige Beispiele liefert, immer brüchiger zu werden droht. Der familiären Tradierung nach war der Vater ein liebevoller Familienvater, ein Charmeur und hilfsbereiter Mensch, der für andere „das letzte Hemd ausgezogen" habe. (HS 7) Nicht nur die Mutter, auch deren Schwester habe von ihm „geschwärmt, als wär sie in ihn **verliebt** gewesen genau wie meine Mutter". (HS 7) Der Vater habe die Mutter zwar betrogen, wofür Frau Schubert aber als Entlastung anführt, dass die Frauen „ihm entsetzlich nachgerannt" seien. (HS 9) Auch wenn Frau Schubert die mütterlichen Idealisierungen zunehmend in Frage stellt, so kann sie sich nicht gänzlich davon lösen. In ihrer affirmativen Wiedergabe derartiger Zuschreibungen klingt die anhaltende Wirkung der mütterlichen Idealisierung durch, die Frau Schubert als Kind übernommen hat und die sich in ihrem bis heute überaus positivem Vaterbild fortsetzt. Die Idealisierung und Glorifizierung des abwesenden Vater hielt weit über seinen Tod hinaus an und wurde erst gegen Lebensende der Mutter von dieser selbst ansatzweise in Frage gestellt:

I: Was hat sie, wie hat sie ihn bezeichnet, also was hat sie erzählt über ihn?
HS: Ja also, das das das ist komisch, sie hat ihn also derartig auf, auf **drei** Podeste gestellt ja, und sie hat auf mich damit, immer unter Druck gesetzt, „der Vati würde das **wollen** dass du das machst", nicht /und ich hab schon gespurt/ [lachend], also es war **wirklich,** ich muss sagen, das hat sie, damit hat sie also mich ordentlich am Zug gehabt ned, hat sie, sie hat erst im **letzten** Jahr vor ihrem Tod, hat sie begonnen ihn zu demontieren .... voriges Jahr also vor zwei Jahren jetzt ist einund-, na zw- zweinulleins ist sie gestorben ja, und im Jahr 2000 hat sie also, Dinge, zur Sprache gebracht die mich, völlig fertig gemacht haben.
I: Was hat sie da also, gesagt?
HS: Sie hat zum Beispiel gesagt, mein Vater ist zurückgekommen, er ist ja zurück, ned weil er ist ja, im Mai 45 dann erschossen worden, ist er nach [...], das muss an meinem Geburtstag gewesen sein ich bin im April geboren, und hat **sie** gesagt zu mir, das hat sie **nie**, das war das erste Mal dass sie sowas überhaupt sagt, hat sie gesagt „ja weißt dein Vater, der hat mir eine Pistole in die Hand gedrückt und hat gesagt „erschieß zuerst die Kinder und dann dich." Und dann ist er angeblich gegangen, das war für mich ... /ich hab das einfach nie ich hab des ned **glauben** können/ [verzweifelt lachend], weil sie **hat** unseren Vater so hingestellt als wär der, ja, der liebe Gott, so ungefähr, und, die Oma auch, und alle die ich gekannt hab die ihn gekannt haben, haben also mein- von meinem Vater nur das **Beste**, das können Sie sich ned vorstellen der Doktor S. das ist der Rechtsanwalt [...] und der hat zu mir gesagt /„wissen Sie was Ihr Vater für ein wunderbarer Mensch war"/ [nachahmend] ... also dadurch, wenn ich das wie das jetzt da, gekommen ist, hab ich glaubt, ich mein er **muss**, er hat und dann hat sie einmal gesagt, „dein Vater hat gesagt schon, 41 42, es passieren so furchtbare Dinge nur ich kann nicht zurück". Das hat sie auch gesagt, das hab ich mir auch gemerkt. (HS 5-6)

Der von der Mutter überlieferte ‚Tötungsauftrag' des Vaters steht dem bisher gezeichneten positiven Vaterbild diametral entgegen und war für Frau Schubert „ein Hammer" (HS 40), wie sie einmal formuliert. Immerhin muss sie nun mit dem Gedanken leben, dass ihr geliebter Vater angesichts des drohenden ‚Zusammenbruchs' seiner Frau befohlen hatte, sich und die Kinder – also auch sie, das sechsjährige „Vaterkind" – zu töten. Diese bittere Wahrheit stellt das Bild des ‚liebenden Familienvaters' erheblich in Frage, noch dazu, wo dieser außerdem die Mutter betrogen hatte und zu Kriegsende „nicht einmal seinen jüngsten Sohn sehen" wollte, was ihm die Mutter der Einschätzung von Frau Schubert zufolge nie verzeihen konnte. (HS 40) Der ‚Tötungsauftrag' lässt darauf schließen, dass der Vater zu jenen überzeugten und/oder schwer belasteten Nationalsozialisten gehörte, die nach dem ‚Zusammenbruch' des NS-Regimes bereit waren (sei es aus Angst vor Rache oder aus politischem Fanatismus) ihre gesamte Familie mit in den Tod zu reißen. Die politische Dimension dieser Handlung war für Frau Schubert aber zum Zeitpunkt der mütterlichen Enthüllung nicht erkennbar, denn damals wusste sie weder von den hohen NS-Funktionen des Vaters noch von seiner tiefen Verstrickung in die NS-Verbrechen, wie sie im Laufe des Interviews mehrmals versichert:

I: Und Sie wussten damals noch gar nicht dass er, er involviert war?
HS: /Gar nichts/ [leise], ja überhaupt ned überhaupt ned, ich hab auch ned gewusst dass er bei der SS ist, ich hab geglaubt er ist bei der, also er war im Sicherheitsdienst in [L.] er war der Sicherheitsdirektor von [L.], sie hat auch erzählt dass er [...] eingesperrt, gewesen ist, weil er ja also vorm Umbruch
I: Als Illegaler?
HS: Ja.
I: Mhm.
HS: Sie hat erzählt, diese Dinge hat sie erzählt, dass ihm dort der Zahn ausgeschlagen worden ist, dass sie, ahm, für die Nazis, vor dem Umbruch, als Geldkurier, ah, gearbeitet hat
I: Sie?
HS: Sie.
I: Mhm, mhm.
HS: Und dass sie also, auch, versucht hat in die Festungshaft, den Leuten irgendwas reinzuschmuggeln, das hat sie schon erzählt, aber nie was Böses, nie was Grausliches. (HS 6)

Frau Schubert pocht wiederholt auf ihr bisheriges Unwissen über die NS-Aktivitäten ihres Vaters, liefert gleichzeitig aber auch Fakten mit, die auf die starke väterliche NS-Involvierung hinweisen und ihr bereits seit ihrer Kindheit bekannt waren. Die Funktion eines „Sicherheitsdirektors" (manchmal verwendet sie auch den Begriff „Polizeidirektor"), worin sie auch seine Funktion im Sicherheitsdienst mit einschließt, musste in kindlichen Ohren ‚harmlos' geklungen haben, noch dazu, wo die Mutter die hohe Position des Vaters immer stolz hervorgestrichen hatte. Auch die Tatsache, dass ihr Vater „vor dem Umbruch", wie Frau Schubert die NS-Terminologie unkritisch reproduzierend formuliert, illegaler Nationalsozialist gewesen war und die Mutter ihn aktiv politisch unterstützt hat, war der Tochter bekannt. In der Familie wurde die Teilhabe des Vaters am NS-System also keineswegs verschwiegen, vielmehr habe die Mutter mit den Funktionen des Vaters auch nach 1945 oft geprahlt. So habe sie häufig „geschwärmt", dass bei ihrer Hochzeit 1939 „wahnsinnig **wichtige Leute** [...] von der Regierung" teilgenommen hätten und sie mit Eva Braun bekannt gewesen wäre. (HS 7, 30) Diese NS-nostalgischen Erinnerungsbruchstücke der Mutter (vgl. Kapitel ‚Mutterbilder') verweisen darauf, dass der Vater alles andere als ein ‚kleiner Nazi' gewesen sein muss.

Erst heute – vor dem Hintergrundwissen um seine Täterschaft – weiß Frau Schubert die vielen kleinen Indizien für die hohe NS-Funktion des Vaters zu deuten. So fällt ihr beispielsweise ein, dass der Vater die Freistellung seines Schwagers vom Kriegsdienst veranlasst hatte, woraus sie heute zu Recht schließt, dass er „natürlich Macht gehabt haben muss". (HS 7) Auch die Verankerung der Mutter im ‚Ehemaligen'-Milieu nach 1945 und deren Bereitschaft, bei einem NS-Prozess für einen angeklagten Nationalsozialisten (vermutlich einen SS-Kameraden des Vaters) als Entlastungszeugin auszusagen (HS 24-25), lassen auf die ideologische Überzeugtheit ihrer Eltern schließen. Bisher hatte sie diese Details offenbar nicht als problematisch erkannt („nie was Böses"), erst die kürzlich erfahrene Tatsache, dass er bei der SS gewesen war, hat sie in ihrer ‚Unwissenheit' erschüttert. Das Faktum der SS-Mitgliedschaft empfindet Frau Schubert – wie viele andere Nachgeborene auch – als besonders belastend, worin sich zeigt, dass die SS nach wie vor als das ‚ultimativ Böse' wahrgenommen und mit einer Täterschaft in Verbindung gebracht wird, wohingegen andere NS-Funktionen als vergleichsweise ‚harmlos' eingestuft werden:

> HS: Also, das mit der, mit der SS hab ich erst jetzt erfahren ja, das hab ich überhaupt nie gewusst, und ich hätte die **Hand,** für meinen Vater ins Feuer gelegt, und hab auch das **immer** gesagt, bei Diskussionen, dass er **nie**, also so etwas getan hätte, das muss ich wirklich sagen. Und ich hab also, mich **sehr** beschäftigt mit Geschichte mit **sehr** mit Juden hab also mit **sehr** vielen Juden Kontakt gehabt [............] und dadurch hab ich **viel** Kontakt gekriegt mit Juden und hab **viel** mit ihnen gesprochen, **viel**, und hab mich also da ganz anders informiert aber ich hab **immer**, also ich hätt gesagt mein Vater macht so etwas nicht.
> I: Was haben Sie gesagt, wenn Sie wer gefragt hat?
> HS: Er war Soldat.
> I: Ja.
> HS: Und er war im Krieg.
> I: Ja, und wussten Sie **wo** er war im Krieg?
> HS: Ja. Also e-
> I: Wa- was haben Sie da gewusst, in welchen Gegenden
> HS: Dass er in, also, äh dass er in, in Laibach war, nen das hab ich Ihnen glaub ich eh schon gesagt, also dort war er, also für das ganze Gebiet, und dann war er in Russland in der Krim. ... Das wusste ich.
> I: Mhm. Wussten Sie das auch von der Mutter?
> HS: Das wusste ich von der Mutter. Also das hat, das hat als Kind, also die Mutter hats erzählt, ned weil sie hat auch erzählt, [...] an das erinnere ich mich auch nicht, am Kriegsende, sind zwei Krim .. Kosaken, zur Mutter gekommen, und haben gesagt sie soll uns zusammenpacken, sie nehmen sie mit in die Schweiz, weil sie wird da Sch- größte Schwierigkeiten haben nen, und sie ist aber nicht gegangen, das hat sie auch erzählt, an das erinnere ich mich auch nicht. Sie sagt hat immer nur gesagt „hätt ichs nur getan, dann täts uns besser gehen." (HS 20-21)

Wie viele andere ‚Kinder der Täter' auch hat Frau Schubert ihren Vater lange Zeit ‚nur' als Wehrmachtssoldaten wahrgenommen und ihn als solchen verteidigt. Alle Fakten, die dieses Bild gestört oder ernsthaft in Frage gestellt hätten, seine Illegalität und seine hohen NS-Machtfunktionen im SD oder die Warnung durch die Krimkosaken, hat sie teils aus historischer Unkenntnis, teils aus einem Schonbedürfnis heraus ausgeblendet. Diese beschönigende Sicht, die das Davor und Danach ausklammert, hat sie trotz ihrer Brüchigkeit selbst dann noch aufrechterhalten, als sie bereits durch den studienbedingten Orts- und Milieuwechsel mit politisch Andersgesinnten Kontakt hatte und sich mit dem Nationalsozialismus und der Judenvernichtung kritisch auseinander gesetzt hat. Trotz der vielen Hinweise innerhalb der Familie und trotz ihrer späteren antifaschistischen Politisierung hat Frau Schubert offenbar keinen Verdacht geschöpft und keinen Zusammenhang zum eigenen Vater hergestellt, sondern für ihn – präventiv gewissermaßen – „die Hand ins Feuer gelegt".

Wie viele andere ‚Kinder der Täter' auch hatte Frau Schubert weder die emotionale Bereitschaft noch spezifische historische Kenntnisse, mithilfe derer sie die heiklen Bestandteile und Ungereimtheiten der familiären Narrative entschlüsseln können hätte.

Bei Hilde Schubert ist das fragile Vater-Konstrukt erst in jüngster Zeit sukzessive in sich zusammengebrochen. Den Beginn der Desillusionierung stellten die persönliche ‚Demontage' durch die Mutter und das Wissen um den väterlichen ‚Tötungsauftrag' dar. Doch im Laufe der letzten fünf Jahre kam es zu weiteren ‚Ungereimtheiten' und ‚Enthüllungen' von außen, die das bisherige Nicht-Wissen von Frau Schubert nicht länger möglich machten: „Und das war so das ist alles, das ist, so **geballt** gekommen ja [...] plötzlich hat sich, jeder, dafür interessiert. Zuerst war, jahrelang überhaupt nichts. [...] und jetzt kommt so was.", stellt sie verwundert fest. (HS 19, 40) Frau Schubert erzählt, dass sie zu ihrer großen Empörung bei ihren seltenen Besuchen am Grab des Vaters feststellen musste, das dieses mittlerweile zur Pilgerstätte von Waffen-SS-Veteranen geworden und mit dem SS-Spruch „Meine Ehre heißt Treue"[16] versehen ist. (HS 36-37) Etwa zur selben Zeit hatte sich ein deutsches Fernsehteam bei der Familie gemeldet, auf der Suche nach Informationen über den Vater. Diese Recherchen, denen Frau Schubert damals noch keine besondere Bedeutung beigemessen hat, bekommen im Lichte der neuen Informationen eine andere Relevanz für sie. Sie hatte sie bereits im telefonischen Vorgespräch erwähnt und kommt auch gleich zu Beginn des Interviews auf ihre damalige ‚Ahnungslosigkeit' zu sprechen:

> HS: Die haben meinen Bruder angerufen, und mein Bruder hat das an mich, sofort abgegeben weil er mit solchen Dingen gar nichts zu tun haben wollte. Dann haben sie also ersucht ob sie meine Mutter die hat noch gelebt, aufsuchen dürfen, und sie befragen.
> I: Mit welcher Begründung, wonach befragen?
> HS: Nach meinem Vater, [atmet tief aus] und nach, ihren Erfahrungen, die sie, also aus diesem Dritten Reich hatte, und sie wollten einfach [...] so ein bissel, ein Insider-Wissen wies war, erfahren. Und es ist aber, sie haben ned sehr viel erfahren, weil meine Mutter [...] hat halt nur von sich gesprochen, meine Mutter war ein sehr, mhh, ich-bezogener Mensch und es war ihre beste Zeit nicht, sie war damals jung sie war schön sie hat, ehrlich, irgendwie gelebt, und das hat sie halt es hat ihr halt gefallen, und das ist also nach dem Krieg natürlich **total** abgesackt, ned, das ist klar.
> I: Und und was haben die gesagt, warum sie sich gerade für Ihren Vater interessieren?
> HS: Ja das haben sie mir eben nicht gesagt, nicht
> I: Ah das haben sie gar ned gesagt?
> HS: Nein. Sie haben **kein Wort** gesagt aber ich glaube dass das im Internet schon drinnen war, was jetzt drinnen ist. Aber wir haben natürlich, keine Ahnung. [...] (HS 1)

Das Ansinnen der Journalisten hat bei Frau Schubert damals noch keine weiteren Fragen aufgeworfen, sondern sie begnügte sich mit deren Begründung, dass sie einen Film über die Wehrmacht (und nicht über die SS, wie sie betont) machen wollten und dafür ‚authentische Berichte' von ‚ZeitzeugInnen' suchten. Der Umstand, dass sich ein deutsches Fernsehteam ausgerechnet für ihren Vater interessierte, der ihrer damaligen Annahme nach doch ‚nur' bei der Wehrmacht und somit ‚unverdächtig' gewesen war, hat sie damals erstaunlicherweise nicht irritiert. (HS 1-2) Auch das Interesse der Journalisten für das Fotoalbum des Vaters über dessen Kriegszeit auf der Krim mit „Fotos aus der Gegend dort unten" (HS 2) hat trotz der zeitgleichen öffentlichen Diskussionen über die Verbrechen der Wehrmacht Frau Schuberts Argwohn nicht geweckt. Sie hat die Diskussionen um die ‚Wehrmachtsausstellung' zwar wahrgenommen (sie wollte sie ursprünglich sogar besuchen), aber diese nicht mit ihrem Vater und der TV-Recherche in Verbindung gebracht. Jedenfalls hat Frau Schubert den Journalisten das Kriegsalbum des Vaters bereitwillig zur Verfügung gestellt[17], an dem diese nach einer Durchsicht aber kein Interesse gezeigt hätten:

> HS: [...] Aber sie sind ziemlich enttäuscht abgezogen. Und sie wollten **unbedingt** das Fotoalbum, das hab ich ihnen auch gezeigt, aber da ist ja nix drinnen gewesen ned.
> I: Was war da drinnen in dem Fotoalbum?
> HS: Na ja, die Soldaten- Soldaten in der in der Krim, wies halt feiern und und man sieht auch, niedergeschossene, Leut und, und und, und Pferd, erschossene, und wie sie halt auf einen Tisch sitzen und jausnen und, und und und, eine Hetz machen so ungefähr halt ned, überhaupt **nichts**, wo man sagen d- also ja die erschossenen Menschen die dort herumliegen, das ist Krieg ned, das war ja ned so, das, man hat halt gesehen, da da ist ein Feld und da liegt ein Toter drinnen aber alles in diesen kleinen schwarzweiß- [...]
> I: Und hat der Vater dieses Fotoalbum zusammengestellt?
> HS: Das hat er gesch- nein, das haben sie ihm zum Geburtstag geschenkt.
> I: Ah das haben sie ihm geschenkt, aha, versteh.
> HS: Das haben ihm die Soldaten und in seiner, Truppe zum Geburtstag geschenkt, weil es steht dann noch drinnen, „für, für den Kommandanten" oder irgend sowas, jetzt hab ich natürlich, noch, noch **mehr** geglaubt dass er ein Soldat war. Ned, die sind ja alle in Felduniformen in den Fotos drinnen.
> (HS 43)

Frau Schubert stuft das Kriegsalbum des Vaters als harmlos ein. Ihrer Beschreibung nach handelte es sich um ‚typische' Kriegsfotos, die den ‚normalen Kriegsalltag', wie etwa die als „Hetz"[18] bezeichnete Ausgelassenheit der Soldaten, tote Pferde und Menschen in Felduniformen, widerspiegeln. Auch die auf den Fotos zu erkennenden „erschossenen Menschen" ordnet Frau Schubert als selbstverständlichen Bestandteil des Krieges ein. Während Frau Schubert die Fotos beschrieb, dachte ich an die vielen in der ‚Wehrmachtsausstellung' gezeigten Privatfotos von Kriegsteilnehmern, die die NS-Verbrechen und die Mentalität der beteiligten Täter drastisch vor Augen geführt haben.[19] Vor diesem Hintergrund und im Kontext der Einsatzgruppen kommt solchen scheinbar ‚normalen' Kriegsfotos eine besondere Brisanz zu. Dieser Überlegung sind offenbar auch die Journalisten gefolgt, als sie ihr Interesse für das Kriegsalbum bekundeten, an dem sie nach der Sichtung – aus welchen Gründen auch immer – kein Interesse mehr gezeigt haben. Für Frau Schubert bedeutete das

Desinteresse der als kompetent eingestuften Journalisten damals vermutlich eine gewisse Erleichterung, weil sie den Vater und seine Kameraden somit entlasteten und sie in ihrer Einschätzung des Albums als ‚harmlos' bestätigten.

Ein weiterer Hinweis auf die NS-Gesinnung des Vaters fand sich durch eine nach dem Tod der Mutter in deren Wohnung entdeckte Urkunde, aus der hervorgeht, dass ihr Vater ein Blutordensträger gewesen ist. Obwohl Frau Schubert die Bedeutung dieses NS-Ordens nicht genau kennt, deutet sie diesen Fund zu Recht als weiteres belastendes Indiz. Wie ich nach dem Interview nachgelesen habe, galt der 1933 gestiftete ‚Blutorden' als höchstes Ehrenzeichen der NSDAP, die an die Teilnehmer des Münchner Putschversuches von 1923 verliehen wurde. Im Mai 1938 wurde der Bezieherkreis noch auf jene Parteimitglieder ausgeweitet, die im Kampf um die Macht schwer verletzt sowie zum Tode oder zu langjährigen Freiheitsstrafen verurteilt worden waren.[20] In diese Kategorie ist auch der Vater von Frau Schubert einzuordnen. Immerhin war er bereits 1930 der NSDAP beigetreten und hatte in der Illegalität für ‚die Bewegung' gekämpft. Nicht zuletzt deshalb erhielt er nach dem ‚Anschluss' eine führende Position im SD und auch seine spätere Verwendung als Kommandant eines Sonderkommandos einer Einsatzgruppe passt in dieses Karrieremuster.[21]

Trotz dieser vielen, immer konkreter werdenden Indizien für eine starke NS-Involvierung des Vaters trifft Frau Schubert die kurze Zeit vor dem Interview erfolgte Konfrontation mit dessen Täterschaft im Rahmen der SS-Einsatzgruppe mit voller Wucht. Das neue Wissen um die tiefe NS-Verstrickung ihres Vaters dominiert somit das gesamte Interview und bestimmt die Erzählhaltung von Frau Schubert entscheidend, etwa indem sie immer wieder zwischen dem ‚Davor' und ‚Danach' dieses Wissens unterscheidet und ihre bisherige Ahnungslosigkeit beteuert bzw. zu legitimieren versucht. Trotz oder vielleicht gerade wegen dieser emotional aufgeladenen Atmosphäre wurde die tatsächliche Täterschaft des Vaters (abgesehen von vagen Andeutungen) erst im letzten Drittel des Interviews konkret angesprochen. Da Frau Schubert nicht selbst darauf zu sprechen kam, habe ich versucht, durch meine Nachfrage, wie sie eigentlich zu den mehrmals erwähnten Internet-Informationen über den Vater gekommen sei und was genau sie nun über ihn wisse, das Gespräch darauf zu lenken. Damit rückten der SS-Vater und seine konkrete Täterschaft ins Zentrum des Interviews.

Die belastenden Informationen über den Vater kamen diesmal nicht ‚von außen', sondern von ihrem um ein Jahr jüngeren Bruder, der darüber im Internet recherchiert hatte. Den Grund für die Recherche des Bruders, der sonst kein Interesse an Zeitgeschichte oder an der Vergangenheit seines Vaters gezeigt hatte, kennt Frau Schubert nicht: „Ja, wenn ich das wüsste!", ruft sie einmal aus. (HS 32) Sie nimmt an, dass er nicht gezielt, sondern eher zufällig in einem privaten Zusammenhang auf die Informationen gestoßen ist. Dieser Bruder (der zweite jüngere Bruder ist bereits verstorben) rief daraufhin seine Schwester an und erzählte ihr von seinem Fund. Da Frau Schubert keinen Internetanschluss besitzt, einigten sich die Geschwister darauf, dass der Bruder ihr die Unterlagen schicken sollte. Frau Schubert nahm daraufhin Kontakt mit ihrer Schwägerin (der Witwe ihres verstorbenen Bruders) auf, die die Internetrecherche fortsetzte und dabei auf die Namen ihrer Söhne stieß, was zu dem eingangs erwähnten Missverständnis der befürchteten ‚Sippenhaftung' geführt hat. Doch auch der Bruder recherchierte weiter und meldete sich bald wieder mit neuen

Unterlagen, eben jenen, die Frau Schubert für das Interview vorbereitet hatte.[22] Bei den recherchierten Unterlagen handelte es sich um einen stichwortartigen Abriss der NS-Karriere des Vaters (in italienischer Sprache) sowie einen etwas längeren auszugsweisen Bericht über den Prozess gegen die Einsatzgruppe D (in englischer Sprache), die jene zentralen belastenden Fakten über den Vater enthalten, die eingangs ausgeführt wurden. Auf diese Unterlagen verweist Frau Schubert im Folgenden öfters oder sie übersetzt[23] direkt daraus. Ich halte die folgende Interviewpassage in ihrem langsamen Herantasten an die bittere Wahrheit für sehr zentral und möchte sie daher in aller Ausführlichkeit zitieren:

> HS: [...] Und das [die Unterlagen in Italienisch] hat er mir geschickt und dann ist er zwei Tage drauf, ruft er wieder an und sagt „und jetzt hab ich was in Englisch. Das schick ich dir auch. Und das ist ja viel ausführlicher".
> I: Mhm, und was steht da drinnen jetzt, wenn Sie es einmal, zusammenfassen-
> HS: Na ja, also es steht-, es steht also drinnen dass mein Vater, ah bei der SS war dass er seine Zugnummer ist, 309 697, seine SS-Nummer, dass er, ah zuerst, steht ja, wenn Sie Italienisch können also der Sicherheitsdirektor in [L.] war, und, vom, Ma- Mai 41 bis Februar 43 war er Kommandant, Sonderkommand-, das, eins, oder 10 b, äh der Einsatztruppe D, und, äh, venne ucciso nell 45 also er ist gestorben 45, steht da
> I: Steht da gestorben oder ermordet?
> HS: Nein da steht ucciso, das heißt also, gestorben, das ist ned ermordet. Und dann steht [hustet], einen Prozess, in München, in, in Bayern, 1972.[24] Gegen einige M- Mitglieder der Sonderkommission, wurde also der [Schubert], vom April 42, ah also, wurde wurde mitgeteilt dass er, einen, di- diese Gaswagen, befehligt hat, für Hebräer [italienisch: ebrei], von der, Citta also von d-, von der Stadt von Fedosia. Und das ist die Krim gewesen.
> I: Aha, den **Gas**wagen, für die Juden.
> HS: Ja, Vergasungswagen.
> I: Dass er das befehligt hat (HS: Ja), dieses Kommando (HS: Ja). Und Einsatzgruppe D, wissen Sie, was die Einsatzgruppe D war?
> HS: Nein [atmet tief aus], weiß ich nicht, keine Ahnung.
> I: Ja. ..... Und wie, wie haben Sie sich da gefühlt wie Sie das, wie war das für Sie, ich mein-
> HS: /Na schrecklich war das/ [sehr leise]. Na, ich kanns gar ned sagen, es war **so** furchtbar, /ich ich ich hab mich **so** aufgeregt/ [verzweifelt lachend], da ist es ja da noch, da ist ja noch, da, was **dann da** alles steht ja. [HS zeigt auf weitere Unterlagen]
> I: Was steht da noch zusätzlich drinnen?
> HS: Das ist jetzt Englisch. Ja ja. [liest] Das ist auch wieder das Sonderkommando 10 b, und, einer ah es wurde geleitet, (von) einem [Schubert], der ist to- also, der ist tot, ja, und da sein Vertreter war der, R., sagt mir gar nix. Während der ersten neun Monate, Ohlendorfs äh, mit der Einsatzgruppe D, diese, Gruppe, zer- zerstörte mehr als **90** Menschen
> I: 90.000.

HS: neun- neunzigtausend Menschen ja, diese Tausende, sind, getötet worden, 340 pro Tag, ned, ja ah, waren aber auch Zigeuner dabei Asiaten, und un-, unerwünschte Personen ned, und zwar zwischen 16. November und 15. Dezember 41. Und so geht's da weiter
I: Und dann steht noch einmal konkret was über Ihren Vater?
HS: Ja. [blättert] .... es ist so dunkel. Also d- der .... [seufzt] .... der Z. in Nikolaev das war wieder, so ein Sonderführer, und eine kleinere Gruppe unter der Leadership, also unter der Führerschaft von [Albert Schubert] in Ananev, das weiß ich nicht wo das ist.
I: Ja, was hat die Gruppe gemacht?
HS: Also, für, f- für die technische, technische Gelegenheiten .... äh, es es war es nicht möglich du-, a- alle Massenexekutionen zu, inspizieren. ... Da ist einer, da ist einer verhört worden ja, [...] .. Und und der hat d-, der hat eben das gesagt dass der Vater da dabei war. .... Und da gehts dann weiter-
I: Ah ich versteh schon, also es steht dass, der das inspiziert hat, die Exekutionen also Massenhinrichtungen-
HS: Inspiziert hat und-, kution, ja-
I: also eine große, und eine kleine Massen-, und eine kleinere Massen- also unterm Kommando vom-
HS: Ja, kleiner, das ist mein, /ja ja, ja/ [sehr leise]
I: [Albert Schubert]
HS: /[Schubert] Ja./ [leise]
I: Das heißt er war, und die Einsatzgruppe D, war, eine der-
HS: Ich weiß es nicht.
I: größten Mord, Truppen-
HS: Ach so, wissen Sie das? [seufzt, leise]
I: im Osten. Also, speziell im Süden der Sowjetunion-
HS: [blättert] Ja es ist, drum wollten die unbedingt diese Fotoalbum von meiner Mutter haben, und dann sind sie aber ohne das abgezogen, weil da nix drinnen war, ja tote Pferde und und und .... [atmet tief aus] Ja. Und die haben **nichts** gesagt darüber diese Deutschen. (HS 33-34)

Die in den Unterlagen genannten Fakten sind erdrückend: Sie lassen keinen Zweifel daran, dass der Vater von Frau Schubert führend an Massenmorden beteiligt war, wobei hier konkret die von ihm befehligte Ermordung von Juden in Gaswägen und ein „kleineres" Massaker (vermutlich eines von mehreren, wo auch die nichtjüdische Zivilbevölkerung ermordet wurde) angeführt werden. Vor dem Hintergrund dieses Wissens um die Tätigkeit ihres Vaters bei den Einsatzgruppen erhält die damalige TV-Recherche eine andere Bedeutung. Heute weiß Frau Schubert, dass ihr Vater mit der Judenvernichtung auf der Krim zu tun hatte und das deutsche Fernsehteam deshalb ein so großes Interesse am Kriegsalbum des Vaters gezeigt hatte. (HS 2) Die stockende Wiedergabe dieser erschreckenden Fakten und die langen Pausen dazwischen sind einerseits auf das Ablesen und gleichzeitige Übersetzen der Textstellen zurückzuführen, andererseits sind sie aber auch Ausdruck der tiefen emotionalen Betroffenheit von Frau Schubert. Obwohl sie diese Unterlagen schon mehrmals durchgelesen hat, hält sie sich strikt an die Übersetzung, was ihr offenbar eine Art

Halt zu geben scheint. Es fällt ihr schwer, die Taten des Vaters in eigene Worte zu fassen und die Dimension dieser NS-Verbrechen zu erfassen, was sich unter anderem in ihrem ‚Versprecher' hinsichtlich der unfassbar hohen Zahl der Ermordeten widerspiegelt. Auch wenn ihr die ‚Einsatzgruppen' kein Begriff sind, so ist mit den vereinzelten Begriffen ‚Juden', ‚Gaswagen', ‚Exekutionen' usw. das thematische Feld der Judenvernichtung und des Massenmordes klar umrissen.

Aber nicht nur meine Interviewpartnerin, auch ich als Interviewerin bin von der Interviewsituation und den auf den Tisch liegenden Fakten offenbar überwältigt. Mit dem Wissen um die Rolle der Einsatzgruppen bei der Judenvernichtung und angesichts der Erschütterung von Frau Schubert tendiere ich zu einem Schonverhalten und vermeide es ebenfalls, die Fakten konkret zu benennen. Dies zeigt sich etwa in der vorsichtig angesetzten Frage, ob sie wisse, was eine Einsatzgruppe sei, die ich jedoch vorerst unbeantwortet lasse und mit meiner Frage nach ihren Gefühlen gleich auf die emotionale Ebene wechsle. Gleichzeitig schien es mir aber wichtig, das nicht oder nur vage Ausgesprochene einmal konkret zu benennen, was erst mit der zögernd vorgebrachten Bezeichnung der Einsatzgruppen als „Mordtruppen" gelingt. Meine Ambivalenz als Interviewerin zwischen Schonung und bewusstem Durchbrechen der Vagheit korrespondiert mit der Ambivalenz von Frau Schubert zwischen dem Wissen-Wollen einerseits und ihrer Angst vor dem endgültigen Wissen andererseits. Dies spiegelt sich beispielsweise in ihrer sehr zaghaft-resignativen Rückfrage an mich als Historikerin wider, die ihr das Unfassbare gleichsam als ‚Expertin' bestätigen soll.

Frau Schubert befindet sich im schwierigen Prozess des Begreifens bzw. des Nicht-Begreifen-Könnens. Auch wenn manchmal der Eindruck entsteht, dass sie die vorliegenden Fakten noch nicht in ihrer historischen Dimension erfassen und einordnen kann, so zeigt doch ihre erschütterte Reaktion, dass sie sich emotional sehr wohl der Ungeheuerlichkeit der neuen Informationen bewusst ist:

> I: Und wie, was, was heißt das jetzt für Sie wenn Sie das erfahren?
> HS: /Furchtbar/ [leise], es war [atmet tief aus], ich hab, wirklich tagelang ned geschlafen. Mein Mann hat gesagt ich soll mich ned /soll mich ned aufregen und/ [verzweifelt lachend] „es ist vorbei" und sag ich, „ja, schon aber" meine Schwägerin [...] die hat gesagt, „du, i, i trau mich ja ned einmal den Kopf den Kopf hochhalten", sag ich „du, ihr könnts ja nix dafür".
> I: Ja sie ja überhaupt ned, die Schwägerin, ja noch weniger
> HS: Na ja. Aber sie hat halt auch Kinder die [Schubert] heißen nen. ...... Also das war, so ein so ein Hammer, äh, manchesmal denk ich mir, mir wär lieber ich täts ned wissen, aber
> I: Ja, aber, Sie wissen es jetzt.
> HS: Es ist halt-, ja, ja.
> I: Und haben Sie sich dann, wie Sie nicht schlafen konnten ausgemalt was er, getan haben könnte
> HS: Nein, das kann ich nicht-
> I: es steht da relativ wenig aber es steht-
> HS: Er hats gewusst ned, er war dabei
> I: Er hat es nicht nur gewusst, er hats auch befehligt-

HS: er war er hats auch befehligt ned ja.
I: Und da steht nur eines von (HS: Ja ja), 90.000 Menschen.
HS: Es ist, ja, [seufzt, leise] ich bin ich w- ich weiß es nicht ich bin, wie gesagt, wenn ichs ned wüsst, wärs schöner ned, aber es ist halt leider nicht so. .. Mein Mann sagt, „was fühlst du dich schuldig“ sag ich „ja ich ich kanns eh ned“ ... wenn ich an die Tochter vom Göring oder, an die Goebbelskinder die der ja umgebracht hat, seine eigenen denk, die hättens, oder den Bormann, sind ja ungefähr solche Leute auch.
I: Mhm.
HS: Ich bin nur über **eines** froh. Dass ich so alt bin jetzt.
I: Mhm.
HS: /Weil wenn ich das gewusst hätt, mit dreißig/ [verzweifelt lachend] .. /ich weiß ned/ [leise] .. /bin wirklich froh, wirklich/ [weinend].
I: Mhm. .... Glauben Sie dass Sie jetzt besser damit umgehen können?
HS: Ich hoffe es.
I: Mhm .....
HS: Ich hoffs. ...... (HS 34-35)

Frau Schubert ist emotional tief berührt und verstummt an dieser Stelle beinahe. Ich als Interviewerin schwanke zwischen Mitgefühl und Schonung und vorsichtigem Nachdruck, ihre anklingenden Relativierungsversuche abzuschwächen. Frau Schubert ahnt: Diesem Wissen muss sie sich nun stellen, auch wenn es ihr lieber wäre, wenn sie niemals davon erfahren hätte, wie sie wiederholt betont. An anderer Stelle versichert Frau Schubert dezidiert, dass sie ihrer Mutter nicht böse sei, dass diese nichts darüber erzählt und den Vater so lange idealisiert hatte, denn so habe sie zumindest „ein schönes Bild von ihm gehabt [...] bis zu der Geschichte jetzt.“ (HS 46) Eine gewisse Erleichterung ist für sie, dass sie mit diesem Wissen erst jetzt konfrontiert wurde, denn – so deutet sie an – in früheren Jahren hätte sie dieses Wissen kaum ertragen.

Mit ihrer Verzweiflung und ihren Schuldgefühlen ist Frau Schubert ziemlich alleine. Ihr Ehemann bringt für diese Gefühle offenbar kein Verständnis auf, wie sie mehrmals erwähnt. Seine Abwehr spiegelt sich meinem Eindruck nach auch in seinem Verhalten mir gegenüber wider, indem er mich – obwohl anwesend – nicht begrüßt, während des Interviews im Nebenraum sitzt und auch einmal das Interview unterbricht, was auf ein gewisses Misstrauen und Kontrollbedürfnis seinerseits schließen lässt.[25] Als wichtigste Vertrauensperson in dieser Angelegenheit erweist sich offenbar eine Freundin, die sie auf den Zeitungsartikel über mein Projekt hingewiesen hat und mit der sie auch über ihre emotionale Erschütterung sprechen kann. (HS 42) Diese Freundin hatte – anders als Frau Schubert – auch die Ausstellung über die „Verbrechen der Wehrmacht“ besucht und ihr danach gesagt, dass sie „froh“ sein solle, es nicht gesehen zu haben, nach dem, was sie nun erfahren habe. (HS 44) Ihre Schwägerin ist für sie zwar ebenfalls eine Ansprechpartnerin, sie lebt aber im Ausland und hat offenbar selbst Probleme, mit der NS-Verstrickung ihres Schwiegervaters umzugehen. (HS 41)

Ihr Bruder möchte sich Frau Schubert zufolge überhaupt nicht mehr damit befassen: „Er hat gesagt er möcht jetzt, jetzt hat er genug gewühlt jetzt möcht- soll endlich ein Frieden sein.“ (HS 41) Seine Bereitschaft zur Auseinandersetzung hat sich mit der Recherche und vor allem mit der Weitergabe der Unterlagen an seine Schwester offenbar erschöpft. Wie bereits die Anfrage vom TV-Team delegiert er auch diese Angelegenheit wieder an seine ältere Schwester, was offenbar den üblichen Geschwisterrollen entspricht, denn auch in anderen (persönlichen) Belangen hat Frau Schubert die Rolle der ‚großen Schwester' eingenommen. (HS 28, 29) Meine Frage, ob sie das Bedürfnis habe, dieses späte Wissen über den Vater mit ihm im gemeinsamen Gespräch zu verarbeiten, verneint sie dezidiert. (HS 41) An eigene Nachforschungen denkt Frau Schubert derzeit nicht, selbst wenn sie die Möglichkeiten dazu hätte: „Also momentan kann ich ned. Ich bin froh dass ich kein Internet hab, dass ich ned nachschauen kann, wann ich eines hätt hätt ich nachgeschaut, das sag ich ganz offen, aber i- [seufzt] [...] ich glaub ich ich halts auch ned aus jetzt." (HS 42) Abgesehen davon, dass für Frau Schubert der Zugang zu weiteren Informationen (Internet, Fachliteratur) schwierig ist, will sie momentan nicht mehr wissen, was verständlich ist. Zu belastend und zu frisch sind die neuen Fakten, die – anders als die bereits vorher bestehenden Hinweise auf die NS-Täterschaft des Vaters – nun zu einer unumstößlichen, nicht mehr zu ignorierenden Wahrheit geworden sind.

In diesen neuen Wissenskontext muss Frau Schubert ihr bisher positives Vaterbild einordnen und das ist keineswegs einfach. Frau Schubert befindet sich in einem Dilemma, wo das emotionale Bedürfnis, den Vater zu entlasten und sich nicht zu stark mit dessen Täterschaft zu konfrontieren einerseits und das rationale Wissen um die Notwendigkeit einer Distanzierung andererseits miteinander in Widerstreit stehen. Da die NS-Täterschaft des Vaters nicht mehr verleugnet werden kann, muss eine strikte Trennung zwischen dem Familienvater und dem NS-Täter vorgenommen werden, denn nur so kann sie das positive Vaterbild auch jetzt noch aufrechterhalten. Tatsächlich zeigt sich im gesamten Interview, dass der ‚private' Vater nach wie vor geschont und ungemindert positiv dargestellt wird. Frau Schubert ist für jede positive Gegenerinnerung dankbar, so etwa über einen „sehr liebevollen" Feldpostbrief des Vaters, den sie „Gott sei Dank" beim Aufräumen der Wohnung der Mutter nach deren Tod gefunden hat. (HS 39) Dieses persönliche Fundstück ist für Frau Schubert offenbar ein kleiner Trost im Wissen um die schrecklichen Taten des NS-Vaters. Der Versuch, das ‚private' Vaterbild vom ‚politischen' NS-Vater abzuspalten und somit – zumindest auf der persönlichen Ebene – eine Ehrenrettung des Vaters vorzunehmen, muss zwangsläufig an den historischen Fakten scheitern.

Nichtsdestotrotz unternimmt Frau Schubert ein paar Entlastungsversuche, etwa indem sie gleich zu Beginn des Interviews eine Familienlegende über sein gutes Auskommen mit den jugoslawischen Partisanen vorbringt[26] oder immer wieder auf den von der Mutter kolportierten kryptischen Satz des Vaters (dass er „nicht aus" könne) zurückkommt und ihn als eine mögliche Distanzierung des Vaters von seinen Taten interpretiert. (HS 45) Letztendlich überwiegt aber das Wissen um die Unveränderlichkeit der historischen Fakten und ihr daraus resultierendes Gefühl der Erschütterung und Scham:

> I: Und haben Sie so ein Gefühl, ah wie Schuld oder, Scham oder wie lasst sich das am Besten beschreiben?
> HS: Na zuerst hab ich mich, hab ich mich, ja. Unheimlich geniert ned. .. und dann hab ich versucht mit meinen Mann zu reden aber, [atmet tief aus] kommt

> nix raus. Und, jetzt denk ich mir halt ja ... [atmet tief aus] irgendwo m- gehts eh weiter ich, ich weiß es nicht, i-ich, ich mein ich hab, ich war immer stolz auf den Namen ned, und hab auch [in der zweiten Ehe] einen Doppelnamen ned ich heiß [Schubert]. Und war stolz drauf ja. ...... Und ich kanns eigentlich immer noch ned glauben, wenn ich ganz ehrlich bin. ... das muss ich auch sagen . ... Aber, ich verdrängs. (HS 45)

Auch wenn sie das schreckliche Wissen tatsächlich kaum „glauben", d.h. emotional und kognitiv erfassen kann, „verdrängt" sie es – entgegen ihrer abschließenden Aussage – nicht. Denn trotz ihres nachvollziehbaren Bedürfnisses zur Ehrenrettung des Vaters ist sie bereit, sich den neuen Fakten zu stellen. Dafür spricht etwa, dass sich Frau Schubert zum Interview gemeldet hat, auch wenn ihr das sichtbar schwer gefallen ist. Das Interview war zweifellos mit der Erwartung einer ‚Hilfe' in ihrer Auseinandersetzung mit der NS-Täterschaft des Vaters verknüpft, was sie auch einmal direkt formuliert: „Ich bin froh, dass ich mit Ihnen geredet hab, das hilft mir vielleicht ein bissel." (HS 41) Diese Erwartung besteht nicht nur auf der emotionalen Ebene (die deckt vermutlich stärker ihre Freundin ab), sondern vor allem auf der Wissensebene. Für Frau Schubert repräsentiere ich als ‚Expertin' den Zugang zu einem historischen Wissen, das ihr helfen könnte, die für eine Nicht-Historikerin schwer verständlichen Dokumente und Fakten zu erklären und einzuordnen. Wie sich gezeigt hat, geht diese Erwartungshaltung immer mit der Furcht vor weiterem Wissen bzw. der Bestätigung dieses Wissens einher. Die Bereitschaft von Frau Schubert, darüber zu sprechen und die Dokumente ‚auf den Tisch zu legen', deutet auf ein Vertrauen mir gegenüber hin, das möglicherweise dem Bedürfnis entspringt, das Wissen mit einer nicht-involvierten Person zu teilen und es an diese weiter zu delegieren.[27] Im gesamten Interview ist die starke emotionale Betroffenheit von Frau Schubert spürbar, aus der ein ausgeprägtes Unrechtsbewusstsein und die implizite Ablehnung und Verurteilung der Taten ihres Vaters spricht. Es ist bemerkenswert, dass sie nie versucht, die Täterschaft des Vaters durch Relativierungen und Aufrechnungen mit anderen Verbrechen zu verringern, wie es aus einem typischen Abwehrreflex heraus sehr häufig geschieht.

Abschließend stellt sich die Frage, wie meine Interviewpartnerin künftig mit diesem Wissen umgehen wird, wenn aufgrund des zeitlichen Abstandes die unmittelbare emotionale Erschütterung etwas nachgelassen hat. Meiner Einschätzung nach befindet sich Frau Schubert in einer sehr offenen Situation mit unbestimmtem Ausgang: Was zum Zeitpunkt des Interviews noch sehr emotional und offen ist, könnte sich entweder zur Abwehr, sprich: ‚Verdrängung' verdichten, indem sie die im Interview angelegte Trennung zwischen ‚privatem' Vater und NS-Täter noch verstärkt und somit das positive Vaterbild weitgehend unbeschädigt bleiben kann. Oder Frau Schubert kommt aufgrund ihrer Erschütterung und ihres Unrechtsbewusstseins nicht zur Ruhe – auch dafür gibt es Indizien im Interview – und sie stellt sich der bitteren Wahrheit, was zu einer weiteren Auseinandersetzung mit dem NS-Vater und ihrer Familiengeschichte führen könnte.

Vor dem Hintergrund dieses exemplarischen Einzelfalles kann folgendes verallgemeinerbares Fazit gezogen werden: Das Spektrum zwischen den Polen Nichtwissen und Wissen ist sehr breit und hat viele Facetten. Es umfasst das Nicht(s)wissen ebenso wie die aus den Wissenslücken resultierenden Ahnungen, Mutmaßungen und Phantasien; es schließt das Nicht-Erkennen von vereinzelten Hinweisen, Teilwahrheiten und Ungereimtheiten mit ein und reicht bis hin zu einem (vermeintlichen oder tatsächlichen) Wissen, das wiederum ein weites Feld von Interpretationen, Einschätzungen und Reaktionsweisen eröffnet. Wie sich gezeigt hat, ist das Wissen bzw. Nichtwissen der Nachkommen ein Produkt der familiären Kommunikation, an dessen Verfertigung diese selbst stärker beteiligt sind, als gemeinhin angenommen wird. Subjektive, emotionale Beschaffenheiten (Nichtwissen-Wollen) spielen dabei eine ebenso große Rolle wie objektive (Un-)Möglichkeiten, sich einen Zugang zum Wissen zu verschaffen und kognitiv damit umzugehen. Und nicht zuletzt ist Wissen bzw. Nichtwissen kein statischer und endgültiger Zustand, sondern ein in Bewegung befindliches, überaus fragiles Konstrukt. Wie schwierig und schmerzhaft die Infragestellung oder gar die Revision eines vermeintlich unumstößlichen Konstruktes ‚Wissen' sein kann, wollte ich am Beispiel von Frau Schubert deutlich machen.

Der Nationalsozialismus als negatives Erbe?

Der Name des Vaters

Viele Nachkommen sind allein schon aufgrund ihres Namens als ‚Kinder der Täter' definiert: „Denn du trägst meinen Namen" lautet beispielsweise der Titel eines Buches, das diese Problematik anspricht.[1] Es geht um die vom Namen des Vaters abgeleitete Verknüpfung mit der Familiengeschichte, die von vielen als lästige Bürde oder gar als schwere Last erlebt wurde und wird. Ein besonderes Problem ist der belastete Familienname zweifelsohne für die Nachkommen von sehr prominenten NS-Tätern, die schon allein aufgrund ihres Namens als ‚Täterkinder' erkannt und definiert werden. Aus diesem Grund haben manche von ihnen einen Namenswechsel erwogen oder tatsächlich auch vorgenommen. So lebt beispielsweise die Tochter eines engen Mitarbeiter Hitlers, eine Interviewpartnerin von Dan Bar-On, unter einem Pseudonym und war nur unter der Bedingung, dass er nicht nach der Identität ihres Vaters fragen durfte, zum Interview mit ihm bereit.[2] Andere prominente ‚Täterkinder' lehnen eine Namensänderung aus unterschiedlichen Gründen ab. Die einen, weil sie sich nach wie vor emotional und politisch mit ihren NS-Eltern identifizieren, deren Namen ‚mit Stolz' weiter tragen wollen und fallweise sogar davon profitier(t)en.[3] Die anderen, weil sie eine derartige Namensänderung als vergeblichen Fluchtversuch vor der Familiengeschichte begreifen und sich mit dem Namen abfinden.[4] So hat beispielsweise Martin Bormann, der Sohn des gleichnamigen Leiters der Parteikanzlei und engen Mitarbeiters Hitlers nie daran gedacht, seinen Namen zu ändern, weil, wie er sagt, „man damit nichts ändert. Man kann seinen Vater sowieso nicht ablegen."[5]

Wie ich bereits eingangs dargelegt habe, ist unter meinen InterviewpartnerInnen kein ‚Kind' aus einer sehr bekannten NS-Familie mit einem eindeutig ‚belastenden' Familiennamen. Eine Ausnahme stellt Helmut Artner dar, der allerdings kein Sohn, sondern ein Neffe von einem sehr bekannten NS-Täter ist, der führend an der Judenverfolgung und Judenvernichtung beteiligt war und nach einem Prozess deswegen zum Tode verurteilt und hingerichtet wurde.[6] Obwohl Herr Artner (Jg. 1950) seinen Onkel (= N.N.) nie kennen gelernt hatte und auch seine Eltern wenig Kontakt zu ihm gehabt haben sollen, ist er mit diesem Mann aufgrund des gleich lautenden Familiennamens eng verbunden und er muss sich – ob er es will oder nicht – damit auseinander setzen. Helmut Artner spricht wiederholt von seinem „blöde(n) Name(n)" bzw. „unangenehme(n) und unbequeme(n) Familienname(n)" (HA 7, 9), der auch im Interview eine zentrale Rolle einnimmt. Dies liegt einerseits an meinem Interesse an diesem Aspekt, andererseits aber auch daran, dass Herr Artner außer dieser Namensgleichheit keine familiäre Involvierung in den Nationalsozialismus gegeben sieht, sich somit nicht als geeignetes Forschungsobjekt versteht und entsprechende Nachfragen zu seinen eigenen Eltern kaum beantwortet. Er legt großen Wert darauf, dass sein Vater selbst ‚nur' bei der Wehrmacht und anschließend in Kriegsgefangenschaft war und seinen Halbbruder aufgrund des großen Altersunterschiedes kaum gekannt hatte. Zudem habe ihm der Vater „glaubhaft versichert", dass er „über das Wirken seines Bruders während des Krieges nichts gewusst" habe. (HA 8, 14) Der in NS-Verbrechen verwickelte Onkel wurde offenbar vom Rest der Familie abgespalten, ähnlich wie in der Familie Himmler, die immer zwischen dem ‚bösen' Heinrich Himmler und seinen ‚guten' Brüdern unterschieden hatte, bis die Recherchen der Großnichte diese strikte Trennung als nicht zutreffende ‚Familienlegende' enttarnt haben.[7]

Herr Artner erzählt, dass der Nationalsozialismus in seiner Kindheit, die er als relativ harmonisch und unpolitisch beschreibt, keine Rolle gespielt habe, zumindest bis zum Prozess gegen seinen Onkel, wo der Name in der breiten Öffentlichkeit bekannt geworden ist. Für seine Familie und die gesamte Verwandtschaft, zu denen man freundschaftliche Kontakte pflegte, war die tiefe NS-Verstrickung von N.N. ein Tabuthema, ein „Thema der Bedrückung", über das innerhalb der Familie – zumindest vor den Kindern – nicht gesprochen wurde. (HA 6, 11-12) In seiner Heimatstadt scheint der NS-Onkel spätestens seit dem Prozess gegen ihn aber sehr wohl ein Thema gewesen zu sein, denn Herr Artner erinnert sich daran, von seinen MitschülerInnen wegen seines Familiennamens „gehänselt" worden zu sein:

> HA: Ja aber **damals** war ich auch nicht so sattelfest um sagen zu können wes Geistes Kinder die Kinder sind die mich, die mich da, äh äh mit dem das eine oder andere Mal aufziehen wegen dieses Namens. Irgendjemand erinnere ich mich, erinnere mich hat mich „Judengulasch" genannt ... Eine merkwürdige Wortschöpfung, und und und so als wäre klingt eher wie eine antisemitische Beschimpfung. Also das zeigt aber auch wie wie undifferenziert diese **Kinder**, sind. [...] also ich hätte auch das Gegenteil sein können, /und ich wäre, ich glaube ich bin nur **aufgefallen** wegen dieses Namens weil der Name in der Sch- im im Fernsehen (war) oder in der Wochenschau oder so/ [schneller werdend] [...] (HA 17-18)

Auch wenn er damals die „Hänseleien" der MitschülerInnen, die sich offenbar ebenfalls in einem diffusen Feld von Wissen und Nichtwissen bewegten, nicht recht einzuordnen wusste, so war seine damalige Reaktion eindeutig: „also, **natürlich** hats mich **geärgert** und und ich hab, ich hab lange Zeit meinen Familiennamen nicht gerne laut und deutlich gesagt vor Menschenmassen." (HA 18) Auch in seiner Studienzeit in den 1970er Jahren wurde er wegen seines Familiennamens angesprochen und politisch eingeordnet, zum Beispiel als ihn ein Studienkollege für eine rechte Studentenverbindung anwerben wollte. (HA 17) Herr Artner hat sich mittlerweile politisch konträr entwickelt, er ordnet sich politisch dem „links-grünen" Spektrum zu und ist beruflich und privat antifaschistisch engagiert.

Auf seinen Namen angesprochen zu werden, empfindet Herr Artner nach wie vor als eher unangenehm, auch wenn dies in den letzten Jahren weniger oft der Fall wäre. Früher aber – damit meint er die 1970er und 1980er Jahre – hätte man ihn oft darauf angesprochen, wobei es sich dabei meist um „wildfremde" Menschen gehandelt hätte, die „entweder Neonazis oder eingefleischte Antifaschisten" gewesen wären. In seinem engeren sozialen Umfeld hingegen käme man gar nicht auf die Idee, eine gedankliche Verbindung zwischen ihm und dem bekannten NS-Täter herzustellen, was sich Herr Artner mit seiner „freundlich offenen" Persönlichkeit und seinem antifaschistischen Engagement erklärt. (HA 16) Trotz aller Ambivalenzen hat Herr Artner eine Namensänderung niemals in Erwägung gezogen, obwohl es ihm einmal von einem Vorgesetzten und sogar von seinem Vater vorgeschlagen wurde:

> HA: [...] und, **mein** Vater hat mir einmal einmal das, da war ich auch schon 35, ahm, ja 37 war ich da in den 80er Jahren, hat mein Vater mir einmal gesprächsweise gesagt, ah, wenn ich meine dass es für mein berufliches Fortkommen besser wär hätt er nix dagegen wenn ich meinen, wenn ich mir einen anderen Namen zulege. Also „wenn du wenn du willst, (es) soll dich nicht dran hindern, da irgendwie Karriere zu machen nur weil du so heißt". Und dann hab ich gesagt „**Nein**, ich heiß **so**, ich könnt ja nie wieder über den Waldheim und seine Vergesslichkeit schimpfen wenn ich meinen zwar unangenehmen und unbequemen **Familiennamen** (ablege) aber, äh damit muss ich halt leben" so. Pech gehabt. (HA 8-9)

Herr Artner hat sich entschlossen, trotz der damit verbundenen Unannehmlichkeiten zu seinem Namen zu stehen. Allerdings gab und gibt es durchaus manchmal Momente in seinem Leben, wo er die Frage nach einer Verwandtschaft einfach verneint(e), wie er später gesteht. Sein Vater (der offenbar selbst Probleme mit diesem Namen hatte) hat ihm auch geraten, sich auf eine „zufällige Namensgleichheit" zu berufen, um somit möglichen Schwierigkeiten zu entgehen. (HA 18) Aber Herr Artner weiß, dass das für ihn kein gangbarer Weg ist und zudem immer weniger nötig zu sein scheint, denn:

> HA: [...] Das hab ich aufgegeben, dieses, Ableugnen. Auch wenn's net immer angenehm ist in der Regel, wenn mich aber- jetzt fragt mich eh mittlerweile fragt mich niemand mehr, **mittlerweile** bin ich selber so arriviert dass mich niemand fragt, mittlerweile **kennen Leute** mich als [Helmut Artner] und das ist eine Trademark. Und hat eigentlich mit dem anderen nix zu tun, also das ist **ne andere Trademark,** und meine steht halt Gott sei Dank für was anderes, [...] (HA 18)

Doch dieses Selbstbewusstsein hatte Herr Artner nicht immer, vor allem als er jünger war und noch nicht auf eine eigene selbständige Identität verweisen konnte. Inzwischen kann er sich stärker von seinem Onkel und dessen Taten abgrenzen, auch wenn er diese interessanterweise nie konkret anspricht, sondern zum euphemistischen Begriff der „Trademark" greift. Früher gab es allerdings auch Phasen des schlechten Gewissens und des Haderns mit dem verhängnisvollen Familienamen. Vor allem im Kontakt mit jüdischen Menschen hatte er geglaubt, „besonders freundlich" sein zu müssen und befürchtet, dass diese ihn aufgrund seines Namens ablehnen bzw. „nicht mögen" könnten. (HA 14) Eine konkrete Situation seiner damaligen Verunsicherung ist ihm bis heute erinnerlich:

> HA: Das war so in der Zeit des Bundesheers [...] da hab ich beim Bundesheer, äh **Wachdienst** gehabt in der Nacht, mit einem, jüdischen Kommilitonen, und dem hab ich die Geschichte erzählt und wollte wissen wie der reagiert. Und

dessen, Großeltern sind in Konzentrationslagern umgekommen und er hat, also Großteil seiner Familie wurde **ausgelöscht**, und da wollt ich wissen wie der mit einem Verwandten des N.N. einem der **Auslöscher** umgeht, und so, und es war hat mich **sehr** beruhigt, dass (ich) mit dem ein angenehmes gutes Gespräch geführt hab
I: Und wie hat der so reagiert dann also?
HA: Ahm in Detail weiß ichs leider **nimmer genau,** /weil das ist auch, das war 1971, also auch 32 Jahre her/ [leiser] aber ich erinnere mich an die **Tatsache** und und und und dann hat er gesagt ja aber da kannst ja du nix dafür oder irgendwie so [...] (HA 14-15)

Herr Artner beschreibt hier seine Skrupel aufgrund seines Familiennamens, aber auch seine Erleichterung angesichts der Entlastung durch einen jüdischen Bekannten. Die Skrupel scheinen ihn zu begleiten, denn er sucht und findet immer wieder die Bestätigung, wie z.B. bei einer jüdischen Bekannten in New York, dass er als Nachgeborener ‚nichts dafür' könne. (HA 16) In diesem Zusammenhang erwähnt Helmut Artner auch, dass er aufgrund seines Namens eine „Hemmung" hätte, nach Israel zu reisen, wobei er zustimmend einen anderen prominenten Nazisohn zitiert, der einmal gemeint hatte, dass er nur nach Israel reisen würde, wenn er sicher wäre, dadurch keine Gefühle von Menschen zu verletzen. (HA 15-16)

Auch wenn es ihm keineswegs immer leicht fällt und es manchmal „weh tut", versucht Herr Artner mit seinem Familiennamen, den er teilweise als Last, teilweise als moralische Verpflichtung empfindet, offen umzugehen. Eine für ihn nicht leichte Situation war beispielsweise eine Begegnung mit Simon Wiesenthal, den er im Rahmen einer von ihm mitorganisierten ‚Zeitzeugen'-Veranstaltung kennen gelernt hatte. Auch wenn Wiesenthal ihn nicht auf seinen Familiennamen angesprochen hatte, fühlte sich Herr Artner beim anschließenden geselligen Beisammensein in einer großen Runde und in der Gegenwart des als ‚Nazijäger' bekannten Gastes verpflichtet, von sich aus die familiär bedingte Namensgleichheit zu thematisieren:

HA: [...] Dann kam ich und dann saßen wir vis-à-vis, dann hab ich noch einmal mich bedankt für seinen Beitrag und und und und und seinen Vortrag den ich sehr berührend und so empfunden hab und war (es) interessant und wir haben weiter geredet, und dann hab ich irgendwie gemerkt, ähm, es es wird irgendwie still und und äh und, alle da im im im Raum warten irgendwie auf auf eine auf eine Wortmeldung von mir /betreffend **meinen Familiennamen** und Herr Wiesenthal und diese Begegnung und und so./ [lauter werdend] Und da hab ich mir gedacht na ja muss ich ja irgendwie Stellung nehmen dazu und dann hab ich gesagt, mhm, „wenn ich mich bei Ihnen bedank dass Sie gekommen sind und und da Zeugnis abgelegt haben dann hängt das **ganz** klein wenig auch mit mir und meinem Namen zusammen, [...] N.N. war ein Halbbruder meines Vaters ein Halbonkel sozusagen Onkel von mir, den ich zwar nie gekannt hab aber, aber das ist irgendwie so eine bissel belastende Familiengeschichte. Ja, also nicht persönlich, nur halt, durch die Unannehmlichkeit des Namens." „Ja ich hab mirs eh schon gedacht und so" und dann hat er halt zu erzählen begonnen wie denn das war und und und und dann hat er irgendwie Geschichten erzählt von Nazis [...] fangen [...] und ich bin irgendwie dort ganz erstaunt gesessen aus welcher Gemütsruhe der diese Geschichten erzählt wie, wie der, hm, Herr George Simenon seinen Maigret Räuber fangen lässt als wären das erfundene Geschichten. [...] Also diese **legere** Geschichte [...] geht mir natürlich ab weil ich das aber auch als frivol empfände, ähm darüber dass das damit mich zu **unterhalten**. (HA 9-10)

Nicht nur hier tendiert Herr Artner dazu, die Verwandtschaft und Namensgleichheit in ihrer Bedeutung abzuschwächen und sie als zufällig anzusehen, die mit ihm als Person wenig zu tun habe, zumindest nicht mehr als mit allen anderen ÖsterreicherInnen auch, die sich ebenfalls dieser historischen Verantwortung stellen müssten. Diesen nicht gänzlich von der Hand zu weisenden Gedankengang artikulierte er bereits beim telefonischen Erstgespräch, wo er meinte, er „teile diesen Menschen mit acht Millionen Österreichern"[8] und bestätigt ihn auch später im Interview: „Ich (bin) ja mittlerweile auch der Meinung, dass N.N. Teil der österreichischen und deutschen Geschichte ist und wir **alle** daran gleichermaßen Anteil haben. [...] und das teil ich mit allen anderen Menschen meines Alters, und und meines Landes oder oder Mitteleuropas oder was auch immer." (HA 10) Herr Artner ‚universalisiert' hier seine persönliche Situation, ist sich aber gleichzeitig der Gefahr einer derartigen ‚Universalisierung' offenbar bewusst, denn er relativiert diese Distanzierung im Anschluss gleich wieder. Auch wenn er, wie er sagt, lieber der Enkel von Albert Einstein oder Arnold Schönberg wäre, möchte er sich aber nicht der persönlichen moralischen Verpflichtung, die sich aus dieser familiären Herkunft ergibt, entledigen. (EH 10) Obwohl ihm die Namensgleichheit manchmal „auf die Nerven" geht und er sich dadurch „gebrandmarkt" sieht, fände er es angesichts des Leidens der NS-Opfer „frivol", sich über sein „kleines bisschen Unbequemlichkeit zu beklagen". (HA 19) Herr Artner bewegt sich in diesem schwer auslotbaren Spannungsfeld von Nähe und Distanz, Ablehnung und Annahme seines familiären Erbes und es ist anzunehmen, dass ihn die im ganzen Interview zum Ausdruck kommenden ambivalenten Gefühle und Bedürfnisse wohl auch künftig begleiten werden.

Nur wenige NS-Nachkommen sind, wie Herr Artner, allein aufgrund ihres Familiennamens als ‚Kinder der Täter' identifizierbar, sondern die meisten fallen unter den Schutz der Anonymität. Schon allein deshalb sollte die Rede vom ‚schweren Erbe' nicht überstrapaziert werden. Oft handelt es sich um ‚Allerweltsnamen', die man nicht unbedingt von vornherein mit dem Nationalsozialismus in Beziehung bringt bzw. wo es einer zeithistorischen Versiertheit und Sensibilität bedarf, um diesen Bezug herstellen zu können. Vermutlich bestehen bei der überwiegenden Mehrheit von ÖsterreicherInnen keine Assoziationen zum Nationalsozialismus, wenn sie mit in Österreich relativ häufigen Familiennamen wie Kaltenbrunner, Murer, Stangl, Eigruber oder Rainer (um stellvertretend nur einige wenige zu nennen) konfrontiert sind, besonders wenn dies nicht in einem einschlägigen Kontext geschieht. Gerade diese Alltäglichkeit spiegelt auch die Allgegenwärtigkeit und das Fortwirken des Nationalsozialismus in der österreichischen Gesellschaft über die Generationen hinweg wider. Ein Beispiel dafür ist Claudia Brunner, eine Angehörige der dritten Generation, die ihren Familiennamen mit sehr vielen anderen teilt und sich doch mit einem ganz besonderen Familienerbe konfrontiert sieht. Brunner ist ein sehr häufiger Name in Österreich, wohl nur die wenigsten würden aufgrund dieses Namens unvermittelt an ihren Großonkel, den NS-Massenmörder Alois Brunner, denken und sie damit in Zusammenhang bringen. Es bedarf schon einer besonderen Situation, wie sie Claudia Brunner in ihrem Buch schildert, als sie sich als Studentin im Rahmen eines Seminars an der Universität für ein Referat über Alois Brunner gemeldet hatte, um die allgemeine Aufmerksamkeit auf derartige familiäre Verbindungen zu lenken.[9]

Für die meisten meiner InterviewpartnerInnen scheint sich das Problem eines ‚belasteten' Familiennamens nicht zu stellen, lediglich Brigitte Podinsky thematisiert ihren veränderten Umgang mit ihrem Familiennamen in den letzten Jahren. Sie ist die Tochter eines in ihrer Heimatstadt bekannten ehemaligen HJ-Führers und SS-Mannes und einer höherrangigen BDM-Führerin, wobei der Vater auch nach 1945 in rechten Kreisen politisch aktiv gewesen ist (vgl. ‚Vaterbild' BP). Wie alle Töchter hatte Frau Podinsky die Möglichkeit, durch Heirat den als Belastung empfundenen Namen des Vaters abzugeben, worüber sie damals sehr froh gewesen ist.[10] Nach ihrer Scheidung und einer Wiederverheiratung wollte sie aber nicht mehr den Namen ihres geschiedenen Mannes tragen und hat sich daher noch einmal mit der Problematik des väterlichen Namens beschäftigt:

> BP: [...] und dann hab ich mich also sehr intensiv auseinander gesetzt mit diesem Namen [...] und irgendwie hab ich gemerkt, äh ich mag diesen Namen wieder haben. Und ja und so kams halt dazu-
> I: Eine ganz eine bewusste Entscheidung eigentlich, ja
> BP: Ja, es war eine ganz bewusste Entscheidung und ich hab mich ganz lang und ganz intensiv damit auseinander gesetzt, es war, für mich eine sehr interessante Sache und auch eine sehr wichtige Sache, und ähm, ja. Seither leb ich damit und leb eigentlich gut /damit/ [lachend]. [............] und ich hab auch gemerkt, ich muss, ich muss ja sagen zu meinen Wurzeln. Weil sonst bläst es mich sagt man so schön, bläst es mich um also ich brauch, ich brauch unbedingt, den Kontakt zu meinen Wurzeln. Und ich, und ich brauch es, dass ich weiß wo ich mich abgrenze. Also ich bin heute dort, wo ich sag, ich weiß woher ich komme [...] aber ich weiß auch genau was ich nicht nehme und wo ich mich abgrenze, soweit das möglich ist ...... (BP 33-34)

Die Wiederannahme ihres Familiennamens ist bei Frau Podinsky ein bewusst gesetzter Akt, den sie vor allem als eine persönliche Frage ihrer Identität und der Annahme bzw. Abgrenzung ihrer Familiengeschichte interpretiert. Auch meine Interviewpartnerin Hilde Schubert hat bei ihrer zweiten Ehe wieder ihren ursprünglichen Familiennamen (allerdings in Form eines Doppelnamens) angenommen. Anders als Frau Podinsky war sie jedoch immer auf ihren Namen stolz gewesen und hatte damit keinerlei Probleme. Erst seit sie vor kurzer Zeit erfahren musste, dass ihr gefallener und bisher von ihr idealisierter Vater als ehemaliger Leiter eines SS-Einsatzkommandos zutiefst in die NS-Massenmorde verstrickt war, ist der Name des Vaters für sie zur erdrückenden Last geworden und hat seine bisherige Unschuld verloren. (vgl. Fallbeispiel HS)

‚Belastete' Vornamen

Oft ist es weniger der Familien- als der Vorname, der auf einen familiären NS-Hintergrund verweisen kann. Tatsächlich war es in überzeugten NS-Familien durchaus üblich, die Kinder entweder nach NS-Größen wie Adolf Hitler oder Hermann Göring zu benennen[11] oder ihnen ‚typisch germanische' Vornamen wie beispielsweise Gerfried, Siegbert, Reingard, Gunhild, Gudrun, Wolfram, Herwig, Volker u.ä.m. zu geben. Derartige Namensgebungen waren – zumindest in dieser Generation und wenn sie gehäuft auftraten – häufig ideologisch motiviert und lassen, ohne ‚Sippenhaftung' betreiben zu wollen, durchaus Rückschlüsse auf die familiäre Herkunft zu. Ein Beispiel dafür ist die Grünpolitikerin Friedrun Huemer (Jg. 1944), Tochter eines Nationalsozialisten, deren Vorname sie „bis heute als Kind des Kriegs, als Kind verirrter Hoffnungen kenntlich macht", wie es in einem *Profil*-Artikel dazu heißt.[12] Friedrun Huemer steht mittlerweile zu diesem ‚verräterischen' und ungeliebten Vornamen: „Ich habe oft daran gedacht, meinen Namen zu ändern. Aber dann habe ich eingesehen, dass es nichts zur Sache tut." Inzwischen habe sie erkannt, dass es keinen Sinn mache, die Herkunft, für die sie nicht verantwortlich sei, zu verstecken, und so lautet ihre heutige lakonische Interpretation: „Es ist ganz einfach: Ich bin halt ein Stück Zeitgeschichte."[13]

Unter meinen InterviewpartnerInnen hatten nur wenige selbst eindeutig ‚germanische' Vornamen, allerdings waren unter ihren Geschwistern immer wieder solche Namen anzutreffen. Während die meisten die auffällige Namensgebung in ihrer Familie nicht thematisieren, ist sie für manche durchaus ein Problem und oft ein zusätzliches Indiz für die nationalsozialistische Gesinnung der Eltern. Eine Interviewpartnerin beispielsweise weist mit der Bemerkung „ein schöner Name, nicht?" ironisch-distanzierend auf den einschlägigen Vornamen ihrer Schwester – Reingard – hin und eine andere Interviewpartnerin, Frau Wonisch, gesteht, dass sie sich lange Zeit für die Vornamen ihrer Brüder geschämt habe:

> IW: [...] Ich hab ja, meine Brüder immer, haben ja deutsche Vornamen bekommen ja, und ich hab ja, ich heiß ja, dem Himmel sei Dank nicht ah Gudrun sondern [Ingrid] ist schon etwas besser ja. Aber ich hab, ich mein wenn ich allein schon wenn wenn wenn ich die Namen meiner Brüder gesagt hab hab ich schon das Gefühl gehabt, die Leute schauen mich schon so an.
> I: Ja, wie heißen die?
> IW: Da hab ich mich schon ertappt gefühlt.
> I: Wie heißen die?
> IW: Der eine heißt [Ekhart] und der andere heißt [Herfried]. Ja. Also ich hab das Gefühl gehabt warum hab ich nicht, heißen sie nicht, äh äh Josef oder (I: Hans) ja Hans oder so. Verstehen Sie? Und äh, ich hab meine, meine Kinder heißen [Simon, Hannah und Manuel], ja.
> I: War das eine bewusste Namensgebung?
> IW: Das war eine bewusste Namensgebung ja. Und ähm, das das **zeigt** natürlich auch was, auf welcher Seite ich steh. Ja. (IW 31-32)

Ebenso wie Frau Wonisch mit ihrem Vornamen glimpflich davongekommen zu sein glaubt, ist auch Kurt Rosner froh darüber, einen relativ neutralen Vornamen zu besitzen, wobei er allerdings einräumt, dass er seinen ungeliebten zweiten Vornamen - Horst - immer weggelassen habe. (KR 2) Die Scham von Frau Wonisch über die Namen ihrer Brüder führte schließlich dazu, dass sie ihren in den 1970er und 1980er Jahren geborenen Kindern bewusst jüdische Namen gab, was sie stolz als demonstrative Abgrenzung von ihrer familiären Herkunft präsentiert. Auch Herr Rosner wählte für seine Ende der 1960er Jahre geborene Tochter bewusst einen jüdischen Namen, um somit einen Akt der „Versöhnung" zu setzen, wobei er sich heute jedoch von diesem „verlogenen Philosemitismus" (KR 20), wie er selbstkritisch meint, distanziert.[14]

Mittlerweile sechzig Jahre nach Ende des Nationalsozialismus ist die Praxis der demonstrativen ‚germanischen' Namensgebung sehr selten und nur mehr im ausgeprägt rechten Milieu anzutreffen. Ein Extrembeispiel dafür ist die Familie der FPÖ-Politikerin Barbara Rosenkranz (Jg. 1958), über die es in einem Zeitungsartikel heißt: „Dass ihre Welt nicht unbedingt jene des Jahres 2003 ist, kann Barbara Rosenkranz nicht leugnen. Stets sieht man sie nur im Dirndl oder im hochgeschlossenen Trachtenkostüm. Und die Kinder hören alle auf Vornamen, die vor 60 Jahren den letzten Höhepunkt ihrer Popularität hatten."[15] Tatsächlich haben sie und ihr Ehemann Horst Jakob Rosenkranz, ehemaliger Aktivist der verbotenen Nationaldemokratischen Partei (NDP) und Herausgeber der als rechtsextrem eingestuften, ausländerfeindlichen Postille *Fakten* allen ihren zehn Kindern wohl keinesfalls zufällig Namen wie Hedda, Ute, Alwine, Sonnhild, Volker, Hildrun, Mechthild, Arne, Horst und Wolf gegeben. Am politischen und demonstrativen Charakter dieser auffallenden Namensgebung lässt auch die Begründung der zehnfachen Mutter, dass sie eben „eine deutsch bewusste Familie" seien, keinen Zweifel.[16]

‚Kinder der Täter': Zuordnungen und Abgrenzungen

Die meisten NS-Nachkommen sind nicht durch ihren Namen als ‚Kinder der Täter' markiert, sondern ihnen bleibt es mehr oder weniger selbst überlassen, ob sie sich dieser Kategorie zuordnen oder nicht.

Ich habe eingangs ausgeführt, dass der Begriff ‚Kinder der Täter' oft als problematisch wahrgenommen wird und bei Betroffenen aus unterschiedlichen Gründen auf Ablehnung und Abwehr stößt. Das Wissen um bestehende Vorbehalte gegen diesen Begriff hat bereits mein Vorgehen bei der Recherche und Kontaktaufnahme beeinflusst. Mir war bewusst, dass ich mit dieser Zuschreibung mir weitgehend unbekannte Personen allein auf ihre (nicht ganz unproblematische) familiäre Herkunft hin definieren würde und ich somit von vornherein Abwehr provozieren könnte. So versuchte ich mein Forschungsanliegen bei meinen Erstkontakten, besonders wenn ich von den AdressatInnen nichts wusste oder eine eher abwehrende Haltung erwartete, so neutral wie möglich zu formulieren.[17] Tatsächlich stieß ich bei einigen der Angefragten auf Ablehnung und Abwehr, die nicht nur, aber auch an der von mir verwendeten Begrifflichkeit festgemacht wurden. Prinzipiell ist die Ablehnung dieser Zuschreibung umso stärker ausgeprägt, je affirmativer der Zugang zu den NS-Eltern ist bzw. je weniger man sich mit der eigenen Familiengeschichte auseinander gesetzt hat. Diese Ablehnung konnte Interviews entweder ganz verhindern oder den Verlauf des Interviews stark beeinflussen.

Als ein Beispiel für ein nicht zustande gekommenes Interview möchte ich meine Kontaktaufnahme mit einem Mann schildern, der mir von einem anderen NS-Sohn (der ihn aus seiner Kindheit kennt) als möglicher Gesprächspartner genannt wurde. Er interessierte mich unter anderem deshalb, weil mir sein Vater im Rahmen meiner Arbeit über Zwangsarbeit beim Kraftwerksbau in Kaprun aufgefallen war, wo in der NS-Zeit tausende Zwangsarbeiter beschäftigt waren und der Vater, ein Nationalsozialist, als leitender Ingenieur tätig gewesen war. Vom Sohn wusste ich lediglich, dass er in seiner Jugend in rechten Kreisen verkehrt hatte, nunmehr aber im (liberalen) Kulturbereich tätig sei. Meine Erwartung auf ein eher offenes Gespräch erwies sich als falsch, da der Angefragte von Beginn an verhalten abwehrend reagierte, indem er etwa meinte, dass das Thema doch „längst gegessen" und „hinlänglich erforscht" sei und ich mich besser an Jörg Haider wenden solle.[18] Anschließend stellte er die Objektivität von Wissenschaft grundsätzlich in Frage, die er auch in meinem Projekt bereits vom Ansatz her nicht gegeben sah. Dies zeige allein der von mir verwendete Begriff der ‚Täter', gegen den er in der Folge heftig polemisierte. Mein Versuch, den Arbeitsbegriff zu begründen, schlug fehl und löste bei meinem Gesprächspartner eine verquere Apologetik für die NS-Täter und eine Polemik gegen das „linke Gutmenschentum" aus. Obwohl mir seine Absicht, mich zu provozieren, klar war, versuchte ich vorerst noch zu argumentieren, dann aber etwas entnervt, aber immer noch sachlich, die Diskussion zu beenden und auf die Frage, ob er für ein Interview bereit wäre, zurückzukommen. Dieses Vorgehen erboste ihn dermaßen, dass die bisher vorherrschende latente Aggression in eine offene umschlug, er mich beschimpfte und abrupt und grußlos das Telefonat beendete.

Dieses für mich unangenehme Gespräch hat mich lange beschäftigt, vor allem die Frage nach dem Grund seiner mir unverhältnismäßig erscheinenden aggressiven Abwehr. Mir scheint, dass sein Unmut sich vor allem am ‚Täter'-Begriff entzündet hatte, gegen den er sich besonders ereiferte, vielleicht gerade deshalb, weil sein Vater nicht eindeutig dieser Kategorie im engeren Sinne zuordenbar ist. Auch wenn er es nie direkt ausgesprochen hat (er hat weder über seinen NS-Vater noch über sich selbst ein Wort verloren), kann ich mich des Eindrucks nicht erwehren, dass die von mir allein schon durch meine Anfrage vorgenommene Einordnung seiner Person in die Kategorie der ‚Kinder der Täter' für seine verbale Aggression ausschlaggebend war.

Im Fall von Frau Gertrude Lugger ist es letztendlich zwar zu einem Interview gekommen, aber auch hier spielte die Abwehr gegen die von mir verwendete Begrifflichkeit eine entscheidende Rolle. Ich war auf Frau Lugger durch einen Hinweis eines Kollegen aufmerksam geworden, der im Zusammenhang mit einer lokalen NS-Studie mit ihr Kontakt gehabt hatte. Da mich ihre Geschichte aus mehreren Gründen interessierte, fragte ich mit dem üblichen Schreiben bei ihr um ein Interview an. Aufgrund der Tatsache, dass sie meinem Kollegen Material über ihren Vater zur Verfügung gestellt hatte, ging ich – fälschlicherweise, wie sich später herausgestellt hat – davon aus, dass sie für mein Anliegen offen sein würde.[19] Wohl aus diesem Grund verwendete ich in meinem Schreiben den Begriff ‚Kinder der Täter', den sie dann auch gleich bei unserem ersten Telefongespräch beanstandete und ihn für sich als unpassend zurückwies.[20] Auch zu Beginn des dann doch zustande gekommenen Interviews, teilweise noch während ich mein Aufnahmegerät vorbereitete, kam sie wieder erregt auf diesen Begriff zu sprechen, der sie „sehr störe", da er nur die „halbe Wahrheit" aussagen würde. (GL 1) Diese Ablehnung hat sich auch im Verhalten von Frau Lugger mir gegenüber gespiegelt. So ließ sie mich zuerst eine Zeitlang warten, begrüßte mich kaum, bot mir trotz der großen Hitze nichts zu trinken an und vermied die ersten zwanzig Minuten des Interviews jeden Augenkontakt. Auch ihre erregte Redeweise und ihre Gestik verrieten ihre innere Anspannung.[21] Wie ich im ‚Vaterbild' GL aufgezeigt habe, bestimmte diese Abwehrhaltung das gesamte Interview, in dem ein enormer Erklärungs- und Rechtfertigungsdruck sichtbar wurde, der bei ihr zwar grundsätzlich stark zu sein scheint, aber durch die von mir vorgenommene Zuschreibung wohl noch zusätzlich verstärkt worden ist.

Meine präventive Vorsicht bei der Kontaktaufnahme erwies sich in vielen Fällen als überflüssig, denn viele der von mir angesprochenen Personen haben mit dem Begriff offenbar kein Problem. Die vielen positiven Rückmeldungen auf die „Suche nach den Kindern der Täter"[22] sehe ich auch als Indiz dafür, dass sich viele Nachgeborene davon angesprochen fühlen und sich – wie auch der Großteil meiner InterviewpartnerInnen – in diese Kategorie einordnen, wenn auch manchmal mit gewissen Vorbehalten. Dabei hat sich auch gezeigt, dass diese Selbstzuordnung zu den ‚Kindern der Täter' meist unabhängig von einer tatsächlichen Täterschaft der Eltern erfolgt und fast immer über den Vater abgeleitet wird.

Oft ist es ein langwieriger Prozess, bis sich bei den Betroffenen das Bewusstsein über ihre Zugehörigkeit zu dieser Gruppe durchsetzt. Und oftmals bedarf es dazu bestimmter Impulse ‚von außen', wie etwa bei meiner Interviewpartnerin Erika Jelaschitz, deren Vater bei der SS-Eliteeinheit Adolf Hitler Leibstandarte gewesen ist. Sie bejaht meine Frage, ob sie sich in die Kategorie der ‚Kinder der Täter' einordnen würde, sofort und erzählt dann aber, dass dies lange Zeit keineswegs eine Selbstverständlichkeit für sie gewesen sei:

> EJ: Ja aber noch nicht sehr lang. Also das ist vielleicht, ja also das war, äh da eben in der Veranstaltung damals, 1988, da war, von der Salzburger Uni ein Germanist- Ich weiß jetzt nicht wie der geheißen hat, und mit dem hab ich hab ich geredet und der hat mir dann geborgt, ähm, so quasi Kinder der Täter, von einem Deutschen [Frau EJ bezieht sich dabei auf ein nicht näher bestimmtes Buch zum Thema] Und, und da ist mir zum ersten Mal bewusst geworden, in die Kiti- Kategorie gehör ich auch. Also vorher hätte ich, das mit sehr viel Scham wahrscheinlich, also ich weiß dass ich, das lange mich ned getraut hätte irgendwo im Freundeskreis zu sagen, mein Vater war bei der **SS**. Also, da, da hab ich mich **sehr geschämt**. Weil ich es einfach, auch noch ned verarbeitet gehabt hab.
> I: Ja. Was war das dann für Sie für ein Gefühl, ich gehör da eigentlich dazu-
> EJ: Ja schlimm wars. Sehr schlimm wars nen. Weil ich mich dann auch eben gefragt hab was trag ich weiter, was äh, was hab ich, was hab ich **so** drinnen das ich gar ned überlegt hab, oder, [räuspert sich] also dass, da ist mir eine Zeitlang **ned** gut damit gegangen nen. Und mir hat dann immer geholfen da, äh da oder was mich weitergebracht hat waren eben ähm, dadurch dass in

> Deutschland da viel mehr passiert ist, und ich, also ich arbeite in der Diakonie jetzt [...] ich bin sehr früh immer schon nach Deutschland auf die Kirchentage gefahren, das, sowas Vergleichbares gibt es in Österreich gar nicht, also, da war immer, [...] **da** war das Thema **immer** präsent. Hat auch so die Verstrickung von, von der Kirche eben und der NS-Zeit und, und dort hab ich einfach viele Leute getroffen die, äh die Leute getroffen die das, die sich schon **lang** damit beschäftigt gehabt haben, und die drüber **reden** haben können und die haben, die sagen haben können also, und „deshalb engagier ich mich jetzt für die andere Seite" zum Beispiel oder, „deshalb geh ich dem nach" und, äh, dort hab ich sozusagen, sprachlich geübt das überhaupt einmal **auszusprechen** und zu sagen „okay meine Eltern waren **Nazis**". Also das hab ich sicher, ja 20 Jahre 25 Jahre **ned**, hätt ich ned einmal **formuliert** für mich, weil es einfach, ein Schandmal ist sozusagen nen, obwohl **ich** ja nix dafür kann ned. (EJ 39-40)

Durch den Kontakt mit anderen betroffenen ‚Kindern der Täter' aus Deutschland, die sehr offen mit ihrer familiären Herkunft umgingen und daraus konkrete politische Konsequenzen gezogen haben, ‚lernte' Frau Jelaschitz gewissermaßen, ihre Scham zu überwinden und das bisher Unaussprechliche („Meine Eltern waren Nazis") offen auszusprechen. Diese Erfahrungen und Möglichkeiten hatte Isolde Moser, eine andere Interviewpartnerin von mir, nicht, obwohl auch sie sich seit langem mit dem Thema Nationalsozialismus und seinen Folgen beschäftigt. Ihr Vater war ihres Wissens zwar kein exponierter Nationalsozialist, aber eine potenzielle Täterschaft ist für sie trotzdem diffus präsent (vgl. ‚Vaterbild' IM). Weniger präsent bzw. kaum existent hingegen sind zu ihrem Bedauern die ‚Kinder der Täter' in Österreich, die sich ihrer familiären Herkunft bewusst sind und offen dazu stehen. Den Zeitungsartikel über mein Projekt empfand sie daher als längst fällige Enttabuisierung, zu der auch sie etwas beitragen wollte und sich deshalb sofort bei mir meldete:

> IM: [...] also ich geh ja sehr viel zu zu so Veranstaltungen und und und und, dann ist immer mein Va- es ist einfach immer gegenwärtig ja, und ähm. Ich hab mir oft **oft und oft** wollt ich irgendwie beim ORF einmal, anrufen also (das) ist über Jahr- Jahre gegangen nur hab ichs nie gemacht ich hab mir gedacht, ich hab Leute gefragt, zu ihren Eltern, ja. Niemand hat Nazieltern, /die wenigsten haben Nazieltern,/ [leicht lachend] in Deutschland nicht und in Österreich ja. Ähm, dann was mich also sehr, wo ich dann eigentlich einen Kontakt aufnehmen wollte war der Niklas Frank. [...] Und ich hab mir gedacht ich muss mit diesem- das scheint der Einzige zu sein /der halt wirklich mit seinem Vater abrechnet/ [leicht lachend] gut aber er hats, irgendwie leichter weil er ein, deklarierter Nazi war. Und ich hab halt immer gesagt ich, es muss doch irgendwie mehr so Täterkinder geben, **immer** wieder das ist schon seit **vielen vielen** Jahren (so) [...] ich muss einmal, irgendwie Historiker anreden was ist mit den Täterkindern ja. Weil niemand hat Nazieltern ja. (IM 28-29)

Während sich Frau Moser als ‚Täterkind' isoliert fühlt und daher auf der Suche nach einem gemeinsamen Austausch mit anderen Betroffenen[23] ist, reagieren einige meiner InterviewpartnerInnen diesbezüglich wesentlich zurückhaltender. Gerhard Kollmann beispielsweise hat sich zwar von sich aus für ein Interview zur Verfügung gestellt, allerdings mehr aus einem gewissen kollegialen Pflichtbewusstsein als aus einem „lustvollen Bedürfnis" heraus, wie er selbst schreibt.[24] Er hat als Historiker unter anderem auch über den Nationalsozialismus gearbeitet und war von rechtsextremen Kreisen, die offenbar von seiner familiären Herkunft wussten (sein Vater war Mitglied einer SS-Einheit) mit dem Vorwurf konfrontiert, dass er einen ‚Vaterkomplex' habe und diesen durch seine berufliche Tätigkeit indirekt abarbeiten würde. (GK 10, 26) Diese Interpretation weist er als unzutreffend und lächerlich zurück. Ihm sind die Reaktionen von jüdischer Seite wesentlich wichtiger und er gesteht: „Also, da müsst ich jetzt lügen wenn ich sag dass mir, da- dass mir das angenehm ist." (GK 26) Herr Kollmann verweist aber auf seine guten Kontakte mit Simon Wiesenthal und der Israelitischen Kultusgemeinde, von deren Seite er zu seiner Erleichterung niemals eine reservierte Haltung wegen seines SS-Vaters verspürt habe, obwohl er für eine gewisse Skepsis ihrerseits durchaus Verständnis hätte. (WN 27)

Herr Kollmann verschweigt zwar seine familiäre Herkunft nicht, sie ist aber für ihn kein zentrales Thema und er verspürt im Gegensatz zu Frau Moser kein großes Bedürfnis, diese Problematik im Kreise von anderen ‚Kindern von Tätern', z.B. in einer Selbsthilfegruppe, aufzuarbeiten. Damit trifft er sich mit Robert Dussek, der ebenfalls einen eher rationalen und intellektuellen Zugang zu seiner NS-Familiengeschichte hat und für den eine Aufarbeitung im kollektiven therapeutischen Rahmen geradezu ein „Horror" wäre. Diese Ablehnung begründet er mit seiner distanzierten Persönlichkeitsstruktur und seinen prinzipiellen Vorbehalten gegenüber derartigen gruppendynamischen „Psychogeschichten". (RD 42-43) Herr Dussek hat darüber hinaus Probleme mit jenen ‚Kindern der Täter', die eine sehr anklagende Haltung einnehmen, wie beispielsweise Niklas Frank, von dem er sich dezidiert abgrenzt: „Wenn ich (mir) so ein Buch anschaue wie vom Niklas Frank, ja, das ist von einer extremen Wut gezeichnet, ja, das ist von einem extremen Hass gegen den Vater gezeichnet und das könnt ich nicht [...] das wär für mich so was von verlogen, das, ah, ich **kann**, so was nur distanziert machen."[25] (RD 33)

Das heißt aber nicht, dass der Sohn eines Gestapochefs und SS-Einsatzgruppenleiters nicht zu seiner belasteten familiären Herkunft – auch in der Öffentlichkeit – steht. Er findet die Bezeichnung ‚Kinder der Täter' oder ‚Täterkinder' zwar als Begriff unpassend („ein fürchterliches Wort", wie er meint), hat aber nichts gegen eine Zuordnung seiner Person dazu:

> RD: Nein nein keine Frage, überhaupt nicht, überhaupt nicht, überhaupt kein Problem damit, nicht, ganz klar, nicht und ich glaub auch, also ich mein, ich würde schon meinen dass es **wichtig** ist dass, dass solche Erfahrungen, ah thematisiert werden und und besprochen werden und das ist das was ich Ihnen gesagt hab ned, also es **wundert** mich auch, also ich ich ich geh natürlich nicht mit einem Schild herum und sag „ich möcht euch was erzählen", ist nicht ist nicht meine **Haltung**, aber wenn man wenn mich jemand fragt, hab ich noch nie ein Problem gehabt das zu erzählen, nen also das wars, daran lags nicht also dass ich gesagt hab „um Gottes willen, Schweigen". (RD 44)

Die zurückhaltende, aber nicht gänzlich verweigernde Haltung von Herrn Dussek erscheint mir als sehr typisch für einen eher rational-nüchternen Zugang im intellektuellen Milieu zu sein. Mein Interviewpartner Kurt Rosner, der als Historiker ebenfalls diesem Milieu zuzuordnen ist, erzählt, dass er in seinem Kollegenkreis schon mehrmals versucht habe, über deren familiären NS-Hintergrund zu sprechen, dabei aber immer gescheitert sei, da sein Vorstoß als eine Art „Intimitätsverletzung" verstanden worden sei. Herr Rosner kritisiert diese Zurückhaltung seiner Kollegen als Unfähigkeit, sich mit ihrer Familiengeschichte auseinander zu setzen und spricht in diesem Zusammenhang von einem „Tabuthema" in der ‚68er'-Generation. (KR 31) Diese Kritik enthält einen wahren Kern, denn tatsächlich haben viele ‚68er' ihr politisches Engagement strikt von ihrer Familiengeschichte abgetrennt und tatsächlich sind vor allem viele Männer dieser Generation unfähig, ihren persönlichen Standort selbstkritisch zu reflektieren. Andererseits ist aber auch die Haltung zu respektieren, dass nicht jede/r jederzeit und allerorts über seine/ihre Identität als ‚Täterkind' und seine/ihre Familiengeschichte Auskunft geben will. Und auch die Sorge, dass damit die eigene Biographie und Identität nur auf einen, für sie möglicherweise nicht zentralen, Aspekt reduziert wird, kann bis zu einem gewissen Grade nachvollzogen werden.

Selbstpräsentationen: ‚Opfer' und/oder ‚Rebell'

Viele ‚Kinder der Täter' präsentieren sich im kritischen Rückblick auf ihre Kindheit als ‚Opfer' ihrer NS-Eltern und stellen dabei häufig einen Zusammenhang zwischen der elterlichen Prägung durch den Nationalsozialismus/Krieg und der autoritären Erziehung, der sie ausgesetzt waren, her. Tatsächlich blicken viele ‚Kinder der Täter' auf eine unglückliche Kindheit zurück, viele von ihnen haben sich als Kind ungeliebt, einsam und als ‚Außenseiter' der Familie gefühlt. Dieses Fremdheitsgefühl, „von einem anderen Stern heruntergefallen" zu sein, und die frühe Sehnsucht, die kleinbürgerliche und emotionale Enge ihrer Familie und ihrer Herkunftsgegend zu entfliehen, schildert beispielsweise Ingrid Wonisch sehr anschaulich. (IW 1, 19, 21) Auch Herr Zinner, der – wie ich im ‚Mutterbild' WZ aufgezeigt habe – eine unglückliche Kindheit und eine schwierige Beziehung zu seiner Mutter erlebte, hatte als Kind immer das Gefühl gehabt, dass er „vertauscht worden (sei) bei der Geburt" und dass er „überhaupt nicht hinein(passe) in dieses ganze Fiasko". (WZ 17) Er weiß, dass derartige Überlegungen bei vielen (unglücklichen) Kindern anzutreffen sind und nicht unbedingt mit dem nationalsozialistischen Familienhintergrund zu tun haben müssen. Allerdings gibt es bei ihm eine Komponente, die über das ‚normale' Maß derartiger kindlicher Ängste hinausgeht. Da er oft krank und schwächlich war und somit den mütterlichen Idealvorstellungen nicht entsprochen hatte, imaginierte er sich nicht nur als ungeliebtes, sondern auch als ‚lebensunwertes Kind' und somit als potenzielles Opfer seiner nationalsozialistischen Mutter, die eine Befürworterin der ‚Euthanasie' war. Damit wird nicht nur die Mutter – als potenzielle Täterin – massiv belastet, sondern auch die eigenen Person massiv abgewertet und in Frage gestellt.

In diesem Zusammenhang fällt auch auf, dass sich viele meiner InterviewpartnerInnen Gedanken über die Umstände ihrer Zeugung und Geburt machen und sich als ‚unerwünschtes Kind' präsentieren. So bezeichnet sich Isolde Moser (Jg. 1949) als Produkt einer „Muss-Heirat" (d.h. ihre Eltern mussten wegen der Schwangerschaft heiraten) und sieht darin den wahren Grund der vermeintlichen „unbewusste(n) Aversion" ihrer Mutter gegen sie. (IM 5-6) Wie für viele andere auch, dient ihr Status als ‚ungewolltes Kind' als Erklärung für ihre späteren Schwierigkeiten in der Familie und in ihrem Leben und als Beweis dafür, dass sie „keine Existenzberechtigung" gehabt habe, denn sie hätte „eigentlich nicht auf die Welt kommen sollen". (IM 23)

Während Frau Moser ausschließlich auf der persönlichen Ebene argumentiert, spielen bei der Selbstpräsentation von Reinhild Teschner auch politische Umstände und Faktoren eine Rolle. Sie ist kurz nach Kriegsende (Anfang 1946) als letztes von insgesamt fünf Kindern geboren und bezeichnet ihre Zeugung am Ende des Krieges ironisch als „Abschiedsgeschenk" des NS-Vaters vor seiner Verhaftung (vgl. ‚Vaterbild' RT). Obwohl die Jüngste, war sie ihrer Einschätzung nach „alles eher als das Nesthäkchen" und sie habe „von klein an mitgekriegt, dass (sie) völlig unerwünscht" gewesen sei. (RT 12) Das leitet sie aus dem überaus strengen und lieblosen Verhalten ihrer Eltern, aber auch aus ihrem Wissen um den väterlichen ‚Tötungsauftrag' an die Mutter ab. Wie etliche andere ‚Kinder der Täter' (z.B. Herr Zinner und Frau Schubert) hat Frau Teschner viele Jahre später von ihrer Mutter beiläufig erfahren, dass der Vater diese beauftragt hatte, im Falle des Einmarsches der Russen in Kärnten sich und die Kinder umzubringen: „Und ich hab sie gefragt, ob sie's **getan hätte**? Hat sie gesagt ja. Da war ich so schockiert dass ich also schreiend [...] die Küche verlassen hab, kann ich mich noch gut erinnern ich war **total** schockiert, dass mir meine Mutter sagt, sie hätte mich umgebracht ja." (RT 19)

Man kann sich vorstellen, dass ein derartiges Wissen für jedes Kind einen enormen Schock und einen großen Vertrauensverlust bedeutet haben muss und dass somit die Schlussfolgerung, ein ‚unerwünschtes Kind' zu sein, nicht weit hergeholt ist. Wie traumatisch sich dieses wohl NS-spezifische grausame elterliche Vorhaben, auch wenn es nicht in die Tat umgesetzt wurde, auf die Kinder auswirken konnte, zeigt ein Fall eines von Dan Bar-On interviewten NS-Sohnes: Dieser hatte als Kind unbemerkt mit angehört, wie seine Eltern nachts darüber berieten, ob ‚nur' der Vater Selbstmord begehen oder aber die ganze Familie töten solle. Mehrere Tage lebte das Kind in Angst und war erst etwas erleichtert, als der Vater allein Selbstmord beging. Allerdings entwickelte der Sohn auch nach dem Tod des Vaters die Angst, dass die Mutter ihn und seine Geschwister umbringen, konkret: vergiften könnte, die schließlich zu einer Art Wahn in Form einer Essensverweigerung ausgeartet ist.[26]

Bei der Selbstpräsentation von Karl Brunngraber (Jg. 1945) vermengen sich die persönlichen und politischen Umstände seiner Geburt bzw. frühen Kindheit zu einer negativen Einheit. Er war als neuntes Kind nach acht Schwestern der einzige und lang ersehnte Sohn und kam unmittelbar nach Kriegsende auf die Welt. Herr Brunngraber betont mehrere Male, dass es für ihn „hundertprozentig klar" sei, dass die Mutter die Schwangerschaft nicht gewollt habe, denn sie hätte die Hoffnung auf einen Buben schon längst aufgegeben. Außerdem sei er in der „Endphase des Krieges" gezeugt worden, in einer Zeit, wo es bereits „absehbar war, dass der Krieg zu Ende geht" und dass „ein Strafgericht über diese ganze, Nazigeschichte hereinbrechen wird", auch über seinen NS-Vater und die gesamte Familie. (KB 16-17)

Herr Brunngraber fühlt sich weniger als Opfer seiner Familie, sondern vor allem als Opfer eben „dieser ganzen Nazizeit und Kriegszeit". (KB 2) Dass er damit eigentlich das Kriegsende und die unmittelbare Nachkriegszeit meint, in die er im September 1945 hineingeboren wurde, wird bald durch seine weiteren Ausführungen deutlich. Sein NS-Vater war zu Kriegsende auf der Flucht, dann in Glasenbach interniert und seine Mutter daher mit neun Kindern auf sich allein gestellt. Wie ich bereits im ‚Mutterbild' KB aufgezeigt habe, nehmen die schwierige Nachkriegszeit und die Leistungen seiner Mutter in seinen Erzählungen breiten Raum ein. Jedenfalls ist er überzeugt, dass er von diesen ungünstigen frühkindlichen Lebensumständen tief geprägt worden sei:

> KB: Na ja primär-, primär äh interpretier ich es schon so, dass es halt einfach eine Folge, dieser, äh Kriegszeit und dann dieser, Entbehrungszeit für für meine Mutter und für meine Familie und für mich selber auch, in der Nachkriegszeit war nen, und dann die spezielle, Konstellation, in unsrer Familie, äh die mich, natürlich sehr schwer geschädigt hat nen, also zunächst einmal, angefangen von der Tatsache dass ich, schon äh, eine unerwünschte Schwangerschaft war, dann die schwere Geburt die sich, ja sicher auch als Geburtstrauma /auf/ [lachend], irgendwie niedergeschlagen hat bei mir, dann, die Tatsache dass ich sicher nicht ausreichend **ernährt** worden bin, also einfach, ich hatte zu wenig **Nahrung**, damit fing es schon an nach der Geburt, ähm. Meine Mutter hat mir dann, oft erzählt, also ich sei erstens ein, ja quengeliges Kind gewesen [...] ich hätt also viel geweint, äh ja das, muss natürlich auch schon von irgendwo hergekommen sein, und das hat aber dann, bei ihr dazu geführt sie war natürlich auch total entkräftet in der Zeit und und äh, war den ganzen Tag damit beschäftigt zu arbeiten, äh konnte sich mit mir ned viel, da, herumbeschäftigen, hat bei ihr dazu geführt, dass sie mich dann in der **Nacht** in das, entfernteste Zimmer, gelegt hat **allein** und dort hab ich dann [...] geschrien, und sie hat mich dort schreien lassen, äh, nur damit sie halt einmal eine Zeitlang ungestört schlafen konnte nen. Das hat sie mir **erzählt** also daraus hat sie ja keinen **Hehl** gemacht aber, daraus kann ich ihr auch keinen **Vorwurf** machen weil das war einfach in der Situation, äh, für sie nicht anders machbar. (KB 33-34)

Herr Brunngraber fühlt sich zwar „indirekt" auch als Opfer des Vaters, den Hauptgrund seiner psychischen ‚Beschädigungen' sieht er aber in der schwierigen (Nach-) Kriegssituation, die er mit vielen anderen ‚Kriegskindern' teilt, unabhängig davon, ob sie aus einem schwer belasteten NS-Elternhaus kommen oder nicht.[27] Mein Interviewpartner hat sich in den letzten Jahren im Rahmen einer Psychoanalyse sehr intensiv mit seiner Kindheit beschäftigt und nennt seine frühkindlichen Erfahrungen von emotionaler Vernachlässigung, Verlassenheitsgefühle. und Verlust des Urvertrauens als Ursache für seine späteren psychischen Probleme. Diese reichten von diffusen Zukunftsängsten, psychosomatischen Beschwerden und Alkoholismus bis hin zum psychischen Zusammenbruch nach dem Tod seiner Mutter in Form einer Psychose, Depressionen und einem Selbstmordversuch.

Auch wenn die Auswirkungen nicht immer so dramatisch sein müssen, so leiden viele ‚Kinder der Täter' – auch einige meiner InterviewpartnerInnen – oft noch

Jahre später an psychischen Problemen, die unter anderem auf ihre Kindheit im NS-Milieu zurückzuführen sind. So ist meine Interviewpartnerin Gerda Ferstl, die selbst als Therapeutin arbeitet, überzeugt, dass es in NS-Familien ganz spezifische Erziehungswerte gibt, die sich fatal auf die psychische Befindlichkeit der Nachkommen auswirken können. Dazu zählt sie unter anderem die dort propagierte und praktizierte emotionale Härte und Distanz, die Tendenz zur Entwertung des Kindes, das Absprechen von Gefühlen und schließlich die Lebensfeindlichkeit des Nationalsozialismus. (GF 33) Dieser Befund von Frau Ferstl bestätigt sich auch in der beruflichen Praxis von PsychoanalytikerInnen und PsychotherapeutInnen, die sich mit dieser Problematik näher befasst haben.[28]

Es ist immer wieder zu betonen, dass nicht alle psychischen Probleme auf die familiären NS-Prägungen zurückzuführen sind und dass nicht alle ‚Kinder der Täter' sich selbst als Opfer (der Familie und der Umstände) präsentieren und unter ihrer familiären Herkunft gelitten haben. Diejenigen, die darüber sprechen und therapeutische Hilfe in Anspruch nehmen, sind nur *ein* kleiner und sichtbarer Ausschnitt einer ganzen Generation, wohingegen viele andere sich niemals in diese Richtung artikulieren und niemals eine therapeutische Behandlung in Erwägung ziehen würden. Vielmehr befürworten sehr viele der NS-Nachkommen nach wie vor die elterlichen Erziehungswerte und -methoden und bewerten ihre Kindheitserfahrungen aus heutiger Sicht positiv.

Andere wiederum haben zwar als Kind unter den familiären Prägungen gelitten, wollen aber als Erwachsene nicht länger in dieser kindlichen Opferrolle verharren. So meint beispielsweise meine Interviewpartnerin Gerda Ferstl heute selbstkritisch, dass sie als Heranwachsende immer auf einer „Schuldsuche" gewesen sei und vor allem ihre Mutter immer als ‚die Böse' und sich selbst als ‚die Arme' hingestellt habe. Von dieser eindimensionalen Rollenaufteilung und klaren Schuldzuweisung, so hofft sie, hat sie sich mittlerweile distanziert. (GF 30) Auch andere NS-Nachkommen, wie Frau Moser, Frau Podinsky oder Herr Zinner, haben mittlerweile ihr kindliches Unglücklich- und Opfersein abgelegt und ins Gegenteil verkehrt. Sie deuten ihren ursprünglichen kindlichen ‚Außenseiter'-Status positiv um und präsentieren sich selbstbewusst als ‚Rebellen' oder als ‚Kämpfer' der Familie. Diese Selbstpräsentation bezieht sich meist auf ihre aktive und offensive Rolle in den familiären NS-Auseinandersetzungen, bei denen sie – aufgrund des Desinteresses oder der konträren politischen Einstellungen der Geschwister – meist als streitbare EinzelkämpferInnen agiert haben oder immer noch agieren.

Wie sich aber zeigt, kann diese Selbstpräsentation als ‚Rebell' auch im umgekehrten Sinne eingesetzt werden, das heißt: auch eine affirmative und verteidigende Haltung lässt sich auf diese Weise argumentieren. So weist beispielsweise meine Interviewpartnerin Gertrude Lugger hin, dass sie schon als Kind „immer kritisch" gewesen sei und alles hinterfragt habe und dass sie sich auch heute noch „in alle Richtungen zu wehren" wisse. (GL 25, 34) Darunter versteht sie auch ihre ‚kritische' Haltung gegenüber dem offiziellen Geschichtsbild und ihre vorbehaltlose Verteidigung des NS-Vaters. Eine derartige Selbstpräsentation und Argumentation findet sich auch bei anderen ‚Kindern der Täter', wie etwa bei Jörg Haider oder meinem Interviewpartner Hans Cerny, die sich ebenfalls als mutige Einzelkämpfer gegen den angeblich vorherrschenden ‚antifaschistischen Mainstream' stilisieren.

Negatives Erbe – von Schuld und Scham

Zweifellos waren die ‚Kinder der Täter' als unmittelbare Nachkommen der Weitergabe von bestimmten NS-Werten und den familiären Prägungen direkter ausgesetzt als etwa die dritte Generation, denn allein schon durch ihre Sozialisation und Erziehung sind sie in gewisser Weise die ‚Produkte' ihrer Eltern. In diesem Zusammenhang ist oft vom Nationalsozialismus als ‚negatives Erbe', das die Nachkommen durch ihre spezifischen Erfahrungen und Prägungen in ihrer Kindheit gleichsam automatisch übernommen haben, die Rede.

Gibt es nun ein derartiges ‚negatives Erbe' bzw. wird ihre Herkunft von den ‚Kindern der Täter' als solches empfunden, von welcher Art könnte es sein und wie wirkt es sich auf ihr heutiges Selbstverständnis aus? Diese Fragen werden von meinen InterviewpartnerInnen unterschiedlich beantwortet. Einige sehen sich von negativen Prägungen vollkommen frei, wie etwa Herwig Goll, der aufgrund der distanzierten Beziehung mit seinen Eltern „keine unmittelbare Übertragung" gegeben sieht, was er aus heutiger Sicht als Glück ansieht. (HG 24) Andere begründen ihre mangelnde familiäre Prägung mit der seltenen Präsenz des Vaters oder der Tatsache, dass sie nicht durchgehend im Elternhaus aufgewachsen sind. Robert Dussek beispielsweise war zwar in seiner Kindheit viel im nationalsozialistischen Großelternhaus, ist aber schon im frühen Schulalter in ein Internat gekommen und sieht sich daher ebenfalls von negativen Prägungen relativ frei, noch dazu, wo er nie geschlagen, sondern „extrem mit Liebe umhüllt, gehätschelt und getätschelt" worden sei. (RD 48) Im Nachhinein ist er aber froh, diesem Milieu so früh entronnen zu sein und sieht sich darin gegenüber anderen ‚Kindern der Täter' im Vorteil, weil diese den NS-Eltern permanent ausgesetzt gewesen wären und es somit „viel schwerer gehabt" hätten. (RD 49)

Andere hingegen glauben sehr wohl, dass sie von ihrer Familie stark geprägt worden sind. Da gibt es einerseits jene, die die von ihrer Familie vertretenen und an sie weitervermittelten Werte nach wie vor positiv einschätzen und sie keineswegs als ‚negatives Erbe' gelten lassen, sondern oft sogar stolz darauf sind. Diese positive Sicht auf die eigene Kindheit findet sich vor allem, aber nicht nur, bei jenen ‚Kindern der Täter', die sich weder in persönlicher noch in politischer Ebene von ihrer Herkunftsfamilie distanziert haben. Andererseits gibt es aber auch viele, die ihre familiären Prägungen heute negativ bewerten und sich dadurch teilweise noch immer schwer belastet fühlen. Tatsächlich fragen sich manche wie die eingangs zitierte Frau Jelaschitz beunruhigt: „Was hab ich so drinnen" und „was trag ich weiter"? (EJ 39) Zu den negativen Prägungen zählen sie die Übernahme von negativen Charaktereigenschaften ihrer Eltern, wie etwa Jähzorn, Gefühlskälte, Beziehungsunfähigkeit usw., oder die Internalisierung der elterlichen Werthaltungen, wie etwa Disziplin, Härte, Elitebewusstsein usw. Einige befürchten, auch sehr direkt politisch indoktriniert worden zu sein, indem sie der in ihren Familien offen propagierten rassistischen NS-Ideologie und dem elterlichen Antisemitismus direkt ausgesetzt waren und möglicherweise auch übernommen haben. Tatsächlich wirken bei manchen ‚Kindern der Täter', oft selbst bei jenen, die sich mittlerweile von ihrer Familie politisch distanziert haben, derartige Prägungen noch fallweise nach, etwa wenn bei ihnen antisemitische Ressentiments spürbar werden oder wenn sie – meist unbemerkt – eine NS-Terminologie verwenden und dafür bis heute keine Sensibilität aufweisen.

Mein Interviewpartner Werner Zinner ist überzeugt, dass ihn seine NS-Mutter nicht nur durch ihre Indoktrinierung mit NS-Werten und NS-Gedankengut geprägt hat, sondern sich auch ihre vom ‚Zusammenbruch' von 1945 geprägte negative Lebenseinstellung auf sein späteres Leben nachhaltig ausgewirkt hat:

> WZ: [...] Für meine Mutter ist, glaub ich [1945] die **Welt** untergegangen. Und ich hab i- das immer so gedeutet, wir waren ja vier, äh vier Kinder, und äh von, von allen vier Kindern hat kein einziges, äh, äh einen Nachkommen. [...] Äh, und ich **vermute**, oder ich habe vermutet, dass, m- meine Mutter sozusagen, von der **Sinnlosigkeit**, des Lebens überzeugt ist, und dass sie das uns mitgegeben hat. Weshalb wir auch keine Kinder, äh in die Welt gesetzt haben oder so- (WZ 35)

Ich kann nicht beurteilen, ob diese Interpretation von Herrn Zinner zutreffend ist und ob sie verallgemeinert werden kann, wie etwa der israelische Therapeut Dan Bar-On meint. Er hat bei seinen Interviews mit ‚Kindern von Tätern' beobachtet, dass auffallend viele von ihnen kinderlos waren, wobei einige davon diesen Umstand ebenfalls mit den familiären NS-Verstrickungen begründeten.[29] Von Norman Frank, dem ältesten Sohn von Hans Frank, ist beispielsweise die Aussage überliefert, dass er deshalb keine Kinder wollte, damit sich „der Name Frank von der Welt verabschiedet".[30] Andere ‚Kinder der Täter' geben als Grund für ihren Verzicht auf Kinder ihre (bewusste oder unbewusste) Angst an, dass sie die rassistische NS-Ideologie von ihren Eltern übernommen haben und möglicherweise an ihre Kinder weiter ‚vererben' könnten.[31]

Viele NS-Nachkommen haben mittlerweile beschlossen, ihre nachteilig erlebten familiären Prägungen nicht als ‚negatives Erbe' anzunehmen, sondern sie versuchen, sich davon klar abzugrenzen und dagegen anzukämpfen. Das drückt beispielsweise meine Interviewpartnerin Ingrid Wonisch aus, wenn sie lapidar meint: „Alles was ich **weiß,** was ich mitbekommen hab, hab ich natürlich versucht zu bekämpfen." (IW 33) Brigitte Podinsky ist ebenfalls zutiefst überzeugt, dass sie und ihre AltersgenossInnen sehr stark von ihrer Herkunft geprägt sind. Als Therapeutin bezweifelt sie allerdings, ob die nachträglichen Abgrenzungsversuche immer erfolgreich sind, denn zu fundamental seien die Prägungen ihrer Generation:

> BP: Also das wird dir ja mit der **Mutter**milch wird dir das ja eingegeben und, ich war wirklich, viele Jahre um nicht zu sagen Jahrzehnte bemüht, diese Sachen, aus mir wieder rauszukriegen und ich glaub nicht dass ich es ganz raus krieg. Ich glaub nicht dass man das, ganz rauskriegt. Ich glaub man muss dann irgendwann einmal sich versöhnen mit diesen Teilen.
> I: Mhm. Glauben Sie, dass es so ein ‚negatives Erbe', wie oft gesagt wird, gibt? Grad in diesen NS-belasteten Familien?
> BP: Na und ob. Und zwar nicht nur für unsre Generation sondern für, **auch** die nächste und sogar vielleicht die übernächste Generation. Ich glaub **das** ist ein, eine, **ganz** wichtige Frage und, sich mit der Antwort auseinander zu setzen ist

glaub ich eins der wichtigsten Punkte überhaupt. Weil, dieses Erbe ist, eigentlich nicht zu tragen ist nicht zu ertragen. Ist eigentlich nicht zu ertragen. Und man kommt dazu, ich sag jetzt mal wie die Jungfrau zum Kind ja. (BP 30)

Trotz einer prinzipiellen ‚Unschuld' der nachgeborenen Kinder stellt sich in diesem Zusammenhang für viele NS-Nachkommen die Frage nach einer Art von ‚vererbter Schuld', die von ihnen oft stellvertretend für ihre tatsächlich ‚schuldig' gewordenen (Groß-)Eltern übernommen wird. Viele meiner InterviewpartnerInnen erinnern sich, dass sie – nachdem sie von den familiären NS-Verstrickungen erfahren hatten – von unbestimmten Schuldgefühlen geplagt worden seien und dies mit ein Grund dafür gewesen sei, warum sie so lange Probleme damit hatten, offen zu ihrer familiären Herkunft zu stehen. Auch Brigitte Podinsky, deren Eltern überzeugte NationalsozialistInnen waren und deren Großvater mit Gaslieferungen für das KZ Mauthausen zu tun gehabt haben soll, bekennt:

BP: Ich war eigentlich nur ein Bündel aus Schuldgefühlen bis ich überhaupt einmal, ähm, draufgekommen bin dass das **Schuld**gefühle sind, und bis ich draufgekommen bin wo das herkommt. Ja, also, ich glaub dass man, dieses Paket der Schuld, aus der Liebe zu den Eltern, mitnimmt, ja, man trägt das mit, einfach, weil man, weil man von, von dort auch kommt ja. Und das Bündel ist aber so groß, das .. ist fast nicht zu **tragen**. ... (BP 30)

Frau Podinsky ist mit diesem Einbekenntnis keineswegs allein, denn etliche ‚Kinder der Täter' empfinden ihr familiäres Erbe tatsächlich als ‚Last' und als ‚Bürde' und leiden unter Schuldgefühlen, die sie manchmal lange nicht verorten können und oft erst, wenn überhaupt, nach einer eingehenden Beschäftigung mit der NS-Familiengeschichte ablegen können.

Diese individuell eingestandenen Schuldgefühle können und sollen aber nicht darüber hinwegtäuschen, dass der Großteil der ‚Nachgeborenen' von derartigen Empfindungen weitgehend frei ist, im Gegenteil, es herrscht in der zweiten Generation allgemein wenig Bewusstsein und Wissen über die familiären Verstrickungen und entsprechend rar sind derartige Schuldbekenntnisse. Im Gegenteil, oft werden die angeblichen, auch auf die nachfolgenden Generationen angewandten ‚Kollektivschuld-Vorwürfe' mit dem Hinweis auf die eigene ‚Gnade der späten Geburt' reflexartig von sich gewiesen. Selbst wenn eine Täterschaft in der Familie nachgewiesen ist, fällt es vielen Nachkommen leicht, sich davon zu distanzieren und keine Verbindung zur eigenen Person herzustellen. Stellvertretend dafür kann Helmut Hintersteiner, der Sohn von Helene Hintersteiner, einer Büroleiterin von Hartheim und (vermutlich) von Georg Renno, einem Euthanasiearzt, zitiert werden: „Es belastet mich nicht, und wenn, dann vielleicht im Unterbewusstsein. Dass ich ein schlechtes Gewissen hätte, weil mein Vater vielleicht ein Massenmörder ist, das möchte ich nicht gerade sagen. [...] Aber ich bin trotzdem ein anderer Mensch. Ich hätte damals vielleicht auch so gehandelt wie er, wenn ich verhetzt gewesen wäre. Schuldgefühle habe ich jedenfalls keine. Ich war es ja nicht."[32]

Ähnlich, wenn auch mit einer anderen Zielrichtung, argumentiert mein Interviewpartner Dieter Neubauer, der im christlich-jüdischen Dialog und in proisraelischen

Kreisen engagiert ist, was oft als stellvertretende Schuldübernahme interpretiert wird. Herr Neubauer verneint meine Frage nach der Existenz von Schuldgefühlen jedoch kategorisch:

> DN: **Nein**. Nein überhaupt eigentlich net. Also ich hab genügend Schuldgefühle in mir die aber [...] nicht mit diesem Thema zusammenhängen aber, na überhaupt net. Äh, ich hätte Schuldgefühle wenn ich mich nicht interessieren würde dafür. Ah wenn ich nix machen tät, [.........] ich müsste mich nur für das genieren wenn ich persönlich einmal, ei- einen Juden bewusst beleidigt hätte oder so was, das hab ich nicht als also brauch ich mich für das nicht genieren. Ich genier mich Österreicher zu sein oder Wiener zu sein, wenn man hört dass, ah orthodoxe Juden an angepöbelt werden, belästigt werden ja gar geschlagen werden. Das dafür genier ich mich, so schon. Aber das ist ja net die wirkliche persönliche Schuld. Für die Shoah, genier ich mich nicht. Es ist beschämend was passiert ist. Man müsste, man müsste beschämt sein, dass man auf der Welt ist wenn, dass, obwohl so viel, jüdische Opfer tot sind. So ja. Aber von Schuld- Scham ja, Schuld nicht. (DN 44)

Für Herrn Neubauer ist vor allem ausschlaggebend, wie er selbst denkt, handelt und sich mit der NS-Vergangenheit und seiner persönlichen Familiengeschichte auseinander setzt und in dieser Hinsicht hat er sich seiner Meinung nach nichts vorzuwerfen. Persönliche Schuldgefühle findet er daher unangebracht und bevorzugt vielmehr den Begriff der ‚Scham'. Tatsächlich scheint der Begriff der Scham die Gefühlslage vieler ‚Kinder der Täter' eher zu treffen, denn viele sprechen davon, dass sie sich über die NS-Verstrickung ihrer Eltern vor allem ‚schämen' oder, wie Hilde Schubert sagt, nachdem sie vor kurzem von der Beteiligung ihres Vaters an den NS-Massenmorden erfahren hat, dass sie sich „unheimlich geniert". (vgl. Fallbeispiel HS)

Auffallend dabei ist, dass es aber nicht immer einer offensichtlichen Täterschaft bedarf, um bei den Nachkommen Scham und Schuldgefühle zu aktivieren, wie am Beispiel meiner Interviewpartnerin Ingrid Wonisch aufgezeigt werden kann. Ihre Eltern waren zwar auch Nationalsozialisten, der Vater war möglicherweise bei der NSDAP und der SA, dann in der Wehrmacht, es weist aber nichts auf eine direkte Involvierung in NS-Verbrechen hin. Bei Frau Wonisch hat aber schon allein die Vorstellung, dass ihr Vater vielleicht doch schuldig geworden sein könnte, dazu geführt, dass sie „jahrelang niemanden erzählt" hat, dass ihre Eltern „Nazis" waren – aus „Scham und Schande", wie sie hinzufügt. (IW 25) Obwohl oder vielleicht gerade weil sie wenig Konkretes über die NS-Involvierung ihrer Eltern weiß, plagt sie sich mit belastenden Mutmaßungen und Phantasien, wie auch in der folgenden Interviewpassage deutlich wird:

> BM: Ja [...] meine Phantasie war, hat sich in erster Linie auf, äh Gegenstände in der Wohnung bezogen, ja. Dass, da hängt ein chinesischer Teller. Woher kriegen meine Eltern diesen chinesischen Teller? Könnte das nicht, ahm, aus einem jüdischen Besitz sein, ja. Dass hier irgendetwas unter den Hammer gekommen ist oder, oder dass meine Eltern irgendetwas, sich an, also weniger

meine Eltern aber meine Großeltern, äh also, es war irgendwie ständig, [...] das ist nur ein Beispiel verstehen Sie, dass ich von Ihnen **nichts** erben will. [..........] also, es war nichts unschuldig mehr, es war nichts, ähm, es war nichts einfach nur nett oder schön oder so, ja. Und es war, es ist mir alles verbrämt vorgekommen, alles irgendwie zugedeckt mit lieblichen Sachen, ja mit mit mit schönen und lieblichen Sachen. Und das, das ist alles ver- verdorben irgendwie, von dieser Phantasie, des Verschuldetseins net. (BM 27)

Auch wenn es keinen direkten Hinweis darauf gibt, dass ihre Familie bei ‚Arisierungen' beteiligt war oder davon profitiert hat, lässt Frau Wonisch diese Belastungsphantasie nicht mehr los, sodass ihr letztendlich „nichts (mehr) unschuldig" erscheint. Meine Interviewpartnerin weiß zwar um die Irrationalität ihrer Überlegungen und Gefühle, kann sich ihnen aber letztendlich nicht entziehen:

IW: Ähm äh, wie soll ich sagen, ähm Schuldgefühl kann man nicht sagen aber, ein ein tiefes Gefühl von Schmach, ja. Als ob ich ein, ein ein **Schandmal** auf mir hätte, ja. Ja. Und ähm, äh, es ist also so, ich ich wollte das zwar, ich wollte das zwar äh wie soll ich sagen, ich hab mir zwar rational immer wieder gesagt wieso ich, ich bin ja nicht betroffen, ich bin ich ich hab ja nicht, ich hab mich nicht ver- verschuldet ja, persönlich ja. Aber ich habe einfach gemerkt wenn, wenn Opfer oder Kinder von Opfern das erfahren haben, dass ein Vorhang heruntergegangen ist. Also dass es dass es hier eine, eine Grenze des Naheseins gibt oder der der Möglichkeit eines Naheseins, (die) ein für allemal tabu ist. (IW 26)

Die Filmemacherin Ruth Beckermann hat einmal von einer ‚gläsernen Wand' zwischen den Nachkommen der Täter und den Nachkommen der Opfer gesprochen[33], die offenbar auch Frau Wonisch verspürt. Wie aus dem Interview hervorgeht, fühlt sie sich von den (jüdischen) NS-Opfern angezogen und verunsichert gleichermaßen, sie werden sowohl als ‚Ankläger' als auch als ‚Erlöser' imaginiert. Trotz ihrer Ängste sucht sie den Kontakt mit jüdischen Überlebenden und WiderstandskämpferInnen, die für sie zu „Ersatzeltern" werden und ohne deren Achtung und Akzeptanz sie ihr „Trauma", wie sie sagt, nicht bewältigen hätte können. (IW 37)

Frau Wonisch fühlt sich durch das familiäre Erbe offenbar gebrandmarkt, denn sie spricht von einem „Makel" bzw. „Schandmal" und greift damit zu einem Topos, der unter NS-Nachkommen durchaus gebräuchlich ist. Die NS-Tochter Ingeborg Day wählt sogar noch dramatischere Worte und bezichtigt sich in ihrer Autobiographie selbst: „Das Erbe des Holocaust hatte mich so beschmutzt, dass ich nie wieder rein sein (werde)."[34] Auch wenn nicht alle zu derart drastischen Selbstbezichtigungen und stellvertretenden Schuldübernahmen greifen, so begleitet viele NS-Nachkommen ihre Familiengeschichte ihr Leben lang. Nicht nur für meine Interviewpartnerin Gerda Ferstl bleibt der Nationalsozialismus und ihre belastete familiäre Herkunft – auf die eine oder andere Weise – ein „Lebensthema". (GF 34)

Resümee: Formen der Verarbeitung bei den ‚Kindern der Täter'

Die ‚Kinder der Täter' sind nicht nur passive Sozialisationsprodukte, die den familiären und gesellschaftlichen Prägungen hilflos ausgesetzt sind, sondern sie sind mittlerweile längst erwachsen und somit selbstverantwortlich handelnde, politische AkteurInnen. Viele von ihnen gehören zu den derzeitigen Entscheidungs- und Machtträgern in Politik, Journalismus und Kultur, an den Universitäten und Schulen und sind als solche in vielfacher Weise im ‚Kampf um die Erinnerung' beteiligt. Oder anders formuliert: Die nachfolgenden Generationen sind nicht nur *Produkte* eines ihnen vorgegebenen kollektiven Gedächtnisses, sondern längst auch *ProduzentInnen* desselben.

Vor diesem Hintergrund ist zu fragen, wie die zweite Generation in Österreich mit den familiären NS-Verstrickungen als ‚historisches Erbe' umgeht. Man kann bekanntlich ein Erbe antreten, es aber auch ablehnen bzw. unterschiedliche Konsequenzen daraus ziehen. Wie durch meine Ausführungen klar geworden sein sollte, gibt es nicht nur eine, sondern viele verschiedene Formen des Umgangs mit dem familiären NS-Erbe in der zweiten Generation. Daher ist es angemessen, das Konstrukt einer in sich homogenen Generation aufzugeben und anstatt dessen von ‚Generationseinheiten' im Sinne Karl Mannheims zu sprechen. Die ‚Kinder der Täter' wurden zwar in einem gemeinsamen ‚Generationszusammenhang' sozialisiert, sie haben daraus aber unterschiedliche Konsequenzen gezogen und unterschiedliche Lebenswege eingeschlagen. Zusammenfassend ergeben sich – grob skizziert – folgende Reaktionsmuster und Formen des Umgangs in der zweiten Generation:

Da ist zum einen die (vermutlich sehr große) Gruppe derjenigen NS-Nachkommen, die sich mit dem Nationalsozialismus und der Schuldverstrickung ihrer Eltern *nicht* auseinander gesetzt hat. Dieses historische Desinteresse und die persönliche Gleichgültigkeit der eigenen Familiengeschichte gegenüber sind auch als Konsequenz der österreichischen Vergangenheitspolitik zu verstehen. Wie ich aufgezeigt habe, war die ‚Opferthese' nicht nur auf der staatlichen Ebene wirksam, sondern hat sich aufgrund ihres Entlastungscharakters auch in den gesellschaftlichen und familiären Narrativen über den Nationalsozialismus fortgesetzt. So kam es auch auf der familiären Ebene zur Externalisierung des Nationalsozialismus, zur Selbststilisierung als Opfer und zu einer – von Abwehrmechanismen geprägten – mangelnden Bereitschaft zur Auseinandersetzung mit der eigenen Geschichte. Aufgrund der weitgehenden Übereinstimmung zwischen den familiären und den politischen Narrativen in Österreich wurde die ‚Opferthese' auch von der nachfolgenden Generation lange mitgetragen und von manchen bis heute nicht kritisch hinterfragt. Da sich viele NS-Nachkommen in keiner Weise in einem NS-Zusammenhang sehen und sich daher auch kaum jemals dazu artikulieren, sind sie als Forschungsobjekte kaum fassbar und fließen somit nur als ‚Leerstelle' in diese Arbeit mit ein.

Zum Zweiten gibt es in der zweiten Generation häufig einen sehr *affirmativen* Umgang mit der NS-Involvierung der Eltern, der auf Verständnis und Verteidigung abzielt. Wie sich immer wieder in politischen Diskussionen um die NS-Vergangenheit zeigt, treten viele Nachgeborene vehement als Beschützer und Verteidiger ihrer (angeblich zu Unrecht angegriffenen) Elterngeneration auf. Diese unkritische Verteidigungshaltung ist vor allem bei jenen besonders stark, die sich nie von ihren Eltern distanziert haben, sondern die familiären Opfer- oder Heldennarrative unkritisch fortschreiben und oft auch politisch in die Fußstapfen ihrer Eltern getreten sind. Zwei meiner InterviewpartnerInnen, Herr Cerny und Frau Lugger, sind dieser Gruppe zuzuordnen, auch wenn sie in ihrer Verteidigung etwas unterschiedlich argumentieren. Als ein weiteres Beispiel dafür kann der freiheitliche Bundesrat Siegfried Kampl genannt werden, der 2005 öffentlich darüber geklagt hat, dass nach 1945 eine „brutale Naziverfolgung" stattgefunden habe, unter der seine Familie schrecklich gelitten habe. Er hat sich dabei auf die Entnazifizierungsmaßnahmen gegen seinen Vater, einen illegalen Nationalsozialisten, Ortsgruppenleiter und rechtmäßig verurteilten Denunzianten, bezogen und damit die familiären Opfernarrative der ‚Ehemaligen' nahtlos übernommen. Ein derartiger Rückzug auf ein gleichsam ‚privates' Erleben und Erinnern ist in der zweiten Generation oft anzutreffen und wird – zu Unrecht, wie ich meine – häufig als ultimatives Entlastungsargument eingesetzt.[1]

Derartige Verteidigungsmanöver finden sich aber nicht nur im rechten politischen Spektrum, sondern sie sind in allen politischen Lagern vertreten. Viele Nachkommen haben nach wie vor eine starke emotionale Bindung zu ihren NS-Eltern, und sie solidarisieren, ja identifizieren sich mit ihnen. Das führt oft dazu, dass sie ihre Eltern bereits verteidigen, noch bevor überhaupt ein Vorwurf erhoben wurde. Dieser weit verbreitete Verteidigungsreflex verschaffte sich im letzten Jahrzehnt bei den Diskussionen um die Ausstellung „Vernichtungskrieg. Verbrechen der Wehrmacht" – die weit ins Epizentrum jeder Familie eindrang – lauthals Gehör: In vielen Diskussionsbeiträgen und Pressekommentaren, in unzähligen Leserbriefen und in den Gästebüchern der Ausstellung verdichteten sich die empörten Stimmen vieler Nachgeborener zum unisonen Diktum „Mein Vater (Großvater, Onkel) war kein Mörder!" Dabei hat sich klar gezeigt, dass der ‚Kampf um die Erinnerung' nicht ausschließlich ein Generationskonflikt ist, sondern dass es dabei auch häufig zu Schulterschlüssen zwischen den Generationen kommt.

Politisches Sprachrohr dieser Verteidigungshaltung war/ist der ehemalige langjährige FPÖ-Parteiobmann Jörg Haider, dessen Eltern überzeugte NationalsozialistInnen waren und der in einem entsprechendem familiären und sozialen Umfeld sozialisiert wurde. Seine unzähligen umstrittenen Aussagen zum Nationalsozialismus sowie seine Vorreiterfunktion als ‚Tabubrecher' und Apologet der pauschal vereinnahmten ‚Kriegsgeneration' waren zwar immer auch realpolitischem Kalkül geschuldet, sie sind meiner Ansicht nach aber auch Ausdruck einer niemals kritisch reflektierten familiären Prägung, die er mit vielen anderen seiner Generation teilt.

Schließlich gibt es eine dritte – sehr heterogene – Gruppe von Söhnen und Töchtern innerhalb der zweiten Generation, die sich von ihren NS-Eltern politisch distanzieren und sich mit dem familiären NS-Erbe *kritisch auseinander setzen*. Dieser Gruppe ist ein großer Teil meiner InterviewpartnerInnen zuzuordnen. Es gibt nicht nur eine einzig mögliche oder ‚die richtige' Form, mit der NS-Familiengeschichte umzugehen, sondern viele verschiedene Möglichkeiten. Welche letztendlich von den ‚Kindern der Täter' gewählt wird, hängt von vielen subjektiven und objektiven Faktoren und von den individuellen Umständen und Möglichkeiten ab. Einige davon möchte ich im Folgenden zusammenfassend skizzieren:

Sehr häufig wird den kritischen ‚Kindern der Täter' eine ‚hasserfüllte' und ‚unversöhnliche' Haltung gegenüber den NS-Eltern zugeschrieben. Die strikte Abgrenzung, oft gepaart mit Wut und Verachtung, ist eine durchaus nachvollziehbare emotionale Reaktion der Nachkommen auf das Wissen um die elterlichen NS-Verstrickungen und ihren Umgang damit. Personifiziert ist diese Haltung in Niklas Frank, der in einem umstrittenen Buch mit seinem Vater, dem in Nürnberg hingerichteten Kriegsverbrecher Hans Frank, ‚abgerechnet' hat. Insgesamt betrachtet ist die Vorstellung der selbstgerechten anklagenden ‚68er-Generation' (besonders in Österreich) eher eine Konstruktion und Projektion, die häufig als Vorwand dient, jede kritische Haltung gegenüber der ‚Kriegsgeneration' zu diskreditieren. So wird den NS-Nachkommen oft pauschal vorgeworfen, dass sie als ‚Nachgeborene' selbstgerecht über ihre Eltern urteilen würden, ohne jemals in einer vergleichbaren Situation gewesen zu sein. Tatsächlich besteht bei manchen ‚Kindern der Täter' die Gefahr einer nachträglichen Selbstgerechtigkeit und manche von ihnen verharren tatsächlich in einer Anklagerhetorik, in der persönliche Kränkungen und Konflikte auf die politische Ebene verlagert werden und das Versagen der Väter und Mütter ausschließlich mit deren NS-Gesinnung erklärt wird. Die konkreten NS-Aktivitäten und die konkrete Täterschaft der NS-Eltern bleiben dabei aber oft ausgeklammert.

Im Allgemeinen sind derartige Haltungen aber selten, auch bei meinen InterviewpartnerInnen bzw. den von mir zusätzlich untersuchten autobiographischen und literarischen Texten findet sich keine derartige ‚hasserfüllte' und ‚unversöhnliche' Haltung, im Gegenteil, viele grenzen sich davon sogar explizit ab. Bei einigen von ihnen, wie etwa bei Frau Teschner oder Herrn Goll, ist der Blick auf die eigenen Eltern zwar hart und unerbittlich, aber von Wut oder gar Hass ist wenig zu spüren, vielmehr zeigt sich Enttäuschung oder Resignation. Das liegt sicher auch an der zeitlichen Distanz und dem Umstand, dass die ‚Kinder der Täter' mittlerweile selbst älter geworden sind und ihre um Abgrenzung bemühte Rebellionsphase bereits längst hinter sich haben. Einige meiner InterviewpartnerInnen, wie etwa Herr Zinner oder Frau Podinsky, betonen, dass sie in ihrer Jugend eine aggressive und anklagende Haltung eingenommen hätten, nun aber die Dinge ‚differenzierter' sehen würden. Tatsächlich zeigt sich bei vielen zwar nach wie vor eine sehr kritische Haltung gegenüber den NS-Eltern, die aber die ehemalige Radikalität eingebüßt hat und versöhnlichere Züge trägt.

Viele NS-Nachkommen setzen sich mittlerweile auch sehr sachlich und rational mit ihrer NS-Familiengeschichte auseinander. Dieser eher intellektuelle Zugang findet sich besonders bei jenen ‚Kindern der Täter', die sich privat und/oder beruflich (als WissenschaftlerInnen, JournalistInnen usw.) mit dem Nationalsozialismus beschäftigen und daher auch sehr viel über die NS-Zeit wissen. Ihre Auseinandersetzung mit dem Nationalsozialismus erfolgt dabei vor allem auf der kognitiven Ebene, was nicht immer zwangsläufig zu einer Beschäftigung mit der eigenen Familiengeschichte führen muss. So ist beispielsweise bei vielen antifaschistisch engagierten Linken zu beobachten, dass sie lange Zeit ihr politisches Engagement und ihre intellektuelle Auseinandersetzung mit dem Nationalsozialismus nicht mit der eigenen Familiengeschichte in Verbindung gebracht haben. Oft stellte die Beschäftigung mit dem Nationalsozialismus, der unter dem Begriff des Faschismus subsumiert wurde, aufgrund ihres hohen Theorie- und Abstraktionsgrades selbst eine Form der Verdrängung dar. Jedenfalls besteht oft eine eklatante Diskrepanz zwischen kognitivem und emotionalem Wissen bei den Nachkommen, d.h. die ‚Fakten' des Nationalsozialismus sind zwar (weitgehend) bekannt, gleichzeitig fällt es vielen, auch kritischen ‚Kindern der Täter' schwer, dieses Wissen in eine konkrete Beziehung zu den eigenen Müttern und Vätern zu setzen. Erst in letzter Zeit ist in dieser Hinsicht ein gewisser Bewusstwerdungsprozess unter den NS-Nachkommen zu beobachten.[2]

Auch einige meiner InterviewpartnerInnen haben mittlerweile begonnen, ihre Familiengeschichte zu recherchieren und ihre bisherigen Vermutungen und Phantasien durch historische Fakten zu ergänzen und/oder zu ersetzen. Diesen ‚Kindern der Täter' geht es vor allem um eine Rekonstruktion der NS-Familiengeschichte und um historische Erklärungen dafür, warum die Eltern für die NS-Ideologie anfällig geworden sind und auf welche Weise sie in das NS-System involviert waren. So wichtig derartige historische Klärungen auch sind, so besteht dabei manchmal die Tendenz zu Rationalisierungen und Abspaltungen, weil die nachforschenden Nachkommen sich oft ausschließlich auf der intellektuellen Ebene bewegen und somit letztendlich die emotionale Konfrontation mit der (möglichen) elterlichen Täterschaft vermeiden. Sie neigen auch dazu, die moralische Frage der ‚Schuld' und auch die eigenen Emotionen (wie z.B. Wut über erlebte Kränkungen durch die Eltern, Schuldgefühle) auszublenden. Andererseits ist es aber sehr positiv zu werten, dass diese NS-Nachkommen die familiären Tradierungen und ansatzweise auch die eigene Rolle dabei kritisch hinterfragen und die Lücken im Familiengedächtnis mit konkreten Fakten aufzufüllen beginnen. Derartige kritisch-nüchterne Zugänge sind aber gesamt gesehen immer noch eher die Ausnahme als die Regel.

Wesentlich häufiger anzutreffen sind hingegen jene ‚Kinder der Täter', die sich zwar politisch von ihren Eltern distanzieren, gleichzeitig aber noch starke emotionale Bindungen (meist in positiver Hinsicht) an sie haben. Gerade bei diesen Söhnen und Töchtern treten am meisten Ambivalenzen auf, da sie sich im Spannungsfeld zwischen den Polen von Liebe und Nähe einerseits und Distanz und Abgrenzung andererseits bewegen und sich daraus fast zwangsläufig Widersprüche ergeben. Tatsächlich ist die Ambivalenz ein zentrales Moment bei vielen kritischen ‚Kindern der Täter', denn: Als ‚Kinder' lieben und achten sie ihre Eltern, als politisch Denkende und Handelnde und mit dem Wissen um die NS-Verbrechen und die mögliche Beteiligung ihrer Eltern daran sehen sie sich aber gezwungen, sich von ihnen zu distanzieren und abzugrenzen. Dass diese Spannung zwischen Nähe und Distanz, Gefühl und Verstand häufig zu halbherzigen Abgrenzungen und Entlastungen und in der Folge zu oft sehr ambivalenten ‚Vaterbildern' und ‚Mutterbildern' führt, ist an einigen Fallbeispielen deutlich geworden.

Es hat sich gezeigt, dass auch viele prinzipiell ‚kritische' Nachkommen ihre NS-Eltern nicht verurteilen, sondern auch ein gewisses Maß an Verständnis für diese aufbringen wollen/können. Ihnen geht es nicht vorrangig um die anklagende Frage, was ihre Eltern damals tatsächlich getan haben, sondern sie wollen vor allem verstehen, wie die Väter und Mütter zu dem geworden sind, was und wie sie waren/sind. Mithilfe von (sozial)psychologischen und historischen Erklärungsansätzen werden die Eltern als ‚Produkte ihrer Zeit', d.h. der politischen Umstände, ihrer Sozialisation und ihrer Prägungen begriffen und manchmal auch bedauert. Gerade bei dieser verständnisvollen Haltung sind die Grenzen zu einem affirmativen Zugang oft fließend, denn das Verständnis für die NS-Eltern kippt oft um in Entlastung, besonders dann, wenn die (gleichzeitige) politische Verantwortung der Eltern ausgeklammert bleibt.

Und schließlich gibt es bei ‚Kindern der Täter' auch eine starke emotionale Bindung an die NS-Eltern im negative Sinne. Dabei werden die Eltern vor allem wegen ihrer autoritären Art und Erziehung angegriffen, unter der sie als Kinder gelitten haben und teilweise immer noch leiden. Auch diesen NS-Nachkommen geht es (meist) weniger um die konkreten Taten der Väter und Mütter in der NS-Zeit als um ihre Rolle als Nachkriegsmütter und Nachkriegsväter und die Auswirkungen der familiären Prägungen auf die eigene Person. Sie beschäftigen sich in erster Linie mit den Kränkungen und Verletzungen, die ihnen in ihrer Kindheit/Jugend zugefügt wurden, wobei das für sie oft unverständlich harte Verhalten der Eltern mit dem Nationalsozialismus und dem Weiterwirken der NS-Ideologie in der Familie erklärt wird. Das heißt, die Vorwürfe an die Eltern werden oft argumentativ mit dem Nationalsozialismus verknüpft, wenn nicht sogar davon überlagert. Derartige oft mit therapeutischer Unterstützung unternommene Auseinandersetzungen mit den NS-Eltern sind vor allem von der Frage motiviert: Was haben sie mir angetan? Diese Fokussierung auf das eigene ‚Leiden' führt bei den ‚Kindern der Täter' oft zu einem Verharren in der Opferrolle (als ‚indirektes Opfer' des Nationalsozialismus) und zu einer oft lebenslangen, nie gelösten negativen Bindung (in Form einer Hass-Liebe) an die Eltern, die oft bis über deren Tod hinaus wirksam ist.

Welche konkreten Konsequenzen haben diese kritischen ‚Kinder der Täter' aus der familiären NS-Verstrickung gezogen, und wie hat sich ihre kritische Auseinandersetzung damit auf ihr privates und berufliches Leben ausgewirkt?

Viele NS-Nachkommen haben (ob bewusst oder unbewusst) in ihren persönlichen, politischen und beruflichen Lebensentwürfen klare Gegenmodelle zu denen der Eltern entwickelt, von denen ich einige kurz skizzieren möchte. Manche von ihnen haben sich Ende der 1960er Jahre ‚links' politisiert und können somit im weitesten Sinne als ‚68er' eingestuft werden. Antifaschismus, Antiamerikanismus, Antiimperialismus und die damit einhergehende Solidarität und Identifikation mit den ‚Opfern' der Geschichte waren zentrale Elemente ihres politischen Denkens und Handelns. Ihr politisches Engagement und ihre politische Aufmüpfigkeit waren als bewusste Abgrenzung von den Eltern gedacht, die entweder ihre NS-Gesinnung nach wie vor offen vertraten oder aber nach 1945 den Rückzug in die politische Enthaltsamkeit angetreten haben. Das bewusste politische Engagement wurde vielfach auch als ‚gelebter Antifaschismus' und als ‚Lernen aus Auschwitz' verstanden.

Auch wenn ‚1968' nur wenige selbst politisch aktiv und exponiert waren, so wurden viele aus der zweiten Generation von den damals vertretenen Positionen und Werten nachhaltig geprägt, die sie (z.T. bis heute) in ihrem jeweiligen persönlichen und beruflichen Bereich umsetzen und ‚leben'. ‚Kinder der Täter', die mittlerweile selbst zu Eltern geworden sind, haben weniger autoritäre oder antiautoritäre Erziehungsmodelle praktiziert und bewusst andere Werte an ihre Kinder weitervermittelt; manche Töchter haben sich politisch und feministisch engagiert und damit dem traditionellen mütterlichen Rollenmodell eine emanzipierte Lebensform entgegengesetzt. Manche beschäftigen sich Zeit ihres Lebens beruflich mit dem Nationalsozialismus, sei es wissenschaftlich, publizistisch oder künstlerisch, z.B. als HistorikerInnen, JournalistInnen, SchriftstellerInnen, oder sei es als engagierte LehrerInnen, die in ihrem Schulunterricht antifaschistische Aufklärung und konkretes Wissen über den Nationalsozialismus an die nachfolgende Generation vermitteln wollen. Bei manchen ‚Kindern von Tätern' hat die familiäre Herkunft ihre Berufswahl dahingehend beeinflusst, dass sie in der Sozialarbeit oder im therapeutischen Bereich tätig sind. Sie arbeiten dort mit sozial benachteiligten Menschen, Behinderten, Flüchtlingen usw. und ergreifen damit bewusst Partei für all jene Menschen, die von ihren NS-Eltern aus ideologischen Gründen abgelehnt wurden.

Manche ‚Kinder der Täter' beginnen sich für Israel und das Judentum zu interessieren, sie setzen sich (entweder privat oder beruflich) mit jüdischer Kultur, Religion und Geschichte auseinander und engagieren sich im christlich-jüdischen Dialog oder in proisraelischen Initiativen und manche konvertieren sogar zum Judentum. Nicht selten führt diese intensive Beschäftigung mit dem Judentum und Israel, die oft als stellvertretende ‚Wiedergutmachung' für den elterlichen Antisemitismus gedacht ist, zu einer unreflektierten philosemitischen Identifikation mit den jüdischen Opfern, die nicht unproblematisch ist. Denn dieser zugespitzte Philosemitismus dient vielfach der Verlagerung und Bewältigung eigener Identitätsprobleme und ist – besonders, wenn damit keine kritische Auseinandersetzung mit der elterlichen NS-Verstrickung einhergeht – nichts anderes als ein Versuch, schlicht ‚die Seiten zu wechseln' und solcherart aus dem familiären und gesellschaftlichen Schuldzusammenhang zu entfliehen.

Abschließend ist noch zu fragen, ob es geschlechtsspezifische Unterschiede bei der Wahrnehmung der Väter und Mütter sowie im Umgang mit dem familiären NS-Erbe bei den Söhnen und Töchtern gibt? Aufgrund der vergleichsweise geringen empirischen Basis kann ich keine endgültigen Aussagen über geschlechtsspezifische Ähnlichkeiten und Unterschiede treffen, einige Beobachtungen und Tendenzen möchte ich aber trotzdem kurz skizzieren:

So hat sich ganz klar gezeigt, dass die Auseinandersetzungen mit dem familiären NS-Erbe in erster Linie über die Väter ausgetragen werden und auch die (Selbst-) Zuschreibung als ‚Täterkind' erfolgt fast ausschließlich über die Väter. Diese werden durchaus als politische Akteure wahrgenommen und als potenzielle oder tatsächliche Täter imaginiert, wohingegen die Mütter meist (politisch) verschont bleiben. Während es bei den Vätern vor allem um die Frage geht, was der Vater im Nationalsozialismus *getan* hat, stellt sich bei der Mutter bestenfalls die Frage, was sie *gedacht* und *gewusst* hat. Die Väter werden als politische Akteure *und* als Familienväter belastet (oder auch entlastet), die Mütter hingegen meist vor allem in ihrer Rolle als Erzieherinnen und Mütter wahrgenommen. Die tragende Rolle der Mütter im Familiengedächtnis wird von den Söhnen und Töchtern meist nicht kritisch hinterfragt.

Die Frage, ob es ‚typisch weibliche' und ‚typisch männliche' Verarbeitungsformen bei den Söhnen und Töchtern gibt, lässt sich noch weniger eindeutig beantworten. Auffallend ist, dass viele Söhne zu einem sehr nüchternen, rationalisierenden Zugang zu ihren NS-Eltern neigen und ihre belastete Familiengeschichte stärker von der eigenen Person abgrenzen können/wollen. Demgegenüber setzen sich viele Töchter sehr emotional und engagiert mit ihrer Familiengeschichte auseinander, sie lassen im Allgemeinen auch mehr Widersprüche zu und stellen stärker Verbindungen zu ihrer eigenen Person und Identität her. Das erwähnte ‚Leiden' unter der belasteten Herkunft zeigt sich fast ausnahmslos bei Töchtern, wohingegen die Söhne die Auswirkungen der familiären NS-Verstrickungen auf die eigene persönliche Entwicklung oft abschwächen oder dezidiert ausschließen. Söhne präsentieren ihre Mütter wesentlich öfter als ‚unpolitisch', wohingegen viele (vor allem feministische) Töchter die Rolle der Mütter als Erzieherinnen und als Vermittlerinnen von NS-Werten kritischer beleuchten. Andererseits können sich die Söhne ihre ‚Väter als Täter' eher vorstellen als die Töchter, die oft sehr idealisierte Vaterbilder präsentieren und viele Entlastungsstrategien entwickeln. Wohl nicht zufällig ist daher die entlastende Konstruktion des ‚guten' liebenden Familienvaters, der strikt vom ‚bösen' NS-Vater abgetrennt wird, vor allem bei Töchtern anzutreffen. Wie bereits erwähnt, können diese feststellbaren geschlechtsspezifischen Tendenzen nicht generalisiert werden, zu individuell sind die Einzelfälle und für jede dieser skizzierten Tendenzen ließe sich wohl immer auch ein Gegenbeispiel finden.

Schließlich stellt sich noch die Frage nach den Ähnlichkeiten und Differenzen des Umgangs mit der belasteten Familiengeschichte bei den ‚Kindern der Täter' in Deutschland und jenen in Österreich. Vor allem auf der persönlichen und psychologischen Ebene lassen sich viele ähnliche Mechanismen und Muster der Verarbeitung feststellen. Es gibt aber auch einige Unterschiede, die vor allem mit den unterschiedlichen vergangenheitspolitischen Ausgangspositionen dieser beiden NS-Nachfolgestaaten zu tun haben. Während Deutschland von Beginn an stärker gezwungen war, die politische Verantwortung für das NS-Regime und die NS-Verbrechen zu übernehmen, bot sich in Österreich durch die ‚Opferthese' eine Möglichkeit an, sich dieser historischen Verantwortung zu entziehen, die sowohl von offizieller als auch von individueller Seite gerne angenommen wurde. Wie ich aufgezeigt habe, war die ‚Externalisierung' des Nationalsozialismus auch auf der familiären Ebene wirksam und hat das Bewusstsein der ‚Kinder der Täter' nachhaltig geprägt. So ist es zu erklären, dass die nachfolgende Generation das Ausmaß der Beteiligung der ÖsterreicherInnen am Nationalsozialismus lange Zeit nicht realisiert und vor allem nicht auf die eigenen Väter/Mütter bezogen hat. Ihre Auseinandersetzungen mit der belasteten Familiengeschichte erfolgten daher im Vergleich zu Deutschland meist in abgeschwächter Form und mit einer zeitlichen Verspätung. Erst in letzter Zeit hat sich auch in Österreich in der zweiten Generation ein zunehmendes Bewusstsein über die familiären NS-Verstrickungen entwickelt.

Die zweite Generation ist nicht nur in ihrem Verhältnis zu ihren Eltern zu sehen, sondern auch als Bindeglied in der Tradierungskette zu der ihr nachfolgenden, der dritten Generation. Die ‚Enkel' wurden – nicht zuletzt durch die Bemühungen der zweiten Generation – in einem veränderten familiären und vergangenheitspolitischen Kontext sozialisiert. Sie sind in den 1970er und 1980er Jahren bereits mit neuen Vergangenheitsdeutungen aufgewachsen, die ‚Opferthese' war ansatzweise schon etwas in Frage gestellt und die (Mit-)Täterschaft vieler ÖsterreicherInnen bereits ein Thema. Außerdem haben sich mittlerweile die Tradierungsformen und Gedächtnisträger verändert (weg vom kommunikativen zum kulturellen Gedächtnis), und sie haben – nicht zuletzt durch einen antifaschistisch engagierten Schulunterricht – meist nicht nur mehr, sondern oft auch ein anderes Wissen über die NS-Zeit als ihre Eltern. Die erinnerungspolitische Position der dritten/vierten Generation ist vor allem vom Faktor der zunehmenden zeitlichen und damit einhergehend auch emotionalen Distanz zum Nationalsozialismus bestimmt. Auf dieser Basis suchen sich die Angehörigen der nachfolgenden Generationen ihren eigenen Zugang zur NS-Vergangenheit, der sowohl alte, als auch einige neue generationsspezifische Elemente aufweisen kann. Angesichts der noch nicht abgeschlossenen Entwicklung möchte ich im Folgenden nur einige Tendenzen im Umgang der dritten (und vierten) Generation mit ihrem familiären NS-Erbe skizzieren.

Vielfach setzen sich auch in dieser Generation die (groß)elterlichen Rechtfertigungsdiskurse und Abwehrmechanismen unreflektiert fort, und es werden altbekannte Argumentationsmuster unkritisch reproduziert. Die oft demonstrativ zur Schau getragene Gleichgültigkeit gegenüber der NS-Zeit geht nicht selten mit der Klage einer ‚Übersättigung' zum Thema Nationalsozialismus einher. Die Verantwortung für die angebliche Überthematisierung des Nationalsozialismus wird meist der zweiten Generation (den Eltern, LehrerInnen usw.) zugewiesen, die fälschlicherweise pauschal als ‚68er' wahrgenommen und mit einer kritischen Haltung zur NS-Vergangenheit identifiziert werden. Die EnkelInnen, die ihre Großeltern meist nur mehr als alte, liebenswerte Menschen kennen gelernt haben und nie direkt deren Erziehung ausgesetzt waren, können die (fallweise) kritische und unerbittliche Haltung ihrer Eltern oft schwer nachvollziehen. Ihnen fällt es schwer, sich ihre Großeltern als TäterInnen vorzustellen. Vielmehr gibt es in der Enkelgeneration eine Tendenz, die eigenen Großeltern zu schonen und zu heroisieren und nach dem Motto ‚Mein Opa war kein Nazi' die Familiengeschichte zu ihren Gunsten umzuschreiben.[3] Für die dritte und vierte Generation wird der Nationalsozialismus tatsächlich zunehmend zur Geschichte, die mit ihrem eigenen emotionalen Bezugssystem und ihrer Familie wenig zu tun hat und von der sie daher oft nichts mehr wissen wollen. Nicht zuletzt deshalb wird von ihnen der Anspruch auf die ‚Gnade der späten Geburt' und auf einen ‚Schlussstrich' besonders vehement und mit großem Selbstbewusstsein für sich reklamiert.

Das ist allerdings nur *eine* Tendenz und sollte nicht, wie es oft getan wird, auf die gesamte Enkelgeneration übertragen werden. Denn gerade in der dritten Generation gibt es auch viel Interesse an einer Aufarbeitung der Vergangenheit, viel antifaschistisches Engagement[4] und fallweise einen offenen und kritischen Umgang mit den familiären NS-Verstrickungen.[5] Das widerspricht jedenfalls der Vorstellung, dass mit zeitlicher Entfernung auch das Interesse am Nationalsozialismus verschwinde und somit ein gleichsam lineares Verebben der Nachfolgeproblematik in der natürlichen Abfolge der Generationen vonstatten gehe.[6] Es zeigt sich vielmehr, dass ein distanzierter Zugang zum Nationalsozialismus und ein Mangel an unmittelbarer emotionaler ‚Betroffenheit' auch einen positiven Effekt haben kann. Viele Angehörige der dritten und vierten Generation fühlen sich aufgrund ihres Alters nicht mehr persönlich so tief verstrickt und angegriffen und können gerade deshalb weniger emotional agieren. Anders als die ‚Kinder der Täter' sehen sie ihre Hauptaufgabe offensichtlich nicht mehr in der Rehabilitierung ihrer Eltern bzw. Großeltern, sondern sie sind durchaus zur kritischen Auseinandersetzung mit der familiären NS-

Verstrickung bereit. Der Umstand einer potenziellen Täterschaft der Großeltern stellt nicht mehr in dem Maße eine Bedrohung dar, wie es noch für ihre Eltern als direkte Nachkommen (und somit auch ‚Produkte') der Täter der Fall war. Die zeitliche und emotionale Distanz, so meine ich, könnte somit auch als Chance verstanden werden: Sie könnte die Bereitschaft zu einer kritischen Auseinandersetzung sowie die Fähigkeit zu einem differenzierten Blick auf den Nationalsozialismus und auf die eigene NS-Familiengeschichte erheblich erleichtern.

Anmerkungen

Einleitung

1 Fotoarchiv am Institut für Zeitgeschichte, Universität Wien. Ich möchte mich an dieser Stelle bei Robert Pfundner für seine freundliche Unterstützung bedanken.
2 Das Foto ist ein NS-Propaganda-Foto der Agentur Weltbild, datiert mit 20.11.1939, kurz nach Ausbruch des Krieges. Die propagandistische Absicht zeigt sich u.a. durch die am Foto vorgenommene Manipulation. So wurde das ursprüngliche Foto in der Hand der Frau offensichtlich durch ein Foto eines männlichen NS-Uniformträgers ersetzt, um somit das vom NS-Regime erwünschte ‚Familienideal' im Krieg zu unterstreichen.
3 Christian Schneider, Schuld als Generationenproblem, in: Mittelweg 36, 4/1998, 28-40.
4 Vgl. exemplarisch Martin Bormann, Leben gegen Schatten. Gelebte Zeit – geschenkte Zeit, Paderborn 2000; Matthias Kessler, „Ich muss doch meinen Vater lieben, oder?" Die Lebensgeschichte von Monika Göth, Tochter des KZ-Kommandanten aus „Schindlers Liste", Frankfurt/Main 2002; Margret Nissen, Sind Sie die Tochter Speer? München 2005; Richard Schirach, Der Schatten meines Vaters, München 2005.
5 Niklas Frank, Meine deutsche Mutter, München 2005; ders., Der Vater. Eine Abrechnung, München 1987 (2005).
6 Katrin Himmler, Die Brüder Himmler. Eine deutsche Familiengeschichte, Frankfurt/Main 2005; Claudia Brunner/Uwe von Seltmann, Schweigen die Täter, Reden die Enkel, Frankfurt/Main 2004.
7 So etwa in der Medieninszenierung rund um den TV-Film „Speer und Er"; vgl. Begleitbuch Heinrich Breloer/Rainer Unterwegs zur Familie Speer. Begegnungen, Gespräche, Interviews, Berlin 2005.
8 ARD-Talkshow „Beckmann", 1.8.2005.
9 ORF-Talkshow „Bei Stöckl", 15.4.2005.
10 Hamburger Institut für Sozialforschung (Hg.), Besucher einer Ausstellung. Die Ausstellung „Vernichtungskrieg. Verbrechen der Wehrmacht 1941 bis 1944" in Interview und Gespräch, Hamburg 1998.
11 Vgl. dazu Harald Welzer, Schön unscharf. Über die Konjunktur der Familien- und Generationenromane, in: Mittelweg 36, 1/2004, 53-64; Hannes Heer, „Hitler war's". Die Befreiung der Deutschen von ihrer Vergangenheit, Berlin 2005, 196-236.
12 Diese und andere autobiographisch-literarische Verarbeitungen habe ich an anderer Stelle genauer untersucht, vgl. Margit Reiter, Spurensuchen. Autobiographische und literarische Auseinandersetzungen mit der familiären NS-Involvierung in der zweiten Generation, in: Zeitgeschichte, 6/2005.
13 Besonders deutlich wurde diese Tendenz im Zusammenhang mit dem Film „Speer und Er", wo die keineswegs besonders kritischen Kinder Speers geradezu zu „wahren Helden" stilisiert wurden, wie etwa bei Frank Schirrmacher, in: FAZ, 18.3.2005.
14 Norbert Frei, 1945 und wir. Das Dritte Reich im Bewusstsein der Deutschen, München 2005; Heer, „Hitler war's".
15 Vgl. exemplarisch Anita Eckstaedt, Nationalsozialismus in der „zweiten Generation". Psychoanalyse von Hörigkeitsverhältnissen, Frankfurt/Main 1996; Martin S. Bergmann/Milton E. Jucovy/Judith S. Kestenberg (Hg.), Kinder der Opfer. Kinder der Täter. Psychoanalyse und Holocaust, Frankfurt/Main 1995; Dirk Juelich (Hg.), Geschichte als Trauma, Frankfurt/Main 1991.
16 Vgl. exemplarisch Barbara Heimannsberg/Christoph Schmidt (Hg.), Das kollektive Schweigen: nationalsozialistische Vergangenheit und gebrochene Identität in der Psychotherapie, Köln 1992; Jürgen Müller-Hohagen, Verleugnet, verdrängt, verschwiegen. Die seelischen Auswirkungen der Nazizeit, München 1988 (2005); Tilman Moser, Dabei war ich doch sein liebstes Kind. Psychotherapie mit der Tochter eines SS-Mannes, München 1997.
17 Vgl. exemplarisch Peter Heinl, „Maikäfer flieg, dein Vater ist im Krieg...", Seelische Auswirkungen aus der Kriegskindheit, München 1994; Wolfgang Schmidbauer, Ich wußte nie, was mit Vater ist, Reinbek bei Hamburg 1998; Bert Hellinger, Der Abschied. Nachkommen von Tätern und Opfern stellen ihre Familie, Heidelberg 1998.
18 Vgl. auch Dan Bar-On/Konrad Brendler/A.Paul Hare (Hg.) „Da ist etwas kaputtgegangen an den Wurzeln..." Identitätsformation deutscher und israelischer Jugendlicher im Schatten des Holocaust, Frankfurt/Main-New York 1997.

19 Harald Welzer/Sabine Moller/Karoline Tschuggnall, „Opa war kein Nazi". Nationalsozialismus und Holocaust im deutschen Familiengedächtnis, Frankfurt/Main 2002; vgl. außerdem ders./Robert Montau/Christine Plaß, „Was wir für böse Menschen sind!" Der Nationalsozialismus im Gespräch zwischen den Generationen, Tübingen 1997; Sabine Moller, Vielfache Vergangenheit. Öffentliche Erinnerungskulturen und Familienerinnerungen an die NS-Zeit in Ostdeutschland, Tübingen 2003.

20 Vgl. exemplarisch Nadine Hauer, Die Mitläufer oder die Unfähigkeit zu fragen. Auswirkungen des Nationalsozialismus auf die Demokratie von heute, Opladen 1994; Meinrad Ziegler/Waltraud Kannonier-Finster, Österreichisches Gedächtnis. Über Erinnern und Vergessen der NS-Vergangenheit, Wien-Köln-Weimar 1997.

21 Albert Lichtblau, Mördervater – Vatermörder? Die Kinder der Wehrmachtssoldaten und die Debatte über NS-Verbrechen; Doris Gödl, Die Macht des Vergangenen, beide in: Helga Embacher/Albert Lichtblau/Günther Sandner (Hg.), Umkämpfte Erinnerung. Die Wehrmachtsausstellung in Salzburg, Salzburg 1999, 133-156 bzw. 157-181; Gerhard Botz (Hg.), Schweigen und Reden einer Generation. 14 Erinnerungsgespräche mit Opfern, Tätern und Mitläufern der NS-Zeit, Wien 2005. Vgl. auch meine eigenen Arbeiten zum Thema (s. Literatur).

22 Vgl. dazu Reiter, Spurensuchen.

23 Vgl. Interviewsample im Kapitel: Das Interview als Erinnerungsort.

24 Meine Habilitation mit dem Titel „Generation und Gedächtnis. Tradierung und Verarbeitung des Nationalsozialismus bei den ‚Kindern der Täter' in Österreich" befindet sich derzeit in der Abschlussphase.

25 So finden sich in der Habilitation ein ausführlicher Forschungsstand und Literaturbericht, weitere theoretische und methodische Ausführungen sowie ein großes Kapitel ‚Judenbilder', in dem ich die Tradierungen und Verarbeitungen von Antisemitismus in der zweiten Generation eingehender untersucht habe, das aber aus Platzgründen und Gründen der Stringenz hier weggelassen wurde. Vgl. dazu Reiter, Generation und Gedächtnis.

Begriffsklärungen

1 Maurice Halbwachs, Das kollektive Gedächtnis, Frankfurt/Main 1985; Pierre Nora, Zwischen Geschichte und Gedächtnis, Berlin 1990; Paul Ricoeur, Das Rätsel der Vergangenheit. Erinnern – Vergessen – Verzeihen, Göttingen 1998; Kirstin Platt/Mihran Dabag (Hg.), Generation und Gedächtnis. Erinnerung und kollektive Identitäten, Opladen 1995; Jan Assmann, Das kulturelle Gedächtnis. Schrift, Erinnerung und politische Identität in frühen Hochkulturen, München 1997.

2 Elisabeth Domansky, Die gespaltene Erinnerung, in: Manuel Koeppen (Hg.), Kunst und Literatur nach Auschwitz, Berlin 1992.

3 Peter Reichel, Vergangenheitsbewältigung in Deutschland. Die Auseinandersetzung mit der NS-Diktatur von 1945 bis heute, München 2001; Norbert Frei, Vergangenheitspolitik. Die Anfänge der Bundesrepublik und die NS-Vergangenheit, München 1996; Aleida Assmann, Geschichtsvergessenheit – Geschichtsversessenheit. Vom Umgang mit deutschen Vergangenheiten nach 1945, Stuttgart 1999.

4 Halbwachs, Das kollektive Gedächtnis, 31.

5 Ebd., 64 ff.

6 Assmann, Das kulturelle Gedächtnis, 48 ff.

7 Sabine Moller, Vielfache Vergangenheit. Öffentliche Erinnerungskulturen und Familienerinnerungen an die NS-Zeit in Ostdeutschland, Tübingen 2003, 35.

8 Der Begriff „floating gap" stammt vom Ethnologen Jan Vansina; vgl. dazu Lutz Niethammer, Diesseits des „Floating Gap": Das kollektive Gedächtnis und die Konstruktion von Identität im wissenschaftlichen Diskurs, in: Platt/Dabag, Generation und Gedächtnis, 25-50.

9 Halbwachs, Das kollektive Gedächtnis, 48.

10 Peter Burke, Geschichte als soziales Gedächtnis, in: Aleida Assmann/Dietrich Harth (Hg.), Mnemosyne. Formen und Funktionen der kulturellen Erinnerung, Frankfurt/Main 1993, 392 ff.

11 Harald Welzer (Hg.), Das soziale Gedächtnis. Geschichte, Erinnerung, Tradierung, Hamburg 2001.

12 Harald Welzer/Sabine Moller/Karoline Tschuggnall, „Opa war kein Nazi". Nationalsozialismus und Holocaust im deutschen Familiengedächtnis, Frankfurt/Main 2002, 18 ff.

13 Moller, Vielfache Vergangenheit, 28.

14 Halbwachs, Das kollektive Gedächtnis, 55 ff.

15 Meinrad Ziegler/Waltraud Kannonier-Finster, Österreichisches Gedächtnis. Über Erinnern und Vergessen der NS-Vergangenheit, Wien-Köln-Weimar 1997, 80 f.
16 Karl Mannheim, Das Problem der Generationen, in: Kölner Vierteljahreshefte für Soziologie, Bd. VII, 1928; wiederaufgelegt in: Karl Mannheim, Wissenssoziologie, Berlin und Neuwied 1964, 509-565.
17 Vgl. Gabriele Rosenthal, Zur interaktionellen Konstitution von Generationen. Generationenabfolgen in Familien von 1890-1970 in Deutschland, in: Jürgen Mansel/Gabriele Rosenthal/Angelika Tölke (Hg.), Generationen-Beziehungen. Austausch und Tradierung, Opladen 1997, 57-73; Heinz Bude, Bilanz der Nachfolge. Die Bundesrepublik und der Nationalsozialismus, Frankfurt/Main 1992, 80 f.
18 Gabriele Rosenthal (Hg.), Die Hitlerjugend-Generation. Biographische Verarbeitung als Vergangenheitsbewältigung, Essen 1986; Heinz Bude, Deutsche Karrieren. Lebenskonstruktionen sozialer Aufsteiger aus der Flakhelfer-Generation, Frankfurt/Main 1987; Helmut Schelsky, Die skeptische Generation, Düsseldorf 1957.
19 Martin Kohlstruck, Zwischen Erinnerung und Geschichte. Der Nationalsozialismus und die jungen Deutschen, Berlin 1997.
20 Rainer M. Lepsius, Das Erbe des Nationalsozialismus und die politische Kultur der Nachfolgestaaten des „Großdeutschen Reiches", in: Max Haller/Hans-Jürgen Hoffmann-Nowotny/Wolfgang Zapf (Hg.), Kultur und Gesellschaft, Frankfurt/Main-New York 1989, 247-264.
21 Lepsius, Erbe des Nationalsozialismus; Werner Bergmann/Rainer Erb/Albert Lichtblau (Hg.), Schwieriges Erbe. Der Umgang mit Nationalsozialismus und Antisemitismus in Österreich, der DDR und der Bundesrepublik Deutschland, Frankfurt/Main-New York 1995.
22 Vgl. dazu auch das Kapitel: Negatives Erbe.

Das Interview als Erinnerungsort

1 Pierre Nora leitete in Frankreich das Projekt der „Les lieux de mémoire" und ist der Herausgeber der drei bisher erschienenen gleichnamigen Bände (1984, 1986, 1992), in Deutsch: Pierre Nora (Hg.), Erinnerungsorte Frankreichs, München 2005; vgl. ders., Zwischen Geschichte und Gedächtnis, Berlin 1990.
2 Ein erster Anstoß war beispielsweise eine Titelgeschichte im Nachrichtenmagazin *Profil* von Sibylle Hamann und Eva Menasse, Die Nazi-Kinder, in: Profil, 15.1.1996.
3 Ich habe aber bewusst mit niemanden aus meinem Freundes- und Bekanntenkreis ein Forschungsinterview durchgeführt, da die mangelnde Distanz bei der Interviewanalyse nicht von Vorteil gewesen wäre.
4 Gottfried Wagner, Wer nicht mit dem Wolf heult. Autobiographische Aufzeichnungen eines Wagner-Urenkels, Köln 1997.
5 Vgl. dazu Margit Reiter, Politics and the Past. Jörg Haider and the "Children of the Perpetrators" in Austria, in: The Bulletin of The Center for Holocaust Studies, University of Vermont,Volume 6, Number 2, 2002.
6 Dan Bar-On, Die Last des Schweigens. Gespräche mit Kindern von Nazi-Tätern, Reinbek bei Hamburg 1993; Gerald Posner, Belastet. Meine Eltern im Dritten Reich. Gespräche mit den Kindern von Tätern, Berlin 1994.
7 Wie immer nahm ich zuerst brieflich Kontakt auf (siehe Musterbrief) und meldete mich nach etwa einer Woche, in der die Angesprochenen Zeit zum Überlegen haben sollten, telefonisch. Aus den während des Telefonats gemachten Notizen habe ich sofort Gesprächsprotokolle verfasst, die die Basis für die folgenden Ausführungen sind. Die Personen bleiben anonymisiert.
8 Telefonprotokoll vom 22.1.2003.
9 Telefonprotokoll vom 9.2.2003.
10 Ich wusste, dass er einem Historikerkollegen bei einer Arbeit über seinen Vater Material zur Verfügung gestellt hat. Darauf angesprochen, wies er darauf hin, dass dieser Historiker ein Professor wäre und darüber hinaus „recommended", d.h. ihm konkret von einem bekannten Professor empfohlen worden wäre.
11 Allgemein wird empfohlen, bei Anfragen für Interviews einen ungefähren Zeitrahmen zur Orientierung für die Angefragten anzugeben (ich gab 2-3 Stunden an), damit sich diese auf die Dauer und Art des Interviews einstellen können.
12 Bar-On, Last des Schweigens, 41.

13 Telefonprotokoll vom 21.1.2003. Die direkten Zitate sind diesem Protokoll entnommen.
14 Telefonprotokolle vom 10.2.2003 und 5.3.2003.
15 Telefonprotokoll vom 5.3.2003
16 Vgl. dazu Interviewbeispiele bei Bar-On, Last des Schweigens; Posner, Belastet.
17 Klare tabellarische Ein- und Zuordnungen sind in diesem Fall nicht möglich.
18 In einigen Fällen war eine familiäre NS-Verstrickung noch zusätzlich durch eine nachgewiesene Täterschaft oder NS-Aktivitäten der Großeltern (vor allem Großväter) oder von Onkeln (einer davon wurde als Kriegsverbrecher verurteilt und hingerichtet) gegeben.
19 Grundlegend dazu Uwe Flick/Ernst v. Kardoff/Ines Steinke (Hg.), Qualitative Forschung. Ein Handbuch, Hamburg 2000; Thomas Heinze, Qualitative Sozialforschung. Einführung, Methodologie und Forschungspraxis, München-Wien 200; Fritz Schütze, Biographieforschung und narratives Interview, Neue Praxis, 13, 1983, 283-293; Martin Kohli/Günther Robert (Hg.), Biographie und soziale Wirklichkeit, Stuttgart 1984; Lutz Niethammer (Hg.), Lebenserfahrung und kollektives Gedächtnis. Die Praxis der „Oral History", Frankfurt/Main 1980; Gabriele Rosenthal, Erlebte und erzählte Lebensgeschichte. Gestalt und Struktur biographischer Selbstbeschreibungen, Frankfurt/Main 1995.
20 Vgl. exemplarisch Reinhard Sieder, Bemerkungen zur Verwendung des „Narrativinterviews" für eine Geschichte des Alltags, in: Zeitgeschichte 5/1982, 164-178; Gerhard Botz/Josef Weidenholzer (Hg.), Mündliche Geschichte und Arbeiterbewegung. Eine Einführung in Arbeitsweisen und Themenbereiche der Geschichte „geschichtsloser" Sozialgruppen, Wien-Köln 1984; Alexander von Plato, Geschichte und Psychologie - Oral History und Psychoanalyse. Problemaufriss und Literaturüberblick, in: BIOS, 2/1998, 213-228; Harald Welzer, Das Interview als Artefakt. Zur Kritik der Zeitzeugenforschung, in: BIOS 1/2000, 51-63.
21 Hans-Jürgen Glinka, Das narrative Interview. Eine Einführung für Sozialpädagogen, Weinheim 1998; Hopf, Qualitative Interviews - ein Überblick, in: Flick/von Kardoff/Steinke, 349-360; Heinze, Qualitative Sozialforschung 152-165.
22 Vgl. beispielsweise Meinrad Ziegler/Waltraud Kannonier-Finster, Österreichisches Gedächtnis. Über Erinnern und Vergessen der NS-Vergangenheit, Wien-Köln-München 1997, 194 ff.
23 Hopf, Qualitative Interviews, 358 f.
24 Vgl. Rosenthal, Erlebte und erzählte Lebensgeschichte, 186 ff.
25 Anita Eckstaedt, Nationalsozialismus in der „zweiten Generation". Psychoanalyse von Hörigkeitsverhältnissen, Frankfurt/Main 1992.
26 Zwei Interviews wurden aus verschiedenen Gründen an einem späteren Zeitpunkt (Juni 2003, Februar 2004) durchgeführt.
27 Vorwiegend auf Niklas Frank, Der Vater. Eine Abrechnung, München 1987 und Peter Sichrovsky, Schuldig geboren. Kinder aus Nazifamilien, Köln 1985.
28 Rosenthal, Erlebte und erzählte Lebensgeschichte, 137.
29 Lutz Niethammer, Fragen - Antworten - Fragen. Methodische Erfahrungen und Erwägungen zur Oral History, in: ders./Alexander von Plato (Hg.), „Wir kriegen jetzt andere Zeiten." Auf der Suche nach der Erfahrung des Volkes in nachfaschistischen Ländern, Berlin und Bonn, 1985, 397.
30 Welzer, Artefakt; Harry Hermanns, Interviewen als Tätigkeit, in: Flick/von Kardoff/Steinke, 360-368; Harald Welzer/Sabine Moller/Karoline Tschuggnall, „Opa war kein Nazi". Nationalsozialismus und Holocaust im deutschen Familiengedächtnis, Frankfurt/Main 2002, 27.
31 Christian Schneider/Cordelia Stillke/Bernd Leineweber, Das Erbe der Napola. Versuch einer Generationengeschichte des Nationalsozialismus, Hamburg 1996, 17 ff. Vgl. auch Ulrike Jureit, Flucht und Ergreifung. Übertragung und Gegenübertragung in einem lebensgeschichtlichen Interview, in: BIOS, 2/1998, 229-241.
32 Schneider/Stillke/Leineweber, Napola, 19.
33 Mein Vater (Jg. 1930) gehört der ‚Zwischengeneration' an, er erlebte die NS-Zeit als Kind bzw. Jugendlicher und war meines Wissens in keiner NS-Jugendorganisation aktiv; meine Mutter ist 1939 geboren und gehört somit zu der zweiten Generation. Meine zwei Großväter, die ich kaum kannte, dienten in der Wehrmacht. Die Familien meiner Eltern sind sozial dem ländlich-bäuerlichen und politisch dem christlich-sozialen, konservativen (ÖVP) Milieu in Kärnten zuzuordnen. In meiner Herkunftsfamilie wurde aus dieser Position heraus immer eine diffuse ‚Anti-Hitler' bzw. ‚Anti-Nazi'-Haltung vermittelt, die allerdings nicht frei war von widersprüchlichen ‚Familienlegenden'.
34 Hermanns, Interviewen als Tätigkeit, 364.
35 Ebd., 365.

36 Heinze, Qualitative Sozialforschung, 157 ff. Diese Schwierigkeit bestand besonders bei InterviewpartnerInnen aus dem akademischen Milieu mit großem historischen Wissen, was bei mir manchmal zu Fragehemmungen oder einem unbewussten Nachvollziehen ihrer Rationalisierungen geführt hat.
37 Stephan Wolff, Wege ins Feld und ihre Varianten, in: Flick/von Kardoff/Steinke, 348. Um etwaige falsche Erwartungen zu vermeiden, ist es ratsam, bereits bei der Kontaktaufnahme und vor dem Interview die eigenen Interessen sowie die Konditionen (d.h. auch ungefähre Dauer) und Grenzen eines Interviews zu klären.
38 Neben der bereits genannten Literatur vgl. unter anderem auch Hans-Georg Soeffner (Hg.), Interpretative Verfahren in den Sozial- und Textwissenschaften, Stuttgart 1979; Philipp Mayring, Qualitative Inhaltsanalyse, Weinheim/Basel 1983; Reinhard Sieder, Geschichten erzählen und Wissenschaft treiben, in: Botz/Weidenholzer, 203-231; Zusammenfassende Beiträge in: Flick/von Kardoff/Steinke, Qualitative Forschung.
39 Allgemein dazu Rosenthal, Erlebte und erzählte Lebensgeschichte, 208-226; für den historischen Zugang vgl. Sieder, Geschichten erzählen, an dem sich meine konkreten Auswertungsschritte orientieren.
40 Allgemein dazu Mayring, Qualitative Inhaltsanalyse; anregend auch das methodische Verfahren der hermeneutischen Dialoganalyse, die das Forschungsteam Welzer/Moller/Tschuggnall bei ihrer Mehrgenerationenstudie „Opa war kein Nazi" angewendet hat.
41 Vgl. dazu Reiter, Generation und Gedächtnis (Habilitation).
42 So etwa bei Welzer, Artefakt.
43 Für eine zielführende psychoanalytische Auswertung bedürfte es meiner Ansicht nach einer entsprechenden Fachkompetenz, wie sie beispielsweise in der Napola-Studie von Schneider/Stillke/Leineweber gegeben war.
44 Doris Gödl hat im Rahmen der ‚Wehrmachtsausstellung' in Salzburg Interviews mit BesucherInnen durchgeführt; vgl. Doris Gödl, Das Schweigen zum Sprechen bringen. Generationengeschichte als Tätergeschichte, in: Eleonore Lappin/Bernhard Schneider (Hg.), Die Lebendigkeit der Geschichte. (Dis-)Kontinuitäten in Diskursen über den Nationalsozialismus, St. Ingbert 2001, 296-307.
45 Eduard Matt, Darstellung qualitativer Forschung, in: Flick/von Kardoff/Steinke, 578-587.
46 Insgesamt lag ein umfangreiches Tonmaterial von über 40 Stunden vor, das in transkribierter Form insgesamt 700 Seiten (aus arbeitstechnischen Gründen wurde ein sehr enger Druck gewählt) entsprach. Die von Ruth Gutermann und Daniela Gahleitner nach strengen Transkriptionsregeln verschriftlichten Interviews, die die Arbeitsgrundlage bildeten, wurden für die vorliegende Buchform sprachlich ‚geglättet', indem u.a. die Dialektfärbung vereinheitlicht, unverständliche Passagen als Leerstellen markiert und sprachliche Überlappungen eingeebnet wurden. Vgl. Anhang.
47 Letztendlich musste ich aber selbst bei diesen relativ ausführlichen Fallstudien manche interessante Aspekte zugunsten der Stringenz der Argumentation und der Lesbarkeit ausklammern. Fallweise Querverweise auf andere Text- bzw. Interviewstellen sollen den interessierten LeserInnen Zusatzinformationen liefern.

Vergangenheitspolitischer Kontext – Ein Abriss

1 Die (oft schwankenden und hier leicht aktualisierten) Zahlenangaben orientieren sich an der Opferbilanz bei Peter Malina/Gustav Spann, 1938-1988. Vom Umgang mit unserer Vergangenheit, Wien 1988.
2 Allgemein dazu Beiträge in: Emmerich Tálos/Ernst Hanisch/Wolfgang Neugebauer/Reinhard Sieder (Hg.) NS-Herrschaft in Österreich. Ein Handbuch, Wien 2000.
3 Gerhard Jagschitz, Von der „Bewegung" zum Apparat. Zur Phänomenologie der NSDAP 1938-1945, in: NS-Herrschaft, 106 ff.
4 Jagschitz, Von der Bewegung, 109.
5 Raul Hilberg, Täter, Opfer, Zuschauer. Die Vernichtung der Juden 1933-1945, Frankfurt/Main 1992.
6 Aus der Fülle von Literatur vgl. exemplarisch Gerhard Botz, Österreich und die NS-Vergangenheit. Verdrängung, Pflichterfüllung, Geschichtsklitterung, in: Dan Diner (Hg.), Ist der Nationalsozialismus Geschichte? Zu Historisierung und Historikerstreit, Frankfurt/Main 1987, 141-152. Gerhard Botz, Lebenslüge – das stimulierende Prinzip. Eine Auseinandersetzung mit neuen Verfechtern der österreichischen „Opferthese", in: Europäische Rundschau, 1996/1, 29-45; Heidemarie Uhl, Das

„erste Opfer". Der österreichische Opfermythos und seine Transformationen in der Zweiten Republik, in: Österreichische Zeitschrift für Politikwissenschaft (ÖZP), 1/2001, 19-34; Beiträge in: Wolfgang Kos/Georg Rigele (Hg.), Inventur 45/55. Österreich im ersten Jahrzehnt der Zweiten Republik, Wien 1996.

7 Rainer M., Lepsius, Das Erbe des Nationalsozialismus und die politische Kultur der Nachfolgestaaten des „Großdeutschen Reiches", in: Max Haller/Hans-Jürgen Hoffmann-Nowotny/Wolfgang Zapf (Hg.), Kultur und Gesellschaft, Frankfurt/Main-New York 1989, 247-264.

8 Verfassungsgesetz vom 8. Mai 1945 über das Verbot der NSDAP, StGBl. Nr. 13/1945.

9 Kriegsverbrechergesetz vom 26. Juni 1945, StGBl. Nr. 32/1945.

10 Vgl. dazu ausführlich Sebastian Meissl/Klaus-Dieter Mulley/Oliver Rathkolb (Hg.), Verdrängte Schuld - Verfehlte Sühne. Entnazifizierung in Österreich 1945-1955, Wien 1986; Dieter Stiefel, Entnazifizierung in Österreich, Wien-München-Zürich 1981.

11 Kriterien der Internierung bei Winfried R. Garscha, Entnazifizierung und gerichtliche Ahndung von NS-Verbrechen, in: NS-Herrschaft, 856 f.

12 Vgl. Stiefel, Entnazifizierung, 267.

13 Wilhelm Svoboda, „...vorbehaltlos meine Pflicht erfüllt". Das Internierungslager Glasenbach (Camp „Marcus W. Orr"), in: Zeitgeschichte, 1-2/1995, 3-29.

14 Svoboda, Glasenbach, 10 ff; Stiefel, Entnazifizierung, 268.

15 Vgl. dazu Stiefel, Entnazifizierung, 101 ff.

16 Ebd., 300 ff.

17 Ausführlich dazu Winfried R. Garscha/Claudia Kuretsidis-Haider (Hg.), Nachkriegsprozesse. Die Alliierten, Deutschland und Österreich, Wien 2000; Garscha, Entnazifizierung, 852-883; Martin Polaschek, Im Namen der Republik! Die Volksgerichte in der Steiermark 1945 bis 1955, Graz 1998.

18 Der österreichische Justizminister Josef Gerö 1945, zitiert nach Garscha, Entnazifizierung, 861.

19 Eine Bilanz bei Garscha, Entnazifizierung, 877 f.

20 Garscha, Entnazifizierung, 879 f; Simon Wiesenthal, Doch die Mörder leben, Wien 1967.

21 Zur SPÖ vgl. Wolfgang Neugebauer/Peter Schwarz, Der Wille zum aufrechten Gang. Offenlegung der Rolle des BSA bei der gesellschaftlichen Reintegration ehemaliger Nationalsozialisten (hg. von BSA), Wien 2005; Maria Mesner (Hg.), Entnazifizierung zwischen politischem Anspruch, Parteienkonkurrenz und Kaltem Krieg. Das Beispiel der SPÖ, Wien 2005. Eine (selbst)kritische Aufarbeitung der Reintegration von NationalsozialistInnen durch die ÖVP steht noch aus.

22 Heidemarie Uhl, Transformationen des österreichischen Gedächtnisses. Geschichtspolitik und Denkmalkultur in der Zweiten Republik, in: Tel Aviver Jahrbuch für deutsche Geschichte, 29. Jg., 2000, 317-341.

23 Günther Sandner/Walter Manoschek, Die Krieger als Opfer, in: Hannes Heer/Walter Manoschek/Alexander Pollak/Ruth Wodak (Hg.), Wie Geschichte gemacht wird. Zur Konstruktion von Erinnerungen an Wehrmacht und Zweiten Weltkrieg, Wien 2003, 109-144.

Vom Schweigen und Erzählen. Der Nationalsozialismus im Familiengedächtnis

1 Harald Welzer/Robert Montau/Christine Plaß, „Was wir für böse Menschen sind!". Der Nationalsozialismus im Gespräch zwischen den Generationen, Tübingen 1997, 145 ff.

2 Diese Erzählperspektive wird durch die auf 1945 konzentrierten ‚Gedenkjahre' noch forciert, vgl. Klaus Naumann, Der Krieg als Text. Das Jahr 1945 im kulturellen Gedächtnis der Presse, Hamburg 1998; Margit Reiter, Vom Gedenken und/oder Erinnern. Eine Zwischenbilanz österreichischer Vergangenheitspolitik nach dem Gedenkjahr 1995, in: Die Mühen der Erinnerung. Zeitgeschichtliche Aufklärung gegen den Gedächtnisschwund, Schulheft 105, Bd. 1, Wien 2002, 29-38.

3 Ela Hornung, Warten und Heimkehren. Eine Ehe während und nach dem zweiten Weltkrieg, Wien 2005.

4 Naumann, Krieg als Text, 33 ff und 72 ff; Elisabeth Domansky, Die gespaltene Erinnerung, in: Manuel Koeppen (Hg.), Kunst und Literatur nach Auschwitz, Berlin 1992; Norbert Frei, 1945 und wir. Das Dritte Reich im Bewusstsein der Deutschen, München 2005.

5 Gerhard Botz, Geschichte und kollektives Gedächtnis in der Zweiten Republik. „Opferthese", „Lebenslüge" und „Geschichtstabu" in der Zeitgeschichtsschreibung, in: Wolfgang Kos/Georg Rigele (Hg.), Inventur 45/55. Österreich im ersten Jahrzehnt der Zweiten Republik, Wien 1996, 57.

6 Helga Embacher, „...daß die Ehre der Kameraden unangetastet bleiben müsse." Die „Wehrmachtsausstellung" und das Geschichtsbild des Kameradschaftsbundes, in: Helga Embacher/Albert Lichtblau/Günther Sandner (Hg.), Umkämpfte Erinnerung. Die Wehrmachtsausstellung in Salzburg, Salzburg-Wien 1999, 96-132.

7 Zitiert nach Albert Lichtblau, Mördervater – Vatermörder?, in: Embacher/Lichtblau/Sandner, Umkämpfte Erinnerung, 155 f.

8 Josef Haslinger, Am Beispiel Antisemitismus, in: Profil 19.3.2001.

9 Ela Hornung, Das Schweigen zum Sprechen bringen. Erzählformen österreichischer Soldaten in der Deutschen Wehrmacht, in: Walter Manoschek (Hg.), Die Wehrmacht im Rassenkrieg. Der Vernichtungskrieg hinter der Front, Wien 1996, 182-205.

10 Elias Canetti, Masse und Macht. Frankfurt/Main 1980, 249 ff.

11 Eine derartige Tradierungsform findet sich beispielsweise bei Peter Henisch, Die kleine Figur meines Vaters, Salzburg-Wien 1993.

12 Brigitte Schwaiger, Lange Abwesenheit, Wien-Hamburg 1980, 33.

13 Alexander und Margarethe Mitscherlich, Die Unfähigkeit zu trauern. Grundlagen kollektiven Verhaltens. München-Zürich 1998, 13 ff.

14 Egyd Gstättner, Das Lied vom Nimmerleinstag, in: Die Presse, Spectrum, 11./12.5.2002.

15 Horst Christoph, Ich, der Nazi-Sohn, in: Profil, 13.5.2005, 78-80 (aktualisierte Fassung von: Der vergrabene Ehrendolch, in: Profil, 7.3.1988, 86-88).

16 Christoph, Ich, der Nazi-Sohn, 79.

17 Horst Christoph, Mantel der Anständigkeit, in: Profil, 15.1.1996, 61 ff.

18 Hubertus Czernin, Wofür ich mich meinetwegen entschuldige. Haider beim Wort genommen, Wien 2000, 46 ff.

19 Heide Pils, in: Meine unbewältigte Vergangenheit, in: Profil, 28.7.1986, 17.

20 Margit Reiter, Geschichte als „Privatsache"?, in: Helene Maimann, Was bleibt. Schreiben im Gedankenjahr, Wien 2005, 121-123.

21 Wilhelm, Svoboda, „...vorbehaltlos meine Pflicht erfüllt". Das Internierungslager Glasenbach (Camp „Marcus W. Orr"), in: Zeitgeschichte, 1-2/1995, 3-29.

22 Ebd., 10.

23 Ebd., 6.

24 Herbert A. Strauss, Der Holocaust als Epochenscheide der Antisemitismusgeschichte: historische Diskontinuitäten, in: Werner Bergmann/Rainer Erb (Hg.), Antisemitismus in der politischen Kultur nach 1945, Opladen 1990, 38-56.

25 Domansky, Die gespaltene Erinnerung.

26 Bernd Marin, Antisemitismus ohne Antisemiten. Autoritäre Vorurteile und Feindbilder, Frankfurt-New York 2000, 107 ff.

27 Vgl. Heinz Wassermann (Hg.), Antisemitismus in Österreich nach 1945. Ergebnisse, Positionen und Perspektiven der Forschung, Innsbruck-Wien-München-Bozen 2002; Leopold Spira, Feindbild „Jud". 100 Jahre politischer Antisemitismus in Österreich, Wien 1981.

28 Marin, Antisemitismus, 132 ff und 189 ff; Christian Fleck/Albert Müller, Zum nachnazistischen Antisemitismus in Österreich. Vorderbühne versus Hinterbühne, in: Österreichische Zeitschrift für Geschichtswissenschaften (ÖZG), 4/1994, 481-514.

29 Fleck/Müller, Nachnazistischer Antisemitismus, 483 ff.

30 Die familiären Tradierungen und Verarbeitungen des Antisemitismus habe ich in einem Teilprojekt genauer untersucht und werden hier aus Platzgründen nur kurz zusammengefasst; vgl. dazu auch Reiter, Generation und Gedächtnis (Habilitation).

31 Helga Embacher/Margit Reiter, Gratwanderungen. Die Beziehungen zwischen Österreich und Israel im Schatten der Vergangenheit, Wien 1998, 135 ff; Marin, Antisemitismus, 128 ff.

32 Der Stiefvater von Robert Dussek beispielsweise hat den SPÖ-Politiker Bruno Pittermann als Jude verunglimpft, obwohl dieser nicht jüdischer Herkunft war. Pittermann war in den 1960er Jahren SPÖ-Vorsitzender, er war mit einer Jüdin verheiratet und in der Öffentlichkeit als ‚Israel-Freund' und Antifaschist bekannt, was zu dieser Zuschreibung geführt haben könnte. Vgl. Interview mit Elisabeth Pittermann (Tochter, SPÖ-Politikerin) in: NU, Nr. 6, Dezember 2001/Chanukah 5762, 16-19.

33 Der Begründer des so genannten ‚Morgenthau-Plans', der u.a. die Entwaffnung und wirtschaftliche Demontage Deutschlands nach Kriegsende vorsah, ist in rechten Kreisen bis heute ein Feindbild. Vgl. Wolfgang Benz/Hermann Graml/Hermann Weiß, Enzyklopädie des Nationalsozialismus, München 1998, 589.

34 Anton Pelinka/Ruth Wodak (Hg.), "Dreck am Stecken". Politik der Ausgrenzung, Wien 2002.

35 Vgl. exemplarisch Pils, Meine unbewältigte Vergangenheit.

36 Vgl. Werner Bergmann/Rainer Erb, Antisemitismus in der Bundesrepublik Deutschland. Ergebnisse der empirischen Forschung von 1946 bis 1989, Opladen 1991, 232 f.

37 Margarete Mitscherlich, Antisemitismus – eine Männerkrankheit? in: dies., Die friedfertige Frau. Eine psychoanalytische Untersuchung zur Aggression der Geschlechter, Frankfurt 1985.

38 Vgl. dazu Kapitel ‚Judenbilder' in Reiter, Generation und Gedächtnis (Habilitation).

39 Dan Bar-On, Die Last des Schweigens. Gespräche mit Kindern von Nazi-Tätern, Reinbek bei Hamburg 1996, 21.

40 Vgl. Beiträge im Schwerpunktheft *Ästhetik und Kommunikation*, Deutsche, Linke, Juden, Heft 5, Juni 1983.

41 Vgl. Reiter, Generation und Gedächtnis (Habilitation).

42 Gabriele Rosenthal, Vom Krieg erzählen, von den Verbrechen schweigen, in: Hannes Heer/Klaus Naumann (Hg.). Vernichtungskrieg. Verbrechen der Wehrmacht 1941-1944, Hamburg 1995, 651-664; dies., Der Holocaust im Leben von drei Generationen. Familien von Überlebenden der Shoah und von Nazi-Tätern, Giessen 1997.

43 Henisch, Kleine Figur, 55.

44 Vgl. dazu ausführlicher Margit Reiter, Spurensuchen. Autobiographische und literarische Auseinandersetzungen mit der familiären NS-Involvierung in der zweiten Generation, in: Zeitgeschichte 6/2005.

45 Der Historiker Albert Lichtblau stellte sich diese Frage angesichts eines seinen Vater belastenden Photos von einem Massengrab (über das dieser nie gesprochen hatte) und das er nun selbst seinen eigenen Kindern vorenthalten wollte, um diese zu „schonen"; vgl. Lichtblau, Mördervater – Vatermörder?, 148.

46 Aufschlussreich sind in dieser Hinsicht immer wieder die Reaktionen auf meine Vorträge über das „Schweigen und Erzählen", wo viele ZuhörerInnen bestätigen, dass ihre Eltern sehr wohl von lokalen Fällen von NS-Verfolgungen erzählt haben, wenn auch oft nur rudimentär und in Form von Opfer-Täter-Umkehrungen.

47 Zitiert nach Lichtblau, Mördervater – Vatermörder?, 144.

48 Haslinger, Am Beispiel Antisemitismus, 48f.

49 Ebd.

50 Angela Keppler, Tischgespräche. Über Formen kommunikativer Vergemeinschaftung am Beispiel der Konversation in Familien, Frankfurt/Main 1994; dies., Soziale Formen individuellen Erinnerns. Die kommunikative Tradierung von (Familien-)Geschichte, in: Harald Welzer (Hg.), Das soziale Gedächtnis. Geschichte, Erinnerung, Tradierung, Hamburg 2001, 137-159.

51 Harald Welzer/Sabine Moller/Karoline Tschuggnall, „Opa war kein Nazi". Nationalsozialismus und Holocaust im deutschen Familiengedächtnis, Frankfurt/Main 2002; Harald Welzer, Das gemeinsame Verfertigen von Vergangenheit im Gespräch, in: ders., Das soziale Gedächtnis, 160-178.

52 Welzer/Moller/Tschuggnall liefern in ihrer Mehrgenerationenstudie „Opa war kein Nazi" dafür viele Beispiele, 18 ff und 44 ff.

53 Rosenthal, Drei Generationen, 23.

54 Beispiele dafür bei Welzer/Moller/Tschuggnall, Opa war kein Nazi, 44 ff.

55 Ebd., Opa war kein Nazi, 53.

56 Erst in den letzten Jahren wurde die Legende von der sauberen Wehrmacht durch die Ausstellung „Verbrechen der Wehrmacht" etwas erschüttert. Gleichzeitig hat sich bei den damit einhergehenden Diskussionen aber auch die Wirksamkeit dieser Legende bestätigt, wenn es zu generationsübergreifenden Schulterschlüssen kam und die ‚Nachgeborenen' sich oft als vehemente VerteidigerInnen der pauschalisierten ‚Kriegsgeneration' hervortaten. Vgl. Hamburger Institut für Sozialforschung (Hg.), Besucher einer Ausstellung. Die Ausstellung „Vernichtungskrieg. Verbrechen der Wehrmacht 1941 bis 1944" in Interview und Gespräch. Hamburg 1998.

57 Margit Reiter, Konstruktion(en) der Vergangenheit. Am Beispiel der Reden von Bundespräsident Klestil und FPÖ-Obmann Haider zum 50. Geburtstag der Republik Österreich, in: Zeitgeschichte, 11-12/1997, 388-403.

58 Vgl. Gesprächsprotokoll mit Frau D., 7.6.2004.

59 Vgl. dazu genauer das Fallbeispiel HS im Kapitel: Nichtwissen-Ahnen-Wissen.

60 Christian Schneider, Schuld als Generationenproblem, in: Mittelweg 36, 4/1998, 28-40.

61 Bar-On, Last des Schweigens, 2 und 359.

62 Rosenthal, Drei Generationen, 346.
63 Götz George zu Gast in der ARD-Talkshow „Beckmann", 1.8.2005.
64 Christiane Hörbiger zu Gast in der ARD-Talkshow „Beckmann", 1.8.2005. Zu ihrer ambivalenten, teilweise verteidigenden Haltung gegenüber ihren prominenten Eltern vgl. Profil, 25.2.2002; Kurier, 22.5.2005; Die Zeit, Nr. 27, 26.6.2003, 58.
65 Vgl. exemplarisch Gstättner, Nimmerleinstag.
66 Vgl. Einleitung in Christian Schneider/Cordelia Stillke/Bernd Leineweber Das Erbe der Napola. Versuch einer Generationengeschichte des Nationalsozialismus, Hamburg 1996, 16 f.
67 Michael Schneider, Den Kopf verkehrt aufgesetzt oder Die melancholische Linke. Aspekte des Kulturzerfalls in den siebziger Jahren, Darmstad-Neuwied 1981.
68 Schwaiger, Lange Abwesenheit, 24.
69 Zit. nach Lichtblau, Mördervater – Vatermörder?, 142.

Irritationen. Außerfamiliäre Gedächtnisträger als Bestätigung oder Korrektiv

1 So etwa bei meinen InterviewpartnerInnen Werner Zinner und Erika Jelaschitz, die ungeachtet ihres extrem nationalsozialistischen familiären Umfeldes jeweils auf eine antifaschistische, im politischen Widerstand aktive Tante verweisen, die für sie zu wichtigen Auskunftspersonen über den Nationalsozialismus wurden. (WZ 7, EJ 23 und 39)
2 Vgl. Dokumentationsarchiv des österreichischen Widerstandes (DÖW), (Hg.), Handbuch des österreichischen Rechtsextremismus, Wien 1993, 183-187 und 271-282.
3 Zit. nach DÖW, Handbuch, 185.
4 Christa Zöchling, Haider. Licht und Schatten einer Karriere, Wien 1999, 75 ff.
5 Verordnungsblatt des Stadtschulrates für Wien, Jahrgang 1945; zit. nach Eva Mühlhofer-Gurion, „Morbus Austriacus". Die NS-Zeit in Österreich betreffende Verdrängungsinstrumente und Verdrängungsmechanismen in der geschichtlichen Bildung und in der vorwiegend mütterlichen Erziehung der Nachkriegsgeneration ab 1945, Wien Diplomarbeit 1996, 72 f.
6 Vgl. Mühlhofer-Gurion, Morbus Austriacus, 74 ff.
7 Stiefel, Entnazifizierung, 163.
8 Vgl. Stiefel, Entnazifizierung, 162-163. Peter Malina/Gustav Spann, Der Nationalsozialismus im österreichischen Geschichtslehrbuch, in: Emmerich Tálos/Ernst Hanisch/Wolfgang Neugebauer (Hg.), NS-Herrschaft in Österreich, Wien 1988, 577-599; Patrick Thomas Götzendorfer, Eine Schulbuchanalyse. Nationalsozialistische Schulbücher im Vergleich zu österreichischen Nachkriegsschulbüchern, Diplomarbeit Wien 1999.
9 Vgl. bei Mühlhofer-Gurion, Morbus Austriacus, 87-94.
10 Helen Liesl Krag, Unsere Schulklasse. Erwachsen werden nach dem Krieg, Wien-Köln-Weimar 2005. Die jeweiligen Antworten scheinen stark vom jeweiligen familiären Hintergrund sowie von den heutigen politischen Einstellungen der ehemaligen SchülerInnen beeinflusst zu sein.
11 Stiefel, Entnazifizierung, 162.
12 Ebd., 164.
13 Ebd., 164 ff.
14 Vgl. Gesprächsprotokoll der Supervision, 12.5.2004.
15 Die Mutter meiner Interviewpartnerin Inge Wonisch war ebenfalls überzeugte Nationalsozialistin mit strikten Prinzipien und nach 1945 landwirtschaftliche Fachlehrerin; vgl. IW 6 und 18.
16 Krag, Unsere Schulklasse.
17 Horst Christoph, Ich, der Nazi-Sohn, in: Profil, 13.5.2005, 79 f.
18 Heide Pils, Meine unbewältigte Vergangenheit, in: Profil, 28.7.1986, 17.
19 Vgl. Alexej Stachowitsch, Schule – ein Abenteuer. Erinnerungen an die Entstehung und Entwicklung des Werkschulheimes Felbertal von 1950 bis 1958, Oberndorf 2001.
20 Mehr dazu in Reiter, Generation und Gedächtnis (Habilitation).
21 Christoph, Ich, der Nazisohn, 80.
22 Gerhard Botz, Späte Recherche. Bericht über meinen Vater, in: Die Presse, Spectrum, 27.8.2005.
23 Peter Märthesheimer/Ivo Frenzel (Hg.), Im Kreuzfeuer: Der Fernsehfilm Holocaust. Eine Nation ist betroffen, Frankfurt/Main 1979.
24 Heinz Wassermann, „Zuviel Vergangenheit tut nicht gut!" Nationalsozialismus im Spiegel der Tagespresse der Zweiten Republik, Innsbruck-Wien-München 2000, 294 ff.

25 Zitiert nach Wassermann, Zuviel Vergangenheit, 296.
26 Diese kleinen Tücken der Erinnerung kenne ich aus eigener Erfahrung: In meinem selbstreflexiven Rückblick auf das Entstehen meines Interesses für das Thema Nationalsozialismus kommt den Büchern „Das Mädchenorchester von Auschwitz" von Fania Fénelon und „Ein Stück Himmel" und „Ein Stück Erde" von Janina David eine zentrale Rolle zu, die ich – so meinte ich lange – ungefähr im Alter von 14-15 Jahren gelesen habe. Bei einer späteren Überprüfung musste ich aber anhand der datierten Widmungen feststellen, dass ich sie erst im Alter von 18-20 Jahren gelesen haben konnte. Ich habe meine Erstlektüre also in der Erinnerung zeitlich vorverlagert, wohl um damit unbewusst eine gewisse ‚Frühreife' in dieser Frage zu signalisieren.
27 Vgl. die Autobiographie von Ingeborg Day, Geisterwalzer, Frankfurt/Main 1986.
28 Day, Geisterwalzer, 13 ff.
29 Wolfgang Kraushaar, 1968 als Mythos, Chiffre und Zäsur, Hamburg 2000.
30 Wie etwa das Stück „Herr Karl" von Helmut Qualtinger und Carl Merz (1961) über österreichisches ‚Mitläufertum', das in der österreichischen Öffentlichkeit heftige Abwehrreaktionen hervorrief.
31 Wassermann, Zuviel Vergangenheit, 42 ff.
32 Simon Wiesenthal, Doch die Mörder leben, Wien 1967.
33 Doron Rabinovici, „Jidn, sogt, wer schtejt bajm tojer?". Der Fall Franz Murer – ein österreichischer Schauprozess gegen die Opfer, in: Florian Freund/Franz Ruttner/Hans Safrian (Hg.), Ess firt kejn Weg zurik... Geschichte und Lieder des Ghettos von Wilna 1941-1943, Wien 1992, 97-122.
34 Vgl. Rabinovici, Jidn, 112 f.
35 Vgl. Gerard Kasemir, Spätes Ende für „wissenschaftlich" vorgetragenen Rassismus. Die Borodajkewycz-Affäre 1965, in: Michael Gehler/Hubert Sickinger (Hg.), Politische Affären und Skandale in Österreich. Von Mayerling bis Waldheim, Thaur 1995, 486-501.
36 Heinz Fischer (Hg.), Einer im Vordergrund. Taras Borodajkewycz. Eine Dokumentation, Wien-Frankfurt-Zürich 1966.
37 Elisabeth Welzig, Die 68er. Karrieren einer rebellischen Generation, Wien-Köln-Graz 1985.
38 Fritz Keller, Wien, Mai 68 – Eine heiße Viertelstunde, Wien 1988; Paulus Ebner/Karl Vocelka, Die zahme Revolution. ‚68 und was davon blieb, Wien 1998.
39 Vgl. dazu Ebner/Vocelka, Die zahme Revolution, 195 ff.
40 Michael Schneider, Den Kopf verkehrt aufgesetzt oder Die melancholische Linke. Aspekte des Kulturzerfalls in den siebziger Jahren, Darmstadt und Neuwied 1981; Heinz Bude, Bilanz der Nachfolge. Die Bundesrepublik und der Nationalsozialismus, Frankfurt/Main 1992, 88.
41 Schneider, Schuld als Generationenproblem, 30 ff; Christian Schneider/Cordelia Stillke/Bernd Leineweber, Das Erbe der Napola. Versuch einer Generationengeschichte des Nationalsozialismus, Hamburg 1996. 16 f.
42 Heinz Bude, Das Altern einer Generation. Die Jahrgänge 1938 – 1948, Frankfurt/Main 1997. Für den Soziologen Bude ist die ‚68er-Generation' überhaupt die letzte Generation, für die die Erfahrung des Nationalsozialismus noch einen vergemeinschaftenden Zusammenhang bildet; vgl. Bude, Bilanz der Nachfolge, 90.
43 Der damalige freiheitliche Jugendfunktionär und spätere FPÖ- bzw. LIF-Politiker Helmut Peter, zitiert nach Zöchling, Haider, 76 f.
44 Die Zeit, 6/2000.
45 Margit Reiter, Politics and the Past. Jörg Haider and the „Children of Perpetrators" in Austria, in: The Bulletin Of The Center For The Holocaust Studies, University of Vermont, Volume 6, Number 2, 2002; dies., Konstruktion(en) der Vergangenheit. Am Beispiel der Reden von Bundespräsident Klestil und FPÖ-Obmann Haider zum 50. Geburtstag der Republik Österreich, in: Zeitgeschichte, 11-12/1997, 388-403.
46 Zu den Leistungen und Defiziten der (Neuen) Linken in ihrer Auseinandersetzung mit dem Nationalsozialismus vgl. Margit Reiter, Unter Antisemitismus-Verdacht. Die österreichische Linke und Israel nach der Shoah, Innsbruck-Wien-München 2001, 233 ff.
47 Karl Markus Gauß, in: Format, 7/2000, 60.
48 Vgl. exemplarisch dazu Barbara Taufar, Die Rose von Jericho, Wien 1994, 132 ff.
49 Vgl. Reiter, Unter Antisemitismus-Verdacht, 40 f.
50 Zit. nach Heidemarie Uhl, Das „erste Opfer". Der österreichische Opfermythos und seine Transformationen in der Zweiten Republik, in: ÖZP, 1/2001, 26.

Vaterbilder

1 Maurice Halbwachs, Das kollektive Gedächtnis, Frankfurt/Main 1985, 58 ff.

2 Ralph Gehrke, Literarische Spurensuche. Elternbilder im Schatten der NS-Vergangenheit, Opladen 1992; Claudia Mauelshagen, Der Schatten des Vaters. Deutschsprachige Väterliteratur der siebziger und achtziger Jahre, Frankfurt/Main 1995; Margit Reiter, Spurensuchen. Autobiographische und literarische Auseinandersetzungen mit der familiären NS-Involvierung in der zweiten Generation, in: Zeitgeschichte, 6/2005.

3 Vgl. dazu Gerhard Paul (Hg.), Die Täter der Shoah. Fanatische Nationalsozialisten und ganz normale Deutsche, Göttingen 2002, darin besonders das Einleitungskapitel von Gerhard Paul, Von Psychopathen, Technokraten des Terrors und „ganz gewöhnlichen" Deutschen. Die Täter der Shoah im Spiegel der Forschung, 13-90. Vgl. auch Michael Wildt, Generation des Unbedingten. Das Führungskorps des Reichssicherheitshauptamtes, Hamburg 2003, 15 ff.

4 Gustave M. Gilbert, Nürnberger Tagebuch, Frankfurt/Main 1982. Die vom amerikanischen Gerichtspsychologen verfassten, 1962 erschienenen Beobachtungen und Porträts der Angeklagten haben die Wahrnehmung dieser NS-Täter über Jahrzehnte stark geprägt.

5 Der österreichische Widerstandskämpfer und KZ-Häftling Hermann Langbein hat in seiner Studie zu Auschwitz eine Bandbreite unterschiedlicher Tätertypen im Konzentrationslager dargestellt, vgl. Langbein, Menschen in Auschwitz, Frankfurt/Main-Berlin-Wien 1980, 311 ff.

6 Rudolf Höß, Kommandant in Auschwitz. Autobiographische Aufzeichnungen (hg. von Martin Broszat), München 1985.

7 Paul, Täter der Shoah, 16 ff.

8 Hannah Arendt, Eichmann in Jerusalem. Ein Bericht von der Banalität des Bösen, München 1987 (dt. Erstausgabe 1964); Günter Anders, Wir Eichmannsöhne, München 1964; Paul, Täter der Shoah, 20 ff.

9 Ulrike Weckel/Edgar Wolfrum (Hg.), „Bestien" und „Befehlsempfänger". Frauen und Männer in NS-Prozessen nach 1945, Göttingen 2003.

10 Über die Wirksamkeit von Filmen (z.B. „Des Teufels General") auf das Familiengedächtnis vgl. Harald Welzer/Sabine Moller/Karoline Tschuggnall, „Opa war kein Nazi". Nationalsozialismus und Holocaust im deutschen Familiengedächtnis, Frankfurt/Main 2002, 105 ff.

11 Raul Hilberg, Die Vernichtung der europäischen Juden, Frankfurt/Main 1990 (dt. Erstausgabe 1982); ders., Täter, Opfer, Zuschauer. Die Vernichtung der Juden 1933-1945, Frankfurt/Main 1992.

12 Vgl. exemplarisch Hans Buchheim/Martin Broszat/Hans-Adolf Jacobsen/Helmut Krausnick, Anatomie des SS-Staates, München 1994 (Erstausgabe 1965).

13 Paul, Täter der Shoah, 27 ff.

14 Christopher R. Browning, Ganz normale Männer. Das Reserve-Polizeibataillon 101 und die „Endlösung" in Polen, Reinbek bei Hamburg 1993.

15 Daniel Goldhagen, Hitlers willige Vollstrecker. Ganz gewöhnliche Deutsche und der Holocaust, Berlin 1996; Paul, Die Täter der Shoah, 37 ff.

16 Hannes Heer/Klaus Naumann (Hg.), Vernichtungskrieg. Verbrechen der Wehrmacht 1941-1944, Hamburg 1995.

17 Vgl. exemplarisch Hans Safrian, Die Eichmann-Männer, Wien 1993; Gudrun Schwarz, Eine Frau an seiner Seite. Ehefrauen in der „SS-Sippengemeinschaft", Hamburg 1997; Wildt, Generation des Unbedingten; Bilanzierend dazu Paul, Täter der Shoah, 43 ff und 61 ff.

18 Ein Beispiel dafür ist der zum ‚Medienereignis' hochstilisierte, 2005 ausgestrahlte TV-Dreiteiler „Speer und Er", der trotz des angeblich kritisch-distanzierten Anspruches sowohl ästhetisch als auch inhaltlich zu einer zwischen negativer Faszination, Dämonisierung und Privatisierung oszillierenden Inszenierung geriet. Vgl. Heinrich Breloer, Unterwegs zur Familie Speer. Begegnungen, Gespräche, Interviews, Berlin 2005.

19 Milo Dor (Hg.), Die Leiche im Keller. Dokumente des Widerstandes gegen Dr. Kurt Waldheim, Wien 1988.

20 Alexander und Margarethe Mitscherlich, Die Unfähigkeit zu trauern. Grundlagen kollektiven Verhaltens, München 1967; Michael Schneider, Den Kopf verkehrt aufgesetzt oder Die melancholische Linke. Aspekte des Kulturzerfalls in den siebziger Jahren, Darmstadt und Neuwied 1981, 32 ff.

21 Schneider, Kopf verkehrt aufgesetzt, 36.

22 Ebd., 40 f.

23 Ebd., 45.

24 Theodor W. Adorno, Studien zum autoritären Charakter, Frankfurt/Main 1976 (Erstausgabe 1950).

25 Lutz Rosenkötter, Die Idealbildung in der Generationenfolge, in: Martin S. Bergmann/Milton E. Jucovy/ Judith S. Kestenberg (Hg.), Kinder der Opfer. Kinder der Täter, Psychoanalyse und Holocaust, Frankfurt/Main 1995, 213.

26 Allzu eindeutige Kategorisierungen und simple ‚Typen'-Bildungen (wie etwa bei Sichrovsky „Die Stolze", „Der Leidende", „Die Versöhnliche" usw.) möchte ich bewusst vermeiden, weil mir dies aufgrund der Komplexität der Fälle nicht zulässig erscheint. Vgl. Peter Sichrovsky, Schuldig geboren. Kinder aus Nazifamilien, Köln 1987.

27 Telefonprotokoll RT, 4.12.2004.

28 Ebd.

29 Ulla Roberts, Starke Mütter – ferne Väter. Töchter reflektieren ihre Kindheit im Nationalsozialismus und in der Nachkriegszeit, Frankfurt/Main 1994.

30 Schneider, Kopf verkehrt aufgesetzt, 32 ff.

31 Eine derartige Szene findet sich z.B. bei meinem Interviewpartner Herwig Goll; vgl. ‚Vaterbild' HG.

32 Hans Georg Behr erinnert sich in seinem autobiographischen Roman daran, dass er von seiner Mutter, einer ehemaligen Nationalsozialistin, oft mit dem Ochsenziemer körperlich gezüchtigt wurde, wobei er nicht weinen durfte und sich anschließend dafür bedanken musste; vgl. Hans-Georg Behr, Fast eine Kindheit, Frankfurt/Main 2002, 144. Ähnlich auch das vom Vater eingeforderte „freudig Schauen" bei meiner Interviewpartnerin Monika Hartl im ‚Vaterbild' MH.

33 Vgl. Roberts, Starke Mütter, 52. Ein ähnliches ‚Frauenschicksal' nach 1945 findet sich bei Peter Handke in seiner autobiographischen Erzählung *Wunschloses Unglück* (1972). Vgl. auch Kapitel: Mutterbilder.

34 Ähnlich auch bei Brigitte Schwaiger, Lange Abwesenheit, Wien-Hamburg 1980, 88; Peter Henisch, Die kleine Figur meines Vaters, Salzburg-Wien 1987; vgl. Wolfgang Neuber, Fremderfahrungen. Von den kleinen Herrscherfiguren der Väter, in: Studien zur österreichischen Erzählliteratur der Gegenwart, Amsterdam 1982, 257 f.

35 Der Vater starb kurz nach diesem gemeinsamen Geburtstagsfest und es war eines der letzten Treffen zwischen Vater und Tochter, was die nachträgliche positive Bewertung eventuell zusätzlich beeinflusst haben könnte.

36 Vgl. kurz dazu Wolfgang Benz/Hermann Graml/Hermann Weiß (Hg.), Enzyklopädie des Nationalsozialismus, München 1998, 566 f.

37 Vgl. Erstkontakt durch Erika Jelaschitz per E-Mail vom 25.11.2002. Frau Jelaschitz hatte sich auf den *Standard*-Artikel vom 23.11.2003 gemeldet.

38 E-Mail von EJ, 11.6.2003.

39 Bernd Wegner, Hitlers Politische Soldaten: Die Waffen-SS 1933-1945. Leitbild, Struktur und Funktion einer nationalsozialistischen Elite, Paderborn 1997; vgl. kurz dazu Benz/Graml/Weiß, Enzyklopädie, 566 f.

40 Zum Verlauf und Ausmaß des nationalsozialistischen Völkermordes an den Sinti und Roma, vgl. kurz Benz/Graml/Weiß, Enzyklopädie, 730 f.

41 Frau Jelaschitz hat einige Monate nach dem Interview erneut Kontakt mit mir aufgenommen und über den Fortgang ihrer bisherigen Recherchen berichtet. Vgl. E-Mails von EJ, 11.6.2003 und 27.11.2003 sowie Gesprächsprotokoll vom Zweitgespräch mit EJ am 15.7.2003. Vgl. dazu auch Kapitel: Nichtwissen-Ahnen-Wissen.

42 Telefonprotokoll BP, 27.11.2002.

43 Diese besondere Dimension der Familiengeschichte kann hier aus Platzgründen und aufgrund der fragmentarischen Erzählung von Frau Podinsky nicht näher ausgeführt werden.

44 Gabriele Rosenthal, Vom Krieg erzählen, von den Verbrechen schweigen, in: Hannes Heer/Klaus Naumann (Hg.), Vernichtungskrieg. Verbrechen der Wehrmacht 1941-1944, Hamburg 1995, 651-664.

45 Harald Welzer/Robert Montau/Christine Plaß, „Was wir für böse Menschen sind!" Der Nationalsozialismus im Gespräch zwischen den Generationen, Tübingen 1997, 198 ff; vgl. auch meine Ausführungen im Kapitel: Familiengedächtnis.

46 Der Vater von Frau Podinsky scheint im Handbuch des Österreichischen Rechtsextremismus (hg. vom DÖW) auf, was sie allerdings nicht erwähnt – entweder weil sie es nicht weiß oder weil sie diese eindeutige politische Positionierung des Vaters – zumindest im Interview – ausblendet.

47 Vgl. dazu auch Roberts, Starke Mütter, 101.

48 Erst bei der Auswertung der Interviews ist mir aufgefallen, dass die Söhne wesentlich weniger und wesentlich vagere ‚Vaterbilder' entwickelt haben als vergleichsweise die Töchter, was aber auch am (zufälligen) Umstand liegen könnte, dass viele der von mir interviewten Söhne (teilweise) ohne Väter aufgewachsen sind.

49 Es handelte sich dabei um eine hochrangige Verwaltungs- und Kontrollfunktion auf der Gauebene, die allgemein als „rechte Hand des Gauleiters" eingestuft wird. Welche Zuständigkeiten und Aufgaben dem Vaters im konkreten Fall zufielen, konnte nicht eruiert werden.

50 Benedikt Friedman, „Iwan, hau die Juden!", Die Todesmärsche ungarischer Juden durch Österreich nach Mauthausen im April 1945, St. Pölten 1989; vgl. dazu auch die Fernsehdokumentation „Alles Schweigen" von Michael Zuzanek und Gudrun Waltenstorfer (ausgestrahlt im ORF 15.11.2003.)

51 Mitscherlich, Unfähigkeit zu trauern, 27 ff.

52 Der Standard, 23.11.2002.

53 Telefonprotokoll IM, 26.11.2002.

54 Derartige Überhöhungen des guten Aussehens des Vaters finden sich bei einigen Töchtern (nie aber bei Söhnen); vgl. Barbara Taufar, Die Rose von Jericho, Wien 1994; auch die Tochter von Amon Göth schwärmte in einer Talkshow vom vermeintlich guten Aussehen ihres Vaters; vgl. Mitschrift zu Talkshow „Bei Stöckl", ORF, 15.4.2005.

55 Schneider, Kopf verkehrt aufgesetzt, 32 ff.

56 Ebd., 37.

57 Der Vater war ein lediges Kind einer Magd und eines Slowenen (was er immer verschwiegen hat) und die durch die Heirat erfolgte Abhängigkeit von einer besitzenden älteren Frau mochte er als narzisstische Kränkung erlebt haben, der er nur durch Gewalt beizukommen vermochte.

58 Frau Moser hatte zuvor die folgende Episode nicht erwähnt oder auch nur angedeutet; vgl. Telefonprotokolle IM, 26.11.2002 und 4.12.2002.

59 Frau Moser hat insgesamt kaum eine Dialektfärbung, fällt meist aber immer dann in einen starken Kärntner Dialekt, wenn sie ihren Vater wörtlich zitiert.

60 Welzer/Moller/Tschugnall, Opa war kein Nazi, 41 f.

61 Gesprächsprotokoll der Supervision vom 29.6.2004.

62 Schneider, Kopf verkehrt aufgesetzt, 36.

63 Mitscherlich, Unfähigkeit zu trauern, 234.

64 Schwaiger, Lange Abwesenheit, 123; vgl. ausführlicher dazu Reiter, Spurensuchen.

65 Lerke Gravenhorst, Moral und Geschlecht. Die Aneignung der NS-Erbschaft, Freiburg 1998.

66 Vgl. Roberts, Starke Mütter; Anita Eckstaedt, Nationalsozialismus in der „zweiten Generation". Psychoanalyse von Hörigkeitsverhältnissen, Frankfurt/Main 1996.

67 Eckstaedt, Nationalsozialismus, 50.

68 Drei der Väter sind im Krieg gefallen und zwei Väter wurden nach Kriegsende auf ihrer Flucht unter teils nicht ganz geklärten Umständen ermordet.

69 Auch das Fallbeispiel HS im Kapitel: Nichtwissen-Ahnen-Wissen kann als ‚Vaterbild' (eines abwesenden Vaters) gelesen werden.

70 Herr Cerny hatte sich auf den *Standard*-Artikel vom 23.11.2005 gemeldet; vgl. Telefonprotokoll HC, 25.11.2002.

71 Die Zitate wurden zugunsten der Lesbarkeit sprachlich geglättet.

72 Gerhard Jagschitz, Von der „Bewegung" zum Apparat. Zur Phänomenologie der NSDAP 1938-1945, in: Emmerich Tálos/Ernst Hanisch/Wolfgang Neugebauer/Reinhard Sieder (Hg.), NS-Herrschaft in Österreich. Ein Handbuch, Wien 2000, 97.

73 Über die Bedeutung und Funktion des Badeshauses für Herrn Cerny kann ich nur spekulieren: Abgesehen davon, dass es die Tüchtigkeit des Vaters untermauern soll, ist es möglicherweise eines der wenigen konkreten Erinnerungsstücke an den toten Vater und somit für ihn mit zusätzlicher Bedeutung aufgeladen. (HC 9, 10, 12)

74 Zu den realen Lebens- und Arbeitsbedingungen von Zwangsarbeitern in Kärnten vgl. August Walzl, Zwangsarbeit in Kärnten im Zweiten Weltkrieg. Die Hintergründe eines politischen Phänomens im Alpen-Adria-Raum, Klagenfurt 2001.

75 Vgl. Kapitel: Familiengedächtnis.

76 Der Vater könnte in den unmittelbar nach dem ‚Anschluss' von 1938 einsetzenden NS-internen Machtkämpfen unterlegen gewesen sein; vgl. dazu Jagschitz, Von der Bewegung, 88-122.

77 Er ordnet sich selbst dem rechten, deutschnationalen Flügel der FPÖ zu und war in den 1970er Jahren im Umfeld von Otto Scrinzi (NSDAP- und SA-Mitglied, FPÖ-Politiker und Aktivist im rechtsextremen Milieu) aktiv.

78 Mit dieser Frage nach der ‚Freiwilligkeit' steht Herr Cerny keineswegs allein, auch einige andere InterviewpartnerInnen quälen sich damit; vgl. exemplarisch ‚Vaterbild' GL.

79 Da er sich auf den *Standard*-Artikel gemeldet hatte, bin ich irrigerweise davon ausgegangen, dass ich über eine ‚liberale' Zeitung das rechte Spektrum eher nicht erreichen würde. Im Interview wurde aber klar, dass Herr Cerny – auch wenn er sich darüber maßlos ärgert und aufregt – die ‚liberalen' Medien offenbar sehr genau verfolgt.

80 Vgl. Interviewprotokoll HC, 7.2.2003.

81 Zu ihren Kindheitserfahrungen in der Nachkriegszeit und den damit einhergehenden Opferstilisierungen vgl. Kapitel: Mutterbilder.

82 Eine sehr ähnliche Erinnerungsszene bei Roberts, Starke Mütter, 89.

83 Eckstaedt, Nationalsozialismus, 234 ff.

84 Vgl. auch Fallbeispiel HS im Kapitel: Nichtwissen-Ahnen-Wissen.

85 Frau Lugger zeigte mir einen Karton von Unterlagen des Vaters, worin sich Zeitungsartikel über seine öffentlichen Auftritte, mehrere Tagebücher des Vaters, NS-Dokumente und (ganz unten im Karton) auch eine Hakenkreuz-Armbinde fanden. Die Unterlagen hat sie von der verstorbenen Mutter übernommen. Frau Lugger erzählt, dass sie die in Stenographie verfassten Tagebücher seit einiger Zeit gemeinsam mit ihrem Ehemann (einem älteren ehemaligen Wehrmachtssoldaten) zu entschlüsseln versucht.

86 Vgl. Viktor Klemperer, LTI. Notizbuch eines Philologen, Leipzig (12. Auflage) 1993, 62-67.

87 In einer Studie über die Region unter dem Nationalsozialismus werden die Konflikte des NS-Kreisleiters mit der katholischen Bevölkerung teilweise bestätigt. Eine genaue Angabe der entsprechenden Fachliteratur muss an dieser Stelle aus Anonymitätsgründen unterbleiben.

88 Zur „kumulativen Heroisierung" in den NS-Nachfolgegneration(en) vgl. Welzer/Moller/Tschuggnall, „Opa war kein Nazi", 44 ff. Vgl. auch Kapitel: Familiengedächtnis.

89 Vgl. Telefonprotokoll GL, 8.4.2003; Interviewprotokoll GL, 23.6.2003. Vgl. dazu auch Kapitel: Negatives Erbe.

90 Vgl. Interviewprotokoll GL, 23.6.2003.

91 Vgl. Näheres dazu im Kapitel: Irritationen.

92 Zum Begriff der ‚Anständigkeit' im ‚Ehemaligen'-Milieu, vgl. Kapitel: Familiengedächtnis.

93 Nähere Ausführungen zur zweiten Generation ‚zwischen Antisemitismus und Philosemitismus' finden sich in meiner Habilitation: Reiter, Generation und Gedächtnis.

94 Eckstaedt, Nationalsozialismus, 125.

95 Roberts, Starke Mütter, 89 ff.

96 Martin Pollack, Der Tote im Bunker. Bericht über meinen Vater, Wien 2004. Ausführlicher dazu Reiter, Spurensuchen.

97 Um wie viel schwerer ihm diese Nüchternheit gegenüber seinem geliebten Großvater, ebenfalls ein überzeugter Nationalsozialist, fällt, wird in einem idealisierenden und wehmütigen Artikel über ihn deutlich; vgl. Martin Pollack, Unheimliche Normalität, in: Profil, 13.5.2005, 72-73.

98 Nur einige davon konnten aus Platzgründen näher vorgestellt und analysiert werden, mein Fazit bezieht sich aber auf alle Interviews sowie auf andere herangezogene Quellen und die von mir andernorts analysierten ‚Vaterbücher'; vgl. Reiter, Spurensuchen.

99 Vgl. dazu die Interviewsammlungen von Gerald Posner, Belastet. Meine Eltern im Dritten Reich. Gespräche mit den Kindern von Tätern, Berlin 1994; Dan Bar-On, Die Last des Schweigens. Gespräche mit Kindern von NS-Tätern, Reinbek bei Hamburg 1996.

100 Norbert Frei, 1945 und Wir. Das Dritte Reich im Bewußtsein der Deutschen, München 2005, 10; vgl. dazu auch Jan Philipp Reemtsma, „Wie hätte ich mich verhalten?" und andere nicht nur deutsche Fragen. Reden und Aufsätze, München 2002.

101 Exemplarisch dazu Peter Henischs Roman *Die kleine Figur meines Vaters*, wo die Verkleinerungsstrategie schon programmatisch im Titel angelegt ist und sich auch im darin gezeichneten ‚Vaterbild' fortsetzt. Vgl. ausführlicher dazu Reiter, Spurensuchen.

102 Taufar, Rose von Jericho; Vgl. dazu auch Reiter, Spurensuchen.

103 Taufar, Rose von Jericho, 30.

104 Vgl. Profil, 15.1.1996, 60.

105 So beispielsweise im hier aus Platzgründen nicht näher vorgestellten ‚Vaterbild' meiner Interviewpartnerin Ingrid Wonisch oder bei Ingeborg Day, Geisterwalzer, München 1986.

106 Der Reichsnährstand war die ständische Organisation der nationalsozialistischen Agrarpolitik, zu deren Aufgabe die Lenkung der Produktion, des Vertriebs und der Preise landwirtschaftlicher Erzeugnisse sowie die sozialen und kulturellen Belange der Mitglieder zählte. Vgl. Benz/Graml/Weiß, Enzyklopädie, 686.

Mutterbilder

1 Annemarie Tröger, Die Dolchstoßlegende der Linken: „Frauen haben Hitler an die Macht gebracht." Thesen zur Geschichte der Frauen am Vorabend des Dritten Reichs, in: Frauen und Wissenschaft. Beiträge zur Berliner Sommeruniversität für Frauen, Juli 1976, Berlin 1977, 324-355.

2 Zur Wahrnehmung weiblicher Täterschaft bei NS-Prozessen vgl. Ulrike Weckel/Edgar Wolfrum (Hg.), „Bestien" und „Befehlsempfänger". Frauen und Männer in NS-Prozessen nach 1945, Göttingen 2003.

3 Vgl. dazu Forschungsüberblick von Carola Sachse, Frauenforschung zum Nationalsozialismus. Debatten, Topoi und Ergebnisse seit 1976, in: Mittelweg 36, 4-5/1997, 24-33; Ingrid Bauer, Eine frauen- und geschlechtergeschichtliche Perspektivierung des Nationalsozialismus, in: Emmerich Tálos/Ernst Hanisch/Wolfgang Neugebauer/Reinhard Sieder (Hg.), NS-Herrschaft in Österreich. Ein Handbuch, Wien 2000, 409-443.

4 Karin Windaus-Walser, Gnade der weiblichen Geburt? Zum Umgang der Frauenforschung mit Nationalsozialismus und Antisemitismus, in: Feministische Studien 1, 1988, 102-115.

5 Windhaus-Walser, Gnade der weiblichen Geburt, 105. Für diese These spricht u.a., dass die ersten kritischen Arbeiten, die den Täterinnenaspekt stärker betonten, von nicht-deutschen Historikerinnen kamen, z.B. Claudia Koonz, Mütter im Vaterland. Frauen im Dritten Reich, Freiburg i. Br. 1991, Rita Thalmann, Frausein im Dritten Reich, München 1984.

6 Lerke Gravenhorst/Carmen Tatschmurat (Hg.), TöchterFragen. NS-FrauenGeschichte, Freiburg 1990; vgl. zusammenfassend Johanna Gehmacher, Kein Historikerinnenstreit... Fragen einer frauen- und geschlechterspezifischen Erforschung des Nationalsozialismus in Österreich, in: Zeitgeschichte, 3-4/1995, 109-123.

7 Lerke Gravenhorst, Nehmen wir Nationalsozialismus und Auschwitz ausreichend als unser negatives Eigentum in Anspruch?, in: Gravenhorst/Tatschmurat, 27-37.

8 Gudrun Schwarz, Eine Frau an seiner Seite, Ehefrauen in der „SS-Sippengemeinschaft", Berlin 2000, 7 f.

9 Vgl. das Beispiel der in die ‚Euthanasie' in Hartheim involvierten Büroleiterin Helene Hintersteiner in: Walter Kohl, „Ich fühle mich nicht schuldig". Georg Renno, Euthanasiearzt, Wien 2000, 120 ff.

10 Angelika Ebbinghaus, Opfer und Täterinnen. Frauenbiographien des Nationalsozialismus, Frankfurt/Main 1996.

11 Schwarz, Frau an seiner Seite, 281 f.

12 Theresa Wobbe (Hg.), Nach Osten. Verdeckte Spuren nationalsozialistischer Verbrechen, Frankfurt/Main 1992; Gaby Zipfel, Wie führen Frauen Krieg? in: Hannes Heer/Klaus Naumann (Hg.) Vernichtungskrieg. Verbrechen der Wehrmacht 1941-1944, Hamburg 1995, 460-474.

13 Ilse Schmidt, Die Mitläuferin. Erinnerungen einer Wehrmachtsangehörigen, Berlin 1999. Ähnlich auch Traudl Junge/Melissa Müller, Bis zur letzten Stunde. Hitlers Sekretärin erzählt ihr Leben, München 2002; Film dazu von André Heller, Im toten Winkel (2002).

14 Schwarz, Frau an seiner Seite, 126 ff; Gitta Sereny, Am Abgrund Gespräche mit dem Henker. Franz Stangl und die Morde von Treblinka, München 1995.

15 Viele Beispiele dazu in: Schwarz, Frau an seiner Seite, 130 ff und 200 ff.

16 Exemplarisch dafür Anna Maria Sigmund, Die Frauen der Nazis, Wien 1998.

17 Geradezu idealtypisch dafür etwa die Frau des ‚Generalgouverneurs' von Polen, Brigitte Frank; vgl. Niklas Frank, Meine deutsche Mutter, München 2005.

18 Johanna Gehmacher, Jugend ohne Zukunft. Hitler-Jugend und Bund Deutscher Mädel in Österreich vor 1938, Wien 1994; Salzburger Historikerinnengruppe (Hg.), „Sieg der Waffen – Sieg der Wiegen". Frauenalltag im Nationalsozialismus, Salzburg 1988. Allgemeiner dazu Ina Paul-Horn, Faszination Nationalsozialismus. Zu einer politischen Theorie des Geschlechterverhältnisses, Pfaffenweiler 1993.

19 Brigitte Scheiger, „Ich bitte um baldige Arisierung der Wohnung..." Frauen im bürokratischen System der Verfolgung, in: Wobbe, 175-196.

20 Christiane Grote/Gabriele Rosenthal, Frausein als Entlastungsargument für die biographische Verstrickung in den Nationalsozialismus?, in: Tel Aviver Jahrbuch für Deutsche Geschichte, Gerlingen 1992, 289-318.

21 So bezeichnen etwa die Kinder von Albert Speer ihre Mutter Margarethe als vollkommen „unpolitisch" und von der NS-Weltanschauung unberührt, obwohl sie sich im innersten NS-Führungskreis bewegte und die Kinder zugeben müssen, mit ihr niemals über den Nationalsozialismus gesprochen

zu haben, das heißt: dass sie ihre Einstellung zum Nationalsozialismus gar nicht kennen. Vgl. Breloer, Unterwegs zur Familie Speer, 174.

22 Dan Bar-On, Die Last des Schweigens. Gespräche mit Kindern von NS-Tätern, Reinbek bei Hamburg 1996; Gerald Posner, Belastet. Meine Eltern im Dritten Reich. Gespräche mit den Kindern von Tätern, Berlin 1994; Norbert und Stephan Lebert, Denn du trägst meinen Namen. Das schwere Erbe der prominenten Nazi-Kinder, München 2000.

23 Irene Bandhauer-Schöffmann/Ela Hornung (Hg.), Wiederaufbau weiblich, Wien-Salzburg 1992; Franz Severin Berger/Christiane Holler, Trümmerfrauen. Alltag zwischen Hamstern und Hoffen, Wien 1994; Frauenleben 1945. Kriegsende in Wien, Ausstellungskatalog des Historischen Museums der Stadt Wien, Wien 1995.

24 Vgl. exemplarisch Marianne Baumgartner, „Jo, des waren halt schlechte Zeiten..." Das Kriegsende und die unmittelbare Nachkriegszeit in den lebensgeschichtlichen Erzählungen von Frauen aus dem Mostviertel, Frankfurt/Main-Wien 1994; Ulla Roberts, Starke Mütter – ferne Väter. Töchter reflektieren ihre Kindheit im Nationalsozialismus und in der Nachkriegszeit, Frankfurt/Main 1994.

25 Erika Thurner, Frauenleben 1945..., in: Frauenleben 1945, 15.

26 Ebd. 18.

27 Vgl. Vorwort der damaligen Wiener Stadträtin für Kultur in Wien, Ursula Pasterk in: Frauenleben 1945, 6.

28 Parlamentskorrespondenz, 23.6.2005, Nr. 547, eingebrachter Antrag siehe 641/A XXII. GP (Online unter www.parlament.gv.at)

29 Kritisiert wurde z.B. dass in die Entschädigung ‚belastete' Nationalsozialistinnen inkludiert waren und mit einer Mutterschaft verknüpft wurde; vgl. Eva Blimlinger, Mutterkreuz der Republik, in: Falter 21/2005.

30 Der Mutterkult gehörte zum fixen ideologischen Repertoire des Nationalsozialismus. Neben der Einführung des Muttertages wurde ab 1938 von der Parteileitung der NSDAP das so genannte „Ehrenkreuz der deutschen Mutter" an kinderreiche „deutsche" Mütter verliehen, deren Kinder als „arisch" und erbgesund" galten. Das Mutterkreuz gab es in verschiedenen Kategorien (in Bronze für 4-6 Kinder, Silber für 6-8 und Gold für 8 und mehr Kinder). Die Verleihung des Mutterkreuzes erfolgte nicht automatisch, sondern musste beantragt werden. Vgl. Irmgard Weyrather, Muttertag und Mutterkreuz. Der Kult um die „deutsche Mutter" im Nationalsozialismus, Frankfurt/Main 1993; vgl. kurz dazu Wolfgang Benz/Hermann Graml/Hermann Weiß, Enzyklopädie des Nationalsozialismus, München 1998, 591.

31 Irene Bandhauer-Schöffmann/Ela Hornung, Von Mythen und Trümmern. Oral History-Interviews mit Frauen zum Alltag im Nachkriegs-Wien, in: dies., Wiederaufbau weiblich, 24-54; Baumgartner, „Jo, des waren halt schlechte Zeiten..."; Karin M. Schmidinger, Frauenleben in Männerwelten. Kriegsende und Nachkriegszeit in der Steiermark, Wien 1997.

32 Diese Familienlegende wird in mehreren meiner Interviews, meist unkritisch, weitererzählt. Lediglich Frau Gerda Ferstl meldet zumindest leichten Zweifel an der familiären Version des kommunistischen ‚Sündenbocks' an. (GF 14-15)

33 Im Interview gibt es aber keinen Hinweis darauf, dass die Mutter im ‚Ehemaligen'-Milieu verkehrt hat.

34 Da die Steiermark nach anfänglich russischer Besatzung bereits ab Juli 1945 zur Gänze britische Besatzungszone war, ist die Vermutung von Herrn Brunngraber, dass es sich um einen britischen Soldaten gehandelt haben muss, wahrscheinlich.

35 Ingrid Bauer, „Ami-Bräute" – und die österreichische Nachkriegsseele, in: Frauenleben 1945, 77.

36 Frau Schubert verwendet öfters unreflektiert die NS-Terminologie „Umbruch" sowohl für den ‚Anschluss' 1938 als auch für das Kriegsende 1945. Vgl. auch Fallbeispiel HS in Kapitel: Nichtwissen-Ahnen-Wissen.

37 An anderer Stelle erwähnt Frau Lugger, dass ihre Mutter bis zu ihrem Tod sowohl von österreichischer als auch von deutscher Seite (weil ihr Vater vor 1938 als illegaler Nationalsozialist in Deutschland als Lehrer gearbeitet hatte) eine Kriegswitwenrente bezogen habe. (GL 32)

38 Sabine Bode, Die vergessene Generation. Die Kriegskinder brechen ihr Schweigen, Stuttgart 2004; Herta Spitaler, (Hg.), Mutter, der Himmel brennt ... Kriegskinder erinnern sich, Horitschon-Wien 2004.

39 Niklas Frank, Der Vater. Eine Abrechnung, München 1987.

40 Frank, Meine deutsche Mutter.

41 Frank hat die NS-Verstrickungen seiner Mutter zwar umfassend recherchiert, gleichzeitig gerät sein ‚Mutterbild' durch seine sexuell aufgeladene und skandalisierende Zielrichtung zu spekulativ und eindimensional.

42 Hans Georg Behr, Fast eine Kindheit, Frankfurt/Main 2002. Ausführlicher dazu Margit Reiter, Spurensuchen. Autobiographische und literarische Auseinandersetzungen mit der familiären NS-Involvierung in der zweiten Generation, in: Zeitgeschichte, 6/2005.

43 Vgl. etwa Peter Handke, *Wunschloses Unglück* (1972), Waltraud Mitgutsch, *Die Züchtigung* (1985), Elisabeth Reichart, *Februarschatten* (1984), Julian Schutting, *Der Tod der Mutter* (1997). Vgl. dazu ausführlicher Reiter, Spurensuchen.

44 Vgl. dazu Kohl, Renno, 120 ff.

45 Zit. nach Kohl, Renno,194.

46 Vgl. dazu DÖW (Hg.), Handbuch des österreichischen Rechtsextremismus, Wien 1993, 132 f. Darin wird die bis heute bestehende „Stiftung Soziales Friedenswerk" charakterisiert als „wenig bedeutende, als Wohlfahrtsorganisation auftretende Kleingruppe, deren Zeitschrift ‚Mitteilungen' sich durch rechtsextreme Inhalte auszeichnet."

47 Ähnlich verfährt er im Übrigen auch bei der Beschreibung seines gefallenen Vaters, den er ironisch als „arisches Krischpindl", d.h. als klein und eher schwächlich bezeichnet und der somit ebenfalls als Gegenbild zum propagierten NS-Klischeebild erscheint. (WZ 27)

48 Alexander und Margarethe Mitscherlich, Die Unfähigkeit zu trauern. Grundlagen kollektiven Verhaltens, München 1967, 40; Michael Schneider, Den Kopf verkehrt aufgesetzt oder Die melancholische Linke. Aspekte des Kulturzerfalls in den siebziger Jahren, Darmstadt und Neuwied 1981, 36.

49 Vgl. Fallbeispiel HS im Kapitel: Nichtwissen-Ahnen-Wissen.

50 Christian, Schneider/Cordelia Stillke/Bernd Leineweber, Das Erbe der Napola. Versuch einer Generationengeschichte des Nationalsozialismus, Hamburg 1996, 17.

51 Eine ähnliche Form der späten ‚Milde' gegenüber der NS-Mutter findet sich bei Horst Christoph, Ich, der Nazi-Sohn, in: Profil, 13.5.2005, 80.

52 Auf Herrn Goll wurde ich durch einen anderen Interviewpartner hingewiesen, d.h. er hat sich nicht von sich aus gemeldet, war aber auf meine Anfrage hin zu einem Interview bereit. Da seine Mutter zum Zeitpunkt des Interviews noch lebt und er großen Wert auf Anonymität legt, bleiben die Angaben zu seiner Person vage.

53 Vgl. auch Horst Christoph, Der vergrabene Ehrendolch, in: Profil, 7.3.1988, 86-88; Heide Pils, Meine unbewältigte Vergangenheit, in: Profil, 28.7.1986, 16-17.

54 Paula Grogger (1892-1984), österreichische Heimatschriftstellerin.

55 Die Palais der jüdischen Familie Rothschild im vierten Wiener Gemeindebezirk wurden 1938 ‚arisiert' und später zu Orten des NS-Terrors der Gestapo und des SD (u.a. Zentralstelle für jüdische Auswanderung unter der Leitung von Adolf Eichmann) umfunktioniert.

56 Vgl. auch Fallbeispiel HS in Kapitel: Nichtwissen-Ahnen-Wissen.

57 Schwarz, Frau an seiner Seite, 239 ff.

58 Diesen Schritt der Ehefrau verhinderte Simon Wiesenthal, da Eichmann sonst von der internationalen Fahndungsliste gestrichen worden und er somit vor einer gerichtlichen Verfolgung sicher gewesen wäre; vgl. Simon Wiesenthal, Recht, nicht Rache. Erinnerungen, Frankfurt/Main-Berlin 1996, 96 f.

59 Sereny, Am Abgrund, 312 ff.

60 Martin F. Polaschek, Im Namen der Republik Österreich! Die Volksgerichte in der Steiermark 1945 bis 1955, Graz 1998, 78.

61 Auch einer meiner InterviewpartnerInnen, Ingrid Wonisch, ist ein derartiger Identitätsschwindel aus dem näheren Umfeld (bei den Eltern ihrer Schulfreundin) bekannt. (IW 13-14)

62 Salzburger Historikerinnengruppe, Sieg der Waffen – Sieg der Wiegen; Dagmar Reese (Hg.), Die BDM-Generation. Nationalsozialistische Herrschaft und weiblicher Lebenszusammenhang in Deutschland und Österreich, Potsdam 2000.

63 Vgl. etwa Waltraud Mitgutsch, *Die Züchtigung* (1985), Elisabeth Reichart, *Februarschatten* (1984).

64 Peter Handke, Wunschloses Unglück, Salzburg 1972.

65 Handke, *Wunschloses Unglück*, 23.

66 Ebd., 24.

67 Ähnliche Mutterpräsentationen von enttäuschten NS-Frauen, die nach Kriegsende unter Krankheiten und Depressionen litten, finden sich auch bei einigen meiner InterviewpartnerInnen, so z.B. bei Gerda Ferstl (GF 2, 5, 25-26) und bei Reinhild Teschner (‚Vaterbild' RT). Die Krankheiten bzw. Depressionen werden von den Töchtern u.a. als psychosomatische Reaktion auf die Enttäuschung der ehemaligen NS-Frauen gedeutet.

68 Gehmacher, Jugend ohne Zukunft; dies., Biographie, Geschlecht und Organisation. Der Nationalsozialistische „Bund deutscher Mädel" in Österreich, in: Emmerich Tálos/Ernst Hanisch/Wolfgang

Neugebauer/Reinhard Sieder (Hg.), NS-Herrschaft in Österreich. Ein Handbuch, Wien 2000, 467-493.

69 Raul Hilberg, Täter, Opfer, Zuschauer. Die Vernichtung der Juden 1933-1945, Frankfurt/Main 1992.

70 Sigrid Chamberlain, Nationalsozialistinnen als Mütter, in: Barbara Heimannsberg/Christoph Schmidt (Hg.), Das kollektive Schweigen: nationalsozialistische Vergangenheit und gebrochene Identität in der Psychotherapie, Köln 1992, 267-278.

71 Sigrid Chamberlain, Adolf Hitler, die deutsche Mutter und ihr erstes Kind. Über zwei NS-Erziehungsbücher, Gießen 1997.

72 Exemplarisch dafür Behr, Fast eine Kindheit.

73 Derartige Mutter-Tochter-Konflikte wurde beispielsweise literarisch verarbeitet von Brigitte Schwaiger, *Lange Abwesenheit* (1980), Elisabeth Reichart, *Februarschatten* (1989) Waltraud Anna Mitgutsch, *Die Züchtigung* (1997).

74 Die der Hitlerjugend zugeordneten Untergruppierungen BDM (Mädchen von 14-18 Jahren) und die so genannten Jungmädel (Mädchen von 10-14 Jahren) waren hierarchisch (und nach Regionen) gegliedert, die von der lokalen ‚Mädelschaft' bis zu den höchsten Organisationseinheiten des ‚Unter- und Obergaus' reichte. Zur Gliederung der Hitlerjugend vgl. Benz/Graml/Weiß, Enzyklopädie, 512 ff; Gehmacher, Biografie, Geschlecht und Organisation.

75 Wilhelm Svoboda, „...vorbehaltlos meine Pflicht erfüllt". Das Internierungslager Glasenbach (Camp „Marcus W. Orr"), in: Zeitgeschichte, 1-2/1995, 3-29.

Im Spannungsfeld von Nichtwissen – Ahnen – Wissen

1 Alles, was ich über die NS-Funktionen und NS-Aktivitäten der Eltern weiß, weiß ich über die Erzählungen der InterviewpartnerInnen, da ich meist keine eigenen Recherchen angestellt habe. Zusätzliche Informationen konnte ich manchmal aus – oft beiläufig erwähnten – Hinweisen im Interview ableiten. Der Prozess des Nichtwissens-Ahnens-Wissens setzt sich somit in der Interviewsituation fort.

2 Über die psychischen Folgen dieses Nichtwissens vgl. Wolfgang Schmidbauer, Ich wußte nie, was mit Vater ist. Das Trauma des Krieges, Reinbek bei Hamburg 1998.

3 Gabriele Rosenthal Hg.), Der Holocaust im Leben von drei Generationen. Familien von Überlebenden der Shoah und von Nazi-Tätern, Giessen 1997, 346.

4 Um dieses offensichtliche Wissens- und Informationsmanko auszugleichen, habe ich einigen meiner InterviewpartnerInnen (auf Wunsch) konkrete Hinweise auf Archive und Institutionen gegeben und einige haben tatsächlich zu recherchieren begonnen.

5 Zu den Leistungen und Defiziten linker ‚Faschismusanalysen' vgl. Margit Reiter, Unter Antisemitismus-Verdacht, Die österreichische Linke und Israel nach der Shoah, Innsbruck-Wien-München-Bozen 2001, 233.

6 Gerhard Botz, Bericht über meinen Vater, in: Die Presse, Spectrum, 27.8.2005. Auch erschienen in: ders. (Hg.), Schweigen und Reden einer Generation. 14 Erinnerungsgespräche mit Opfern, Tätern und Mitläufern der NS-Zeit, Wien 2005, 135-159.

7 Ein Beispiel für eine gründliche, wenn auch späte Recherche ist Martin Pollack, Der Tote im Bunker, Wien 2004.

8 E-Mail EJ, 11.6.2003.

9 Ich stütze mich dabei auf die Telefonprotokolle vom 26.11.2004 und 10.12.2004 sowie das von mir nach dem Interview verfasste Gesprächsprotokoll vom 18.12.2004.

10 Der Standard, 23.11.2002.

11 Um dem Wunsch nach Vertraulichkeit gerecht zu werden, werden im vorliegenden Fall alle persönlichen Daten und Namen aus dem familiären Umfeld von Frau Schubert (auch der ihres Vaters) anonymisiert oder weggelassen. Die Angaben über die Aktivitäten des Vaters im Nationalsozialismus werden so weit konkret angeführt, als sie für den Interviewverlauf und das Verständnis der LeserInnen relevant sind.

12 Andrej Angrick, Die Einsatzgruppe D, in: Peter Klein (Hg.), Die Einsatzgruppen in der besetzten Sowjetunion 1941/42, Berlin 1997; ders., Besatzungspolitik und Massenmord. Die Einsatzgruppe D in der südlichen Sowjetunion 1941-1943, Hamburg 2003.

13 Dieses Fallbeispiel kann auch als ‚Vaterbild' (eines ‚abwesenden Vaters') gelesen werden; vgl. dazu Kapitel: Vaterbilder.

14 Mit der von ihr vorgelegten Enterdigungsurkunde, die ihr sehr wichtig zu sein scheint, ist der Tod des Vaters gewissermaßen ‚amtlich'.

15 Einige Führer der Einsatzgruppe D wurden im so genannten Einsatzgruppenprozess (Case 9) in Nürnberg angeklagt, zum Tode verurteilt und hingerichtet (Otto Ohlendorf, Werner Braune), andere wurden bereits nach kurzer Zeit wieder aus der Haft entlassen bzw. wurden gerichtlich nie behelligt. Gegen einige Kommandeure der Sonderkommandos wurde erst 1972 Anklage erhoben; vgl. Angrick, Die Einsatzgruppe D, 103 f.

16 Der niederösterreichische FPÖ-Politiker Ernest Wildholz hatte 2000 dieses SS-Motto im Rahmen einer Veranstaltung der FPÖ zitiert; vgl. Volksstimme, 10.7.2003. Frau Schubert ist erst durch die darauf folgenden öffentlichen Diskussionen auf den fragwürdigen historischen Ursprung dieses Spruches aufmerksam geworden.

17 Das bestätigt sich in zwei Dankschreiben der TV-Journalisten, die mir Frau Schubert gezeigt hat.

18 Die Doppeldeutigkeit dieses österreichischen Begriffes für ‚Spaß', der darin innewohnende gegen jemanden gerichtete Hetzcharakter, erhält in diesem Zusammenhang eine besondere Brisanz. Vgl. dazu auch Elias Canetti, Masse und Macht, Frankfurt/Main 1980.

19 Vgl. Hamburger Institut für Sozialforschung (Hg.), Vernichtungskrieg. Verbrechen der Wehrmacht 1941 bis 1944, Hamburg 1996. Vor allem die ‚erste', später zurückgezogene Ausstellung arbeitete sehr stark mit diesem Bildmaterial.

20 Hilde Kammer/Elisabeth Bartsch, Lexikon Nationalsozialismus, Begriffe, Organisationen und Institutionen, Reinbek bei Hamburg 1999, 47.

21 An führenden Positionen der Einsatzgruppen wurden vor allem altgediente Gestapo- und SD-Führer, die nicht nur als absolut politisch verlässlich galten, sondern auch Erfahrungen im exekutiven Bereich aufzuweisen hatten, eingesetzt; vgl. Angrick, Die Einsatzgruppe D, 88 ff.

22 Diese Unterlagen hat mir Frau Schubert dankenswerterweise zum Kopieren überlassen, was für die Rekonstruktion dieser schwer transkribierbaren Textpassage sehr hilfreich war.

23 Frau Schubert beherrscht sowohl Italienisch als auch Englisch; ich zwar Englisch, aber nur mangelhaft Italienisch und war in dieser Situation diesbezüglich auf die Übersetzung von Frau Schubert angewiesen.

24 Gegen einige Führer der Sonderkommandos der Einsatzgruppe D kam es erst 1972 in München zu einem Prozess, vgl. Angrick, Die Einsatzgruppe D, 104.

25 Vgl. Interviewprotokoll HS. Möglicherweise ist diese Interpretation auch von ihrer Aussage, dass ihr zweiter Mann „politisch rechts" eingestellt und ein Antisemit sei, beeinflusst. (HS 30)

26 Vgl. Kapitel: Familiengedächtnis.

27 Diese Beobachtung kommt von meiner Supervisorin, die einen möglichen Zusammenhang zwischen dem Delegieren des Bruders und dem Weiterdelegieren der Interviewpartnerin an die ‚Expertin' sieht.

Der Nationalsozialismus als negatives Erbe?

1 Norbert und Stephan Lebert, Denn du trägst meinen Namen. Das schwere Erbe der prominenten Nazi-Kinder, München 2000.

2 Dan Bar-On, Die Last des Schweigens. Gespräche mit Kindern von NS-Tätern, Reinbek bei Hamburg 1996, 159.

3 So behauptet beispielsweise die Tochter von Hermann Göring, Edda, dass sie durch ihren Familiennamen (wohl vor allem im Kreise Gleichgesinnter) immer Vorteile gehabt hätte; vgl. Lebert, Denn du trägst, 174 ff. Manche ‚Kinder der Täter' profitieren von der Namensgleichheit indirekt durch die Aufmerksamkeit, die ihnen und ihrer Arbeit zuteil wird, was sonst vermutlich nicht in dem Ausmaß der Fall wäre.

4 Katrin Himmler, Die Brüder Himmler. Eine deutsche Familiengeschichte, Frankfurt/Main 2005, 288.

5 Zitiert nach Elisabeth Welzig, „Die Kirschen blühen", in: Salzburger Nachrichten, 20.3.1999.

6 Da Herr Artner großen Wert auf Anonymisierung legt, können keine näheren Angaben zur Person seines Onkels gemacht werden. Jene Stellen in den zitierten Interviewpassagen, die Rückschlüsse auf seine Person zulassen, werden aus diesem Grund ausgeklammert, auch wenn dadurch die Dimension des Falles zwangsläufig etwas abgeschwächt wird. Der Onkel wird im Folgenden mit den Kürzeln N.N. genannt.

7 Vgl. Himmler, Die Brüder Himmler.
8 Telefonprotokoll HA, 14.1.2004.
9 Vgl. Claudia Brunner/Uwe von Seltmann, Schweigen die Täter, reden die Enkel, Frankfurt/Main 2004, 17 ff.
10 Ähnlich auch Himmler, Die Brüder Himmler, 288.
11 Ein Beispiel für eine derartige Namensgebung ist August Eigruber, Gauleiter des Gau „Oberdonau", der seine sechs Kinder nach führenden NS-Größen benannte, wie Adolf, Hermann (Göring), Alfred (Rosenberg), Horst (Wessel), die Töchter hießen Ingeborg und Gertraud. Vgl. Reinhard Pohanka, Pflichterfüller. Hitlers Helfer in der Ostmark, Wien 1997, 49. Auch der 1940 geborene Sohn von Albert Speer erhielt den Namen Adolf, den die Familie allerdings nach der 1945 nachgeholten Taufe zugunsten seines zweiten Vornamens Arnold wegfallen ließ. Vgl. Heinrich Breloer, Unterwegs zur Familie Speer. Begegnungen, Gespräche, Interviews, Berlin 2005, 168 f.
12 Zitiert nach Profil, 15.1.1996, 60.
13 Ebd.
14 Vgl. dazu meine Ausführungen zur zweiten Generation zwischen Antisemitismus und Philosemitismus, in: Reiter, Generation und Gedächtnis (Habilitation).
15 Profil, 7.4.2003, 38f.
16 Profil, 7.4.2003, 39; Volksstimme, 10.7.2003.
17 Vgl. Musterbrief im Anhang.
18 Telefonprotokoll, 4.3.2003.
19 Erst später habe ich erkannt, dass sie diese Mitarbeit vor allem als Entlastungsoffensive für ihren Vater nutzen wollte und eher entlastendes Material zur Verfügung stellte, wohingegen sie Material, das ihn möglicherweise belasten könnte (seine Tagebücher und diverse NS-Auszeichnungen, in deren Besitz sie ist) offensichtlich nicht weitergegeben hat.
20 Telefonprotokoll Frau GL, 8.4.2003.
21 Erwartungsprotokoll und Interviewprotokoll GL, 23.6.2003.
22 Der Standard, 23.11.2002.
23 Eine Möglichkeit wäre die Mitte der 1990er Jahre gegründete Selbsthilfegruppe von Nachkommen von NS-Tätern, die u.a. Begegnungen mit ‚Kindern der Opfer' organisiert; vgl. dazu Samson Munn, The Austrian Encounter, in: Eleonore Lappin/Bernhard Schneider (Hg.), Die Lebendigkeit der Geschichte". (Dis-)Kontinuitäten in Diskursen über den Nationalsozialismus, St. Ingbert 2001, 417-437.
24 Email von GK, 4.12.2002.
25 Eine ähnliche strikte Abgrenzung von Niklas Frank findet sich auch bei meinem Interviewpartner Kurt Rosner, der dessen Hass gegen den Vater „widerlich" findet. (KR 32)
26 Bar-On, Last des Schweigens, 134 und 146 f.
27 Ute und Wolfgang Benz (Hg.), Sozialisation und Traumatisierung. Kinder in der Zeit des Nationalsozialismus, Frankfurt/Main 1998.
28 Anita Eckstaedt, Nationalsozialismus in der „zweiten Generation". Psychoanalyse von Hörigkeitsverhältnissen, Frankfurt/Main 1996; Jürgen Müller-Hohagen, Verleugnet, verdrängt, verschwiegen. Die seelischen Auswirkungen der Nazizeit, München 1988.
29 Bar-On, Last des Schweigens, 362. Auch bei meinen InterviewpartnerInnen waren einige (über ein Drittel) kinderlos, allerdings hat niemand außer Herrn Zinner dabei einen Zusammenhang mit der eigenen NS-Familiengeschichte hergestellt.
30 Zitiert nach Lebert, Denn du trägst, 135.
31 Bar-On, Last des Schweigens, 35 und 335.
32 Zit. nach Walter Kohl, „Ich fühle mich nicht schuldig". Georg Renno, Euthanasiearzt, Wien 2000, 195.
33 Ruth Beckermann, Unzugehörig. Österreicher und Juden nach 1945, Wien 1989.
34 Ingeborg Day, Geisterwalzer, München 1986, 169.

Resümee: Formen der Verarbeitung bei den ‚Kindern der Täter'

1 Margit Reiter, Geschichte als „Privatsache"?, in: Helene Maimann, Was bleibt. Schreiben im Gedankenjahr, Wien 2005, 121-123.
2 Ein gutes Beispiel dafür ist der Zeithistoriker und NS-Forscher Gerhard Botz, der jahrzehntelang seine persönliche Familiengeschichte aus seiner Arbeit ausgeklammert hat und erst jetzt eine Ausein-

andersetzung damit beginnt; vgl. Gerhard Botz, Bericht über meinen Vater, in: Die Presse, Spectrum, 27.8.2005.

3 Harald Welzer/Sabine Moller/Karoline Tschuggnall, „Opa war kein Nazi". Nationalsozialismus und Holocaust im deutschen Familiengedächtnis, Frankfurt/Main 2002.

4 Stellvertretend dafür möchte ich das Engagement der ‚Gedenkdiener' hervorheben; vgl. dazu Martin Horvath/Anton Legerer/Judith Pfeifer/Stephan Roth (Hg.), Jenseits des Schlussstrichs. Gedenkdienst im Diskurs über Österreichs nationalsozialistische Vergangenheit, Wien 2002; Werner Hanak/Nico Wahl (Hg.) Vom Großvater vertrieben, vom Enkel erforscht? Zivildienst in New York, Ausstellungskatalog des Jüdischen Museums Wien, Wien 2002.

5 Katrin Himmler, Die Brüder Himmler. Eine deutsche Familiengeschichte, Frankfurt/Main 2005; Claudia Brunner/Uwe von Seltmann, Schweigen die Täter, Reden die Enkel, Frankfurt/Main 2004; Gerhard Botz (Hg.), Schweigen und Reden einer Generation. 14 Erinnerungsgespräche mit Opfern, Tätern und Mitläufern der NS-Zeit, Wien 2005

6 Heinz Bude, Bilanz der Nachfolge. Die Bundesrepublik und der Nationalsozialismus, Frankfurt/Main 1992, 91.

Anhang

Anhang 1: Musterbrief (Interviewanfrage)

Sehr geehrte/r...

Ich möchte mich mit folgendem Anliegen an Sie wenden: Ich bin Zeithistorikerin am Institut für Zeitgeschichte an der Universität Wien und arbeite derzeit an einem großen wissenschaftlichen Forschungsprojekt zum Thema: *Generation und Gedächtnis. Tradierung und Verarbeitung des Nationalsozialismus in der Zweiten Generation in Österreich.*

Mein Forschungsinteresse richtet sich unter anderem auf die Frage, wie die Erinnerung an den Nationalsozialismus in den österreichischen Nachkriegsfamilien an die nachfolgende Generation weitergegeben wurde. Mich interessieren in erster Linie jene Familien, wo die Eltern – auf unterschiedliche Weise – direkt in den Nationalsozialismus involviert waren, die „Kinder" jedoch aufgrund ihres Alters den Nationalsozialismus nicht aktiv miterlebt haben. Es geht mir vor allem um die Erfahrungen und Prägungen der so genannten zweiten Generation [„Kinder der Täter"] in ihrer Kindheit und um die Frage, wie die Angehörigen dieser Generation die NS-Verstrickungen ihrer Eltern aus heutiger Sicht bewerten.

Ich möchte im Rahmen des Forschungsprojektes auch *Interviews* mit Angehörigen der Zweiten Generation durchführen. Ich habe von [...] erfahren, dass Sie möglicherweise als Interviewpartner/in für mich in Frage kommen könnten. Daher wende ich mich nun mit der Bitte an Sie, ob Sie freundlicherweise für ein derartiges Forschungsinterview (ca. zwei- bis dreistündiges Gespräch) zur Verfügung stehen würden.

Ich möchte noch einmal darauf hinweisen, dass es sich um ein wissenschaftliches Interesse handelt und Ihre Daten selbstverständlich vertraulich behandelt werden und Ihnen auf Wunsch Anonymität zugesichert werden kann.
Ich werde mir erlauben, Sie in den nächsten Tagen telephonisch zu kontaktieren, wo ich Ihnen gerne nähere Details über mein Forschungsvorhaben geben werde.

Anhang 2: Interviewsample

- *Generation*

Geburtsjahrgänge	Interviewperson/en (IP)
1936	1
1938	1
1939	1
1940	2
1942	2
1944	2
1945	1
1946	2
1948	1
1949	1
1950	2
1951	1
1954	1

Geburtsjahrgänge	in NS-Zeit	nach Kriegsende
1936-1942	7	
1944	2	
Sept. 1945-1949		5
1950-1954		4
insgesamt	9	9

Die hier vorgenommene grobe Aufgliederung der einzelnen Jahrgänge soll auf die unterschiedlichen Erfahrungsmöglichkeiten der einzelnen Jahrgänge verweisen. Die Angehörigen der älteren Jahrgänge 1936-1942 (wovon lediglich eine IP Ende 1936, die restlichen zwischen 1938 und 1942 geboren sind) konnten bereits frühkindliche Erinnerungen an die NS-Zeit und an das Kriegsende haben. Für sie und ansatzweise auch für die etwas jüngeren Jahrgänge 1944-1945 war die unmittelbare Nachkriegzeit und die damit einhergehenden politischen und familiären Umbrüche eine wichtige Sozialisationsphase, an die sich die IP bereits selbst erinnern können. Die Jahrgänge nach 1945, die ‚Nachgeborenen' im engeren Sinn, haben die NS-Zeit und vor allem die unmittelbare Nachkriegszeit entweder nicht (Jahrgänge ab 1950) oder nur peripher (Jahrgänge bis 1950) selbst miterlebt. Besonders für die Jüngeren unter ihnen war die Zeit ihrer Kindheit/Jugend bereits von der zeitlichen Distanz zum Nationalsozialismus und von einer ‚Normalisierung' der familiären, gesellschaftlichen und politischen Verhältnisse geprägt.

- *Geschlecht*

Geschlecht	weiblich	männlich
	9	9

- *Regionale Herkunft*

Die Zuordnung der regionalen Herkunft bezieht sich auf den Lebensmittelpunkt im ersten Lebensjahrzehnt der Interviewpersonen. Eine klare Zuordnung ist aufgrund der kriegs- und nachkriegsbedingten familiären Mobilität und des häufigen Ortswechsels nicht immer möglich. Die derzeitigen Wohnorte der InterviewpartnerInnen wurden hier nicht berücksichtigt.

Regionale Herkunft	insgesamt	Großstädtisch bzw. Landeshauptstadt	kleinstädtisch	ländlich/dörflich
Wien	2	2		
Niederösterreich	2			2
Oberösterreich	4	3		1
Salzburg	2	1		1
Steiermark	4	2		2
Kärnten	3	1	1	1
Tirol	1		1	
insgesamt	18	9	2	7

Anhang 3: Transkription und Zitierweise der Interviews

Alle Interviewpersonen wurden von mir mit einem Pseudonym versehen, mögliche Namensgleichheiten mit lebenden Personen sind zufällig und unbeabsichtigt. Die Interviewpersonen werden mit den Initialen der pseudonymisierten Namen angegeben (z.B. für Herwig Goll = HG), die Interviewerin mit I. Die Quellenangabe am Ende der zitierten Interviewpassage enthält die Initialen und die Seitenangabe des Transkripts (z.B. HG 3).

Die Interviews wurden wörtlich transkribiert, für die vorliegende Buchfassung wurden die im Text zitierten Interviewpassagen aus Gründen der Lesbarkeit und Verständlichkeit sprachlich geglättet. So wurden die ursprünglich stärkeren Dialektfärbungen (besonders für den außerösterreichischen Sprachraum) zugunsten der Lesbarkeit vereinheitlicht. Ein auffallender Wechsel vom Hochdeutschen in den Dialekt, bestimmte regionalspezifische Ausdrücke (fallweise in eckigen Klammern erklärt) sowie der jeweilige ‚typische' Erzählduktus sollten aber beibehalten werden. Wörter in runden Klammern sind von der Autorin vorgenommene Einfügungen, die akustisch schwer verständlich waren, aber mit hoher Wahrscheinlichkeit mit dem

Gesagten übereinstimmen und/oder die das Verständnis der betroffenen Textstelle erleichtern. Kurze verbale Äußerungen der Interviewerin (‚minimal responses') wie z.B. „Mhm" wurden ebenfalls weggelassen.

Die Interpunktion folgt nicht primär den herkömmlichen Regeln der Orthographie, sondern dem jeweiligen Duktus der gesprochenen Sprache. Ein Beistrich bedeutet ein kurzes Innehalten und ein Punkt einen klaren Abschluss der syntaktischen Einheit. Kein Satzzeichen am Ende heißt, dass der Satz unabgeschlossen beendet wurde. Pausen sind der Länge entsprechend durch einzelne freistehende Punkte markiert (ein Punkt = rund eine Sekunde). Besondere Betonungen, wie etwa sehr lautes Sprechen, werden durch **Fettdruck** markiert. Unterbrechungen bzw. Selbstunterbrechungen sowie gleichzeitiges Sprechen oder Überlappungen von Interviewerin und Interviewperson sind durch einen Bindestrich am Ende des Wortes/Satzes gekennzeichnet. Eckige Klammern bezeichnen Eingriffe und Anmerkungen der Autorin: Punkte in eckigen Klammern kennzeichnen die von der Autorin vorgenommenen Kürzungen, wobei drei Punkte [...] die Auslassung von einigen wenigen Wörtern/Zeilen und zehn Punkte [..........] die Auslassung von mehreren Sätzen bedeutet. Prinzipiell wurde dabei versucht, in den Originaltext so wenig wie möglich einzugreifen. Hinweise der Autorin und akustische Begleiterscheinungen sind ebenfalls in eckige Klammern gesetzt, z.B. [lacht] oder [kurze Unterbrechung]. Handelt es sich um längere Passagen, die z.B. [lachend] gesprochen werden, so werden diese am Beginn und am Ende mit einen Schrägstrich / kenntlich gemacht. (Gekürzte) Anonymisierungen von Orten oder Namen in den Interviewpassagen werden ebenfalls durch eckige Klammern, z.B. [K.] deutlich gemacht.

Die Verwendung von Anführungszeichen im Text ist folgendermaßen geregelt: Wörter oder Passagen mit zweifachen Anführungszeichen sind immer direkte Zitate aus Texten oder aus den Interviews; einfache Anführungszeichen sind von der Autorin gesetzt, um notwendige Distanzierungen vorzunehmen (z.B. von (NS-) Begriffen wie ‚Arisierung' oder ‚Kinder der Täter') oder Ironisierungen kenntlich zu machen.

Literatur

Adorno, Theodor W., Studien zum autoritären Charakter, Frankfurt/Main 1976. (Erstausgabe 1950)

Anders, Günter, Wir Eichmannsöhne, München 1964.

Angrick, Andrej, Besatzungspolitik und Massenmord. Die Einsatzgruppe D in der südlichen Sowjetunion 1941-1943, Hamburg 2003.

Arendt, Hannah, Eichmann in Jerusalem. Ein Bericht von der Banalität des Bösen, München 1964.

Arendt, Hannah, Besuch in Deutschland, Berlin 1993.

Arnim, Gabriele v., Das große Schweigen, München 1989.

Assmann, Aleida, Geschichtsvergessenheit – Geschichtsversessenheit. Vom Umgang mit deutschen Vergangenheiten nach 1945, Stuttgart 1999.

Assmann, Aleida/Dietrich Harth (Hg.), Mnemosyne. Formen und Funktionen der kulturellen Erinnerung, Frankfurt/Main 1993.

Assmann, Jan, Das kulturelle Gedächtnis. Schrift, Erinnerung und politische Identität in frühen Hochkulturen, München 1997.

Assmann, Jan/Tonio Hölscher (Hg), Kultur und Gedächtnis, Frankfurt/Main 1988.

Ästhetik und Kommunikation, Deutsche, Linke, Juden, Heft 5, Juni 1983.

Bandhauer-Schöffmann, Irene/Ela Hornung (Hg.), Wiederaufbau weiblich. Dokumentation der Tagung „Frauen in der österreichischen und deutschen Nachkriegszeit", Wien-Salzburg 1992.

Bar-On, Dan, „Bin ich anders als mein Vater?", Ein Interview mit zwei Töchtern von Vätern im Dritten Reich, in: Ulrich Jokusch/Lothar Scholz (Hg.), Verwaltetes Morden im Nationalsozialismus, 1992.

Bar-On, Dan, Die Last des Schweigens. Gespräche mit Kindern von NS-Tätern, Reinbek bei Hamburg 1996.

Bar-On, Dan, Das Undiskutierbare durcharbeiten – Fakten und Fiktion, in: Sigrid Weigel/Birgit Erdle (Hg.), Fünfzig Jahre danach. Zur Nachgeschichte des Nationalsozialismus, Zürich 1996, 17-68.

Bar-On, Dan/Konrad Brendler/A.Paul Hare (Hg.) „Da ist etwas kaputtgegangen an den Wurzeln..." Identitätsformation deutscher und israelischer Jugendlicher im Schatten des Holocaust, Frankfurt/Main-New York 1997.

Bauer, Ingrid, „Ami-Bräute" – und die österreichische Nachkriegsseele, in: Frauenleben 1945. Kriegsende in Wien, Ausstellungskatalog, Wien 1995, 73-83.

Bauer, Ingrid, Eine frauen- und geschlechtergeschichtliche Perspektivierung des Nationalsozialismus, in: Emmerich Tálos/Ernst Hanisch/Wolfgang Neugebauer/Reinhard Sieder (Hg.), NS-Herrschaft in Österreich. Ein Handbuch, Wien 2000, 409-443.

Baumgartner, Marianne, „Jo, des waren halt schlechte Zeiten...". Das Kriegsende und die unmittelbare Nachkriegszeit in den lebensgeschichtlichen Erzählungen von Frauen aus dem Mostviertel, Frankfurt/Main 1994.

Beckermann, Ruth, Unzugehörig. Österreicher und Juden nach 1945, Wien 1989.

Benz, Ute und Wolfgang (Hg.), Sozialisation und Traumatisierung. Kinder in der Zeit des Nationalsozialismus, Frankfurt/Main 1998.

Benz, Wolfgang/Hermann Graml/Hermann Weiß, Enzyklopädie des Nationalsozialismus, München 1998.

Berger, Franz Severin/Christiane Holler, Trümmerfrauen. Alltag zwischen Hamstern und Hoffen, Wien 1994.

Bergmann, Martin S./Milton E. Jucovy/Judith S. Kestenberg (Hg.), Kinder der Opfer. Kinder der Täter, Psychoanalyse und Holocaust, Frankfurt/Main 1995.

Bergmann, Werner/Rainer Erb, Antisemitismus in der Bundesrepublik Deutschland. Ergebnisse der empirischen Forschung von 1946 bis 1989, Opladen 1991.

Bergmann, Werner/Rainer Erb/Albert Lichtblau (Hg.), Schwieriges Erbe. Der Umgang mit Nationalsozialismus und Antisemitismus in Österreich, der DDR und der Bundesrepublik Deutschland, Frankfurt/Main-New York 1995.

Black, Peter, Ernst Kaltenbrunner. Vasall Himmlers – eine SS-Karriere, Paderborn 1991.

Bode, Sabine, Die vergessene Generation. Die Kriegskinder brechen ihr Schweigen, Stuttgart 2004.

Bohleber, Werner, Das Fortwirken des Nationalsozialismus in der zweiten und dritten Generation nach Auschwitz, in: Babylon. Beiträge zur jüdischen Gegenwart 7, 1990.

Bohleber, Werner/Jürgen Drews, „Gift, das du unbewußt eintrinkst...", Bielefeld 1991.

Gerhard Botz, Österreich und die NS-Vergangenheit. Verdrängung, Pflichterfüllung, Geschichtsklitterung, in: Dan Diner (Hg.), Ist der Nationalsozialismus Geschichte? Zu Historisierung und Historikerstreit, Frankfurt/Main 1987, 141-152.

Botz, Gerhard, Geschichte und kollektives Gedächtnis in der Zweiten Republik. „Opferthese", „Lebenslüge" und „Geschichtstabu" in der Zeitgeschichtsschreibung, in: Wolfgang Kos/Georg Rigele (Hg.), Inventur 45/55. Österreich im ersten Jahrzehnt der Zweiten Republik, Wien 1996, 51-85.

Botz, Gerhard, Lebenslüge – das stimulierende Prinzip. Eine Auseinandersetzung mit neuen Verfechtern der österreichischen „Opferthese", in: Europäische Rundschau, 1996/1, 29-45.

Botz, Gerhard (Hg.), Schweigen und Reden einer Generation. 14 Erinnerungsgespräche mit Opfern, Tätern und Mitläufern der NS-Zeit, Wien 2005.

Breloer, Heinrich, Unterwegs zur Familie Speer. Begegnungen, Gespräche, Interviews, Berlin 2005.

Brendler, Konrad/Günter Rexilius (Hg.), Drei Generationen im Schatten der NS-Vergangenheit, Wuppertal 1991.

Browning, Christopher R., Ganz normale Männer. Das Reserve-Polizeibataillon 101 und die „Endlösung" in Polen, Reinbek bei Hamburg 1993.

Buchheim, Hans/Martin Broszat/Hans-Adolf Jacobsen/Helmut Krausnick, Anatomie des SS-Staates, München 1994.

Bude, Heinz, Deutsche Karrieren. Lebenskonstruktionen sozialer Aufsteiger aus der Flakhelfer-Generation, Frankfurt/Main 1987.

Bude, Heinz, Bilanz der Nachfolge. Die Bundesrepublik und der Nationalsozialismus, Frankfurt/Main 1992.

Bude, Heinz, Das Altern einer Generation. Die Jahrgänge 1938 – 1948, Frankfurt/Main 1997.

Burke, Peter, Geschichte als soziales Gedächtnis, in: Aleida Assmann/Dietrich Harth (Hg.), Mnemosyne. Formen und Funktionen der kulturellen Erinnerung, Frankfurt/Main 1993, 289-304.

Canetti, Elias, Masse und Macht, Frankfurt/Main 1980.

Chamberlain, Sigrid, Nationalsozialistinnen als Mütter, in: Barbara Heimannsberg/ Christoph Schmidt (Hg.), Das kollektive Schweigen: nationalsozialistische Vergangenheit und gebrochene Identität in der Psychotherapie, Köln 1992, 267-278.

Chamberlain, Sigrid, Adolf Hitler, die deutsche Mutter und ihr erstes Kind. Über zwei NS-Erziehungsbücher, Gießen 1997.

Czernin, Hubertus, Wofür ich mich meinetwegen entschuldige. Haider beim Wort genommen, Wien 2000.

Dieckmann, Irene/Julius H. Schoeps (Hg.), Das Wilkomirski-Syndrom. Eingebildete Erinnerungen oder Von der Sehnsucht, Opfer zu sein, Zürich-München 2002.

Dokumentationsarchiv des österreichischen Widerstandes (DÖW), (Hg.), Handbuch des österreichischen Rechtsextremismus, Wien 1993.

Domansky, Elisabeth, Die gespaltene Erinnerung, in: Manuel Koeppen (Hg.), Kunst und Literatur nach Auschwitz, Berlin 1992.

Domansky, Elisabeth/Harald Welzer (Hg.), Eine offene Geschichte. Zur kommunikativen Tradierung der nationalsozialistischen Vergangenheit, Tübingen 1999.

Dor, Milo (Hg.), Die Leiche im Keller. Dokumente des Widerstandes gegen Dr. Kurt Waldheim, Wien 1988.

Ebbinghaus, Angelika, Opfer und Täterinnen. Frauenbiographien des Nationalsozialismus, Frankfurt/Main 1996.

Ebner, Paulus/Karl Vocelka, Die zahme Revolution. '68 und was davon blieb, Wien 1998.

Eckstaedt, Anita, Nationalsozialismus in der „zweiten Generation". Psychoanalyse von Hörigkeitsverhältnissen, Frankfurt/Main 1996.

Embacher, Helga/Margit Reiter, Gratwanderungen. Die Beziehungen zwischen Österreich und Israel im Schatten der Vergangenheit, Wien 1998.

Embacher, Helga/Albert Lichtblau/Günther Sandner (Hg.), Umkämpfte Erinnerung. Die Wehrmachtsausstellung in Salzburg, Salzburg 1999.

Embacher, Helga, „...daß die Ehre der Kameraden unangetastet bleiben müsse." Die „Wehrmachtsausstellung" und das Geschichtsbild des Kameradschaftsbundes, in: Helga Embacher/Albert Lichtblau/Günther Sandner (Hg.), Umkämpfte Erinnerung. Die Wehrmachtsausstellung in Salzburg, Salzburg-Wien 1999, 96-132.

Embacher, Helga, Literatur der Gefühle: Die Widerspiegelung der Waldheim-Affäre in der österreichischen Literatur, in: Moshe Zuckermann (Hg.), Deutsche Geschichte des 20. Jahrhunderts im Spiegel der deutschsprachigen Literatur, Göttingen 2003, 148-165.

Faimberg, Haydée, Die Ineinanderrückung (Telescoping) der Generationen. Zur Genealogie gewisser Identifizierungen, in: Jahrbuch für Psychoanalyse 20, 1987, 114-142.

Feigl, Susanne/Elisabeth Pablé (Hg.), Väter unser. Reflexionen von Töchtern und Söhnen, Wien 1988.

Fischer, Heinz (Hg.), Einer im Vordergrund. Taras Borodajkewycz. Eine Dokumentation, Wien-Frankfurt-Zürich 1966.

Fischer-Rosenthal, Wolfram, Schweigen – Rechtfertigen – Umschreiben. Biographische Arbeit im Umgang mit deutschen Vergangenheiten, in: ders./Paul Alheit (Hg.), Biographien in Deutschland. Soziologische Rekonstruktionen gelebter Gesellschaftsgeschichte, Opladen 1995.

Flick, Uwe/Ernst v. Kardoff/Ines Steinke (Hg.), Qualitative Forschung. Ein Handbuch, Hamburg 2000.

Frauenleben 1945. Kriegsende in Wien, Ausstellungskatalog des Historischen Museums der Stadt Wien, Wien 1995.

Frei, Norbert, 1945 und Wir. Das Dritte Reich im Bewußtsein der Deutschen, München 2005.

Friedman, Benedikt, „Iwan, hau die Juden!". Die Todesmärsche ungarischer Juden durch Österreich nach Mauthausen im April 1945, St. Pölten 1989.

Garscha, Winfried R./Claudia Kuretsidis-Haider (Hg.), Nachkriegsprozesse. Die Alliierten, Deutschland und Österreich, Wien 2000.

Garscha, Winfried R., Entnazifizierung und gerichtliche Ahndung von NS-Verbrechen, in: Emmerich Tálos/Ernst Hanisch/Wolfgang Neugebauer/Reinhard Sieder (Hg.), NS-Herrschaft in Österreich. Ein Handbuch, Wien 2000, 852-883.

Gehmacher, Johanna, Jugend ohne Zukunft. Hitler-Jugend und Bund Deutscher Mädel in Österreich vor 1938, Wien 1994.

Gehmacher, Johanna, Kein Historikerinnenstreit... Fragen einer frauen- und geschlechterspezifischen Erforschung des Nationalsozialismus in Österreich, in: Zeitgeschichte, 3-4/1995, 109-123.

Gehmacher, Johanna, Biographie, Geschlecht und Organisation. Der Nationalsozialistische „Bund deutscher Mädel" in Österreich, in: Emmerich Tálos/Ernst Hanisch/Wolfgang Neugebauer/Reinhard Sieder (Hg.), NS-Herrschaft in Österreich. Ein Handbuch, Wien 2000, 467-493.

Gehrke, Ralph, Literarische Spurensuche. Elternbilder im Schatten der NS-Vergangenheit, Opladen 1992.

Gilbert, Gustave M., Nürnberger Tagebuch. Gespräche der Angeklagten mit dem Gerichtspsychologen, Frankfurt/Main 1982.

Glinka, Hans-Jürgen, Das narrative Interview. Eine Einführung für Sozialpädagogen, Weinheim 1998.

Gödl, Doris (unter Mitarbeit von Ulrike Gschwandtner), Die Macht des Vergangenen, in: Helga Embacher/Albert Lichtblau/Günther Sandner (Hg.), Umkämpfte Erinnerung. Die Wehrmachtsausstellung in Salzburg, Salzburg 1999, 157-181.

Goldhagen, Daniel, Hitlers willige Vollstrecker. Ganz gewöhnliche Deutsche und der Holocaust, Berlin 1996.

Götzendorfer, Patrick Thomas, Eine Schulbuchanalyse. Nationalsozialistische Schulbücher im Vergleich zu österreichischen Nachkriegsschulbüchern, Diplomarbeit Wien 1999.

Gravenhorst, Lerke, Moral und Geschlecht. Die Aneignung der NS-Erbschaft, Freiburg 1998.

Gravenhorst, Lerke/Carmen Tatschmurat,(Hg.), TöchterFragen. NS-FrauenGeschichte, Freiburg 1990.

Grote, Christiane/Gabriele Rosenthal, Frausein als Entlastungsargument für die biographische Verstrickung in den Nationalsozialismus?, in: Tel Aviver Jahrbuch für Deutsche Geschichte, Gerlingen 1992, 289-318.

Halhuber, Max-Joseph/Anton Pelinka/Daniela Ingruber, Fünf Fragen an drei Generationen. Der Antisemitismus und wir heute, Wien 2002.

Halbwachs, Maurice, Das kollektive Gedächtnis, Frankfurt/Main 1985.

Hamburger Institut für Sozialforschung (Hg.), Besucher einer Ausstellung. Die Ausstellung „Vernichtungskrieg. Verbrechen der Wehrmacht 1941 bis 1944" in Interview und Gespräch, Hamburg 1998.

Hamburger Institut für Sozialforschung (Hg.), Eine Ausstellung und ihre Folgen. Zur Rezeption der Ausstellung „Vernichtungskrieg. Verbrechen der Wehrmacht 1941 bis 1944", Hamburg 1999.

Hanak, Werner/Nico Wahl (Hg.) Vom Großvater vertrieben, vom Enkel erforscht? Zivildienst in New York, Ausstellungskatalog des Jüdischen Museums Wien, Wien 2002.

Hanisch, Ernst, Gau der guten Nerven. Die nationalsozialistische Herrschaft in Salzburg 1938-1945, Salzburg-München 1997.

Hardtmann, Gertrud, Spuren des Nationalsozialismus bei nichtjüdischen Kindern, Jugendlichen und ihren Familien, in: Renate Cagay/Irene Kluge/Brigitte Meckler (Hg.), Erinnerung einer Profession, Münster 1989.

Hardtmann, Gertrud, Begegnung mit dem Tod. Die Kinder der Täter, in: Psychosozial 15, 1992, 42-53.

Hauer, Nadine, Die Mitläufer oder die Unfähigkeit zu fragen. Auswirkungen des Nationalsozialismus auf die Demokratie von heute, Opladen 1994.

Heer, Hannes/Klaus Naumann (Hg.), Vernichtungskrieg. Verbrechen der Wehrmacht 1941-1944, Hamburg 1995.

Heer, Hannes, Das letzte Band, in: Mittelweg 36, 2/1999, 12-35.

Heer, Hannes/Walter Manoschek/Alexander Pollak/Ruth Wodak (Hg.), Wie Geschichte gemacht wird. Zur Konstruktion von Erinnerungen an Wehrmacht und Zweiten Weltkrieg, Wien 2003.

Heer, Hannes, „Hitler war's". Die Befreiung der Deutschen von ihrer Vergangenheit, Berlin 2005.

Heimannsberg, Barbara/Christoph Schmidt (Hg.), Das kollektive Schweigen: nationalsozialistische Vergangenheit und gebrochene Identität in der Psychotherapie, Köln 1992.

Heinl, Peter, „Maikäfer flieg, dein Vater ist im Krieg...", Seelische Auswirkungen aus der Kriegskindheit, München 1994.

Heinsohn, Kirsten/Barbara Vogel/Ulrike Weckel (Hg.), Zwischen Karriere und Verfolgung. Handlungsspielräume von Frauen im nationalsozialistischen Deutschland, Frankfurt/Main 1977.

Heinze, Thomas, Qualitative Sozialforschung. Einführung, Methodologie und Forschungspraxis, München-Wien 2001.

Hellinger, Bert, Der Abschied. Nachkommen von Tätern und Opfern stellen ihre Familie, Heidelberg 1998

Herz, Thomas/Michael Schwab-Trapp, Umkämpfte Vergangenheit. Diskurse über den Nationalsozialismus seit 1945, Opladen 1997.

Hilberg, Raul, Die Vernichtung der europäischen Juden, erw. Ausgabe, Frankfurt/Main 1990.

Hilberg Raul, Täter, Opfer, Zuschauer. Die Vernichtung der Juden 1933-1945, Frankfurt/Main 1992.

Höhne, Heinz, Der Orden unter dem Totenkopf. Die Geschichte der SS, München 2002.

Hornung, Ela, Das Schweigen zum Sprechen bringen. Erzählformen österreichischer Soldaten in der Deutschen Wehrmacht, in: Walter Manoschek (Hg.), Die Wehrmacht im Rassenkrieg. Der Vernichtungskrieg hinter der Front, Wien 1996, 182-205.

Hornung, Ela, Warten und Heimkehren. Eine Ehe während und nach dem zweiten Weltkrieg, Wien 2005.

Horvath, Martin/Anton Legerer/Judith Pfeifer/Stephan Roth (Hg.) Jenseits des Schlussstrichs. Gedenkdienst im Diskurs über Österreichs nationalsozialistische Vergangenheit, Wien 2002.

Höß, Rudolf, Kommandant in Auschwitz (hg. von Martin Broszat), Stuttgart 1958.

Jagschitz, Gerhard, Von der „Bewegung" zum Apparat. Zur Phänomenologie der NSDAP 1938-1945, in: Emmerich Tálos/Ernst Hanisch/Wolfgang Neugebauer/Reinhard Sieder (Hg.), NS-Herrschaft in Österreich. Ein Handbuch, Wien 2000, 88-122.

Juelich, Dirk (Hg.), Geschichte als Trauma, Frankfurt/Main 1991.

Junge, Traudl/Melissa Müller, Bis zur letzten Stunde. Hitlers Sekretärin erzählt ihr Leben, München 2002.

Jureit, Ulrike, Flucht und Ergreifung. Übertragung und Gegenübertragung in einem lebensgeschichtlichen Interview, in: BIOS, 2/1998, 229-241.

Kammer, Hilde/Elisabeth Bartsch, Lexikon Nationalsozialismus, Begriffe, Organisationen und Institutionen, Reinbek bei Hamburg 1999.

Karner, Stefan, Die Steiermark im Dritten Reich, 1938 – 1945. Aspekte ihrer politischen, wirtschaftlich-sozialen und kulturellen Entwicklung, Graz 1994.

Kasemir, Gerard, Spätes Ende für „wissenschaftlich" vorgetragenen Rassismus. Die Borodajkewycz-Affäre 1965, in: Michael Gehler/Hubert Sickinger (Hg.), Politische Affären und Skandale in Österreich. Von Mayerling bis Waldheim, Thaur 1995, 486-501.

Keller, Barbara, Rekonstruktion von Vergangenheit. Vom Umgang der „Kriegsgeneration" mit Lebenserinnerungen, Opladen 1996.

Keller, Fritz, Wien, Mai 69 – eine heiße Viertelstunde, Wien 1988.

Keppler, Angela, Tischgespräche. Über Formen kommunikativer Vergemeinschaftung am Beispiel der Konversation in Familien, Frankfurt/Main 1994.

Keppler, Angela, Soziale Formen individuellen Erinnerns. Die kommunikative Tradierung von (Familien-)Geschichte, in: Harald Welzer (Hg.), Das soziale Gedächtnis. Geschichte, Erinnerung, Tradierung, Hamburg 2001, 137-159.

Klein, Peter (Hg.), Die Einsatzgruppen in der besetzten Sowjetunion 1941/42. Die Tätigkeits- und Lageberichte des Chefs der Sicherheitspolizei und des SD, Berlin 1997.

Klemperer, Viktor, LTI. Notizbuch eines Philologen, Leipzig 1993.

Kofler, Martin, Osttirol im Dritten Reich 1938-1945, Innsbruck-Wien-Bozen ^{2}2003.

Kohl, Walter, „Ich fühle mich nicht schuldig". Georg Renno, Euthanasiearzt, Wien 2000.

Kohli, Martin/Günther Robert (Hg.), Biographie und soziale Wirklichkeit, Stuttgart 1984.

Kohli, Martin/Marc Szydlik (Hg.), Generationen in Familie und Gesellschaft, Opladen 2000.

Kohlstruck, Martin, Zwischen Erinnerung und Geschichte. Der Nationalsozialismus und die jungen Deutschen, Berlin 1997.

Koonz, Claudia, Mütter im Vaterland. Frauen im Dritten Reich, Freiburg i.Br. 1991.

Kos, Wolfgang/Georg Rigele (Hg.), Inventur 45/55. Österreich im ersten Jahrzehnt der Zweiten Republik, Wien 1996.

Krag, Helen Liesl, Unsere Schulklasse. Erwachsen werden nach dem Krieg, Wien-Köln-Weimar 2005.

Kraushaar, Wolfgang, 1968 als Mythos, Chiffre und Zäsur, Hamburg 2000.

Langbein, Hermann, Menschen in Auschwitz, Frankfurt/Main-Berlin-Wien 1980.

Lange, Hertha/Benedikt Burkhard (Hg.), Abends wenn wir essen fehlt uns immer einer. Kinder schreiben an die Väter 1939-1945, Reinbek bei Hamburg 2000.

Lappin, Eleonore/Bernhard Schneider (Hg.), Die Lebendigkeit der Geschichte". (Dis-) Kontinuitäten in Diskursen über den Nationalsozialismus, St. Ingbert 2001.

Lebert, Norbert und Stephan, Denn du trägst meinen Namen. Das schwere Erbe der prominenten Nazi-Kinder, München 2000.

Leeb, Johannes, „Wir waren Hitlers Elite-Schüler". Ehemalige Zöglinge der NS-Ausleseschulen brechen ihr Schweigen, München 2000.

Lepsius, M. Rainer, Das Erbe des Nationalsozialismus und die politische Kultur der Nachfolgestaaten des „Großdeutschen Reiches", in: Max Haller/Hans-Jürgen Hoffmann-Nowotny/Wolfgang Zapf (Hg.), Kultur und Gesellschaft, Frankfurt/Main-New York 1989, 247-264.

Lichtblau, Albert, Mördervater – Vatermörder? Die Kinder der Wehrmachtssoldaten und die Debatte über NS-Verbrechen, in: Helga Embacher/Albert Lichtblau/Günther Sandner (Hg.), Umkämpfte Erinnerung, Die Wehrmachtsausstellung in Salzburg, Salzburg 1999, 133-156.

Loewy, Hanno/Bernhard Moltmann (Hg.), Erlebnis – Gedächtnis – Sinn. Authentische und konstruierte Erinnerung, Frankfurt/New York 1996.

Longerich, Peter, Die braunen Bataillone. Geschichte der SA, München 1989.

Malina, Peter/Gustav Spann, Der Nationalsozialismus im österreichischen Geschichtslehrbuch, in: Emmerich Tálos/Ernst Hanisch/Wolfgang Neugebauer (Hg.), NS-Herrschaft in Österreich, Wien 1988, 577-599.

Malina, Peter /Gustav Spann, 1938-1988. Vom Umgang mit unserer Vergangenheit, Wien 1988.

Mannheim, Karl, Das Problem der Generationen, in: Kölner Vierteljahreshefte für Soziologie, Bd. VII, 1928; wiederaufgelegt in: Karl Mannheim, Wissenssoziologie. Auswahl aus dem Werk (hg. von Kurt H. Wolff), Berlin und Neuwied 1964, 509-565.

Mansel, Jürgen/Gabriele Rosenthal/Angelika Tölke (Hg.), Generationen-Beziehungen. Austausch und Tradierung, Opladen 1997.

Marin, Bernd, Antisemitismus ohne Antisemiten. Autoritäre Vorurteile und Feindbilder, Frankfurt-New York 2000.

Märthesheimer, Peter/Ivo Frenzel (Hg.), Im Kreuzfeuer: Der Fernsehfilm Holocaust. Eine Nation ist betroffen, Frankfurt/Main 1979.

Massing, Almuth/Ulrich Beusheusen, „Bis ins dritte und vierte Glied". Auswirkungen des Nationalsozialismus in den Familien, in: Psychosozial 9, 1986.

Mauelshagen, Claudia, Der Schatten des Vaters. Deutschsprachige Väterliteratur der siebziger und achtziger Jahre, Frankfurt/Main 1995.

Mayring, Philipp, Qualitative Inhaltsanalyse, Weinheim/Basel 1983.

Meissl, Sebastian/Klaus-Dieter Mulley/Oliver Rathkolb (Hg.), Verdrängte Schuld, verfehlte Sühne. Entnazifizierung in Österreich 1945-1955, Wien 1986.

Mesner, Maria (Hg.), Entnazifizierung zwischen politischem Anspruch, Parteienkonkurrenz und Kaltem Krieg. Das Beispiel der SPÖ, Wien 2005.

Meyer, Sybille/Eva Schulze, Von Liebe sprach damals keiner. Familienalltag in der Nachkriegszeit, München 1985.

Mitscherlich, Alexander, Auf dem Weg zur vaterlosen Gesellschaft. Ideen zur Sozialpsychologie, München 1963.

Mitscherlich, Alexander und Margarethe, Die Unfähigkeit zu trauern. Grundlagen kollektiven Verhaltens, München 1967.

Mitscherlich, Margarete, Antisemitismus – eine Männerkrankheit? in: dies., Die friedfertige Frau. Eine psychoanalytische Untersuchung zur Aggression der Geschlechter, Frankfurt 1985.

Moller, Sabine, Vielfache Vergangenheit. Öffentliche Erinnerungskulturen und Familienerinnerungen an die NS-Zeit in Ostdeutschland, Tübingen 2003.

Moser, Tilman, Dabei war ich doch sein liebstes Kind. Eine Psychotherapie mit der Tochter eines SS-Mannes, München 1997.

Mühlhofer-Gurion, Eva, „Morbus Austriacus". Die NS-Zeit in Österreich betreffende Verdrängungsinstrumente und Verdrängungsmechanismen in der geschichtlichen Bildung und in der vorwiegend mütterlichen Erziehung der Nachkriegsgeneration ab 1945, Wien Diplomarbeit 1996.

Müller-Hohagen, Jürgen, Verleugnet, verdrängt, verschwiegen. Die seelischen Auswirkungen der Nazizeit, München 1988.

Munn, Samson, The Austrian Encounter, in: Eleonore Lappin/Bernhard Schneider (Hg.), Die Lebendigkeit der Geschichte". (Dis-)Kontinuitäten in Diskursen über den Nationalsozialismus, St. Ingbert 2001, 417-437.

Naumann, Klaus, Der Krieg als Text. Das Jahr 1945 im kulturellen Gedächtnis der Presse, Hamburg 1998.

Neuber, Wolfgang, Fremderfahrungen. Von den kleinen Herrscherfiguren der Väter, in: Studien zur österreichischen Erzählliteratur der Gegenwart, Amsterdam 1982, 255-271.

Neugebauer, Wolfgang/Peter Schwarz, Der Wille zum aufrechten Gang. Offenlegung der Rolle des BSA bei der gesellschaftlichen Reintegration ehemaliger Nationalsozialisten (hg. von BSA), Wien 2005.

Niethammer, Lutz (Hg.), Lebenserfahrung und kollektives Gedächtnis. Die Praxis der „Oral History", Frankfurt/Main 1980.

Niethammer, Lutz, Fragen – Antworten – Frage. Methodische Erfahrungen und Erwägungen zur Oral History, in: Lutz Niethammer/Alexander von Plato (Hg.), „Wir kriegen jetzt andere Zeiten." Auf der Suche nach der Erfahrung des Volkes in nachfaschistischen Ländern, Berlin und Bonn, 1985, 392-445.

Niethammer, Lutz, Diesseits des „Floating Gap": Das kollektive Gedächtnis und die Konstruktion von Identität im wissenschaftlichen Diskurs, in: Kirstin Platt/Mihran Dabag (Hg.), Generation und Gedächtnis. Erinnerung und kollektive Identitäten, Opladen 1995, 25-50.

Nora, Pierre, Zwischen Geschichte und Gedächtnis, Berlin 1990.
Nora, Pierre (Hg.), Erinnerungsorte Frankreichs, München 2005.
Österreichische Zeitschrift für Politikwissenschaft (ÖZP), Schwerpunktheft Geschichts- und Vergangenheitspolitik in Österreich, Heft 1/2001.
Paul, Gerhard (Hg.), Die Täter der Shoah. Fanatische Nationalsozialisten und ganz normale Deutsche, Göttingen 2002.
Paul-Horn, Ina, Faszination Nationalsozialismus,. Zu einer politischen Theorie des Geschlechterverhältnisses, Pfaffenweiler 1993.
Pelinka, Anton/Erika Weinzierl (Hg.), Das große Tabu. Österreichs Umgang mit seiner Vergangenheit, Wien 1987.
Pelinka, Anton/Ruth Wodak (Hg.), "Dreck am Stecken". Politik der Ausgrenzung, Wien 2002.
Plato, Alexander von, Geschichte und Psychologie – Oral History und Psychoanalyse. Problemaufriß und Literaturüberblick, in: BIOS, 2/1998, 213-228.
Platt, Kirstin, Gedächtnis, Erinnerung, Verarbeitung. Spuren traumatischer Erfahrung in lebensgeschichtlichen Interviews, in: BIOS, 2/1998, 242-262.
Platt, Kirstin/Mihran Dabag (Hg.), Generation und Gedächtnis. Erinnerung und kollektive Identitäten, Opladen 1995.
Pohanka, Reinhard, Pflichterfüller, Hitlers Helfer in der Ostmark, Wien 1997.
Polaschek, Martin F., Im Namen der Republik Österreich! Die Volksgerichte in der Steiermark 1945 bis 1955, Graz 1998.
Posner, Gerald, Belastet. Meine Eltern im Dritten Reich. Gespräche mit den Kindern von Tätern, Berlin 1994.
Preuss-Lausitz, Ulf u.a., Kriegskinder, Konsumkinder, Krisenkinder. Zur Sozialisationsgeschichte seit dem Zweiten Weltkrieg, Weinheim/Basel 1983.
Radebold, Hartmut, Die dunklen Schatten unserer Vergangenheit, Stuttgart 2005.
Rabinovici, Doron, „Jidn, sogt, wer schtejt bajm tojer?". Der Fall Franz Murer – ein österreichischer Schauprozess gegen die Opfer, in: Florian Freund/Franz Ruttner/Hans Safrian (Hg.), Ess firt kejn Weg zurik... Geschichte und Lieder des Ghettos von Wilna 1941-1943, Wien 1992, 97-122.
Reemtsma, Jan Philipp, „Wie hätte ich mich verhalten?" und andere nicht nur deutsche Fragen. Reden und Aufsätze, München 2002.
Reese, Dagmar (Hg.), Die BDM-Generation. Nationalsozialistische Herrschaft und weiblicher Lebenszusammenhang in Deutschland und Österreich, Potsdam 2000.
Reichel, Peter, Vergangenheitsbewältigung in Deutschland. Die Auseinandersetzung mit der NS-Diktatur von 1945 bis heute, München 2001.
Reiter, Margit, Konstruktion(en) der Vergangenheit. Am Beispiel der Reden von Bundespräsident Klestil und FPÖ-Obmann Haider zum 50. Geburtstag der Republik Österreich, in: Zeitgeschichte, 11-12/1997, 388-403.
Reiter, Margit, Unter Antisemitismus-Verdacht. Die österreichische Linke und Israel nach der Shoah, Innsbruck-Wien-München 2001.
Reiter, Margit, „Tischgespräche". Intergenerationelle Kommunikation über den Nationalsozialismus im familiären und gesellschaftlichen Kontext in Österreich, in: Eleonore Lappin/Bernhard Schneider (Hg.), Die Lebendigkeit der Geschichte". (Dis-)Kontinuitäten in Diskursen über den Nationalsozialismus, St. Ingbert 2001, 308-323.

Reiter, Margit, Politics and the Past. Jörg Haider and the "Children of the Perpetrators" in Austria, in: The Bulletin of The Center for Holocaust Studies, University of Vermont,Volume 6, Number 2, 2002.

Reiter, Margit, Vom Gedenken und/oder Erinnern. Eine Zwischenbilanz österreichischer Vergangenheitspolitik nach dem Gedenkjahr 1995, in: Die Mühen der Erinnerung. Zeitgeschichtliche Aufklärung gegen den Gedächtnisschwund, Schulheft 105, Bd. 1, Wien 2002, 29-38.

Reiter, Margit, Nationalsozialismus als historisches Erbe? Die zweite Generation in Österreich, in: Martin Horvath/Anton Legerer/Judith Pfeifer/Stephan Roth (Hg.) Jenseits des Schlussstrichs. Gedenkdienst im Diskurs über Österreichs nationalsozialistische Vergangenheit, Wien 2002, 22-33.

Reiter, Margit, "My Father wasn't a Murderer!" Belated Rehabilitations of the "War Generation", in: Contemporary Austrian Studies (hg. von Günter Bischof), Volume 13, New Brunswick-London 2005, 222-230.

Reiter, Margit, Geschichte als „Privatsache"?, in: Helene Maimann, Was bleibt. Schreiben im Gedankenjahr, Wien 2005, 121-123.

Reiter, Margit, Spurensuchen. Autobiographische und literarische Auseinandersetzungen mit der familiären NS-Involvierung in der zweiten Generation, in: Zeitgeschichte 6/2005.

Ricoeur, Paul, Das Rätsel der Vergangenheit. Erinnern – Vergessen – Verzeihen, Göttingen 1998.

Roberts, Ulla, Starke Mütter – ferne Väter. Töchter reflektieren ihre Kindheit im Nationalsozialismus und in der Nachkriegszeit, Frankfurt/Main 1994.

Rosenkötter, Lutz, Schatten der Zeitgeschichte auf psychoanalytischen Behandlungen, in: Psyche 33, 1979, 1024-1038.

Rosenkötter, Lutz, Die Idealbildung in der Generationenfolge, in: Martin S. Bergmann/Milton E. Jucovy/Judith S. Kestenberg (Hg.), Kinder der Opfer. Kinder der Täter, Psychoanalyse und Holocaust, Frankfurt/Main 1995, 209-216.

Rosenthal, Gabriele (Hg.), Die Hitlerjugend-Generation. Biographische Verarbeitung als Vergangenheitsbewältigung, Essen 1986.

Rosenthal, Gabriele, Zur Konstitution von Generationen in familienbiographischen Prozessen. Krieg, Nationalsozialismus und Genozid in Familiengeschichte und Biographie, in: Österreichische Zeitschrift für Geschichtswissenschaften (ÖZG), 4/1994, 489-516.

Rosenthal, Gabriele, Erlebte und erzählte Lebensgeschichte. Gestalt und Struktur biographischer Selbstbeschreibungen, Frankfurt/Main 1995.

Rosenthal, Gabriele, Vom Krieg erzählen, von den Verbrechen schweigen, in: Hannes Heer/Klaus Naumann (Hg.), Vernichtungskrieg. Verbrechen der Wehrmacht 1941-1944, Hamburg 1995, 651-664.

Rosenthal, Gabriele, Zur interaktionellen Konstitution von Generationen. Generationenabfolgen in Familien von 1890-1970 in Deutschland, in: Jürgen Mansel/Gabriele Rosenthal/Angelika Tölke (Hg.), Generationen-Beziehungen. Austausch und Tradierung, Opladen 1997, 57-73.

Rosenthal, Gabriele (Hg.), Der Holocaust im Leben von drei Generationen. Familien von Überlebenden der Shoah und von Nazi-Tätern, Giessen 1997.

Rottgardt, Elke, Elternhörigkeit – Nationalsozialismus in der Generation danach. Eltern-Kind-Verhältnisse vor dem Hintergrund der nationalsozialistischen Vergangenheit, Hamburg 1993.

Rüssen, Jörn/Jürgen Straub, Die dunkle Spur der Vergangenheit. Psychoanalytische Zugänge zum Geschichtsbewußtsein, Frankfurt/Main 1998.

Sachse, Carola, Frauenforschung zum Nationalsozialismus. Debatten, Topoi und Ergebnisse seit 1976, in: Mittelweg 36, 4-5/1997, 24-33.

Safrian, Hans, Die Eichmann und seine Gehilfen, Frankfurt/Main 1995.

Salzburger Historikerinnengruppe (Hg.), „Sieg der Waffen – Sieg der Wiegen". Frauenalltag im Nationalsozialismus, Salzburg 1988.

Sandner, Günther/Walter Manoschek, Die Krieger als Opfer, in: Hannes Heer/Walter Manoschek/Alexander Pollak/Ruth Wodak (Hg.), Wie Geschichte gemacht wird. Zur Konstruktion von Erinnerungen an Wehrmacht und Zweiten Weltkrieg, Wien 2003, 109-144.

Schäfer, Ingeburg/Susanne Klockmann, Mutter mochte Himmler nie. Die Geschichte einer SS-Familie, Reinbek bei Hamburg 1999.

Scheiger, Brigitte, „Ich bitte um baldige Arisierung der Wohnung..." Frauen im bürokratischen System der Verfolgung, in: Theresa Wobbe (Hg.), Nach Osten. Verdeckte Spuren nationalsozialistischer Verbrechen, Frankfurt/Main 1992, 175-196.

Schelsky, Helmut, Die skeptische Generation, Düsseldorf 1957.

Schlant, Ernestine, Die Sprache des Schweigens. Die deutsche Literatur und der Holocaust, München 2001.

Schmidbauer, Wolfgang, Ich wußte nie, was mit Vater ist. Das Trauma des Krieges, Reinbek bei Hamburg 1998.

Schmidinger, Karin M., Frauenleben in Männerwelten. Kriegsende und Nachkriegszeit in der Steiermark, Wien 1997.

Schmidt, Ilse, Die Mitläuferin. Erinnerungen einer Wehrmachtsangehörigen, Berlin 1999.

Schneider, Christian, Jenseits der Schuld? Die Unfähigkeit zu trauern in der zweiten Generation, in: Psyche 47, 1993, 754-774.

Schneider, Christian/Cordelia Stillke/Bernd Leineweber, Das Erbe der Napola. Versuch einer Generationengeschichte des Nationalsozialismus, Hamburg 1996.

Schneider, Christian, Schuld als Generationenproblem, in: Mittelweg 36, 4/1998, 28-40.

Schneider, Michael, Den Kopf verkehrt aufgesetzt oder Die melancholische Linke. Aspekte des Kulturzerfalls in den siebziger Jahren, Darmstadt und Neuwied 1981.

Schreier, Helmut/Matthias Heyl (Hg.), Das Echo des Holocaust. Pädagogische Aspekte des Erinnerns, Hamburg 1992.

Schütze, Fritz, Biographieforschung und narratives Interviews, Neue Praxis, 13, 1983, 283-293.

Schwarz, Gudrun, Eine Frau an seiner Seite, Ehefrauen in der „SS-Sippengemeinschaft", Berlin 2000.

Sereny, Gitta, Am Abgrund: Gespräche mit dem Henker. Franz Stangl und die Morde von Treblinka, München 1995.

Sichrovsky, Peter, Schuldig geboren. Kinder aus Nazifamilien, Köln 1987.
Sieder, Reinhard, Bemerkungen zur Verwendung des „Narrativinterviews“ für eine Geschichte des Alltags, in: Zeitgeschichte, 5/1982, 164-178.
Sieder, Reinhard, Geschichten erzählen und Wissenschaft treiben, in: Gerhard Botz/ Josef Weidenholzer (Hg.), Mündliche Geschichte und Arbeiterbewegung. Eine Einführung in Arbeitsweisen und Themenbereiche der Geschichte „geschichtsloser“ Sozialgruppen, Wien-Köln 1984, 203-231.
Sigmund, Anna Maria, Die Frauen der Nazis, Wien 1998.
Simenauer, Erich, Die Zweite Generation – danach. Die Wiederkehr der Verfolgermentalität in Psychoanalysen, Jahrbuch der Psychoanalyse 12, 1981, 8-17.
Soeffner, Hans-Georg (Hg.), Interpretative Verfahren in den Sozial- und Textwissenschaften, Stuttgart 1979.
Spira, Leopold, Feindbild „Jud“. 100 Jahre politischer Antisemitismus in Österreich, Wien 1981.
Spitaler, Herta (Hg.), Mutter, der Himmel brennt ... Kriegskinder erinnern sich, Horitschon-Wien 2004.
Stachowitsch, Alexej, Schule – ein Abenteuer. Erinnerungen und Entwicklung des Werkschulheims Felbertal von 1950 bis 1958, Oberndorf 2001.
Steininger, Rolf (Hg.), Der Umgang mit dem Holocaust. Europa – USA – Israel, Wien-Köln-Weimar 1994.
Stiefel, Dieter, Entnazifizierung in Österreich, Wien 1981.
Stierlin, Helm, Der Dialog zwischen den Generationen über die Nazizeit, in: Barbara Heimannsberg/Christoph J. Schmidt (Hg.), Das kollektive Schweigen, Heidelberg 1988.
Straub, Jürgen (Hg.), Erinnerung, Geschichte, Identität, Frankfurt/Main 1998.
Strauss, Herbert A.., Der Holocaust als Epochenscheide der Antisemitismusgeschichte: historische Diskontinuitäten, in: Werner Bergmann/Rainer Erb (Hg.), Antisemitismus in der politischen Kultur nach 1945, Opladen 1990, 38-56.
Svoboda, Wilhelm, „...vorbehaltlos meine Pflicht erfüllt“. Das Internierungslager Glasenbach (Camp „Marcus W. Orr“), in: Zeitgeschichte, Heft 1-2/1995, 3-29.
Tálos, Emmerich/Ernst Hanisch/Wolfgang Neugebauer/Reinhard Sieder (Hg.), NS-Herrschaft in Österreich. Ein Handbuch, Wien 2000.
Thalmann, Rita, Frausein im Dritten Reich, München 1984.
Thurner, Erika, Frauenleben 1945..., in: Frauenleben 1945. Kriegsende in Wien, Ausstellungskatalog, Wien 1995, 10-24.
Tröger, Annemarie, Die Dolchstoßlegende der Linken: „Frauen haben Hitler an die Macht gebracht.“ Thesen zur Geschichte der Frauen am Vorabend des Dritten Reichs, in: Frauen und Wissenschaft. Beiträge zur Berliner Sommeruniversität für Frauen, Juli 1976, Berlin 1977, 324-355.
Uhl, Heidemarie, Transformationen des österreichischen Gedächtnisses. Geschichtspolitik und Denkmalkultur in de Zweiten Republik, in: Tel Aviver Jahrbuch für deutsche Geschichte, 29. Jg., 2000, 317-341.
Uhl, Heidemarie, Das „erste Opfer“. Der österreichische Opfermythos und seine Transformationen in der Zweiten Republik, in: Österreichische Zeitschrift für Politikwissenschaft (ÖZP), 1/2001, 19-34.

Vogt, Jochen, Er fehlt, er fehlte, er hat gefehlt... Ein Rückblick auf die sogenannten Väterbücher, in: Stephan Braese u.a., Deutsche Nachkriegsliteratur und der Holocaust, Frankfurt/Main 1998, 385-400.

Walzl, August, „Als erster Gau ...“. Entwicklungen und Strukturen des Nationalsozialismus in Kärnten, Klagenfurt 1992.

Walzl, August, Zwangsarbeit in Kärnten im Zweiten Weltkrieg. Die Hintergründe eines politischen Phänomens im Alpen-Adria-Raum, Klagenfurt 2001.

Wassermann, Heinz P., „Zuviel Vergangenheit tut nicht gut“. Nationalsozialismus im Spiegel der Tagespresse der Zweiten Republik, Wien-Innsbruck 2000.

Wassermann, Heinz (Hg.), Antisemitismus in Österreich nach 1945. Ergebnisse, Positionen und Perspektiven der Forschung, Innsbruck-Wien-München-Bozen 2002.

Weckel, Ulrike/Edgar Wolfrum (Hg.), „Bestien“ und „Befehlsempfänger“. Frauen und Männer in NS-Prozessen nach 1945, Göttingen 2003.

Wegner, Bernd, Hitlers Politische Soldaten: Die Waffen-SS 1933-1945. Leitbild, Struktur und Funktion einer nationalsozialistischen Elite, Paderborn 1997.

Weiß, Hermann (Hg.), Biographisches Lexikon zum Dritten Reich, Frankfurt/Main 1998.

Welzer, Harald/Robert Montau/Christine Plaß, „Was wir für böse Menschen sind!“ Der Nationalsozialismus im Gespräch zwischen den Generationen, Tübingen 1997.

Welzer, Harald, Das Interview als Artefakt. Zur Kritik der Zeitzeugenforschung, in: BIOS, 1/2000, 51-63.

Welzer, Harald (Hg.), Das soziale Gedächtnis. Geschichte, Erinnerung, Tradierung, Hamburg 2001.

Welzer, Harald/Sabine Moller/Karoline Tschuggnall, „Opa war kein Nazi“. Nationalsozialismus und Holocaust im deutschen Familiengedächtnis, Frankfurt/Main 2002.

Welzig, Elisabeth, Die 68er. Karrieren einer rebellischen Generation, Wien-Köln-Graz 1985.

Westernhagen, Dörte v., Die Kinder der Täter. Das Dritte Reich und die Generation danach, München 1987.

Weyrather, Irmgard, Muttertag und Mutterkreuz. Der Kult um die „deutsche Mutter“ im Nationalsozialismus, Frankfurt/Main 1993.

Wildt, Michael, Generation des Unbedingten. Das Führungskorps des Reichssicherheitshauptamtes, Hamburg 2003.

Wiesenthal, Simon, Doch die Mörder leben, Wien 1967.

Wiesenthal, Simon, Recht, nicht Rache. Erinnerungen, Frankfurt/Main-Berlin 1992.

Windaus-Walser, Karin, Gnade der weiblichen Geburt? Zum Umgang der Frauenforschung mit Nationalsozialismus und Antisemitismus, in: Feministische Studien 1, 1988, 102-115.

Wobbe, Theresa (Hg.), Nach Osten. Verdeckte Spuren nationalsozialistischer Verbrechen, Frankfurt/Main 1992.

Wodak, Ruth et al, „Wir sind alle unschuldige Täter“. Diskurshistorische Studien zum Nachkriegsantisemitismus, Frankfurt/Main 1990.

Ziegler, Meinrad/Waltraud Kannonier-Finster, Österreichisches Gedächtnis. Über Erinnern und Vergessen der NS-Vergangenheit, Wien-Köln-Weimar 1997.
Zipfel, Gaby, Wie führen Frauen Krieg? in: Hannes Heer/Klaus Naumann (Hg.) Vernichtungskrieg. Verbrechen der Wehrmacht 1941-1944, Hamburg 1995, 460-474.
Zöchling, Christa, Haider. Licht und Schatten einer Karriere, Wien 1999.
Zuckermann, Moshe (Hg.), Deutsche Geschichte des 20. Jahrhunderts im Spiegel der deutschsprachigen Literatur, Göttingen 2003.

Autobiographische, literarische und journalistische Auseinandersetzungen mit den NS-Vätern und/oder NS-Müttern (Eine Auswahl)

Behr, Hans Georg, Fast eine Kindheit. Frankfurt/Main 2002.
Bormann, Martin, Leben gegen Schatten. Gelebte Zeit – geschenkte Zeit, Paderborn 2000.
Botz, Gerhard, Bericht über meinen Vater, in: Die Presse, Spectrum, 27.8.2005.
Bruhns, Wibke, Meines Vaters Land. Geschichte einer deutschen Familie, München 2004.
Brunner, Claudia/Uwe von Seltmann, Schweigen die Täter, Reden die Enkel, Frankfurt/Main 2004.
Christoph, Horst, Der vergrabene Ehrendolch, in: Profil, 7.3.1988.
Christoph, Horst, Mantel der Anständigkeit, in: Profil, 15.1.1996.
Christoph, Horst, Ich, der Nazi-Sohn, in: Profil, 13.5.2005.
Day, Ingeborg, Geisterwalzer, München 1986.
Frank, Niklas, Der Vater. Eine Abrechnung, München 1993 (2005).
Frank, Niklas, Meine deutsche Mutter, München 2005.
Gauch, Sigfrid, Vaterspuren, Kronberg/Ts. 1979.
Gstättner, Egyd, Das Lied vom Nimmerleinstag, in: Die Presse, Spectrum, 11.5.2002.
Hahn, Ulla, Unscharfe Bilder, München 2003.
Haider, Jörg, „Ich lasse mir nicht alles gefallen“, Interview in: Die Zeit, Nr. 6/2000.
Handke, Peter, Wunschloses Unglück, Salzburg 1972.
Harlan, Thomas, Rosa, Berlin 2000.
Härtling, Peter, Nachgetragene Liebe, Darmstadt 1980.
Haslinger, Josef, Am Beispiel Antisemitismus, in: Profil, 19.3.2001.
Henisch, Peter, Die kleine Figur meines Vaters, Salzburg-Wien 1987 (2003).
Himmler, Katrin, Die Brüder Himmler. Eine deutsche Familiengeschichte, Frankfurt/Main 2005.
Hoffer, Klaus, Graz von unten und innen, in: Graz von innen. Grazer Autoren über ihre Stadt. Eine Anthologie, Graz 1985.
Jetter, Monika, Mein Kriegsvater. Versuch einer Versöhnung, Hamburg 2004.
Jirgl, Reinhard, Die Unvollendeten, München 2003.
Kersten, Paul, Der alltägliche Tod meines Vaters, 1978.

Kessler, Matthias, „Ich muss doch meinen Vater lieben, oder?" Die Lebensgeschichte von Monika Göth, Tochter des KZ-Kommandanten aus „Schindlers Liste", Frankfurt/Main 2002.
Meckel, Christoph, Suchbild. Über meinen Vater, Düsseldorf 1980.
Meyer, Kurt, Geweint wird, wenn der Kopf ab ist. Annäherungen an meinen Vater – „Panzermayer", Freiburg 1998.
Mitgutsch, Waltraud Anna, Die Züchtigung, München 1997.
Niemann, Beate, Mein guter Vater. Mein Leben mit seiner Vergangenheit. Eine Täter-Biographie, Teetz 2005.
Nissen, Margret, Sind Sie die Tochter Speer? München 2005.
Pils, Heide, Meine unbewältigte Vergangenheit, in: Profil, 28.7.1986.
Pollack, Martin, Der Tote im Bunker. Bericht über meinen Vater, Wien 2004.
Pollack, Martin, Unheimliche Normalität, in: Profil, 13.5.2005.
Hamann, Sybille/Eva Menasse, Die Nazi-Kinder, in: Profil, 15.1.1996.
Rauter, E.A., Brief an meinen Erzieher, München 1979.
Rebmann, Ruth, Der Mann auf der Kanzel – Fragen an einen Vater, München 1980.
Reichart, Elisabeth, Februarschatten, Frankfurt/Main 1989.
Roth, Gerhard, Der Streifen Licht unter der Tür, in: Die Presse, Spectrum, 1.2.2003.
Roos, Peter, Hitlers Lieben. Roman einer Krankheit, Tübingen 1998.
Schenk, Herrad, Wie in einem uferlosen Strom. Das Leben meiner Eltern, München 2002.
Schindel, Robert, Gebürtig, Frankfurt/Main 1992.
Schirach, Richard, Der Schatten meines Vaters, München 2005.
Schutting, Julian, Der Tod meiner Mutter, Salzburg-Wien 1997.
Schutting, Jutta, Der Vater, Salzburg-Wien 1980.
Schwaiger, Brigitte, Lange Abwesenheit, Wien-Hamburg 1980.
Steinwendtner, Brita, Im Bernstein, Innsbruck-Wien 2005.
Strobl, Ingrid, Anna und das Anderle. Eine Recherche, Frankfurt/Main 1995.
Taufar, Barbara, Die Rose von Jericho, Wien 1994.
Vesper, Bernward, Die Reise, Frankfurt/Main 1977.
Wagner, Gottfried, All die Väter, Täter, Opfer, Kinder, in: Die Presse, Spectrum, 3./4.7.1999.
Wagner, Gottfried, Wer nicht mit dem Wolf heult. Autobiographische Aufzeichnungen eines Wagner-Urenkels, Köln 1997.
Welzig, Elisabeth, „Die Kirschen blühen". Aus dem Schatten des Vaters getreten – 1958 zum Priester geweiht, in: Salzburger Nachrichten, 20.3.1999.
Zechmann, Heinz, Redner vor dem Hakenkreuz, Gnas 1993.